Hanns-Gregor Nissing

Denker und Dichter: Thomas von Aquin

PNEUMA VERLAG

Hanns-Gregor Nissing

Denker und Dichter: Thomas von Aquin

Eine Einführung in sein Leben und sein Werk

Hanns-Gregor Nissing

Denker und Dichter: Thomas von Aquin
Eine Einführung in sein Leben und sein Werk

Bibliographische Information
der Deutschen Nationalbibliothek

Die Deutsche Nationalbibliothek verzeichnet diese Publikation in der Deutschen Nationalbibliographie; detaillierte bibliographische Daten sind im Internet über http://dnb.d-nb.de abrufbar.

Umschlagbild: Simone Martini, Políptico de Santa Catarina, Pisa, Museo Nazionale di San Matteo.

Hergestellt in der Europäischen Union - Printed in EU

ISBN 978-3-942013-55-0

www.pneuma-verlag.de

Inhalt

Kapitel 4

Teil III
Das Vermächtnis des Thomas von Aquin: Sakrament und Schöpfung

Kapitel 5

Dichter und Theologe der Eucharistie: Das Sakrament und die Sakramente

Kapitel 6

Der „Notenschlüssel" Kreatürlichkeit: Schöpfung, Sünde und Erlösung

Teil IV
Die Persönlichkeit des Thomas von Aquin: Sehnsucht nach der Ewigen Schau

Kapitel 7

Zum Ziel kommen wollen: Skizze eines Charakterbildes des Thomas

Zum Autor

HANNS-GREGOR NISSING, geb. 1969 in Dinslaken/Niederrhein. Studium der Katholischen Theologie, Philosophie, Germanistik und Pädagogik in Münster, München und Bonn. 1996 Diplom in Katholischer Theologie an der Universität Münster. Diplomarbeit: *Die Bedeutung und Verwendung des Wortes „Person" bei Thomas von Aquin*. 2004 Dr. phil. an der Universität Bonn: *Sprache als Akt bei Thomas von Aquin*. 2005-2020 Referent und Dozent in der Erwachsenenbildung im Erzbistum Köln. Seit 2020 an der Philosophisch-Theologischen Hochschule Münster tätig. Zahlreiche Publikationen, Vorträge und Veranstaltungen zu Thomas von Aquin, u.a. Herausgabe der Reihe *Thomas von Aquin, Einführende Schriften* (2017-2021), Website: thomas-von-aquin.de (seit 2020).

Vorwort

Mehr als dreißig Jahre liegt meine erste Begegnung mit Thomas von Aquin, seinem Denken und seinen Schriften nun zurück. Seither ist Thomas mir zu einem beständigen Begleiter bei meinen philosophischen und theologischen Studien geworden.

Es waren weniger eigene konkrete Fragestellungen, die mich zu Thomas führten und für die ich in seinen Schriften eine tragfähige Lösung zu finden hoffte, als vielmehr der Eindruck einer grundlegenden Klarheit und Geordnetheit, einer Nüchternheit und Sachlichkeit seines Denkens, die dazu einluden, ihm als Lehrer zuzuhören und nachzuvollziehen, wie er selbst Fragestellungen formuliert, Probleme angeht und Schwerpunkte setzt – und damit markiert, was ihm wichtig ist.

Zum besonderen Schlüssel wurde mir dabei die Einsicht in die grundlegende Rolle, die der Lehre von der *Seele* im thomanischen Denken zukommt. Insbesondere die Bestimmung der Seele als *Akt*, ihre Erschließung in unmittelbarem Bezug zur eigenen Selbsterfahrung und die damit verbundene durch und durch dynamische Selbstwahrnehmung des Menschen machten mir das Denken des Thomas in seinen „existentiellen" Dimensionen zugänglich. Zusammen mit der Einsicht, daß ein Akt oder eine Tätigkeit stets natürlicherweise auf ein *Ziel* hin ausgerichtet ist und daß Akt und Ziel von Thomas inhaltlich vor allem unter dem Aspekt des menschlichen Strebens nach *Erkenntnis* gedacht werden, eröffnete sich der Zugang zu einem fruchtbaren Verstehen.

Auf dieser Basis ging es mir darum, Thomas möglichst umfassend kennenzulernen: als Philosophen wie als Theologen, als Interpreten des Aristoteles wie als Ausleger der Heiligen Schrift, ja: es ging mir darum, ihn als Menschen und als Persönlichkeit wahrzunehmen, die hinter dem sachlich-objektiven Stil seiner Werke fast völlig zu verschwinden scheint – als Zeugen des Glaubens und der *Wahrheit* in der ebenso vielschichtigen wie umfassenden Bedeutung, die dieser Begriff für sein Denken und Schreiben besitzt. Es ging mir – kurz gesagt – darum, den „Doctor communis" nicht nur auf Einzelfragen reduziert, sondern *als ganzen* zu entdecken.

Zu den prägenden Eindrücken meiner ersten Begegnung mit Thomas gehörten seinerzeit seine liturgischen Dichtungen und Gesänge zur Eucharistie und das Staunen über ihre sprachliche Schönheit und Prägnanz – und ich vermute, eine bessere erste

Bekanntschaft mit ihm kann man nicht machen. Diese poetischen Texte sind seither zu einer Art Hintergrundmelodie meiner Thomas-Studien geworden. Aus ihrem Impuls heraus ist auch das vorliegende Buch gewachsen, als eine kleine „Summe" meiner bisherigen Beschäftigung mit Thomas von Aquin und meines Anliegens, Zugänge zu seinem Denken zu schaffen, Interesse an seiner Philosophie und Theologie zu wecken und zur Lektüre seiner Texte anzuregen – kurz: Leser für sein Denken zu gewinnen. Manche der folgenden Abschnitte wurden bereits an anderer Stelle separat veröffentlicht, doch bedurfte es einer umfassenden Überarbeitung und Integration dieser Texte für die folgende Darstellung. Dabei ist mir bewußt, daß die vorgelegte Interpretation immer nur eine Skizze sein kann und den Charakter eines Versuchs hat.

Der erste, der mir einen Zugang zum Denken des Thomas von Aquin vermittelte, war Josef Pieper (1904-1997), den ich in seinen letzten Lebensjahren bei seinen Vorlesungen an der Universität Münster noch selbst erleben durfte. Seinem Namen wird der Leser auf den folgenden Seiten in Zitaten und Verweisen immer wieder begegnen – in der Regel in affirmativer und zustimmender Weise. Der Sinn eines solchen Zitats liegt im allgemeinen ja nicht darin, sich auf eine fremde Autorität zu berufen, sondern darin, den Gedanken des anderen zum eigenen zu machen. Im besonderen Fall verbinden sich mit der Zitation überdies ein Dank für die denkerische Wegweisung sowie das bleibende Staunen über die Fülle an Kenntnis, Einsicht und Urteilskraft, die sich darin zu Wort bringen und auch dem Fortgeschrittenen immer neu als bleibend tragfähiges Fundament erscheinen.

Für die großzügige Möglichkeit der Veröffentlichung im Pneuma-Verlag und die freundschaftliche und geduldige Unterstützung meines Vorhabens danke ich herzlich Dr. Dr. Thomas Schumacher. Für die gründliche Korrekturlektüre des Manuskripts und seine konstruktiven Verbesserungsvorschläge danke ich Herrn OStR a.D. Wolfgang Höhl. Für die Zeit, die sie mir gelassen hat, um dieses Buch zu schreiben, gilt schließlich mein besonderer Dank meiner Familie. Ihr widme ich dieses Werk: Adelheid, Johannes und Helena.

Dinslaken, im Advent 2021 Hanns-Gregor Nissing

Einführung

Die letzten Worte des Thomas von Aquin

1. Fossanova im März 1274

Es wird nicht sehr kalt gewesen sein in diesen ersten Märztagen des Jahres 1274. Die Winter in Latium sind in der Regel mild, und wenn man von Sizilien kommt, erwarten Kälte und Schnee den Reisenden erst im Norden, in der Emilia oder sogar erst nördlich von Genua. Vielleicht war es regnerisch, vielleicht waren aber auch bereits die ersten Vorboten des anbrechenden Frühlings in der Luft zu spüren.

Mit der Zisterzienserabtei Fossanova, etwa 90 Kilometer südlich von Rom gelegen, hatte Thomas von Aquin (* 1224/5), Mönch im Predigerorden und Leiter des Generalstudiums von Neapel, die letzte Station seines irdischen Lebenswegs erreicht. Er war sich dessen bewußt, wie die älteste Biographie berichtet. Auf der Reise zum Konzil von Lyon hatte er in der Abtei zunächst nur einige Tage neue Kräfte sammeln wollen. Als er jedoch

> *allzu schwach zu werden und er seinen Tod vorauszuahnen begann, da bat er mit großer Ergebenheit (cum magna devotione), man möge ihm die Wegzehrung für die christliche Pilgerreise reichen, das hochheilige Sakrament des Leibes Christi. Als es ihm ehrfurchtsvoll vom Abt und den Mönchen gebracht wurde [...] und nachdem er einige weitere fromme Worte vorausgeschickt hatte, die die Erinnerung der Zuhörer nicht fassen konnte, sprach er das Folgende:*
>
> *Adoro te devote, latens veritas –*
> *Ich bete dich ergeben an, verborgene Wahrheit,*
> *dich, der du dich unter diesen Gestalten wahrhaft verbirgst.*
> *Dir unterwirft sich mein ganzes Herz,*
> *denn indem ich dich betrachte, verschwindet alles.*
>
> *Sehen, Tasten, Schmecken gehen bei dir fehl,*
> *durch das Hören allein aber glaubt man sicher.*
> *Ich glaube, was immer der Gottessohn gesagt hat,*
> *nichts ist wahrer als das Wort dieser Wahrheit.*

Am Kreuz verbarg sich nur die Gottheit,
hier aber verbirgt sich zugleich auch die Menschheit.
Indem ich beide wahrhaft glaube und bekenne,
bitte ich, was der reuige Schächer bat.

Die Wunden schaue ich nicht wie Thomas,
als meinen Gott bekenne ich dich dennoch.
Mach doch, daß ich dir immer mehr glaube,
auf dich Hoffnung habe, dich liebe.

O Gedächtnis des Todes des Herrn,
lebendiges Brot, das dem Menschen Leben gewährt.
Gewähre mir, immer von dir zu leben,
und daß du mir immer süß schmeckst.

Gütiger Pelikan, Herr Jesus,
Reinige mich Unreinen mit deinem Blut.
Ein Tropfen von ihm kann heil machen,
kann die ganze Welt von allem Frevel rein machen.

Jesus, den ich jetzt verhüllt anschaue,
wann wird sein, wonach ich so sehr dürste?
Indem ich dich unverhüllten Angesichtes erkenne,
werde ich sehend deiner Herrlichkeit glückselig sein.

[...] Nachdem er in ergebener Weise [...] das Sakrament empfangen hatte, begehrte er für den folgenden Tag die heilige Ölung, das Sakrament der Sterbenden [...]. Und wenig später gab er seinen Geist dem Herrn zurück. [...] [Er] starb [...] im neunundvierzigsten Lebensjahr [...] am 7. März in der Morgenstunde.[1]

[1] Wilhelm von Tocco, *Historia sancti Thomae de Aquino* 58 und 65 (ed. le Brun-Gouanvic, S. 197, Z. 3- S. 199, Z. 64; S. 205, Z. 2-5). – Im folgenden zitiert als: *Historia* mit Angabe des jeweiligen Kapitels und der Zeilennummern. – Dem Hymnus folgen nach der Darstellung Toccos noch ein kurzes Gebet zum Kommunionempfang, das „*Sumo, te*", sowie der Ruf: „Du König der Herrlichkeit, Christus, du bist der ewige Sohn des Vaters." – Als Unterstellung der eigenen Lehre unter das Urteil der Kirche hat das Gebet allerdings wohl eher einen rechtlichen Charakter. – Der Todestag des Thomas, der 7. März, war auch bis zur Liturgiereform sein Gedenktag im Festkalender der römisch-katholischen Kirche. Seither wird sein Gedenktag am 28. Januar, dem Tag der Überführung seiner Gebeine nach Toulouse (1369), gefeiert. – Zu den Ursachen der letzten Krankheit des Todes des Thomas vgl. J.-P. Torrell (1995), 302-308 – Des-

2. Das poetische Testament des Thomas von Aquin – und ein besonderer Zugang zu seinem Leben und Denken

„Was jemand zuletzt spricht [...], ist es, das am meisten im Gedächtnis haften bleibt [...] und das sich um so tiefer in unsere Seele einprägt"[2], hat Thomas selbst einmal gesagt. Seine eigenen letzten Worte scheinen in dieser Hinsicht – mag die erwähnte Schilderung den Tatsachen entsprechen oder sich der Ausschmückung seitens des Biographen verdanken – ihre Wirkung nicht verfehlt zu haben.

(1) Denn mehr noch als seine großen theologischen und philosophischen Werke – mehr als durch die *Summa theologiae* etwa oder durch seine Kommentare zur Heiligen Schrift oder zu den Werken des Aristoteles (384-322 v. Chr.) – sind es seine Dichtungen, seine Hymnen und Gebete zur Eucharistie, mit denen Thomas im Glaubensleben der Kirche bis heute präsent geblieben ist.

(2) Und treffend hat man von dem soeben zitierten Text, mit dem Thomas sich in die große Tradition christlicher Hymnendichter eingeschrieben hat, gesagt, seine wenigen Verse hätten „mehr als viele Bücher dazu beigetragen [...], die katholische Frömmigkeit zu formen"[3].

Der Hymnus *„Adoro te devote"* gilt vor allem als letztes Zeugnis der besonderen eucharistischen Frömmigkeit des Thomas. Als solcher ist er verstanden und gedeutet worden – zumal in jüngerer Zeit.[4] Und in der Tat kann die Verehrung der Eucharistie als „Brennpunkt" (*focal point*) seines geistlichen Lebens angesehen werden.[5]

Doch lassen sich seine letzten Verse darüber hinaus – und dies ist die These dieses Buchs – noch *in einem weiteren und umfassenderen Sinne* verstehen, nämlich als Verse, in denen sich – über die eucharistische Thematik hinaus – die *Grundmotive seines Denkens* und die *Grundkonturen seiner Persönlichkeit* im ganzen kristallisieren. Das *„Adoro te devote"* besäße demnach den Rang eines *„poetischen Testaments"*, in dem sich in konzentrierter Weise die wesentlichen Gedanken und Einsichten wiederfinden, die Thomas in

---

sen Standardwerk zur Biographie des Thomas wird im folgenden wiederholt Bezugspunkt meiner Darstellungen sein.

2 Thomas, *S.th.* III 73, 5 c. im Zusammenhang der Erörterung der Worte Christi beim letzten Abendmahl. – Zur Zitation der Werke des Thomas vgl. unten das Abkürzungsverzeichnis auf S. 456f.

3 A. Wilmart (1929), 21-40 und 149-176.

4 Vgl. R. Wielockx (1998); J.-P. Torrell (²2000); J.-H. Tück (2005); R. Cantalamessa (2006); A. Stock (2012).

5 Vgl. S. Tugwell (1988), 265. – Vgl. dazu unten S. 309-339.

seinem Leben und Schaffen bewegt haben. Es hätte den Rang eines *Schlüsseltextes*, der geeignet ist, in ebenso prägnanter wie umfassender Weise einen Zugang zu seiner Philosophie und Theologie zu eröffnen. Und es böte eine privilegierte Möglichkeit, ihm nicht nur als *Dichter*, sondern auch als *Denker*, ja: als *Person* zu begegnen.

Mindestens *drei* Eigenschaften, die den Hymnus charakterisieren, scheinen mir auf einen solchen Rang und eine solche Bedeutung hinzuweisen - handelt es sich bei den Versen des *„Adoro te devote"* doch in einem herausragenden Sinne um *persönliche Rede* (Abschnitt 2.1), um *verdichtete Rede* (Abschnitt 2.2) und um *endgültige Rede* zu Gott - und zwar im Licht der anbrechenden Ewigkeit (Abschnitt 2.3).

2.1. Persönliche Rede

Auffallend häufig sagt Thomas im *„Adoro te devote"* „Ich": „ich glaube", „ich bekenne", „ich bitte", „ich schaue (nicht)", „ich dürste", „ich erkenne", „ich werde glückselig sein". Gleich in den ersten Worten heißt es programmatisch: „ich bete an" - *adoro*. Dies ist ungewöhnlich. In seinen sonstigen Schriften sagt Thomas fast nie „ich", hier sagt er es dauernd!

In der Regel ist das Reden und Schreiben des Thomas von Aquin von einer zurückhaltenden Objektivität und sachlicher Distanz bestimmt. Seine Person scheint zumeist fast völlig hinter dem verhandelten Sachverhalt zurückzutreten, und es finden sich in seinen Schriften - ganz anders etwa als im Werk des hl. Augustinus (354-430) - nur wenige Stellen, an denen er mit persönlicher Beteiligung hervortritt.[6] Und selbst wenn dies geschieht und Thomas eine persönliche Stellungsnahme formuliert, so geschieht dies zumeist „versteckt" hinter dem Zitat eines Kirchenvaters.[7]

Thomas war ein zurückhaltender und innerlicher Mensch - doch es scheint, daß gerade das Gedicht oder der Gesang eine besondere aufschließende Kraft für seine Seele hatten. Schon seine ältesten Biographen berichten von der emotionalen Resonanz, welche die Psalmen beim Chorgebet für ihn hatten,[8] und er selbst

---

[6] Vgl. hierzu J. Pieper (^{2}1987), 11, und (2001a), 251f.

[7] Vgl.dazu unten S. 57 und S. 185.

[8] Vgl. Wilhelm von Tocco, *Historia* 29 (Z. 28-31). - Entsprechend hebt Thomas selbst in seinem kurz vor seinem Lebensende begonnenen und unvollendet gebliebenen *Prolog* zu seinem *Psalmenkommentar* (1273/4) Inhalt und Wirkung des Psalters hervor: er bringt den Menschen in all seinen Strebungen und Leidenschaften zum Ausdruck und bewirkt aufgrund der Inspiration durch den Heiligen Geist die „Erhebung des Geistes" (*elevatio*

schreibt dem Gesang eine umfassende, Denken und Gemüt gleichermaßen ansprechende Wirkung zu: In ihrer Differenziertheit vermögen Melodie und Töne der Seele des Menschen am besten zu entsprechen[9] und ihn in einer eigentümlichen Unmittelbarkeit und Ursprünglichkeit seines Wesens zur Sprache zu bringen – ihn mit ganzem Herzen, mit Leib und Seele, gegenwärtig zu machen.[10] In ihrem starken persönlichen und unmittelbaren, mitunter sogar überschwenglichen Ton („un ton directe", wie man gesagt hat[11]) eröffnen die Verse des *„Adoro te devote"* mithin einen Einblick in das Innere des Thomas von Aquin. Ja: sie bieten so die Möglichkeit, sein Denken gewissermaßen „von innen her" nachzuvollziehen.[12]

Dabei geschieht diese Selbstaussage keineswegs monologisch und als Selbstgespräch (*soliloquium*), sondern im Dialog: als Anrede und Gebet (*oratio*): Gegenüber und Adressat der Rede ist Jesus Christus, der in der Eucharistie gegenwärtig ist. Ebenso häufig wie das Personalpronomen der ersten Person „ich" begegnet daher das Wort „du" in seinen verschiedenen Formen und Flexionen und verleiht dem Text einen grundlegend dialogischen Charakter: „Ich bete *dich* ergeben an", „*du*, der du dich verbirgst", „*dir* unterwirft sich mein Herz", „*dich* betrachtend", „*dich* unverhüllten Angesichtes schauend" „werde ich *deiner* Herrlichkeit glücklich sein".[13] Es läßt sich in der Abfolge der Strophen sogar eine eigen-

---

mentis) und die Vereinigung mit Gott: vgl. *Super Ps.* prol. – Zur Bedeutung des Chorgebets vgl. *De subst. sep.* prol. (Z. 1-4).

[9] Vgl. Thomas, *S.th.* II-II 91,2 c.: „Offensichtlich werden die Gemüter der Menschen durch verschiedene Melodien auf verschiedene Weisen bewegt." Entsprechend verweist Thomas auf Augustinus, *Confessiones* X 49 (CCL 27,181,10-13): „Alle Regungen unseres Geistes (*omnes affectus spiritus nostri*) finden je nach ihrer besonderen Art in Stimme und Gesang ihren eigentümlichen Ausdruck und werden durch geheimnisvolle Verwandtschaft geweckt (*occulta familiaritate excitantur*)." – Zur Bedeutung der Musik bei Thomas vgl. als Überblick E. Booth/S. Gallagher (2002).

[10] Vgl. bereits zum Sinn des laut gesprochenen Gebetes: „Und die Stimme verbindet sich mit dem Gebet aus einem gewissen Überströmen der Seele auf den Körper (*ex quadam redundantia ab anima in corpus*) aufgrund heftigen Berührtseins (*ex vehementi affectione*)." (Thomas, *S.th.* II-II 83,12 c.).

[11] J.-P. Torrell (^{2}2000), 370.

[12] Diese individuelle Perspektive ist für das Beten des Thomas insgesamt kennzeichnend, scheint er doch mehr noch als das Gebet der Gemeinschaft das persönliche Gebet geschätzt und gepflegt zu haben: vgl. Wilhelm von Tocco, *Historia* 29 (Z. 32-36) – Zugleich entspricht er damit einer Individualisierung von Gebet und Spiritualität, die für seine Zeit im allgemeinen kennzeichnend war: vgl. dazu H.-G. Nissing (2020a), XVIf.

[13] Allein zehnmal finden sich im lateinischen Original die Personalpro-

tümliche Dynamik beobachten, die zunächst beim „Ich" ansetzt, aber mehr und mehr zum „Du" hindrängt: in den z.T. emphatischen Anrufungen[14], Bitten[15] und Fragen[16], die mehr und mehr an die Stelle der eigenen Selbstthematisierung treten und damit dem Anderen zunehmend Raum und Präsenz geben. In diesem Raum, dem Raum des Gebetes, hat alles menschliche Sprechen seinen Ursprung. Aus ihm heraus formen sich alle weiteren Worte.

2.2. Verdichtete und geordnete Rede

Überdies bringt der Hymnus in gesteigerter Weise eine zentrale Eigenart thomanischen Sprechens zum Ausdruck, die sich auch in seinen anderen Texten zeigt: sein Bemühen um kurze, lichtvolle und geordnete Rede, seine Fähigkeit zur knappen, prägnanten und zugleich klaren Aussage. „Kein Schriftsteller", so bemerkt É. Gilson einmal, „hat je mehr gesagt mit weniger Worten"[17], und J. Pieper hat die Worte und Sätze des Thomas von Aquin mit „kristallischen Bildungen" verglichen und bereits in der herben, fast schmucklosen und trockenen Klarheit seines Stils sogar ästhetische Qualitäten erkannt: „Diese Sprache ist schön, wie ein vollendetes Werkzeug schön ist"[18] – wobei der Begriff „Werkzeug" vielleicht weniger an eine Bohrmaschine, als an die menschliche Hand, nach Aristoteles das „Werkzeug der Werkzeuge" (*organon organon*)[19] denken lassen sollte. Thomas selbst hat dieses Stilideal zu Beginn seiner *Summa theologiae* in geradezu klassischer Weise formuliert.[20] Drei Aspekte sind dafür kennzeichnend:

(1) In seinem Bemühen um Kürze und Klarheit der Diktion versteht er sich in unmittelbarer Nachfolge des *Verbum abbreviatum*, von dem der Prophet Jesaja (vgl. *Jes* 10,22f) und der Apostel

---

nomina „te" und „me" – und zwar in besonderer metrischer Betonung.

[14] Vgl. V. 17: „O Gedächtnis des Todes des Herrn"; V. 21: „Treuer Pelikan, Herr Jesus"; V 25: „Jesus".

[15] Vgl. V. 15f.: „Mach doch, daß ich dir immer mehr glaube", V. 19: „Gewähre mir, immer von dir zu leben"; V. 22: „Reinige mich Unreinen mit deinem Blut".

[16] Vgl. V. 26:„Wann wird sein, wonach ich so sehr dürste?"

[17] É. Gilson (1955), 325.

[18] J. Pieper (2001a), 252.

[19] Vgl. Aristoteles, *De partibus animalium* IV 10 (687a6-b5). – Gerade an Aristoteles rühmt Thomas die Kürze seines Stils und stellt ihn der weitschweifigeren Rede der Platoniker gegenüber: vgl. *Exp. Perih.* I 7 (Z. 34f.); I 8 (397f.): *Super De div. nom.* prol.; *Super De an.* I 8 (Z. 3–13) u.ö.

[20] Vgl. Thomas, *S.th.* I prol; vgl. ferner *Exp. Perih.* ep. nunc. – Vgl. dazu unten S. 237f.

Paulus (vgl. *Röm* 9,28) sprechen: Das Ewige Wort des Vaters, das in seiner Unermeßlichkeit alles umfaßt, hat sich in seiner Menschwerdung „klein" (*brevis*) gemacht, „um den durch die Sünde erniedrigten Menschen zur Höhe der göttlichen Herrlichkeit zurückzurufen", und seine Lehre in einer „kurzen Summe des menschlichen Heils" (*sub brevi summa humanae salutis*) zusammengefaßt.[21] An seinem Vorbild hat sich alles Reden des Verkündigers und Theologen zu orientieren. – Und in den Versen des Dichters Thomas gewinnt dieses Stilideal eine besondere Intensität und Dichte.

(2) Konstitutiv für die derart zusammengeraffte und verdichtete Rede des menschgewordenen Gotteswortes ist die Verwendung sinnenfälliger Bilder, von Symbolen, Parabeln und Gleichnissen, mit denen Christus den Menschen das Reich Gottes verkündet (vgl. *Mt* 13). Schließlich nimmt alles menschliche Erkennen seinen Anfang bei den Sinnen und ist bleibend auf diese verwiesen.[22] So kann auch einem unkundigen und ungeübten Verständnis der Hörer entsprochen werden: Wenn diesen

> *das Göttliche mit Bildern erklärt wird, vermögen sie es besser aufzufassen und zu behalten. Daher wollte der Herr in Parabeln reden, um ihrem Erinnerungsvermögen besser zu entsprechen [...] und seine Lehre so vermitteln, daß sie diese mehr in Erinnerung behalten würden.*[23]

Entsprechend verwendet auch Thomas im *„Adoro te devote"* vielfältig bildhafte Vorstellungen und Motive, die er der Heiligen Schrift entnimmt.[24] So ist der Hymnus in der Tat ein durch und durch biblischer Gesang: „La bible affleure chaque mot."[25] In geballter Weise zeigt es damit die elementare und kaum zu überschätzende Bedeutung, die der Heiligen Schrift im Denken und Schaffen des Thomas zukommt.[26]

---

[21] Vgl. Thomas, *Comp. theol.* I 1 (Z. 1-20). – Das Motiv hat seinen Ursprung bei den Kirchenvätern (vgl. v.a. Irenäus von Lyon), ja: in der Heiligen Schrift selbst (vgl etwa vgl. *Sir* 32,8) – Zu diesem Topos vgl. J.-P. Torrell (1982), 235f.; H. de Lubac (1999), 204-217. – Zur Kürze als Stilideal im Mittelalter vgl. v.a. E.R. Curtius (⁴1963), 479-485.

[22] Vgl. Thomas, *Super De an.* III 7 (Z. 80-96).

[23] Vgl. Thomas, *Super Matth.* XIII 1 (n. 1082). – Die Vielzahl der Parabeln erklärt sich aus der Vielzahl der Affekte der Menschen und der Vielfalt, sie anzusprechen (vgl. ebd.; ferner (n. 1092; 1099-1119; 1171-1174); *S.th.* I 10.

[24] Vgl. in diesen Zusammenhang gehört auch die Identifizierung des „Ich" mit verschiedenen biblischen Figuren: vgl. dazu unten S. 33f.

[25] J.-P. Torrell (²2000), 375.

[26] Vgl. H.-G. Nissing (2017a). – Dazu unten S. 144-164.

(3) Schließlich gehört zur klaren und lichtvollen Rede auch das Motiv der „Ordnung" und des „Ordnens" (*ordo*). Thomas stellt es als vorrangige Aufgabe des Weisen heraus: „Sapientis est ordinare", heißt es programmatisch in seiner wohl persönlichsten Selbstauskunft am Anfang der *Summa contra Gentiles*.[27] Das Motto ist den Schriften des Aristoteles entnommen,[28] doch besitzt es sein biblisches Pendant in der Vorstellung des göttlichen Schöpfers, der alles „nach Maß, Zahl, Gewicht geordnet hat" (*Weish* 11,21). An dieser Ordnung hat der Theologe Maß zu nehmen, so daß das Bemühen um Ordnung der Begriffe und Argumentation zum konstitutiven Element seines Schaffens gehört. – Im *„Adoro te devote"* ist die genannte Eigenschaft thomanischer Rede zusätzlich überformt durch die Art dichterischer Gestaltung, die ihr eine besondere Zu- und Eingängigkeit verleihen: Durch Versmaß, Rhythmus und Reim besitzt sie eine Ordnung, die auf Sinne und Verstand gleichermaßen zu wirken vermag. Gerade als solche läßt sie sich gut einprägen und memorieren.

In konzentrierter Weise versammelt das *„Adoro te devote"* so die wesentlichen Charakteristika thomanischen Stils – und dies, wie schon gesagt, nicht nur im Modus des Gedichts, sondern des Gebetes![29]

2.3. Endgültige Rede zu Gott im Licht der anbrechenden Ewigkeit

Thomas hat das Gebet als „Ausdruck der Sehnsucht" (*desiderii interpres*) und „Sprache der Hoffnung" (*interpretativa spei*) bestimmt.[30] So heißt Beten heißt stets, das endgültige Ziel in den Blick nehmen, d.h. die ewige Glückseligkeit, und sein Bitten und Sehnen von hier aus zu ordnen.[31] Es ist diese Perspektive, aus welcher das *„Adoro te devote"* seine eigentümliche Dynamik und seine Richtung gewinnt. Zugleich spricht sich in ihr die *„teleologische Grundsignatur"* aus, die das Denken und die Persönlichkeit des Thomas von Grund auf bestimmt und die eine Art „Haupt-

---

[27] Vgl. Thomas, *S.c.G.* I 1 (n. 2).

[28] Vgl. Aristoteles, *Topik* II 1 (109a27).

[29] Zu den rhetorischen oder poetischen Dimensionen des Gebetes vgl. Thomas, *Super IV Sent.* d. 15,4,1,1 c.

[30] Vgl. Thomas, *S.th.* II-II 83,1 obi. 1; 83,9 c. et ad 2; II-II 17,4 c. u.ö. – Zur Gebetstheologie des Thomas vgl. H.-G. Nissing (2020a) sowie ausführlich L. Maidl (1994).

[31] Vgl. hierzu bereits den Hinweis in *S.c.G.* I 1 (n. 2), daß das *Ziel* jenes entscheidende Kriterium ist, das der Maßstab für das Ordnungsvorhaben des Weisen ist: „Für alles aber, was auf ein Ziel hingeordnet ist, muß die Regel des Lenkens und Ordnens vom Ziel her genommen werden."

schlagader" seiner Philosophie wie Theologie ist: sein Streben, zum Ziel zu kommen, seine Sehnsucht nach der endgültigen Vollendung. Thomas denkt alles vom Ziel her bzw. auf das Ziel hin. Alles andere ordnet sich darum herum. So kann man Thomas nicht verstehen ohne sein gedankliches Ausgerichtetsein auf das letzte Ziel, das Ewige Leben, das wie ein „Wasserzeichen" immer wieder durch seine Texte hindurchscheint! – In der Stunde des Todes zum Ausdruck gebracht, gewinnt dieses Sehnen und mit ihm der Hymnus in gesteigerter Weise an Aktualität und Intensität.[32]

Die Todesstunde gilt ja als der wichtigste Zeitpunkt im Leben eines Menschen, als Moment gesteigerter Freiheit und höchster Individualität. In ihr faßt der Mensch sich selbst und sein Leben zu einer letzten endgültigen Aussage zusammen.[33] In solchem Sinne läßt sich auch das in der letzten Stunde gesprochene *„Adoro te devote"* als summarische Aussage lesen, in der Thomas nicht nur seiner Lehre, sondern auch seinem Leben einen endgültigen Ausdruck gibt.[34] Und dies nicht nur rückblickend, sondern zugleich auch vorausschauend – im Blick auf die Zukunft, d.h. im Blick auf die anbrechende Ewigkeit.

Unter diesen Gesichtspunkten muß das *„Adoro te devote"* in der Tat als ein völlig einzigartiger Text gelten! Thomas von Aquin hat an die 90 Werke verfaßt, die Gesamtausgaben seiner Schriften füllen ganze Bibliotheksregale, allein die *Summa theologiae*, die keineswegs sein umfangreichstes Werk ist, enthält 502 Quaestionen mit ungefähr 3.500 Artikeln und ca. 1,8 Millionen Wörtern. Doch in den 28 Versen (oder 148 Wörtern im lateinischen Text) des *„Adoro te devote"* sind seine Person und sein Denken wie in einem Brennglas zusammengefaßt und ganz und gar präsent! So bietet der Hymnus eine einzigartige Möglichkeit, Thomas kennen zu lernen. Wer seine Verse liest oder spricht, wer sie betet, wird an ihrer Hand unmittelbar hineingeführt in die große Gedankenwelt des Thomas – wie auch in seine innere Welt – und erhält einen sehr persönlichen Einblick in sein Denken. Ich möchte daher im folgenden zeigen, *auf welche Weise*

---

[32] Zu dieser „teleologischen Grundsignatur" vgl. insbesondere S. 406-431.

[33] Vgl. J. Pieper (1960).

[34] Schon die frühsten Biographen berichten in ihren Erzählungen von den letzten Stunden des Thomas davon, dieser habe „viel Schönes über die Eucharistie gesagt" und „seine Lehre zusammengefaßt" (*suam doctrinam asseruit*; Ptolemäus von Lucca, *Historia ecclesiastica nova* XXIII 9, ed. Ferrua, 362, n. 177). – Warum sollte sich diese Bemerkung nicht auf das *„Adoro te devote"* beziehen lassen?

Person und Werk des Thomas von Aquin in den 28 Versen des *„Adoro te devote"* in einer verdichteten Weise zum Ausdruck kommen und von hier aus zugänglich werden.

Relativ leicht lassen sich ja im Text des Hymnus *Kerngedanken* und *Leitmotive* entdecken, die zu den zentralen *Grundthemen* des thomanischen Denkens führen. Von ihnen aus können jene größeren Fragen und Problemhorizonte sichtbar werden, die Thomas bewegt und die sein Leben und Lehren geprägt haben. Durch die Entfaltung dieser Leitmotive kann so ein umfassendes Bild - oder zumindest eine Skizze - seines Denkens wie seiner Persönlichkeit entstehen.

Vielleicht ist ein solcher Weg, sich Thomas zu nähern, gerade in der Gegenwart der angemessenste und naheliegendste. Denn es ist eine unbestreitbare Tatsache, daß Thomas seine jahrhundertelange Rolle als Lehrautorität in der katholischen Kirche inzwischen verloren hat,[35] und auch in der Philosophie, die ihn noch länger geschätzt hat, wird er mittlerweile vor allem als religiöser Denker wahrgenommen, dem man einen Beitrag von genuin philosophischer Qualität nicht unbedingt zutraut. Überdies ist das Thomas-Bild, wie es etwa in philosophiegeschichtlichen Einführungen oder Schulbüchern anzutreffen ist, zumeist auf den des typisch mittelalterlichen Repräsentanten eines harmonischen Ausgleichs zwischen Vernunft und Glaube, auf den Vertreter der Gottesbeweise, den spekulativen Metaphysiker oder paradigmatischen Vordenker der politischen Ordnung im Hochmittelalter reduziert.[36]

Gerade diese Situation birgt indessen die Chance, Thomas neu zu entdecken. Hierbei mögen die persönliche Qualität, die Schönheit und Kürze seiner Rede ebenso ein Zugangstor bieten wie der Charakter betenden Sprechens - kommen mit ihnen doch jene religiösen Dimensionen zum Ausdruck, die sein Wirken von Grund auf bestimmten.[37]

Wer also war Thomas von Aquin? Wie hat er gedacht, und was hat er gelehrt?

---

[35] Vgl. dazu die grundlegenden Überlegungen J.-H. Tück (2009), 12-20, sowie den Literaturüberblick in V. Leppin (2006),17-28; zuletzt B. Dahlke/ B. Knorn (2018).

[36] Für eine solche Wahrnehmung sind die „Fünf Wege" (*quinque viae*) der *Summa theologiae* (I 2, 3) sowie die Opuscula *De ente et essentia* („Vom Seienden und von der Wesenheit") und *De regno* („Vom Herrscher", auch: „Von der Herrschaft des Fürsten") in der Regel die zentralen Bezugstexte.

[37] In diese Richtung weist etwa J.-P. Torrell (1996), der allerdings zu die besondere Gestalt der Frömmigkeit des Thomas wenig pointiert und profiliert.

3. Der Hymnus „*Adoro te devote*": seine Entstehung, seine Überlieferung und sein Ort im Leben und Werk des Thomas von Aquin

Zu Beginn seien nur einige wenige äußere Informationen zur Biographie des Thomas, zu seinem Werk und zur Entstehung des Hymnus vorausgeschickt, die es ermöglichen, den Text und seinen Autor historisch einzuordnen und sie vor dem Hintergrund ihrer Welt und ihrer Zeit wahrzunehmen.

Thomas – Sein Leben und seine Zeit. – Bei seinem Tod in der Abtei Fossanova im Jahr 1274 war Thomas nach dem Zeugnis seiner Biographen erst 49 Jahre alt.[38] Seine Geburt wäre demnach auf das Jahr 1224/5 zu datieren.[39] Die Lebenszeit des Thomas umfaßt damit recht genau das zweite und dritte Viertel des 13. Jahrhunderts. Man hat daher den „exemplarischen Charakter" seiner Biographie hervorgehoben, in der sich „nahezu sämtliche Elemente jenes [...] Jahrhunderts zu einer Art von ‚existentieller' Synthese"[40] verknüpfen. Das 13. Jahrhundert – das war die Welt der großen gotischen Kathedralen, der aufblühenden Städte, der Universitäten, der Wiederaneignung der Philosophie des Aristoteles und der Bettelorden. Und in der Tat zeigt sich der persönliche Lebensgang des Thomas mit all diesen Elementen seines Zeitalters auf eigenartige Weise verflochten.

Vor allem nimmt Thomas teil an der äußeren und inneren *Dynamik* seines Zeitalters. So ist es kein Wunder, daß er ausgerechnet auf einer Reise starb. Sein Leben war geprägt von einem beständigen Unterwegssein, und kaum mehr als drei bis vier Jahre hielt er sich an einem Ort auf. Wohl an die 15.000 km hat er auf seinen Wegen durch Europa zu Fuß zurückgelegt.[41] Der Grund lag in der besonderen Mobilität, die sich mit der seinerzeit „neuen" Existenzform des Ordens der Predigerbrüder verband.

(1) Thomas hatte den Predigerorden, den der hl. Dominikus (um 1179-1221) im Jahr 1216 in Toulouse gegründet hatte, wäh-

---

[38] Vgl. Wilhelm von Tocco, *Historia* 64 (Z. 2f.)

[39] Das älteste bekannte Zeugnis aus dem Leben des Thomas von Aquin ist eine Urkunde der Abtei Monte Cassino vom 3. Mai 1231, die eine Schenkung von zwanzig Unzen Gold durch Thomas' Vater, Landulf von Aquin, – wohl für die Oblation – belegt: vgl. U. Horst (2017), 9f. – Die Urkunde ist abgebildet bei T. Leccisotti (1965), tav. III und IIv. – Auch im Nekrolog der Abtei wird Thomas mit seinem Todestag verzeichnet.

[40] J. Pieper (2001a), 160.

[41] Vgl. J.-P. Torrell (1995), 293; M.H. Vicaire (1974), 25 und Anm. 75. – Zu den Wegen des Aquinaten vgl. A. Walz (1957).

rend seiner Studien in Neapel zwischen 1239 und 1244 kennengelernt und sich ihm gegen den Widerstand seiner Familie angeschlossen. Als jüngstes Kind des Grafen Landulf von Aquin (*1160/70), eines Ritters (*miles*) aus dem Hofadel Friedrichs II. von Hohenstaufen (1194-1250),[42] auf der Burg Roccasecca geboren, war er ursprünglich im Alter von fünf oder sechs Jahren von seinen Eltern als Oblate für die Benediktinerabtei Monte Cassino ausersehen worden – wohlmöglich mit der Absicht, daß er dort eines Tages Abt werden könnte. Indessen erkannte Thomas in der „alternativen Lebensform" der Bettelorden mit ihren biblischen Idealen eines Lebens in radikaler Armut und Wanderpredigt die Möglichkeit einer ursprünglicheren, möglichst buchstäblichen Nachfolge Christi und der Apostel, die in ihrer Ernsthaftigkeit und Radikalität nicht nur auf ihn, sondern auf viele junge Leute seiner Zeit anziehend wirkte.

> *Darin besteht das apostolische Leben: alles zu verlassen, um die Welt zu durcheilen und zu predigen und das Evangelium zu verkündigen,*[43]

so hat Thomas das Ideal der Predigerbrüder einmal treffend auf den Punkt gebracht.

Historisch repräsentierte der Dominikanerorden eine völlig andere, bisher unbekannte Form des Mönchtums. Im Unterschied zu den „klassischen" Orden der Benediktiner oder Zisterzienser (a) mit ihrer *stabilitas loci*, (b) mit bewirtschaftetem Grundbesitz, (c) der Leitung durch einen Abt und (d) klösterlicher Autonomie

---

[42] Die Linie der Familie läßt sich väterlicherseits bis ins 9. Jahrhundert zurückverfolgen, sie ist lombardischen, vielleicht normannischen Ursprungs. Thomas' Mutter Theodora stammte aus neapolitanischem Adel, dem Zweig Rossi der neapolitanischen Familie Caracciolo. Auch für sie werden normannische Vorfahren angenommen, sie war entfernt mit Friedrich II. verwandt. Ein Stammbaum der Familie findet sich bei C.A. Joyau (1895), 31. – „Thomas stammt nicht aus dem antiken römischen Reichsboden; sondern er kommt her aus den neuen Stämmen, die das Imperium Romanum zunächst als barbarische Invasionsmächte, dann als ‚Besatzung', schließlich als gelehrige Schüler und als die geschichtlichen Erben überfluten und besetzt halten." (J. Pieper [2001a], 162f.). Thomas hatte mindestens acht Geschwister: drei Brüder und fünf Schwestern. Einer seiner Brüder, Rinaldo (+ 1245), hat Liebesgedichte in der italienischen Volkssprache verfaßt. Seine politischen Aktivitäten, mit denen er zunächst für den Kaiser Partei ergriffen hatte und später auf die Seite des Papstes wechselte, kostete ihn das Leben.

[43] Thomas, *Contra impugn.* 4 (Z. 885-887): „Haec fuit vita apostolica ut relictis omnibus per mundum discurrerent evangelizando et praedicando".

und Autarkie war er als ein (a) als ortsunabhängiger Personalverband (b) ohne Besitz und feste Einkünfte organisiert, (c) von egalitärer Struktur und unmittelbar dem Papst unterstellt und stützte sich (d) in seiner Existenzsicherung im Wesentlichen auf Betteln und Seelsorge.[44] Damit entsprach er den sozialen, wirtschaftlichen und kulturellen Wandlungen der Zeit.[45]

(2) Seinen „natürlichen Ort" (*oikeios topos*) hatte der Orden der Predigerbrüder daher auch nicht mehr in der Abgeschiedenheit des Landes, sondern in den *Städten* mit ihren Zünften und Magistraten, mit Handwerk und Handel, die gleichermaßen Orte wie Symbole der „neuen Weltlichkeit" jener Zeit waren: Initiative und Beweglichkeit verbanden sich dort mit dem Sinn für individuelle Verantwortung zu einer eigenen Dynamik.[46] Die Städte wurden für die Mendikanten zum primären Ort, die Menschen zu suchen und zu finden und ihnen das Wort Gottes zu predigen. – Für Thomas bedeutete der Ordenseintritt mithin den Schritt heraus aus der alten, im Zerfall begriffenen Feudalordnung des Frühmittelalters in jene „neue Welt", die unter dem Vorzeichen städtischer Freiheit und neuer politischer und wirtschaftlicher Lebensformen im Begriff war zu entstehen.[47]

(3) Um dem Bedürfnis der Stadtbürger nach religiöser Bildung[48] in Predigt und Seelsorge entsprechen zu können, bedurfte es seitens der Bettelorden überdies einer gediegenen Ausbildung und eines eingehenden Studiums, das eine umfassende Kenntnis der Theologie, aber auch der weltlichen Wissenschaften umfaßte. Die Ausbreitung der Mendikanten ist daher maßgeblich verbunden mit dem Aufblühen der neuen Institution der *Universitäten*, die mit Recht als eine spezifisch abendländische Einrichtung gelten kann. An vielen Orten, wie etwa in Köln oder Paris, waren es die Studienhäuser der Bettelorden, die Vorformen der Universität bildeten.[49]

---

[44] Vgl. dazu U. Horst (2017), 82ff.

[45] Zum zeitgeschichtlichen Kontext vgl. v.a. M.-D. Chenu ([2]1982), 3-82.

[46] Vgl. dazu summarisch *ebd.*, 6ff.

[47] Vgl. *ebd.*, 163. – Im Nekrolog der Abtei Monte Cassino ist Thomas im Übrigen immer noch verzeichnet: vgl. T. Leccisotti (1965), tav. VIII.

[48] Vgl. hierzu unten S. 208f.

[49] Vgl. W.P. Eckert (1961). – P. Hellmeier (2016), 22, nennt summarisch als zentrale Kennzeichen des Zeitalters, auf die Dominikus mit seiner Gründung reagierte: „[1] Ein starkes *Bevölkerungswachstum*, das den wirtschaftlichen und politischen Aufstieg der Städte ermöglichte, [2] de[n] mit dem Aufkommen der Geldwirtschaft verbundene[n] *ökonomische[n]* Wandel, [3] die Entdeckung der *geographischen* Grenzen der Christenheit, [4] die gestiegenen *religiösen* Bedürfnisse [insbesondere] von

Die Städte mit ihren Konventen und Studienhäusern sind folglich das Lebensumfeld, in dem Thomas sich nach seinem Ordenseintritt 1244 in Neapel bewegt und die seine weiteren Lebensstationen markieren. Sie seien im folgenden zunächst nur stichpunktartig genannt, um den weiteren Darlegungen ein chronologisches Raster zu geben:

1246-1252	Paris und Köln:	Studien und Assistenzzeit bei Albertus Magnus
1252-1259	Paris:	Bakkalaureus und Magister für Theologie (ab 1256)
1259-1268	Italien:	Verschiedene Aufgaben im Dienst des Ordens
ab 1260		Generalprediger des Ordens für die römische Provinz[50]
1261-1265	Orvieto:	Lektor am Dominikanerkonvent San Domenico
1265-1268	Rom:	Magister am Dominikanerkonvent Santa Sabina
1268-1272	Paris:	Magister für Theologie
1272-1273	Neapel:	Magister am Dominikanerkonvent San Domenico Maggiore

Zur Entstehung des „Adoro te devote". - Zeitlich genau in die Mitte seines Wirkens als Lehrer fällt der etwa vierjährige Aufenthalt in Orvieto. Thomas war etwa 38 Jahre alt, als er zum dortigen Konventslektor bestellt wurde. Seine Aufgabe war die Ausbildung der Ordensbrüder für den pastoralen Dienst.

Mit den Jahren in Orvieto ist zugleich die Abfassung jenes Werkes verbunden, mit dem Thomas bis heute im Glaubensleben der Kirche am meisten präsent ist: das Offizium zum seinerzeit neu eingeführten Fest Fronleichnam mit seinen Hymnen und seiner Sequenz.[51] Von Papst Urban IV. (1200-1264), der zu jener Zeit in Orvieto residierte, war ihm diese Aufgabe übertragen wor-

---

Gruppen religiöser Frauen und [5] de[n] *intellektuellen* Aufbruch an den vielerorts entstandenen Universitäten" (Hervorhebungen von mir).

[50] Zu den biographischen Unsicherheiten der Zeit zwischen 1259 und 1261 vgl. J.-P. Torrell (1995), 115-119: „Wir wissen nichts Näheres über die Zeit [...], außer das Thomas vom Provinzialkapitel von Neapel im Jahre 1260 zum Generalprediger bestimmt wurde" (118). - Vgl. hierzu die Aufstellung bei A. Walz (1957), 224.

[51] Zur Überlieferung vgl. P.-M. Gy (1980) und (1990); C. Lambot (1942) und (1946); zusammenfassend J.-H. Tück (2009), 192-199.

den.[52] Auf päpstlichen Auftrag geht auch eine Reihe weiterer Arbeiten zurück, wie etwa die später sog. *Catena aurea*, ein in der Folgezeit sehr verbreiteter Kommentar zu den vier Evangelien ausschließlich mit Hilfe von Kirchenväterzitaten.[53] Ferner entstand in jenen Jahren ein biblischer *Kommentar zum Buch Ijob*, und die kleinere der beiden Summen, die schon genannte *Summa contra Gentiles*, fand ihren Abschluß. Mit den Jahren in Orvieto, so hat man gesagt, begann für Thomas die „literarisch fruchtbarste Zeit seines Lebens"[54].

Auch die Abfassung des Hymnus „*Adoro te devote*" fällt wohl in diese Jahre.[55] Allerdings ist der Text nicht als Bestandteil des Fronleichnamsoffiziums, sondern separat entstanden.[56] Auch handelte es sich hier nicht um eine Auftragsarbeit, sondern um ein Werk, das Thomas aus eigenem Impuls verfaßt hat. Seinen ältesten Biographen zufolge hatte Thomas die Gewohnheit, täglich die Heilige Messe zu zelebrieren und anschließend der Messe seines Sekretärs Reginald von Piperno (um 1230/35-1285/95) als Ministrant beizuwohnen.[57] Man nimmt daher an, „Thomas ha[be] die *Oratio* 1264 geschrieben und bis 1274 bei der fast täglich beigewohnten Zweitmesse gebetet"[58].

Auch Texte haben freilich ihre Geschichte und können in unterschiedlichen Situationen eine ganz neue und andere, ja vielleicht erst ihre eigentliche Bedeutung gewinnen. So scheint es auch mit dem Hymnus „*Adoro te devote*" zu sein: zu einem weitaus früheren Zeitpunkt entstanden, hat der Hymnus Thomas wohl etwa die letzten zehn Jahre seines Lebens begleitet, um schließlich in der Todesstunde zur umfassenden Aussage seines Lebens und Denkens zu werden. Jedenfalls hat Thomas ihn offenbar für in besonderer Weise dazu geeignet gehalten, als er ihn in den letzten Stunden seines Lebens sprach.

---

[52] Vgl. dazu ausführlich S. 305-312.

[53] Vgl dazu unten S. 159f.

[54] U. Horst (1974), 176.

[55] Bestimmte textliche Beobachtungen machen dies plausibel. Vgl. hierzu R. Wielockx (1998) und (2007a+b), der das besondere Verdienst zukommt, in den letzten Jahren die Echtheit des Hymnus unzweifelhaft belegt und schlüssige Vorschläge zur Datierung seiner Entstehungszeit vorgelegt zu haben.

[56] Bereits äußerlich unterscheidet er sich dadurch, daß er nicht von jenem hoheitlich-gemessenen, zeremoniellen Ton getragen ist wie der Hymnus „*Pange lingua*" oder von jener festlich-repräsentativen Stimmung, die die Sequenz „*Lauda Sion*" prägt. Sein Grundton ist vielmehr ein innerlicherer, kontemplativer.

[57] Vgl. Wilhelm von Tocco, *Historia* 29 (Z. 13-15).

[58] R. Wielockx (2007b), 123.

Zur Überlieferung des „Adoro te devote". – Die ältesten Bezeugungen des Hymnus finden sich

(1) einerseits in der eingangs zitierten *Historia S. Thomae de Aquino* des Wilhelm von Tocco ([ca. 1240-ca. 1323]; allerdings erst in deren 4. und letzter Redaktion von 1323), welche auch die älteste erhaltene, beste und grundlegende Texttradition ist;[59]

(2) andererseits in einer separaten Manuskripttradition, in welcher er u.a. als *Oratio de sacramento, Oratio ad corpus Domini, Oratio in praesentia corporis Christi* oder *Oratio [...] in elevatione sacratissimi corporis Christi* bezeichnet wird. Als Gebet der privaten Kommunionfrömmigkeit hat er von hier aus seinen Weg in die verschiedenen liturgischen Bücher gefunden, in denen er bis heute präsent ist.[60]

An der *Verfasserschaft* des Thomas besteht kein Zweifel, wobei sich diese nur auf den Text, nicht hingegen auf die Melodie bezieht, die ihn gemeinhin begleitet und seine meditative Stimmung treffend unterstreicht. Diese stammt erst aus dem 17. Jahrhundert. Thomas hat das *„Adoro te devote"* also als Gedicht, nicht als Gesang geschrieben![61]

Zur Textgestalt. – Bereits in den 1920er haben Untersuchungen zur frühen Manuskripttradition einige signifikante Unterschiede im Textbestand gegenüber der überlieferten und weithin bekannten Fassung zu Tage gefördert.[62] Leider sind sie bis heute nicht in die liturgisch gebräuchliche Textfassung bzw. ihre Übersetzung eingegangen und nicht geläufig.[63] – Die wichtigsten beiden dieser Korrekturen betreffen gleich die beiden ersten Verse:

(1) So heißt es der ältesten handschriftlichen Überlieferung zufolge im ersten Vers nicht „Adoro te devote, latens *deitas*", sondern „Adoro te devote, latens *veritas*".[64]

---

[59] Vgl. R. Wielockx (1998), 157. – Ders. (2007), 129: „Was in der Zeit zwischen 1264 und 1323 mit dem Text der Oratio geschehen ist, liegt, da keinerlei entsprechende handschriftliche Zeugen bekannt sind, für uns im Dunkel."

[60] Vgl. A. Wilmart (1929), 165f. – Dementsprechend führt ihn auch das heutige *Römische Meßbuch* unter der Rubrik „Kommuniongebete". Im *Liber usualis*, dem „klassischen" Gesangbuch des gregorianischen Chorals, ist er als *Hymnus in honorem SS. Sacramenti* verzeichnet, und seine Strophen 5-7 werden im Rahmen des Stundengebets der Liturgie im Vesperhymnus am Gründonnerstag gebetet.

[61] Vgl. R. Wielockx (1998), 157.

[62] Vgl. A. Wilmart (1929), 21-40 und 149-176.

[63] Vgl. die metrische Übersetzung von Petronia Steiner (1957) im *Gotteslob* (Nr. 497), die sich ohne Schwierigkeiten korrigieren ließe.

[64] Auch inhaltliche Gesichtspunkte sprechen dafür: (1) So fügt sich der

(2) Außerdem ist anstelle des traditionell gebrauchten Begriffs *figuris* in Vers 2 das Wort *formis* zu lesen.[65]

Darüber hinaus gab es in jüngerer Zeit weitere Versuche, Änderungen in der ursprünglichen Textgestalt plausibel zu machen, denen ich allerdings nicht folgen kann.

(a) So scheint mir der Versuch von R. Wielockx, eine ursprüngliche Überlieferung des Hymnus in vierzehn Distichen statt in sieben vierversigen Strophen zu erhärten, zwar geeignet, die hervorragende *formale* Gestaltung des Textes und die dahinter stehende Kunstfertigkeit ihres Autors sichtbar zu machen.[66] Allerdings nivelliert seine daran anknüpfende Strukturierung des Textes zugleich an mehreren Stellen offensichtliche Sinneinheiten, die durch die strophische Gliederung evident sind.[67] – Im Gegensatz dazu wahrt die traditionelle Gliederung in sieben Strophen mit je vier Versen, die jeweils in katalektischen, trochäischen Trimetern gebaut und im Paarreimschema a-a-b-b angeordnet sind, wesentlich besser den *inhaltlichen* Aufbau, wie er durch Semantik und Syntax, die logische und grammatische Struktur des Textes, die Verschiedenheit der Sprechakte und ihre Adressaten etc. gegeben ist.[68]

(b) Und auch gegen eine rein spekulative Änderung des Auftaktverses von „Adoro te devote" in „Te devote laudo", wie

---

Begriff „veritas" wesentlich besser in die Semantik der folgenden Verse ein, insofern sich dadurch mit dem letzten Vers der 2. Strophe („Nihil veritatis verbo verius") eine motivische Klammer ergibt. (2) Darüber hinaus macht Thomas im allgemeinen einen sehr zurückhaltenden Gebrauch des abstrakten Ausdrucks „Gottheit" (*deitas*) und spricht stattdessen lieber konkret „Gott" (*Deus*). – Vgl. dazu auch unten S. 53, Anm. 67.

[65] Vgl. hierzu zusammenfassend F.J.E. Raby (1945), 236-238.

[66] Vgl. R. Wielockx (1998).

[67] So wird bereits (1) durch die Einteilung des Hymnus in zwei große symmetrische Teile der inhaltliche Zusammenhang der Verse 13-14 und 15-16 auseinandergerissen, in denen die Bitte sich als unmittelbare Folge aus der Betrachtung der Begegnung des Auferstandenen mit dem Apostel Thomas ergibt. (2) Im ersten Teil wird darüber hinaus der Bezug der Verse 11-12 auf die vorherigen Verse 9-10 unterbunden, obwohl das Wort „ambo" in Vers 11 doch gerade dazu dient, einen Rückbezug zur „Gottheit" und „Menschheit" Christi herzustellen, von denen unmittelbar zuvor die Rede war. In beiden Fällen ist die Doppelstruktur von betrachtender Aussage und daraus folgenden Gebet zerstört. (3) Nicht anders verunklärt die Gliederung des zweiten Teils, die sich auf eine „Allerweltsendung" des Infinitivs der e-Konjugation stützt, den an sich eindeutigen Aufbau von persönlicher Anrufung, Betrachtung und Bitte, durch den die Verse 17-24 gekennzeichnet sind.

[68] In diesem Sinne auch A. Stock (2012), 226.

Wielockx[69] sie mit Blick auf scheinbare rhythmische Anomalien vorschlägt, spricht eindeutig und ausdrücklich die Manuskripttradition (was er sogar selbst einräumt).[70]

Der lateinische Text, der Grundlage der folgenden Interpretation sein soll, hat demnach die folgende Gestalt.

1. Adoro te devote, latens veritas,
te quae sub his formis vere latitas.
Tibi se cor meum totum subicit,
quia te contemplans totum deficit.

2. Visus, tactus, gustus in te fallitur,
sed auditu solo tute creditur.
Credo quicquid dixit Dei Filius,
nihil veritatis verbo verius.

3. In cruce latebat sola deitas,
sed hic latet simul et humanitas.
Ambo vere credens atque confitens,
peto quod petivit latro paenitens.

4. Plagas sicut Thomas non intueor,
Deum tamen meum te confiteor.
Fac me tibi semper magis credere,
in te spem habere, te diligere.

5. O memoriale mortis Domini,
panis vivus, vitam praestans homini.
Praesta mihi semper de te vivere,
et te mihi semper dulce sapere.

6. Pie pelicane, Iesu Domine,
me immundum munda tuo sanguine.
Cuius una stilla salvum facere,
totum mundum posset ab omni scelere.

7. Iesu, quem velatum nunc aspicio,
quando fiet illud quod tam sitio?
Ut te revelata cernens facie,
Visu sim beatus tuae gloriae?[71]

---

[69] Vgl. R. Wielockx (2007b).

[70] *Ebd.*, 107. – Originellerweise lassen sich die *gegen* eine Echtheit des Auftaktverses angeführten Argumente, ebensogut als Argumente *für* seine Echtheit arrangieren.

[71] Vgl. Wilhelm von Tocco, *Historia* 58 (Z. 21-48). – Gegenüber der kritischen Edition wurde die Orthographie hier normalisiert.

4. Aufbau des Textes und Gang der Interpretation

Das Hauptthema. – Nimmt man die gedankliche Struktur des Textes in den Blick, so wird als dessen Hauptthema die *Verborgenheit Christi unter den eucharistischen Gestalten* erkennbar. Vom ersten Vers an ist sie in verschiedener Weise benannt und umschrieben:

- als „verborgene Wahrheit (unter den Gestalten)" (Strophe 1),

- als Verborgenheit für die Sinne, zu der nur der hörende Glaube Zugang findet (Strophe 2),

- als Verborgenheit, die die Verborgenheit der Gottheit Christi am Kreuz noch übertrifft, da sie auch seine Menschheit umfaßt (Strophe 3),

- als Verborgenheit des Auferstandenen und seiner Wundmale gegenüber deren Sichtbarkeit für den Apostel Thomas (Strophe 4),

- als Verhülltheit des Antlitzes Jesu in der Hoffnung, dieses im Jenseits unverhüllt zu schauen (Strophe 7).

Auch die Gegensatzpaare, mit denen die Strophen 5 und 6 arbeiten („Gedächtnis des Todes"-„lebenspendendes Lebensbrot"; „Unreinheit"- [innere] „Reinigung" von Sünde), können in der Dynamik dieses Leitgedanken gelesen und verstanden werden, insofern sie von den verborgenen Wirkungen, die die eucharistischen Gaben besitzen, handeln.

Es ist dieses Hauptthema, das die Haltung der Anbetung *begründet*, die im ersten Wort des Hymnus (*adoro*) emphatisch ausgesprochen und in den folgenden Versen der ersten Strophe noch einmal variiert wird: „Dir unterwirft sich mein ganzes Herz". Diesen Begründungszusammenhang zeigt die Partikel *quia* („denn") in V. 4 an, indem sie alle folgenden Strophen gewissermaßen als kausale Erklärung für die Haltung der Anbetung anführt: „*Denn* indem ich dich betrachte, verschwindet alles andere." Zugleich wird damit die Denk- und Redeweise des Textes im ganzen als Weise der *Betrachtung* – als *contemplatio* – gekennzeichnet. Sie ist es, die im Ausgang vom letzten Vers der Auftaktstrophe im Hymnus entfaltet wird.

Im Raum der contemplatio. – Der Begriff der *contemplatio* hat dabei für Thomas einen fest umrissenen Sinn: im eigentlichen Sinne meint er „die Tätigkeit des menschlichen Verstandes, der das Göttliche bedenkt", in einem weiteren Sinne umfaßt er „jede Tätigkeit, in der jemand, von äußeren Beschäftigungen verfolgt, frei wird allein für Gott". Hierzu gehören insbesondere die Lesung (*lectio*) bzw. das Hören auf die Heiligen Schrift, die *meditatio* und das Gebet (*oratio*).[72]

Bekannt ist darüber hinaus jene summarische Formel, mit der Thomas das Ideal des Predigerordens beschrieben hat: „Contemplari et contemplata aliis tradere" – „Betrachten und das Betrachtete anderen weitergeben."[73] Der Begriff *tradere* bezeichnet dabei die praktische, das Wort *contemplari* dagegen die theoretische Seite in der Lebensform des Predigerbruders.[74] Das Wort *contemplatio* deutet somit auf jene Dimensionen hin, in der die geistlichen Ursprünge des Thomas von Aquin zu suchen sind, jene inneren Quellen, in denen sein Lehren und Schreiben gründen und die ihnen ihre eigentümliche Frische und Lebendigkeit verleihen. Es unterstreicht noch einmal die einzigartige Bedeutung des Hymnus, von der eingangs die Rede war. Seine ältesten Biographen haben Thomas als einen Menschen von großer Kontemplation und reichem Gebetsleben (*fuit homo magnae contemplationis et orationis*[75]) charakterisiert und vielfältige Berichte von seinen Gebetsgewohnheiten, von mystischen Erhebungen und wunderbaren Erhörungen zusammengetragen.[76] Der Raum, in den das *„Adoro te devote"* seinen Leser mit hinein nimmt, ist mithin der Bezirk der innersten Kontemplation (schließlich steckt in *contemplatio* das Wort „Tempel"). Hier wird die Betrachtung immer wieder zum Gebet, ja: am Ende zur sehnenden Frage.

So ist mit dem Begriff der *contemplatio* zugleich ein Letztes angesprochen. Denn nach der klassischen Lehre von den drei Lebensformen des Menschen, die Aristoteles in der *Nikomachischen Ethik* überliefert,[77] besteht in der *contemplatio* die höchste Form menschlichen Glücks, eine Aktivierung der Seele im Hinblick auf ihren höchsten Gegenstand, die den Menschen so sehr zu erfüllen vermag, daß er nichts weiter ersehnt oder verlangt: „Vor allem", sagt Thomas,

> *gehört zum kontemplativen Leben die Betrachtung der göttlichen Wahrheit (contemplatio divinae veritatis), denn in ihrer*

---

[72] Vgl. Thomas, *Super IV Sent.* d. 15,4,1,2 ad 1. – Alle genannten Elemente finden sich im Übrigen im *„Adoro te devote"* verwirklicht.

[73] Thomas, *S.th.* II-II 188, 6 c.

[74] Vgl. dazu ausführlich unten S. 83-86.

[75] *Processus* n. 40: Henricus de Caracchulis (ed. Prümmer/Laurent, 317) u.ö.

[76] Wilhelm von Tocco, *Historia,* v.a. 29: *De dicti doctoris contemplatione et oratione*), ferner 31-34; 44-47; 50-52 vgl. bereits 3. – So „durfte er betend lernen, was er nach dem Gebet schreiben oder diktieren sollte", heißt es summarisch *ebd.*, 29 (Z. 32-36)

[77] Vgl. dazu ausführlich unten S. 84f. und S. 203-207, v.a. S. 206.

Betrachtung besteht das Ziel des gesamten menschlichen Lebens (finis totius humanae vitae).[78]

Eine paarweise Gliederung der Strophen. – Unter diesem Vorzeichen läßt sich für den Aufbau des Hymnus eine Gliederung feststellen, in der die ersten sechs Strophen jeweils paarweise angeordnet und durch verschiedene Merkmale und Motive miteinander verbunden sind:

Die Strophen 1 und 2. – So bildet für die beiden ersten Strophen das Thema „*Wahrheit*", das in den Versen 1 und 8 akzentuiert genannt wird (jeweils in Endreimstellung), ihre Erkennbarkeit oder Unerkennbarkeit, die umgreifende Klammer. Über die eucharistische Thematik hinaus ist damit

(1) jener Gegenstand angesprochen, den man als *das große Lebensthema des Thomas* bezeichnen könnte: *die Frage nach der Wahrheit, ihrer Zugänglichkeit und ihrer Bezeugung.*

(2) Auf die verschiedenen *Quellen der Wahrheitserkenntnis*, die für das Denken des Thomas konstitutiv sind, deuten darüber hinaus einerseits die detaillierte Betonung der verschiedenen Sinne („visus, tactus, gustus [...] auditus"), andererseits die Nennung des Wortes des Gottessohnes hin, gegenüber dessen Wahrheit „nichts wahrer" ist. Es sind (a) zum einen die *Philosophie des Aristoteles* mit ihrer Bejahung alles Sinnenhaften, Materiellen und Natürlichen, (b) zum anderen das Wort der *Heiligen Schrift* als übernatürliche Erkenntnisquelle, aus denen Thomas die entscheidenden Impulse für seine Erkenntnisbemühungen empfängt.

Die Strophen 3 und 4. – In einer parallelen Weise variieren die folgenden Strophen 3 und 4 die Thematik der Verborgenheit anhand der Gestalt des Gekreuzigten und Auferstandenen – womit sie nicht nur den besonderen *personalen* Sinn seiner sakramentalen Gegenwart, sondern auch die Präsentsetzung seines Heilswerks von Tod und Auferstehung in der Eucharistie hervorheben. Mit dem guten Schächer am Kreuz und dem Apostel Thomas werden überdies parallel biblische Personen eingeführt, die als Identifikationsfiguren für die Haltung des Beters fungieren. Beide Strophen laufen schließlich jeweils in eine Gebetsformel aus. – Zweifellos schwingen in diesen Betrachtungen wesentliche Motive mit, die auf *die Berufung des Thomas* hindeuten:

---

[78] Thomas, *S.th.* II-II 180, 4 c.

(1) zum einen in seinem Stand *als Mendikant und Predigerbruder*, für dessen Spiritualität das Kreuz und die Nachfolge des Gekreuzigten eine zentrale Rolle spielen,

(2) zum anderen in seiner Aufgabe *als Magister und Lehrer der Theologie*, die sich auf die Apostel und ihre Sendung, zu predigen und zu lehren, zurückführt. - Wohl nicht von ungefähr begegnet ausgerechnet im Zentrum des Hymnus, in V. 13, der Name des Apostels Thomas, des Namenspatrons des Aquinaten - ein neuerlicher Beleg für den persönlichen Charakter des *„Adoro te devote"*. In seiner Auslegung zu dessen Bekenntnis vor dem Auferstandenen („Mein Herr und mein Gott", Joh 20,28) bezeichnet Thomas den ungläubigen Apostel als einen „guten Theologen" (*bonus theologus*), der als erster Menschheit und Gottheit in Christus bekennt[79] und mit diesem Bekenntnis der Theologie ihr zentrales Thema und ihre Haltung vorzeichnet.[80]

Die Strophen 5 und 6. - In einem engeren Sinne der eucharistischen oder sakramentalen Thematik gewidmet sind die Strophen 5 und 6. Mit den Vorstellungen des Lebens und der lebensspendenden Nahrung einerseits und der Reinigung und Heilung von der Sünde andererseits bringen sie wesentliche Wirkungen der Eucharistie zur Sprache.

(1) Es sind diese Wirkungen, die Thomas zugleich als die zentralen Bezugspunkte bei seiner grundlegenden Erschließung dessen gelten, was ein *Sakrament* überhaupt ist und welche Bedeutung die Sakramente für das Leben der Glaubenden haben. Auch wenn die sakramentalen, und v.a. die eucharistischen Dimensionen bereits in den Strophen zuvor wiederholt zur Sprache kommen, so können sie gerade in diesem Zusammenhang gebündelt und zusammengefaßt in den Blick treten. Mit der Lehre von den Sakramenten, vor allem vom *Sakrament der Eucharistie,* aber klingt jenes *Vermächtnis des Thomas* an, mit dem er - theologisch wie poetisch - von besonderer Wirkung für die spätere katholische Theologie und Frömmigkeit war.

(2) Zu diesem Vermächtnis gehört freilich auch - gewissermaßen als Hintergrund oder korrespondierendes Element - jenes Grundmotiv, von dem J. Pieper gesagt hat, es stehe wie ein „Notenschlüssel" über dem thomanischen Denken im ganzen: das

---

[79] Vgl. Thomas, *Super Ioan.* XX 6 (n. 2564): „Er sah den Menschen und die Wundmale, und glaubte daraufhin an die Göttlichkeit des Auferstandenen."

[80] Vgl. Thomas, *De art. fid.* 1 (Z. 14ff.) „Der gesamte christliche Glaube dreht sich um die Göttlichkeit und Menschheit Christi."

Leitmotiv der *Kreatürlichkeit*.[81] Dieselbe Einsicht war es, die G.K. Chesterton zu dem Vorschlag veranlaßt hat, man sollte Thomas in Anlehnung an andere Heilige („Johannes vom Kreuz", Theresia vom Kinde Jesu") den Beinamen „Thomas vom Schöpfer" verleihen: „Thomas a Creatore".[82] Im Unterschied zu einem paganen Naturverständnis bezieht dieses Konzept von Schöpfung als Kontrapunkt freilich auch die Aspekte von Sünde und Erlösung mit ein, so daß der Mensch erscheint in den elementaren Dimensionen seines Daseins gleichermaßen als Geschaffener wie als Gefallener, der Heilung Bedürftiger und Erlöster.

Die Strophe 7. – Gegenüber den vorangehenden Strophen markieren die letzten vier Verse ein gesteigertes Finale. Die Anrede ist verkürzt, die Aussage wird zur Frage, das Problem der Unerkennbarkeit wird bis an die Grenze seiner Lösung geführt: im Vorausblick auf das offenbare Erkennen Jesu im Jenseits. Es ist, als ob Thomas hier sich selbst und alles, was ihn zuinnerst bewegt, noch einmal zusammenrafft und in diese *Strophe 7* bringt. In der Ungeduld, der Spannung und dem Verlangen, von denen sie getragen sind, bündelt sich jene „teleologische Grundsignatur" seines Denkens, von der oben die Rede war. Seine letzten Verse sind so wie eine Unterschrift, in der sich die *Persönlichkeit des Thomas* wie in einem konzentrierten Schlußpunkt zum Ausdruck bringt.

Poetische Gestaltungsprinzipien. – Unterstützt wird die skizzierte thematische Gliederung durch eine Reihe formaler Beobachtungen zu Bau und Struktur des Textes. Vor allem *drei* Gestaltungsprinzipien sind es, die die Komposition des Hymnus prägen und ihn zu einem poetischen Ganzen machen.

(1) Besondere Betonung tragen zunächst die *Endreimwörter*, die im Zusammenspiel mit dem Metrum der Hervorhebung der inhaltlichen Aussage dienen. So nimmt der Endreim des 2. Verses das Leitthema des Auftaktes („latens veritas") noch einmal auf („latitas") und verstärkt es. Ebenso stehen die Reimwörter „fallitur"-„creditur" (V. 5 und 6), „deitas"-„humanitas" (V. 9 und 10), „confitens"-„paenitens" (V. 11 und 12) oder „Domini"-„homini" (V. 17 und 18) in unmittelbarer thematischer Korrespondenz zueinander und setzen entsprechende inhaltliche Akzente.

(2) Ergänzend dazu werden durch *leitmotivische Wörter* und ihre *Wiederholung*, ferner durch *Assonanzen*, *Alliterationen* und

[81] J. Pieper (2001d). – Zu diesem Begriff vgl. ausführlich S. 301-304.

[82] Vgl. G.K. Chesterton (1960), 85.

Wortspiele mit Hilfe der Semantik ein vielschichtiges „Bedeutungsnetz" durch den Text hindurch geknüpft und die Strophen miteinander verflochten.

- So erscheinen der zentrale Begriff der „veritas" und seine Derivate viermal in den ersten beiden Strophen (in V. 8 überdies verbunden mit dem gleich anlautenden „verbum"),
- das Leitmotiv der Verborgenheit findet sich in „latere" etc. viermal in den ersten zehn Versen.
- Als drittes Schlüsselwort tritt ferner das Verb „credere" mit ebenfalls vier Nennungen in den ersten vier Strophen auf.
- In Strophe 5 wird das Wortfeld durch Varianten von „vita"/ „vivere" (3x) bestimmt,
- und in Strophe 6 die gleichlautenden Begriffe „immundum"/ „mundare" („unrein", „reinigen") und „mundus" („Welt") wortspielerisch zueinander in Beziehung gesetzt.

Auf die Intensivierung der Rede durch die Häufung von Personalpronomen der 1. und 2. Person Singular habe ich bereits oben hingewiesen. Wiederholungen von Partikeln mit einer umfassenden oder fortdauernden, immerwährenden Bedeutung („totum" - „totum" - „totum mundum", „semper magis" - „semper"), z.T. komparativisch gesteigert und mitunter einen litaneihaften Ton anschlagend, geben der Abfolge der Verse schließlich eine gewisse Eindringlichkeit und tragen zu einer Emotionalisierung des gedanklichen Duktus bei.

(3) Unterstützt wird diese Eindringlichkeit durch eine eigentümliche Spannung, die durch *Gegensätze* erzeugt wird: allen voran durch den gedanklichen Gegensatz von Anwesenheit und Verborgenheit, aber auch die bewußte Verwendung von kontrastierenden Gegenbegriffen, wie der Worte „,mors" („Tod") oder „crux" („Kreuz") in der vom Topos des „Lebens" dominierten Strophe 5.

Ich kann und will diese Elemente hier lediglich punktuell und als *Prinzipien der Gestaltung* andeuten. Auf ihre Bedeutung werde ich im Laufe der Darlegungen eingehen. Darüber hinaus ist damit das weite, schier unendliche Feld der Beobachtungen und Interpretationen eröffnet, in der sich immer neue Zusammenhänge erschließen lassen und der Hymnus als poetischer Text in seiner Tiefe unausschöpfbar erscheint.

Für den Fortgang der folgenden Darlegung seien indessen die zentralen *inhaltlichen Gesichtspunkte* festgehalten, die sich aus dem Gesagten ergeben und die die Gliederung der weiteren Darlegungen bestimmen. Demnach soll das *„Adoro te devote"* im folgenden in vier großen Teilen Gegenstand meiner Interpretationen sein. Diese betreffen:

I. Das Lebensthema des Thomas: Die Wahrheit – ihre Erkenntnis und ihre Bezeugung

II. Die Berufung des Thomas: als Mendikant und Magister

III. Das Vermächtnis des Thomas: die Grundmotive von Schöpfung und Sakrament

IV. Die Persönlichkeit des Thomas: seine Sehnsucht nach der ewigen Glückseligkeit.

Innerhalb dieser vier Teile gliedern sich die Darlegungen jeweils in zwei Kapitel, die der oben getroffenen inhaltlichen Strukturierung der sieben Strophen entsprechen. – Ich werde dabei im folgenden

(1) zu Beginn jedes Teils zunächst den Text des Hymnus zum Ausgangspunkt nehmen, seine *Kerngedanken* zusammenfassen, die verwendeten *Motive* erläutern und ihre Herkunft und Bedeutung verfolgen, insofern sie zu den zentralen Grundthemen des thomanischen Denkens führen, in denen sie wurzeln.

(2) Diese *Grundthemen* sollen sodann in ausführlicher Weise Gegenstand der einzelnen Kapitel sein, so daß sich im Ganzen ein geordneter und umfassender Zugang zum thomanischen Denken ergibt, in dem die verschiedenen Inhalte seines Denkens ihren Ort und ihre Deutung und seine *Grundbegriffe* ihre Erklärung finden. Eine besondere Rolle kommt dabei – ganz im Sinne des methodischen Anspruchs des Thomas – den Begriffsbestimmungen und *Definitionen* zu, markieren diese doch die Prinzipien, aus denen sich alles Weitere entfalten läßt.[83] Wenn die folgenden Darlegungen dabei mitunter weit vom Text des Hymnus weg und tief in das thomanische Denken hineinzuführen scheinen, so werden sie doch immer wieder schlagartig durchsichtig werden auf die letzten Verse des Thomas, die aus diesem großen Horizont heraus ihren vollen Klang erhalten.

(3) Begleitet sein soll die Darstellung überdies von illustrierenden Informationen zu seinem Lebensweg, wie sie sich bei den ältesten Biographen, in den Aussagen der Zeugen des Heiligsprechungsprozesses,[84] aber mitunter auch in Reflexen in Thomas' eigenen Schriften finden, so daß sich mit den Themen seiner Philosophie und Theologie zugleich die Konturen seiner Persönlichkeit abzeichnen können.

Mir ist bewußt, daß der von mir im folgenden gewählte Weg der Darstellung ein eigener und besonderer ist, der sich von Aufbau und Zuschnitt sonstiger Einleitungen zu Thomas von Aquin nicht unwesentlich unterscheidet:

[83] Vgl. dazu unten S. 119 und S. 153.

[84] Zu den biographischen Quellen vgl. unten S. 432-440.

– Er ist einerseits nicht primär biographisch und historisch angelegt, wie die großen Darstellungen von J.-P. Torrell, J. Weisheipl oder M.-D. Chenu, die den Ertrag der historisch-kritischen Thomas-Forschung des vergangenen Jahrhunderts differenziert zusammenfassen und auch den folgenden Darlegungen eine Grundlage geben, sondern folgt einem *thematischen Aufbau.*

– Andererseits handelt er im Vergleich zu den sonstigen, zumeist kleineren Einführungswerken auch nicht die „klassischen" Themen thomanischen Denkens (die Metaphysik, die Anthropologie, die Ethik und die Politik) der Reihe nach ab,[85] sondern versucht diese, *von einem zentralen Punkt bzw. Text aus organisch zu entwickeln.* Dadurch aber können Rolle und Stellenwert deutlich werden, die Thomas selbst diesen Themen im Gesamtzusammenhang seines Denkens zumißt, und es treten die eigentlichen Konstruktionsprinzipien seines Denkens hervor. Konkret führt die Darstellung im folgenden so von der *Grundfrage* des Thomas nach der Wahrheit und den Quellen ihrer Erkenntnis zu ihrer Einbettung in die konkreten *Lebensverhältnisse,* in denen er stand und die in der Berufung zum Predigerbruder und in seinen Aufgaben als Magister der Theologie und deren literarischem Niederschlag liegen. Auf einer demgegenüber grundlegenderen Ebene angesiedelt sind jene *Grundmotive* seines Denkens, die seine besondere *Wirkung* bedingten: die Eucharistielehre und der Schöpfungsgedanke. In dieser Dynamik wird es schließlich möglich, zu den *innersten Antrieben* seines Schaffens vorzudringen, und es kann in umfassender Weise jene alles bestimmende *„teleologische Grundsignatur"* sichtbar werden, die den Blick auf seinen Charakter und seine Persönlichkeit freigibt.

– Schließlich ist die folgende Darstellung weder auf den Bereich der Philosophie noch der Theologie unter weitgehender Absehung der Fragestellungen der jeweils anderen Disziplin reduziert, wie es bei einem Großteil der sonstigen Einleitungen der Fall ist. Vielmehr läßt sie *die Auskünfte thomanischer Philosophie und Theologie gleichermaßen* zur Sprache kommen.

– Vor allem jedoch möchte sie immer wieder Thomas selbst ausführlich das Wort geben, um ihn in seiner geistigen wie geistlichen Persönlichkeit hervortreten zu lassen.[86]

---

[85] Vgl. hierzu die verschiedenen im Literaturverzeichnis angeführten Einleitungswerke: unten S. 462-465.

[86] Dazu habe ich die lateinischen Texte so weit wie möglich ins Deutsche übersetzt. In einer gewissen Inkongruenz dazu beziehen sich die angegebenen Referenzen allerdings auf das lateinische Original, so daß sich die zitierten Passagen gleichwohl im Original wiederfinden lassen.

Teil I

Das Lebensthema des Thomas von Aquin:

Die Wahrheit – ihre Erkenntnis und ihre Bezeugung

Auftakt: „Adoro" – Erstes Wort und letzte Haltung (Strophen 1-2)

Wie ein Titel steht der erste Vers über dem Hymnus: „Adoro te devote, latens veritas". So ist es bei Thomas meistens: Den ersten Worten kommt eine besondere Wichtigkeit und Bedeutung zu, aus ihnen entfaltet sich alles Weitere.[1] Denn es gilt, alles aus seinen Ursprüngen zu verstehen.[2] – Ähnliches trifft freilich auch für das Ende zu: Was etwas ist, erkennt man von seinem Abschluß her. Denn „alles ist um eines Zieles willen tätig"[3], und: „Das Ziel eines jeden ist seine Vollendung."[4]

In diesem Sinne umreißen auch der Anfang und das Ende, das erste und das letzte Wort dieses Auftaktverses den großen Rahmen, in den sich alle weiteren Betrachtungen einschreiben: „adoro" – „veritas". Sie verdienen daher gleich zu Beginn eine eingehende Betrachtung!

Thomas beginnt mit einem starken Einsatz: „Adoro"! *Zwei formale Beobachtungen* (Abschnitt 1 und 2) erscheinen mir hier zunächst vor aller *inhaltlichen* Betrachtung (Abschnitt 3) bedenkenswert – markieren sie doch die *Vorzeichen* für alles Folgende.

1. *Vorzeichen „Person"*

Zunächst ist es ungewöhnlich, daß ein Gebet oder eine Betrachtung mit einer *Selbstthematisierung des Beters* beginnt. Andere Gebete pflegen in der Regel zunächst den Adressaten in den Blick zu nehmen und ihn anzusprechen, wie das „Vater unser" oder das „Ave Maria".[5] Hier ist es anders!

---

[1] Vgl. Vgl. Thomas, *Super Ioan.* I 1 (n. 35): „Der Anfang ist ja, nach der Meinung aller, das am meisten Geehrte (*principium est honoratissimum*)."

[2] Vgl. Aristoteles, *Politik* I 2 (1252a24ff.); dazu Thomas, *Super Pol.* I 1/a (Z. 135-140): „In allem nämlich werden wir so sehen, daß wer die Dinge betrachtet, sofern sie aus ihrem Ursprung hervorgehen (*secundum quod oriuntur ex suo principio*), in ihnen auf die beste Weise die Wahrheit betrachten (*contemplari veritatem*) kann." – In diesem Sinne kommt etwa auch innerhalb der Aristoteles-Interpretation wie der Bibel-Auslegung des Thomas gerade den ersten Sätzen einer Schrift – sozusagen ihren Prinzipien – eine besondere Bedeutung und Aufmerksamkeit zu.

[3] Thomas, *S.th.* I 44,4 c.

[4] Aristoteles, *Metaphysik* I 2 (982b6-7). – Vgl. *Politik* I 2 (1252b32ff.): „Wie beschaffen ein jegliches ist, nachdem sein Werden zu Ende gekommen ist, das ist, so sagen wir, seine Natur."

[5] Dies gilt auch angesichts der Tatsache, daß es in der frühmittelalterli-

Mit dem „persönlichen Schwergewicht“ des Thomas kommt hier an erster Stelle ein Gesichtspunkt zur Sprache, der für sein Denken insgesamt von grundlegender Bedeutung ist: es ist die prinzipielle Rolle, die das *Denken vom Menschen*, die Anthropologie, darin besitzt. Thomas hat dies vielfach ausgesprochen, am signifikantesten vielleicht zu Beginn des zweiten Teils der *Summa theologiae*. Dort beschreibt er den Menschen als „auf das Bild Gottes hin geschaffen“ (*factus ad imaginem Dei*), mit Verstand und freiem Willen begabt und „durch sich selbst mächtig“ (*per se potestativum*), wodurch er auch „Ursprung seiner Werke“ (*suorum operum principium*) ist und Macht und Herrschaft über sie besitzt.[6] In der „Herrschaft über seine Akte“ (*dominium sui actus*) aber zeigt sich der Mensch als *Person*.

Der Name „*Person*“ ist ein „Würdename“ (*nomen dignitatis*).[7] So ist das thomanische Bild vom Menschen stets begleitet vom Bewußtsein für seine *Größe* und *Würde*. Auch wenn dieses Bewußtsein nicht immer eigens thematisiert wird, läuft es doch als beständiger Hintergrund mit.[8] *Würde* meint eine besondere Seinsmächtigkeit, ein In-sich-selber-Ruhen, eine innere Unabhängigkeit, die sich der Fähigkeit zur Selbstdistanz verdankt. „Würde gebietet Distanz, weil ihr Träger zu sich selbst Distanz gewonnen hat.“[9]

Für Thomas erschließt sich das Verständnis von „Person“ im Ausgang von der Eigenschaft des Menschen, „durch sich selbst tätig“ zu sein, d.h. zu handeln: „[P]ersonae [...] non solum aguntur, sed per se agunt.“[10] Dieses „Durch-sich-selbst-Tätigsein“ (*per se agere*) aber hat seinen Ursprung und seine Voraussetzung

chen Gebetstradition diverse Kreuzeshymnen gibt, die mit dem „adoro“ beginnen und an die Thomas möglicherweise anknüpft. - Vgl. hierzu R. Wielockx (2007), 129ff.

[6] Vgl. Thomas, *S.th.* I-II prol.

[7] Vgl. *ebd.*, I 29,3 ad 2. - Ursprünglich wurde der Personbegriff, wie Thomas begriffsgeschichtlich erläutert, zur Bezeichnung „berühmter Männer“ (*homines famosi*), d.h. Adliger und Könige in den antiken Komödien und Tragödien verwendet, und von hier aus auf Würdenträger in der Kirche und schließlich auf alle Menschen übertragen.

[8] Ein besonders eindrückliches Beispiel findet sich zu Beginn des Opusculums *De regno*. Person sein heißt demnach, die eigene Würde wie eine Krone tragen. - Vgl. dazu auch unten S. 361-364.

[9] R. Spaemann (2002), 112, verweist in diesem Zusammenhang auf das das Bild des Würdevollen, das Aristoteles in *Eth. Nic.* IV 7-8 (1123a34-1125a16) unter dem Titel der Großgesinntheit oder Seelengröße (*megalopsychia/ magnanimitas*) zeichnet. - Vgl. Thomas, *Super Eth.* III 8-10.

[10] Thomas, *S.th.* I 29,1 c.

darin, daß die Person „in" und „durch sich selbst" „ist" bzw. „subsistiert" (*per se esse/per se subsistere*) – und eben dieses „Durch-sich-selbst-Sein" bringt der aristotelische Begriff des „Wesens" oder der „Substanz" (*ousia*) zum Ausdruck.[11] Die „Person" läßt sich daher mit Boethius (480/5-524/6) definieren als

> *individuelles Wesen von vernunftbegabter Natur (individua substantia rationa[bi]lis naturae).*[12]

In diese Bestimmung gehen neben (1) dem Substanzbegriff zwei weitere Grundbegriffe thomanischen Denkens ein: (2) der Begriff der *„Natur"* (*natura*) und (3) der Begriff der *„Vernunft"* (*ratio*).[13] Der Personbegriff wird so zum Paradigma[14] und ersten Prinzip für das Verständnis von Wirklichkeit überhaupt wird. Anders gesagt: Was „Substanz" und was „Natur" heißt, wird an der menschlichen Person konkret und anschaulich erfahrbar.

Personsein heißt dabei nicht einfach nur, eine Natur *sein*, sondern sie *haben*, in einem *subjektiven*, *reflexiven* Verhältnis zu ihr stehen und sich zu ihr verhalten, eben Selbst-Distanz zu haben.[15] Dieses Selbstverhältnis gründet in der *rationalitas* und findet seinen Ausdruck in der Bestimmung als *‚individua' substantia.*[16] Mit einigem Überschwang bezeichnet Thomas die Person so mehrfach als das „Vollkommenste in der gesamten Natur" (*perfectissimum in tota natura*)[17].

Mit Recht kann der Personbegriff daher als *Schlüsselbegriff* im Denken des Thomas von Aquin gelten. Er ist nicht nur Vorgabe für seine Anthropologie,[18] sondern auch die zentrale Erschließungskategorie für die Trinitätstheologie und die

---

[11] Vgl. *ebd.*; *Q. de pot.* 9,1 ad 3.

[12] Boethius, *Tractatus V: Contra Eutychen et Nestorium* IV (ed. Elsässer 81,8).

[13] Zum Begriff der *ratio* („Vernunft") vgl. unten S. 61ff.

[14] Zum Begriff des Paradigmas vgl. S. 139.

[15] R. Spaemann (2012a), 32f.: „Ihr Sein ist das Haben einer Natur, das Haben eines Körpers und sogar das Haben einer Innerlichkeit."

[16] Zum Begriff der „Substanz" vgl. unten S. 92-96.

[17] Thomas, *S.th.* I 29, 3 c.; vgl. *Q. de pot.* 9,3 c. (*dignissimum in creaturis*); *Super III Sent.* d. 6,1.1 c. (*completissima [...] ubi stat tota intentio naturae*). – D.h. die *menschliche* Natur bzw. Person ist für Thomas der primäre Zugangs- und Erfahrungsort für das Verständnis des Natürlichen überhaupt. Dazu unten S. 109ff., S. 115f. und S. 340-346.

[18] Die besondere anthropologische Schwerpunktsetzung bestimmt nicht zuletzt die thomanische Stellungnahme im akademischen Streit mit dem „lateinischen Averroismus" um die rechte Aristoteles-Deutung oder auch seine Wissenschaftskonzeption im Anschluß an den griechischen Philosophen. – Vgl. dazu unten S. 126-133.

Christologie. Denn in den beiden Geheimnissen der Dreifaltigkeit der Personen und der gott-menschlichen Einheit in Jesus Christus hat der christliche Glaube seine Wurzel.[19]

2. *Vorzeichen „actus"*

Zugleich ist mit dem *dominium sui actus*, das die Person auszeichnet, bereits das zweite Vorzeichen angesprochen, das im ersten Wort des Hymnus zum Ausdruck kommt. Denn die Selbstthematisierung zu Beginn des Textes geschieht in der sprachlichen Gestalt des *Verbs*. Grammatikalisch dient das Verb bekanntlich zur Bezeichnung der *Tätigkeit*, und durch die besondere Eigenart der lateinischen Sprache bedarf es keiner eigenen Hervorhebung des Subjekts durch ein Pronomen wie im Deutschen. Dieses erscheint vielmehr im besten Sinne des Wortes ganz und gar in die Tätigkeit „versenkt": „adoro".

Damit aber kommt zugleich zur Sprache, was man den *„Aktcharakter"* des thomanischen Denkens nennen könnte: Sein Grundbegriff ist der Begriff des *actus*, verstanden als „Tätigkeit" oder „Handlung". „Personen sind durch sich selbst tätig", so hat es oben geheißen. In diesem Sinne nimmt Thomas den Menschen als ein akthaft verfaßtes, durch und durch dynamisches Wesen wahr. Ja, das Wissen um diese akthafte Verfaßtheit begleitet die eigene Selbstwahrnehmung von Grund auf: In seinem Tätigsein erfährt der Mensch - erfahre ich stets auch mich selbst. So ist der eigene *actus* der privilegierte Ort menschlicher Selbsterkenntnis.[20]

[19] Vgl. Thomas, *Comp. theol.* I 2 (Z. 11ff.): „Um diese beiden Dinge dreht sich die gesamte Glaubenserkenntnis, nämlich um die Göttlichkeit der Dreifaltigkeit (*circa divinitatem Trinitatis*) und um die Menschheit Christi (*circa humanitatem Christi*)." - War der Personbegriff zunächst ein *terminus technicus* der theologischen Spekulation, so beginnt er bei Thomas jene emphatische Bedeutung zu erhalten, die ihn in der Philosophie der Neuzeit zum Kernbegriff der Anthropologie werden lassen sollte. - Zu den soziologischen und kulturellen Bedingungen des gesteigerten Bewußtseins für Individualität und die im Hochmittelalter sich vollziehende „Entdeckung der Person" (T. Kobusch) vgl. unten S. 207.

[20] Vgl. Thomas, *Super De an.* I 1 (Z. 93ff.): „Das nämlich erfährt jeder in sich selbst (*experitur in se ipso*), daß er eine Seele hat und daß die Seele ihn belebt"; vgl. *Super Eth.* IX 11 (Z. 94-113); *Q. de ver.* 10,8; *S.th.* I 87,1; *S.c.G.* III 46 (n. 2227-2237) - Dabei ist der auf einen Gegenstand gerichtete Akt stets das erste Objekt dieser Erkenntnis, und die Seele wird als seine Ursache und Trägerin indirekt und sozusagen „auf dessen Rücken" miterfaßt. - Zur Selbsterkenntnis der Seele durch den Akt vgl. ausführlich D. Perler (2020), 161-189. - Dazu auch unten S. 341f.

In dieser Erkenntnis, in der *ich* stets präsent bin, liegt daher der sozusagen „existentielle“ Zugangsort zum Denken des Thomas von Aquin.

Im Ausgang von der Selbsterfahrung als Handelnder erschließt Thomas mit Aristoteles die „Seele“ (*anima*) des Menschen als erstes Prinzip, das allen Tätigkeiten zugrunde liegt, als „ersten Akt des physischen Körpers, der der Möglichkeit nach Leben besitzt“ (*actus primus corporis physici organici potentia vitam habentis*).[21] Verbunden damit sind zwei grundlegende Unterscheidungen: (1) die zwischen *erstem* und *zweitem Akt* und (2) die zwischen *Akt* und *Potenz* oder *Wirklichkeit* und *Möglichkeit*.

(1) *Erster und zweiter Akt*. – Als erster Akt ist die Seele einerseits das Prinzip, das allen Tätigkeiten zugrunde liegt und der Person als ganzer ihre Identität, ihr Maß und ihre Formung verleiht, andererseits sind es die Tätigkeiten, um deretwillen die Person da ist und in denen sie erst ihre Vollendung findet.[22] So ist der Mensch nach Thomas in die grundlegende Spannung zwischen erstem und zweitem Akt, zwischen wesenhafter Wirklichkeit und tathafter Verwirklichung gestellt.[23] Er ist sich gleichermaßen Gabe wie Aufgabe, und die in seinen Tätigkeiten angestrebte *perfectio* besitzt den Charakter der „Selbstverwirklichung“ im eigentlichsten Sinne des Wortes.

In den Rahmen dieser ursprünglich bestehenden Verbindung von *actus primus* und *actus secundus* wird Thomas seine Tugendlehre als „Lehre vom Menschen“[24] einschreiben und Anthropolo-

---

[21] Thomas, *Super De an.* II 1 (Z. 362) im Anschluß an Aristoteles, *De anima* II 1 (412b4) – Zum Ganzen H.-G. Nissing (2006), 58-62.

[22] So gilt gleichermaßen: „Wie ein jegliches ist, so ist es tätig“ (*Unumquodque autem intantum est perfectum inquantum est in actu;* vgl. *S.th.* I-II 3,2 ad 4) bzw. „Wie etwas ist, so scheint sein Ziel zu sein“ (*Qualis unusquisque est, talis finis videtur ei*; vgl. *S.th.* I-II 9,2 c. mit Aristoteles, *Nikomachische Ethik* V 17, 1114a32), und: „Von jeglichem Ding heißt es, es sei wegen seiner Tätigkeit“ (*Res unaquaeque dicitur esse propter suam operationem; S.th.* I-II 3,2 c. mit Aristoteles, *De caelo* II 3, 286a8).

[23] Vgl. Thomas, *Super De an.* II 1 (Z. 289-319); ferner *Super Eth.* I 1 (Z. 188ff.), wo Thomas zwischen erster und zweiter „Vollendung“ (*perfectio*) unterscheidet: „Das letzte Gut, worauf das Streben eines jeden Dinges sich richtet, ist seine letzte Vollkommenheit. Die erste Vollkommenheit aber besteht in der Weise der [Wesens-] Form, die zweite dagegen in der Weise der Tätigkeit.“

[24] J. Pieper (2005c), 242-247. – Vgl. dazu unten S. 270-274. – D. Perler (2020), 22ff. differenziert in diesem Zusammenhang zwischen den Begriffen *„Person“* und *„Persönlichkeit“*: während „Person [...] gemäß der boethianischen Auffassung eine individuelle Substanz [ist], die aufgrund ihrer rationalen Natur bestimmte Vermögen aufweist“, ist eine „Persönlichkeit [...]

gie *und* Ethik gleichermaßen im Horizont des Strebens nach dem Guten entfalten - ist doch alles Handelnde um eines Zieles willen tätig, und das Gute ist „dasjenige, wonach alles strebt"[25].

Und nicht nur der Mensch, die gesamte Realität, das Sein als solches, ist in den Augen des Thomas von einer elementaren Dynamik, Bewegtheit und Lebendigkeit gekennzeichnet, so daß sie als „*Wirk*lichkeit" im ursprünglichen Sinne des Wortes angesprochen werden kann.[26] Von meiner Selbstwahrnehmung als Handelnder aus erschließt sich mir mithin das Sein als ganzes.[27]

(2) *Akt und Potenz*. - Mit der Unterscheidung von Wirklichkeit und Möglichkeit, von Akt und Potenz, und der Zuordnung der Seele zum Leib als dessen erster Akt und erste Wirklichkeit ist zugleich ein fundamentales Bewußtsein für die *Einheit* und *Ganzheit* des Menschen verbunden. Wohl kaum einer hat diese Einheit so intensiv und konsequent bedacht wie Thomas: Weil die Seele als eine und „einzige substantielle Form" (*unica forma corporis*)[28] dem Leib Existenz, Art und Einheit verleiht und untrennbar mit ihm verbunden ist, geht die Leiblichkeit als konstitutives Element in das Verständnis des Menschen ein: Der Mensch ist nicht nur die Seele, sondern das Ganze aus Seele und Leib.[29]

---

das, was durch die wiederholte Aktualisierung der Vermögen nach und nach entsteht. Darunter ist [...] eine Menge von erworbenen Dispositionen (*habitus*) zu verstehen, die sich mit der Zeit herausbildet und den Charakter festlegen. Entscheidend ist freilich, daß eine Persönlichkeit nur entstehen kann, wenn überhaupt eine Person vorliegt. Der Ausbildung der Persönlichkeit widmen sich v.a. die „Tugendtheorien, denn dort geht es um den Erwerb von möglichst guten Dispositionen [...]. Wie in einer Person eine Persönlichkeit entstehen kann, ist eine Frage, die weit in die Moraltheorie hineinführt." - Vgl. in diesem Sinne etwa Thomas' Erklärung, man müsse die Kardinaltugenden erwerben, um eine stabile Persönlichkeit zu werden in *S.th.* I-II 61,4-5 im Rückgriff auf Cicero, *De officiis* I 107-121 (ed. Winterbottom).

[25] Vgl. Aristoteles, *Nikomachische Ethik* I 1 (1094a3).

[26] Vgl. dazu unten S. 353-359.

[27] J. Pieper hat diese Grundeinsicht auf die treffende Formel gebracht: „Agendo patimur esse" - „In unserem Tätigsein erfahren wir das Sein" (2008, 624). - Dazu weiter unten S. 109ff.

[28] Vgl. Thomas, *S.th.* I 76, 3-4.

[29] Vgl. *ebd.*, I 75, 4 c. - Die Bedeutung des Leibes oder der Materie geht so weit, daß Thomas sie als „Individuationsprinzip" bestimmt. Diese Lehre hat allerdings Mißverständnisse hervorgerufen. In ihr ist die Materie als (an sich unselbständiges) Prinzip der Bestimmbarkeit im Ganzen des Lebewesens (oder Gegenstandes) nicht als dessen (inneres) Identitätsmerkmal über einen Zeitraum hinweg verstanden, sondern sie dient vielmehr lediglich zur Kennzeichnung der (äußeren) Verschiedenheit zweier Individuen derselben Art. - Vgl. dazu plastisch P.T. Geach ([3]1973), 73ff.

„Anima mea non est ego", heißt es pointiert an einer Stelle im thomanischen Kommentar zum 1. *Korintherbrief*.[30] Und fast poetisch beschreibt er - an die (neu-)platonische Tradition anknüpfend - die menschliche Seele als „auf die Schwelle" (*in confinio*) von körperlichen und geistigen Wesenheiten[31], von Zeit und Ewigkeit gestellt[32] und den Menschen selbst als „Horizont und Grenze" (*horizon et confinium*) von geistiger und körperlicher Natur und „Mitte zwischen beiden, die an den leiblichen wie geistigen Gütern gleichermaßen Anteil hat" (*ut quasi medium inter utrasque bonitates participet et corporales et spirituales*)[33], ja: als „Mikrokosmos", der das Universum in sich versammelt.[34]

Es ist diese ganzheitlichen Auffassung, aufgrund derer gerade die leiblichen und *sinnenhaften Antriebe* in der thomanischen Sicht des Menschen ihre angemessene Würdigung erfahren.[35] Und mit der Leiblichkeit geht auch die *Zeitlichkeit* als wesentlich in die Bestimmung des Menschen mit ein.[36]

Als formale Vorzeichen verleihen diese beiden im ersten Wort des Hymnus mitangesprochenen Gesichtspunkte - der *personale* wie der *akthafte* - allen weiteren Ausführungen ihre grundlegende Prägung. Sie gehen in die Gestaltung des Textes ein und werden in der Grundmelodie der thematischen Entfaltung wiederholt als tragende Elemente wahrzunehmen sein.

3. „Adoro": Rede – Gebet – Anbetung

Was nun aber besagt das Verb „adoro" *inhaltlich*, mit dem Thomas seine Dichtung so pointiert beginnt? - Es sind *drei* Dimensionen oder Tiefenschichten, die in diesem Wort zusammen-

---

[30] Thomas, *Super I Ad Cor.* XV 2 (n. 924). - Zur konstitutiven Bedeutung der Eschatologie für diese ganzheitliche Sicht des Menschen vgl. unten S. 420-424.

[31] Thomas, *Q. de an.* 1 c. - Zum Ganzen vgl. N. Hinske (1962).

[32] Vgl. Thomas, *S.c.G.* III 61 (n. 2362); II 81 (n. 1625) im Anschluß an den *Liber de causis* prop. 2: vgl. *Super De causis* II 2 (n. 59-62).

[33] Thomas, *S.c.G.* II 68 (n. 1453); IV 55 (n. 3936); *Super De causis* II 1 (n. 61), IX 9 (n. 220).

[34] Vgl. v.a. Thomas, *Super III Sent.* prol.: „Daher wird auch unter dem Namen ‚Mensch' die ganze Schöpfung verstanden nach *Mk* 16,15, wo es heißt: ‚Predigt das Evangelium der ganzen Schöpfung'."

[35] Vgl. hierzu unten S. 134-137 und S. 258ff. - Man wird in dieser Hochschätzung der Materie nicht zuletzt auch eine anti-häretische Stoßrichtung gegen die leibfeindlichen Theorien der Katharer zu realisieren haben.

[36] Thomas, *Q. de pot.* 3,10 ad 8: „Die Seele wird durch Zeit bemessen im Hinblick auf ihr Sein, in dem sie mit dem Leib vereinigt ist."

kommen und sich überlagern. Und es erscheint sinnvoll, zu ihrer Differenzierung auf jene Methode zurückzugreifen, die Thomas selbst gern verwendet hat, indem er die Bedeutung eines Begriffs im Ausgang von seiner Etymologie erläutert.[37]

(1) *Rede*. - So läßt sich der Ausdruck *orare* oder *oratio* zunächst ganz allgemein als „Gedanke" oder „Vernunft" (*ratio*) erklären, „die sich im Mund (*os*) befindet" bzw. „durch den Mund zum Ausdruck kommt": „Oratio est quasi oris ratio".[38]

(a) In dieser Erläuterung zeichnet sich jene Bestimmung ab, die Aristoteles als die älteste *Definition des Menschen* im Abendland formuliert hatte und nach welcher der Mensch ein sprechendes Lebewesen, ein *zoon logon echon,* ist:

> *Unter den Lebewesen ist es einzig der Mensch, der ein Wort besitzt (Sermonem autem solus habet homo supra animalia).*[39]

(b) Unmittelbar zusammen mit dieser hängt für Aristoteles die *zweite* grundlegende Bestimmung abendländischer Anthropologie, nach welcher der Mensch zugleich von Natur ein *zoon politikon* ist. Weil die Menschen gerade um des praktischen Lebens willen - zur Stillung natürlicher Bedürfnisse, aber auch um des gerechten und glücklichen Daseins willen, das sich in Gemeinschaft vollzieht - kommunizieren, läßt sich sagen:

> *Der Mensch ist von Natur ein soziales und politisches Lebewesen (animal naturaliter sociale et politicum).*[40]

Die Sprache ist „das Medium der geistigen Existenz insgesamt. Im Wort vor allem trägt menschliches Dasein sich zu."[41] Und mit der Sprachbegabtheit treten die beiden grundlegenden Dimensionen hervor, in denen der Mensch sein Dasein vollzieht:

---

37 Allerdings hebt Thomas bei seinen etymologischen Ausführungen wiederholt den Unterschied hervor, der zwischen der Herkunft (*id a quo nomen nomen imponitur ad significandum*) und der Bedeutung (*id quod nomen significat*) eines Namens besteht: vgl. *Q. de ver.* 4, 1 ad 8; *Q. de pot.* 9, 3 ad 1; *S.th.* I 13, 2 ad 2 u.ö.; am deutlichsten II-II 92 1 ad 2.

38 Vgl. Thomas, *S.th.* II-II 83,1 c.; im Rückgriff auf Cassiodor, *Expositio in Psalterio* super 38,13 (PL 70,285).

39 Aristoteles, *Politik* I 2 (1253a10f); vgl. auch *Eth. Nic.* X 10 (1169b18) sowie bereits Platon, *Sophistes* 262d.

40 Vgl. Aristoteles, *Politik* I 2 (1253a4), hier in der Formulierung des Thomas. - Vgl. Thomas, *Super Pol.* I 1/b (Z. 69-154), ferner *De regno* I 1 (Z. 1-80). - Zum Ganzen vgl. H.-G. Nissing (2006), 43-48.

41 J. Pieper (1998c), 136.

seine Beziehung zur Wirklichkeit (Erkenntnisbezug der Sprache) wie seine Beziehung zu anderen Menschen (sozialer Bezug der Sprache). Sprechen heißt stets: *jemandem etwas* mitteilen, und wo das eine – der Wirklichkeitsbezug der Sprache – fehlt (bedingt etwa durch Unwahrheit und Lüge oder durch manipulative Rede), geht automatisch auch das andere – der soziale Bezug in Form von Vertrauen, Freundschaft und gemeinschaftlichem Miteinander – verloren.[42]

Wenn Thomas die aristotelische Bestimmung mit der lateinischen Übersetzungstradition als *animal rationale* wiedergibt, so zeigt sich darin allerdings sein primäres Interesse an der Eigenschaft der *Vernunftbegabtheit* des Menschen, wie es ja auch bereits in der Definition der Person zum Ausdruck kam. An sie wird sich die weitergehende begründende Erschließung menschlicher Personalität und des für sie konstitutiven Selbstverhältnisses erschließen: in der Interpretation der *rationalitas* anhand des Begriffs der Wahrheit.[43]

(2) *Gebet*. – Den präziseren Sinn von „Gebet" erhält das Wort *oratio* darüber hinaus, wenn man den besonderen Sachverhalt in Rechnung stellt, daß sich der Mensch in seinem Denken und Sprechen zur Welt nicht nur theoretisch, sondern auch praktisch verhalten kann: (a) während er im ersten Fall die Dinge lediglich betrachtend erfaßt, (b) bringt er im zweiten Fall darüber hinaus Wirkungen hervor.[44] Diese *Ursächlichkeit*, in der sich die o.g. Herrschaft über die eigenen Akte widerspiegelt, kann dabei unterschiedliche Formen haben: als Bitte, Befehl, Frage o.ä – je nachdem, ob der Adressat, an den man sich richtet ein Untergebener, Gleichrangiger oder Übergeordneter ist.[45] Letzteres ist im Hinblick auf Gott der Fall – weswegen das Gebet für Thomas grundlegend als *Bitte* bestimmt ist. An der Wirksamkeit des Bittgebets hegt Thomas keinerlei Zweifel. Vielmehr erklärt er es als einen notwendigen Akt, in dem der Mensch auf seine Weise an der göttlichen Vorsehung und Weltenlenkung mitwirkt und so eine echte *Mit-Ursächlichkeit* besitzt.[46]

---

[42] Vgl. *ebd.* – Die Unterscheidung dieser beiden Grunddimensionen der Sprache wird insbesondere im Rahmen der „Theorie des Lehrens und Lernens" als Grundlage sichtbar werden. – Vgl. dazu unten S. 212-216.

[43] Vgl. dazu unten S. 58-69.

[44] Vgl. Thomas, *S.th.* II-II 83,1 c.

[45] Vgl. hierzu auch die systematische Ableitung verschiedener „Sprechaktklassen" in Thomas, *Exp. Perih.* I 7 (Z. 71-87). – Dazu auch S. 326ff.

[46] Vgl. Thomas, *S.c.G.* III 96 (n. 2271f.) – Zum Ganzen vgl. H.-G. Nissing (2020a), XXVII-XXX.

Vor allem aber ist der Akt des Betens für Thomas als eine Sprachform bestimmt, der den Menschen zuinnerst zum Ausdruck zu bringen vermag. Schon eingangs klang dies an: Das Gebet ist umfassende Selbstaussprache und „Lautwerden der menschlichen Sehnsucht" (*desiderii interpres*), es bringt die dynamische Grundausrichtung seines Wesens zur Sprache und verbindet ihn mit seinem letzten Ziel und seiner äußersten Vollendung.[47]

(3) *Anbetung*. - Genau diese dynamische, zielgerichtete Hinordnung des Menschen, seine teleologische Verfaßtheit mag man in der Vorsilbe „ad-" im „ad-oro" anklingen sehen. Überdies jedoch verleiht sie dem Begriff eine andere, neue Qualität: *adoratio* meint, so Thomas, einen besonderen Akt der „Gottesverehrung" (*latria*), ein körperliches Tun, nämlich die *äußeren leiblichen* Ausdrucksformen des Niederkniens oder Sich-Niederwerfens vor der göttlichen Majestät.[48] In der *Summa theologiae* ordnet er diesen Akt der Tugend der *religio* zu, die dazu dient, das rechte Verhalten des Menschen gegenüber Gott zu regeln.[49]

Als *innere* Haltung entspricht der *adoratio* die „Ergebenheit" (*devotio*) des Willens, die auch ansonsten in der thomanischen Gebetslehre als Leitbegriff immer wieder vorkommt. Diese besagt die willentliche Bereitschaft, sich Gott unterzuordnen,[50] und

[47] Vgl. oben S. 20f. - Zur Gebetstheologie des Thomas vgl. umfassend L. Maidl (1994). - Zur Teleologie des Gebets vgl. insbesondere die thomannischen *Auslegungen zum Vater unser*. Vielleicht darf man angesichts der Bedeutung, die gerade das *Vater unser* von Kindertagen an für seine alltägliche Gebetspraxis hatte, sogar vermuten, daß Thomas das teleologische Grundverständnis, das sein Denken so tiefgreifend prägt, nicht zuletzt an der Betrachtung der Bitten des Herrengebets und ihrer Ordnung gewonnen hat.

[48] Vgl. Thomas, *S.th.* II-II 84,2 c.: „Und weil in allen Akten der Gottesverehrung *(latria)* das Äußerliche auf das Innerliche als das vorrangige hingeordnet ist, daher geschieht die äußerliche Anbetung (*exterior oratio*) wegen der innerlichen, damit nämlich durch Zeichen der Demut (*signa humilitatis*), die wir leiblich ausführen, unser Gemüt angespornt wird, sich Gott zu unterwerfen (*ad subiiciendum se Deo*)." - Zum Begriff der „Anbetung" in der Theologie des Hochmittelalters vgl. J. Otter (2020).

[49] *Ebd.*, II-II 80-81.

[50] Vgl. *ebd.*. II-II 82, 1 c.: „Daher scheint die Ergebenheit (*devotio*) nichts anderes zu sein, als ein bestimmter Wille, sich entschlossen dem hinzugeben, was zur Gottesverehrung gehört (*voluntas quaedam prompte tradendi se ad ea quae pertinent ad Dei famulatum*)." - Sie wird ebenfalls etymologisierend eingeführt: „Ergebenheit (*devotio*) leitet sich von ‚sich ergeben' (*devovendo*) her. Daher heißen Ergebene (*devoti*) diejenigen, die sich Gott ergeben, insofern sie sich ihm völlig unterwerfen (*se totaliter subdant*)."

meint jenes formgebende Element, das dem Gebet wie der Anbetung vorausgeht, das sie prägt und trägt.[51]

Als sehr treffend und präzise formuliert zeigt sich von daher der erste Vers des Hymnus, wenn es heißt: „adoro [te] devote" – „Ich bete [dich] ergeben an". Denn zum Ausdruck gebracht werden soll hier eine Haltung, die *den ganzen Menschen* mit Leib und Seele, mit Verstand, Willen und Affekten umfaßt:[52]

> *„Weil wir aus einer doppelten Natur zusammengesetzt sind, nämlich aus einer geistigen und einer sinnenhaften, bringen wir Gott eine doppelte Anbetung dar", nämlich*
> *– eine geistliche, die in einem inneren Akt der Ergebenheit des Geistes (in interiori mentis devotione) besteht, und*
> *– eine leibliche, die in einer äußeren Erniedrigung des Körpers (in exteriori corporis humiliatione) besteht,*

sagt Thomas, indem er den Kirchenvater Johannes Damascenus (676-749) zitiert.[53]

„Mit ganzem Herzen". – Ihre ergänzende Ausdeutung erfährt diese Haltung ergebener Anbetung durch V. 3: „Dir unterwirft sich mein ganzes Herz." – Die Formulierung ist hier zweifellos von einer gewissen Überschwenglichkeit getragen. Als Vorlage mögen Thomas Verse der Psalmen gedient haben, in denen der Beter das „Herz" (*cor*) als Inbegriff des eigenen Selbst und seiner Haltung anführt.[54]

Nach klassischer Lehre gilt das Herz als das Zentralorgan des Menschen, als Sitz des Lebens und der Gefühle.[55] Biblischer Sprachgebrauch und naturphilosophische Beobachtungen des

---

[51] Zum Verhältnis von *devotio* und *oratio* vgl. II-II 83,3 ad 1; 12 c. – Als weitere äußere Akte nennt Thomas neben der „Anbetung" (*adoratio*), die den eigenen Leib zur Gottesverehrung einsetzt, das „Opfer" (*sacrificium*), die „Gabe" (*oblatio*) und den *„Zehnten"* (*decima*), durch die Gott etwas Äußeres dargebracht wird, und schließlich das „Gelübde" (*votum*), durch das Gott etwas versprochen wird. – Vgl. *ebd.*, II-II 84 prol.; 85 prol.

[52] Thomas, *S.th.* II-II 84,2 c.

[53] Vgl. Thomas, *S.th.* II-II 84,3 ad 2. – Daher schließen sich in *S.th.* II-II 84,3 Überlegungen zur Ortsgebundenheit der Anbetung und zu ihrer Ausrichtung in eine bestimmte Richtung an.

[54] Vgl. hierzu etwa *Ps* 84,3; 9,2; 57,8 u.ö. – Der gesamte Psalter hat ja, so Thomas, den Sinn, daß „durch ihn dem allmächtigen Gott der Weg zum Herzen des Menschen bereitet werde" (*omnipotenti Deo per eam ad cor iter paratur*): vgl. *Super Ps.* prol.

[55] Vgl. den ausführlichen Hinweis auf den biblischen und patristischen Kontext bei R. Wielockx (1998), 170, Anm. 9.

Aristoteles[56] vertiefen das Verständnis für Thomas zur Vorstellung einer besonderen *Innerlichkeit*, zur Bezeichnung der Mitte des eigenen Wesens, der alles Handeln und Tätigsein der Person entspringt.

> *Obwohl nämlich die Seele (anima) im ganzen Körper ist als Form des Lebewesens, hat seine Bewegungskraft (vis motiva) dennoch seinen Sitz vorrangig im Herzen (in corde).*[57]

Zugleich reflektiert die Rede vom „ganzen Herzen" (*cor totum*) die Formulierung des Hauptgebots der Tora, das im *Schᵉma Jisrael* bleibend zum jüdischen Glaubensbekenntnis geworden ist und von Jesus als das erste und wichtigste Gebot unterstrichen wurde:

> *Du sollst den Herrn, deinen Gott, lieben mit ganzem Herzen (ex toto corde tuo), mit ganzer Seele (ex tota anima tua) und mit ganzer Kraft (ex tota fortitudine tua) (Dtn 6,4).*[58]

Der Sinn dieses Hauptgebots besagt, so Thomas, daß für den Menschen „Gott zu lieben das letzte Ziel ist, auf das alles andere auszurichten ist"[59], daß Gott im Leben des Menschen den ersten Platz einnimmt. „Wer folglich Gott als Ziel liebt, liebt ihn aus ganzem Herzen"[60], formuliert er daher wie in einer „Faustformel". In ihr kristallisiert sich sehr schön der innerste Impuls, der die *„teleologische Grundsignatur"* des thomanischen Denkens bestimmt. Ihre Vollendung findet diese Ausrichtung, die sich bereits in diesem Leben anfanghaft als Haltung einnehmen läßt, im fortwährenden Vollzug der Gottesliebe in der „Vollkommenheit der ewigen Heimat" (*perfectio patriae*).[61]

---

[56] Vgl. Aristoteles, *De anima* II 8 (420b22-28), wo etwa die nachbarschaftliche Verbindung von Lunge und Herz thematisiert wird, dessen Wärme durch die Atmung reguliert wird.

[57] Thomas, *Super De an.* II 18 (Z. 140ff.). - Die Thematik wird auch zum Gegenstand im kleinen Opusculum *De motu cordis* (1273).

[58] In der genannten Trias, die in der Heiligen Schrift in verschiedenen Formulierungen überliefert ist (vgl. *Mt* 22,37; *Mk* 12,30; *Lk* 10,27; dazu Thomas, *S.th.* II-II 44,5 c.), bezeichnet „Herz", so Thomas, in erster und grundlegender Weise das Prinzip der Liebe: den Willen. „Denn wie das leibliche Herz der Ursprung aller leiblichen Bewegung ist, so ist auch der Wille soweit er sich auf das letzte Ziel, den Gegenstand der Liebe, richtet, Ursprung aller geistigen Bewegung" (*ebd.*).

[59] Thomas, *S.th.* II-II 44,4 c.

[60] Thomas, *Super Matth.* XII 4 (n. 1813).

[61] *Ebd.* - Vgl. hierzu *Super Ps.* 9 (n. 1): „Derjenige lobt ihn folglich mit ganzem Herzen, der [...] in Tätigkeit oder Haltung (*actu vel habitu*) alles auf ihn bezieht."

Eschatologisches Vorbild. – Ihr biblisches Leit- und Vorbild besitzt die Haltung der Anbetung dementsprechend in den vierundzwanzig Ältesten des letzten Buches der Bibel, der *Apokalypse des Johannes*, die im Himmel um den Thron Gottes versammelt sind, „in weiße Gewänder gekleidet und mit goldenen Kränzen auf dem Haupt" (*circumamictos vestimentis albis et in capitibus eorum coronas aureas; Offb* 4,4). In ihrer Gestalt versammeln sich in typischer Weise all jene Ausdrucksformen der Anbetung, die das Alte und Neue Testament durchziehen.

> *[D]ann werfen sich (procident) die vierundzwanzig Ältesten vor dem, der auf dem Thron sitzt, nieder und beten ihn an (adorabunt), der in alle Ewigkeit lebt. Und sie legen ihre goldenen Kränze (mittent coronas suas) vor seinem Thron nieder und sprechen: Würdig bist du, Herr, unser Gott, Herrlichkeit zu empfangen und Ehre und Macht. Denn du bist es, der die Welt erschaffen hat, durch deinen Willen war sie und wurde sie erschaffen (quia tu creasti omnia et propter voluntatem tuam erant et creata sunt) (Offb 4,9-11).*

Diese Geste umfaßt ein Zweifaches: (a) zum einen das Bewußtsein für die Größe des eigenen Menschseins, was durch das Tragen der goldenen Kränze (oder Kronen) – dem Sinnbild ihrer Würde und Persönlichkeit – zum Ausdruck kommt, (b) zum anderen deren Niederlegen und Sich-Niederwerfen vor dem Größeren, das im Bewußtsein der eigenen Geschöpflichkeit geschieht. Denn es ist ja die Schöpfung, die Gegenstand und Motiv ihres Lobpreises ist! So hat auch für Thomas die Anbetung als Akt der *religio* das Geschaffensein zum Grund:

> *Zur Religion gehört es, dem einen Gott die Ehre zu erweisen aus einem einzigen Grund (secundum unam rationem): insofern er nämlich das erste Prinzip der Schöpfung und der Lenkung der Dinge ist.*[62]

Damit gegeben ist das Bewußtsein der Größe und Güte Gottes sowie des unendlichen Abstands, der zwischen ihm und seinen Geschöpfen besteht: „quia te contemplans totum deficit".

> *Und wir erweisen Gott Verehrung und Ehre nicht seinetwegen, da er in sich selbst voller Herrlichkeit ist, der von Seiten der Schöpfung nichts hinzugefügt werden kann, sondern unseretwegen, denn dadurch, daß wir Gott verehren und ehren,*

---

[62] Thomas, *S.th.* II-II 81,3 c.; 81,2 c.

wird unser Geist ihm unterworfen, und darin besteht seine Vollkommenheit.[63]

Indem sie die Dynamik des Menschseins in jene große Bewegung der Hingabe bringt, wird die Anbetung zur letzten und endgültigen Haltung des Menschen, zum höchsten Ausdruck seiner Personalität - und das Gebet des „Adoro te devote" zur Einübung in das endgültige Dasein, zur elementaren Selbstaussage vollendeten Menschseins.[64] - So strahlt bereits im ersten Wort des Hymnus jenes eschatologische Licht auf, in das seine Betrachtungen in der letzten Strophe münden werden.[65]

Ihr *Ziel* und ihren *Gegenstand* findet die Anbetung stets in Gott bzw. im Gott-Menschen Jesus Christus.[66] Alles Andere wäre Idolatrie.[67] Wenn Thomas sich im *„Adoro te devote"* an die „verborgene Wahrheit" wendet, so kann damit folglich nur der eucharistisch gegenwärtige Christus gemeint sein. Denn *„die* Wahrheit" - als Idee, als Konzept oder als Ideologie - kann man nicht anbeten! Mit der Bezeichnung Christi als Wahrheit ist damit zugleich auf jene letzte göttliche Instanz durchgegriffen, die letzten Endes ein Verständnis von Wahrheit zu begründen vermag. Doch ist mit dem Wort an dieser Stelle Grundlegenderes und Umfassenderes zur Sprache gebracht. Bewußt steht es in betonter Endreimstellung und markiert den zweiten großen Schwerpunkt des Auftaktverses. Es deutet hin auf jene besondere Bedeutung, die gerade dieses Thema - das Thema Wahrheit - für das Denken des Thomas von Aquin besitzt.

---

[63] *Ebd.*, II-II 81,7 c.

[64] Es war R. Guardini (1937), 677-680, der den Sinn der Anbetung in solchem Sinne tiefgründig neu erschlossen hat und ihn mit der Würde des Menschen, seiner Ausrichtung auf die Wahrheit und seiner geistigen Gesundheit und Integrität in Verbindung gebracht hat.

[65] Von hier aus wird die *adoratio* zum Leitmotiv auch der folgenden Strophen: im Schächer (Strophe 3), im Apostel Thomas (Strophe 4) und im geheilten Aussätzigen (Strophe 5).

[66] Vgl. hierzu auch Thomas, *S.th.* III 25 (*De adoratione Christi*).

[67] Dieser Feststellung läßt sich zugleich ein weiteres wichtiges Argument für die Textvariante „veritas" statt „deitas" in V. 1 entnehmen. Denn wenn die Anbetung ohnehin auf die Gottheit geht, braucht sie als Objekt nicht einzeln genannt zu werden, eine Verwendung des Wortes „deitas" würde daher sinngemäß eine Verdoppelung der Aussage mit sich bringen. Da es darüber hinaus darum geht den Gott-Menschen Christus als besonderen Adressaten namhaft zu machen, legt sich überdies die Verwendung einer eigentümlichen Bezeichnung Christi nahe.

Kapitel 1

Wahrheit

Dimensionen eines thomanischen Grundbegriffs

„Verborgene *Wahrheit.*" – Mit seiner Anrede im Auftaktvers des *„Adoro te devote"* greift Thomas die Selbstbezeichnung Christi im 14. Kapitel des *Johannes-Evangeliums* auf, wo dieser von sich selbst sagt:

> *Ich bin der Weg und die Wahrheit und das Leben (Ego sum via et veritas et vita, Joh 14,6).*

Im vierten Evangelium ist es das vorletzte der sieben sog. „Ich bin"-Worte, die Johannes an verschiedenen Stellen seiner Darstellung anführt.[1] Jesus spricht es im Rahmen der Abschiedsreden während seines letzten Mahls mit den Aposteln am Gründonnerstag (*Joh* 13-16) – und es wird Thomas wohl nicht entgangen sein, daß Jesus es als Antwort auf eine Frage formuliert, die ihm ausgerechnet der Apostel Thomas, sein Namenspatron, gestellt hat: „Herr, wir wissen nicht, wohin du gehst. Wie können wir dann den Weg kennen?" (14,5). In seiner Interpretation im *Johannes-Kommentar* deutet Thomas die Selbstbezeichnung Jesu derart, daß sie dem Menschen gleichermaßen *Weg* und *Ziel* vor Augen stellt. Beides zugleich nämlich ist Christus: seiner Menschheit nach ist er der Weg, seiner Göttlichkeit nach das Ziel.[2]

> *Denn das Ziel dieses Wegs ist die Erfüllung der menschlichen Sehnsucht. Der Mensch aber ersehnt vor allem zweierlei:*
> *[1] die Erkenntnis der Wahrheit und*
> *[2] die Fortdauer seines Seins. [...]*
> *Christus aber ist der Weg, zur Erkenntnis der Wahrheit zu gelangen, weil er selbst die Wahrheit ist. [...]*

---

[1] Vgl. (1) „Ich bin das Brot des Lebens" (*Joh* 6,35.48); (2) „Ich bin das Licht der Welt." (8,12); (3)„Ich bin die Tür" (10,9); (4) „Ich bin der gute Hirt." (10,11); (5) „Ich bin die Auferstehung und das Leben" (11,25f.); (6)„Ich bin der wahre Weinstock." (15,1) – Zur Bedeutung der„Ich bin"-Worte im Rahmen des Hymnus vgl. auch unten S. 292-295 und S. 351ff.

[2] Zur Bedeutung des Rekurses auf die gott-menschliche Doppelnatur in Strophe 3 vgl. unten S. 167-171.

Die Wahrheit aber kommt [Christus] zu, weil er das Wort ist. [...] Jeder also, der sich danach sehnt, die Wahrheit zu erkennen, muß diesem Wort [der Wahrheit] anhangen.[3]

Indem die Auslegung auf diese Weise die *anthropologischen* und *existentiellen* Dimensionen des Wortes Jesu herausstellt, wirft sie zugleich ein Licht auf die persönliche Relevanz, die dieses Thema für ihn besitzt. Ja, man kann sagen: es handelt sich um nicht weniger, als *das große „Lebensthema" des Thomas von Aquin*, um jenen Angelpunkt, um den sich sein Denken dreht.[4]

Viele Male hat Thomas die zentrale Bedeutung, die diesem Thema in seinem Denken zukommt, zur Sprache gebracht:

- in prominenter Weise etwa in seiner Pariser Antrittsvorlesung aus dem Jahr 1256, in der er seine Tätigkeit als Lehrer der *Theologie* unter das Motiv des Dienstes an der Wahrheit stellt,[5] oder in der Bestimmung der *Philosophie* als gemeinsamer menschlicher Wahrheitssuche in Anknüpfung an den ersten Satz der aristotelischen *Metaphysik*;[6]

- ferner in Äußerungen zu seiner *wissenschaftlichen Haltung*, nach der es beim Philosophieren nicht darum geht, zu wissen, was andere gedacht haben, sondern darum, wie es sich mit der Wahrheit der Dinge verhält,[7] in seinem Anliegen, in jeder Meinung das darin enthaltene Körnchen Wahrheit aufzuspüren,[8] oder in der Gewißheit, daß es die größte Wohltat sei, die man jemandem erweisen kann, ihn vom Irrtum zur Wahrheit zu führen.[9]

- Schließlich gelten Thomas die Wahrheit und ihre Betrachtung *lebenspraktisch* als eines der Heilmittel gegen die Traurigkeit der Seele,[10] und sie ist als Thematik präsent bis hinein in die Diskussion typisch scholastischer Fragen wie jener, was von

---

[3] Vgl. Thomas, *Super Ioan*. XIV 2 (n. 1868f.).

[4] Sehr treffend hat Papst Johannes Paul II. ihn daher als „Apostel der Wahrheit" bezeichnet (vgl. *Enzyklika „Fides et ratio"* [1998], Nr. 44).

[5] Vgl. Thomas, *Princ. bibl.* II (n. 1199 und 1201). – Vgl. *S.th.* II-II 1,1: das Interesse der Theologie ist auf die erste Wahrheit als Objekt des Glaubens gerichtet.

[6] Vgl. Thomas, *Super Metaph.* II 1 (n. 273): „Die erste Philosophie betrachtet die allgemeine Wahrheit der seienden Dinge (*universalem veritatem entium*). Und daher gehört es zu dieser Philosophie, zu betrachten, auf welche Weise der Mensch sich zur Erkenntnis der Wahrheit verhält (*quomodo se habeat homo ad veritatem cognoscendam*)."

[7] Vgl. Thomas, *Super De caelo* I 22 (n. 228) – Vgl. dazu unten S. 132f.

[8] Vgl. Thomas, *Q. de quol.* IV 9,18 c.

[9] Vgl. Thomas, *Super De div. nom.* XIII 4 (n. 1006): „Maximum beneficium alicui impenditur, si ab errore ad veritatem reducatur."

[10] Vgl. Thomas, *S.th.* I-II 38,4 c.

stärkerer Wirkung für den Menschen sei: der Wein, die Frau, der König oder eben die Wahrheit.[11]

Am deutlichsten hat Thomas die Bedeutung, welche die Wahrheitsthematik für ihn besitzt, zu Beginn der *Summa contra Gentiles* kenntlich gemacht, wo er in sehr persönlicher Weise Selbstauskunft gibt und sein Lebensprogramm entwickelt. Wie ein Motto stellt er dem Werk ein Zitat aus *Spr* 8,7 voran:

> *Die Wahrheit wird mein Mund bedenken, und meine Lippen werden das Gottlose verabscheuen (Veritatem meditabitur guttur meum, et labia mea detestabuntur impium).*[12]

Im Ausgang vom allgemeinen Sprachgebrauch und der Definition des Aristoteles, nach der es „dem Weisen zukommt, zu ordnen" (*sapientis est ordinare*),[13] zeigt Thomas die darin ausgesprochene Aufgabe des Weisen als *eine doppelte* auf. Sie besteht darin,

> *[1] die göttliche Weisheit, die im höchsten Sinne Wahrheit ist, zu bedenken und zu sagen – was angesprochen wird, wenn es heißt: „Die Wahrheit wird mein Mund bedenken",*
> *[2] und den Irrtum, der der Wahrheit entgegensteht, zu bekämpfen, was angesprochen wird, wenn es heißt: „und meine Lippen werden das Gottlose verabscheuen", womit das der göttlichen Wahrheit entgegenstehende Falsche bezeichnet wird.*[14]

Indem er nachweist, daß das Studium der Weisheit unter allen Beschäftigungen der Menschen die vollkommenste, erhabenste, nützlichste und erfreulichste ist,[15] gelangt er so schließlich zu der Aussage:

> *Nachdem wir also aus der göttlichen Güte die Zuversicht geschöpft haben, die Aufgabe des Weisen (officium sapientis) zu übernehmen, auch wenn es über die eigenen Kräfte hinausgeht,*

---

[11] Vgl. Thomas, *Q. de quol.* XII 4. – Die Fragestellung ist allerdings biblischen bzw. apokryphen Ursprungs: vgl. III *Esr* 4,35.

[12] Thomas, *S.c.G.* I 1 (n. 1).

[13] Vgl. Aristoteles, *Metaphysik* I 2 (982a18). – Zum Ansatz des thomanischen Denkens beim normalen oder lebendigen Sprachgebrauch (*multitudinis usus/ communis usus loquentium*) vgl. *Q. de ver.* 4,2; 17,1; *Q. de quol.* V 4, 1. – Zum Ganzen vgl. J. Pieper (1995); F.A. Blanche (1930).

[14] Thomas, *S.c.G.* I 2 (n. 9). – Vgl. *ebd.* I 1 (n. 4): die Wahrheit als letzter Zielsinn des All.

[15] Im Kontext behandelt Thomas das Verhältnis von Philosophie und Theologie und kommt auch auf die sog. „Lehre von der doppelten Wahrheit" zu sprechen. – Vgl. dazu unten S. 127f.

ist es unsere Absicht (propositum nostrae intentionis), die Wahrheit, die der katholische Glaube bekennt, nach unserem Vermögen darzulegen und dabei entgegengesetzte Irrtümer auszuschließen – um Worte des Hilarius zu gebrauchen: „Ich bin mir bewußt, daß ich diese Aufgabe geradezu als die wesentlichste meines Lebens Gott schuldig bin, daß all meine Rede und all mein Sinn von ihm spreche (Ego hoc vel praecipuum vitae meae officium debere me Deo conscius sum, ut eum omnis sermo meus et sensus loquatur)".[16]

Von diesem Vorsatz aus wird das Thema „Wahrheit" zum großen Leitmotiv des thomanischen Schaffens, um das er seine Aufgaben als Lehrer und Verkündiger, als Philosoph und Theologe, gruppiert.

Für unsere modernen skeptischen Ohren mag ein solches Programm sehr selbstbewußt und vielleicht zu affirmativ klingen. Doch es ist eben dieser Anspruch, den Thomas mit seinem Denken und seinem Schreiben verbindet, und man kann Thomas nicht lesen ohne diesen Anspruch wahrzunehmen!

Daß der Anspruch, Wahrheit zu sprechen und zu verkündigen, Fragen nach den Voraussetzungen wahren Sprechens und danach, was der Begriff „Wahrheit" für ihn denn überhaupt besagt, provoziert, liegt auf der Hand. Thomas hat sich in umfassender Weise diesen Fragen gestellt und sein Verständnis von Wahrheit vor allem in der ersten und größten seiner Quaestionensammlungen entfaltet, die 1256-1259 in Paris entstanden ist und signifikanterweise den Titel *Quaestiones disputatae de veritate* trägt. Er entwickelt darin nicht allein in systematischer Weise seinen Wahrheitsbegriff, mit dem er in der Philosophiegeschichte als „klassischer" Vertreter der sog. „Adäquationstheorie" gilt.[17] Zugleich zeigt er die zentrale Relevanz, die die Wahrheitsthematik auch für die weiteren Themen der theoretischen und praktischen Philosophie (etwa die Gewissens- oder Handlungslehre, für das Konzept des Glaubens oder die Theorie vom Lehren und Lernen) besitzt.[18]

---

[16] *Ebd.*, I 2 (n. 9). – Hilarius von Poitiers, *De trinitate* I 37 (PL 10,48C).

[17] Vgl. C. Kann (1999). – In ihrem Reichtum und ihrer Differenziertheit hat sie für alles weitere Nachdenken über die Wahrheit grundlegende Bedeutung erlangt. – Vgl. J. Müller (2011), der die grundlegende Bedeutung zeigt, die die Adaequationstheorie auch für andere Wahrheitstheorien wie die „Kohärenztheorie" oder die „Konsenstheorie" hat. – Zur Bedeutung des Themas Wahrheit im christlichen Denken vgl. Anselm von Canterbury, *De veritate*, die erste *ex professo*-Abhandlung zum Thema im Abendland.

[18] Zu den *Quaestiones disputatae de veritate* vgl. auch unten S. 228f.

Die Erörterungen der *Quaestiones disputatae de veritate* sollen daher im folgenden Ausgangspunkt sein, um *die verschiedenen Dimensionen des Themas „Wahrheit" bei Thomas* zu verfolgen und die umfassende Bedeutung sichtbar zu machen, die dieses Thema für ihn besitzt: Was ist Wahrheit? Wie läßt sie sich erkennen? Wovon läßt sich sagen, daß es wahr ist? Und was bedeutet es schließlich, der zweiten göttlichen Person, dem Sohn, den Namen „Wahrheit" beizulegen? Um den inneren Zusammenhang sichtbar zu machen, in dem diese verschiedenen Dimensionen zueinander stehen, will ich im folgenden zunächst die Kennzeichnung von *menschlichen Urteilen bzw. Aussagen* als *wahr* darstellen (Abschnitt 1), sodann die Rede von einer *Wahrheit der Dinge* (Abschnitt 2) und schließlich die *Benennung Christi als Wahrheit* nach dem Verständnis des Thomas (Abschnitt 3) – wobei gerade letztere unmittelbar hineinführen ins Zentrum seiner Christologie und Theologie.

Hierdurch mag nicht allein deutlich werden, was seinem Wahrheitszeugnis seine innere Festigkeit und Bestimmtheit gibt. Mit der *existentiellen Bedeutung*, die dieses Thema für Thomas besitzt, kann zumal der erste Vers des *„Adoro te devote"* seinen eigentümlichen und vollen Klang erhalten. Denn nichts anderes ist ja mit ihm ausgesagt, als die teleologische Hinordnung des Menschen auf die Wahrheit und ihre Erkenntnis. Und die Frage nach der Wahrheit selbst erscheint damit hineingestellt in eine antropologische Dynamik, die hineinreicht bis ins Ewige Leben.

1. Wahrheit und Menschenseele

1.1. „Die Seele ist in gewisser Weise alles."

Was also ist Wahrheit? – Der Begriff enthält – dies ist das erste und grundlegende in der Sicht des Thomas – stets einen *Bezug zur Erkenntnis*: „Veritas importat respectum ad intellectum."[19]

Mit dieser Feststellung unterscheidet er sich von der theologischen Tradition vor ihm, die – wie etwa Augustinus – als wahr einfachhin dasjenige bestimmt hat, „was ist": „Verum est id quod est."[20] In bewußter Absetzung von einer solchen einseitigen Konzentration auf einen *seinsmäßigen, ontologischen* Begriff von Wahrheit betont Thomas, daß ohne die Hinordnung auf ein Erkenntnisvermögen der Wahrheitsbegriff nicht nur unverständlich, son-

[19] Thomas, *Q. de ver.* 1,1 c. – Vgl. zum folgenden umfassend H.-G. Nissing (2006), 257-340.

[20] Augustinus, *Soliloquia* II 8 (CSEL 89,56,14f.) – Zitiert in Q. *de ver.* 1,1 obi. 1.

dern sinnlos wäre: Das Wahre findet sich früher und ursprünglich im *Verstand*, und erst von daher können auch die *Dinge* oder das *Seiende* wahr heißen.[21] Daher gilt es zunächst, nach den *Möglichkeiten* und *Bedingungen* sowie nach der *Qualität* und der *Weise geistiger Erkenntnis* zu fragen. Wie läßt sich die Beschaffenheit des Geistes beschreiben, so daß von einer Erkenntnis gesprochen werden kann? Und wie geschieht menschliches Erkennen? Von welcher Art oder Gestalt ist es?

Wie eine Überschrift stellt Thomas als Ausgangspunkt vor seine Überlegungen zur Wahrheit den Satz des Aristoteles:

> *Anima est quodammodo omnia (Die Seele ist in gewisser Weise alles).*[22]

Er besagt: der menschliche Geist ist „darauf angelegt, übereinzukommen mit allem, was Sein hat".[23] Die Seele ist von sich aus dazu fähig, die Gesamtheit der Dinge zu erkennen - wobei nicht nur ein *quantitatives* Erfassen gemeint ist, sondern auch und mehr noch die Fähigkeit, *qualitativ* zum Wesen der Dinge vorzudringen. Wie aber ist dies möglich?

Um die besondere Weise zugänglich zu machen, in welcher der menschliche Geist aufnahmefähig für die Wirklichkeit ist, ja: in der er die „aktive (allerdings die aktiv aufnehmende, tätig empfangende) Mitte des Beziehungsfeldes"[24] zu den ihn umgebenden Dingen wird, unternimmt Thomas einen großangelegten Durchgang durch die verschiedenen Stufen des Geschaffenen, der von den unbelebten Körpern bis hinein ins innergöttliche Leben reicht. Den Leitfaden der Aufführungen bildet dabei der Nachweis, daß der höheren *Komplexität* eines Wesens (die in der Regel an der Komplexität seines organischen Körperaufbaus ablesbar ist) eine größere *Innerlichkeit* des in ihr geschehenden Hervorgangs entspricht - anders gesagt: daß ein Wesen von um so größerem Seinsrang ist, je mehr sich die Äußerung seiner selbst *in seinem Inneren* vollzieht. Grundlegende Bedeutung erlangt die Einsicht, daß

> *je höher das Innen, desto höher [auch] die Form der Wirklichkeitsbeziehung, desto weiter und höher dimensioniert das Beziehungsfeld, das ist: die Welt.*[25]

---

[21] Vgl. *ebd.* 1,1 c. + ad 1.

[22] Aristoteles, *De anima* III 8 (431b20), zitiert in *Q. de ver.* 1,1 c. - Vgl. bereits Platon, *Politeia* 486a.

[23] Vgl. *ebd.*

[24] J. Pieper (1997a), 161.

[25] *Ebd.*, 163.

Die Begriffe „ein Innen haben" und „beziehungsfähig sein" entsprechen folglich einander:

> *Der Begriff des Innen meint jene dynamische Mitte eines Wirklichen, aus der alles Wirken entspringt und auf die alles passive Erleiden und Empfangen gesammelt bezogen ist. Die mit einem Innen begabten Wesen haben die Seinsweise des „Subjekts", der auf sich selbst bezogenen Ganzheit. Wenn jegliches Seiende „eines" ist, so besagt das Innen eine Potenzierung der Einheit; das Innen-Wesen ist ein auf sich selbst bezogenes „Eines".*
> *[1] Die anorganischen Dinge haben kein Innen; der Stein hat höchstens im Sinne der räumlichen Lage seiner Teile und also in einem nur uneigentlichen Sinne ein Innen – wenn auch die bloße Substantialität der anorganischen Dinge, ihr Dingsein selbst, eine Art Vorform des eigentlichen Innen heißen kann.*
> *[2] Die Pflanze hat ein echtes Innen,*
> *[3] in höherem Maße das Tier.*
> *[4] Die eigentliche und höchste Form des Innen ist das geistige Selbst. – Nun aber: Mit dem Begriff des Innen ist der Begriff der „Welt" (als Umwelt und Außenwelt) unmittelbar gegeben. Erst von einem Innen her kann es ein Außen geben; ohne den „Eigenstand" des Innen kein „Gegenstand". Beziehung, Einbeziehung, Bezogenheit – all das setzt ein Innen voraus.*[26]

Daher gilt:

> *[A]uf die höchste Weise in sich selber zu wohnen und zugleich capax universi zu sein – beides zusammen macht geradezu das Wesen des Geistes aus. In einer Definition des Geistes werden diese beiden Aussagen das mittelste Bestandstück sein müssen.*[27]

Mit den Begriffen „Innen", „Subjekt", „Eigenstand" aber ist deutlich auf die Dimensionen der *Personalität* des Menschen verwiesen: *Ich bin es*, der erkennend der Welt gegenübersteht, der gerade darin seines Innen gewahr wird und seines Subjektseins im Gegenüber zu den Dingen. So wird in diesen Überlegungen das Konzept einer *Erschließung menschlicher Personalität im Horizont der Wahrheitsthematik* erkennbar. In ihr finden die Definitionen des Menschen als *animal rationale* und *animal sociale* der Person als *individua substantia rationalis naturae* eine maßgebliche Konkretisierung.[28]

---

[26] *Ebd.*, 162. – Zum Ganzen vgl. Thomas, *S.c.G.* IV 11 (n. 3461-3466).
[27] *Ebd.*, 164.
[28] Vgl. oben S. 40-43 und S. 46-48.

1.2. Urteilsakt und Wahrheit

Denn zugänglich werden diese Innerlichkeit und dieses Weltverhältnis im *Akt des Urteilens:* Urteile sind es, in denen sich primär und prinzipiell *Wahrheit* findet. Und erst in der Erkenntnis der Wahrheit kommt der menschliche Geist zu seiner Vollendung.

Drei Tätigkeiten des Verstandes. – Im Ganzen unterscheidet Thomas drei Akte des Verstandes (*operationes intellectus*), in denen der Mensch denkend und sprechend tätig ist:

(1) das Erfassen der einfachen Gehalte (*indivisibilium intelligentia*),

(2) ihr Verbinden und Trennen im Urteil (*compositio vel divisio*)

(3) sowie das Voranschreiten der Erkenntnis vom Bekannten zum Unbekannten, was mit unterschiedlicher Sicherheit und durch verschiedene logische Mittel geschehen kann: als wissenschaftliche Beweisführung, als dialektische Argumentation, als rhetorische Überredung oder auch als poetische Darstellung.[29]

Thomas unterlegt diese Unterscheidung mit der terminologischen Differenzierung von *intellectus* (*nous*, „Verstand") und *ratio* (*dianoia*, „Vernunft"), wobei er die ersten beiden Tätigkeiten dem *intellectus* in eigenem engeren Sinne, die dritte der *ratio* zuordnet. Es handelt sich hierbei um eine Unterscheidung, anhand derer zumal in der Tradition des Neuplatonismus die *Eigenart* menschlicher Erkenntnis und ihre *Defizienz* gegenüber jener der rein geistigen Wesen sichtbar gemacht wurde.[30] Nach Thomas hingegen verhalten sich *intellectus* und *ratio* zueinander wie „Vollkommenheit" (*perfectio*) und „Unvollkommenheit" (*imperfectio*), wie „Besitzen" (*habere*) und „Erwerben" (*acquirere*), wie „Ruhe" (*quies*) und „Bewegung" (*motus*).[31] Weil der *intellectus* das Prinzip wie das Ziel des rationalen Voranschreitens bildet,[32] sind beide auch Aspekte desselben Seelenvermögens.[33] So kann Thomas im Hinblick auf die Tätigkeiten des Verstandes gleichermaßen von „Tätigkeiten des Verstandes" (*operationes intellectus*) wie „Akten der Vernunft" (*actus rationis*) sprechen.[34]

Die besondere Gestalt der Urteilstätigkeit. – Unter den drei Verstandestätigkeiten kommt nun der zweiten die zentrale Stellung und

---

[29] Vgl. dazu Thomas, *Exp. Perih.* I 1 (Z. 1-8); *Exp. Post.* I 1 (Z. 32-123). – Vgl. dazu H.-G. Nissing (2006), 618-635.

[30] Vgl. Thomas *Super II Sent.* d. 7,1,2 sol.: „Die Vernunft ist der gewissermaßen verdunkelte Verstand (*[R]atio est intellectus quasi obumbratus*)".

[31] Vgl. Thomas, *S.th.* I 79,8 c.

[32] Vgl. *ebd.*, II-II 8,1 ad 2.

[33] Vgl. *ebd.*, I 79,8 c.

[34] Vgl. hierzu auch weiter unten S. 116-121.

eine entscheidende *Schlüsselfunktion* zu: Während die erste Verstandestätigkeit vorrangig vernehmend auf die Gehalte gerichtet ist (was durchaus nicht ohne ein Wirken des Verstandes, etwa in der Weise der Abstraktion, geschieht[35]) und insofern eine zwar grundlegende, zugleich aber auch nur vorbereitende Funktion hat, ist es die Tätigkeit des Urteilens, in der sich der Verstand als erstes *aktiv* und *eigenständig* gegenüber den Erkenntnisinhalten verhält, indem er sie verbindet oder trennt. So bringt der Intellekt in seinen Urteilen etwas Eigenes, Neues hervor,[36] er ist sozusagen kreativ, eben indem er „komponiert" oder trennt (*componit vel dividit*).[37]

Gleichwohl ist damit kein freies Erfinden oder Imaginieren gemeint, denn das Urteilen ist primär und vor allem als eine *Erkenntnistätigkeit* bestimmt: Indem ich urteile, mache ich mir *etwas* zum Gegenstand, erkenne ich *etwas* als *etwas,* nehme ich Stellung (oder bringe meinen Verstand „zum Stehen", wie es bei Aristoteles heißt[38]). Dies geschieht, wenn ich in einem Urteil ein Subjekt als Aussagegegenstand nehme und dieses durch ein Prädikat bestimme – und seine Identität oder Unterschiedenheit in der Wirklichkeit feststelle.[39] Die Urteilstätigkeit (*iudicare/ iudicium*) ist so als die eigentümliche Tätigkeit des menschlichen Geistes ausgezeichnet, und die Aussage (*enunciatio*) ist das Paradigma menschlicher Rede (*oratio*).[40] – Anhand der zweiten Verstandestätigkeit kann damit zugleich sehr schön deutlich werden, was allgemein als Prinzip für die Erkenntnis des Menschen gilt und als Adagium in den thomanischen Texten immer wieder begegnet: daß nämlich das Erkannte stets *in der Weise des Erkennenden* erkannt wird: „Unumquodque cognoscitur secundum modum cognoscentis."[41]

Im Hinblick auf die zweite Verstandestätigkeit spricht Thomas daher auch davon, daß der menschliche Verstand, indem er ur-

---

[35] Vgl. dazu unten S. 137ff.

[36] É. Gilson/ P. Böhner ([3]1954), 543.

[37] Entsprechend unterlegt Thomas zumal in seinen frühen Schriften den Unterschied zwischen der ersten und zweiten Tätigkeit mit der Differenzierung von Passivität und Aktivität: vgl. *Q. de ver.* 1,3 c.; 12,7 c.

[38] Vgl. Aristoteles, *Peri hermeneias* 3 (16b20); Thomas, *Exp. Perih.* I 5 (Z. 277-288).

[39] Vgl. Thomas, *Exp. Perih.* I 3 (Z. 55-78).

[40] Bereits der plantonische Sokrates hatte im Dialog *Kratylos* diese Einsicht auf den Punkt gebracht: „Der Name ‚Mensch' bedeutet, daß die anderen Tiere von dem, was sie sehen, nichts betrachten noch vergleichen oder eigentlich anschauen, der Mensch aber, sobald er gesehen hat, auch zusammenstellt und anschaut. Daher wird unter allen Tieren der Mensch allein,Mensch' genannt, weil er zusamMENSCHaut (bzw. anschaut, mitanschaut), was er gesehen hat" (399b-c).

[41] Vgl. z.B. Thomas, *Q. pot.* 7. 10 ad 10; *S.th.* I 75,5 c.; I 89,4 c. u.ö.

teilt, „etwas Eigenes" (*aliquid proprium*) besitzt.[42] So ist das Urteil jener Modus, in dem *ich* eine Erkenntnis der Wirklichkeit *besitze* – allerdings besitze ich sie gerade dadurch, daß ich mich erkennend zur Wirklichkeit in Beziehung setze und mich urteilend auf sie beziehe. Damit aber wird die spezifische *Innerlichkeit* dieser Tätigkeit sichtbar und mit ihr die *individuelle* und *unvertretbare* Position des Denkenden oder Sprechenden. Zeichen für diese Unvertretbarkeit ist einerseits die *wesentliche Zeitbestimmtheit*, die jedem Urteil vermittels des Verbs innewohnt und es in seiner Richtigkeit auf eine bestimmte zeitliche und örtliche Position festlegt.[43] Zeichen für die *individuelle* und *aktive* Struktur der zweiten Verstandestätigkeit ist darüber hinaus auch die Tatsache, daß es in meinen Urteilen nicht nur *Wahrheit*, sondern auch *Falschheit* geben kann: „In compositione vel divisione veritas falsitasque."[44]

1.3. Der Urteilsakt als Angleichung von Verstand und Wirklichkeit – Die Definition der Wahrheit

Daher verbindet Thomas mit der Tätigkeit des Urteilens in exklusiver Weise auch den Begriff der *adaequatio*, während er im Hinblick auf die erste Tätigkeit von einer *identitas* spricht.[45] Mit dem Begriff der *adaequatio* aber ist jener zentrale Terminus angesprochen, der Thomas, wie bereits angedeutet, zur Definition der Wahrheit dient:

> *Wahrheit ist die Angleichung von Ding und Verstand (Veritas est adaequatio rei et intellectus).*

---

[42] Vgl. Thomas, *Q. de ver.* 1,3 c.: „Dort beginnt der Intellekt als erstes etwas Eigenes (*aliquid proprium*) zu besitzen, das ein Gegenstand (*obiectum*) außerhalb der Seele nicht hat, jedoch etwas, das diesem entspricht (*ei correspondens*), so daß zwischen ihnen eine Angleichung (*adaequatio*) festgestellt werden kann. Der Verstand besitzt dagegen, wenn er die Wesenheiten der Dinge formt (*formans quidditatem rerum*), lediglich eine Ähnlichkeit (*similitudo*) des Gegenstandes, der außerhalb der Seele existiert."

[43] Zur *consignificatio* der Aussage und des Verbs vgl. hierzu H.-G. Nissing (2006), 414-446. – Auch sog. „ewige Wahrheiten" werden damit an ihre Realisierung und Aktualisierung durch das urteilende Subjekt zurückgebunden.

[44] Aristoteles, *Peri hermeneias* 1 (16a12) *De anima* III 5 (430a26ff.).

[45] Vgl. Thomas, *Q. de ver.* 1,3 c.: „Dasselbe wird sich selbst nicht angeglichen, sondern Gleichheit (*aequalitas*) besteht zwischen Verschiedenen." – Bei dieser Identität handelt es sich selbstverständlich nicht um eine reale, sondern um eine formale oder intentionale Identität: vgl. dazu D. Perler (2002), 31-105, der die thomanische Erkenntnistheorie daher als einen „modifizierten direkten Realismus" bezeichnet. – Vgl. dazu unten S. 137ff.

Isaak Israeli (832-932) hatte diese Bestimmung formuliert, und Thomas nimmt sie zustimmend auf.[46] Die „Angleichung" (*adaequatio/assimilatio*) von Erkenntnisvermögen und Sache, wie Thomas sie versteht, meint dabei mehr als eine bloß äußerliche Entsprechung der beiden Relate: „‚Angeglichenheit' ist zwar Zustandsbegriff, konnotiert aber einen dem Zustand voraufgegangenen Prozeß."[47] Nur unzutreffend ist die thomanische Wahrheitstheorie daher auch als *„Korrespondenztheorie"* beschrieben (wie es immer wieder zu hören und zu lesen ist).[48] Denn über eine bloß statische Entsprechung von Satz und Sachverhalt hinaus kennzeichnet der Begriff *adaequatio* die Erkenntnisbeziehung als eine *dynamische* und weist zugleich auf die *Tätigkeit des Intellekts* als die diese Beziehung bedingende Voraussetzung zurück.[49]

1.4. Der Urteilsakt als Fähigkeit zur Reflexion

Formal beschreibt Thomas die zweite Tätigkeit des Verstandes als einen Akt des Vergleichens oder Zusammenfügens, der

---

[46] In der Formulierung der Definition spielt es dabei zunächst keine Rolle, ob es sich um eine *adaequatio* der Dinge an den Intellekt oder um eine solche des Intellekts an die Dinge handelt. Für beide Möglichkeiten finden sich Beispiele im Werk des Thomas. Für eine *adaequatio rei ad intellectum* vgl. z.B. Thomas, *Super I Sent*. d. 19,5,1 sol.; *Q. de ver*. 1,1 ad 1; 1,8 c. u.ö.; für eine *adaequatio intellectus ad res* vgl. dagegen *Q. de pot*. 3,17 ad 27; *Q. de an*. 3 ad 1. – Vgl. v.a. *Q. de ver*. 1,8 c.: „Es ist also offenkundig, daß die Wahrheit, die sich in den geschaffenen Dingen findet, nicht anders verstanden werden kann, denn als Angleichung des Gegenstandes an den Verstand (*adaequatio rei ad intellectum*) oder als Angleichung des Verstandes an den Gegenstand (*adaequatio intellectus ad res*)." – Zur Herkunft der Definition vgl. J.T. Muckle (1933).

[47] C. Kann (1999), 219. – Die von Thomas beschriebene Beziehung der *adaequatio* ist mithin reicher und umfassender, zugleich aber auch elementarer als die bloße Korrespondenz.

[48] *Ebd*.: ‚Correspondentia' bezeichnet einen „statischen Relationsbegriff, der primär und nach üblichem Verständnis auf einen Zustand referiert". Die Bezeichnung „Korrespondenztheorie der Wahrheit", die erst zu Beginn des 20. Jahrhunderts – nicht zuletzt durch B. Russell – üblich wurde, dient entsprechend zur Klassifizierung einer relationalen Theorie, bei deren Relation es um die Übereinstimmung einer Aussage mit dem Sachverhalt geht, auf den sich die Aussage bezieht. Vgl. von daher etwa die Definition A. Mennes (1974), 64: „‚Wahr' heißt eine Aussage genau dann, wenn sie mit dem intendierten Sachverhalt übereinstimmt".

[49] Das Gegenteil, eine *inaequalitas* oder *falsitas*, von der Thomas mitunter spricht, würde demgemäß nicht einen verfehlten Prozeß der *adaequatio* meinen, sondern das Ausbleiben einer *adaequatio*.

comparatio: der Verstand vergleicht die Begriffe und erkennt ihre Identität oder Verschiedenheit im Hinblick auf den erkannten Gegenstand.

Entscheidend ist dabei nun, daß mein Verstand sich diese *comparatio auf einer zweiten Stufe* selbst zum Gegenstand machen kann, indem er fragt, ob denn sein Urteil wahr oder falsch ist, d.h. ob es mit der Wirklichkeit übereinstimmt oder nicht. Anders gesagt: meine Fähigkeit, mir im Urteil etwas zum Gegenstand zu machen, ist *die performative Voraussetzung* dafür, die Frage nach seiner Wahrheit oder Falschheit überhaupt stellen zu können. Sie beinhaltet mithin eine elementare Fähigkeit zur *Selbstdistanzierung* und *Reflexion*.[50] Pragmatisch geschieht dies in jedem Gespräch, wenn mein Gesprächspartner die Richtigkeit meiner Aussage sowie den Anspruch auf Wahrheit, den ich damit verbinde und der darin impliziert ist,[51] bestreitet: Ich reflektiere meine Aussage und mache mich bereit, sie als wahr zu *begründen* (womit dann im Übrigen zugleich der Übergang von der zweiten zur dritten Tätigkeit des Verstandes geschaffen ist, die stets bemüht ist, Prinzipien anzugeben, aus denen sich auf dem Wege der Schlußfolgerung die Wahrheit einer Aussage herleiten läßt).[52]

---

[50] Vgl. Thomas, *Exp. Post.* prol. (Z. 14-17): „Dies ist nämlich dem verstandhaften Teil [der Seele] eigentümlich, daß er sich auf sich selbst zurückbeugt (*ut in se ipsam reflectatur*), denn der Verstand versteht sich selbst (*intellectus intelligit se ipsum*), und auf ähnliche Weise kann der Verstand (*ratio*) über ihre eigene Tätigkeit nachdenken (*de suo actu ratiocinari potest*)." – Thomas verdeutlicht dies durch die Unterscheidung zwischen *„wahr sein"* und *„Wahres erkennen"* können: Während der Intellekt (wie auch die Sinne) in seiner ersten Tätigkeit in einem *unmittelbaren* Erkenntnisbezug zum Gegenstand steht und insofern wahr *ist*, vermag sich der Intellekt in seiner zweiten Tätigkeit von eben diesem Bezug zu distanzieren. Während der Intellekt (wie die Sinne) in seiner ersten Tätigkeit *etwas* erkennt, ist der urteilende Verstand darüber hinaus in der Lage, *etwas „als etwas"*, und d.h. *Wahres zu erkennen* – denn gerade dies geschieht im Akt des Verbindens oder Trennens (vgl. Thomas, *S.th.* I 16,2 c.). – Daher ist es auch unzureichend, die Wahrheitslehre des Thomas anhand seiner Abstraktionslehre zu erörtern.

[51] Die Wahrheit als solche kommt also nicht als etwas Nachträgliches zu meinem Urteil hinzu (etwa in Form einer im Urteil implizierten Selbstreflexion, wie es verschiedene transzendentalthomistische Deutungen nahegelegt haben), sondern mit dem Urteil wird automatisch der Anspruch auf Wahrheit, d.h. auf Wirklichkeitserkenntnis verbunden. Eben dieser Anspruch treibt die formale Fähigkeit des Verbindens und Trennens zur Überprüfung an und veranlaßt zum Überschreiten des bloß subjektivistischen Standpunktes.

[52] Vgl. dazu unten S. 116-121.

Ebenso kann ich auf einer weiteren Ebene die grundsätzliche Frage stellen, was denn Wahrheit überhaupt ist, und - wenn sie, wie gesehen, durch eine Beziehung von Intellekt und Wirklichkeit bestimmt ist - *auf welche Weise* sich diese denn „vergleichend" (*comparantur*) miteinander in Bezug setzen lassen. Auf der Basis der *operatio secunda intellectus* wird es mithin möglich und notwendig, die Voraussetzungen oder Bedingungen der Möglichkeit wahrer Erkenntnis zu eruieren. Denn wenn das Prädikat „wahr" einem Urteil zugesprochen werden soll, bedarf es eines Kriteriums, an dem dieses überhaupt bemessen werden kann. M.a.W.: es ist notwendig, vorgängig einen inhaltlichen differenzierten Begriff von „wahr" zu haben, soll die Bestimmung der Wahrheit als Angleichung von Intellekt und Sache nicht nur eine Nominaldefinition und tautologisch sein.[53]

Man könnte diesen Schritt auch als Schritt von der Betrachtung der Wahrheit *aus einer Innenperspektive* zu ihrer Betrachtung *aus der Außerperspektive* oder als Übergang von einer *formalen* zu einer *materialen Wahrheitstheorie* bezeichnen.

Jedenfalls ist mit der derart beschriebenen Fähigkeit des Menschen zur Selbstdistanz und Reflexion - mit seiner „*Wahrheitsfähigkeit*" - die Wurzel jenes o.g. Selbstverhältnisses kenntlich gemacht, das für das Personsein des Menschen, modern gesprochen: für seine Subjektivität, konstitutiv ist:[54]

> *Personen sind wahrheitsfähige Wesen. [...] [Sie] können [...] aus der Mitte heraustreten, von der aus sie alles auf sich beziehen, [...] und sich selbst gewissermaßen „von außen" betrachten [...]. Sie können sich als Teil der Welt des anderen begreifen.*[55]

In der Wahrheitsfähigkeit wurzelt damit nicht nur die *praktische* Fähigkeit des Menschen, sich zu seinem unmittelbaren Wünschen und Wollen auf einer zweiten Stufe noch einmal verhalten zu können, sie zu beurteilen und zu leiten,[56] aber auch spezifisch *intersubjektive* Phänomene, die einen Standpunkt „außer-

---

[53] In diese Richtung läßt sich etwa die klassische aristotelische Feststellungen verstehen: „Wahr ist, von dem, was ist, zu sagen, daß es ist" (vgl. *Metaphysik* IV 7, 1011b25). - Es macht, anders gesagt, nur Sinn, einen Wirklichkeitsbezug in der *operatio secunda* festzustellen, wenn zuvor im Begriff des Wahren ein solcher Bezug zu den Dingen konstatiert ist - wie im Falle der Definition der *veritas ad adaequatio rei et intellectus.*

[54] Vgl. oben S. 40-43.

[55] R. Spaemann (2012a), 36f. mit dem Hinweis auf H. Plessners Rede von der „exzentrischen Positionalität" des Menschen.

[56] Vgl. *ebd.*, 33ff.

halb" seiner selbst erfordern, wie Versprechen, Reue oder Verzeihen, werden von hier aus zugänglich.

Mit der Profilierung der Wahrheit von *Urteilen* und *Aussagen* erbringen die Analysen zum thomanischen Wahrheitsbegriff in einer ersten Dimension vor allem ein vertieftes Selbstverständnis des Menschen als Person.

1.5. Die Wahrheit „zwischen zwei Intellekten"

Welche weitergehenden Gesichtspunkte ergeben sich indessen auf dieser Basis für die Frage nach der Wahrheit?

Thomas entwickelt seine Darlegungen und Unterscheidungen zur *inhaltlichen* Bestimmung des Wahrheitsbegriffs im Ausgang von der Einsicht, daß der menschliche Verstand nicht in der Lage ist, in seinem Bezug zu den Dingen Wahrheit in einer umfassenden Weise zu *begründen*. Diese Begründung betrifft dabei selbstverständlich nicht den *Akt* (denn das Faktum des Erkennens wird stets vom Geist gesetzt), sondern den *Inhalt* der Erkenntnis.

- So ist mein Verstand *als praktischer* oder schöpferischer (*intellectus practicus*) zwar in der Lage, verursachend auf die Dinge einzuwirken. Beispiel dafür ist der Künstler, der seine Idee und sein Konzept einem Werk einprägt. Insofern ist er das „Maß" (*mensura*) für die Dinge, die durch ihn entstehen, d.h. für alle jene Gegenstände, die sich der künstlichen (artifiziellen) Gestaltung durch Menschen verdanken.[57] Daher heißen diese Dinge „wahr" im Hinblick auf den menschlichen Verstand.

- *Als theoretischer* (*intellectus speculativus*) hingegen verhält sich mein Verstand aufnehmend zu den Dingen. Er wird durch sie bewegt, so daß es in dieser Hinsicht die Dinge sind, die sich maßgebend zum Verstand verhalten. In dieser Hinsicht heißt der Verstand „wahr" im Hinblick auf die Dinge.

Ist demnach (1) *der menschliche Verstand* (a) maßgebend für die künstlichen Dinge und (b) maßempfangend gegenüber den natür-

[57] J. Pieper (1997a), 127f., hebt darauf an, daß gerade diese die eigentliche Erkenntnisbeziehung sei, in der der menschliche Geist zu den Dingen steht, „die erfüllteste und eigentlichste Beziehung von Geist und Sein, die es gibt. Nichts erkennen wir so sehr ‚durch und durch' wie das Werk unseres Geistes und unserer Hände – soweit dieses Werk wirklich von uns geschaffen ist [...]. Die innere Gestalt eines Bildwerkes etwa ist im Geiste des Künstlers gänzlich durchlichtet und schattenlos lebendig. [...] [Und] [d]er schöpferisch erkennende Geist des Künstlers [...] ist dem objektiv wirklichen Werke ebenso völlig inne wie umgekehrt das Werk dem Geiste dessen, der es erdacht hat."

lichen Dingen, und sind (2) *die natürliche Dinge* (a) maßgebend für den menschlichen Verstand, so empfangen diese ihrerseits - und hier liegt der für die thomanische Wahrheitstheorie entscheidende Gesichtspunkte - (b) ihr Maß durch einen anderen, nämlich (3) den *göttlichen Verstand*, der sich zu ihnen maßgebend verhält - so wie der Verstand des schöpferischen Künstlers.

> *Res ergo naturalis, inter duos intellectus constituta, secundum adaequationem ad utrumque vera dicitur*[58],

lautet die plastische Formel, mit der Thomas dieses Gedankenmodell beschreibt: Die natürlichen Dinge sind „zwischen" zwei Intellekte gestellt, den rezeptiv-produktiven menschlichen und den kreatorisch göttlichen - und aufgrund der Angleichung an jeden von beiden werden sie wahr genannt (vgl. Abb. 1).

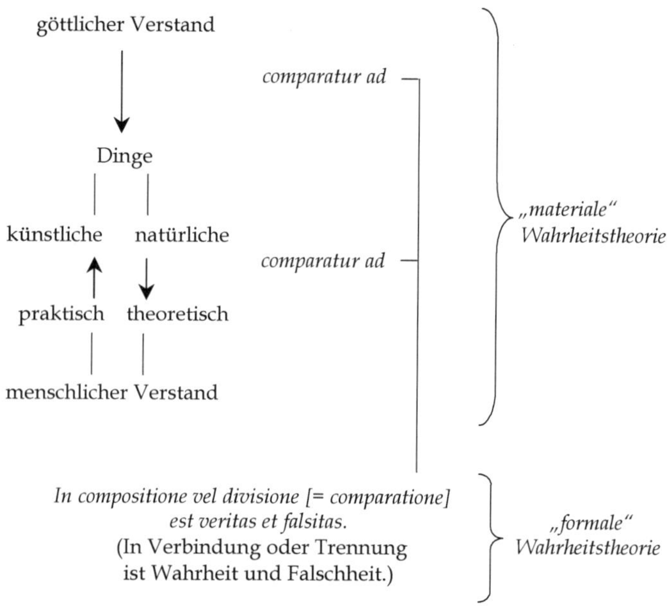

Abb. 1: Die Wahrheitstheorie des Thomas von Aquin

Die Tragweite dieses Entwurfs, der auf den ersten Blick vielleicht ein wenig lapidar erscheinen mag und der im Übrigen innerhalb der Diskussionen um den Wahrheitsbegriff so gut wie

---

[58] Thomas, *Q. de ver.* 1, 2 c.

gar nicht wahrgenommen wurde,[59] ist kaum zu überschätzen. Er kann zudem als die völlig originelle Leistung und „das geistige Eigentum des Thomas von Aquin" gelten: „Hierin [...] hat er nicht nur keinen Vorgänger gehabt; sondern er hat, wie es scheint, auch keinen Nachfolger gefunden."[60] Denn dieser Entwurf enthält weitreichende Konsequenzen – und zwar sowohl für die Sicht der *Wirklichkeit* (Abschnitt 2), wie für das Verständnis *Gottes* und seiner *Schöpfungstätigkeit* (Abschnitt 3).

2. Wahrheit der Dinge – Die Lehre von den Transzendentalien

So besagt dieser Entwurf einerseits im Hinblick auf die Frage nach den *Bedingungen der Möglichkeit wahrer Erkenntnis* eine grundlegende Erkennbarkeit und prinzipielle Erschlossenheit der *Dinge* für den menschlichen Intellekt: *Alle Dinge sind erkennbar und wahr, weil sie zuvor durch Gott erkannt sind.*

(1) Diese Feststellung impliziert zum einen eine Verbürgung der *Sicherheit* und *Zuverlässigkeit* dieser Erkenntnis. Denn in ihrer inneren Gestalt bilden die Dinge die göttliche Kunst ab, und die Wahrheit, die ihnen seitens des göttlichen Geistes zukommt, ist der *Ursprung* und die *Wurzel* ihrer Wahrheit im Hinblick auf den Menschen. Augustinus hat das Gemeinte am Ende seiner *Confessiones* auf die treffende Formel gebracht:

> *Wir sehen die Dinge, weil sie sind. Sie aber sind, weil du sie siehst.*[61]

(2) Mit dieser *Nach*geordnetheit der menschlichen Erkenntnistätigkeit gegenüber den Dingen und ihrem Erkanntsein durch Gott aber ist zum anderen auch eine *Zu*geordnetheit beider gegeben: Die Dinge sind dazu geschaffen, vom menschlichen Geist erkannt zu werden, so wie der menschliche Geist darauf hingeordnet ist, die Dinge zu erkennen (so hieß es ja bereits im Aristoteles-Zitat zu Beginn). Die Möglichkeit, die Dinge zu erkennen, ist für den Menschen also ebenso wenig zufällig, wie für die Dinge ihre Erkennbarkeit. „[D]as Seiende ist [viel-

---

[59] Vgl. als Ausnahmen vgl. neben J. Pieper (1997a) lediglich R.B. Schmitz (1984) sowie R. Imbach (1976) und (1996), 356, der sie als „la doctrine très révélatrice de l'univers thomasien" kennzeichnet.

[60] J. Pieper (1997a), 160.

[61] Augustinus, *Confessiones* XIII 53 (CCL 27,227,1f.): „Non itaque ista quae fecisti videmus, quia sunt, tu autem quia vides ea, sunt."

mehr] geistartig in seinem innersten Kern. Sein und Geist gehören zusammen."[62]

(3) Weil die Dinge „zwischen zwei Intellekte gestellt" sind, d.h. in einer ebenso grundlegenden wie umfassenden Geistbeziehung stehen, sind sie als solche schließlich einer vermeintlich „reinen Objektivität" enthoben: Es gibt für Thomas keine *facta bruta*, die gewissermaßen „stumm" einfach nur „da" wären. Anders als in einem vermeintlichen Subjekt-Objekt-Dualismus, wie er für die neuzeitliche Philosophie kennzeichnend ist,[63] sind die Dinge vielmehr durch eine innere Offenheit gegenüber dem menschlichen Erkennen gekennzeichnet, dem sie sich manifestieren, anbieten, ja: geradezu aufdrängen. Die Dinge sind in ihrem Wesen nicht dunkel und unzugänglich für den menschlichen Geist, sondern lichtvoll und hell: „Das Wirklichsein der Dinge selbst ist sozusagen ihr Licht (*actualitas rei est quoddam lumen ipisus*)."[64]

Hier ist zugleich der Ort, an dem sich die Lehre von der *Wahrheit der Dinge* verbindet mit der Lehre von den sog. *Transzendentalbegriffen*. Damit sind jene sechs „Ur-Worte des Seins"[65] gemeint, die in grundlegender Weise die Weltsicht des Thomas von Aquin illustrieren: „Transzendental" heißen diese Begriffe, weil sie die Wirklichkeit nicht in Gattungen einteilen und unterscheiden, wie es die kategorialen Begriffe (Substanz und Akzidens, d.h. Quantität, Qualität, Relation etc.[66]) tun, sondern diese „überschreiten", „transzendieren" und daher in umfassender Weise von allem Wirklichen aussagbar sind.[67] Von jedem Seienden läßt sich demnach sagen: es ist ein Ding, es ist eines, es ist etwas anderes, es ist wahr, es ist gut. Mit dem Seienden schlechthin identisch (*modus generalis consequens omne ens*)[68], heben die Transzendentalien in unterschiedlicher Weise je einen Aspekt an ihm hervor und machen es so gewissermaßen in seiner *Fülle* und seinem *inneren Reichtum* kenntlich.[69] Sie eröffnen zugleich einem privilegierten

---

[62] J. Pieper (1997a), 143.

[63] Vgl. dazu auch unten S. 343f.

[64] Thomas, *Super De causis* I 6 (n. 168). – Vgl. dazu unten S. 354-359.

[65] J. Pieper (1997), 121. – Zur Herkunft der Transzendentalienlehre und ihren historischen Quellen vgl. J.A. Aertsen (1987).

[66] Vgl. dazu unten S. 92-96.

[67] Vgl. Thomas, *S.th.* I 5,3 c. – Sie sind daher logisch mit ihm konvertibel: vgl. *Super Metaph.* XI 3 (n. 2199); *Super I Sent.* d. 8,1,3 sol.; *Q. de ver.* 22,1 c.; *S.th.* I 16,3 c.

[68] Vgl. Thomas, *S.th.* I-II 29,5 c.; I 5,1 c.; I 16,4 c.

[69] Weil sie das Seiende „durchwirken" (*Q. de virt.* 2 ad 8; vgl. *Super Metaph.* X 3 [n. 1981]), stellen sie keinen idealen, transzendent-jenseitigen

Zugang zur Metaphysik des Thomas von Aquin. Zu Beginn der *Quaestiones disputatae de veritate* leitet Thomas die Transzendentalien im Ausgang von der doppelten Betrachtung des Seienden (1) „in sich“ (*in se*) sowie (2) „in Hinordnung auf anderes“ (*in ordine ad aliud*) mittels einfacher Affirmation und Negation ab:[70]

> *[1] Auf die erste Art geschieht dies zweifach. [...]*
> *[1.1] Das bejahend von einem Seienden ohne Hinblick auf anderes Ausgesagte, das sich in jedwedem Seienden erfassen läßt, ist [...] nur dessen Wesenheit, gemäß welcher man ihm Sein zuspricht. So wird ihm der Name „Ding“ (res) beigelegt. [...]*
> *[1.2] Die Verneinung aber, die jedem Seienden ohne Hinsicht auf anderes genommen folgt, ist die Nichtgeteiltheit. Diese drückt das Wort „Eines“ (unum) aus; denn Eines ist nichts anderes als ein ungeteiltes Seiendes.*
> *[2] Nimmt man aber eine Seinsweise auf die zweite Art, nämlich gemäß der Hinordnung des einen zum anderen, so kann das zweifach geschehen.*
> *[2.1] Erstens gemäß der Teilung des einen vom anderen, und das drückt das Wort „etwas“ (aliquid) aus; „etwas“ (aliquid) heißt nämlich soviel wie „ein anderes Was“ (aliud quid). [...]*
> *[2.2] Zweitens gemäß dem Übereinstimmen eines Seienden mit einem anderen. [...]*
> *[2.2.1] Das Übereinstimmen eines Seienden mit dem Streben drückt [...] das Wort „Gutes“ (bonum) aus. [...]*
> *[2.2.2] Das Übereinstimmen [...] eines Seienden mit dem Verstand drückt das Wort „Wahres“ (verum) aus.*

Den Sinn und die Bedeutung der einzelnen Transzendentalbegriffe hat J. Pieper in luzider Weise zusammengefaßt:

> *[1.1] Res: dies Wort ist eigentlich unübersetzbar. Es ist gesagt worden, res sei ein „Herzwort“ der lateinischen Sprache, das der Römer der Welt geschenkt habe.[71] Seine Bedeutung umgreift den ganzen Umkreis der „Dinge“. Besitzgut, Rechtssache, Geschichte, Gemeinwesen, Staat – und eben Gegenstand, Sache, Wesen. Von res hat das „Reale“ und „Reelle“ seinen Namen. Es gibt in der Tat nichts, das nicht res genannt werden könnte. Dagegen will das deutsche Wort „Ding“ nicht so zwanglos zu jedem denkbaren Seienden als Name passen und stimmen. Umfänglicher und allgemeiner erscheint, als Entsprechungswort zu res,*

„Überbau“ dar, bestimmen es vielmehr innerlich.

[70] Vgl. Thomas, *Q. de ver.* 1,1 c.

[71] T. Haecker (1931), 117ff. – Zitate gemäß dem zitierten Text.

> *das deutsche „Was"; doch fehlt diesem Wort wiederum die scharfe Kontur von res. Thomas will mit res den Träger des Seins benennen. Der Name ens-seiend ist Partizip, sich herleitend von eben diesem Akt des Seiens, während res genauer das Subjekt dieses Aktes benennt und aussagt.*[72]
> *[1.2] Unum: Alles ist „eins" oder „einig". Thomas versteht unter der transzendentalen Einheit die Ungeteiltheit des Seienden. „Das Sein eines jeglichen Dinges beruht in der Ungeteiltheit. Und daher rührt es, daß jegliches Seiende, wie es sein Sein hütet, so auch seine Einheit hütet."*[73] *[...] In der geringeren oder größeren Einheit – das ist: des In-sich-Seins – [erblickt Thomas] das Kriterium für den Seinsrang eines Wesens [...]. [D]ie oberste Stufe des In-sich-Seins aber stellt die geistige Person dar; [...]*
> *[2.1] Aliquid: jegliches Seiende ist ein aliquid. Der Sinn dieses Satzes ist nicht so eindeutig und vor allem nicht so flach, wie es dem ersten Blicke scheinen mag. Die nahe liegende Übersetzung von aliquid durch „etwas" würde hier zu einer Fehldeutung führen. Aliquid besagt, wie schon das Mittelalter (man darf wohl sagen: ausnahmsweise) richtig etymologisiert hat, [...] soviel wie aliud quid. Jegliches Seiende ist „etwas anderes". Das will sagen: alles, was ist, hat eine Grenze gegen das Andere und ist von ihm abgetrennt. [...] Alles Seiende ist Gestalt; alle Gestalt aber hat Dasein kraft ihrer Grenze. [...] Während die Transzendentalien ens, res, unum dem Seienden in sich selbst zukommen, wird im Begriff des aliquid dem Seienden als Seiendem eine Bezogenheit auf ein anderes Seiendes zugesprochen [...].*
> *[2.2] Hierin aber ist der Begriff des aliquid denen des Wahren und des Guten verwandt. Denn dieses ist der Sinn der Sätze von der Wahrheit und Gutheit [...] aller seienden Dinge: daß alles Seiende bezogen sei auf den erkennenden und den liebenden (wollenden) Geist. [...] „Alles Seiende ist wahr" und [...] „Alles Seiende ist gut".*[74]

Bemerkenswerterweise entfaltet Pieper den Bedeutungsgehalt der Transzendentalien, deren Ableitung in *Quaestiones disputatae de*

---

[72] Vgl. Thomas, *Q. de ver.* 1,1 c: „Das Seiende (*ens*) wird vom Akt des Seins (*actus essendi*) genommen, der Name Ding (*res*) aber bringt die Washeit (*quidditas*) oder die Wesenheit (*essentia*) des Seienden zum Ausdruck."

[73] Vgl. Thomas, *S.th.* I 11,1 c.: „Daher ist offenkundig, daß das Sein eines jeden Dings in Unteilbarkeit (*in indivisione*) besteht. Und daher kommt es, daß ein jedes, wie es sein Sein bewahrt, so auch seine Einheit (*unitas*) bewahrt."

[74] J. Pieper (1997a), 121; 119ff.

veritate 1,1 im Übrigen auf das *verum* hin finalisiert ist (vgl. Abb. 2), vor allem in einer *anthropologischen Sinngebung* und orientiert am Paradigma des *menschlichen* Seienden. Die Begriffe „Subjekt", „In-sich-Sein", „Person", „Gestalt" deuten hierauf hin. Sie unterstreichen neuerlich die fundamentale Bedeutung, die das Selbstverständnis der Person und die Lehre vom Menschen für Thomas im Hinblick auf den Zugang zur Wirklichkeit besitzen.[75]

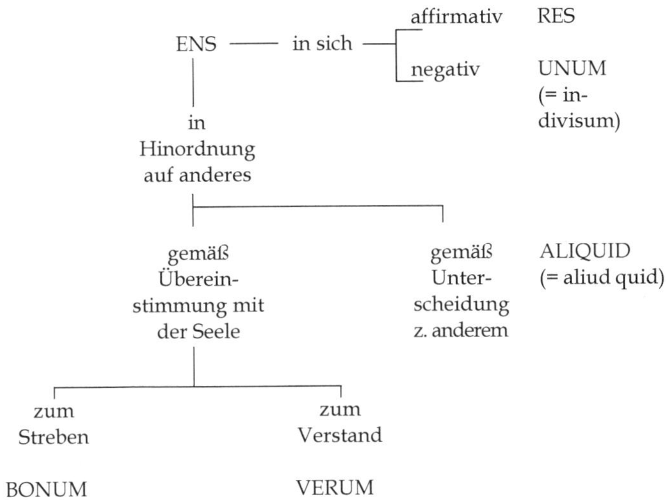

Abb. 2: Die Transzendentalienlehre des Thomas von Aquin

3. Wahrheit und göttliches Wort

Schließlich enthält das thomanische Modell der Wahrheit, die „zwischen zwei Intellekten" angesiedelt ist, Einsichten, welche die *Erkenntnis Gottes* selbst betreffen. Thomas versteht diese Erkenntnis als durch und durch schöpferisch: Durch das bloße Erkennen Gottes werden die Dinge erschaffen. Sie entstehen nicht in der Weise eines mühsames Zurechtknetens einer Materie (wie der Ton in der Hand des Töpfers seine Form annimmt; vgl. *Gen* 2,7; *Jer* 18,6; *Jes* 45,9; *Röm* 9,21), sondern sie werden durch das göttliche Wort und seine Wirksamkeit ins Dasein gerufen: Gott sah – und alles war da, Gott „sprach, und es wurde" (*Ps* 148,5; *Gen* 1). Mit Hilfe dieses Gedankens, in dem die göttliche Schöpfungstätigkeit

[75] Vgl. dazu H.-G. Nissing (2020b). – Vgl. oben S. 40-46.

als eine rein geistige begriffen wird, gelingt es Thomas, ein Verständnis der Eigenart des göttlichen Erschaffens aus dem Nichts (*creare*) plausibel zu machen, das sich vom menschlichen Machen oder Herstellen (*facere*) deutlich unterscheidet, welches doch stets ein Machen von etwas aus etwas ist.[76]

Wahrheit und Wort. – Darüber hinaus gewinnt durch dieses Modell jene Verbindung von „Wahrheit" bzw. „Wahrem" (*verum*) und „Wort" (*verbum*) ein Profil, die Thomas bereits in seinem eingangs zitierten Kommentar zu *Joh* 14,6 konstatiert hatte: „Die Wahrheit kommt Christus zu, weil er das Wort ist", hieß es dort. Auf dieselbe Verbindung spielt im *„Adoro te devote"* ja auch die Assonanz in V. 8 an, wo es heißt: „nihil hoc veritatis verbo verius" – wobei die Rede vom „Wort der Wahrheit", dem gegenüber „nichts wahrer" ist", die Anrede der „verborgenen Wahrheit" in V. 1 merklich steigert. – In Entsprechung zum gerade skizzierten Wahrheitskonzept heißt es im Kommentar zu *Joh* 14,6:

> *Das Wort Gottes ist wahr in sich, weil es nicht von den Dingen sein Maß empfängt, sondern vielmehr die Dinge wahr sind, sofern sie an seine Ähnlichkeit heranreichen. Darum ist das Wort Gottes die Wahrheit selbst.*[77]

Wort und Weisheit. – Neben den Begriffen „Wahrheit" und „Wort" gehört als weiteres, drittes Motiv für Thomas in diesen Zusammenhang schließlich der Begriff der „Weisheit" (*sapientia*). Auch von ihr war bereits oben die Rede. Die Weisheit ist das Ziel, das der „Philosophie", der „Liebe zur Weisheit", ihren Namen gibt,[78] und Platon (428/7-348/7 v. Chr.) zufolge handelt es sich dabei um jene Weisheit, die Gott selbst besitzt.[79] Von hier aus wird jene reiche Tradition der antiken Philosophie und ihrer verschiedenen Schulen zugänglich, in der die Suche nach Weisheit als „Lebensform" (P. Hadot) betrieben wurde und an die auch die christliche Tradition (v.a. Augustinus) anschließen und das Christentum als wahre Philosophie bestimmen sollte. – Aber auch durch eine eigene Textgattung der Heiligen Schrift, die sog. „Weisheitsliteratur"

---

[76] Vgl. Thomas, *Coll. in Symb. Apost.* 1 (n. 881).

[77] Thomas, *Super Ioan.* XIV 2 (n. 1869). – Vgl. ferner *Q. de ver.* 1,7, wo die Wahrheit dem göttlichen Sohn „appropriiert" wird.

[78] Vgl. dazu Thomas, *Super Metaph.* I 3 (n. 56) in Anknüpfung an Aristoteles, *Metaphysik* I 2 (982a4-b7); ferner *Super Eth.* VI 5 (Z. 108-126) sowie die summarische Charakterisierung des Philosophen in *Super Metaph.* I 2 (n. 43). – Vgl. hierzu A. Speer (2003). – Vgl. dazu unten S. 114f.

[79] Vgl. Platon, *Phaidros* 278d.

des Alten Testaments, ist die Weisheit als Lebensideal empfohlen. Dort begegnet sie zugleich in einer *personifizierten Gestalt*, die sich mit dem neutestamentlichen Logos identifizieren läßt: So ist das göttliche Wort, das von sich selbst gesagt hat: „Ich bin [...] die Wahrheit" (*Joh* 14,6), für Thomas zugleich die „Quelle der Weisheit in der Höhe" (*Sir* 1,5).[80] Entsprechend war in der thomanischen Selbstauskunft von *S.c.G.* I 1 von der „göttlichen Weisheit" die Rede, „die im höchsten Sinne Wahrheit ist"[81].

In ihrer inneren Zusammengehörigkeit deuten die Begriffe „Wahrheit", „Wort" und Weisheit" so ins Zentrum der thomanischen Gotteslehre und Christologie. Überdies verleihen sie dem Adressaten der Anbetung des *„Adoro te devote"* zusätzlich Kontur.

Mehr noch als der Name „Wahrheit" kann dabei die Bezeichnung „Wort" als *„Lieblingsname"* des Thomas für die zweite göttliche Person gelten. Immer wieder führt er ihn an, und kommt vor allem an zentralen Stellen seiner Schriften, in Prologen oder Widmungsschreiben, auf ihn zu sprechen.[82] Diese Vorliebe belegt zugleich die herausragende Bedeutung, die dem *Johannes-Evangelium* und hier insbesondere dessen Prolog für sein Denken im Ganzen zukommt. So läßt sich in der Semantik des thomanischen Konzepts vom schöpferischen Erkennen Gottes unschwer der Einfluß der johanneischen Leitmotive „Licht" und „Leben" (vgl. *Joh* 1,3ff.) wiedererkennen: Mit ihrer Hilfe wird es nicht nur möglich, die Schöpfung als durch einen geistigen Akt gestiftet und getragen zu verstehen. Auch in der Interpretation menschlicher Erkenntnis oder göttlicher Gnadenmitteilung kommt ihnen eine wesentliche Rolle zu.[83] Nicht zu Unrecht hat man den *Kommentar zum Johannes-Evangelium* daher als „das theologische Werk

[80] Vgl. Thomas, *Super Ioan.* I 1 (n. 33); ferner XVII 6 (n. 2267); *Super IV Sent.* prol.; *S.th.* III 3,8 c.; 10,4 c.; *Princ. bibl.* I (n. 1211) u.ö. – Zur biblischen Identifikation von Wort Gottes und Weisheit vgl. bereits *Sir* 24,23-34.

[81] Wohl nicht von ungefähr ist auch das Motto des Werks (*Spr* 8,7) der Weisheitsliteratur entnommen. Zur Bedeutung der Orientierung an dieser für das thomanische Gottesbild vgl. unten S. 361-364.

[82] Vgl. hierzu insbesondere die schon genannte Zueignung des *Compendium theologiae*, die das Konzept des *Verbum abbreviatum* enthält, oder das Widmungsschreiben der für Papst Urban verfaßten *Catena aurea*, das mit den Worten beginnt: „Die Quelle der Weisheit, das eingeborene Wort Gottes, das in der Höhe thront und durch das der Vater alles mit Weisheit geschaffen und in Schönheit geordnet hat." Vgl. ferner *Super I Sent.* prol., wo Thomas die Gesamtdarstellung der Theologie vom Namen „Weisheit" aus entfaltet: dazu unten S. 247-253.

[83] Vgl. hierzu Thomas, *Super Ioan.* I 3 (n. 101; 104); I 5 (n. 128f.; 130). – Vgl. dazu unten S. 137ff. und S. 267-270.

par excellence" des Thomas bezeichnet, das unter seinen Schriften „einen einzigartigen Platz" einnimmt,[84] und seine Auslegungen zum Prolog als „die großartigste Formulierung der Logos-Lehre, die sich in der abendländischen Theologie finde[t]"[85], gekennzeichnet. Es zeigt den Geist des Thomas „auf seinem Gipfel"[86], offenbart eine „durchweg zu spürende Liebe des Verfassers zu dessen Gegenstand"[87], dem göttlichen Wort, und „enthüllt uns, was zutiefst in seinem Herzen ist"[88].

Von diesem „archimedischen Punkt" aus spannt sich ein gedanklicher Bogen, der von der Beschreibung des *innergöttlichen Lebens* (Abschnitt 3.1) über die *Schöpfung* und *Vorsehung* (Abschnitt 3.2) bis zur *Offenbarung* reicht (Abschnitt 3.3), um schließlich in unmittelbar *praktischen Konsequenzen* für das thomanische Lebens- und Erkenntnisideal einen Ausdruck zu finden (Abschnitt 3.4 bis 3.6). In allem ist es die Präsenz und Wirksamkeit des göttlichen Wortes, die Thomas dabei sichtbar macht.

3.1. *„Im Anfang war das Wort."*

Warum aber verdient der Name „Wort" unter den Bezeichnungen, die die Heilige Schrift für die zweite göttliche Person anführt – „Sohn" (*Filius*)[89], „Ebenbild" (*Imago*)[90] oder „Lichtglanz" (*Splendor*)[91] – den Vorzug? – Deswegen, so Thomas, weil er den besonderen *geistigen Charakter des Hervorgehens des Sohnes*, die Immaterialität und Impassibilität seines Gezeugt- oder Geborenwerdens zum Ausdruck bringt – und damit zugleich eine eigentümliche *Dynamik*.[92] In seinen *Auslegungen zum Apostolischen Glaubensbekenntnis* (*Collationes in Symbolum Apostolorum*) erschließt Thomas diese Präferenz in einfachen Worten mit Bezug auf die menschliche Selbsterfahrung:

---

[84] Vgl. M.D. Philippe (1981), 10.

[85] J. Pieper (^{3}1955), 7. – Zum Ganzen vgl. H.-G. Nissing (2017a).

[86] Vgl. J. Weisheipl (1980), 8 und 16.

[87] C. Berchtold (2000), 48.

[88] Vgl. M.-D. Philippe (1981), 10.

[89] Vgl. *Mt* 3,17 par., *Mt* 17,5 par.; *Apg* 13,33; *Hebr* 1,5.

[90] Vgl. 2 *Kor* 4,4; *Kol* 1,15.

[91] Vgl. *Hebr* 1,3.

[92] Vgl. Thomas, *Super Ioan.* I 1 (n. 42); ferner Thomas, *S.th.* I 34,2 ad 3; v.a. *Coll. in Symb. Apost.* 1 (n. 891 ff.). – Demgemäß ist von einer Integration der Sohneschristologie in die Theologie des *Verbum* gesprochen worden: vgl. C. Bertchold (2000), 162, Anm. 399. – Vgl. unten S. 387-390.

> *Nichts [...] ist Gott so sehr ähnlich wie die Seele des Menschen. Die Weise, etwas in der Seele hervorzubringen, besteht darin, daß der Mensch in seiner Seele etwas denkt, und das nennt man Empfängnis des Verstandes. Diese Empfängnis wird durch die Seele gezeugt wie durch einen Vater, und diese Empfängnis heißt „Wort" des Verstandes oder des Menschen. Die Seele zeugt durch das Denken ihr Wort. – So ist auch der Sohn Gottes nichts anderes als das Wort Gottes. Nicht wie ein nach außen hin gesprochenes Wort, welches vergeht, sondern Er ist das innerlich empfangene Wort.*[93]

Dabei ist das göttliche Wort in mehrfacher Hinsicht vom menschlichen zu unterschieden: (1) Während die menschlichen Worte sukzessive geformt werden und durch Nachdenken entstehen, ist das göttliche Wort als reiner Akt immerwährend (*semper est in actu*). (2) Während die menschlichen Worte unvollkommen und viele sind, ist das göttliche Wort *ein einziger* und *vollkommener* Ausdruck Gottes und der Kreatur. (3) Und während die menschlichen Worte „Eigenschaften" (*accidentia*) der Seele und von deren Wesen unterschieden sind, ist das göttliche Wort etwas in der einen und einfachen göttlichen Natur Subsistierendes, ein in der Einheit von Erkennen und Sein hypostatisch Seiendes – es ist Person.[94]

Der Name „Wort" ist für Thomas nicht zuletzt dadurch ausgezeichnet, daß er es ermöglicht, die philosophische Gottesvorstellung, wie sie etwa von Aristoteles entwickelt worden war, christlich weiterzudenken. Aristoteles hatte Gott als Identität von Sein, Leben und Erkennen, als „reine Tätigkeit" (*actus purus*), und „Denken des Denkens" (*intelligentiae intelligentia*) bestimmt.[95] Das Ewige Wort benennt darüber hinausgehend dasjenige, „in dem" (*in quo*) Gott erkennt – und zwar sich selbst und die Schöpfung. So vermag gerade der Begriff „Wort" die Lebendigkeit dieser innergöttlichen Dynamik zum Ausdruck zu bringen: Es ist *Akt von einem Akt* – und Person von einer Person.[96]

---

[93] Thomas, *Coll. in Symb. Apost.* 2 (n. 892). – Es entspricht dieser anthropologischen Erschließung der Theologie des göttlichen Wortes, wenn Thomas in der *S.c.G.* die Angemessenheit der Menschwerdung des ewigen Wortes aus der Wesensbestimmung des Menschen als *zoon logon echon* herleitet: vgl. IV 42 (n. 3802).

[94] Vgl. Thomas, *Super Ioan.* I 1 (n. 29); vgl. (n. 55).

[95] Vgl. Aristoteles, *Metaphysik* XII 7 (1072bff.); 9 (1074b34). – Vgl. unten S. 351ff.

[96] Vgl. Thomas, *S.c.G.* IV 14 (n. 3499): „Die Zeugung des Wortes (*generatio Verbi*) geschieht [...] so, wie die Tätigkeit aus der Tätigkeit hervorgeht (*sicut oritur actus ex actu*), wie der Glanz aus dem Licht und der verstandene Begriff aus dem Verstand, der tätig ist."

3.2. Wort und Schöpfung

Zugleich ist im Begriff des Wortes stets - und dies ist im Hinblick auf die Wahrheitskonzeption des Thomas entscheidend - eine *Hinordnung auf Mitteilung oder Offenbarung* mitgedacht. In seinem Kommentar zum *Johannes-Prolog* diskutiert Thomas die von Augustinus aufgeworfene Frage, warum die lateinischen Übersetzer der Bibel das Wort *logos* im griechischen Urtext mit „Wort" (*verbum*) und nicht mit „Begriff" (*ratio*) übersetzt haben, wie es für die Bezeichnung einer inneren Wirklichkeit in Gott doch naheliegender gewesen wäre. Der Grund liegt, so Thomas, darin, daß „Begriff" im eigentlichen Sinne die Erfassung des Geistes meint, „sofern sie im Geiste Dasein hat, auch wenn keinerlei Äußerung geschieht", „Wort" dagegen besagt zugleich „einen Bezug auf das Außen". Der Name „Wort" deutet somit auf die besondere „Wirkmacht des Sohnes" (*potentia operativa Filii*) hin, wie sie vor allem in der Schöpfung zum Ausdruck kommt.[97]

Thomas denkt die Schöpfungstätigkeit des göttlichen Wortes keineswegs als einen einmaligen Akt, sondern als ein fortwährendes, beständiges Wirken, als *creatio continua*: Wie der äußere stimmliche Laut des Menschen sich zum inneren Wort verhält - so Thomas in Aufnahme eines Bildes des Origenes (185-253/4) -, so verhält sich die Schöpfung zum göttlichen Wort, denn wie unsere Laute Wirkungen des im Inneren konzipierten Wortes sind, so stellt die Schöpfung eine Wirkung des im göttlichen Geiste empfangenen Wortes dar. Wie wir aber feststellen können, daß im selben Augenblick, in dem unser Wort zu Ende ist, auch der sinnliche Laut verschwindet, so würden auch alle Dinge sofort und im selben Moment ins Nichts zurücksinken und verschwinden, wenn die Wirksamkeit des göttlichen Wortes von ihnen genommen würde.[98] So ist das Wort in der Welt *wirkkräftig, gegenwärtig* und *offenkundig*,[99] es ist nicht verborgen oder unsichtbar, sondern leuchtet auf offenbare Weise wider, und kann in seiner unsichtbaren Wirklichkeit an den Werken seiner Schöpfung erkannt werden (vgl. *Röm* 1,20).[100]

---

[97] Vgl. *ebd.*, I 1 (n. 32). - Vgl. Augustinus, *De LXXXIII quaestionibus* q. 63 (CCL 44A,137,2-6).

[98] Vgl. Thomas, *Super Ioan.* I 5 (n. 133); ferner *S.th.* I 104,1; 3 ad 3; *Q. de pot.* 3,3 ad 6; 5,3 ad 2; *S.c.G.* III 65 (n. 2403) sowie die Erläuterung zu *Joh* 5,17 („Pater meus usque modo operatur, et ego operor"): *Super Ioan.* V 2 (n. 739); sowie zu *Hebr* 4,12 („Vivus est enim sermo Dei et efficax"): *Super Ad Hebr.* IV 2 (n. 217f.).

[99] Vgl. Thomas, *Super Ioan.* I 5 (n. 136).

[100] In solchem Sinne hat etwa auch R. Guardini ([6]1988), 139-142, vom „Wort"-Charakter der Dinge gesprochen.

Im Rahmen dieser umfassenden Wirksamkeit, Präsenz und Offenbarkeit des göttlichen Wortes läßt sich nicht nur die *Schöpfung*, verstanden als Mitteilung von Sein,[101] sondern auch die *Erhaltung*, *Vorsehung* und *Lenkung* der Geschöpfe denken. Letztere ist für das thomanische Denken von eigener Wichtigkeit, auch wenn er sie nicht ausdrücklich in den Zusammenhang seiner Lehre vom göttlichen Wort stellt.[102] Immerhin: Die mehrfach anzutreffende etymologisierende Erklärung des Wortes „Gott" (*Deus*) von *theiastai* (*videre/ considerare*) und seine daran anschließende Beschreibung als „vorausschauender Lenker aller Dinge" (*gubernator et provisor rerum omnium*), in der Thomas den Kern und Inbegriff dieses Namens sieht, liegt ganz auf der Linie seines Verständnisses von Schöpfung als erkennendem Sprechen.[103] Überdies bestimmt er den Begriff des *„Gesetzes" (lex),* mit dessen Hilfe er die vorsehende Lenkung des Menschen beschreibt, als „Plan der göttlichen Weisheit, insofern sie alle Handlungen und Bewegungen lenkt" und ordnet sie „wegen der besonderen Verwandtschaft von Wort und Plan" dem Sohne zu.[104]

---

[101] Vgl. dazu unten S. 353-359.

[102] Hierfür stehen nicht nur der Kommentar zum Buch *Ijob,* dessen Thema der Erweis der Vorsehung Gottes mit wahrscheinlichen Gründen ist, sondern auch das letzte schriftliche Zeugnis des Thomas, die *Epistula ad Bernardum,* aus dem Frühjahr 1274, in der Thomas den Mönchen von Monte Cassino eine schwer verständliche Stelle zum Thema Vorsehung deutet, die sich bei Gregor dem Großen (vgl. *Moralia in Iob* XVI 10, CCL 143A,806,16-27) findet.

[103] Vgl. Thomas, *Coll. in Symb. Apost.* 1 (n. 869); *Comp. theol.* I 35 oder *S.th.* I 13, 8. – Im Ganzen akzentuiert Thomas im Rahmen der Vorsehungsthematik die *Eigenart* und *Andersartigkeit* göttlicher Erkenntnis, die sich von der menschlichen unterscheidet, da sie sich nicht in den Kategorien von Früher und Später bewegt, sondern die Abfolge der Zeiten überragt: Gott selbst befindet sich vollkommen außerhalb der Zeit, „gewissermaßen in einem Bogen der Ewigkeit [...], die alles zugleich ist *(quasi in arce aeternitatis constitutus, quae est tota simul).* Ihm ist der gesamte Lauf der Zeit unterworfen (seinem einen und einfachen Blick gemäß), und daher sieht er mit einem einzigen Blick alles, was dem gesamten Gang der Zeit gemäß geschieht" (Thomas, *Exp. Perih.* I 14 , Z. 414-420, mit Bezug auf Boethius, *De consolotatione philosophiae* V pr. 6, CCCM 94,101,8). – In der Konsequenz dieses Gedankens liegt zugleich die Betonung einer Unbegreiflichkeit göttlicher Weltenlenkung für den Menschen. Auszuschließen ist dagegen ein Begriff von Vorsehung, die nicht allumfassend ist, sondern Raum läßt für Zufall oder Schicksal oder das Handeln der Menschen davon ausnimmt – wie Thomas in Auseinandersetzung mit zeitgenössischen Positionen deutlich macht. – Vgl. zum Ganzen den Überblick bei H. Goris (1996), 257-265; zusammenfassend H.-G. Nissing (2006), 430-435.

[104] Vgl. Thomas, *S.th.* I-II 93, 1 c. und ad 1; *Super Ad Rom.* X 1 (n. 825): „Christus est Verbum Dei, in quo sunt omnia Dei mandata." – Dabei geschieht die Herleitung des Gesetzes als eigentümlicher Weise der

3.3. Die verschiedenen Weisen göttlichen Sprechens

Summarisch unterscheidet Thomas die verschiedenen Weisen der „Offenbarung" (*manifestatio*) des göttlichen Wortes in seinem Kommentar zum ersten Vers des *Hebräerbriefes*, der mit dem Hinweis auf die vielen Male und die vielfältigen Weisen beginnt, in denen „Gott einst zu den Vätern gesprochen hat durch die Propheten", ehe er „in dieser Endzeit zu uns gesprochen hat durch den Sohn" (*Hebr* 1,1). Ein göttliches Sprechen läßt sich demnach in vierfacher Weise differenzieren:

> *Wenn Gott spricht,*
> *[1] dann formt er erstens ein inneres Wort, und diese Formung war eine einzige und von Ewigkeit her, und dies war die ewige Zeugung des Sohnes, von der es in Ps 2,7 heißt: „Der Herr sprach zu mir: Mein Sohn bist du, heute habe ich dich gezeugt".*
> *[2] Zweitens brachte er dieses innere Wort zum Ausdruck, und zwar auf dreifache Weise:*
> *[2.1] Erstens im Aussprechen der Geschöpfe, weil nämlich das geformte Wort das Abbild des Vaters ist und zugleich das Vorbild, auf das hin alle Geschöpfe gemacht sind: „Gott sprach: Es werde Licht" (Gen 1,3) etc.*
> *[2.2] Zweitens durch bestimmte Erkenntnisse im Verstand heiliger Menschen, und zwar durch sinnenhafte oder geistige oder bildhafte Offenbarungen. Und daher wird jede solche Offenbarung, die vom Ewigen Wort ausgeht, Sprechen genannt: „Das Wort des Herrn erging an mich" (Jer 1,2) etc.*
> *[2.3] Drittens durch die Fleischwerdung, von der es in Joh 1,14 heißt: „Das Wort ist Fleisch geworden, und wir haben seine Herrlichkeit gesehen".*[105]

Anhand dieses Konzepts läßt sich nicht nur eine Kontinuität von Schöpfung, Vorsehung und Offenbarung denken (denn die Offenbarung hat immer Wort-Charakter!),[106] in der Fleischwerdung des Wortes als dem ultimativen Ausdruck göttlichen Sprechens erhält die ewige Wahrheit darüber hinaus ein *Menschengesicht*,[107] ein Antlitz mit konkreten Zügen, dem ich begegnen, das ich anschauen

---

göttlichen Vorsehung mit besonderem Blick für die Größe und Würde der menschlichen Person: vgl. Thomas, *S.c.G.* III 112-113. – Zu letzterer vgl. unten S. 361-364.

[105] Thomas, *Super Ad Hebr.* I 1 (n. 15).

[106] Vgl. J. Pieper (2000a). – Dazu unten S. 147ff.

[107] Vgl. A. Camus (1965), XXVII: „La vérité a un visage d'homme". – Ein Wort, das J. Splett gern zitiert hat: z.B. als Motto: J. Splett (2009), 3.

und ansprechen kann. – Als solches wird es für Thomas in Strophe 7 des „*Adoro te devote*" ausdrücklich zum Thema werden: in der Bitte um die Anschauung „unverhüllten Angesichts" (*revelata [...] facie*).

Bereits diese skizzenhaften Darstellungen lassen die umfassend prägende Bedeutung sichtbar werden, die der *Lehre vom ewigen göttlichen Wort* für das Denken des Thomas und insbesondere für seine Konzeption der Wahrheit zukommt. Als *systembildendes Element* und „Orgelpunkt" scheint sie das thomanische Denken zu durchwirken und begegnet dem Leser seiner Schriften immer wieder. Auch in den folgenden Kapiteln werde ich wiederholt darauf zurückkommen. – Die unmittelbaren Konsequenzen, die die Lehre vom ewigen göttlichen Wort für das thomanische Wahrheitsverständnis hat, seien abschließend in drei Aspekten benannt: in *erkenntnistheoretischer* (Abschnitt 3.4), in *existentieller* (Abschnitt 3.5) sowie in *theologisch-semantischer* Hinsicht (Abschnitt 3.6).

3.4. Das „negative Element" in der Weltsicht des Thomas von Aquin

Mit der Lehre von der Wahrheit der Dinge und ihrem Erkanntsein durch Gottes schöpferisches Wort ist nämlich ein gedankliches Element verbunden, das als konstitutives Element an die Wurzel des thomanischen Denkens reicht und es tiefgreifend prägt: es ist das Bewußtsein dafür, daß unser menschliches Erkennen zwar *wahr* ist, zugleich aber stets auch *inadäquat*.

(1) Diese Inadäquatheit betrifft einerseits die *menschliche Erkenntnisposition* als solche: sie ist grundsätzlich perspektivisch (wie bereits der ausdrückliche Hinweis auf die unvertretbare Position des Erkennenden im Rahmen der Urteilslehre zeigte[108]), und der Mensch nimmt eben keinen „Gottesstandpunkt" ein, von dem aus er definitiv um „die" Wahrheit wüßte (es sei denn, er erhielte durch Offenbarung partiell Anteil daran). Gerade diese Perspektivität und Unvollkommenheit, in der *der Einzelne* für sich allein eine umfassende Erkenntnis der Wirklichkeit niemals beanspruchen kann, ist es, die für Thomas den Gedanken der *Wahrheitssuche als eines kollektiven Unternehmens* begründet, bei dem die Menschen einander Hilfe leisten.[109] Und wenn

---

[108] Vgl. oben S. 61ff.

[109] Vgl. hierzu die sehr schönen Ausführungen bei Aristoteles, *Metaphysik* II (993b11ff.). – Thomas, *Super Metaph.* II 1 (n. 287), unterscheidet von hier aus zwischen einer direkten und einer indirekten Hilfe: erstere besteht in der unmittelbaren Zusammenfassung der erkannten Wahrheit

es bei dieser gemeinschaftlichen Suche nach der Wahrheit („récherche collective de la verité“[110]) gilt, die Erkenntnis nicht nur gegenwärtiger, sondern auch vergangener Gesprächspartner einzubeziehen, so ist damit zugleich ein zentrales Prinzip der thomanischen Arbeitsweise und seines Umgangs mit der philosophischen und theologischen Tradition angesprochen.[111]

(2) Vor allem jedoch betrifft die Inadäquatheit menschlicher Erkenntnis andererseits ihren *Gegenstand* selbst: Wir vermögen die Dinge nicht erschöpfend zu erkennen, denn „die Wesenheiten der Dinge sind uns unbekannt“ (*rerum essentiae nobis sunt ignotae*)[112]. Doch „[n]icht das Dunkle macht uns die Dinge unbegreiflich, sondern daß ihre Helligkeit unausschöpflich ist“:

> *Weil die Dinge aus dem Auge Gottes hervorgegangen sind, darum sind sie selbst ganz und gar logos-artig, das heißt licht und luzid bis in den Grund. Es ist die Logos-Herkunft, wodurch die Dinge erkennbar sind für den Menschen.*
> *Weil sie aber anderseits, aufgrund ebendieser gleichen Herkunft, ein schlechthin unendliches Licht spiegeln, darum sind die Dinge zugleich unbegreiflich.*[113]

Bereits bei Aristoteles findet sich dieser Gedanke, nach dem sich unser Verstand zu dem in der Wirklichkeit Offenbarsten verhält wie das Auge des Nachtvogels zum Licht des Tages.[114] Für dieses „nega-

---

menden die Gelegenheit gebe, die Wahrheit leuchtender hervortreten zu lassen. – Vgl. auch *Q. de ver.* 11,4 ad 1.

[110] M.-D. Chenu (²1982), 384, im Original: (1950), 291. – Vgl. ferner das „geflügelte Wort“ von Albertus Magnus, *Politica* VII 6 (ed. Borgnet 8,804): „In dulcedine societatis quaerere veritatem.“

[111] Vgl. auch Thomas, *Super De an.* I 2 (264–270); *Super Metaph.* II 1 (n. 276); III 1 (n. 341–342); XII 9 (n. 2566). – Vgl. dazu F. Cheneval/R. Imbach (1993), LXIIIf. – Vgl. dazu ausführlich S. 121-126, S. 147-157 und S. 159f.

[112] Es ist dies ein Gedanke, für den sich unzählige Belege aus den Schriften des Thomas anführen lassen, vgl. etwa *De ente* 5 (Z. 76–81); *Q. de ver.* 10,1 c.; *Exp. Post.* I 4 (Z. 305–310); *Super Metaph.* VII 12 (n. 1552); *S.th.* I 29,1 ad 3 u.ö. Es begründet einen methodischen Ansatz, der bei den „Eigenschaften“ (*accidentia*), d.h. den Äußerungen und Tätigkeiten ansetzt, um sich von dort dem Wesen einer Sache anzunähern.

[113] J. Pieper (2001a), 143.

[114] Vgl. Aristoteles, *Metaphysik* II 1 (993b9-11). – Thomas wird das Bild des Aristoteles weiterführen mit dem Hinweis: „Wenn auch das Auge des Nachtvogels nicht die Sonne sieht, so sieht sie doch das Auge des Adlers“ (*Super Metaph.* II 1, n. 286), womit auf die besonderen Erkenntnismöglichkeiten göttlicher Offenbarung – hier gefaßt im Bild des Adlers, dem Symbol des Evangelisten Johannes – hingewiesen ist. Zur Bedeu-

tive Element" in der Weltsicht des Thomas von Aquin hat J. Pieper das treffende Bild vom *„unaustrinkbaren Licht"* gefunden. Entgegen einer Auffassung, die im thomanischen Denken in erster Linie ein geschlossenes System von Lehrsätzen sieht, gilt ihm dieses negative Element als Beleg für dessen wesentliche Unabgeschlossenheit und Offenheit für die Unergründlichkeit der Wirklichkeit und das Geheimnis des Seins. Es begründet zugleich eine prinzipielle *„Hoffnungsstruktur des menschlichen Erkennens"*, die in der Spannung zwischen „schon" und „noch nicht" angesiedelt ist und dem *status viatoris* des Menschen als eines Wesens entspricht, das nach beständigem Wachstum in der Erkenntnis und insofern nach endgültiger Vollendung strebt.[115]

3.5. Wahrheit und contemplatio

Damit aber ist das Thema „Wahrheit" über seine logischen, ontologischen und christologischen Aspekte hinaus an seine *existentiellen Dimensionen* zurückgebunden, von denen bereits eingangs im Zusammenhang der Auslegung von *Joh* 14,6 die Rede war. Es sind diese Dimensionen, in denen die „Wahrheit" für Thomas ihre Konturen als Lebensthema gewinnt - vor allem, wenn von der *Sehnsucht nach Erkenntnis und Wahrheit* die Rede ist. Thomas trifft in diesem Zusammenhang grundlegende Aussagen über den Menschen und die menschliche Natur, wenn er etwa schreibt:

> *Die Betrachtung der Wahrheit [...] kommt dem Menschen zu aufgrund seiner Natur, insofern er ein vernunftbegabtes Lebewesen ist (prout est animal rationale). Daher kommt es, daß alle Menschen von Natur aus zu wissen verlangen, und folglich durch die Erkenntnis der Wahrheit erfreut werden.*[116]

Im Streben nach der Erkenntnis der Wahrheit vollzieht sich mithin für Thomas das eigene Menschsein! Ziel und Gut des Verstandes (*bonum intellectus*)[117] und seines Strebens kann die Wahrheit auf zwei Weisen sein:

(1) zum einen, insofern sie - im Anschluß an Aristoteles - zum leitenden Motiv des Erkenntnisbemühens in Form der

---

tung des Bildes vom Adler und vom Nachtvogel für das Metaphysik-Konzept bei Thomas und bei Albertus Magnus vgl. C. Steel (2001).

115 Vgl. J. Pieper (1997a), 174.

116 Thomas, *S.th.* II-II 180,7 c. - Vgl. *S.c.G.* III 37 (n. 2160): „Die letzte Glückseligkeit (*ultima felicitas*) besteht in der Betrachtung (*in contemplatione*)"

117 Vgl. Aristoteles, *Nikomachische Ethik* VI 2 (1139a27-31) - Dazu Thomas, *Exp. Perih.* I 3 (Z. 107-110) u.ö. - Vgl. H.-G. Nissing (2006), 320f.

„Wissenschaft“ (*scientia*) wird. Hiervon wird in den folgenden Kapiteln noch ausführlich die Rede sein.[118]

(2) zum anderen, insofern sie in besonderer Weise Gegenstand der Kontemplation als *Lebensform* ist. Der Begriff der „Lebensform“ oder „Lebensweise“ (*vita*) bezeichnet dabei, so Thomas, die grundlegende und umfassende Ausrichtung des Menschen auf eine bestimmte Tätigkeit und ein bestimmtes Ziel.[119]

(a) Auch hier nimmt Thomas zum einen die Überlegungen des Aristoteles aus der *Nikomachischen Ethik* auf: Dieser hatte in einer Typologie faktisch bestehender Lebensweisen zunächst drei verschiedene *bioi* beschrieben: (i) das auf die „Lust“ (*hedonê*) ausgerichtete *bios apolaustikos* (*vita voluptuosa*), (ii) das auf die „Ehre“ (*honor, timê*) ausgerichteten *bios politikos* (*vita activa*) und (iii) das auf die „Betrachtung“ (*theoria*) ausgerichtete *bios theoretikos* (*vita contemplativa*).[120] Da es sich bei der ersteren dieser Lebensweisen nicht um eine spezifisch menschliche handelt, insofern das in ihr angestrebte Ziel, die „körperliche Freude“ (*delectatio corporalis*), Menschen und Tieren gemeinsam ist,[121] konzentrierten sich die weiteren Überlegungen auf die Grundunterscheidung zwischen einer *kontemplativen* und einer *aktiven Lebensform*.[122] Ihr entscheidendes Kriterium findet diese Unterscheidung nach Thomas letztlich in den beiden Grundausrichtungen des Menschen, der sich zur Wirklichkeit entweder theoretisch oder praktisch verhalten kann und darin entweder das *Wahre* oder das *Gute* zum Ziel hat – wobei die persönliche Prädisponiertheit des Einzelnen für das eine oder andere zum Kennzeichen ihrer Wahl wird.[123] In der argumentativen Dynamik der *Nikomachischen Ethik* (wie übrigens auch der *Metaphysik*) erscheint das Leben der Kontemplation gleichwohl als das höhere und seine Tätigkeit als die „beste“, „beständigste“ und „freudenvollste“, die „um ihrer selbst willen geliebt“[124] wird und in der sich das Menschsein auf die höchste

[118] Vgl. dazu unten S. 116-121 und S. 238-247.

[119] Vgl. Thomas, *S.th.* II-II 179,1 c. – Zu den Traditionen, an die Thomas anschließt, und zu seiner eigenen Interpretation dieses Begriffs vgl. S. Tugwell (1988), 279-286.

[120] Vgl. Aristoteles, *Nikomachische Ethik* I 3 (1095b17ff.).

[121] Vgl. Thomas, *Super Eth.* I 5 (Z. 57-82); *S.th.* II-II 179,2 ad 1. – Thomas hebt daher die Vorläufigkeit der genannten Dreiteilung ausdrücklich hervor.

[122] Vgl. v.a. Aristoteles, *Nikomachische Ethik* X 7.

[123] Vgl. Thomas, *S.th.* II-II 179,1 c „Weil folglich bestimmte Menschen vor allem die Betrachtung der Wahrheit beabsichtigen, andere vorrangig äußere Tätigkeiten, daher kommt es, daß die Lebensformen des Menschen angemessenerweise eingeteilt werden in aktive und kontemplative.“

[124] Aristoteles, *Nikomachische Ethik* X 7 (1177a18ff. und b2).

Weise aktualisiert. Ja, sie ist „übermenschlich“, insofern etwas Göttliches in ihr ist, und eröffnet die Möglichkeit, „so weit wie möglich unsterblich zu werden“[125].

(b) Dieses aristotelische Konzept ließ sich dabei mit einer reichhaltigen religiösen Tradition verbinden, die sich zum anderen im Bereich christlicher, v.a. monastischer Lebensführung und Spiritualität entwickelt und die beiden Lebensformen mit einer Typologie bestimmter Tätigkeiten und Vollzüge verbunden hatte. Als Bezugspunkt und „klassische“ Definition galt hier die Beschreibung Gregors des Großen (um 540-604):

> *Das aktive Leben besteht nämlich darin, dem Hungrigen Brot zu geben, den Unwissenden das Wort der Weisheit zu lehren, den Irrenden zurechtzuweisen, den hochmütigen Nächsten zu einem Leben der Demut zurückzurufen, den Kranken zu umsorgen, jedem nach seinem Bedürfnis zu geben und den uns Anvertrauten den Lebensunterhalt zu verschaffen.*
> *Das kontemplative Leben dagegen besteht darin, an der Liebe zu Gott und dem Nächsten mit ganzem Sinn festzuhalten, aber von äußerer Tätigkeit zu ruhen, mit dem Verlangen einzig dem Schöpfer anzuhangen, auf daß nichts mehr zu tun gefällt, sondern der Geist, aller Sorgen ledig, entbrenne, das Angesicht seines Schöpfers zu sehen.*[126]

Gregor hatte darüber hinaus beide Lebensformen den Geboten der Gottes- und der Nächstenliebe zugeordnet[127] und die biblischen Gestalten der Maria und der Martha als ihre Personifikationen angeführt.[128]

Auf dieser Basis beschreibt Thomas das „*kontemplative Leben*“ (*vita contemplativa*) als einen ganzheitlichen, Verstand und Sinne umfassenden Vollzug, der seinen Ursprung darin hat, daß „jemand aus der Liebe zu Gott dazu entbrennt (*inardescit*), seine Schönheit (*pulchritudo*) zu erkennen“[129]. Entsprechend besagt der *Akt* der *contemplatio* für ihn ein nicht denkendes, sondern

---

[125] *Ebd.* (1177b33).

[126] Gregor der Große, *Homiliae in Ezechielem* II 8 (CCL 142,230,187-196).

[127] Vgl. ders., *Regula pastoralis* I 7 (SC 381,150,15-152,20).

[128] Vgl. Gregor der Große, *Homiliae in Ezechielem* II 9 (CCL 142,230,212-231,232); vgl. *Moralia in Iob* VI 37 (CCL 143,330,190-331,205). – Zu weiteren biblischen Analogien vgl. Thomas, *S.th.* II-II 179,2 s.c.

[129] Thomas, *S.th.* II-II 180,1 c. – Der Begriff *pulchritudo* taucht im Kontext wiederholt auf. – Vgl. J. Pieper (1998d), 194, der die *contemplatio* summarisch als ein von Liebe her entfachtes Erkennen bzw. Anschauen des Geliebten beschreibt.

schauendes Erkennen und Ruhen des inneren Blicks, das dem *intellectus*, nicht der *ratio*, zugeordnet ist, von Staunen begleitet wird und v.a. *zweckfrei* ist. In solcher Weise besitzt das kontemplative Leben sein Zentrum in der *Betrachtung der göttlichen Wahrheit*, die uns hier in diesem Leben nur unvollkommen und anfanghaft, im Ewigen Leben aber vollkommen zuteil werden wird.[130] Gleichwohl vermag sie, durch die göttliche Liebe getragen, höchste Freude zu vermitteln.[131] Auch wenn Thomas im Weiteren das Interesse verfolgt, die Tätigkeit des *Lehrens* als *Bezeugung der Wahrheit* als eine solche auszuweisen, die aktives und kontemplatives Leben miteinander verbindet,[132] so rühren diese Aussagen doch an die *innersten Quellen*, in denen diese Tätigkeit wurzelt und aus denen sie schöpft. Es sind diese Dimensionen, aus denen das Menschsein seinen eigentlichen Reichtum und seine innere Fülle empfängt, in denen „die volle Lebenshabe, die äußerste Stillung sich verwirklicht, so daß [der Mensch] wieder Geradheit empfinge und Richte"[133] für sein Dasein.

Im Gebetstraktat der *Summa theologiae* kennzeichnet Thomas daher die *contemplatio* als „Ursache" (*causa*) der „Ergebenheit" (*devotio*),[134] welche die „Anbetung" (*adoratio*) trägt, und in einer überschwenglichen Freude ihre Frucht findet. Damit aber ist Wort für Wort der vollständige Sinn eingeholt, den die ersten Verse des Hymnus formulieren, indem sie die Anbetung als Wirkung der *contemplatio* und diese selbst als das eigentliche Thema der weiteren Strophen exponieren: „Adoro te devote latens veritas [...], quia te contemplans totum deficit." Und das Streben nach der Erkenntnis der Wahrheit ist damit in eine Dy-

---

[130] Vgl. *ebd.*, II-II 180,4 c. – Zu den verschiedenen Vollzügen vgl. *ebd.* II 180,3 ad 4: „Der Mensch gelangt auf zweifache Weise zur Erkenntnis Gottes. [1] Zum einen dadurch, was er von einem anderen empfängt. Und so ist im Hinblick [1.1] auf dasjenige, was der Mensch von Gott empfängt, das Gebet (*oratio*) notwendig nach *Weish* VII [7]: „Ich rief, und der Geist der Weisheit kam zu mir." [1.2] Im Hinblick darauf aber, was er von einem anderen Menschen empfängt, ist [1.2.1] das Hören (*auditus*) notwendig, sofern er es durch die Stimme des Sprechenden empfängt; [1.2.2] und die Lesung (*lectio*), sofern er es durch das empfängt, was in der Schrift überliefert ist. [2] Auf andere Weise, ist es notwendig, daß er sich dem eigenen Studium zuwendet, Und so ist die Meditation (*meditatio*) erforderlich."

[131] Vgl. *ebd.*, II-II 180,7 c.

[132] Vgl. dazu unten S. 199-207.

[133] Platon, *Nomoi* 653 c-d. – Vgl. hierzu J. Pieper (1998a).

[134] Vgl. *ebd.*, II-II 82,3 c.: Die Betrachtung (*contemplatio*) aber richtet sich [1] entweder auf die göttliche Güte und ihre Wohltaten oder [2] auf die eigenen Fehler (*defectus*), aufgrund derer man bedarf, sich auf Gott zu verlassen."

namik hineingestellt, die hinzielt auf die ewige Glückseligkeit und die endgültige Erfüllung.

3.6. Verstummen vor dem Geheimnis Gottes

Ist bereits für die menschliche Erkenntnis im allgemeinen, jenes „negative Element" in der Weltsicht des Thomas von Aquin zu beachten, von dem oben die Rede war,[135] so gewinnt dieses Element eine besondere Qualität gerade im Zusammenhang der *Gotteserkenntnis*: Denn über alle Erkennbarkeit und Benennbarkeit hinaus bleibt Gott für den Menschen stets der Unerkennbare und Unbenennbare. So heißt es zu Beginn der *Summa contra Gentiles*:

> *Einzig dann erkennen wir Gott in Wahrheit, wenn wir glauben, daß er über alles hinausliegt, was Menschen über Gott zu denken vermögen.*[136]

Und seine Gotteslehre in der *Summa theologiae* beginnt Thomas mit der bemerkenswerten Feststellung:

> *Weil wir nicht vermögen, von Gott zu wissen, was er sei, sondern nur, was er nicht sei, darum können wir nicht betrachten, wie Gott sei, sondern vielmehr, wie er nicht sei.*[137]

In diesen Aussagen wird nicht zuletzt der Einfluß des Ps.-Dionysius Areopagita erkennbar, jenes rätselhaften neuplatonischen Autors, der vermutlich aus dem 5. Jahrhundert stammt und sich das Pseudonym des von Paulus auf dem Areopag in Athen bekehrten Apostelschülers zu eigen gemacht hatte (vgl. *Apg* 17,34).[138] Der frühchristlichen Tradition hatte Dionysius als erster Bischof von Athen gegolten und war überdies mit dem Pariser Märtyrerbischof des dritten Jahrhunderts identifiziert worden.[139] Die unter seinem Namen veröffentlichten Schriften (*Von den göttlichen Namen, Von der himmlischen Hierarchie, Von der kirchlichen Hierarchie, Von der mystischen Theologie, Briefe*), hatten daher im Hochmittelalter eine quasi-apostolische Autorität erlangt.[140] Ihre „Karriere" im Abendland und ihren immensen

[135] Vgl. oben S. 81ff.

[136] Thomas, *S.c.G.* I 5 (n. 30); vgl. *Q. de ver.* 8,1 ad 8.

[137] Thomas, *S.th.* I 3, prol.

[138] Zur dionysianischen Fiktion vgl. Ps.-Dionysius Areopagita, *De divinis nominibus* II 11 und III 2 (ed. Suchla I, 136,18-137,5 und 140,3f.; PG 3,639D und 681A); dazu Thomas, *Super De div. nom.* II 6 (n. 219); III (n. 249).

[139] Vgl. dazu J. Pieper (2001c), 331-339.

[140] So spricht Thomas davon, Dionysius habe die Visionen seines Lehrers

Einfluß auf das mittelalterliche Denken nachzuzeichnen, bedüfte einer eigenen Darstellung.[141] Thomas' Lehrer Albertus Magnus (1200-1280) war der erste gewesen, der die ps.-dionysianischen Schriften systematisch kommentiert hatte, und den tiefen Eindruck, den sie auf Thomas während seiner Kölner Studienzeit gemacht haben, wird man nicht hoch genug einschätzen können. Sie gehören zu den wesentlichen Prägungen jener frühen Jahre, deren Spuren sich bis in sein Spätwerk hinein verfolgen lassen.[142] In ihrer erhabenen, feierlichen und weihevollen Sprache mögen sie ihn unmittelbar faszierert haben, auch wenn sie seinem eigenen Stilideal wohl nicht entsprochen haben.[143] Mit ihrer Lichtmetaphysik kommen sie seiner Erkenntnis- wie seiner Ewigkeitssehnsucht gleichermaßen entgegen.[144] Zu einem vermittelnden Element im Hinblick auf sein Verständnis der Schöpfung wurde überdies die Vorstellung Gottes unter dem Namen des „Guten", das sich selbst verströmt: „Bonum est diffusivum sui."[145] Ferner liegen hier die Wurzeln der thomanischen Lehre von der Benennbarkeit Gottes und den göttlichen Namen (*nomina divina*) oder auch seiner Analogielehre, derzufolge bei aller Ähnlichkeit, die sich zwischen den Geschöpfen und Gott feststellen läßt, eine größere Unähnlichkeit waltet.[146]

Die Analogie der göttlichen Namen. – Die Lehre von der Analogie, v.a. von der „Analogie des Seienden" (*analogia entis*), ist – dies

Paulus niedergeschrieben (vgl. *Super II Sent.* d. 10,1,2 sol.) und Albertus Magnus nimmt sogar eine Inspiration der dionysianischen Schriften an, wenn er den Heiligen Geist als ihren wahren Autor ansieht (vgl. *Super De cael. hier.* 1 [Ed. Col. 3, 12-15]).

[141] Zur Rezeption des Ps.-Dionysius im Mittelalter vgl. als Überblick T. Boiadjiev u.a. (2000); H.-F. Dondaine (1953).

[142] Vgl. J. Pieper (2001c), 337, mit dem Hinweis, daß sich gerade im Spätwerk des Thomas – gewissermaßen kontrastiv zur Aristoteles-Rezeption – eine verstärkte Aufnahme ps.-dionysianischer Gedanken und Zitate findet.

[143] Vgl. in diesem Sinne Thomas, *Super De div. nom.* prol. (n. II). – Dazu oben auch oben S. 18, Anm 19.

[144] Der Lichtmetaphysik des Ps.-Dionysius wie seinem hierarchischen Ordnungsdenken wird überdies ein maßgeblicher Einfluß auf die gotische Kathedralbaukunst zugeschrieben.

[145] Vgl. Ps.-Dionysius Areopagita, *De divinis nominibus* IV 20 (ed. Suchla I,165,21f. PG 3,720); vgl. IV 1 (ed. Suchla I,143,12-144,1; PG 3,693) und IV 4 (ed. Suchla I,146,13ff.; PG 3,697); dazu Thomas, *Super De div. nom.* IV 1 (n. 261ff.). – Zum Ganzen vgl. K. Kremer (1987).

[146] „Inter creatorem et creaturam non potest tanta similitudo notari, quin inter eos maior sit dissimilitudo notanda" (DH 806), so die Formulierung des IV. Laterankonzils 1215.

sei hier nur der Vollständigkeit halber stichwortartig notiert – in der Vergangenheit wiederholt als Manifestation einer „Denkform“ des Thomas insgesamt interpretiert worden und wurde – nicht zuletzt in einer kontroverstheologischen Aufladung – als spezifisch katholisches Denkmodell einer protestantischen *analogia fidei* gegenübergestellt.[147] Demgegenüber ist in jüngerer Zeit das Bewußtsein dafür gewachsen, daß sich im Werk des Thomas nirgends der Entwurf einer allgemeinen und um ihrer selbst willen konzipierten Analogielehre findet, daß die Analogiethematik ihren Ort vielmehr im theologischen Kontext besitzt und in erster Linie der Explikation des *Verhältnisses von Gott und Geschöpf* dient.

Formal gesprochen, bezeichnet die Analogie eine Weise der Prädikation, nach der ein „Begriff sich in der Aussage, im Kontext je anders artikuliert“[148], sie betrifft „das Verhältnis zwischen dem Gebrauch ein und desselben Wortes in verschiedenen Sätzen“[149]. Thomas charakterisiert die Analogie oder *proportio* als *Mitte* zwischen univoker und äquikover Prädikation, da sie Übereinstimmung wie Nichtübereinstimmung zwischen zwei Bezugsgrößen gleichermaßen zum Ausdruck zu bringen vermag.[150] Als solche dient sie der Klärung der Fragen, ob alles Wahre durch eine ungeschaffene Wahrheit wahr sei,[151] ob Wissen äquivok von Schöpfer und Geschöpfen ausgesagt wird[152] oder welche Namen früher den geschaffenen Dingen als Gott zugesprochen werden.[153] Die Vorlagen seines Analogiekonzepts fand Thomas gleichermaßen auf der ersten Seite der aristotelischen *Kategorienschrift*[154] wie im *Corpus Dionysiacum*.[155]

---

[147] Vgl. etwa E. Przywara (1926) und (1932).

[148] Womit noch einmal die basale Bedeutung der zweiten Tätigkeit des Verstandes, des Urteilens, herausgestellt wird.

[149] F. Inciarte (1973), 21f.; vgl. W. Kluxen (1971).

[150] Vgl. Thomas, *De princ. nat.* 6 (Z. 33ff.): „Auf analoge Weise wird ausgesagt, was von mehreren ausgesagt wird, deren Begriffsinhalte verschieden sind, aber im Hinblick auf ein und dasselbe zugeschrieben werden (*attribuuntur uni alicui eidem*).“

[151] Vgl. Thomas, *Super I Sent.* d. 19,5,2 ad 1.

[152] Vgl. Thomas, *Q. de ver.* 2,11.

[153] Vgl. Thomas, *S.th.* I 13, 5-6 ; ferner *Super I Sent.* d. 4; d. 22,1; *S.c.G.* I 31-36; *Q. de pot.* 7, 7; *Super De div. nom.* I 1+3. – Zu den verschiedenen Entwürfen im Werk des Thomas vgl. H.-G. Nissing (2006), 404-410.

[154] Vgl. Aristoteles, *Kategorienschrift* 1 (1a1-15).

[155] Vgl. etwa Ps.-Dionysius Areopagita, *De ecclesiastica hierarchia* II 2 (ed. Heil/Ritter 11,6f. und 13; PG,3,138D-139A).

„Negative Theologie". – Dabei hat man den Einfluß des Ps.-Dionysius Areopagita vor allem als „östliches Korrektiv" zum westlichen Rationalismus bezeichnet, wie er die Scholastik durch die Rezeption des Aristoteles und seiner Logik bestimmt hat (wobei der Gedanke „negativer Philosophie", wie gesehen, auch dem aristotelischen Denken nicht völlig fremd ist). Denn mit der „Un-" oder besser: „Übererkennbarkeit" Gottes hält gerade er zumal im Kontext der Gotteslehre das Bewußtsein für seinen *Geheimnischarakter* wach:

> *Dies ist das Äußerste menschlichen Gotterkennens: zu wissen, daß wir Gott nicht wissen*[156],

heißt es bei Thomas an einer Stelle. Angesichts dieses Nicht-Wissens und der Unergründbarkeit des göttlichen Seins aber ist die letzte Haltung des Menschen das Verstummen und Schweigen.

Biographisch verdichtet sich diese Haltung für Thomas in einer Begebenheit kurz vor dem Ende seines Lebens: Nach der Feier der hl. Messe am Nikolaustag 1273, so berichten die frühesten Biographen, sei Thomas verstört gewesen und nicht mehr dazu zu bewegen, seine Arbeit des Schreibens und Diktierens wieder aufzunehmen. Auf das eindringliche Nachfragen seines Sekretär Reginald von Piperno sagte er schließlich:

> *Reginald, ich kann nicht mehr. Denn alles, was ich geschrieben habe, ist wie Spreu angesichts dessen, was ich geschaut habe.*[157]

---

[156] Vgl. Thomas, *Q. de pot.* 7,5 ad 14.

[157] *Processus* n. 79: Bartholomäus de Capua (ed. Prümmer/Laurent, 376f.). – Vgl. dazu die Interpretation bei J.-P. Torrell (1995), 302ff.

Kapitel 2

Quellen der Wahrheitserkenntnis

Aristoteles und die Heilige Schrift

„*Verborgene* Wahrheit". – Ein Element negativer Theologie mag zweifellos mitschwingen in der Formulierung des Auftaktverses, die im folgenden noch einmal – und überdies kunstvoll in chiastischer Gegenüberstellung – akzentuiert wird: „latens veritas" – „vere latitas". Allerdings ist damit primär nicht jene Unerkennbarkeit gemeint, die im Offenbarsein und in der Über-Erkennbarkeit und Über-Helle der göttlichen Wahrheit gründet. Die Verborgenheit unter den eucharistischen Gestalten („sub his formis") ist vielmehr eine fest umrissene, die unter bestimmten Bedingungen sehr wohl zugänglich und erkennbar ist. Eben diese Bedingungen werden in Strophe 2 eigens zum Thema.[1]

Wie läßt also sich diese Präsenz der göttlichen Wahrheit unter den eucharistischen Gestalten erkennen? Und aus welchen Quellen speist sich diese Erkenntnis? – Thomas stellt der *äußeren* Wahrnehmung durch die Sinne (*visus, tactus, gustus*) die *innere* geistige Erkenntnis durch den Glauben (*fides*) gegenüber. Die Kernaussage von Strophe 2 lautet: Der Mensch kann die verborgene Gegenwart nicht durch seine Sinne, sondern nur im Glauben erkennen, der vom Hören kommt und sich auf das Wort Christi stützt. Seinen Höhepunkt findet der Gedanke daher im emphatischen „credo" in V. 7, das dem „adoro" im Auftaktvers korrespondiert, und mit seiner Ausrichtung auf die Wahrheit (bzw. das „Wort der Wahrheit"), in der es gleichfalls steht, die beiden ersten Strophen zu einer Einheit zusammenschließt.

Mit dem Gegenüber von *Unerkennbarkeit für die Sinne* und *Alleinzugänglichkeit durch den Glauben* ist ein Zentralthema der Eucharistietheologie des Thomas von Aquin zur Sprache gebracht, das nicht nur in seinen theologischen Traktaten, sondern auch in sei-

[1] Überdies steht diese Verborgenheit in Hinordnung auf eine zukünftige Enthüllung im Jenseits. Daher ist darunter auch keineswegs ein göttliches Entzogensein zu verstehen, wie man es vielleicht im Sinne der neuzeitlichen Frage nach dem „verborgenen Gott" vermuten könnte.

nen anderen Hymnen immer wieder begegnet – und das seine besondere Handschrift erkennen läßt: „C'est une signature."[2]

In gewissem Sinne läßt sich darin eine erkenntnistheoretische Annäherung an die *Lehre von der Transsubstantiation* wahrnehmen, mit der Thomas die Gegenwart Christi unter den sakramentalen Gestalten beschrieben hat. Zwar ist Thomas nicht „Erfinder" dieses Begriffs und dieser Lehre, doch hat er ihr im Rahmen der mittelalterlichen Eucharistiestreitigkeiten eine bleibend gültige Formulierung gegeben. Die Transsubstantiationslehre ist Kern der thomanischen Eucharistietheologie, die in Kapitel 5 ausführlich Thema sein wird.[3] Doch sei sie im Vorgriff darauf bereits an dieser Stelle kurz dargestellt – kreist sie doch um Begriffe, die für das thomanische Denken und damit für die folgende Darstellung von elementarer Bedeutung sind.

Substanz und Akzidens. – An erster Stelle ist hier der Begriff der *„Substanz"* oder des *„Wesens"* (von griechisch *ousia*) zu nennen. Er begegnete bereits oben im Zusammenhang des Personbegriffs. Nicht von ungefähr entwickelt Thomas seine begriffliche Bestimmung des Substanzbegriffs in diesem Kontext.[4] Denn die menschliche Person gilt ihm als das Paradigma von Seiendem überhaupt. Bereits „Aristoteles [hat] seinen Begriff der Substanz wohl am Paradigma des Menschen [der menschlichen Person] gewonnen"[5].

---

[2] Die starke Formulierung, die von einer *Täuschung* oder einem *Fehlgehen* der Sinne im Hinblick auf die Eucharistie spricht („in te fallitur"), hat sogar Anlaß gegeben, die Autorschaft des Thomas für diesen Vers wie für den ganzen Hymnus in Frage zu stellen – zumal da er selbst an verschiedenen anderen Stellen seines Werkes davon spricht, daß bezüglich des Sakraments der Eucharistie keine Täuschung möglich sei und die Wahrheit des Sinnesurteils im Hinblick auf die eucharistischen Gestalten ausdrücklich hervorhebt (vgl. etwa *S.th.* III 75,5 ad 2; III 75,1 c.); vgl. dazu R. Wielockx (1998), 157f.; J.-H. Tück (2005), 402. Allerdings findet sich bei Thomas – im Sinne des Hymnus – auch die Aussage, daß die Eucharistie den Glauben deshalb am stärksten fördere, weil sie den Gläubigen dazu bringe, seine Zustimmung „nicht nur über die Vernunft hinaus sondern sogar *gegen* die Sinneswahrnehmung" zu geben: vgl. *Super IV Sent.* d. 10,1,1. In *S.th.* III 75,5 ad 2 heißt es ferner, der Verstand wird durch den übernatürlichen Glauben vor einer Täuschung bewahrt. – Im Ganzen wäre somit höchstens von einer relativen Täuschung, aber nicht von einer völligen Diskontinuität von Sinnen und Verstand bzw. Glauben zu sprechen.

[3] Vgl. unten S. 305-339.

[4] Vgl. Thomas, *S.th.* I 28,1-2 und v.a. *Q. de pot.* 9,1-2.

[5] R. Spaemann (1996), 42. – Der Unterschied einer solchen Bestimmung der Person als Substanz im Unterschied zu Definitionen, die sie durch ihre Eigenschaften bestimmt sein lassen, ist bis in gegenwärtige Diskussionen

Entsprechend ist es „Sokrates", der in den aristotelischen Schriften stets als erstes Beispiel für eine *individuelle* Substanz angeführt wird.[6]

(a) Im Ganzen ist der Substanzbegriff in der Spannung von Individuum und Artnatur angesiedelt, denn jedes Einzelne *ist* nicht nur ein Wesen, sondern *hat* auch ein solches und ist durch dieses inhaltlich bestimmt:

> *Der Philosoph stellt fest, daß man von Substanz auf zweifache Weise spricht. Es heißt nämlich*
> *[1] einerseits Substanz das letzte Subjekt als solches (ipsum subiectum ultimum), das nicht von anderem ausgesagt wird; und dieses ist das Einzelne in der Gattung der Substanz;*
> *[2] andererseits heißt Substanz die Form oder Natur des Subjekts (forma vel natura subiecti).*[7]

(b) Primärer Bezugspunkt der weiteren Analysen ist gleichwohl die individuelle Substanz oder das *subiectum ultimum.* Es ist durch zwei Eigentümlichkeiten (*propria*) gekennzeichnet:

> *[1] Deren erste besteht darin, daß es nicht auf ein äußeres Fundament angewiesen ist, von dem es getragen wird, sondern es trägt sich in sich selbst (sustentatur in seipso); und daher sagt man, es stehe in sich (subsistere) und existiere gewissermaßen durch sich selbst und nicht in einem anderen (quasi per se et non in alio existens).*
> *[2] Die andere [Eigentümlichkeit] dagegen ist, daß es Fundament für die Eigenschaften (accidentibus) ist und diese trägt, und im Hinblick hierauf sagt man, sie biete Untergrund (substare).*[8]

(c) Damit ist zugleich der Gegenbegriff zur Substanz genannt: der Begriff des „Akzidens" oder der „Eigenschaft" (griechisch: *symbebekos*). Während die „Substanz" als *prima ratio entis*[9] das „durch sich selbst Seiende" (*ens per se*) bezeichnet, das die Identität und Kontinuität von jemandem oder etwas durch die Zeit hindurch verbürgt und Träger möglicher Eigenschaften ist, benennt das „Akzidens" dasjenige, was „in einem anderen" ist oder sein kann, was nur durch dieses und in diesem Sein hat (*ens in alio*) und zu diesem hinzukommen oder verschwinden kann. Beide zusammen

---

um den Personstatus des Menschen von entscheidender Bedeutung!

[6] Zur Bedeutung der Beispiele vgl. unten S. 137ff.

[7] Thomas, *Q. de pot.* 9,1 c.

[8] *Ebd.*

[9] Vgl. Thomas, *Q. de ver.* 1,1 c.

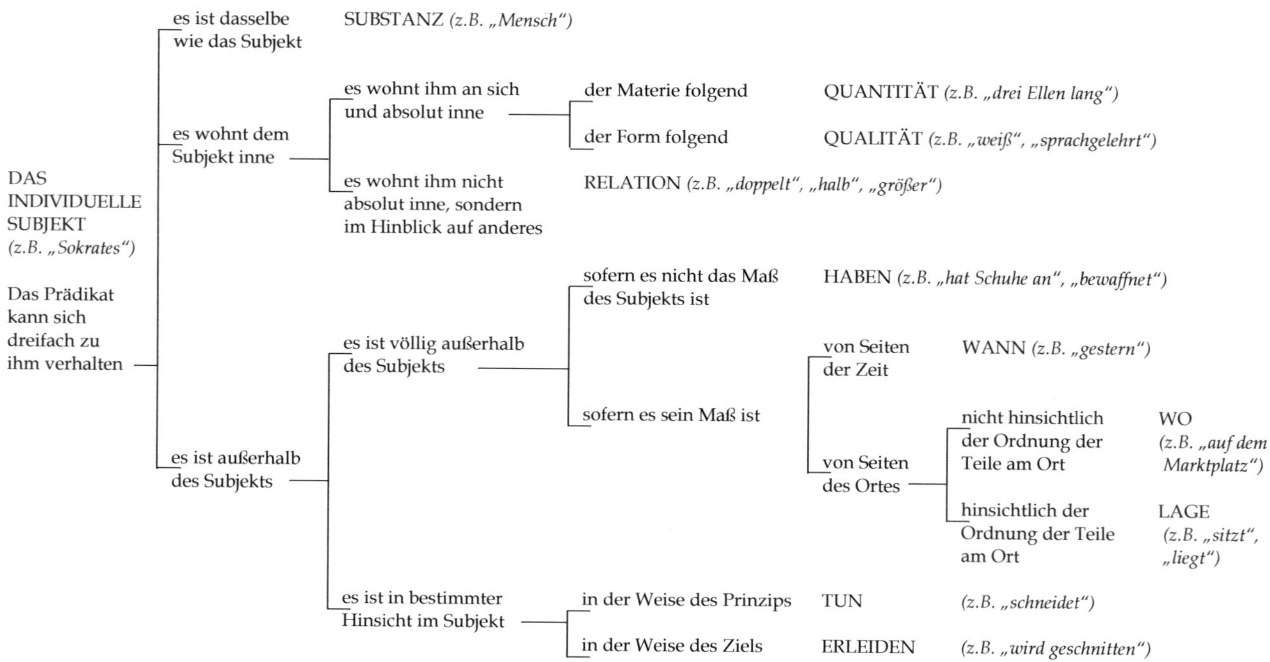

Abb. 3: Die Ableitung der aristotelischen Kategorien nach Thomas, *Super Metaph.* V 9

bilden nach Aristoteles die fundamentalen *Kategorien* zur Beschreibung der Wirklichkeit. Von den Transzendentalien als *modi generales consequentes omne ente,* von denen im vorigen Kapitel die Rede war,[10] heben sie sich dadurch ab, daß sie als *modi speciales* das Seiende unterscheiden bzw. einteilen.

Vom Urteilsakt als der elementaren Erkenntnistätigkeit des Menschen erscheinen sie als die „obersten Gattungen" (*genera generalissima*), mit denen sich das Seiende in inhaltlicher Weise beschreiben läßt. Als solche lassen sie sich in systematischer Weise ableiten aufgrund der unterschiedlichen Weise, in der sich ein Prädikat zu einem Subjekt verhalten kann.[11] Als neun Akzidentien ergeben sich daher: (1) „Quantität" (*quantitas*), (2) „Qualität" (*qualitas*), (3) „Beziehung" (*relatio*), (4) „Ort" (*ubi*), (5) „Zeit" (*quando*), (6) „Lage" (*situs*), (7) „Haben/Haltung" (*habitus*), (8) „Tun" (*actio*) und (9) „Leiden" (*passio*). Bezugspunkt für die Aussagen, durch die sich die Kategorien differenzieren lassen, ist dabei stets die individuelle Substanz oder das *subiectum ultimum.* So läßt sich von Sokrates sagen, er sei „Mensch" (Wesen/ Zweite Substanz), „fünf Fuß hoch" (Quantität), „sprachbegabt" (Qualität), „größer als" (Relation), „beschuht" (Haben), „auf dem Marktplatz" (Ort) etc. (vgl. Abb. 3).

Im Hinblick auf die Lehre von der Transsubstantiation verdient der skizzierte Zugang zu den Begriffen „Substanz" und „Akzidens" auf der Grundlage des menschlichen Selbstverständnisses deswegen eine prinzipielle Beachtung, weil er von vorneherein den Verdacht einer „Verdinglichung" des Sakramentsbegriffs ausschließen läßt, der immer wieder gegen sie vorgebracht wird – so als ob mit „Substanz" in erster Linie eine unbelebte Sache, ein Ding, bezeichnet würde und Sakramente und die in ihnen enthaltene Wirklichkeit folglich nur auf der Ebene von Objekten und

---

[10] Vgl. oben S. 69-73.

[11] Vgl. Thomas, *Super Metaph.* V 9 (n. 891f.): Neben (a) seiner essentiellen Bezeichnung durch den Wesensbegriff (*essentia, substantia secunda, quidditas, natura communis;* vgl. hierzu unten S. 345ff.), der das *subiectum ultimum* als *substantia prima,* d.h. als ganzes bezeichnet, werden die akzidentellen Bezeichnungsformen, die auf eine dem *subiectum* innewohnende Eigenschaft gehen, durch ihre (b) größere (*secundum quod inest subiecto*) oder (c) geringere Nähe (*ut praedicatum sumatur ab eo quod est extra subiectum*) charakterisiert: vgl. ähnlich *Super Phys.* III 5 (n. 322). – Der *locus classicus* der Aufzählung der Kategorien findet sich in Aristoteles, *Kategorienschrift* 4 (1b25-2a4); alle weiteren Aufzählungen im *Corpus Aristotelicum* sind aufgelistet bei K. Oehler ([2]1986), 289ff. Dabei variiert die Anzahl der genannten Kategorien.

Gegenständen angesiedelt wären. Weil jedoch die Begriffe „Person" und „Substanz" sich wechselseitig erhellen, läßt sich die sakramentale Gegenwart Christi, welche die Transsubstantiationslehre verständlich machen will, nicht anders denn als *eine personale* wahrnehmen. – Was aber besagt die Lehre von der Transsubstantiation nun genau?

Die Lehre von der Transsubstantiation. – Thomas setzt in seinen Überlegungen bei der Frage nach dem Wandel der *Eigenschaften* oder „Seinsformen" an. Daher heißt es im Hymnus auch: „te, quae sub his *formis* vere latitas" (V. 2).

Bei den Veränderungen, die sich im *Bereich der Natur* beobachten und beschreiben lassen, ist stets ein Wandel der Eigenschaften oder Seinsformen zu konstatieren, während das Wesen, das, wie gesagt, die Identität und Kontinuität eines Seienden verbürgt, identisch bleibt. Im Falle der eucharistischen Wandlung nun verhält es sich genau umgekehrt: Das Wesen wandelt sich, während die Eigenschaften bestehen bleiben.[12]

Ein solcher Vorgang aber ist für ein natürliches Verständnis schlechthin unvorstellbar – fehlt ihm doch jeder Kontinuität verbürgende Bezugspunkt, der Grundlage für die Beschreibung des Veränderungsvorgangs sein könnte.[13] Daher muß es sich bei der eucharistischen Wandlung um eine übernatürliche Veränderung handeln, die einzig durch göttliche Kraft geschieht und die allein Gott bewirken kann. „Folglich wird sie mit einem eigenen Namen als *transsubstantiatio* bezeichnet."[14] Aus diesem Grund stellt Thomas das Wandlungsgeschehen ausdrücklich in den Zusammenhang göttlichen *Schöpfungswirkens*, mit dem es darin übereinkommt, daß kein gemeinsames Subjekt das Vorher und Nachher der Veränderung miteinander verbindet.[15]

Und auch die Tatsache, daß die Akzidentien – die Eigenschaften des Brotes: Größe, Farbe, Geschmack – nach der Wandlung bestehen bleiben, ist nur möglich aufgrund göttlicher Kraft (*virtute divina fieri potest*). Denn nach natürlichen Maßstäben sind diese ja

---

[12] Vgl. Thomas, *S.c.G.* IV 63 (n. 4003): „[S]ubiectum *transit* in subiectum, et accidentia manent."

[13] Vgl. Thomas, *S.th.* III 75,5 ad 4: „[H]aec conversio non proprie habet subiectum".

[14] *Ebd.*, III 75, 4 c.

[15] Genauer gesagt, siedelt Thomas sie in ihrer besonderen Qualität zwischen (1) der Erschaffung aus dem Nichts und (2) einer natürlichen Veränderung an, stimmt sie mit letzterer doch darin überein, daß – im Unterschied zur Schöpfung aus dem Nichts – etwas Selbiges verbleibt und beide Zustände miteinander verbindet: vgl. *ebd.*, III 75, 8 c.

von ihrer natürlichen Substanz als ihrem Trägersubsubjekt abhängig und können ohne dieses nicht bestehen. Hier hingegen werden die Akzidentien durch die „unbegrenzte göttliche Kraft im Sein erhalten“ (*per suam infinitam virtutem conservare in esse*)[15].

Darum können die menschlichen Sinne nicht als verläßliche Zeugen für die Gegenwart Christi unter den eucharistischen Gestalten fungieren, denn was die Sinne sehen (*visus*), berühren (*tactus*), schmecken (*gustus*), erscheint vor und nach der Wandlung gleichermaßen wie Brot (und Wein). Einen Zugang zur *inneren Wirklichkeit* vermittelt allein der Glaube. Dabei ist ausdrücklich zu vermerken, daß Thomas keineswegs *allen* Sinnen ein Ungenügen (*fallitur*) im Hinblick auf die Erkenntnis der eucharistischen Gegenwart Christi zuspricht, vielmehr kommt gerade dem *Hören* eine konstitutive Bedeutung für das Verständnis im Glauben zu.

Die biblische Basis der Transsubstantiationslehre. – Mit der Hervorhebung des „Wortes der Wahrheit“, dem gegenüber „nichts wahrer sein kann“, kennzeichnen die Verse der 2. Strophe daher auch sehr präzise den *eigentlichen Beweggrund* für die Entwicklung der Transsubstantionslehre. In einem eucharistietheologischen Sinn wird man unter diesem Wort in erster Linie das Wandlungswort verstehen können: „Dies ist mein Leib“ – „Dies ist mein Blut“.

Der Glaube an die *Wahrheit* dieser Aussage Jesu erscheint so als das eigentliche Fundament für den Entwurf und die Ausgestaltung der Lehre von der Transsubstantiation – und nicht etwa der Versuch, ein Glaubensgeheimnis mit den Mitteln der aristotelischen Logik und Metaphysik zu rationalisieren, wie immer wieder gesagt worden ist. Die entscheidende Antwort auf die Frage: „Warum ist Christus verborgen unter den eucharistischen Gestalten gegenwärtig?“ lautet somit nicht: „Weil es die Transsubstantiationslehre erklären kann“. Diese ist nur eine Interpretations- und Verstehenshilfe. Die Antwort lautet vielmehr: „Weil Christus es gesagt hat.“ Dementsprechend diskutiert Thomas in der *Summa theologiae* mit großer Ausführlichkeit die Bedeutung der Wandlungsworte[16] sowie mögliche alternative Formulierungen, die an das Gemeinte jedoch nicht heranreichen, wie „Hic est corpus meum“, „Hoc fit corpus meum“, „Hic panis est corpus meum“ oder „Hoc erit corpus meum“.[17] Als buchstäbliche

[15] *Ebd.*, III 77,1 c.
[16] Vgl. *ebd.*, III 78,2-3
[17] Vgl. *ebd.*, III 75,2; III 78,2.4-6. – Vgl. dazu weiter unten S. 326ff.

Interpretation der Worte Jesu beim letzten Abendmahl bildet die Transsubstantiationslehre so in erster Linie ein Stück biblischer Theologie.[18]

Diese Interpretation belegt nicht zuletzt ein Zitat des Kirchenvaters Cyrill von Jerusalem (313-386), das Thomas in der *Summa theologiae* genau im Zusammenhang der Erläuterung der Erklärung der wahren Gegenwart Christi im Sakrament anführt:

> *Daß der wahre Leib und das wahre Blut Christi in diesem Sakrament seien, läßt sich nicht mit den Sinnen erfassen, sondern nur durch den Glauben (non sensu deprehendi potest, sed sola fide), der sich auf die göttliche Autorität stützt. Deshalb sagt Cyrill zur Schriftstelle „Das ist mein Leib, der für euch hingegeben wird" (Lk 22,19): „Zweifle nicht, ob das wahr sei. Nimm vielmehr die Worte des Erlösers im Glauben auf. Da er die Wahrheit ist, lügt er nicht (Non dubites an hoc verum sit, sed potius suscipe verba Salvatoris in fide: cum enim sit veritas, non mentitur)".*[19]

„Credo." – Die adäquate Antwort auf die unter den eucharistischen Gestalten verborgene Gegenwart, die durch die Worte Christi bewirkt wird, lautet daher: „Ich glaube". – Unschwer ist in den Formulierungen des *„Adoro te devote"* als biblisches Grundmotiv das Diktum des Apostels Paulus wiederzuerkennen:

---

[18] Komplementär hierzu wäre auf die Lehre von der Konkomitanz (von *concomitantia*, wörtlich: „Begleitung") hinzuweisen, mit der die Gegenwart Christi als eine Gegenwart des ganzen Christus sichergestellt wird. Denn unter den eucharistischen Gestalten sollen ja nicht nur der Leib Christi und sein Blut, sondern er selbst als Person, als ganzer, gegenwärtig werden. Diese umfassende personale Gegenwart aber läßt sich durch die Annahme sicherstellen, daß sich die Wandlung nicht nur auf dasjenige richtet, was sie *direkt und unmittelbar* präsent macht – Leib und Blut Christi –, sondern auch auf dasjenige, was „aufgrund einer natürlichen Begleitung" (*ex naturali concomitantia*) notwendigerweise mit diesen verbunden ist. Hier nun kommen die Konsequenzen der integral gefaßten thomanischen Anthropologie (und Christologie) zum Tragen kommen: Weil der Mensch ein lebendiges Wesen aus Leib und Seele ist, muß mit dem Leib Christi zugleich auch notwendig seine Seele gegenwärtig sein; und weil in Christus die Menschheit mit der Gottheit „ungetrennt und unvermischt" verbunden ist, muß mit dem Menschen Christus auch die göttliche Person, m.a.W.: das ganze fleischgewordene Ewige Wort, unter den eucharistischen Gestalten – und zwar unter jeder der Gestalten – ganz präsent sein: vgl. Thomas, *S.th.* III 76,2-3.

[19] Thomas, *S.th.* III 75,1 c.

Der Glaube kommt vom Hören, das Hören aber durch das Wort Christi (Röm 10,17, nach Vg; vgl. auch 10,8).[21]

Das emphatische „Credo", mit dem die vorherige passivische Formulierung „sed auditu [...] creditur" gewissermaßen individualisiert und personalisiert und der Glaube als *persönlicher, willentlicher Akt* herausgestellt wird,[22] mag dabei nicht nur an den Anfang des Glaubensbekenntnisses erinnern, das als Bekenntnisformel seinen festen Platz in der Liturgie der Heiligen Messe hat. Überdies schwingt hier der in den Evangelien wiederholt zu findende Ausruf von Personen mit, die Jesus begegnen und von ihm Heilung erfahren - wie der des Blindgeborenen in Jerusalem (bei dem das Bekenntnis „Ich glaube" verbunden ist mit dem Akt der Anbetung, vgl. *Joh* 9,38)[23] oder der des Vaters des besessenen Jungen am Fuße des Berges Tabor („Ich glaube, hilf meinem Unglauben"; vgl. *Mk* 9,24).

Schließlich mag man darin auch eine Reminiszenz an das Martyrium von Thomas' Ordensbruder, des Petrus von Mailand (1205-1252), des ersten Heiligen des Dominikanerordens, erkennen. Dieser war ursprünglich Katharer gewesen, hatte sich 1221 in Bologna dem Predigerorden angeschlossen und seither der Bekehrung der Katharer und Albingenser verschrieben.[24] Als päpstlicher Großinquisitor für Norditalien war er auf dem Weg von Como nach Mailand von vermutlich durch Albigenser be-

---

[21] Vgl. Thomas, *Super Ad Rom.* X 2 (n. 844): „Man muß folglich sagen, daß zum Glauben zweierlei erforderlich ist: [1] das erste ist die Hinneigung des Herzens zum Glauben (*cordis inclinatio ad credendum*), und dies kommt nicht vom Hören, sondern vom Geschenk der Gnade; [2] das zweite dagegen ist die Feststellung des zu Glaubenden (*determinatio de credibili*), und diese kommt vom Hören."

[22] Vgl. dazu auch unten S. 280ff.

[23] Vgl. Thomas, *Super Ioan.* IX 4 (n. 1358): „Wenn es heißt: ‚Und er sprach: Ich glaube, Herr (*Credo, Domine*)', zeigt sich die Ergebenheit des Glaubens (*devotio fidei*) im Blinden. [1] Erstens bekennt er den Glauben, mit dem er im Herzen glaubt, mit dem Mund, wenn er sagt: ‚Ich glaube, Herr'. *Röm* 10,10: ‚Mit dem Herzen wird geglaubt zur Gerechtigkeit, das Bekenntnis (*confessio*) mit dem Mund aber geschieht zum Heil.' [2} Zweitens bezeugt er ihn durch das Werk, daher ‚warf er sich nieder und betete (*adoravit*) ihn an'. Hierdurch zeigt er, daß er an seine göttliche Natur glaubt, denn das gereinigte Gewissen (*mundata conscientia*) erkennt ihn nicht nur als Menschensohn, als der er äußerlich erscheint, sondern als Gottessohn, der Fleisch angenommen hat. Denn Anbetung (*adoratio*) gebührt einzig Gott: *Dtn* 6,13: ‚Den Herrn, deinen Gott, sollst du anbeten.'" - Damit zeigt die Auslegung viele der auch im „*Adoro te devote*" versammelten Motive.

[24] Zu den Katharern und Albigensern vgl. unten S. 179, Anm 1.

stellten Mördern überfallen worden und starb von Dolchstichen durchbohrt und mit von einer Axt gespaltenem Schädel. Im Sterben soll er mit seinem eigenen Blut das Wort „Credo" auf den Boden geschrieben haben.[25]

In seiner persönlichen Emphatik korrespondiert das „Credo" des Thomas von Aquin nicht nur dem „Adoro" im Auftaktvers. Es wird von hier aus zum Leitthema, das in den folgenden Strophen weiter moduliert und erweitert wird.[26]

Zwei hauptsächliche Quellen der Erkenntnis. – Die besondere Art und Weise, in der Thomas in Strophe 2 Wahrnehmung und Glaube, natürliche und übernatürliche Erkenntnis, philosophisches und theologisches Wissen zur Sprache bringt, sie einander gegenüberstellt und miteinander verbindet, macht zugleich jene beiden großen und wesentlichen Quellen sichtbar, aus denen er auch ansonsten bei seinem Erkenntnisbemühen um die Wahrheit schöpft und die für sein Denken von entscheidendem Einfluß und grundlegender Bedeutung sind: (1) das Werk des Aristoteles und (2) die Heilige Schrift.

(1) *Aristoteles.* - So schwingt in der ausführlichen Aufzählung der verschiedenen Sinnesvermögen, mit der Strophe 2 akzentuiert anhebt („visus, tactus, gustus" werden einzeln genannt) zunächst einmal - und trotz der sich anschließenden Einschränkung - eine eigentümliche *Freude* an der Erkenntnis mit, die zumal durch die *Sinne* vermittelt wird. Programmatisch hat Aristoteles sie zu Beginn seiner *Metaphysik* formuliert:

> *Alle Menschen streben von Natur nach Wissen. Dies beweist die Liebe zu den Sinneswahrnehmungen; denn auch ohne Nutzen werden sie an sich geliebt – und vor allem anderen die Wahrnehmungen mittels der Augen.*[27]

---

[25] Vgl. Jakob von Voragine, *Legenda aurea* 63 (FC, I, 864-899). - Dem hl. Petrus werden eine große asketische Strenge und flammende Predigten nachgesagt. Seine Heiligsprechung fand bereits ein Jahr nach seinem Tod am 25.3.1253. Regionale Popularität besitzt er bis heute als Patron der Kölner Bierbrauerzunft, deren Seelsorge den Dominikanern oblag.

[26] Vgl. unten S. 166-178.

[27] Aristoteles, *Metaphysik* I 1 (980a21ff.). - Thomas gibt die Aussage mitunter auch in der Form wieder: „Alle Menschen streben nach Wahrheit." - Zur programmatischen Bedeutung der ersten Sätze der aristotelischen Schriften vgl. ferner *Nikomachische Ethik* I 1 (1094a1): „Jede Kunst und jede Lehre, wie auch jede Handlung und jede Wahl scheinen ein gewisses Gut zu erstreben. Darum ist das Gute dasjenige,wonach alles strebt"; *Analytica posteriora* I 1 (71a1f.): „Jede Belehrung und jedes Lernen,

Von der Bedeutung, die das Streben nach Erkenntnis und Wahrheit für das menschliche Selbstverständnis hat, war bereits im vorangehenden Kapitel die Rede.[27] Nicht weniger gehört die Einsicht, daß all unsere Erkenntnis bei den Sinnen anhebt und bleibend auf sie verwiesen ist, zu den philosophischen Grundeinsichten, die Thomas von Aristoteles übernimmt.[28] Die Sinne sind es, die den unmittelbaren Wirklichkeitskontakt vermitteln. Im Akt der Sinneswahrnehmung werden Wahrgenommenes und Wahrnehmungssinn eines.[29]

- Gerade dem „*Tastsinn*" (*tactus*) kommt dabei nach Thomas ein besonderer Rang zu. Er ist „das Fundament der übrigen Sinne" und „alle anderen Sinne gründen auf ihm". Sein Ausgeprägtsein ist Bedingung der Exzellenz und Differenziertheit, mit der ein Mensch erkennt. Denn einzig und allein der Tastsinn ist im Akt der Erkenntnis mit seinem Objekt in unmittelbarer Weise real verbunden,[30] während die übrigen äußeren Sinne ihr eigentümliches Objekt vermittelt und mit unterschiedlicher Intensität teils natürlich und teils geistig aufnehmen.

- So gilt gewissermaßen am anderen Ende der Skala der „*Gesichtssinn*" (*visus*) Aristoteles wie Thomas als der geistigste aller äußeren Sinne, denn in ihm findet ausschließlich eine geistige Veränderung statt. Mit Blick auf den Anfang der *Metaphysik*, die ja in ihren Erörterungen den Aufstieg von der sinnenhaften zur geistigen Welt, ja: letztlich zu Gott vollzieht, ist es daher wohl kein Zufall, daß Thomas zu Beginn von Strophe 2 ausgerechnet

---

sofern es denkend vollzogen wird, geschieht aus vorher schon vorhandener Erkenntnis" *Politik* I 1 (1252a1-7): „Da jeder Staat uns als Gemeinschaft entgegentritt und jede Gemeinschaft als eine menschliche Einrichtung, die ein bestimmtes Gut verfolgt [...]."

[27] Vgl. oben S. 83-86.

[28] Vgl. dazu S. 137ff. - Zur konstitutiven Bedeutung der Sinne bei der Gotteserkenntnis vgl. auch den Einfluß von Ps.-Dionysius, *De caelesti hierarchia* II 4 (ed. Suchla II,15,1-7, PG 3,144B-C); Thomas, *Super De div. nom.* prol (n. II).

[29] In dieser Identität entspricht die Sinneswahrnehmung jener, die auf der Ebene der Verstandeserkenntnis durch die *operatio prima* zustandekommt und die von der *adaequatio* des Urteilsaktes verschieden ist.

[30] Vgl. Thomas, *S.th.* I 76,5 c.: „Und daher besitzt der Mensch unter den übrigen Lebewesen den besten Tastsinn. Und unter den Menschen selbst haben diejenigen, die einen besseren Tastsinn haben, einen besseren Verstand. Zeichen dafür ist, daß diejenigen, die weiches Fleisch haben, gut in der Lage sind, mit dem Geist zu sehen, wie es in *De anima* II heißt."

den Gesichtssinn als ersten in der Reihe der Sinne nennt.[31] (Zu Aristoteles vgl. Abschnitt 1 dieses Kapitels.)

(2) *Die Bibel.* – Kontrastierend dazu stellt die betonte Akzentuierung des Wortes Christi und seiner Wahrheit, auf die sich der menschliche Glaube stützt, die zweite wesentliche Quelle des thomanischen Denkens heraus. Bereits in der Formulierung *„was immer (quicquid)* der Sohn Gottes gesprochen hat" ist ja – entgegen einer Engführung auf das Wandlungswort, wie ich sie ja zunächst für die Deutung der Transsubstantiationslehre vorgeschlagen hatte – ein umfassenderes Verständnis der Worte Christi, ja: der Worte Gottes, wie sie in Evangelium und Heiliger Schrift überliefert sind, ausgesagt! Für den Theologen und Predigerbruder Thomas ist die Bibel von elementarer Relevanz – und zwar nicht nur in intellektueller, sondern auch in existentieller Hinsicht.[32]

Kann die Prägung des thomanischen Denkens durch die Philosophie des Aristoteles als geläufig gelten, so mag die Art und Weise, in der hier die Bedeutung der Heiligen Schrift für Thomas herausgestellt wird, immerhin überraschend sein. In der Tat gehört die Rolle, welche die Bibel für Leben und Schaffen des Thomas besitzt, zu den in der Thomas-Deutung lange unterschätzten und vernachlässigten Gebieten. So hat man etwa seine Bibelkommentare als „de[n] am wenigsten originelle[n] Teil des Gesamtwerks"[33] bezeichnet und ihre Rezeption bewußt „an den Rand gedrängt"[34] – wodurch nicht zuletzt einer „rationalistischen Engführung"[35] seiner Theologie Vorschub geleistet wurde. Dagegen sprach bereits die hervorgehobene Bedeutung, die der Lehre vom göttlichen Wort im thomanischen Denken von Seiten des *Johannes-Prologs* zukommt.[36] Darüber hinaus wird im folgenden zu zeigen

---

[31] Vgl. Thomas, *Super De an.* II 14 (Z. 241-282). – Hieran kann sich die Unterscheidung der äußeren von den inneren Sinnen anschließen (*sensus communis, phantasia, viis cogitativa/aestimativa, vis memorativa*), die ihrerseits in einer größeren Eigenständigkeit und Unabhängigkeit von einer unmittelbaren Determination durch das Objekt der Wahrnehmung stehen: vgl. Thomas, *Super De memor.* 2 (Z. 170-194); *S.th.* I 78,4.

[32] Vgl. hierzu ausführlich unten S. 181-190.

[33] H. Denifle (1905), 136. – Ein solches, keineswegs singuläres Urteil hat nicht zuletzt zu einer weitgehenden Unbekanntheit des biblischen Theologen Thomas geführt. Allerdings gibt es derzeit gerade im englischen und französischen Sprachraum verstärkt Tendenzen zur Neuentdeckung der thomanischen Schriftkommentare.

[34] C. Spicq (1944), 5.

[35] M.A. Reyero (1971), 131.

[36] Vgl. oben S. 73-81.

sein, wie umfassend die Heilige Schrift die entscheidende Quelle seiner Inspiration seines denkerischen Schaffens war und seinem theologischen „Handwerk" das Fundament gegeben hat. Darüber hinaus sind gerade hier die spirituellen Impulse seiner Theologie zu finden. (Zur Bibel vgl. Abschnitt 2 dieses Kapitels.)

Aristoteles *und* die Bibel sind für Thomas gleichermaßen die beiden großen Grundpfeiler seines Denkens und die zentralen Erkenntnisquellen bei seiner Suche nach der Wahrheit. Die Verbindung dieser beiden Elemente, die als eine seiner wesentlichen Lebensleistungen angesehen werden kann, war für seine Zeit keineswegs ohne Sprengkraft, da „die Impulse, die hinter den beiden Phänomenen stehen, sich zunächst geradewegs auszuschließen scheinen"[38]. Doch Thomas „umfaßt sie beide mit der erstaunlichen Vehemenz seines Wesens", er weigert sich, sich für das eine oder andere zu entscheiden, sondern

> *unternimmt den ungeheuren Versuch, „alles zu wählen". [...] Hier [...] tritt das Paradigmatische, das Musterhafte des späteren Doctor communis hervor: die nichts ausschließende und nichts auslassende Einbewältigungskraft, die darauf besteht, daß alles, was ist, „dazugehöre" – [eben] zum Beispiel sowohl die Bibel wie auch [...] Aristoteles.* [39]

1. Aristoteles: „Alle Menschen streben nach Wahrheit."

Aristoteles im 13. Jahrhundert. – Mit dem Namen „Aristoteles" ist ja nicht weniger als die große Herausforderung des Zeitalters benannt. Seit dem Untergang der Antike weitgehend unbeachtet und nur bruchstückhaft rezipiert, waren die Schriften des griechischen Philosophen erst ab der Mitte des 12. Jahrhunderts in einem komplexen Prozeß der Übersetzung und Wiederaneignung – nicht zuletzt vermittelt durch die Aristoteles-Auslegung in der arabischen Welt – der christlichen Welt des Hochmittelalters neu bekannt geworden und wurden von den Gelehrten gleichermaßen als *Faszination* wie als *Bedrohung* wahrgenommen.[40]

---

[38] J. Pieper (2001a), 174

[39] *Ebd.*

[40] Zur Überlieferung der aristotelischen Schriften im Hochmittelalter vgl. B.G. Dod (1982) – Übersetzungszentren waren: Byzanz (Jakob von Venedig [nach 1125-nach 1147]), Sizilien und Spanien (Gerhard von Cremona in Toledo [um 1114-1187]) sowie Oxford (Robert Grosseteste [vor 1170-1253]). Über den syrisch-arabischen und den byzantinischen

(1) Denn mit dem Werk des „Philosophus" (wie sein mittelalterlicher Ehrentitel lautete[40]) trat dem abendländischen Christentum ein nahezu *vollständiges System von Wissenschaften* vor Augen, das abseits der christlichen Offenbarung auf heidnischem Boden entstanden und ausschließlich mit den Mitteln der natürlichen Vernunft entwickelt worden war. Das aristotelische Schrifttum repräsentierte einen umfassenden Kosmos philosophischer Disziplinen, der in verschiedene selbständige Wissenschaftsbereiche mit je eigenem Gegenstand differenziert war: Physik, Biologie, Metereologie, Kosmologie, Ethik, Politik etc. Zusätzlich angereichert durch die Inhalte der arabisch-jüdischen Philosophie enthielt es einen bis dato unbekannten *Reichtum* an Wissen und Erkenntnis, der dem traditionellen, vor allem an der Logik orientierten Bildungsgut des Abendlandes weit überlegen war und sich daher mit „naturhafter Gewalt"[41] im lateinischen Westen durchsetzen mußte.

(2) Überdies war dieses System begleitet von einer eigenen *„Wissenschaftstheorie"*, die ihren jeweiligen Gegenstand in den Beziehungszusammenhängen von Prinzipien und Ursachen, Analyse und Ableitung zu erörtern lehrte. Für diese wissenschaftliche Methodik standen v.a. die sog. *Zweiten Analytiken*. Sie boten die Möglichkeit einer neuartigen Untersuchung und Ordnung allen weltlichen Wissens und standen auch methodisch in wachsender Konkurrenz zum Konzept der sog. „sieben freien Künste" (*septem artes liberales*), wie es von Augustinus her mit ihrem Trivium (Grammatik, Dialektik, Rhetorik) und Quadrivium (Arithmetik, Geometrie, Musik, Astronomie) im Frühmittelalter das Ausbildungsprogramm bestimmt hatte.[42] Diese neue Konzeption von Wissen und Wissenschaft sollte die *artes* schließlich ablösen und in der Folgezeit für das abendländische

---

Aristotelismus wurden zugleich die antiken Werke des Euklid (3. Jh. v. Chr.), des Ptolemäus (um 100-nach 160), des Hippokrates (um 460-um 370 v. Chr.) und des Galen (128/31-199/216) neu zugänglich. Eine eigene Bedeutung für die abendländische Rezeption spielte ferner die jüdische Rezeption, insbesondere bei Moses Maimonides (1135/8-1204). – Zur Geschichte der Aristoteles-Rezeption insgesamt vgl. den Überblick bei O. Höffe ([2]1999), 281-304.

[40] Zur Herkunft des Namens vgl. Johannes von Salisbury, *Metalogicon* II 16 (PL 199,873): „Nam et antonomastice, id est execellenter, Philosophus appellatur." – Dazu M. Grabmann (1936).

[41] J. Pieper (2001c), 385.

[42] Vgl. Augustinus, *De ordine* II 30-57. – Zum Ganzen H.-G. Nissing (2006), 636-640.

Verständnis von Rationalität prägend werden.[44] In der Tat vollzieht sich mit der Aristoteles-Rezeption im 13. Jahrhundert jene Grundlegung von Wissen und Wissenschaft, die bis in die Gegenwart für die verschiedenen Disziplinen, ja für unsere abendländische Kultur im ganzen von tragender Bedeutung ist.[45]

(3) Schließlich enthielt das aristotelische Denken aber auch Elemente und Aussagen, die *mit dem christlichen Glauben schlechthin unvereinbar* waren und die für akademische Diskussionen, für Verbote und Verurteilungen durch kirchliche Autoritäten sorgten – und jedenfalls der Korrektur und Klärung bedurften.[46]

Vor aller intellektuellen Auseinandersetzung scheint es allerdings sinnvoll zu sein, jene *unmittelbarere und grundlegendere Übereinstimmung oder Verwandtschaft* wahrzunehmen, in der das Denken des griechischen Philosophen mit der Mentalität und dem Lebensgefühl des 13. Jahrhunderts stand und den Geistern jener Zeit eine unmittelbare Wiedererkennung ermöglichte. Im Unterschied zu einer Weltsicht, der die Wirklichkeit – im Gefolge Platons und Augustins – vor allem als Abbild und Symbol einer höheren, geistigen und jenseitigen Realität galt, war es die durch Aristoteles verkörperte „entschiedene Hinwendung zum Konkreten, zur erfahrbaren Realität der Welt", die seinem Denken in jener Zeit unmittelbare Evidenz verlieh:

> *[D]ie sinnenfälligen Dinge, die man sehen, hören, schmecken, riechen, anfassen kann, werden als eigenständig Wirkliches genommen, als Realität eigenen Rechtes – nicht als bloßer Widerschein, Schatten, nicht als bloßes Symbol von etwas anderem, Unsichtbarem, Jenseitigem, Geistigen. Das Sichtbare und auch das Sehen, das sinnliche Gewahrwerden selbst, und die*

[44] Bereits um 1240 dokumentiert ein *Compendium pro examina* der Pariser Artistenfakultät eine Gliederung des Lehrstoffes und damit eine Umformung des Studienprogramms nach dem Muster des aristotelischen Wissenschaftsaufbaus, am 19.3.1255 schreibt die Studienordnung der Fakultät das gesamte seinerzeit bekannte Werk des Aristoteles als curriculares Lehrprogramm vor: „Man kann sagen, daß mit dieser Anerkennung der Philosophie des Aristoteles die Philosophische Fakultät geboren wird, nämlich ihre Selbständigkeit gegenüber der Theologie (O. Höffe [[2]1999], 291). – Ab 1258/9 orientiert sich die Studienordnung der Dominikaner an den Schriften des Aristoteles. – Für die thomanische Wirksamkeit in Paris sind v.a. die dortigen Verurteilungen von 1270 und 1277 von Relevanz.

[45] Vgl. hierzu W. Kluxen (1981).

[46] Zu den Aristoteles-Verboten vgl. M. Grabmann (1936). – Allerdings waren dieses Verbote und Verurteilungen im Ganzen wenig erfolgreich. Vgl. dazu R. Schönberger ([4]2012), 21f.

> *Kraft dieses Gewahrens – all das ist bejaht und anerkannt als etwas in sich selbst Gültiges; und das heißt: die leibhaftige Welt der materiellen Wirklichkeit, auch im Menschen selbst, der Leib, die Sinne und das, was sie zu fassen bekommen – all das wird, auf eine bis dahin unerhörte Weise ernst genommen.*[46]

Es war - anders gesagt - die aristotelische „Weise, die Dinge zu sehen, wie sie in sich selber sind [...]: das Feuer als Feuer und nicht als bloßes Symbol der göttlichen Hoheit"[47], in der sich die Mentalität jener Zeit wiedererkannte - jene Mentalität, für die das Diesseitige, Materielle und Natürliche eine neue, eigenständige Bedeutung gewonnen hatte und die in der Weltlichkeit des Städtischen, in der Wißbegier der Universitäten und in der Weite der Kathedralen ihren Ausdruck fand.

Es sollte zur historischen Aufgabe des Thomas von Aquin werden, die epochale Herausforderung des aristotelischen Denkens in einer kongenial zu nennenden Rezeption und Interpretation für das christliche Denken fruchtbar zu machen. Nicht unzutreffend hat man daher auch von einer „Taufe des Aristoteles"[48] durch Thomas gesprochen. Als günstige Bedingung erwies sich dabei nicht zuletzt die Tatsache, daß zu seiner Zeit nahezu das gesamte *Corpus Aristotelicum* in lateinischer Übersetzung vorlag.[49]

Die Aristoteles-Studien des Thomas. – Eine erste Bekanntschaft mit dem Denken und Werk des Aristoteles hatte Thomas bereits in seiner Studienzeit in Neapel (1239-1244) gemacht. Aufgrund von Streitigkeiten zwischen Papst und Kaiser um Besitz und Zuständigkeit der seinerzeit prosperierenden Abtei Monte Cassino war Thomas - noch als Benediktinermönch - um 1239, also im Alter von etwa fünfzehn Jahren, dorthin geschickt worden, um seine Studien fortzusetzen.[50] Als kaiserliche Gründung Friedrichs II. bot

---

[46] *Ebd.*, 193.

[47] *Ebd.*, 72.

[48] Vgl. G.K. Chesterton (1961), 60, der die Formulierung selbst bereits zitiert. Möglicherweise geht sie auf J. Maritain zurück.

[49] Dies war nicht zuletzt das Verdienst seines Ordensbruders Wilhelm von Moerbeke (um 1215-1286), der als einer der wichtigsten und auch produktivsten Übersetzer aus dem Griechischen ins Lateinische für qualitätvolle Übertragungen der zentralen naturphilosophischen Schriften des Aristoteles sowie seiner *Metaphysik* sorgte. – Vgl. hierzu J.-P. Torrell (1995), 191-194; C. Steel (1989). – Ein instruktiver Überblick über das *Corpus Aristotelicum* und seine Inhalte findet sich bei H. Flashar (1983).

[50] Zu den historischen Hintergründen vgl. J.-P. Torrell (1995), 26-34.

die Universität von Neapel – anders etwa als die päpstlichen Hochschulen in Bologna oder Paris – die Möglichkeit, die aristotelischen Schriften von kirchlichen Verboten nahezu unbeeinträchtigt kenenzulernen. „An keinem anderen Ort in Europa war zu dieser Zeit ein so unmittelbarer Kontakt mit der Wissenschaft der Antike und Arabiens, mit griechischer Philosophie und arabischer Astronomie möglich."[51] Durch einen Magister Martin und Petrus von Irland war Thomas hier mit der Logik und Naturphilosophie des Aristoteles bekannt gemacht worden.[52]

Von entscheidender Bedeutung für seine Prägung durch das Denken des „Philosophen" sollte für ihn jedoch die Zeit als Student und Assistent bei Albertus Magnus in Paris (1245-1248) und Köln (1248-1252) werden. In Albert, „dem damals wohl bedeutendsten Kopf des lateinischen Westens" und „am umfassendsten gebildeten Gelehrten des Hochmittelalters"[53], fand Thomas einen hervorragenden Lehrer, der ihn in der „Hochschätzung der Philosophie"[54] unterstützte und ihm eine umfassende Kenntnis der aristotelischen Werke vermittelte. Gegenüber der bis dato eher selektiven Aristoteles-Rezeption im Abendland war es das erklärte Anliegen Alberts, „alle Teile der [aristotelischen] Philosophie den Lateinern bekannt zu machen"[55] – ein Projekt, das er binnen zwei Jahrzehnten durch die Kommentierung sämtlicher Schriften des „Philosophen" umsetzen sollte.

Dabei war das „Studium weltlicher Wissenschaft" (*studium litterarum saecularium*)[56] auch im Dominikanerorden keineswegs eine Selbstverständlichkeit. Die ältesten Konstitutionen hatten für die Ordensbrüder zwar eine intensive „Kenntnis der heiligen Schriften" (*notitia Scripturarum*) gefordert, die Lektüre heidnischer Bücher dagegen war nur unter strengen Auflagen gestattet.[57]

---

[51] R. Schönberger (^{4}2012), 15.

[52] Vgl. J.-P. Torrell (1995), 30-34. – Die Biographen berichten ferner, daß er während seiner Inhaftierung durch die Familie auf Burg Roccasecca eine Zusammenstellung der Trugschlüsse des Aristoteles verfaßt habe: vgl. Wilhelm von Tocco, *Historia* 10 (Z. 6f.).

[53] M. Forschner (2006), 15. – Thomas hatte das Studium der *artes* in Neapel abgeschlossen, und zu seiner Zeit in Köln bereits sieben oder acht Jahre Ausbildungszeit hinter sich. So war er gegenüber Albert nicht in der Rolle eines einfachen Studenten, sondern eher eines Assistenten, der bereits mit eigenen Lehrverpflichtungen betraut wurde.

[54] U. Horst (2017), 297.

[55] Vgl. Albertus Magnus, *Physica* I 1 1 (Ed. Col. IV/1,1,48f.): „[N]ostra intentio est omnes dictas partes [philosophiae] facere Latinis intelligibiles."

[56] Vgl. Thomas, *Contra impugn.* 11 § 3 (Z. 119-122).

[57] Vgl. *Constit. antiq.* d. II, c. 28 (ed. Thomas, 361). – Vgl. U. Horst (2017), 295.

Im Jahr 1248 waren Albert und Thomas vom Generalkapitel des Ordens nach Köln entsandt worden, um dort ein Generalstudium der Dominikaner aufzubauen – im selben Jahr übrigens, in dem dort auch der Grundstein des gotischen Domes gelegt wurde.[58] Zumal die Kölner Jahre, in denen Thomas vermutlich in der Dominikanerkirche Heilig Kreuz in der Stolkgasse unweit der Kathedrale seine Priesterweihe empfing, waren für ihn eine Zeit intensiver Prägungen, die sein Denken bis zum Ende bestimmen sollten. Die Vorbereitungen, Mitschriften und Redaktionen der Vorlesungen Alberts, die er seinerzeit anfertigte, sind bis heute erhalten.[59] Albert war es auch, der die außergewöhnliche Begabung des Thomas erkannte und sie förderte. Legendarisch ist sein Wort über Thomas, der aufgrund seiner Introvertiertheit und seiner Körpergröße von seinen Mitstudenten „der stumme Ochse" genannt wurde:

> *Wir nennen ihn den stummen Ochsen, doch mit dem Gebrüll seiner Lehre wird er noch die ganze Welt zum Staunen bringen.*[60]

Anders als bei Albert lag der Schwerpunkt der Aristoteles-Rezeption des Thomas allerdings nicht in der Naturphilosophie, sondern in der *Anthropologie* und *Ethik*. Seine Auslegungen stehen mithin unter einem praktischen Vorzeichen. Von prägender Bedeutung sollte v.a. die *Nikomachische Ethik* werden, deren Kommentierung Thomas bei Albert hörte.[61] Sein dynamisches Denken

---

[58] Vermutlich fällt ihr Eintreffen in Köln mit der Grundsteinlegung am 15.8.1248 zusammen. – Zur Kölner Zeit vgl. J.-P. Torrell (1995), 46-56.

[59] Vgl. unten S. 440-443.

[60] Vgl. Wilhelm von Tocco, *Historia* 13 (Z. 61ff.): „Nos vocamus istum bovem mutum, sed ipse adhuc talem dabit in doctrina mugitum quod in toto mundo sonabit!" – Nach Tocco war das Schweigen des Thomas von „programmatischem" Charakter, so daß sich darin jene aufnahmebereite Geisteshaltung wiedererkennen läßt, die J. Pieper wiederholt in das Diktum gefaßt hat: „Nur wer schweigt, hört."

[61] Mit dem Ansatz bei der Ethik ist damit zugleich ein ganz eigener Akzent innerhalb der Aristoteles-Rezeption gesetzt: „Nimmt man die Zahl der Kommentare zum Maßstab, so wird Aristoteles aber trotzdem vornehmlich als Logiker rezipiert, danach als Metaphysiker und erst in dritter Linie als Philosoph von Moral und Politik." (O Höffe [^{2}1999], 290f.). Die *Nikomachische Ethik* war zunächst in Auszügen im Abendland rezipiert worden: die sog. *ethica vetus* (ca. 1200) umfaßte lediglich die Bücher II und III, die sog. *ethica nova* (Anfang 13. Jh.) ergänzte Buch I sowie das Ende von Buch III. Erst Robert Grosseteste hatte um 1246/7 auf ihrer Grundlage sowie unter Zuhilfenahme verschiedener griechischer Handschriften und Kommentare die erste vollständige lateinische

vom Menschen und von der Wirklichkeit findet hier seine entscheidende Grundlage und seinen Resonanzboden. Die Rezeption der aristotelischen Schriften ist mithin der Ort, an dem der für das thomanische Denken so grundlegende *Personbegriff* sowie die darin enthaltene Hinordnung des Menschen auf die Erkenntnis der *Wahrheit* ihre innere „Füllung" und „Ausgestaltung" erfahren.[63] Dies möchte ich im folgenden im Durchgang durch die verschiedenen aristotelischen *Wissenschaftsbereiche* zeigen (Abschnitt 1.1). Im Anschluß daran werde ich die besondere *Methode* der thomanischen Aristoteles-Rezeption darstellen (Abschnitt 1.2) sowie die *akademischen Kontroversen*, in denen sie ihre Profilierung fand (Abschnitt 1.3), ehe summarisch die zentralen *inhaltlichen Motive* zur Sprache kommen, die Thomas der Philosophie des Aristoteles verdankt (Abschnitt 1.4).

1.1. *Der anthropologische Grundansatz der Aristoteles-Rezeption des Thomas*

(1) *Seelenlehre und Anthropologie.* – Bewußt stellt Thomas an die Spitze des Projekts seiner eigenen Aristoteles-Kommentare, das er um 1265 in Rom begann und das sein letztes Lebensjahrzehnt begleitete, die Auslegung der Schrift *Von der Seele* (*De anima*). Ihr sowie den sich anschließenden Schriften *Vom Sinn und sinnlich Wahrgenommenen* (*De sensu et sensato*) und *Von Gedächtnis und Erinnerung* (*De memoria et reminiscentia*) schreibt er im Prolog seines Kommentars, der *Sententia libri De anima*, eine erschließende Rolle für alle Wissenschaftsbereiche zu, wodurch die Anthropologie in den Rang einer ersten und grundlegenden Disziplin des Wissenschaftssystems rückt:[64]

(a) Denn daß er eine Seele hat und daß die Seele das erste Prinzip ist, das ihn belebt, „kann jeder an sich selbst erfahren" (*hoc enim quilibet experitur in se ipso*).[65] Sowohl im Hinblick auf ihre

---

Übersetzung erstellt und damit die Grundlage für die erste vollständige Kommentierung geschaffen, die eben durch Albertus Magnus geschah, der das Buch gleich zweimal auslegte. – Zur Rezeptionsgeschichte vgl. R.-A. Gauthier (1970).

[63] Vgl. D. Perler (2020), 25: „[D]ie boetianische Bestimmung einer Person, die ursprünglich nicht rein aristotelisch ausgerichtet war, [wurde] dadurch in einen hylemorphistischen Rahmen integriert."

[64] Von besonderer anthropologischer Relevanz sind ferner v.a. die Schriften *Historia animalium* und *De partibus animalium*. – Zur fundamentalen Bedeutung von *De anima* vgl. bereits oben S. 43-46.

[65] Vgl. Thomas, *Super De an.* I 1 (Z. 92-97).

„Gewißheit“ (*certitudo*), als auch im Hinblick auf ihren „Gegenstand“ (*subiectum*) muß daher die Lehre von der Seele als die erste und vornehmste unter allen Disziplinen gelten.[65]

(b) Überdies liefert die Seelenlehre *inhaltlich* entscheidende Vorgaben für die anderen philosophischen und theologischen Disziplinen: für die Naturphilosophie, die Metaphysik, die Ethik und die Politik:

> *[1] Denn, wenn wir die Erste Philosophie in den Blick nehmen, so können wir nur zur Erkenntnis der göttlichen und höchsten Ursachen gelangen durch das, was wir uns kraft des möglichen Intellekts aneignen.*
> *[2] Wenn wir dagegen die Moralphilosophie in den Blick nehmen, so können wir nur auf vollkommene Weise zur Moralwissenschaft gelangen, wenn wir die Seelenvermögen kennen. Daher kommt es, daß der Philosoph in der Nikomachischen Ethik bestimmte Tugenden den verschiedenen Vermögen der Seele zuordnet.*
> *[3] Für die Naturphilosophie dagegen ist sie nützlich, weil ein großer Teil der natürlichen Dinge eine Seele besitzt, und diese Seele die Quelle und das Prinzip aller Bewegung in den belebten Dingen ist. Die Seele „ist nämlich gleichsam das Prinzip der Lebewesen“.*[66]

(c) Und auch in *formal-hermeneutischer* Hinsicht kommt der Seelenlehre eine Schlüsselbedeutung zu, finden sich doch in *De anima* die Grundbegriffe aristotelisch-thomanischen Denkens im besten Sinne des Wortes *ad hominem* demonstriert: „Akt“ und „Potenz“, „Form“ und „Materie“, „Wirk-“ und „Zielursache“, ja: die Vier-Ursachen-Lehre insgesamt,[67] verständlich gemacht im Ausgang von unserem eigenen Selbstverständnis und Tätigsein und erhalten eine grundlegend anthropologische Färbung. Im Rahmen der Seelenlehre wird somit das o.g. Postulat der Wirklichkeiterkenntnis im Ausgang von der menschlichen Person[68] in umfassender Weise wissenschaftlich eingelöst: Sie setzt damit die Grundeinsicht um, daß wir Wirklichkeit nicht anders

---

[65] Vgl. Vgl. Thomas, Super *De an.* I 1 (Z. 61-97) im Rückgriff auf Aristoteles, *De anima* I 1 (402a1ff.); vgl. ferner: ders., *Historia animalium* I 6 (491a22f.): „Der Mensch ist unter allen Tieren am meisten bekannt.“

[66] Vgl. Thomas, *Super De an.* I 1 (Z. 118-130).

[67] Vgl. *ebd.*, II 7 (Z. 124-136); Aristoteles, *De anima* II 4 (415b3ff.). – Vgl. dazu unten S. 140.

[68] Vgl. oben S. 40-43 und S. 92-96.

verstehen und beschreiben können als in Analogie zu unserer eigenen Selbsterfahrung, also anthropomorph:

> *Nur im Ausgang von bewußtem Leben, das wir selbst sind, können wir adäquat sprechen von nichtbewußtem Leben, von außermenschlichem Leben. Wir haben zu diesem Leben keinen direkten Zugang. Wir können es nur wie bewußtes Leben abzüglich des Bewußtseins betrachten.*[70]

Und was für die Welt des Lebendigen gilt, gilt in analoger Weise auch für alles nicht Lebendige. Durch einen solchen Wirklichkeitszugang auf der Grundlage der eigenen Selbsterfahrung aber werden ein einseitig „objektivistisches" oder „dinghaftes" Verständnis der genannten Beschreibungskategorien von vorne herein unterlaufen und die Wirklichkeit erscheint für den Menschen in einer umfassenden seinsmäßigen Verwandtschaft.

Diese *Vorrangstellung*, die Thomas im Anschluß an Aristoteles der Seelenlehre und Anthropologie als „Fundamentaldisziplin" des Wissenschaftskosmos zuschreibt, steht dabei in einer inneren Kontinuität zu jenen geistigen Strömungen, die seit dem 12. Jahrhundert zu einer verstärkten *Selbstentdeckung des Menschen als Subjekt* geführt hatten.[71] So hatte das Programm *philosophischer Selbsterkenntnis*, wie es zu Beginn der abendländi-schen Philosophiegeschichte von Sokrates formuliert worden war, seinen Weg in das Mittelalter insbesondere über die Lehre vom Gewissen bei Abaelard (1079-1142) gefunden, der seine Ethik ausdrücklich unter die sokratische Maxime *Scito te ipsum* („Erkenne dich selbst!") gestellt hatte, aber auch in jenem „christlichen Sokratismus" (É. Gilson) aszetisch-mystischer Prägung, der im 12. Jahrhundert im Ausgang von Bernhard von Clairvaux (um 1090-1153) in den Schulen von Citeaux und St. Viktor zuhause war.[72] – Gegenüber diesen Strömungen war die aristotelische Seelenlehre freilich in der Lage, die menschliche Selbsterkenntnis in einem umfassenderen Horizont von Natur-, Seins- und Tugendphilosophie zu verorten und bot von hier aus zugleich größere Anschlußmöglichkeiten für eine Selbstwahrnehmung im Sinne des christlichen Schöpfungsgedankens.[73]

---

[70] R. Spaemann (2008), 22f. – Vgl. hierzu unten S. 340-345.

[71] Vgl. M.-D. Chenu (1969), 15: „L'homme se découvre comme *sujet*" (Hervorhebung im Original). – Zur Gewissensthematik vgl. S. 267-270.

[72] Vgl. hierzu É. Gilson (1950), 235-256.- Dazu auch unten S. 385f.

[73] Vgl. J. Ross (2012), 32f.: „Die Stoßrichtung [des Sokrates] war moralisch und skeptisch gewesen. ‚Erkenne dich selbst', das hieß: Erkenne deine Grenzen und Schwächen, sei ehrlich, stelle dich deinem Gewissen.

(2) *Praktische Philosophie.* – Die anthropologische Akzentuierung, mit der Thomas die denkerischen Tendenzen seiner Zeit aufgreift und verstärkt,[74] findet ihre Fortführung vor allem in der Auslegung zur *Nikomachischen Ethik*, die – in Anknüpfung an das aktualistische Konzept der Seelenlehre – den Menschen als Handelnden in den Blick nimmt, der um eines Zieles willen tätig ist und die Glückseligkeit erstrebt (vgl. Buch I).

So ist es die Unterscheidung der verschiedenen *Teile* oder *Vermögen der Seele*, in der die Beschreibung der einzelnen Tugenden als konstitutiver Elemente des gelingenden Lebens ihre Wurzel findet. Demnach läßt sich zwischen (a) einem „vernünftigen" (*rationem habens*) und (b) einem „unvernünftigen" (*irrationabile*) Teil in der Seele unterscheiden und innerhalb des letzteren wiederum zwischen (b.a) einem solchen, der zwar unvernünftig ist, aber an der Vernunft teilhat, wie das sinnlich begehrende und das strebende Vermögen, und (b.b) einem solchen, der gar nichts mit der Vernunft gemein hat, wie das vegetative Vermögen und daher aus der ethischen Betrachtung ausscheidet.[75] – Entsprechend dieser Unterscheidung lassen sich die Tugenden in (a) *dianoetische* oder „Verstandestugenden" (*virtutes intellectuales*), wie „Weisheit" (*sapientia*), „Verstand" (*intellectus*) oder „Klugheit" (*prudentia*), und (b) „*ethische* Tugenden" (*virtutes morales*), wie z.B. „Freigebigkeit" (*liberalitas*) oder „Mäßigung" (*temperantia*) einteilen.[76]

Ihnen gelten in der *Nikomachischen Ethik* eingehende Analysen (Bücher II-VI), ergänzt um Ausführungen zur „Selbstbeherrschung" (*continentia*, Buch VII), insofern diese in elementarer Weise das Selbstverhältnis des Menschen betrifft, sowie zur „Freundschaft" (*amicitia*, Bücher VIII und IX), in der die Sozialnatur des Menschen auf elementare Weise erkennbar wird, um schließlich in der Lehre von den „Lebensformen" (*vitae*, Buch X) zu enden.

Nun aber geschieht im [...] geistigen Klima des Christentums, das Erstaunliche: daß die Pointe dieser Parole sich umkehrt: ‚Erkenne dich selbst' heißt für die Kirchenväter nicht, daß der Mensch seine Kümmerlichkeit einsehen soll, sondern seine Glorie: seinen metaphysischen Rang, seine Berufung – als Gottes Ebenbild."

[74] Zum Ganzen vgl. T.W. Köhler (2000). – So ist es Thomas' Lehrer Albert, der erste, der ein Buch *Über den Menschen* (*De homine*) schreibt.

[75] Vgl. Thomas, *Super Eth.* I 19 (Z. 38-85): Die Seele ist Gegenstand der Ethik, insoweit es um die Handlungen und Tugenden des Menschen geht.

[76] Vgl. Aristoteles, *Nikomachische Ethik* I 13 (1103a1-10); Thomas, *Super Eth.* I 20 (Z. 184-211). – Während erstere hauptsächlich durch Belehrung entstehen, erlangen wir letzte durch Gewöhnung: vgl. *Nikomachische Ethik* II 1 (1103a14-18).

Wie stark die Prägung war, die Thomas durch die *Nikomachische Ethik* und insbesondere durch die Ethik-Rezeption Alberts empfing, belegen nicht nur die über 350 Reminiszenzen an den Ethik-Kommentar Alberts in Thomas' eigener Auslegung, sondern auch das von Thomas eigens angefertigte Begriffslexikon zu dieser Schrift, die *Tabula libri Ethicorum* (1270) - handelt es sich doch bei den dort angeführten Definitionen größtenteils um wörtliche Zitate Alberts.

Da der Mensch das Ziel des guten bzw. glücklichen Lebens, d.h. das Leben gemäß der Tugend,[76] nur in der Gemeinschaft mit anderen erreichen kann, finden die Überlegungen zur Ethik in der aristotelischen *Politik* und deren Kommentierung ihre organische Fortsetzung und Vollendung.[77] Deren Strukturierung ergibt sich aus der Grundeinsicht, daß der Mensch als *animal sociale* sein praktisches Leben auf verschiedenen Stufen bzw. in verschiedenen Kreisen der Nähe und Ferne zum anderen vollzieht, so daß sich die praktische Philosophie im ganzen in drei Teile gliedert:

> *[1] der erste betrachtet die auf ein Ziel hingeordneten Tätigkeiten eines einzelnen Menschen, und dieser wird Monastik [oder Ethik] genannt.*
> *[2] Der zweite aber betrachtet die Tätigkeiten der häuslichen Gemeinschaft und wird Ökonomik genannt.*
> *[3] Der dritte aber betrachtet die Tätigkeiten der staatlichen Gemeinschaft und wird Politik genannt.*[78]

Als zentrales Konstruktionsprinzip, von dem aus Thomas den Aufbau politischer Ordnung skizziert, erscheint somit das menschliche Individuum, die einzelne Person. Überdies entspricht es dem organologischen Verständnis der Polis, die Aristoteles wie Thomas als natürlicherweise gewachsen gilt, wenn für die Be-

[76] Aristoteles, *Politik* III 9. - Der Unterschied zwischen „Leben" (*zên, vivere*) und „gutem Leben" (*eu zên, bene vivere*) ist dabei konstitutiv für das Verständnis der politischen Ordnung bei Aristoteles: vgl. *ebd.* I 2 (1252b27ff.).

[77] Vgl. Aristoteles, *Nikomachische Ethik* X 16 (1181b14f.). - Von daher Thomas, *Super Pol.* prol. (Z. 54-57; 95-97). - Die teleologische Hinordnung der Ethik auf die Politik verleiht letzterer ihre besondere Würde unter allen praktischen Wissenschaften und ihren „architektonischen" Charakter. Wie die Metaphysik im Bereich der theoretischen Wissenschaften, so hat die Politik daher im Bereich der praktischen Wissenschaften den Primat inne: vgl. Aristoteles, *Politik* I 2 (1252a5-8); Thomas, *Super Eth.* prol. (Z. 99-106).

[78] Thomas, *Super Eth.* I 1 (Z. 99-106). - Die Ethik wird repräsentiert durch *Eth. Nic.*, die Ökonomik durch *Pol.* I, die Politik durch *Pol.* II-VIII.

schreibung der politischen Einheit und der Rolle der Herrschaft in ihr das an der Anthropologie abgelesene Verhältnis von Seele und Leib als zentraler Orientierungsmaßstab dient: Wie die Seele zum Leib, so verhält sich auch die Regierung zu den Regierenden, indem sie über diese herrscht und das Gemeinwesen zur Einheit formt. Die verschiedenen Formen, in denen sich das Verhältnis beider gestalten läßt, ist die Grundlage für eine analoge Typologie verschiedener politischer Verfassungsformen.[80]

(3) *Theoretische Philosophie*. – Unter dem Vorzeichen des *menschlichen Strebens nach Erkenntnis und Wissen* steht darüber hinaus auch die *Metaphysik* oder *„Erste Philosophie"*, auf die alle anderen Wissenschaften teleologisch hingeordnet sind und die daher den „Schlußstein" des aristotelischen Wissenschaftsgebäudes bildet. Im Verfolgen der natürlichen Dynamik des Menschengeistes, der auf die Wahrheit ausgerichtet ist, rührt sie bei der Frage nach den Prinzipien und Eigenschaften des „allgemeinen Seienden" (*ens commune*) schließlich an Gott als die erste Ursache des Seins und wird damit zur Vollendung der Wissenschaften, zur *scientia veritatis* und zur „höchsten Weisheit".[81] Dem Nachweis dieser Dynamik des Fragens und Suchens dient nicht zuletzt die *„Philosophiegeschichte"* oder „Doxographie" zu Beginn des Buchs, in der Aristoteles eine umfassende Skizze zum Entstehen von Wissenschaft, Philosophie und Weisheit liefert.[82]

Im Zusammenhang der thomanischen Selbstauskunft zu Beginn der *Summa contra Gentiles* kam bereits im ersten Kapitel die zentrale Bedeutung zum Vorschein, die das Konzept von *„Weisheit"* (*sapientia*) für das thomanische Lebensthema hat.[83] In der aristotelischen *Metaphysik* findet Thomas eine summarische Beschreibung der Gestalt des *„Weisen"* (*sapiens*) oder Philosophen,

---

[80] Vgl. Aristoteles, *Nikomachische Ethik* VIII 13 und *Politik* III 6; Thomas, *De regno* I 1 (Z. 121-137 und Z. 139-147); zum Ganzen H.-G. Nissing (2017b), 141-144.

[81] Vgl. Thomas, *Super Metaph.* prooem.: „Sie heißt nämlich göttliche Wissenschaft oder Theologie, insofern sie die getrennten Substanzen betrachtet; Metaphysik, insofern sie das Seiende betrachtet und dasjenige, was ihm folgt (*ens et ea quae consequuntur ipsum*) [...]. Sie heißt aber erste Philosophie, insofern sie die ersten Ursachen der Dinge (*primas rerum causas*) betrachtet."

[82] Vgl. Aristoteles, *Metaphysik* I 1-2 (980a21-983a23). – Mit dieser Methode ist Aristoteles im Übrigen stilbildend geworden für wissenschaftliches Arbeiten bis in die Gegenwart – hat dieses doch stets mit einem „Forschungsüberblick" zur jeweiligen Problemlage zu beginnen.

[83] Vgl. oben S. 56f.

die er als Ideal für sein eigenes Konzept aufnimmt. Der Weise wird dabei im Rückgriff auf die allgemeine Meinung und den gewöhnlichen Sprachgebrauch charakterisiert als derjenige,

> *[1] der alles weiß (scit),*
> *[2] auch das Schwierige, und [zwar]*
> *[3] mit Sicherheit (per certitudinem)*
> *[4] und die Ursache (causam) kennt,*
> *[5] danach fragt, das Weswegen (propter se) als solches zu wissen*
> *[6] und die anderen leitet (ordinans) und überzeugt (persuadens).*[83]

Aufgrund langer Erfahrung und beständigen Fragens besitzt er ein sicheres Wissen und eine Einsicht in die höchsten Gründe und Ursachen. Durch diese Einsicht ist er zugleich in der Lage, seine Erkenntnis anderen ordnend mitzuteilen, m.a.W. zu lehren. Schließlich erscheint der Weise in der aristotelischen Beschreibung als „*freier Mensch*", der sich durch eine eigentümliche Selbstmächtigkeit und Herrschaft seiner selbst auszeichnet.[84] Gerade als solcher ist er für Thomas Gegenstand wiederholter Hinweise. Damit aber wird der Weise zur Rekursinstanz, die die Wissenschaft, ihre Prinzipien und deren Wahrheit im besten Sinne des Wortes „definitiv" und *in persona* zu verbürgen vermag.[85]

In den Hintergrund treten demgegenüber die thomanischen Kommentare zu den weiteren naturphilosophischen Schriften des Aristoteles: zur *Physik*, zur *Meteorologie* sowie zu den Lehren *Vom Himmel und der Erde* (*De caelo et mundo*) und *Vom Entstehen und Vergehen* (*De generatione et corruptione*). Freilich haben sie gleichfalls in der Seelenlehre ihre Bezugsgröße, da sie ja von der Bewegung handeln und, wie gesagt, „ein großer Teil der natürlichen Dinge eine Seele besitzt, und diese Seele die Quelle und das Prinzip aller Bewegung in den belebten

[83] Thomas, *Super Metaph.* I 2 (n. 43).

[84] Vgl. Thomas, *Super Metaph.* I 3 (n. 58): „Jener Mensch wird im eigentümlichen Sinne frei (*liber*) genannt, der keine andere Ursache hat, sondern Ursache seiner selbst (*causa sui ipsius*) ist. [...] Freie Menschen aber gehören sich selbst, insofern sie für sich selbst erwerben und handeln. Allein diese Wissenschaft wird wegen ihrer selbst betrieben. Folglich ist sie als einzige der Wissenschaften frei." – Im Kontext sich die Unterscheidung zwischen *artes liberales* und *artes serviles*.

[85] A. Speer (2003) hat diese philosophische Idealgestalt des Weisen in Anknüpfung an P. Hadot (1991) in den Zusammenhang „eine[r] Rückbesinnung der Philosophie auf ihre lebensweltliche und existentielle Dimension" (68 f.) gestellt und wiederum mit dem o.g. sokratischen Ideal verbunden.

Dingen ist“[86]. Eine prodädeutisch-vermittelnde Funktion kommt ihnen überdies zu im Hinblick auf die Stellung des Menschen im Kosmos sowie auf den Gedanken göttlicher Schöpfung und Vorsehung.[87]

(4) *Logik.* – Anders verhält es sich mit den beiden Kommentaren, die Thomas zu logischen Werken des Aristoteles verfaßt hat und die für ihn offenbar von einem besonderen epistemologischen und methodologischen Interesse sind. Unter den Aristoteles-Kommentaren sind sie bereits dadurch ausgezeichnet, daß es sich bei ihnen um ausführlichere *expositiones* und nicht wie bei den übrigen Kommentaren um kürzere *sententiae* handelt.[88]

Wiederum liefert die aristotelische *Seelenlehre* den Anknüpfungspunkt, da sie in Buch III die beiden „Tätigkeiten der Vernunft“ (*actus rationis/ operationes intellectus*), das „Erfassen des Unteilbaren“ (*indivisibilium intelligentia*) und das „Verbinden und Trennen“ (*compositio vel divisio*) anführt, die Thomas, wie gesehen, um eine dritte Tätigkeit, das Fortschreiten vom Bekannten zum Unbekannten (*ratiocinari*), erweitert, um den umfassenden Kosmos der Logik, des sog. *Organon* zu umreißen.[89]

(4.1) Mit dem Thema der *Wahrheit* der menschlichen Urteile und Aussagen hat zumal die Auslegung zur Schrift *Peri hermeneias/ De interpretatione* das Lebensthema des Thomas zum Gegenstand und liefert mit ihren Erläuterungen zugleich der Schlußlehre und Wissenschaftstheorie ihre entscheidenden Grundlagen. Überdies ist sie mit dem erklärten Anliegen verfaßt, „den Anfangenden bei ihren Fortschritten Hilfe zu leisten“ (*iunioribus proficiendi auxilia tradere*) und ihn bei seinen ersten Schritten im „Wachstum in der Weisheit“ (*sapientiae incrementa*) zu unterstützen. Das in Stil und Ausdruck gediegende Widmungsschreiben der *Expositio libri Peri hermeneias* an einen Mitbruder, das Thomas dem Kommentar voranstellt, klingt dabei wie ein Echo zum Prolog der *Summa theologiae.* Als erste Seite des ersten Bandes in der historisch-kritischen Edition der Werke des Thomas, *Editio Leonina,* läßt es

---

[86] Thomas, *Super De an.* I 1 (Z. 127ff.).

[87] In diesem Zusammenhang wäre etwa die Bemerkung aus *S.c.G.* II 3 (n. 864) anzusiedeln, nach der die Meinung derer offenkundig falsch ist, „die sagen, es sei – im Hinblick auf die Wahrheit des Glaubens – völlig gleichgültig, was einer über die Schöpfung denke, wofern er nur über Gott die rechte Meinung habe: ein Irrtum über die Schöpfung aber wirkt sich aus in einem falschen Denken über Gott.“

[88] Zur Unterscheidung der verschiedenen Kommentargattungen vgl. R.-A. Gauthier (1975), 76–77; dazu ausführlicher unten S. 218.

[89] Vgl. oben S. 61ff.

sich als eine Art Vorwort zum Gesamtwerk lesen, da es viel von den leitenden Intentionen ihres Autors zum Ausdruck bringt.[91]

(4.2) Der *Kommentar zu den Zweiten Analytiken* zeugt darüber hinaus vom „wissenschaftstheoretischen" Interesse des Thomas. Er bedarf daher einer ausführlicheren Darstellung. Wiederum ist es die eigene Selbsterfahrung, mit Bezug auf welche Aristoteles den Begriff des „Wissens" bzw. der „Wissenschaft" (*scientia*) erschließt:

> *Zu wissen (scire) aber glaubt ein jeder von uns schlechthin, [...]*
> *[1] wenn wir glauben, die Ursache (causam) zu kennen, weswegen (propter quam) etwas ist,*
> *[2] und daß (quoniam) es seine Ursache ist,*
> *[3] und daß es sich nicht anders verhalten kann (non est contingere aliter se habere).*[92]

Hieraus lassen sich die weiteren Bestimmungen zum *Beweisverfahren* und zur *beweisenden Wissenschaft* ableiten:

> *Beweisverfahren (demonstratio) aber nenne ich die wissenschaftliche Schlußfolgerung (syllogismus scientialis), das heißt diejenige, die Wissen hervorbingt (faciens scire).*[93]

> *Notwendigerweise geht das beweisende Wissen (demonstrativa scientia)*
> *[1] aus wahren (ex veris),*
> *[2] ersten (primis),*
> *[3] unmittelbaren (immediatis),*
> *[4] bekannteren (notioribus)*
> *[5] und früheren (prioribus) [Prinzipien],*
> *[6] und den Ursachen der Schlußfolgerung (causis conclusionis) hervor.*[94]

---

[91] Vgl. Thomas, *Exp. Perih.* ep. nunc. (Z. 1-12): „Die Rücksicht auf Deinen Eifer, mit dem Du in jungen Jahren nicht Eitelkeit, sondern Weisheit anstrebst, und das sehnliche Verlangen, Dir einen Gefallen zu erweisen, hat mich bewogen, zu der Schrift des Aristoteles, die *Peri hermeneias* heißt, und die so viele dunkle Stellen enthält, unter den vielfältigen Mühen meiner Arbeiten eine Auslegung zu verfassen. Ich habe dabei im Sinne, für die Fortgeschritteneren nach Möglichkeit Höheres zu bieten, ohne daß ich dabei die wissenschaftliche Förderung der Anfänger außer acht lasse. Dein Wissenseifer nehme die bescheidene literarische Gabe dieser Auslegung. Wenn Du daraus wissenschaftlichen Nutzen und Fortschritt ziehst, kannst Du mich zu weiteren und größeren derartigen Arbeiten veranlassen." – Der Mitbruder ist Wilhelm von Berthout, Probst von Löwen.

[92] Aristoteles, *Analytica posteriora* I 2 (71b9-12)

[93] *Ebd.* (71b17ff.).

[94] *Ebd.* (71b19-22).

Ein(e) *Wissen(-schaft)* ist demnach ein geordneter Zusammenhang von Aussagen, der sich durch logische Schlußfolgerung im Beweisverfahren aus Prinzipien herleiten läßt. Ihren Bezugspunkt haben diese Aussagen in einem einheitlichen „Gegenstand" (*subiectum*).

In elementarisierter Form läßt sich der Fortschritt wissenschaftlicher Erkenntnis, der Fortschritt vom Bekannten zum Unbekannten, wie ihn die dritte Tätigkeit des Verstandes bzw. der Vernunft vollzieht, in Gestalt des *„beweisenden Syllogismus"* (*syllogismus demonstrativus*) darstellen, der die Aussage einer „Eigenschaft" (*passio*) von einem „Gegenstand" (*subiectum)* in seinem „Schlußsatz" (*conclusio*) im besten Sinne „erschließt".[95] Der beweisende Syllogismus ist die klarste Form, das Denken zu ordnen und den eigenen Gedankenfortschritt transparent zu machen. Wer also etwa die Schlußfolgerung vollzieht:

(OS:)	Jedes Dreieck hat eine Winkelsumme gleich zwei Rechten.
(US:)	Diese Figur da im Halbkreis ist ein Dreieck.
(C:)	Folglich hat diese Figur eine Winkelsumme gleich zwei Rechten.[96]

betreibt im aristotelischen Sinne auf einer elementaren Stufe Wissenschaft – in diesem Fall: Mathematik, oder noch genauer: Geometrie.

Dabei kann der demonstrative Syllogismus als die „Keimzelle" oder der Grundmaßstab gelten, aus dem das mittelalterliche Verständnis von Wissen und Wissenschaft erwächst. Denn der Schlußsatz des einen Syllogismus kann wiederum als Obersatz eines neuen fungieren, so daß sich *idealiter* ein hierarchisches System einander ober- und untergeordneter Sätze ergibt, die im

[95] Vgl. hierzu summarisch *ebd.*, I 7 (75a39-b1): „Drei Dinge aber finden sich in den Beweisführungen: [1] nämlich eines, was bewiesen wird, d.h. der Schlußsatz (*conclusio*): das aber ist dasjenige, was einer bestimmten Gattung an sich innewohnt. [2] Das andere sind die Prinzipien (*dignitates*); die Prinzipien aber sind dasjenige, von wo [der Schlußsatz] sich herleitet. [3] Das dritte aber ist das Gattungssubjekt (*genus subiectum*), dessen Eigenschaften (*passiones*) und Akzidentien an sich (*per se accidentia*) die Beweisführung zeigt"; *ebd.*, I 10 (76b12-15): „Jede beweisführende Wissenschaft (*demonstrativa scientia*) bezieht sich auf dreierlei: [1] dasjenige, was als seiend angenommen wird (dies aber sind die Gattung, deren Eigenschaften an sch betrachtet wird) und [2] dasjenige, was allgemeine Prinzipien (*communes dignitates*) genannt wird, aus denen als ersten die Beweisführung erfolgt und [3] als drittes die Eigenschaften (*passiones*), von denen angenommen wird, was jede von ihnen bezeichnet."

[96] Vgl. Aristoteles, *Analytica posteriora* I 1 (71a19ff.).

ganzen ein einheitliches „Wissenschaftsgebäude" bilden. Die Klarheit und Höhe der mittelalterlichen Wissenschaftskultur, die in der europäischen Geistesgeschichte einen einzigartigen Gipfel darstellte, verdankt sich genau solchem Bemühen um Transparenz, wie sie in der syllogistischen Reformulierung der Erkenntnis zum Ausdruck kommt.

Vom *einfachen Syllogismus* unterscheidet sich der *demonstrative Syllogismus* dadurch, daß er von bestimmten inhaltlichen Prinzipien ausgeht, da sein eigentliches Zentrum in der Erschließung der *Wahrheit* seines Schlußsatzes als notwendig besteht (und nicht etwa nur eine formale Richtigkeit der Schlußfolgerung). Weil die Wahrheit das Ziel und der Endpunkt des rationalen Prozesses ist und es darum geht, sie aus den Beweisprinzipien herzuleiten, gilt der Erörterung dieser *Prinzipien*, ihrer besonderen Qualität und ihrer verschiedenen Arten („Axiome" / *dignitates*, „Annahmen" / *positiones*, „Hypothesen" / *suppositiones* etc.) ein Großteil der Überlegungen der *Zweiten Analytiken*.[97] Eine zentrale Rolle kommt in diesem Zusammenhang den *Definitionen* zu, denen ja seit Sokrates das besondere Augenmerk philosophischen Nachdenkens gilt.[98]

Beachtung verdient dabei die *Flexibilität* des von Aristoteles vorgestellten Modells:

- Von Bedeutung ist hier an erster Stelle die Unterscheidung zwischen Prinzipien, die *„an sich"*, und solchen, die *„für uns" bekannter* sind.[99] Durch sie sowie durch den Blick auf den unterschiedlichen Rang an Würde und Gewißheit des jeweiligen Untersuchungsgegenstandes sowie die gegenstandsspezifisch zu bestimmende Genauigkeit der Methode kann das zunächst am Paradigma der Mathematik und Geometrie gewonnene Ideal von Wissenschaft *eine analoge Anwendung* auf alle Bereiche der Philosophie erfahren, so daß sich im Ganzen ein plurales System von Wissenschaften ausweisen läßt.

- Darüber hinaus läßt sich das aristotelische Modell auf eine ganze Variationsbreite weiterer Überzeugungs- und Mitteilungsformen anwenden, die über die dialektische Argumentation bis zur rhetorischen Überredung und poetischen Darstellung reicht und dem wissenschaftstheoretischen Paradigma der *Zweiten Ana-*

[97] Vgl. dazu den Überblick bei H.-G. Nissing (2006), 544. – Zum Zuschuß der boethianischen Schriften zum Wissenschaftskonzept vgl. S. 225f.

[98] Vgl. Aristoteles, *Metaphysik* I 5 (987b2f.).

[99] Vgl. Aristoteles, *Analytica posteriora* I 2 (71b32-72a5); *Metaphysik* II 1 (993b9). – Vgl. dazu die entsprechende Anwendung auf die Theologie unten S. 238-247.

lytiken zu- und untergeordnet werden. So umfaßt die Logik oder „Vernunftwissenschaft" *(rationalis scientia),* die Aristoteles in seinem *Organon* vorgelegt hat, der thomanischen Rekonstruktion zufolge insgesamt acht Teile.[99] Damit aber wird als eigentlicher Rahmen dieses Konzepts die Frage nach dem Erwerb und der Weitergabe von „Erkenntnis" (*cognitio*) erkennbar. In diesem Sinne lautet der programmatische erste Satz der *Zweiten Analytiken*:

> *Jedes Lehren (doctrina) und jedes erkenntnismäßige Lernen (disciplina intellectiva) geht hervor aus einer im Voraus bestehenden Erkenntnis [nämlich jener der Prinzipien].*[100]

Thomas wird es für seine *„Theorie vom Lehren und Lernen"* fruchtbar machen.[101]

– Von *anthropologischer Relevanz* ist indessen v.a. die Tatsache, daß Thomas den beschriebenen Wissenschaftsfortschritt eingefaßt sieht in einen *habituellen Rahmen*: Als Ergebnis des Beweisverfahrens besitzt der „Wissende" (*sciens*) sein Wissen in der Weise eines „Habitus des Schlußsatzes" (*habitus conclusionis*) oder „Habitus des Wahrheitsgemäßen" (*habitus veridici*). Dieser ist gegenüber anderen Formen der Erkenntnis (Meinen, Vermuten, Erwägen) durch eine besondere *Sicherheit* ausgezeichnet, da er sich seinerseits auf eine besondere Erkenntnis der Beweisprinzipien in Form der „Einsicht" (*intellectus*), den „Prinzipienhabitus" (*habitus principiorum*), gründet.[102] Das Beweisverfahren als ganzes, der demonstrative Syllogismus, vollzieht sich also nicht nur zwischen Prinzipien und Konklusionen, sondern auch zwischen den Haltungen der Einsicht und des Wissens. Die „Einsicht in die Prinzipien" (*intellectus principiorum*) ist dabei von vollkommen anderer Art und kommt auf vollkommen andere Weise zustande als das durch Schlußfolgerung erworbene Wissen. Auf die Frage des Entstehens dieses Prinzipienhabitus laufen daher die Ausführungen der *Zweiten Analytiken* als ihren Zielpunkt hin. Hier treffen sich die Überlegungen exakt mit jenen Beschreibungen des Weisen, wie sie sich der *Metaphysik* entnehmen ließen.[103] Da es sich schließlich bei *scientia* wie *intellectus principiorum* um intellektuelle Tugenden handelt, ergibt sich überdies von hier aus eine unmittelbare Verbindung zur praktischen Philosophie und damit eine

---

[99] Vgl. hierzu H.-G. Nissing (2006), 618-635.

[100] Aristoteles, *Analytica posteriora* I 1 (71a1f.).

[101] Vgl. dazu unten S. 212-216.

[102] Zur besonderen Gestalt dieser Prinzipieneinsicht, vgl. das letzte Kapitel der *Zweiten Analytiken* II 19; dazu H.-G. Nissing (2006), 585-618.

[103] Vgl. oben S. 114f.

Einordnung der aristotelischen Wissenschaftstheorie in den umfassenden Horizont des menschlichen Strebens nach der Erkenntnis der Wahrheit.

In dieser Deutung werden die *Zweiten Analytiken* für Thomas zugleich zur wesentlichen Grundlage, die aristotelischen Schriften zu kommentieren und „Aristoteles mit Aristoteles" zu interpretieren.

1.2. Methode und Absicht der Aristoteles-Kommentare

Ausdrücklich ist das Bemühen des Thomas geleitet vom Anliegen einer minutiösen Herausarbeitung der *intentio Aristotelis.*[104] Dem dient *methodisch* die sog. „Literalexegese", eine Auslegungsmethode, deren erster und grundlegender Schritt in der genauen Rekonstruktion des gedanklichen *ordo* besteht, den ein Autor verfolgt.

(1) Seinen Aristoteles-Auslegungen stellt Thomas daher im Prolog seiner Kommentare stets eine *Einordnung* der jeweils kommentierten Schrift in den umfassenden Kosmos der aristotelischen Wissenschaften bzw. in den betreffenden Wissenschaftszweig (Naturphilosophie, praktische Philosophie, Logik o.ä.) voran, wobei in der Regel eine Schrift für eine Wissenschaft steht. Überdies werden Gegenstand, Methode, Intention und Ziel eines Werkes benannt.[105] Vorlagen dafür finden sich bei Aristoteles selbst.[106]

Bemerkenswerterweise bietet Thomas allerdings keine *Gesamtübersicht* über den aristotelischen Wissenschaftskosmos.[107]

---

[104] Vgl. dazu Thomas, *Exp. Perih.* I 8 (Z. 123); *Super Phys.* I 6 (n. 46); VI 5 (n. 804). – Zu den Prinzipien einer *expositio reverentialis* vgl. auch *Contra Graec.* prol. (Z. 39-44). – Zum Ganzen vgl. M. Grabmann (1926).

[105] Dieses Schema entspricht im Übrigen der Vier-Ursachen-Lehre. Dazu unten S. 140. – Zur Gestalt der thomanischen Kommentare, ihrer Methode und deren Herkunft vgl. F. Cheneval/R. Imbach (1993), LIXf.

[106] Vgl. Aristoteles, *Metaphysik* VI 1 (1025b22-26) mit der Unterscheidung von theoretischen und praktischen Wissenschaften; *ebd.* (1026a13-16) mit der Unterscheidung der theoretischen Philosophie in eine natürliche, mathematische und metaphysisch-theologische; *Topik* I 14 (105b19-29) mit der Unterscheidung von ethischen, naturphilosophischen und logischen Sätzen oder Problemen.

[107] Die ausführlichsten Gliederungen enthalten *Super Phys.* I 1 (n. 4): für die Naturphilosophie als ganze; *Super De sensu* I 1 (Z. 38-127): für die Lehre von der beseelten Natur; *Exp. Post.* I 1 (Z. 32-123) für die Logik; *Super Eth.* I 1 (Z. 99-106) für die praktische Philosophie. – Im Hinblick auf das leitende anthropologische Interesse der thomanischen Aristoteles-Rezeption mag es dabei durchaus bezeichnend sein, daß sich die umfas-

Immerhin findet sich im Prolog seines Kommentars zum ps.-aristotelischen *Liber De causis* die Skizze eines pädagogischen Stufenmodells, das einen *ordo disciplina* präsentiert und ganz dem Leitmotiv des menschlichen Strebens nach Erkenntnis und Wahrheit und seiner dynamischen Hinordnung auf die Glückseligkeit entspricht (vgl. Abb. 4):

> *Es ist also notwendig, daß die letzte Glückseligkeit (ultima felicitas) des Menschen, die er in diesem Leben haben kann, in der Betrachtung der ersten Ursachen besteht [...]. Und daher kommt es, daß die Absicht der Philosophen vorrangig darauf abzielte, daß sie durch alles, was sie in den Dingen betrachteten, zur Erkenntnis der ersten Ursachen gelangten. Daher ordneten sie die Wissenschaft von den ersten Ursachen auch an die letzte Stelle ein, da sie ihre Betrachtung der letzten Zeit ihres Lebens zuwiesen.*

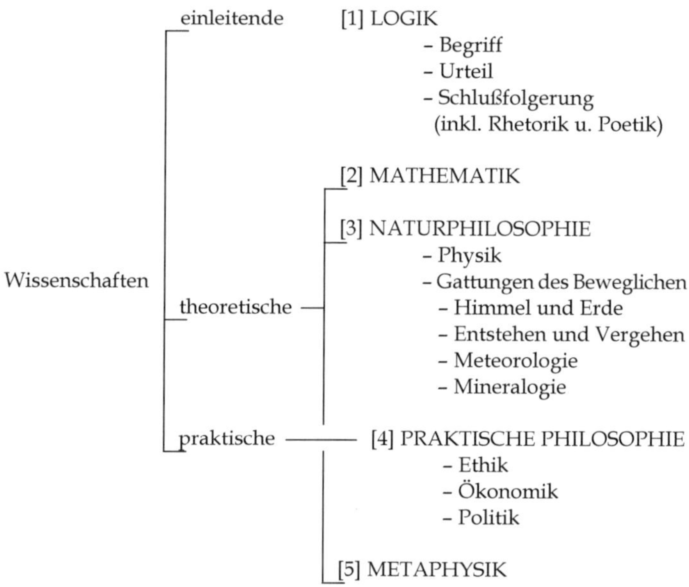

Abb. 4: Die Ordnung des aristotelischen Wissenschaftskosmos (Grundstruktur)

---

sendste Sicht auf das aristotelische Wissenschaftssystem ausgerechnet zu Beginn des *Ethik-Kommentars* findet, wo Thomas – im Ausgang vom Aristoteles-Diktum „Sapientis est ordinare" – verschiedene Ordnungen (*ordines*) unterscheidet, welche die menschliche Vernunft in den einzelnen Wissenschaften betrachtet: vgl. *Super Eth.* I 1 (Z. 1-39).

> *[1] Zunächst nämlich begannen sie mit der Logik, die die Methode der Wissenschaften (modus scientiarum) überliefert,*
> *[2] zweitens schritten sie zur Mathematik fort, für die auch schon die Knaben empfänglich sein können,*
> *[3] drittens zur Naturphilosophie, die wegen der Erfahrung (propter experientiam) Zeit benötigt,*
> *[4] viertens aber zur Moralphilosophie, für die ein Jugendlicher kein geeigneter Hörer sein kann,*
> *[5] zuletzt aber wandten sie sich der göttlichen Wissenschaft zu, die die ersten Gründe des Seienden (primas entium causas) betrachtet.*[109]

(2) In diesem umfassenden Horizont geschieht die Interpretation des jeweiligen Buchs selbst sodann mit Hilfe der sog. *divisio textus,* einer gedanklichen Strukturierung, die jeden Satz oder Halbsatz in seiner genauen argumentativen Funktion bestimmt, so daß die logische Struktur des Textes hervortreten kann und dieser in seiner Argumentation völlig durchsichtig wird. Als gutes Beispiel kann hier die *Expositio libri Peri hermeneias* dienen:

> *[1] Der Philosoph schickt diesem Werk ein Vorwort voran, in dem er nacheinander dasjenige erklärt, was in diesem Buch zu behandeln ist. [...] Weil nämlich die Beweisführungen Definitionen voraussetzen, aus denen sie schlußfolgern [...], werden hier [...] die Definitionen von denjenigen Dingen genannt, von denen zu handeln ist, denn aus den Definitionen wird alles andere erkannt. [...]*
> *[2] Nachdem er das Vorwort vorausgeschickt hat, schreitet er dazu fort, die Absicht auszuführen. [...]*
> *[2.1] Und er stellt zunächst einen Traktat über die Bedeutung der Laute voran,*
> *[2.2] Und danach bestimmt er die bedeutungstragenden Laute. [...] Und weil er vorrangig von der Aussage handelt, die der Gegenstand (subiectum) dieses Buches ist, es aber in jeder Wissenschaft notwendig ist, die Prinzipien des Gegenstandes (principia subiecti) im voraus zu kennen; daher handelt er*
> *[2.2.1] erstens von den Prinzipien der Aussage,*
> *[2.2.2] zweitens von der Aussage selbst.*
> *Im Hinblick auf das erste macht er zweierlei:*
> *[2.2.1.1] erstens bestimmt er die gewissermaßen materiellen Prinzipien der Aussage, sozusagen ihre integralen Teile,*
> *[2.2.1.2] zweitens bestimmt er das formale Prinzip [...].*

[109] Vgl. Thomas, *Super De causis* prol. (n. 8)

Im Hinblick auf das erste macht er zweierlei:
[2.2.1.1.1] erstens handelt er vom Nomen [...],
[2.2.1.1.2] zweitens vom Verb [...].
Im Hinblick auf das erste tut er dreierlei:
[2.2.1.1.1.1] erstens definiert er das Nomen,
[2.2.1.1.1.2] zweitens erläutert er die Definition [...],
[2.2.1.1.1.3] drittens schließt er aus [...] etc.[110]

Maßgabe dieser Kategorisierung aber sind, wie sich deutlich erkennen läßt, die logischen und wissenschaftstheoretischen Begriffe und Prinzipien, die Aristoteles in den *Zweiten Analytiken* niedergelegt hatte. Insgesamt ergibt sich so die Sicht auf ein organisches Ganzes, in dessen Ordnung jede Schrift, jedes Kapitel, jeder Abschnitt, ja: jede Aussage den ihm zugedachten Ort hat. Erst auf der Grundlage einer solchen minutiösen Rekonstruktion erfolgt dann die eigentliche Interpretation und Klärung kontroverser Aussagen. Die Akzente, die Thomas in diesem Kommentarteil setzt, sind ihrerseits leicht erkennbar an bestimmten Schlüsselformulierungen wie: „[sed] considerandum est", „ubi notandum est", attendendum est" etc. Durch sie gewinnt die Aussage des Interpreten ihr eigentümliches Profil.

Die Technik dieser Auslegung stammt nicht von Thomas selbst. Vielmehr nahm er eine Auslegungsweise auf, für die Averroes (1126-1198), der im Mittelalter sog. *Commentator*, in seinen Aristoteles-Kommentaren das Vorbild geliefert hatte, und verfeinerte sie. Und obwohl Thomas kein Griechisch konnte und sich daher nicht am Originaltext, sondern an der lateinischen Übersetzung orientierte, hat seine Aristoteles-Auslegung Standards gesetzt, die bis heute Beachtung finden. Aufgrund der immensen hermeneutischen, ja: kongenial zu nennenden Leistung, mit der er das *Corpus Aristotelicum* als ein geordnetes Ganzes erschloß, haben spätere Ausleger ihm den Ehrentitel *Expositor* verliehen.[111] Und wohl nicht zu Unrecht ist gesagt worden, ohne die Interpretation des Thomas wäre Aristoteles stumm geblieben: „Sine Thoma mutuus esset Aristoteles"[112].

Die *Absicht*, die Thomas mit dem Projekt seiner Aristoteles-Kommentare verfolgte, lag offenbar in erster Linie darin, die philosophischen eigenen Anschauungen zu vertiefen, nicht zuletzt im Hinblick auf seine Arbeit an der *Summa theologiae*. Speziell für die

[110] Thomas, *Exp. Perih.* I 1 (Z. 65-79); I 2 (Z. 1-7); I 4 (Z. 1-26).
[111] Hierauf hat R. Schönberger wiederholt hingewiesen, z.B. (1991), 88.
[112] Pico della Mirandola (zitiert nach M. Grabmann [1936], 85).

Kommentare zu *De anima* und zur *Nikomachischen Ethik* läßt sich eine subsidiäre Funktion im Hinblick auf Konzeption und Inhalte der *Summa* deutlich erkennen: So gehen die Ergebnisse der Seelenlehre samt Erkenntnistheorie in den Anthropologie-Traktat der *Prima Pars* ein, und der Ethik-Entwurf der *Prima Secundae* folgt sowohl in seinem Aufbau wie in seinen inhaltlichen Aussagen dem eudaimonistischen Grundkonzept der *Nikomachischen Ethik*.[112] Auch wenn ein Entstehen der Kommentare im Rahmen des Lehrbetriebs an den dominikanischen Studienhäusern in Rom, Paris und Neapel nicht völlig auszuschließen ist,[113] so sind sie doch wohl als das Produkt einer „Schreibtischarbeit" zu sehen, die Thomas aus eigener Initiative als ein *opus sapientiae* unternommen hatte.[114]

In einer Art literarischer „Explosion"[115] entstanden so zwischen 1265 und 1273 z.T. gleichzeitig insgesamt zwölf Auslegungen, die größtenteils unvollendet geblieben sind und eine genaue Chronologie fast unmöglich machen (vgl. Abb. 5).

(1) *Sententia libri De anima* (Rom, 1267/8)
(2) *Sententia libri De sensu et sensato et De memoria et reminiscentia* (Rom/Paris, 1268-70)
(3) *Sententia super Physicam* (Paris, 1268/9)
(4) *Sententia super Meteora* (Paris, vor 1270) - bis II 5 (369a9), unvollendet
(5) *Expositio libri Peri hermeneias* (Paris, 1270/1) - bis II 2 (19b26), unvollendet
(6) *Expositio libri Posteriorum* (Paris/Neapel, 1271-72)
(7) *Sententia Libri Ethicorum* (Paris, 1271/2)
(8) *Tabula libri Ethicorum* (Paris, 1270)
(9) *Sententia libri Politicorum* (Paris, 1269-72) - bis III 6 (1280a7), unvollendet
(10) *Sententia super Metaphysicam* (Paris/Neapel, 1270-73) - bis XII (1076a5), unvollendet
(11) *Sententia super librum De caelo et mundo* (Neapel, 1272/3) - bis III 3 (302b29), unvollendet
(12) *Sententia super libros De generatione et corruptione* (Neapel, 1272/3) - bis I 5 (322a33), unvollendet

Abb. 5: Die Aristoteles-Kommentare des Thomas

---

[112] Vgl. R.-A. Gauthier (1984), 266*-290*. - Vgl. unten S. 252-260 und S. 406-418.

[113] Vgl. J.-P. Torrell (1995), 160 ff.

[114] Vgl. v.a. R.-A. Gauthier (1984), 288*-294*. - Zur Diskussion um die Intention der Aristoteles-Kommentare vgl. J.-P. Torrell (1995), 252f.

[115] J.-P. Torrell (1995), 246, der *ebd.*, 239-260, die Ergebnisse der differenzierten historisch-kritischen Arbeit der *Commissio Leonina* zusammenfaßt.

Die Biographen berichten von gleichzeitigen Diktaten an mehrere Sekretäre sowie regelmäßige Nachtarbeit, mit der Thomas die Vielzahl seiner Projekte parallel voranzubringen versuchte.[117] Inwieweit Thomas damit ähnlich wie Albertus Magnus und Boethius eine vollständige systematische Kommentierung im Auge hatte,[118] muß offen bleiben. Auszuschließen als *Hauptmotiv* für sein „Aristoteles-Projekt" ist hingegen ein Interesse, das sich gezielt gegen den sog. „lateinischen Averroismus" richtete, auch wenn dieser in den verschiedenen Kommentaren eine Rolle spielt.

1.3. Die Auseinandersetzung mit dem „lateinischen Averroismus"

Vor allem während seines zweiten Lehraufenthalts in Paris zwischen 1269 und 1272 sollte Thomas die Auseinandersetzung mit den „Averroisten" beschäftigen, die er im Übrigen gleichfalls unter einem *anthropologischen Vorzeichen* führte.

Mit dem Namen *„Averroismus"* oder *„Averroisten"*, der wohl auf den Titel des zentralen Werks zurückgeht, mit dem Thomas an der Kontroverse teilnahm (*De unitate intellectus contra Averroistas*), pflegt man eine Auslegungsrichtung der aristotelischen Schriften zu bezeichnen, die sich im Laufe der zweiten Hälfte des 13. Jahrhunderts spätestens seit 1265 unter der Professorenschaft der Pariser philosophischen Fakultät entwickelt hatte.[119] Führende

---

[117] Vgl. Wilhelm von Tocco, *Historia* 31 und 47.

[118] Albertus Magnus, *Phys.* I 1, 1 (Ed. Col. 4.1,1,48f.), und Boethius, *In Perih. II ed.* II 3 (ed. Meiser, 79,9-80,1).

[119] Ferner hat man auch von „radikalem Averroismus" (Renan, Mandonnet), „heterodoxem Aristotelismus" (Van Steenberghen), „Arabismus" (de Libera) oder „Philosophismus" (Gilson) gesprochen: vgl. J.-P. Torrell (1995), 207f. – Im Ganzen vollzog sich die Auseinandersetzung in einer komplexen Gemengelage, insofern sich zugleich von einer konservativen, an Augustinus anschließenden Seite her bemerkenswerte Berührungspunkte mit der averroistisch interpretierten aristotelischen Philosophie zumal im Hinblick auf die Theorie vom menschlichen Intellekt ergaben. Denn auch von Seiten konservativer Theologen (Franziskaner und auch die Weltkleriker) wurde – gestützt v.a. auf Augustinus – die aristotelische Philosophie als eine Gefahr attackiert, da sie das menschliche Wissen überschätze und das Glaubenslicht ausklammere – In bestimmten Punkten etwa in der Intellektlehre, ergaben sich freilich zugleich Übereinstimmungen mit der Lehre der Averroisten (weswegen É. Gilson von einem „augustinisme avicennisant" gesprochen hat). Eine differenziertere Schematisierung, die die Mischgestalt der verschiedenen Positionen kenntlich macht, hat R. Zavolloni (1951), 472, vorgelegt. – Zum „Averroismusstreit" vgl. v.a. É.-H. Wéber (1991); zur Chronologie vgl. als Überblick M. Perkams (2007), v.a. 34-43.

Köpfe waren Siger von Brabant (1235/40-1284) und Boethius von Dacien (+1284). Sie hatten die Thesen aus den Aristoteles-Kommentaren des Averroes und anderer arabischer Denker aufgenommen und - nicht zuletzt gestützt auf neuplatonisches Schrifttum, wie den *Liber de causis* u.a. - weiterentwickelt.

(1) Ihre *Lehren* lassen sich im Wesentlichen in vier Hauptpunkten zusammenfassen.[120] Demnach

(a) ist die Welt von ewiger Dauer,

(b) sie folgt nicht einer umfassenden Vorsehung Gottes,

(c) der Intellekt ist in allen Menschen nur ein einziger und

(d) die Handlungen des Menschen und das Weltgeschehen sind als ganze deterministisch festgelegt. - In den Lehrverurteilungen durch den Erzbischof von Paris in den Jahren 1270 und 1277 sollten sie sowie die aus ihnen abgeleiteten Folgerungen eine zentrale Rolle spielen.

(2) Noch grundlegender als durch diese Einzelfragen, die an wesentlichen Aussagen des christlichen Glaubens und der Theologie rüttelten, war die sog. „averroistische Krise" durch die sie tragende *wissenschaftliche Grundhaltung* bestimmt.

(a) Diese zielte auf eine prinzipielle *Unabhängigkeit der Philosophie* von der Theologie und ihre *Indifferenz gegenüber dem Wahrheitsanspruch* der christlichen Offenbarung. Es ging den Averroisten darum, „eher die Auffassung des Philosophen [= Aristoteles] als die Wahrheit zu suchen, wenn wir philosophisch vorgehen"[121], wie Siger von Brabant es treffend auf den Punkt brachte.

(b) Zugleich wurde eine solche autonom verstandene Philosophie, die sich unter dem Deckmantel der Aristoteles-Interpretation gegen einen umfassenden Wahrheitsanspruch immunisierte, als *Weisheit schlechthin*, d.h. als *Heilslehre* proklamiert: Durch die Philosophie allein war es dem nach Glück strebenden Menschen möglich, seine Erfüllung zu finden.

Man hat diese Haltung der Averroisten wiederholt auch mit der sog. *„Lehre von der doppelten Wahrheit"* in Verbindung gebracht, nach der etwas philosophisch wahr und zugleich theologisch falsch sein kann und umgekehrt.[122] Auch wenn Siger von

---

[120] Vgl. J.-P. Torrell (1995), 206-211.

[121] Siger von Brabant, *De anima intellectiva* VII (ed. Bázan, 101,7ff.): „[Q]uaerendo intentionem philosophorum in hoc magis quam veritatem, cum philosophice procedamus."

[122] Zur Lehre von der „doppelten Wahrheit" vgl. Thomas, *S.c.G.* I 4 (n. 21ff.). - Vgl. dazu F. Van Steenberghen (1974).

Brabant und Boethius von Dacien diese Lehre nachweislich abgelehnt haben, so liegt sie doch in der inneren Konsequenz ihres Ansatzes, der sich diametral von jenem Anliegen einer Verbindung von Vernunft und Glaube, Philosophie und Theologie unterscheidet, wie sie das Bestreben des scholastischen Denkens seit dem Frühmittelalter bestimmt hatte und wie es auch für das thomanische Ansinnen leitend war.[123]

(Zu 1) Dementsprechend lokalisierte Thomas *inhaltlich* den Kern und Nukleus der averroistischen Streitthemen in der *Frage nach dem Menschen und seiner Hinordnung auf die Erkenntnis der Wahrheit*: Zu Beginn seiner Streitschrift *De unitate intellectus* (1270/1) heißt es daher pointiert:

> *Wie alle Menschen natürlicherweise danach verlangen, die Wahrheit zu wissen, so wohnt den Menschen das natürliche Verlangen inne, Irrtümer zu vermeiden und sie, sofern es ihre Befähigung zuläßt, zu widerlegen.*
> *Unter den verschiedenen Irrtümern aber scheint derjenige Irrtum der übelste (indecentior) zu sein, in dem man sich über den Intellekt täuscht, durch den wir darauf angelegt sind, die Irrtümer zu meiden und die Wahrheit zu erkennen.*[124]

Zu diesen Irrtümern hatte Aristoteles Anlaß gegeben, indem er in seiner Schrift *Über die Seele* zwei Größen genannt hatte, die im menschlichen Erkenntnisprozeß eine entscheidende Rolle spielen:

(a) den sog. „leidenden Intellekt" (*nous pathêtikos, intellectus possibilis*)[125] und

(b) den Intellekt, „der alles schafft", den später sog. *nous poiêtikos* oder *intellectus agens*).[126]

---

[123] Das Ideal der Verknüpfung von Glauben und Vernunft war bereits von Boethius im 6. Jahrhundert programmatisch formuliert worden: „[F]idem, si poteris, rationem coniunge" (*Tractatus* II, ed. Elsässer, 32,70). Vgl. ferner bereits Augustinus, *In Iohannis evangelium tractatus* 40,9 (CCL 36,355,1-6); *Sermo* 118,1 (PL 38,672,35), sowie die berühmten Formeln Anselms von Canterbury: „[F]ides quaerens intellectum" (*Proslogion* prooem., ed. Schmitt, I,94,7) und „Credo, ut intelligam" (*ebd.*, c. 1, ed. Schmitt I,100,18). – Zum Ganzen vgl. J. Pieper (2001c), 322-326.

[124] Thomas, *De unitate* 1 (Z. 1-7).

[125] Vgl. Aristoteles, *De anima* III 5 (430a24 f.).

[126] Der Begriff findet sich so bei Aristoteles nicht. – Vgl. *ebd.*, III 5 (430a15f. [ed. Gauthier, 218]): „[I]ntellectus [...] quo omnia est facere".

Aristoteles hatte beide *einerseits* als Teile der Seele bestimmt, sie *andererseits* aber auch als von der Seelenform des Körpers verschiedene Naturen dargestellt und auch ihr genaues Verhältnis zueinander unbestimmt gelassen.[126] Im Gefolge der antiken Auslegungstradition war der *intellectus possibilis* vom arabischen Philosophen Avicenna (980-1037) als höchster Teil der menschlichen Seele, der *intellectus agens* dagegen als eine getrennte, geistige Substanz verstanden worden, die als überindividuelle in allen Menschen zugleich sein sollte. – Noch radikaler hatte eineinhalb Jahrhunderte später Averroes neben dem *intellectus agens* auch den *intellectus possibilis* als eine getrennte und allen Menschen gemeinsame Wesenheit konzipiert, die sich nur im Akt der sinnenhaften Erkenntnis in der Weise einer sog. *continuatio* mit dem Körper des einzelnen Menschen verband.[127] Die sich daran anschließenden „Irrtümer" der Averroisten fixierte Thomas entsprechend in zwei Punkten:

(a) der *intellectus possibilis* sei eine ihrem Sein nach vom Körper getrennte Substanz und

(b) der *intellectus possibilis* sei in allen Menschen ein einziger.[128] Daß es sich bei dieser Theorie weder um eine akademische Spitzfindigkeit, noch um „eine orientalische Absonderlichkeit"[129] handelte, die Eingang in den Westen gefunden hatte (wie es vielleicht zunächst scheinen könnte), belegt der Blick auf ihre *praktischen Folgen*, die Thomas präzise sieht und formuliert: Wenn das Erkenntnisvermögen ein überindividuelles ist und

[126] Vgl. z.B. Aristoteles, *De anima* II 1 (415b8-12); II 2 (413b11ff.); II 5 (414a31f.); III 1 (429a19f.) u.ö. Der *nous pathêtikos* war nach *De anima* III „leidensfähig" (*passivus*) und „vergänglich" (*corruptibilis*, III 5, 430a24 f.), der *nous poiêtikos* dagegen „abgetrennt" (*separabilis*), „leidensunfähig" (*impassibilis*), „unvermischt" (*immixtus*, III 1, 429a10-b5) und „seiner Substanz nach [d.h. wesentlich] im Akt" (*substantia actu ens*, III 5, 430a17-22). – An anderen Stellen seines Werkes, etwa in der Schrift *De generatione animalium* II 3 (736b27-28) hatte er überdies davon gesprochen, daß der *nous poetikos* „von außen" (*thyrathen*) eintrete. Und bestimmte Formulierungen legten zudem eine Identifikation mit dem „unbewegten Beweger" (*primum movens immobile*) der Gotteslehre von *Metaphysik* XII (1074a37) nahe.

[127] Vgl. Averroes, *Commentarium magnum in De anima* (ed. Crawford, 402,454-403,465). – Insgesamt ist die Aristoteles-Auslegung des Averroes von einer größeren Treue gegenüber dem Stagiriten ausgezeichnet, als diejenige Avicennas.

[128] Vgl. Thomas, *De unitate* 1 (Z. 13ff.) – Die *unitas intellectus*, die im Titel genannt wird, bezieht sich dabei nicht auf Einheit eines überpersonalen und getrennten Intellekts in allen Menschen, sondern auf die Einheit des intellektiven Seelenteils mit dem individuellen Menschen.

[129] R. Schönberger (^{4}2012), 109.

nicht zum Menschen gehört, wie lassen sich dann etwa eine *moralische Verantwortlichkeit* oder eine *persönliche Unsterblichkeit* des Einzelnen annehmen?

(i) Denn die Verantwortung für die eigenen Taten geht aus der Erkenntnis hervor. Wenn diese jedoch gar nicht meine eigene ist, wie bin ich für Gut und Böse verantwortlich zu machen?[130]

(ii) Und wenn bei der Trennung von Leib und Seele im Tod von der einzelnen Seele nichts Unvergängliches und Unsterbliches mehr übrig bliebe, sondern nur eine einzige allgemeine intellektuelle Wesenheit, wer wäre es denn überhaupt, der Lohn oder Strafe erwarten könnte?[131]

(iii) Streng genommen, gäbe es nach dieser Theorie auch schon im Diesseits eigentlich nur einen einzigen Erkennenden – und folglich auch nur einen einzigen Wollenden, denn wir wären im Akt der Erkenntnis selbst weniger Subjekte unseres Erkennens, als Objekte des göttlichen Intellekts, weniger Erkennende als Erkannte.[132] Wie aber ließen sich dann menschliche Freiheit und Kontingenz denken?

(iv) Und nicht nur wäre jegliches Kriterium von Individualität und Personalität aufgehoben, auch die Welt als ganze würde mit logischer Konsequenz als eine deterministisch verfaßte und auf unendliche Dauer angelegte erscheinen.[133] Ja, es gäbe einen Unterschied zwischen Schöpfung und Geschöpf gar nicht mehr.[134]

Daher schließt Thomas als zweite Schrift gegen die Averroisten das Opusculum *De aeternitate mundi* (1271) an, in der es ihm darum geht, die Möglichkeit des *Glaubens* an eine göttliche Weltschöpfung offenzuhalten[135] – allerdings nicht nur gegen die

---

[130] Vgl. Thomas, *De unitate* 3 (Z. 336-363).

[131] Vgl. *ebd.*, 1 (Z. 23-29). Vgl. außerdem *ebd.*, 4 (Z. 76-95). – Zum Ganzen vgl. H.-G. Nissing (2006), 222-231.

[132] Vgl. Thomas, *De unitate* 3 (Z. 97-118; Z. 326-363); 4 (Z. 76-95); *S.th.* I 76, 1 c.; *Q. de an.* 2; *S.c.G.* II 59-75.

[133] Zu diesen Folgen vgl. Thomas, *De unitate* 5 (Z. 313-316) mit Bezug auf Aristoteles, *De generatione et corruptione* II 11 (337a34-338b19).

[134] Vgl. Thomas, *De unitate* 5 (Z. 145-151): „Und wenn es, ihrer Begründung nach, nur einen Verstand gibt, dann folgt daraus, daß es nur einen Verstand in der ganzen Welt gibt, und nicht nur in den Menschen. Folglich ist unser Verstand nicht nur eine getrennte Substanz, sondern auch Gott selbst, und allgemein wird eine Vielheit von getrennten Substanzen aufgehoben."

[135] Vgl. hierzu als Prinzip Thomas, *S.th.* I 46,2 c.: „Daß die Welt nicht immer gewesen ist, wird einzig durch den Glauben (*sola fide*) angenommen, und kann durch Beweisführung nicht erwiesen werden, so wie es auch vom Geheimnis der Dreifaltigkeit gesagt wurde."

Averroisten, die meinten, eine Anfanglosigkeit der Welt rein mit den Mitteln der Philosophie verfechten zu können, sondern auch gegen Strömungen bei den Franziskanern um Bonaventura (1221-1274), die eine Beweisbarkeit des ersten Glaubensartikels durch strikte Vernunftgründe vertraten.[137]

Wie man sehen kann, hat die Lehre von der Einheit des Intellekts Konsequenzen, die über den Bereich der Erkenntnistheorie in verschiedene Bereiche der Ethik, Logik, Naturphilosophie und Metaphysik hineinwirken - ganz zu schweigen vom Widerspruch zu den Aussagen der Heiligen Schrift und der Theologie.[138]

Die *Entgegnung*, die Thomas auf die averroistische Lehre formuliert, beruht - kurz gesagt - in der strikten Weigerung anzunehmen, der Mensch selbst sei nicht Träger und Subjekt seiner eigenen Erkenntnis: „Manifestum est enim quod hic homo intelligit" , so lautet seine häufig wiederkehrende Formulierung.[139] Thomas beruft sich dabei auf *die eigene Selbsterfahrung*, in der wir uns selbst als Erkennende - und zwar als *aktiv* Erkennende - wahrnehmen. Daher stellt er seine intellekttheoretischen Ausführungen von Beginn an in den größeren Zusammenhang der leibseelischen Einheit der menschlichen Person: Es ist nicht der Intellekt, sondern der ganze Mensch - *ich selbst bin es, der erkennt!* Meine Personalität erfahre und verwirkliche ich auch und gerade in der Tätigkeit des Erkennens - und dieses Erkennen umfaßt in organischer Weise neben der intellektiven auch die sinnenhafte Erkenntnis. Eine besondere Rolle spielt in diesem Zusammenhang wiederum der Hinweis auf die *teleologische Verfaßtheit der menschlichen Natur*: Diese wäre ohne die entsprechenden

---

[137] Vgl. A. Zimmermann (1976), 322: „Seine Auseinandersetzungen mit den Argumenten [...] haben also nicht das Ziel, die Ewigkeit der Welt oder deren Anfangslosigkeit zu beweisen, sondern nur, die Schwächen dieser angeblichen Beweise offenzulegen. Es geht Thomas nur um das Ungenügen einer Argumentation, nicht um den Nachweis der Unwahrheit des Schlußsatzes." - In der Diskussion differenziert Thomas dabei die Fragen nach dem Geschaffensein durch Gott und nach der Anfangslosigkeit in der Dauer und weist die Nichtwidersprüchlichkeit beider Annahmen nach. Zur Entwicklung des Thomas in dieser Frage vgl. J. Wippel (1984).

[138] Zu den christologischen Folgeproblemen vgl. J.-P. Torrell (1995), 205. - Vgl. dementsprechend das zu Beginn von *De unitate* geäußerte Anliegen, den Averroismus philosophisch *und* theologisch zu widerlegen.

[139] Thomas, *Super De an.* III 1 (Z. 281); I 10 (Z. 136ff.) u.ö.; *De unitate* 3 (Z. 27ff.; Z. 59f.; Z. 100; Z. 114ff. u.ö.); *S.th.* I 75, 2 c.+ad 2; I 75, 4 c. + ad 1; I 76, 1 c.; *Q. de an.* 2 c.; vgl. schon Aristoteles, *De anima* I 4 (408b13ff.).

Intellektvermögen nicht ausreichend mit jenen Mitteln ausgestattet, die sie zur Ausführung ihrer eigenen Tätigkeit und zu ihrer Vollkommenheit nötig hat.[139] Auf der Grundlage des aristotelischen Hylemorphismus und unter Hervorhebung der aktiven Dimensionen der menschlichen Erkenntnis kann Thomas so eine organische Zuordnung von *intellectus agens* und *intellectus possibilis* zum intellektiven Seelenvermögen des einzelnen Menschen aufzeigen.[140]

In seinen Ausführungen spart er dabei keineswegs mit Ironie und Polemik gegen die Averroisten. So macht er sich über seine Gegner mit dem Hinweis lustig, eigentlich brauche man sie gar nicht ernst zu nehmen, denn wenn der Intellekt, durch den wir erkennen, wirklich nur eine einzige getrennte Substanz wäre, so wären streng genommen es ja gar nicht sie selbst, die ihre Thesen vertreten. Mit leidenschaftlicher Heftigkeit bezeichnet er ferner Averroes als „Verderber" (*depravator*) und „Verdreher" (*perversor*) des aristotelischen Denkens,[141] er nennt die Lehre der Averroisten einen „Wahnsinn" (*insania*)[142] und stellt ihre Intelligenz offen in Frage.[143] So heißt es etwa am Ende von *De unitate* in aller Deutlichkeit:

> *Wenn aber jemand [...] etwas gegen das vorbringen möchte, was wir geschrieben haben, dann rede er nicht in Schlupfwinkeln, noch vor Kindern, die so schwierige Dinge nicht beurteilen können; sondern er soll eine Gegenschrift zu dieser Schrift verfassen, wenn er es wagt – und er wird nicht nur auf mich treffen, der ich der Geringste von allen bin, sondern auf viele andere Eiferer der Wahrheit, durch die seinem Irrtum widerstanden oder er der Unwissenheit überführt werden wird.*[144]

(Zu 2) Das *methodische* Prinzip, unter dem die thomanischen Erwiderungen auf die Averroisten stehen, läßt sich daher in genauer Umkehrung zum Anliegen der Averroisten formulieren:

---

[139] Vgl. Thomas, *Super De an.* III 4 (Z. 93-100).

[140] Vgl. Thomas, *De unitate* 3 (Z. 8-11); vgl. *ebd.* (Z. 41-44). – Zum Ganzen vgl. H.-G. Nissing (2006), 222-231.

[141] Vgl. *ebd.*, 3 (Z. 315-317); 5 (Z. 397-400).

[142] Vgl. Thomas, *De subst. sep.* 13 (Z. 26-28).

[143] Vgl. Thomas, *De unitate* 2 (Z. 155; Z. 392).

[144] *Ebd.*, 5 (Z. 434-441).

> *Das Studium der Philosophie ist nicht dazu da, zu wissen, was die Menschen meinen, sondern wie es sich mit der Wahrheit der Dinge verhält (Studium philosophiae non est ad hoc quod sciatur quid homines senserint, sed qualiter se habeat veritas rerum).*[145]

Hier also hat die bereits oben[146] erwähnte wissenschaftliche Maxime ihren „Sitz im Leben". Auf ihrer Grundlage sowie mit Hilfe der oben beschriebenen Interpretationsweise wird es Thomas möglich, herauszuarbeiten und genau zu markieren,

(a) in welchen Punkten der griechische Philosoph einerseits von den Aussagen des katholischen Glaubens abweicht und

(b) wo andererseits eine Aufnahme und Verbindung mit dem christlichen Dogma möglich ist.

Mit dieser Unterscheidungsleistung, die zweifellos von einer grundlegenden Sympathie für Aristoteles und sein Denken getragen war, ohne einem in jener Zeit geläufigen „Aristoteles-Kult" zu verfallen,[147] gelingt es Thomas so,

(a) einerseits die *Inhalte* des aristotelischen Denkens als *Philosophie* zu gewinnen und dieser neben der christlichen *Theologie* eine relative Autonomie einzuräumen, in der beide grundsätzlich vereinbar sind, und

(b) andererseits jene *Methode* und jenes begriffliche Instrumentarium zu rezipieren, in dem die Theologie selbst ihren Ausdruck finden sollte und *als Wissenschaft* nach rationalem Muster ausgewiesen werden konnte.[148]

---

[145] Thomas, *Super De caelo* I 22 (n. 228).

[146] Vgl. oben S. 55.

[147] Zur Wertschätzung des Aristoteles durch Thomas vgl. *Super Metaph.* III 1 (n. 344): „Er beginnt nämlich beim Sinnenfälligen und Offensichtlichen (*a sensu et manifestis*) und schreitet zum Abstrakten (*ad separata*) voran"; *De subst. sep.* 2 (Z. 10-13 und 97ff.). – Zur aristotelischen Grundhaltung vgl. *Q. de spir. creat.* 5 c.: „Das Eigentümliche seiner Philosophie war es, vom Offenkundigen nicht abzuweichen (*a manifestis non discedere*)"; *De subst. sep.* 4 (35 f.). – Lobende Worte finden sich etwa in *Exp. Perih.* I 8 (Z. 170f.): „So hat Aristoteles also auf sehr feinsinnige Weise gezeigt (*valde subtiliter manifestavit*)"; I 8 (Z. 428f.): „Man muß aber berücksichtigen, daß er hier auf sehr kunstvolle Weise vorgeht (*artificiosissime procedit*)". – Zur Wertschätzung der Kürze des aristotelischen Stils vgl. bereits oben S. 18, Anm. 19. – In seiner Distanz zum „überschwenglichen Aristoteles-Kult", der das 13. Jahrhundert bestimmte, entsprach Thomas freilich zugleich innerlich ganz dem Stil des griechischen Philosophen; vgl. hierzu M. Grabmann (1936).

[148] Vgl. hierzu ausführlich unten S. 238-247.

1.4. *Inhaltliche Motive der Aristoteles-Rezeption des Thomas*

Welches aber sind nun – auf den Punkt gebracht – jene Elemente des aristotelischen Denkens, die Thomas vor allem für sein eigenes wie für das christliche Denken fruchtbar macht?

(1) *Im Bereich der Anthropologie* ist hier an erster Stelle das schon genannte Bewußtsein für die *Einheit* und *Ganzheitlichkeit* des Menschen als Wesen aus Leib *und* Seele zu nennen.

(a) Im Ausgang von der bereits genannten Bestimmung der Seele als erstem Akt des physischen Körpers, der der Möglichkeit nach Leben besitzt, erschließt Thomas die *Einzigkeit* der Seelenform und die *Einheit* der Seelenvermögen, durch die sie tätig ist: Die menschliche Person ist eine, und die Seele ist die *eine* und *einzige* substantielle Form des Leibes: „[A]nima unica forma corporis."[150] Sie verleiht diesem Aktualität und Sein,[151] wirkt unmittelbar auf ihn und ist als ganze in allen seinen Teile präsent.[152] Als *diese bestimmte* ist sie auf *diesen bestimmten* Körper hingeordnet und ihm proportioniert bzw. kommensuriert.[153]

(b) Und wie die Seele als ganze zum Leib, so steht auch der jeweils höhere Seelenteil zum jeweils niederen im Verhältnis von Akt und Potenz oder Form und Materie. Das allgemeine Prinzip dieser Beziehungen zwischen dem *vegetativen, sensitiven* und *intellektiven Vermögen* lautet: „Immer besteht im Nächstfolgenden der Möglichkeit nach das Frühere". Aristoteles veranschaulicht dieses

---

[150] Vgl. auch Thomas, *S.th.* I 76, 3 und 4. – Zur thomanischen Anthropologie im ganzen vgl. K. Bernath (1969); J. Mundhenk (1980). – Zur Dogmatisierung der Formel durch die katholische Kirche auf dem Konzil von Vienne 1312 vgl. *DH* 902.

[151] Vgl. Thomas, *Super De an.* II 7 (Z. 176-179): „Das jenige ist Ursache von etwas wie [...] die Form (*ut forma*), was die Ursache des Seins (*causa essendi*) ist. Denn durch die Form ist ein jedes wirklich (*actu*); die Seele aber ist für die Belebten [Wesen] die Ursache des Seins."

[152] Gegen eine v.a. von seiten der *Platonici* vertretene vermittelte Verbindung von Leib und Seele und ihre Vorstellung, nach der die Seele mit dem Körper nur „wie der Schiffer auf dem Schiff oder der in Kleidung Gehüllte" (*sicut nauta in nave vel indutus in veste*) verbunden sei, weil bereits sie die gesamte Artnatur in sich enthält vgl. Thomas, *S.th.* I 76, 7 und 8 sowie *Q. de an.* 1. Zum Antiplatonismus des Thomas in diesem Punkte vgl. auch *S.c.G.* II 58 (n. 1342-1352). – Von hier aus erklärt sich auch die Ablehnung einer platonisierenden „Schichtenontologie", wie Thomas sie etwa in der Lehre von einer geordneten *Vielfalt von Formen* im *Fons vitae* des Avicebron repräsentiert sieht.

[153] Vgl. Thomas, *Super De an.* II 2 (Z. 244-257); vgl. *S.c.G.* II 81 (n. 1621); *Q. de spir. creat.* 9 ad 4.

Enthaltensein des jeweils niederen Vermögens im nächst höheren, in dem es eben nur der Möglichkeit, jedoch nicht der Wirklichkeit nach besteht, anhand eines geometrischen Vergleichs: „[S]o wie im Viereck das Dreieck [ist], [so ist] im Wahrnehmungsvermögen das Ernährungsvermögen [enthalten].“[154]

(c) Gleichwohl besitzt die menschliche Seele bei aller Bezogenheit auf den Leib in ihrer *Geistigkeit* eine eigentümliche Transzendenz diesem gegenüber, in der sie sich von den Seelen der übrigen Lebewesen unterscheidet. Sie ist es, in der ihre wesentliche Unsterblichkeit, oder besser: „Unvergänglichkeit“ (*incorruptibilitas*) begründet liegt.[155]

(d) Als erstes und grundlegendes Aktivitätsprinzip im Menschen ist die Seele durch ihre *Vermögen* als die nächstliegenden Aktivitätsprinzipien tätig, die aus dem *Wesen* der Seele wie aus einem ersten Prinzip fließen. Diese differenzieren sich ihrerseits nach ihren *Tätigkeiten* und *Gegenständen*.[156]

– Im Ganzen erklärt Thomas die Unterscheidung der „klassischen“ drei *Seelenteile* mit der verschiedenen Intensität, in der die Tätigkeit (i) des vegetativen, (ii) des sensitiven und (iii) des intellektiven Seelenteils über das Körperliche hinausgeht – schließlich besagt beseelt sein stets, auf irgendeine Art durch ein inneres Prinzip sich selbst bewegen (*omne animatum aliquo modo movet seipsum*).

– Darauf aufbauend differenziert er mit Aristoteles fünf Gattungen von *Seelenvermögen* nach ihren jeweiligen Gegenständen, welche vom mit der Seele unmittelbar verbundenen Körper über das sinnlich Wahrnehmbare bis zum allgemeinen Seienden (gemäß dem Diktum „anima est quodammodo omnia“) jeweils allgemeiner werden – wobei sich die Seele zu diesen Gegenständen entweder aufnehmend (erkennend) oder strebend (wollend) verhalten kann und das Streben entweder in der Seele oder im Gegenstand sein Ziel findet:[157]

---

[154] Aristoteles, *De anima* II 3 (414b29 ff.). – Vgl. Thomas, *Super De an.* II 5 (Z. 248-281).

[155] Vgl. Thomas, *S.th.* I 75,2 und 5. – Vgl. dazu unten S. 420-424.

[156] Die Differenzierung folgt dabei dem methodischen Prinzip des Aristoteles, nach dem sich von der Verschiedenheit der „Gegenstände“ (*obiecta*) die auf sie gerichteten „Tätigkeiten“ (*actus*) sowie die sie tragenden „Vermögen“ (*potentiae*) unterscheiden lassen. So ist die Farbe als Sichtbares *(obiectum)* auf das Sehen *(actus)* bezogen, das auf das Sehvermögen *(potentia)* zurückgeht, der Ton als Hörbares *(obiectum)* ist auf das Hören *(actus)* gerichtet, dieses geht auf das Gehör *(potentia)* zurück. Beide Vermögen wiederum wurzeln im „Wesen“ (*essentia*) der Seele: *De anima* I 1 (402b10–15); II 4 (415a16–22).

[157] Thomas, *S.th.* I 78,1 c. – Vgl. auch zusammenfassend *Q. de an.* 13 c.

Erkennende Seelenvermögen		**Strebende Seelenvermögen**	
(3) geistig (*intellectivum*): ← - tätiger Intellekt (*intellectus agens*) - möglicher Intellekt (*intellectus possibilis*)	Objekt: alles Seiende	**(4) strebend (*appetitivum*)** → (4.1) geistiges Streben (*appetitus intellectivus*) - Wille (*voluntas*) - freie Entscheidung (*liberum arbitrium*)	Ziel: Seele
(2) sinnenhaft (*sensitivum*): ← (2.1) innere Sinne (2.1.1) Gemeinsinn (*sensus communis*) (2.1.2) Vorstellungskraft (*imaginatio*) (2.1.3) Einschätzung (*aestimativum*) (2.1.4) Erinnerung (*memorativum*) (2.2) äußere Sinne (2.2.1) Gesichtssinn (*visus*) (2.2.2) Hörsinn (*auditus*) (2.2.3) Geruchssinn (*olfactus*) (2.2.4) Geschmackssinn (*gustus*) (2.2.5) Tastsinn (*tactus*)	Objekt: sinnenhafter Körper	(4.2) sinnenhaftes Streben (*appetitus sensitivus*) [= Leidenschaften (*passiones animae*)] (4.2.1) begehrend (*concupiscibilis*) (4.2.1.1) Liebe (*amor*) – Haß (*odium*) (4.2.1.2) Verlangen (*desiderium*)/ Begehren (*concupiscentia*) – Fluch (*fuga*)/ Abscheu (*obominatio*) (4.2.1.3) Freude (*delectatio*)/Vergnügen (*gaudium*) – Schmerz (*dolor*)/Traurigkeit (*tristitia*) (4.2.2) zornmütig (*irascibilis*) (4.2.2.1) Hoffnung (*spes*) – Verzweiflung (*desperatio*) (4.2.2.2) Angst (*timor*) – Tollkühnheit (*audacia*) (4.2.2.3) Zorn (*ira*)	
		(5) dem Orte nach bewegend (*motivum secundum locum*) →	Ziel: Objekt
(1) vegetativ: (1.1) Ernährungsvermögen (*nutritivum*) (1.2) Wachstumsvermögen (*augmentivum*) (1.3) Fortpflanzungsvermögen (*generativum*)	Körper mit der Seele verbunden		

Abb. 6: Die Seelenvermögen des Menschen nach Thomas, *Summa theologiae* I 78,1 c.

Vermögen aber nennen wir:
[1] das Vegetative (vegetativum),
[2] das sinnlich Wahrnehmende (sensitivum),
[4] das Strebende (appetitivum),
[5] das örtlich Bewegende (motivum secundum locum) und
[3] das Geistige (intellectivum).[158]

Die entsprechende Zuordnung der einzelnen Seelenvermögen zu diesen fünf Gattungen wird Thomas das wesentliche *anthropologische Raster* nicht nur für seine erkenntnistheoretischen, sondern auch für seine handlungstheoretischen Überlegungen bieten.

Daß bereits quantitativ die Erkenntnis- und Strebevermögen des *sinnenhaften* Teils - die äußeren und inneren Sinne, aber auch die „Leidenschaften" (*passiones animae*) - besonders hervortreten, belegt noch einmal das Bewußtsein für die Einheit und Ganzheit des Menschen - sind doch gerade diese Vermögen in eigentümlicher Weise an der „Grenze" zwischen Leiblichem und Geistigem angesiedelt (vgl. Abb. 6).

(2) Im *Bereich der Erkenntnistheorie* findet dieser Sinn für die Einheit der menschlichen Natur seine allgemeine Regel in der bereits erwähnten Einsicht, daß alle menschliche Erkenntnistätigkeit in den Sinnen ihren Ausgangspunkt und ihren tragenden Untergrund hat: in der Lehre von der sog. *conversio ad phantasmata.*[159]

Daß es überhaupt einer menschlichen Erkenntnistätigkeit bedarf, welche die allgemeinen Wesenheiten der Dinge erkennbar macht, liegt für Thomas in der Tatsache begründet, daß diese *in* der Materie und nicht getrennt von ihr existieren und daher auch nicht aktuell erkennbar sind. Es bedarf einer Aktivität, um diese Wesenheiten von ihren individuellen Bedingungen zu trennen und erkennbar - intelligibel - zu machen, wie sie sich im Prozeß der *Abstraktion* vollzieht.[160] Hierbei wirken *intellectus agens* und der *intellectus possibilis* als die beiden Dimensionen des einen menschlichen Intellekts organisch zusammen: Der *intellectus agens* macht die Gehalte intelligel, indem er den Erkenntnisinhalt, die sog.

---

[158] Aristoteles, *De anima* II 3 (414a31ff.). - Zur Unterscheidung der „Leidenschaften der Seele" (*passiones animae*), die im Schema unter dem *appetitus sensitivus* ergänzend eingefügt sind, vgl. unten S. 258ff.

[159] Vgl. Thomas, *Super De an.* III 7 (Z. 80-96). - Auf die besondere Bedeutung der Sinne weisen auch die aristotelischen Schriften *De sensu et sensato* und *De memoria et reminiscentia* hin.

[160] Vgl. Thomas, *Super De an.* III 4 (Z. 54-63); III 6 (Z. 301f.); III 7 (66ff.); *Super De sensu* I 14 (Z. 87-97); *S.th.* I 85,1 c. u.ö.

species intelligibiles[161], von den Vorstellungsbildern, den sog. *phantasmata*[162], d.h. den sinnenhaften Repräsentationen der Gegenstände abstrahiert[163], während der *intellectus possibilis* diese Gehalte als intelligible aufnimmt, d.h. versteht.[164]

Für die integrale Gestalt der thomanischen Erkenntnistheorie ist es kennzeichnend, daß er die Abstraktion weniger als ein „Abziehen" (*abstrahere*) oder gar „Herstellen" der intelligiblen *species* vorstellt, denn als ein „Herausleuchten" des allgemeinen Wesensgehaltes. Nicht zuletzt der aristotelische Vergleich des *intellectus agens* mit der Wirksamkeit des Lichtes, das die Farben erkennbar macht, weist darauf hin.[165] Er erlaubt es Thomas zugleich, partizipations- und illuminationstheoretische Elemente in seine Erkenntnistheorie zu integrieren und damit einen bleibenden göttlichen Einfluß auf die selbsteigene Tätigkeit des menschlichen Intellekts kenntlich zu machen.[166] In diesem Sinne findet er die „Teilhabe am geistigen Licht der getrennten Substanzen (*participatio luminis intellectualis a substantiis separatis*)", die Aristoteles dem *intellectus agens* zuschreibt,[167] in einem Psalmwort zum Ausdruck gebracht, das er immer wieder gern anführt:

> *Gezeichnet ist über uns das Licht deines Angesichtes, Herr (Signatum est super nos lumen vultus tui, Domine; Ps 4,7).*

Es entspricht seinem integralen Erkenntniskonzept, daß die *species intelligibilis* nach Thomas keine zusätzliche Entität *neben* dem *phan-*

---

[161] Vgl. Thomas, *Q. de quol.* VIII 2,2 c.: „Der Erkenntnisgehalt (*species intelligibilis*) ist eine Ähnlichkeit (*similitudo*) der Wesenheit des Dinges selbst und ist in gewisser Weise die Washeit oder Natur des Dinges selbst, dem intelligiblen Sein nach, nicht dem natürlichen Sein nach, wie es sich in den Dingen findet."

[162] Der Begriff *phantasma* bezeichnet jene wahrgenommenen Formen der erkannten Dinge, die im „Vorstellungsvermögen" (*phantasia*) besessen und aufbewahrt werden: vgl. Thomas, *S.th.* I 78,4 c. – Der griechische Begriff, der auf die Verben *phainestai* oder *phantazestai* zurückgeht (= „was sich zeigt", „was erscheint"), bleibt im Lateinischen unübersetzt.

[163] Vgl. Thomas, *S.th.* I 85,1 ad 1: „Und das heißt das Allgemeine (*universale*) vom Besonderen (*particulare*) oder den Erkenntnisinhalt (*species intelligibilis*) von den Vorstellungsbildern (*phantasmata*) abstrahieren: nämlich die Natur der Art ohne Betrachtung der individuellen Prinzipien betrachten, die durch die Vorstellungsbilder repräsentiert werden."

[164] Gemäß dem Grundduktus von *Super De an.* dienen auch hier die Begriffe *materia* und *forma* bzw. *potentia* und *actus* zur Beschreibung des Erkenntnisvorgangs auf sensitiver wie auf intellektiver Ebene.

[165] Vgl. Aristoteles, *De anima* III 5 (430a15f.)

[166] Hierfür steht v.a. eine platonisch-augustinische Tradition.

[167] Vgl. Aristoteles, *De anima* III 4 (Z. 143f.).

tasma darstellt, sondern vielmehr *in* ihm liegt, so daß die erkennende Tätigkeit des Verstandes im Ganzen weniger ein „Abstrahieren von", als ein „Erkennen in" den *phantasmata* meint. Schließlich sind *species* und *phantasmata* nicht selbst *Objekte*, sondern *Hilfsmittel*, um den Gegenstand *als solchen* zu erkennen.[167]

> *Die Lehre von den [...] species intelligibiles hat nichts mit einem Medium irgendwelcher Art zwischen Objekt und Subjekt zu tun, sondern dient vielmehr dazu, die Individualität des Subjekts und des Objekts zu sehen.*[168]

Indem Thomas unter dem Leitgedanken der Aktivität des menschlichen Verstandes eine organische Verbindung von Sinnen- und Intellekterkenntnis nachweist, gelingt es ihm in umfassender Weise, das Potential der aristotelischen Wahrnehmungstheorie für die intellektive Erkenntnis des Menschen fruchtbar zu machen. Gerade den *inneren Sinnen* kommt dabei eine Schlüsselfunktion zu. So wird es möglich, daß Einzelnes wie Allgemeines, Anwesendes wie Abwesendes, Vergangenes, Gegenwärtiges und Zukünftiges, Reales und Fiktives gleichermaßen zum Gegenstand der Erkenntnis des *Verstandes* werden.[169]

Die permanente Angewiesenheit menschlichen Erkennens auf die Sinne hat schließlich eine wichtige *hermeneutische Dimension*, die für das Denken des Thomas im allgemeinen charakteristisch ist und die bereits mehrfach zur Sprache kam: Thomas denkt Begriffe stets *paradigmatisch*, d.h. konkret und anschaulich. So gilt ihm (wie gesehen) die menschliche Person als Paradigma der Substanz, der menschliche Leib als Paradigma der Materie oder die Seele als Paradigma der Form, das Leben als Paradigma des Seins. – Diese gedankliche Ausrichtung an typischen Fällen, die den Bedeutungsgehalt einer Art oder Gattung exemplarisch darstellen, erklärt sich aus nichts anderem als der konstitutiven Rolle der Sinneswahrnehmung. Daher verdienen auch die in den thomanischen Ausführungen beigebrachten Bilder und Beispiele stets eine besondere Beachtung bei der Lektüre und Interpretation seiner Texte.

---

[167] Demgemäß unterscheidet Thomas die *species* als kognitives Hilfsmittel und dasjenige, *„wodurch"* (*quo*) ich einen Gegenstand erkenne, von demjenigen, *„was"* (*quod*) ich erkenne: den eigentlichen Gegenstand, das Wesen einer Sache (*quidditas rei quae non est a materia separata*: vgl. *Super De an*. III 2 (Z. 264-274) u.ö.

[168] É. Gilson ([6]1965), 281 und 286.

[169] Zum Ganzen vgl. H.-G. Nissing (2006), 239-247.

(3) Im *Bereich der Naturphilosophie,* die im Übrigen als „der schwächste Punkt im Denken des heiligen Thomas"[171] gilt, ist es vor allem der Sinn für die *teleologische Verfaßtheit* aller natürlichen Dinge, die Thomas Aristoteles verdankt: die Einsicht darein, daß natürliche Wesen auf etwas hinaus wollen und daß alles Lebendige natürliche Ziele hat.[172] Der Rekurs auf die natürliche Teleologie der Dinge gehört daher zum Standardrepertoire der thomanischen Beweise und Argumentationen. Mit der „Zielursache" (*causa finalis*) als *causa causarum*[173] wird von hier aus zugleich die *Lehre von den vier Ursachen* zum beständig wiederkehrenden Interpretationsmodell. Demnach ist alles Natürliche und Bewegliche durch vier Ursachen zu beschreiben: (a) die „Materialursache" (*causa materialis*) und (b) die „Formursache" (*causa formalis*) als innere Ursachen, sowie (c) die „Wirkursache" (*causa efficiens*) und (d) die „Zielursache" (*causa finalis*) als äußere Ursachen:

> *[a] Auf eine Weise wird also Ursache genannt das, woraus als schon Vorhandenem etwas entsteht [= causa materialis] [...].*
> *[b] Auf eine andere aber die Form oder das Modell [= causa formalis] [...].*
> *[c] Außerdem woher das erste Prinzip von Wandel und Ruhe stammt [= causa efficiens] [...]*
> *[d] Schließlich als das Ziel, d.h. das Worum-willen [= causa finalis].*[174]

Auch für sie bietet im Übrigen die Seelenlehre eine nicht unwesentliche Verstehensgrundlage.[175]

---

[171] Vgl. J. Pieper (2001a), 171 mit Hinweis auf É. Gilson (1957), 174: „‚He has no heart for the task', sagt Gilson; er hat kein ‚Herz' für diese Aufgabe und spart seine Geisteskraft für andere Gegenstände."

[172] Es war R. Spaemann (^{2}1991), der das naturteleologische Denken neu zur Geltung gebracht hat. Nach Spaemann ist die Annahme einer inneren Naturteleologie bei Thomas dabei im Unterschied zu Aristoteles wesentlich durch die Vorstellung einer Schöpfung durch einen göttlichen Intellekt vermittelt ist.

[173] Vgl. Thomas, *Q. de ver.* 28,7 c.; *S.th.* I 5, 2 ad 1; *Super Phys.* II 5 (n. 186); *Exp. Post.* II 8 (Z. 42f.); *Super Metaph.* V 3 (n. 782).

[174] Aristoteles, *Physik* II 3 (195a29ff.; *Metaphysik* I 3 (983a26ff.). – Vgl. Thomas, *Super Phys.* II 5; vgl. ferner die systematische Rekonstruktion in *De princ. nat.* 3 (Z. 42-58) und 4 (Z. 1-127).

[175] Vgl. Thomas, *Super De an.* II 7 (Z. 164-228) mit Bezug auf Aristoteles, *De anima* II 4 (415b7-28): (a) Zum Körper als *Materialursache* verhält sich (b) die Seele als *Formursache,* sofern sie Seinsgrund und *ratio* des Körpers ist, (c) als *Wirkursache,* sofern sie das Prinzip der Bewegung darstellt, und (d) als *Zielursache,* sofern der Körper um der Seele willen und auf sie hin seine

(4) Im *Bereich der praktischen Philosophie* wird das Wissen darum, daß „alles Tätige um eines Zieles willen tätig ist", wie gesehen, fruchtbar in der Lehre von der Glückseligkeit als letztem Ziel sowie in der Beschreibung der „Tugenden" (*virtutes*) und der „Lebensformen" (*viae*), die Thomas in modifizierender Weise vom „Philosophen" übernimmt und unter dem Leitgedanken der Eigenwirksamkeit des Menschen als Person, die mit Vernunft und freiem Willen ausgestattet ist, entfaltet. Die umfassenden Prägungen, welche die *Summa theologiae* durch die aristotelische Ethik empfängt, wird im nächsten Kapitel ausführlich darzustellen sein.[176]

Die Natürlichkeit menschlichen Glücksstrebens und menschlicher Sozialität bildet darüber hinaus die entscheidende Grundlage für die Skizze *politischer Philosophie*, die Thomas in Anknüpfung an Aristoteles entwirft.[177] Der Sinn für die Eigenständigkeit und Eigenwirklichkeit politischer Ordnung und die natürliche Erklärung politischer Herrschaft verleiht ihr dabei einen grundlegend *säkularen Zug* und setzt in der Geschichte politischen Denkens einen eigenen, neuen Akzent.[178] Die Überlegungen zu Begründung, Zweck und Eigenart der politischen Gemeinschaft und ihrer Ordnung, haben im Begriff des „Gemeinwohls" (*bonum commune*) ihr Zentrum.[179] Praktische Anschauungsbeispiele fanden sie in den sich seinerzeit entwickelnden hochmittelalterlichen Städten.[180]

Ausstattung und innere „Organisation" besitzt. – Meine Seele ist nicht nur *en-ergeia*, sondern auch *en-tel-echeia*, wie Aristoteles es mit den von ihm geschaffenen Kunstworten ausdrückt, d.h. ich habe mein Ziel in mir.

176 Vgl. unten S. 256-286.

177 Mit der Hinordnung auf das gute bzw. glückliche Leben, d.h. das Leben gemäß der Tugend, ist eine Verbindung von Ethik und Politik postuliert, in der die politische Gemeinschaft als ein „moralischer Organismus" erscheint. Entsprechend besteht die Aufgabe der Regierungsgewalt in (a) der Errichtung, (b) dem Erhalt des guten Lebens sowie (c) seiner Entwicklung zum Besseren: vgl. Thomas, *De regno* II 4 (Z. 41-116).

178 Zum Ganzen vgl. H.-G. Nissing (2017b); E.-W. Böckenförde (2002), 214-264.

179 Als vom *bonum proprium* bzw. *privatum* der Einzelnen unterschieden, meint es nicht etwa die Summe aller Sondergüter oder das überindividuelle Sondergut eines Kollektivs, sondern das allen gemeinsame Gut: „[S]ecundum propria quidem differunt, secundum commune autem uniuntur" (Thomas, *De regno* I 1, Z. 83-84).

180 Daß Thomas indessen in seinem Opusculum *De regno* sein Augenmerk ausschließlich der Monarchie widmet und unter den Verfassungsformen die Königsherrschaft eindeutig favorisiert, mag nicht nur adressatenbedingt sein (Empfänger ist der König von Zypern). Diese Präferenz überdies bereits bei Aristoteles angelegt, sie ergibt sich für Thomas je-

Mit dem Sinn für die Vorläufigkeit und Unvollkommenheit aller weltlichen Herrschaft und eine entsprechende Notwendigkeit geistlicher Gewalt, enthält die politische Theorie des Thomas schließlich Impulse, die über den Bereich weltlicher Politik hinaus auch in den Bereich des Verständnisses kirchlicher Gemeinschaft und Herrschaft hineinwirken.[181]

(5) Im *Bereich der Metaphysik* ist es neben der Lehre vom Seienden mit ihren Prinzipien (Nicht-Widerspruchsprinzip, Satz vom ausgeschlossenen Mittleren, vgl. *Metaphysik* IV) und Grundbegrifflichkeiten (Substanz, Akzidens, Akt und Potenz, Eines, vgl. *Metaphysik* VI-X; ferner das „philosophische Begriffslexikon" in *Metaphysik* V) insbesondere die *natürliche Gotteslehre* mit den *Gottesbeweisen* (vgl. *Metaphysik* XI und v.a. XII; vgl. bereits *Physik* VIII), die im thomanischen Denken eine intensive Rezeption erfährt.[182] Thomas scheint dabei offenbar geringere Schwierigkeiten gesehen zu haben als viele seiner Nachfolger, den dort ermittelten „unbewegten Beweger" und „reinen Akt" ohne Weiteres mit dem Gott der biblischen Offenbarung zu identifizieren.[183]

(6) Was Thomas jedoch vor allem mit der von Aristoteles entworfenen Pluralität von *Wissenschaftsbereichen* mit eigenem Gegenstand und eigener Methodik herausstellt, ist *die Eigenbedeutung der natürlichen Vernunft und ihrer (drei) Tätigkeiten* gegenüber dem übernatürlichen Glauben und der Theologie.[184] Für seine Aristoteles-Auslegung insgesamt kann er daher pointiert eine philosophische Eigenständigkeit und Unabhängigkeit postulieren und sagen:

> *Ich weiß nicht was die Auslegung des Aristoteles mit der Theologie zu tun hat (Nec video quid pertineat ad doctrinam fidei qualiter Philosophi verba exponantur).*[185]

---

doch vor allem sachlich aus dem Ziel politischer Einheit, die durch ein einzelnes Prinzip am besten gewährleistet ist: vgl. *De regno* I 2 (Z. 25f.)

[181] Vgl. hierzu H.-G. Nissing (2017b), 144f., sowie zu den wesentlichen Unterschieden zu modernen Staatkonzeptionen.

[182] Vgl. hierzu R. Schönberger (^{4}2012), 50-103.

[183] Vgl. Thomas, *Super Metaph.* XII 12 (n. 2663): „Und dies ist es, was er schlußfolgert, daß es einen Herrn des gesamten Universums (*unus princeps totius universi*) gibt, nämlich das erste Bewegende (*primum movens*) und das erste Erkennbare (*primum intelligibile*) und das erste Gute (*primum bonum*), das er oben Gott nannte, der gepriesen sei von Ewigkeit zu Ewigkeit. Amen."

[184] Zum Verhältnis von Philosophie und Theologie vgl. unten S. 241ff.

[185] Thomas, *Resp. de 43 art.* 33. – Zum Verhältnis von Philosophie und

Gleichwohl wäre es eine Verkürzung, wollte man in Thomas lediglich den „christlichen Aristoteliker" sehen und versuchen, über die Aristoteles-Kommentierungen hinaus eine eigene „Philosophie des Thomas von Aquin" aus seinem Werk „herauszudestillieren"[185].

> *Thomas hat zweifellos unterschieden zwischen Wissen und Glauben, Philosophie und Theologie; diese Unterscheidung begründet und verteidigt zu haben ist sogar, wie man weiß, seine besondere Leistung gewesen. Dennoch gibt es keine „Philosophie des heiligen Thomas", die abgetrennt von seiner Theologie dargestellt werden könnte.*[186]

Stattdessen wird man vielmehr die Konvergenz zu berücksichtigen haben, in der das Denken des Aristoteles für Thomas zum christlichen Glauben steht - erkennt er doch „in der Welthaltung des Aristoteles, in der Bejahung des Konkreten und der sinnenfälligen Weltwirklichkeit etwas ganz und gar Eigenes und Zugehöriges wieder, etwas von Ur-Anfang an Christliches, nämlich [...] das Element der christlichen Schöpfungsbejahung."[187] Gerade diese Erkenntnis bildet den wesentlichen Impuls, beide Elemente zusammenzubringen.

In entsprechender Weise läßt sich auch im „*Adoro te devote*" die Zuordnung vernehmen, in der die Aristoteles-Rezeption des Thomas zur Botschaft des Christentums und zur Theologie steht: im Motiv der natürlichen Sinneserkenntnis erscheint sie gleichermaßen hingeordnet wie relativiert durch den Glauben an die zweite, noch grundlegendere Quelle der Wahrheitserkenntnis: das Wort Gottes, die Heilige Schrift: „Sed auditu solo tute creditur./ Credo, quidquid dixit Dei Filius,/ Nihil hoc veritatis verbo verius".

Theologie bei Thomas vgl. insbesondere *S.c.G.* I 1-9; ferner *Exp. Boeth. De trin.*

[185] Vgl. etwa W. Kluxen ([4]1990), aber auch die in der jüngeren Mediävistik geführte Diskussion um die Frage „Was ist Philosophie im Mittelalter?"; dazu exemplarisch J.A. Aertsen/ A. Speer (1998).

[186] J. Pieper (2001b), 145.

[187] J. Pieper (2001a), 197. - Schließlich wird man nicht vergessen dürfen, daß eben eine solche Schöpfungsbejahung ihre entscheidende Stoßrichtung nicht zuletzt in der Auseinandersetzung mit der Abwertung aller natürlichen Weltwirklichkeit durch die Katharer und Albigenser hatte, die den Ursprung dominikanischen Wirkens markiert. - Vgl. S. 179ff.

2. Die Heilige Schrift: „Dein Wort ist Wahrheit."

Es ist das Frühjahr des Jahres 1256, als der junge Magister Thomas von Aquin an der Universität Paris seine Antrittsvorlesung hält. Vier Jahre zuvor war er auf Betreiben Alberts des Großen von Köln in die Hauptstadt des französischen Königreichs geschickt worden, um dort seine Ausbildung zu beenden.[188] Nach der Kommentierung der *Sentenzen* des Petrus Lombardus (um 1095/1100-1160), die jeder angehende Magister sozusagen als „Qualifikationsarbeit" zu erbringen hatte, wird er am 15.8.1257 gemeinsam mit seinem Mitbruder Bonaventura aus dem Franziskanerorden ins *consortium magistrorum* der theologischen Fakultät aufgenommen[189] - und das, obgleich er erst 31 oder 32 Jahre alt ist, während die Statuten der Universität das Mindestalter von 35 Jahren für einen Magister vorschreiben.

Seine Antrittsvorlesung nutzt Thomas dazu, zum ersten Mal Auskunft zu geben über sein Selbstverständnis als Lehrer der Theologie. Im Ausgang vom *Psalmwort* 104 (103),13: „Du tränkst die Berge aus deinen Kammern, aus deinen Wolken wird die Erde satt"[190] spricht er darin über (a) die „Größe der geistlichen Lehre" (*spiritualis doctrinae altitudo*), (b) die „Würde ihrer Lehrer" (*doctorum eius dignitas*), (c) die „erforderlichen Voraussetzungen von Seiten der Schüler" (*auditorum conditio*) und (d) die „Regeln ihrer Mitteilung" (*communicandi ordo*).[191]

Eine Empfehlung der heiligen Schrift. - Die besonderen Qualitäten seiner Tätigkeit als theologischer Lehrer leitet er unmittelbar aus der *Heiligen Schrift* und ihren Eigenschaften ab:

> *Der [Gottes-] Gelehrte muß, „wenn er spricht, so reden, daß er lehrt, daß er erfreut und daß er geneigt macht": [...]*
> *Diese drei Eigenschaften aber besitzt auf vollkommenste Weise die Rede der Heiligen Schrift.*

---

[188] Vgl. Wilhelm von Tocco, *Historia* 15 (Z. 3-14).

[189] Zu den historischen Hintergründen vgl. J.-P. Torrell (1995), 71-74. - Zum *Sentenzenbuch* vgl. unten S. 227f.

[190] Im Ausgang von diesem Bild erläutert Thomas die von den theologischen Lehrern verkündete Weisheit als Derivat jener göttlichen Weisheit, die in ihren Verstand einströmt, um ihrerseits das Verständnis der Hörer zu tränken (vgl. *Princ. bibl.* I, n. 1209).

[191] Vgl. *ebd.* (n. 1210). - Die Antrittsvorlesung selbst ist zweigeteilt. Hierzu sowie zu den hagiographischen Umständen, die sie rahmen, vgl. J.-P. Torrell (1995), 73f.

[1] Sie lehrt nämlich sicher durch ihre ewige Wahrheit [...].
[2] Sie erfreut angenehm durch ihren Nutzen [...].
[3] Und sie macht wirksam geneigt durch ihre Autorität.
[Zu 3] Die Autorität der Schrift aber zeigt sich in dreifacher Weise als wirksam.
[3.1] Erstens durch ihren Ursprung; denn ihr Ursprung ist Gott. [...] Einem solchen Urheber muß man jedoch auf unfehlbare Weise Glauben schenken, und zwar:
– sowohl wegen der Beschaffenheit seiner Natur, denn er ist die Wahrheit: „Ich bin der Weg, die Wahrheit und das Leben" (Joh 14,6);
– als auch wegen der Fülle des Wissens: „O Tiefe des Reichtums der Weisheit und des Wissens Gottes"(Röm 11,33);
– und auch wegen der Kraft der Worte: „Lebendig ist Gottes Rede und wirksam und eindringlicher als jedes zweischneidige Schwert" (Hebr 4,12).
[3.2] Zweitens zeigt sich [die Schrift] wirksam durch die Notwendigkeit, die sie auferlegt [...] Daher wird die Wahrheit der Heiligen Schrift in der Weise eines Gebotes vorgestellt [...].
[3.3] Drittens zeigt sich [die Autorität der Schrift] wirksam in der Einheitlichkeit des Gesagten, denn alle, die die heilige Lehre überliefert haben, haben dasselbe gelehrt: „Ob aber ich predige oder andere, ihr habt geglaubt" (1 Kor 15,11). Und dies notwendigerweise, denn
– alle haben einen Lehrer: „Einer ist euer Lehrer" (Mt 23,8),
– sie haben einen Geist: „Wandeln wir etwa nicht im selben Geist?" (2 Kor 12,18);
– außerdem einen Sinn: „Die Menge der Gläubigen war eine Seele und ein Herz in Gott" (Apg 4,32). [...]
[Zu 1] Die Wahrheit der Schrift dieser Lehre aber ist unwandelbar und ewig. [...] So heißt es in Lk 21,33: „Himmel und Erde werden vergehen, aber meine Worte werden nicht vergehen". [...] „Alle deine Gebote sind Wahrheit" (Ps 119 [118],86) [...]. „Die Wahrheit bleibt erstarkt in Ewigkeit (3 Esr 4,38).
[Zu 2] Der Nutzen dieser Schrift aber ist der größtmögliche: [...] „Alle, die es annehmen, werden zum Leben gelangen". Dieses Leben ist ja ein Dreifaches.
[2.1] Das erste ist das Leben der Gnade, auf das die Heilige Schrift vorbereitet: „Die Worte, die ich zu euch gesprochen habe, sind Geist und Leben" (Joh 6,64). [...]
[2.2] Das zweite ist das Leben der Gerechtigkeit [...]
[2.3] Das dritte ist das Leben der Herrlichkeit, das die Heilige Schrift verspricht und zu dem sie hinführt: „Herr, zu wem sollen wir gehen? Du hast Worte des ewigen Lebens" (Joh 6,69). Ebd. 10,31: „Dies aber ist geschrieben, damit ihr glaubt, und

damit ihr durch den Glauben das Leben habt in seinem Namen".[192]

In summarischer Weise enthält diese „Empfehlung der Heiligen Schrift" (*commendatio Sacrae Scripturae*) alle wesentlichen Elemente des thomanischen Schriftverständnisses, seine *biblisch begründete Theologie des Wortes Gottes.*

(1) Neben der nachdrücklichen Betonung der in ihr enthaltenen (ewigen) *Wahrheit*, deren Fülle und Kraft sowie

(2) ihrem praktischen *Nutzen*, den Menschen zum (ewigen) Leben zu führen,[193] liegt ein besonderer Akzent

(3) auf der *„Einheitlichkeit des Gesagten"* (*uniformitas dictorum*).

Eine Einteilung der Heiligen Schrift. – Dementsprechend schließt Thomas im zweiten Teil seiner Antrittsvorlesung den Nachweis ihrer inneren Ordnung in Form einer umfassenden „Einteilung der Heiligen Schrift" (*partitio Sacrae Scripturae*) an: Jedem Buch des Alten und Neuen Testaments wird sein Ort im Gesamtorganismus der Bibel zugewiesen, so daß diese als eine geordnete Einheit sichtbar werden kann. Leitmotiv ist das erwähnte praktische Ziel der Heiligen Schrift, den Menschen zum Leben zu führen. Zum biblischen Angelpunkt der Gliederung wird *Joh* 1,18, womit sich die grundlegende Unterscheidung zwischen Alten und Neuem Testament belegen läßt:

> *Das Gesetz ist durch Mose gegeben, Gnade und Wahrheit aber sind durch Christus geworden.*[194]

Nach bestimmten Gesichtspunkten läßt sich das Alte Testament sodann weiter untergliedern in Gesetz, Propheten und Hagiographen, das Neue Testament in Evangelien, Briefe und sonstige Schriften etc. So ergibt sich schließlich eine geordnete Sicht auf die Heilige Schrift als ganze (vgl. Abb. 7). Diese Ganzheit in den Blick zu nehmen, ist das grundsätzliche Ziel der thomanischen Exegese.

Mit den drei Leitmotiven der Wahrheit, des Nutzens und der Einheitlichkeit sind die zentralen Elemente genannt, die einen Weg zu den *Prinzipien der thomanischen Schriftauslegung* bahnen (Abschnitt 2.1). Auf ihrer Basis werde ich sodann Inhalte und Schwerpunkte der *thomanischen Schriftkommentare* darstellen (Abschnitt 2.2) und ihre *Bedeutung* im Hinblick auf

---

[192] Thomas, *Princ. bibl.* II (n. 1199-1201).

[193] Vgl. daher den Entwurf der Theologie unter dem Leitmotiv des Rückwegs des Menschen zu Gott in *S.th.* II: unten S. 256-286.

[194] Vgl. *Thomas, Princ. bibl.* II (n. 1203).

die Formulierung der *Theologie als Wissenschaft* sichtbar machen (Abschnitt 2.3).

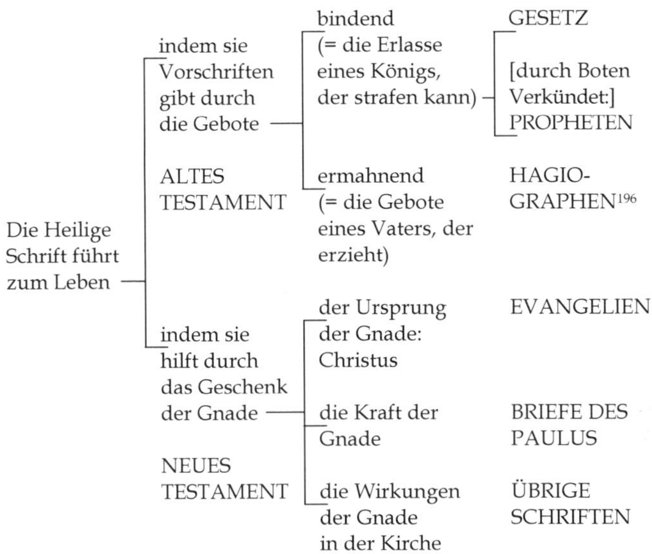

Abb. 7: Der Ordnung der Heiligen Schrift nach Thomas (Grundstruktur)[197]

2.1. *Prinzipien der thomanischen Schriftauslegung*

(1) *Das eine Wort und die vielen Worte.* – Das unabdingbare Fundament der thomanischen Schriftauslegung bildet dabei ihre Wahrnehmung als *„Wort Gottes" im strikten Sinne.*

> *Wir müssen die Worte der Heiligen Schrift hören, als ob sie aus dem Mund Christi selbst kommen*[198]*,*

[196] Vgl. *ebd.* (n. 1204): „Der dritte Teil ist enthalten in den Hagiographen, die, obwohl sie vom Heiligen Geist inspiriert sind, doch nicht ausdrücklich im Namen des Herrn, sondern sozusagen im eigenen Namen sprechen. Daher heißen die ‚Hagiographen', sozusagen ‚Heilige Schreiber' oder ‚Heiliges Schreibende', von ‚hagios', das heißt ‚heilig', und ‚graphia', das heißt ‚Schrift'. Und daher sind die Gebote, die in diesen Büchern enthalten sind, gewissermaßen väterliche Ermahnungen".

[197] Eine umfassende Übersicht über die *partitio Sacrae Scripturae* findet sich auf www.thomas-von-aquin.de/thomas-von-aquin/schriften/

[198] Thomas, *Contra retrah.* 9 (C 55, Z. 103-105). – Vgl. *Super Ps.* 21 (n. 11) wo er die Heilige Schrift das „Herz Christi" nennt.

schreibt Thomas einmal und zeigt damit, auf welch unmittelbare Weise die biblischen Texte für ihn Ort der Erfahrung und Begegnung mit Christus selbst sind. In ihnen begegnet nicht nur die Rede Christi, der als *doctor doctorum* bzw. *magister magistrorum* Paradigma und Vorbild jedes menschlichen Lehrers ist, sondern es ist das *Wort selbst* in Person, von dem jedes Wort der Heiligen Schrift, ja: jedes Wort, das überhaupt gesprochen wird, stammt! – Und wie sich die vielen Worte auf das *eine Wort* zurückführen lassen, so gehen auch die vielen Wahrheiten menschlicher Rede zurück auf die eine *absolute Wahrheit* und ebenso die Weisheit, in der der Weise (*sapiens*), d.h. der theologische Lehrer, spricht, auf die eine *göttliche Weisheit*, an der sie teilhat.[199] – Damit aber zeigt sich die thomanische Deutung der Heiligen Schrift in aller Klarheit als Elongation und Konkretion der oben skizzierten Lehre vom ewigen göttlichen Wort: Im Medium der Heiligen Schrift ist das ewige Wort, die zugleich absolute Wahrheit und erste Weisheit ist, selbst anwesend! So erklärt sich auch die überschwengliche Kennzeichnung des Wortes Christi als „Wort der Wahrheit", dem gegenüber „nichts wahrer ist", im *„Adoro te devote"*. In dieselbe Richtung hatte ja auch schon die Unterscheidung der verschiedenen Weisen göttlichen Sprechens in Schöpfung, Erleuchtung und Menschwerdung gewiesen.[200]

Dabei ist zugleich deutlich zu unterstreichen, daß diese Sicht der Heiligen Schrift keineswegs die *Eigenwirksamkeit der menschlichen Schriftsteller* ausschließt, die zu verschiedenen Zeiten mit unterschiedlichen Absichten für unterschiedliche Hörer bzw. Leser an den biblischen Büchern geschrieben haben. Im Gegenteil wird diese gerade durch ein Verständnis, nach dem Gott im Inneren des menschlichen Geistes erleuchtend und die geschöpfliche Eigentätigkeit stärkend tätig ist, unterstrichen. Mit seinem Konzept der *Inspiration* faßt Thomas das Zusammenwirken von göttlichem und menschlichem Autor ausgleichend ein.[201] Gleichwohl bindet er letztere als *echte Zweitursachen* zurück an die göttliche Urheberschaft, so daß vor allem Gott bzw. Christus als Urheber der Heiligen Schrift hervortreten kann.

---

[199] Vgl. Thomas, *Super Ioan.* I 1 (n. 33). – Den gedanklichen Hintergrund bildet hier als augustinisches Erbe das Konzept der Partizipation des Menschen an der göttlichen Erkenntnis bzw. der Illumination durch diese.

[200] Vgl. oben S. 78ff.

[201] Zum Verhältnis von menschlichem und göttlichem Autor vgl. insbesondere Thomas, *Super Ps.* prol.

Von besonderer Eindrücklichkeit sind in diesem Zusammenhang *einige geistliche Regeln*, die Thomas aus dieser Sicht der Bibel ableitet und die sich in seinen *Auslegungen zum Apostolischen Glaubensbekenntnis* finden. Sie sind Ausdruck seiner tiefen Liebe zum Wort Gottes und wollen zu einer Begegnung mit diesem führen:

> *Wenn also das Wort Gottes der Sohn Gottes ist und also alle Worte ein Abbild dieses Wortes,*
> *[1] dann ist es erstlich notwendig, auf die Worte Gottes gern zu hören. Seine Worte gern zu hören, das ist das Zeichen dafür, daß wir Gott lieben.*
> *[2] Zweitens müssen wir den Worten Gottes glauben, weil durch sie das Wort Gottes in uns wohnt: Christus, der das Wort Gottes ist. Der Apostel sagt im Epheserbrief (3,17): „Daß Christus durch den Glauben in euren Herzen wohne". Und der Herr spricht bei Johannes (5,38) zu den Juden: „Ihr habt sein Wort nicht bleibend in euch."*
> *[3] Drittens müssen wir das Wort Gottes, das in uns ist, beständig betrachten, denn wir sollen nicht nur glauben, sondern betrachten, andernfalls ist der Glaube unnütz. Solches Betrachten vermag viel gegen die Sünde: „In meinem Herzen berge ich deine Worte, damit ich gegen dich nicht sündige" (Ps 119 [118],11). Und an einer anderen Stelle heißt es vom gerechten Mann: „Sein Gesetz betrachtet er Tag und Nacht" (Ps 1,2) [...].*
> *[4] Viertens muß der Mensch das Wort Gottes anderen mitteilen durch ermahnende und begeisternde Verkündigung. Der Apostel schreibt an die Epheser (4,29): „Keine schlechte Rede komme aus eurem Munde, sondern wenn eine, dann eine gute zur Erbauung." Ebenso im Kolosserbrief (3,16): „Das Wort Christi wohne überreich in euch, durch das ihr euch in aller Weisheit belehrt und gegenseitig ermahnt." Ferner im zweiten Timotheusbrief (4,2): „Predige das Wort, tritt dafür ein, ob gelegen oder ungelegen."*
> *[5] Schließlich muß das Wort Gottes wie ein Befehl ausgeführt werden. „Seid Täter des Wortes und nicht nur Hörer, sonst täuscht ihr euch selbst" (Jak 1,2).*[202]

(2) *Der Nutzen des Gotteswortes.* – Angesichts der nun schon mehrfach herausgestellten Hinordnung des Menschen auf die Erkenntnis der Wahrheit als erfüllendes Ziel seines Daseins könnte man annehmen, daß mit der zitierten Charakterisierung

---

[202] Thomas, *Coll. in Symb. Apost.* 3 (n. 895). – Vgl. ferner *Super Ioan.*: Das Wort Christi reinigt (XV 1, n. 1987), richtet (VIII 3, n. 1185), spricht im Innersten an (I 16, n. 313), läßt die Wahrheit erkennen und macht frei (VIII 4, n. 1194 ff.).

des Wortes der Heiligen Schrift die Frage nach dessen praktischem Nutzen zur Genüge beantwortet ist. Indessen setzt Thomas noch einen eigenen Akzent, indem er die Bibel als ganze unter dem Leitmotiv des *„Gesetzes" (lex)* vorstellt. So lautet das Motto, das er seiner Gliederung der Heiligen Schrift voranschickt:

> *Dies ist das Buch der Weisungen Gottes (liber mandatorum Dei), und das Gesetz (lex), das in Ewigkeit gilt; alle, die es annehmen, werden zum Leben gelangen. (Bar 4,1).*[203]

Mit dem Begriff des *Gesetzes* aber ist eines der Schlüsselmotive im thomanischen Denken genannt. Es begegnete schon kurz im Zusammenhang der göttlichen Vorsehung.[204] Die dort skizzierte Herleitung dieses Begriffs ist auch für die Wahrnehmung des Bibelwortes von elementarer Bedeutung – zeigt sie doch gleichfalls den Sinn für die Größe und Würde des Menschen als Adressaten des Gesetzes:

> *[D]ie geistigen oder vernünftigen Wesen [...] überragen die anderen Geschöpfe [1] sowohl in der Vollkommenheit ihrer Natur, [2] als auch in der Würde ihres Zieles.*
> *[1] In der Vollkommenheit der Natur nämlich, weil nur das vernünftige Geschöpf eine Herrschaft über seine Akte (dominium sui actus) besitzt und sich frei zur Tätigkeit hin bewegt; die übrigen Geschöpfe werden eher zu ihren eigentümlichen Tätigkeiten gebracht, als daß sie sich selbst dazu bringen [...]*
> *[2] In der Würde des Ziels aber [überragen sie die anderen Geschöpfe], weil allein das geistige Geschöpf durch seine Tätigkeit zu jenem letzten Ziel des Universums gelangt, nämlich Gott zu erkennen und zu lieben; dagegen können die anderen Geschöpfe zum letzten Ziel nur durch eine gewisse Teilhabe an der Ähnlichkeit mit ihm gelangen. [...]*
> *Das vernünftige Geschöpf unterliegt [daher] der göttlichen Vorsehung in der Weise, daß es nicht nur von ihr gelenkt wird, sondern auch die Vernunft der Vorsehung gleichsam erkennen kann: daher kommt es ihm auch zu, anderen Wesen Vorsehung und Lenkung zu gewähren. [...] Das vernünftige Geschöpf hat also an der göttlichen Vorsehung nicht nur hinsichtlich des Gelenktwerdens teil, sondern auch hinsichtlich des Lenkens, denn es lenkt sich (selbst) in seinen eigenen Tätigkeiten und auch andere Dinge. [...] Folglich muß den Men-*

[203] Thomas, *Princ. bibl.* II (n. 1199).
[204] Vgl. oben S. 78f.

> *schen [über die allgemeine Vorsehung hinaus] [...] etwas gegeben werden, wodurch sie in ihren personalen Akten (actus personales) gelenkt werden. Und dies nennen wir das Gesetz.*[204]

Die Gabe des Gesetzes durch Gott hat ihren Grund mithin nicht in der Schwäche und Unselbständigkeit des Menschen, sondern in seiner Größe: Mit dem Gesetz trägt Gott der Freiheit und Eigenständigkeit des vernunftbegabten Geschöpfes Rechnung, und mittels des Gesetzes hat der Mensch an der göttlichen Vorsehung teil und vermag an ihr mitzuwirken. Als *praktisches Wissen* um das Gute und Böse kann die *lex* dabei verschiedene Gestalten haben, die Thomas systematisierend im *Gesetz*-Traktat der *Summa theologiae* entfalten wird - wobei das offenbarte Gesetz des Alten und des Neuen Bundes, die *lex vetus* und die *lex nova*, den Ausführungen ihre leitende Zielperspektive geben.[205] Mit dieser Akzentsetzung aber tritt das *anthropologische Vorzeichen*, unter das Thomas auch seine Auslegung der Heiligen Schrift im Ganzen stellt, in aller Deutlichkeit hervor.

(3) *Die Einheitlichkeit des Gesagten: Wissenschaftliche Ordnung.* - Auf derselben Linie einer Würdigung menschlicher Rationalität und Verständigkeit liegt schließlich die Annahme, mit der Thomas in der Bibel als ganzer einen leitenden Plan und eine umfassende Ordnung auszumachen sucht. Gerade ein solcher Versuch der Systematisierung der Heiligen Schrift und ihrer Bücher, wie ich ihn oben ansatzweise beschrieben habe,[206] muß für uns Heutige auf den ersten Blick fremdartig und künstlich, ja: rationalistisch erscheinen - nicht zuletzt angesichts unseres Bewußtseins für das historische Gewachsensein der biblischen Texte. Indessen ergibt er sich mit innerer Konsequenz aus der thomanischen Schrifthermeneutik: Insofern Gott erster Autor der Heiligen Schrift ist und zugleich höchster Lehrer und höchste Weisheit, der es zukommt zu ordnen (*sapientis est ordinare*) und er alles „nach Maß, Zahl und Gewicht geordnet hat" (*Weish* 11,21), muß sich diese Ordnung auch in der Struktur der Aussagen der Heiligen Schrift wiederfinden lassen, muß der menschliche Verstand in der Lage sein, ihn zu erkennen.[207] So geht Thomas davon aus, daß sich der Text der

---

[204] Thomas, *S.c.G.* III 111-113 (n. 2855; 2873ff.). Im Kontext ausführliche Erörterungen gerade auch zur Individualität der Person und ihrer Akte.

[205] Vgl. dazu umfassend unten S. 260-267.

[206] Vgl. oben S. 144-147.

[207] Vgl. Thomas, *S.th.* III 31,3 c.: „Quae autem divinitus fiunt, ordinatissime fiunt."

Bibel prinzipiell *nach den Regeln des wissenschaftlichen Beweisverfahrens* verstehen und interpretieren läßt. Zum wichtigsten methodischen Element wird ihm daher das Instrumentarium der aristotelischen Logik mit seinen verschiedenen Schlußfiguren. Kurz gesagt: Thomas liest die Bibel mit Hilfe des Aristoteles.

So ist die *Methodik* seiner Schriftauslegungen dieselbe wie jene seiner Aristoteles-Kommentare: Im Ausgang vom zentralen Gedanken, unter dem das jeweilige biblische Buch steht, ist es sein erstes Ziel, durch die *divisio textus* möglichst genau den wörtlichen Sinn des Textes und dessen logische Struktur sichtbar zu machen, indem akribisch jeder einzelne Vers eines Kapitels und eines Buches, ja: mitunter jedes Wort, in seiner argumentativen Funktion im Ganzen des Textes benannt und klassifiziert wird. Auf dieser Grundlage kann sich die eigentliche Interpretation anschließen, die ihre Akzente wiederum mit Hilfe der o.g. Schlüsselformulierungen („notandum est..." etc.) setzt.[209] Als Beispiel hierfür sei die Gliederung des *Johannes-Prologs* angeführt:

> *Der Evangelist Johannes beabsichtigt [...] vor allem die Göttlichkeit des fleischgewordenen Wortes darzutun; und daher gliedert sich dieses Evangelium in zwei Teile.*
> *[1] Im ersten nämlich führt er die Göttlichkeit Christi ein; [...] Im Hinblick [darauf] macht er zweierlei.*
> *[1.1] Erstens stellt er Christi Göttlichkeit vor Augen;*
> *[1.2] zweitens gibt er die Art an, auf die Christi Göttlichkeit uns bekannt geworden ist, dort, wo es heißt: „Und wir haben seine Herrlichkeit gesehen" (Joh 1,14b) etc.*
> *Im Hinblick auf ersteres macht er zweierlei.*
> *[1.1.1] Erstens behandelt er die Göttlichkeit Christi:*
> *[1.1.2] zweitens die Fleischwerdung des Wortes Gottes, dort, wo es heißt: „Es war ein Mensch, von Gott gesandt" (Joh 1,6).*
> *Weil aber in jeglicher Sache zweierlei zu betrachten ist, nämlich das Sein und die Tätigkeit, beziehungsweise das Vermögen derselben,*
> *[1.1.1.1] deshalb handelt er erstens vom Sein des Wortes, sofern es sich auf die göttliche Natur bezieht;*
> *[1.1.1.2] zweitens über das Vermögen oder die Tätigkeit desselben, dort, wo es heißt: „Alles ist durch es gemacht" (Joh 1,3) etc.*[210]

---

[209] Vgl. oben S. 121-126. – Auch im Hinblick auf eine solche Literalexegese der Bibel war Thomas keineswegs Pionier, sondern konnte sich bereits auf eine gewachsene Tradition stützen: vgl. M. Grabmann (1926).

[210] Thomas, *Super Ioan.* I 1 (n. 23).

Daß Thomas eine syllogistische Rekonstruktion des Bibeltextes als Ideal im Sinn hat, belegen ferner insbesondere diverse Stellen aus seinen Paulus-Kommentaren.[210] Dem aristotelischen Paradigma entsprechend, gilt das besondere Augenmerk auch hier den *Definitionen*, die sich in den biblischen Schriften ausmachen lassen und in der theologischen Argumentation als Prinzipien fungieren.[211] Immerhin könnte man mit Hinweis auf die unterschiedlichen Textgattungen, die sich in der Heiligen Schrift einwenden, daß eine solche Interpretationsmethode möglicherweise für argumentative Texte wie Briefe oder Reden angemessen sein kann, kaum jedoch für narrative oder poetische Passagen. Hierzu wäre allerdings an die o.g. Flexibilität des aristotelischen *Organon* zu erinnern, das unter dem wissenschaftlichen Paradigma auch rhetorische und poetische Darstellungsformen zu integrieren vermag.

(4) *Vierfacher Schriftsinn und die Unausschöpflichkeit des Wortes Gottes.* – Bleibt Thomas mit diesem Vorgehen gleichwohl im Rahmen des aristotelischen Paradigmas, so geht er mit einem weiteren Prinzip seiner Schriftauslegung wesentlich über die Aristoteles-Exegese hinaus. Zugleich läßt sich gerade mit diesem Prinzip jeglicher Verdacht ausschließen, hier werde eine Rationalisierung der göttlichen Offenbarung mit den Mitteln menschlicher Logik betrieben. Denn gerade dieses Prinzip ist wesentlich bestimmt von der Einsicht in den *Reichtum* und *die wesentliche Unausschöpflichkeit des Wortes der Heiligen Schrift*. Das Verständnis einer bestimmten Schriftstelle ist, so Thomas, nicht auf *eine* definitive Auslegung festzulegen, es gibt vielmehr *mehrere Interpretationen* und *Auslegungsweisen*, die nebeneinander bestehen können und entsprechend angeführt werden.

Im Anschluß an die Tradition der Patristik ist in der Exegese des Thomas zugleich das Bewußtsein dafür präsent, daß es neben dem „wörtlichen Sinn" (*sensus historicus*) des Gotteswortes auch einen „geistlichen Sinn" (*sensus spiritualis*) gibt, der sich in der Lehre von den vier Schriftsinnen entfalten läßt. Thomas begründet ihn folgendermaßen:

> *Urheber (auctor) der Heiligen Schrift ist Gott, in dessen Macht es steht, daß er nicht nur Worte dazu verwendet, etwas zu bezeichnen (wie es auch der Mensch tun kann), sondern auch die Dinge selbst. Und während in allen anderen Wissenschaften es [ausschließlich] die Worte sind, die bezeichnen, ist es dieser*

[210] Vgl. etwa Thomas, *Super Ad Rom.* VI 1 (n. 470); VIII 1 (n. 614) etc.
[211] Vgl. etwa *Joh* 17,3 als Definition des Ewigen Lebens.

> *Wissenschaft [der Heiligen Schrift] eigentümlich, daß in ihr auch die Dinge, die durch die Worte bezeichnet werden, [ihrerseits] etwas bezeichnen.*
> *[1] Jene erste Bezeichnungsweise also, in der Worte die Dinge bezeichnen, gehört zum ersten Sinn, der der historische oder wörtliche Sinn (sensus historicus vel litteralis) ist.*
> *[2] Jene Bezeichnung aber, in der die durch die Worte bezeichneten Dinge wiederum andere Dinge bezeichnen, heißt geistlicher Sinn (sensus spiritualis). Diese gründet sich auf den wörtlichen Sinn und setzt ihn voraus.*[212]

So bedeutet beispielsweise der „Fels", aus dem nach *Ex* 17,6 (vgl. *Num* 20,7-11) Mose auf die Forderung der Israeliten hin in der Wüste den lebensspendenden Trank schlug, nicht nur diesen Felsen selbst, er deutet zugleich auf Christus, den Lebensspender, hin.[213]

Der „geistliche Sinn" eines Schriftwortes nun kann seinerseits ein dreifacher sein:

> *[2.1] Soweit also dasjenige, was zum Alten Gesetz gehört, dasjenige bezeichnet, was zum Neuen Gesetz gehört, handelt es sich um den allegorischen Sinn (sensus allegoricus),*
> *[2.2] soweit aber dasjenige, was an Christus selbst geschehen ist oder an demjenigen, was Christus bezeichnet, Zeichen dessen ist, was wir tun sollen, handelt es sich um den moralischen Sinn (sensus moralis),*
> *[2.3] sofern es aber dasjenige bezeichnet, was in der ewigen Herrlichkeit sein wird, handelt es sich um den anagogischen Sinn (sensus anagogicus).*
> *Weil es aber der wörtliche Sinn ist, den der Autor beabsichtigt, der Autor der Heiligen Schrift aber Gott ist, der in seiner Erkenntnis alles zugleich begreift, ist es nicht unangemessen, wie Augustinus im 12. Buch der Bekenntnisse sagt, wenn auch dem wörtlichen Sinne nach sich in einem Wort der Schrift mehrere Sinne finden.*[214]

---

[212] Thomas, *S.th.* I 1,10 c.

[213] Vgl. Thomas, *Super Ioan.* I 1 (n. 26). – Zum Ursprung der Lehre von den vier Schriftsinnen vgl. *Gal* 4,21-31 sowie Thomas, *Super Ad Gal.* IV 7 (n. 254); *Q. de quol.* VII 6, 1-3. – Es war v.a. H. de Lubac (1959-1964), der mit seinen Arbeiten zur Patristik das Bewußtsein für den geistlichen Sinn der Heiligen Schrift in der Theologie des 20. Jahrhunderts neu präsent gemacht hat.

[214] Thomas, *S.th.* I 1,10 c.; Augustinus, *Confessiones* XII 42 (CCL 27,240,3-7). – In der thomanischen Theorie sind dabei die altkirchlichen Auslegungsweisen der Allegorese und der Typologie miteinander verbunden.

Die *doppelte Zeichenhaftigkeit*, die den Worten der Heiligen Schrift daher eigentümlich ist, ermöglicht damit nicht nur eine Lektüre, in der etwa das Alte Testament in seinem Zielsinn auf Christus hin und von ihm her verstanden werden kann, wie es für die typologische Exegese kennzeichnend ist.[216] Sie erweitert zugleich den wörtlichen Sinn des Bibelwortes in eine *geistliche Dimension* hinein und macht gerade so die *Geheimnishaftigkeit* des Wortes Gottes wahrnehmbar.[217] Während der wörtliche Sinn der Heiligen Schrift seine Relevanz in erster Linie im Hinblick auf die theologische Argumentation und ihre Beweiskraft besitzt, ist der geistliche Sinn auf das Wachstum von Glaube, Hoffnung und Liebe des Hörers angelegt; und während die Orientierung am *sensus litteralis* grundlegend ist für eine Interpretation der Schrift im Sinne systematischer Theologie, beinhaltet der Einbezug des *sensus spiritualis* eine Erweiterung der theologischen Wissenschaft durch mystische Weisheit.[218]

(5) *„Zur Belehrung und Widerlegung"*. – Eine besondere Stoßrichtung besitzt das thomanische Bemühen darum, die umfassende Ordnung und Widerspruchslosigkeit der Aussagen der Heiligen Schrift sichtbar zu machen und so eine in sich kohärente Gottesrede – eine „Theologie" im ursprünglichen Sinne des Wortes – auszuweisen, schließlich in der doppelten Perspektive einer (a) Bestätigung und Selbstvergewisserung des Glaubens einerseits und (b) einer Verteidigung bzw. Widerlegung von Irrtümern

---

Während es sich bei der *Allegorese* um eine Auslegungsweise handelte, welche die Ontologie bzw. *Anthropologie* zum Bezugsrahmen hatte und gemäß der dreigestuften Existenzweise des Menschen in eine hylische, psychische und pneumatische Dimension verschiedene Sinne in der Heiligen Schrift annahm, suchte die *Typologie* unter einem heilsgeschichtlichen Vorzeichen nach dem Verhältnis von Verheißung und Erfüllung, Typos und Antitypos, nach Entsprechungen insbesondere zwischen den beiden Testamenten. Erstere hatte ihren Ursprung in Alexandrien, letztere in Antiochien.

216 Weil Christus der Mittelpunkt der Schrift ist, enthüllt sich der Sinn des Alten Testaments im Neuen, wie umgekehrt auch das Neue Testament im Licht des Alten verstanden sein will – mit Augustinus: „Novum in Vetere latet et in Novo Vetus patet" (*Quaestiones in Heptateuchum* 2,73, PL 34,623). – Die geistliche Deutung des Schriftwortes kommt v.a. in den Auslegungen zum Kultgesetz in der *Summa theologiae* zum Tragen: vgl. unten S. 261-266.

217 Vgl. M.-D. Philippe (1981), 27: „[I]l y a aussi une profondeur quasi infinie de ces significations".

218 Vgl. *ebd.*, 25: „La théologie scientifique ne doit-elle pas s'accomplir en une sagesse mystique?"

andererseits. Dabei dient Thomas die Stelle aus 2 *Tim* 3,16 als entscheidender Beleg, den er wiederholt anführt:

> *Jede von Gott eingegebene Schrift ist nützlich*
> *– zur Belehrung (ad docendum),*
> *– zur Widerlegung (ad arguendum),*
> *– zur Besserung (ad corrigendum),*
> *– zur Erziehung (ad erudiendum) in der Gerechtigkeit.*

Demgemäß enthält die thomanische Exegese zugleich einen beständigen Bezug auf Irrlehren und Häresien, die mit Hilfe des Schriftwortes widerlegt werden. So zeigt er etwa auf, wie in den ersten drei Versen des *Johannes-Prologs* eine Entgegnung auf alle fundamentalen christologischen Häresien (Adoptianismus, Sabellianismus, Arianismus), die sich in der Folgezeit entwickelt haben, eingeschlossen ist, und durch eine genaue Lektüre des Textes zu Tage gefördert werden kann.[219] Wenn Thomas sich bei seiner Widerlegung in der Regel auf Irrtümer und Häresien konzentriert, die sich in der Frühzeit der Theologiegeschichte und d.h. in unmittelbarer Nähe zum Ursprung der christlichen Lehre finden, so folgt er dem Prinzip, daß alle späteren Irrtümer nur die logischen Konsequenzen der früheren sind und daher direkt in ihren Anfängen zu bekämpfen sind:

> *Denn ein kleiner Fehler zu Beginn ist am Ende ein großer (Quia parvus error in principio magnus est in fine).*[220]

Überdies enthält die zitierte Stelle aus 2 *Tim* 3,16 für Thomas eine *umfassende Aussage über den Charakter der Heiligen Schrift* und ihre Wirkung: sie ist dazu da,

(a) in theoretischer Hinsicht (a.a) die Wahrheit zu lehren („zur Belehrung") und (a.b) gegen die Falschheit zu argumentieren („zur Widerlegung"), sowie

(b) in praktischer Hinsicht (b.a) vom Bösen fernzuhalten („zur Besserung") und (b.b) zum Guten hinzuführen („zur Erziehung in

---

[219] Vgl. Thomas, *Coll. in Symb Apost.* 3 (n. 892). – Zugleich enthält der *Johannes-Prolog* eine Korrektur der verschiedenen philosophischen Irrtümer bezüglich der Erschaffung der Welt: vgl. *Super Ioan.* I 1 (n. 64-67).

[220] Thomas, *De ente* prol. (Z. 1f) in Aufnahme eines Diktums des Aristoteles, *De caelo et mundo* I 9 (271b8-13). – Parallel zum Vorgehen in der Schriftexegese findet sich auch in den Aristoteles-Kommentaren ein Verfahren, das sich v.a. auf die „klassischen" Kommentare konzentriert und „neuere" Auslegungen unberücksichtigt läßt. Dazu sowie zu seiner Begründung in der *S.c.G.* vgl. R.-A. Gauthier (1989), 82*.

der Gerechtigkeit"): „Ihr letztes Ziel aber ist es, den Menschen zur Vollkommenheit zu führen."[221]

Damit aber zeigt die Heilige Schrift dieselben Qualitäten, die Thomas zu Beginn der *Summa contra Gentiles* als sein Lebensprogramm entwickelt hatte und wird als dessen eigentliches Fundament erkennbar.[222]

2.2. Die Schriftkommentare des Thomas

Thomas begreift daher die Lesung und Auslegung der Heiligen Schrift als Bestandteil, ja: als ursprünglichen Akt des Theologietreibens, als erste und grundlegende Aufgabe und Pflicht des Theologen. Schon seinem Namen nach ist der mittelalterliche Magister der Theologie ja zunächst und vor allem *magister in sacra pagina* (oder *sacra scriptura*), und Theologie ist ihrem Ursprung nach Interpretation von Offenbarung, d.h. Schriftauslegung - wie nicht zuletzt an der wechselweisen Benennung dieser Disziplin als *sacra doctrina, sacra pagina* oder *sacra scriptura* deutlich wird.[223] So ist es nicht verwunderlich, daß es auch biographisch die Bibelkommentare sind, die sich wie keine andere Textgattung als „roter Faden" durch das thomanische Gesamtwerk zieht.[224] Entsprechend vielfältig sind die Motive, mit denen sie in seinem Denken fruchtbar werden.

(1) Wohl noch aus seiner Kölner Studienzeit stammen die Auslegungen zu den Propheten *Jesaja* und *Jeremia* sowie zu dessen *Klageliedern* (1252).[225] Insbesondere das Buch *Jesaja* liest Thomas

[221] Thomas, *Super II Ad Tim.* III 3 (n. 127-128). - Summarisch faßt das Dedikationsschreiben zur *Catena aurea* die Intention der Schriftauslegung des Thomas zusammen: „Meine Absicht ging aber bei diesem Werk dahin, nicht nur den wörtlichen Sinn anzugeben, sondern auch den mystischen Sinn hervorzuheben, bisweilen auch die Irrlehren zu bekämpfen und die katholische Wahrheit darzulegen. Letzteres hielt ich darum für notwendig, weil vorzüglich in dem Evangelium die Richtschnur des katholischen Glaubens gelehrt wird, und die Vorschriften des ganzen christlichen Lebens enthalten sind."

[222] Vgl. oben S. 56f.

[223] Vgl. hierzu M.-D. Chenu ([2]1982), 84-105. - Zum Begriff „Theologie" vgl. ferner W.H. Principe (1997).

[224] Eine gute Übersicht über die wesentlichen Inhalte der Schriftkommentare bieten T.G. Weinandy u.a. (2005).

[225] Vgl. J.-P. Torrell (1995), 49, im Anschluß an die Annahme J. Weisheipl (1980), 50 und 330. - Vgl. dagegen allerdings zuletzt die Argumente von A. Oliva (2006), 207-224.

in seiner Hinordnung auf Christus hin. In der Deutlichkeit seiner Redeweise, in der Ausdruckskraft seiner Aussagen, und in der Schönheit seiner Worte scheint sein Autor „nicht eine Prophetie, sondern eher ein Evangelium verfaßt zu haben"[225]. Sein Gegenstand ist das Erscheinen des Sohnes Gottes,

> *damit, wer es liest, ohne das Hindernis des Zweifels auf Christus im Glauben zueilt, ihn im Glauben liebt und in der Liebe beständig bleibt.*[226]

Diese Sichtweise entspricht der exzeptionellen Bedeutung, die dem *Jesaja-Buch* als erste, unter den Schriften der Propheten zukommt und die schon die vielfältigen „Erfüllungszitate" des Neuen Testaments belegen.

Unter seinen Texten sind es die Abschnitte der sog. „messianischen Trilogie" (*Jes* 7,14: Ankündigung der Geburt des Immanuel; *Jes* 9,1-6: Ankündigung des Friedensmessias; *Jes* 11,1-9: Der Träger der siebenfältigen Gaben des Heiligen Geistes),[227] die für die Theologie des Thomas eine Bedeutung gewinnen – wobei vor allem die Vorstellung des siebenfältigen Geistträgers in der Lehre von den *sieben Gaben des Heiligen Geistes* zum konstitutiven Element der thomanischen Tugendlehre werden wird.[228]

Darüber hinaus nutzt Thomas seine Kommentare zu Jesaja, Jeremia und der Klageliedern dazu, *Begriff und Aufgabe des Propheten* in besonderer Weise herauszuarbeiten.[229] Im Ganzen sind die frühen Auslegungen vom Bemühen um die gedankliche Strukturierung des Bibeltextes durch *divisio textus* und Paraphrase im o.g. Sinne geprägt. Darüber hinaus finden sich in ihnen aber auch immer wieder Passagen, die als *collatio*, d.h. als geistliche Impulse im Hinblick auf eine Verwendung in der Predigtpraxis gestaltet sind.[230]

---

[225] Thomas, *Exp. super Is.* prol. (Z. 52f.) im Anschluß an Hieronymus, *Epistula 53 ad Paulinum* (CSEL 54,460).

[226] *Ebd.* (Z. 90ff.).

[227] Vgl. hierzu nicht zuletzt im Hymnus *„Pange lingua"*, Strophe 2: „Nobis datus, nobis natus/ ex intacta Virgine". – Vgl. ferner die vier Lieder vom Gottesknecht (*Jes* 42,1-4; 49,1-6; 50,4-9; 52,13-53,12).

[228] Vgl. dazu unten S. 276ff.

[229] Vgl. hierzu etwa Thomas, *Super Ier.* prol. – Dazu J.-P. Torrell (1990).

[230] Vgl. etwa das Loblied auf das Wort Gottes in *Exp. super Is.* XLVIII (Z. 149-155). – Zur Hinordnung der Kommentare auf die Predigt vgl. L.-J. Bataillon (1986); J.-P. Torrell (1982).

(2) In die Zeit seines Aufenthalts in Orvieto fällt der Kommentar zum Buch *Ijob* (1261-65). Wie bereits das Buch Jesaja legt Thomas auch diese Schrift - in Absetzung von der durch Gregor den Großen begründeten Tradition - nicht allegorisch, sondern wörtlich aus.[232] Dabei versteht er die Streitgespräche zwischen Ijob und seinen Freunden nach Art einer mittelalterlichen Disputation, in der „mit dialektischen Argumenten" (*per rationes probabiles*)[233] um die Vorsehung Gottes und die Freiheit des Menschen gerungen wird und in der schließlich Gott selbst in die Diskussion eintritt und sich im Wettersturm als Schöpfer beglaubigt (vgl. *Ijob* 38,1-40,2). Die anthropologisch-existentielle Klangfarbe des Buchs ist Thomas keineswegs entgangen. Den Geist der Auslegung bringt in treffender Weise ein kurzer Satz im Kommentar auf den Punkt, der feststellt:

> *Wer die Wahrheit sagt, kann nicht besiegt werden, mit wem er auch streitet.*[234]

(3) Auf die Tätigkeit als Lektor in Orvieto geht ferner die schon eingangs genannte und auf Bitten Papst Urbans IV. entstandene *Glossa continua super Evangelia,* die später sog. *„Goldene Kette"* (*Catena aurea)* zurück. Dieser fortlaufende Kommentar zu den vier Evangelien, der ausschließlich in Form von Zitaten der griechischen und lateinischen Kirchenväter gestaltet ist, zeigt Thomas als intensiven Rezipienten der patristischen Tradition.

> *Thomas gehörte wie Albert – von dem er diese Gewohnheit wohl übernommen hat – zu der seltenen Kategorie von Autoren, die sich nicht mit Florilegien zufrieden gaben, sondern direkt auf die Quellen zurückgriffen.*[235]

---

[232] Vgl. Thomas, *Exp. super Iob* prol. (Z. 96-102).

[233] Vgl. *ebd.* (Z. 56). - „Dialektische Argumente" oder „wahrscheinliche Gründe" (*rationes probabiles*) kennzeichnen die dialektische Disputation im Unterschied zur eigentlich beweisenden Argumentation, die - wie gesehen - für Thomas das Paradigma rationalen Vorgehens darstellt: vgl. oben S. 116-121. Dies mag der Grund dafür sein, daß diese biblische Schrift die einzige ist, die Thomas weitestgehend ohne *divisio textus* kommentiert hat.

[234] Vgl. *ebd.*, XIII (Z. 284-289): „Es scheint aber eine Disputation des Menschen mit Gott unangemessen sein aufgrund des Vorrangs, in dem Gott den Menschen überragt. Man muß aber betrachten, daß sich die Wahrheit nicht ändert durch die Verschiedenheit der Personen. Wenn daher jemand die Wahrheit sagt, kann er nicht besiegt werden, mit wem immer er streitet." - Zum *Ijob-Kommentar* vgl. zusammenfassend die Studie von D. Chardonnens (1997).

[235] J.-P. Torrell (1995), 158.

In Orvieto hatte Thomas die Gelegenheit, intensiv in den päpstlichen Archiven zu studieren, was ihm eine ausgiebige Erweiterung seiner Quellenkenntnisse gerade der griechischen Kirchenväter ermöglichte, die er für seine eigenen Arbeiten nutzen sollte. Entgegen dem geläufig gewordenen Vorurteil, nach dem die Scholastik eine Entfernung von den altkirchlichen Ursprüngen bedeutete, erscheint hiermit das Erbe der Patristik gerade als integraler Bestandteil seines Denkens. Zumal in die Ausformung der *Theologie als Wissenschaft* wird es als wesentliches Element eingehen.[236] Unter den Werken des Thomas gehört die *Catena aurea* zu den am meisten rezipierten.[237]

(4) Wohl in der Zeit des zweiten Pariser Lehraufenthalts (1268-1272) sind die thomanischen Auslegungen zu den Evangelien nach Matthäus und Johannes entstanden. Der *Kommentar zu Matthäus* steht dabei wohl stellvertretend für die synoptischen Evangelien, deren Thema die Menschheit Christi in ihren verschiedenen Dimensionen ist, während das *Johannes-Evangelium* Christus primär in seiner Göttlichkeit im Blick hat.[238] Die herausragende Bedeutung, die letzteres für das thomanische Denken besitzt, war bereits oben ausführlich Thema.[239] Sowohl bei Matthäus wie bei Johannes gilt darüber hinaus das Augenmerk des Thomas den großen Reden Christi, da sie ihn als *Lehrer* wie als *Gesetzgeber* zeigen (wie die Bergpredigt, *Mt* 5-7; die Brotrede, *Joh* 6; oder Abschiedreden; *Joh* 13-17 etc.).

---

[236] Vgl. dazu unten S. 238-247. – Die früheste Rezeption der Kirchenväter geht indessen bereits auf die Zeit des Thomas als Oblate in Monte Cassino zurück, wo er wahrscheinlich die Werke Gregors des Großen, v.a. seine *Dialoge*, sowie Cassians *Collationes Patrum* kennengelernt hatte. Letztere sowie die *Vitae Patrum* gehörten zugleich zu jenen Werken, die in der Novizenausbildung der Dominikaner gelesen wurden. – Vgl. L. Maidl (1994), 94.

[237] Vgl. *ebd.* – Bis zum Tod Urbans IV. 1264 hatte Thomas lediglich den Teil zum *Matthäus-Evangelium* fertiggestellt. Er setzte seine Arbeit daran in Rom fort (bis 1268) und widmete den Kommentar zu den anderen drei Evangelien seinem Freund und Schüler, Hannibaldus de Hannibal (+1272).

[238] Vgl. Thomas, *Princ. bibl.* II (n. 1208): „In Christus aber ist eine zweifache Natur zu betrachten, nämlich [1] die göttliche, und von ihr handelt vorrangig das Evangelium des Johannes, das beginnt: ‚Im Anfang war das Wort, und das Wort war bei Gott. Und Gott war das Wort.' [2] Und die menschliche und von ihr handeln vorrangig die anderen Evangelisten, die sich nach den drei Ämtern (*dignitates*) unterscheiden, die Christus als Mensch zukommen." – Bei diesen drei Ämtern handelt es sich um das Amt des Königs (*Matthäus*), des Propheten (*Markus*) und des Priesters (*Lukas*). – Vgl. ferner Super *Matth.* I 1 (n. 11); *Super Ioan.* prol. (n. 11).

[239] Vgl. oben S. 73-81.

(5) Noch zuvor in Italien (1259-68) und vielleicht später noch einmal in Neapel (1272/3)[239] hatte Thomas sämtliche Briefe des Apostels Paulus ausgelegt. Nach seinen eigenen Worten ist dieser „eingesetzt als Prediger (*praedicator*) und Apostel, als Lehrer der Heiden in Glaube und Wahrheit (*doctor gentium in fide et veritate*)", der „die Wahrheit verkündet und nicht lügt (*veritatem dico, non mentior*)" (1 *Tim* 2,7) und „Weisheit (*sapientia*) unter den Vollkommenen redet" (1 *Kor* 2,6). Als solcher ist er für den Predigerbruder Thomas von unmittelbarer Vorbildhaftigkeit: In seinem beständigen Unterwegssein und seinem Wirken in den Städten entsprach er ja ganz der Lebensweise des Thomas. Das häufig wiederkehrende „Ich" der paulinischen Schriften sowie die in ihnen enthaltene Psychologie des Predigers mag ihm eine nicht unwesentliche Projektionsfläche geboten haben. Schließlich belegen auch die frühen biographischen Berichte ausdrücklich eine besondere Verehrung des Völkerapostels durch Thomas und berichten von verschiedenen Visionen.[240] Vor allem jedoch ist Paulus für ihn von herausragender Bedeutung, da „in jeder seiner Schriften fast die ganze Lehre der Theologie enthalten" ist.[241] Obgleich sich die dreizehn bzw. vierzehn Briefe des Apostels sehr unterschiedlichen Entstehungsbedingungen in den jungen Christengemeinden des ersten Jahrhunderts verdanken, versteht Thomas sie als ein einheitliches Konvolut von Texten, das nach einem geordneten Gesamtplan entworfen ist und das er entsprechend systematisch interpretiert.[242]

Von ihrer herausragenden Bedeutung für Thomas zeugt nicht zuletzt die Reihe theologischer Topoi, die er ihnen entnimmt und die für seine eigene Theologie systembildend werden, wie durch

- die Lehre vom natürlichen Gesetz (*lex naturalis;* vgl. *Röm* 2,14),
- vom Alten und Neuen Gesetz (*lex vetus* – *lex nova*), d.h. von Gesetz und Evangelium (vgl. *Gal* 3,24; 1 *Tim* 1,5; *Röm* 7), ferner
- die Lehre von den drei göttlichen Tugenden des Glaubens, der Hoffnung und der Liebe (vgl. 1 *Kor* 13,3; 1 *Thess* 1,3; 5,8; *Gal* 5,5f. u.ö., mit der Definition des Glaubens in *Hebr* 11,1) sowie

---

[239] Älteren, mittlerweile in Zweifel gezogenen Forschermeinungen zufolge, soll Thomas sämtliche Briefe des Apostels zweimal kommentiert haben (*Expositio et Lectura super Epistolas Pauli Apostoli*, Italien 1259-68; Neapel 1272/3). Vgl. J.-P. Torrell (1995), 263-270.

[240] Vgl. Wilhelm von Tocco, *Historia* 18 (Z. 44-48); 31 (Z. 26ff.); 60 (Z. 2ff.).

[241] Vgl. Thomas, *Super Ad Rom.* prol. (n. 6).

[242] Vgl. *ebd.* (n. 11). – Vgl. hierzu die Bemerkung von O.H. Pesch (1988), 106f., Thomas habe, „Paulus als Theologieprofessor" rezipiert.

– die Unterscheidung der Früchte des Heiligen Geistes (vgl. *Gal* 5,22-23) und der Werke des Fleisches (vgl. *Gal* 5,19),

– die Lehre von der Gnade (vgl. *Röm* 6,23) und den Gnadengaben (vgl. 1 *Kor* 12,8-10) und schließlich auch

– die betont christozentrische Ausrichtung des paulinischen Denkens insgesamt – was sich nicht zuletzt darin zeigt, daß Thomas in der Christologie seiner *Summa theologiae* wiederholt auf den Hymnus aus *Phil* 2,5-11 Bezug nimmt, der die Entäußerung und Erhöhung Christi beschreibt.[243] Eine eigene Bedeutung kommt ferner dem *Hebräerbrief* zu, den Thomas mit der Tradition als echten Paulusbrief ansieht und aufgrund seines christologischen Inhalts an die Spitze des *Corpus paulinum* setzt. Auf ihn wird im folgenden wiederholt zurückzukommen sein.[244]

(6) Als theologisches wie geistliches Vermächtnis des Thomas kann schließlich die unvollendete *Postilla super Psalmos* (1273) gelten, die wohl in den letzten Monaten seiner Lehrtätigkeit in Neapel entstanden ist und lediglich die Auslegungen zu den ersten 54 Psalmen enthält. Ganz im Sinne der Tradition hebt das Vorwort den eigentümlichen Charakter des Psalmenbuches als poetische Summe der gesamten Heiligen Schrift hervor:

> *Was immer in den anderen Büchern auf [verschiedene] Weisen gesagt wird, wird hier in der Weise des Lobes und des Gebetes (per modum laudis et orationis) vorgestellt.*[245]

Von David verfaßt, ist es, so Thomas, von prophetischem Charakter und hat über seinen eigentlichen historischen Sinn hinaus Christus und seine Kirche zum Gegenstand. Dabei geben die Auslegungen zu den Psalmen nicht nur Thomas' Sinn für die poetischen Dimensionen des Schriftwortes zu erkennen, sie zeigen ihn immer wieder in starker persönlicher Beteiligung und offenbaren damit etwas von dem, was der Psalter für sein geistliches Leben bedeutete.[246]

Zu allen Zeiten haben so die Schriftkommentare das denkerische Schaffen des Thomas begleitet und können als „das grundlegende,

[243] Vgl. Thomas, *S.th.* III 2,5 c.; 7,3 ad 2; 14,1 c.; 20,1 c.; 42,1 c.; 49,6 c.; 52,1 c.; 59,6 c. u.ö. – Zum Ganzen *Super Ad Phil.* II 2-3 (n. 51-73).

[244] Vgl. bereits oben S. 80 sowie unten S. 280ff., S. 297ff, S. 324ff., S. 328-331 und S. 336-339.

[245] Thomas, *Super Ps.* prol.: „Während die einzelnen Bücher der kanonischen Schriften besondere Gegenstände haben, hat dieses Buch das Allgesamt der gesamten Theologie (*generalem habet totius theologiae*)."

[246] Vgl. als Beispiele unten S. 399-402.

kritische und maßgebende Element"[248] seines Denkens gelten (vgl. Abb. 8). Im Rückblick erscheint es daher als sehr treffend, daß die Pariser Antrittsvorlesung unter dem Titel „Principium biblicum" überliefert ist, denn diese Kennzeichnung beschreibt sehr präzise die prinzipielle Bedeutung, die die Bibel für den Theologen Thomas hat. Mit ihrer *partitio Sacrae Scripturae* enthält sie nicht nur das exegetische Programm, das Thomas in den folgenden Jahrzehnten umsetzen wird, insofern der jeweilige Leitgedanken, unter dem er dort ein biblisches Buch und seine Bedeutung faßt, zum Ausgangspunkt für seine weiteren Interpretationen in den Einzelkommentaren wird. Auch darüber hinaus kann sie als Quelle und Prinzip seines gesamten lehrenden und literarischen Schaffens gelten. In einer solchen Weise wird sie gerade von den frühesten Biographen hervorgehoben.[249]

(1) *Expositio super Isaiam ad litteram* (Köln, 1252)
(2) *Super Ieremiam* (Köln, 1252)
(3) *Super Threnos* (Köln, 1252)

(4) *Expositio super Iob ad litteram* (Orvieto, 1261-65)
(5) *Glossa continua super Evangelia* [= *Catena aurea*]
(Orvieto/Rom, 1262/3-1265/8)

(6) *Lectura super Matthaeum* (Paris, 1269-70)
(7) *Lectura super Ioannem* (Paris, 1270-72)

(8) *Lectura super epistolas Pauli Apostoli*
(Rom, 1265-68 und/oder Paris/Neapel, 1271-73?)

(9) *Postilla super Psalmos* (Neapel, 1273/4) – unvollendet, bis *Ps* 54

Abb. 8: Die Kommentare des Thomas zur Heiligen Schrift

2.3. *Von der Schrift zur Summe: Bibelauslegung als „Theologie im Ursprung"*

Man sollte daher den Wert der hochmittelalterlichen Exegese und zumal derjenigen des Thomas von Aquin keineswegs unterschätzen. Im Hinblick auf ihr interpretatorisches Niveau ist hier Ähnliches zu sagen wie oben zur Qualität seiner Aristoteles-Auslegung.

---

[248] G. Lafont (1961), 493.

[249] So berichtet Wilhelm von Tocco in seiner *Historia* 17 (Z. 10-27), daß Thomas nicht gewußt habe, worüber er sprechen sollte. Auf sein intensives Gebet hin sei ihm im Traum ein verehrungswürdiger Dominikanerbruder erschienen (nach einer anderen Quelle war es Dominikus selbst) und habe ihm den Hinweis auf *Ps* 104 (103),13 als Thema der Vorlesung gegeben.

Auch wenn Thomas selbst kein Griechisch konnte und den Schrifttext in der Vermittlung durch die lateinische Vulgata-Übersetzung als Grundlage seiner Auslegungen hatte, und auch wenn ihm eine Kenntnis und ein Sinn für die historischen Entstehungsbedingungen fehlte, sind seine philologischen Beobachtungen und Analysen etwa zu strittigen Interpunktionen und Textvarianten oder seine sprachphilosophischen Erörterungen zur Grammatik in ihrer Genauigkeit vorbildlich und verdienen auch heute noch Beachtung.[249] Zumal mit seinem akribischen Bemühen um den wörtlichen, historisch-korrekten Sinn des Schriftwortes hat Thomas theologiegeschichtlich der modernen Exegese vorgearbeitet und kann durchaus als einer ihrer entfernten Vorläufer gelten.[250]

Parallel dazu hat Thomas mit seiner Exegese den Weg „von der Schrift zur Summa", d.h. von der Bibelauslegung zur systematischen Theologie, gewiesen. So ist dem Konzept einer Theologie (*sacra doctrina*) nach wissenschaftlichem Vorbild, wie er es in der ersten Quaestio seiner *Summa theologiae* in paradigmatischer Weise entwirft, seine Herkunft aus der Schriftauslegung deutlich anzumerken.[251] Überdies enthält die *Summa* selbst als organische Zusammenschau der Theologie mit ihren Traktaten über das Sieben-Tage-Werk (I 65-74), die Lehre vom Alten Gesetz (I-II 98-105), das Leben Jesu (III 27-59) mindestens drei Abschnitte, bei denen es sich primär um Schriftauslegung und weniger um eine systematische Abhandlung handelt.

In historischer Hinsicht ist das Unternehmen einer minutiösen Selbstvergewisserung der Theologie an der Heiligen Schrift, die sich in der beschriebenen Weise auf die Wahrnehmung des Wortes Gottes als Wahrheit und Weisheit gründet, im Übrigen kennzeichnend für die Generation der Theologen um Thomas von Aquin und Albertus Magnus. Bereits eine Generation später wird an die Stelle einer solchen *„Theologie im Ursprung"*, die die Quellen ihrer Erkenntnis unmittelbar in der Bibel sucht, eine *„Konklusionstheologie"* treten, die ihre Aussagen als Folgerungen mittels logischer Schlüsse aus einem Prinzip ableitet, das sein Kriterium lediglich im Nicht-Widerspruch zur Heiligen Schrift und zur Lehre der Kirche hat.[252]

---

[249] Gerade die Auslegung des *Johannes-Prologs* kann in dieser Hinsicht als Paradigma gelten!

[250] Vgl. B. Smalley (²1970).

[251] Vgl. dazu S. 238-247, v.a. S. 245f. – Nicht zufällig bildet die o.g. Lehre von den Schriftsinnen den krönenden Abschluß dieser Quaestio.

[252] Vgl. U. Horst (1998), mit Blick auf die Immaculata-Lehre des Duns Scotus (um 1266-1308).

Teil II

Die Berufung des Thomas von Aquin:

Mendikant und Magister

Begegnung: „Credo" – Vor dem Gekreuzigten und Auferstandenen (Strophen 3-4)

Einen betonten Neueinsatz im Duktus des *„Adoro te devote"* markiert der Beginn der Strophen 3 und 4: „In cruce latebat". An die Stelle der eher abstrakten, philosophischen und theologischen Begrifflichkeiten („Anbetung", „Ergebenheit", „Wahrheit", „Wort", „Glaube") der Auftaktstrophen treten nun – mit nur wenigen Strichen gezeichnet – biblische Motive von größerer Farbigkeit und Konkretheit: das Geschehen der Kreuzigung sowie die Erscheinung des Auferstandenen am achten Tag nach Ostern, die Schau seiner Wundmale.

– In den Blickpunkt rückt damit verstärkt die *personale Qualität* der Begegnung mit dem eucharistisch verborgenen Christus, auf die sich die *contemplatio* richtet. Er tritt dem Betrachter des *„Adoro te devote"* als Gekreuzigter und Auferstandener entgegen. Zugleich ist damit an den Ursprung des Altarsakraments im österlichen Geschehen von Tod und Auferstehung erinnert: „Am Abend vor seinem Leiden" hatte Christus dieses deutend vorweggenommen, indem er den Jüngern seinen Leib und sein Blut darreichte, die „für euch hingegeben werden" (*pro vobis datur*; *Lk* 22,19). Und wohl nicht von ungefähr geschieht die Wiederbegegnung mit den Jüngern nach der Auferstehung am selben Ort: im Abendmahlssaal. Die Eucharistie wird von hier aus zum Gedächtnis und zur Darstellung seines Todes und seiner Auferstehung.

– Der Akzentuierung der *personalen Dimensionen* des Geschehens dient überdies die Einführung der *beiden Gestalten* aus den biblischen Passions- und Auferstehungsberichten: (1) Der gute Schächer, der mit Christus gekreuzigt wurde (vgl. *Lk* 23,39-43), und (2) der Apostel Thomas, den erst die Begegnung mit dem Auferstandenen zum Glauben führt (vgl. *Joh* 20,24-29), wollen dem Betrachtenden Identifikationsfiguren und Vorbilder sein im Hinblick auf die eigene Haltung gegenüber dem eucharistisch gegenwärtigen Christus.

– Dabei wird der Gedanke der *Unerkennbarkeit Christi*, der den gesamten Hymnus leitmotivisch durchzieht, in unterschiedlicher Weise variiert, und zwar (a) im Sinne der Steigerung wie (b) der Entgegensetzung: (a) Gegenüber der Verborgenheit der Göttlichkeit Christi am Kreuz umfaßt seine Verborgenheit in der Eucharistie in gesteigerter Weise Göttlichkeit *und* Menschheit. (b) Andererseits steht diese doppelte Verborgenheit, die die Erfahrung mit dem eucharistischen Christus für den Beter heute bestimmt, im Kontrast zu jener unverborgenen Erfahrung, die der Apostel Thomas vom Auferstandenen machen durfte.

- Seine Wiederaufnahme und Erweiterung erfährt das in Strophe 2 zentrale Motiv des *Glaubens* (*credo*):[1] (i) zunächst als „*Bekenntnis*" (*confessio*)[2] und „*Bitte*" (*petitio*), die zugleich den Aspekt der Hoffnung anklingen läßt – denn die Bitte oder das Gebet ist für Thomas nicht nur als „Ausdruck der Sehnsucht", sondern auch als „Sprache der Hoffnung" definiert[3] –, in Strophe 3; (ii) sodann in seiner Einfügung in den Kreis der *drei theologischen Tugenden* des Glaubens, der Hoffnung und der Liebe, wie sie durch das Zeugnis des Apostels Paulus (vgl. 1 *Kor* 13,13; 1 *Thess* 1,3) belegt sind, in Strophe 4.

- Die Betrachtungen beider Strophen gehen schließlich jeweils am Ende ausdrücklich in die Sprache des *Gebetes* und der Bitte über. Damit schaffen sie zugleich einen organischen Übergang zu den Folgestrophen, die ganz in der Redeform des Gebetes gebaut sind.[4]

Welche zentralen Inhalte und Vorstellungen sind für Thomas mit den genannten biblischen Bildern und Motiven und v.a. mit den erwähnten Personen verbunden?

1. Gottheit und Menschheit – „Person-Christologie"

Der Blick der Betrachtung richtet sich zunächst auf das Kreuz: auf Christus, dessen gott-menschliche Doppelnatur zum Dreh- und Angelpunkt der beiden Strophen wird. Hierauf deuten insbesondere die beiden Reimwörter „deitas" und „humanitas" in den ersten beiden Versen betont hin. Auf sie bezieht sich (1) einerseits betend und bekennend der reumütigen Schächer, der im Gekreuzigten neben dem Menschen zugleich auch den Gott erkennt („Herr, denk an mich, wenn du in dein Reich kommst."), (2) andererseits aber auch der Apostel Thomas, der mit seinem Ausruf „Mein Herr und mein Gott" (*Joh* 20,28) dem Aquinaten zufolge gleichermaßen Menschheit („Mein Herr") und Gottheit Christi („Mein Gott") bekennt.[5] War in den vorhe-

---

[1] Vgl. oben S. 98ff.

[2] Vgl. hierzu als biblische Referenz *Röm* 10,10: „Mit dem Herzen (*corde*) nämlich glaubt man (*creditur*) zur Gerechtigkeit, mit dem Mund (*ore*) geschieht das Bekenntnis (*confessio*) zum Heil." – Vgl. dazu unten S. 280ff.

[3] Vgl. oben S. 20f.

[4] Vgl. unten S. 288-304.

[5] Vgl. Thomas, *Super Ioan.* XX 6 (n. 2563) in Aufnahme eines Diktums des Theophylactus: „Er, der vorher ungläubig gewesen war, erweist sich nach der Berührung der Seite als ausgezeichneter Theologe: denn er tat die zwei Naturen und die eine Person Christi durch seinen Ausspruch

rigen Strophen vor allem von seiner göttlichen Natur als „Wahrheit", ewiges Wort und „Sohn" die Rede, so erhält die Wahrnehmung Christi damit ihre Vervollständigung, indem seine Menschheit eigens zum Thema wird.

Zugleich weisen die beiden Reimwörter „deitas" und „humanitas" hin auf die besondere Gestalt der thomanischen Christologie, die man treffenderweise als *„Person-Christologie"* oder *„Lehre vom Persongeheimnis Christi"*[6] bezeichnet hat, da in ihr für die Verhältnisbestimmung der beiden göttlichen Naturen in Christus dem Begriff der „Person" die zentrale Rolle zukommt. Der Personbegriff ist der Einheits- und Bezugspunkt, auf den hin die theologischen Unterscheidungen getroffen werden. Zusätzlich zu seiner elementaren Bedeutung für die Anthropologie wird er damit an dieser Stelle auch in seiner Schlüsselbedeutung für die Christologie sichtbar.

Eine Person aus zwei Naturen. – Im Ausgang vom Bekenntnis der Kirche, „daß die Vereinigung des Wortes Gottes mit seiner Menschheit sich in der Person vollzog"[7], weist Thomas in den ersten 26 Quaestionen des dritten Teils seiner *Summa theologiae* die Wahrheit des katholischen Glaubens über Jesus Christus auf dieser Grundlage als einen *Mittelweg* nach zwischen den beiden häretischen Extrempositionen (1) einer *Vermischung* von göttlicher und menschlicher Natur einerseits und (2) einem bloßen *Nebeneinander* der Naturen andererseits und einer nur zufälligen und äußerlichen Verbindung von Gottheit und Menschheit in Christus. – Als „unvermischt und ungetrennt" hatten ja die Konzilien der Alten Kirche das Verhältnis beider Naturen umschrieben.[8]

Seiner Maxime entsprechend, die Wahrheit zu sagen und die Irrtümer zu widerlegen, sind Thomas' gedanklicher Widerpart die verschiedensten Häresien, die im Laufe der Theologiegeschichte vertreten worden sind. So kann er „gegen Nestorianer, Monophysiten, Monothelethen, Patripassianer usw. argumentieren, als wären sie seine unmittelbaren Gegner in Paris"[9].

---

kund." – Vgl. oben S. 34. – Die Göttlichkeit Christi hatte zuvor nur Petrus bekannt (vgl. *ebd.*, n. 2562).

[6] O.-H. Pesch (1988), 332.

[7] Thomas, *S.th.* III 2,6 c.

[8] So das Konzil von Chalcedon 451: vgl. *DH* 301f.

[9] O.H. Pesch (1988), 331. – Zugleich kommt dabei das o.g. Prinzip zum Tragen, die Irrtümer direkt in ihren Ursprüngen zu bekämpfen, da sich aus einem Irrtum in logischer Abfolge der nächste, größere ergibt: „Quia parvus error in principio, erit magnus in fine". – Vgl. oben S. 155ff.

Die Bedeutung der Menschheit Christi. – Inhaltlich legt Thomas sein Augenmerk in erster Linie auf die *Menschheit Christi* und seine *Leiblichkeit* sowie auf die ihm mit seiner Menschennatur zukommenden „Vollkommenheiten und Schwächen" (*perfectiones et defectus*).[10] Durch die Heilige Schrift – die Selbstaussagen Jesu (vgl. *Mt* 26,38; *Joh* 10,18; v.a. *Lk* 24,39) sowie die Notizen der Evangelisten von seinen leiblichen und seelischen Lebensvollzügen – sind sie in vielfacher Weise bezeugt: sein Hungern und Dürsten (vgl. *Mt* 4,2; *Joh* 19,28), sein „Zorn" (*ira*; vgl. *Joh* 2,17), seine „Angst" (*timor*, vgl. Mk 14,33), seine „Traurigkeit" (*tristitia*, vgl. *Mt* 26,38) oder seine „Bewunderung" (*admiratio*, vgl. *Mt* 8,10).[11]

Nicht zuletzt mit Hilfe der aristotelischen Anthropologie – inklusive ihrer Tugend- und Affektenlehre – werden diese Dimensionen des Menschseins Christi für Thomas zu Gegenständen eingehender Untersuchungen.[12] Mit ihnen wird es ihm möglich, Christus als *Urbild und Paradigma des Menschen* zu zeichnen.[13] Mit gutem Recht kann man daher sagen, daß die *Summa theologiae* eine Lehre vom Menschen gleich zweimal enthält: in ihrer eigentlichen Anthropologie im ersten Teil (I 75-102) und in der christologischen Anthropologie im dritten (III 1-59).

Die Menschheit Christi als Instrumentalursache des Heils. – Um die *Bedeutung* verständlich zu machen, die der Menschheit Christi *im Hinblick auf unser Heil* in der Inkarnation, vor allem aber im Geschehen von Leiden, Tod und Auferstehung zukommt – Christus als der Gekreuzigte steht ja im Blickpunkt der Betrachtung – , greift Thomas auf die von den Kirchenvätern überliefer-

[10] Vgl. Thomas, *S.th.* III 14,1 c.: „Weil nämlich die menschliche Natur den Menschen nur so bekannt ist, daß sie solcherart leiblichen Gebrechen unterworfen ist, würde es auch scheinen, daß der Menschensohn, hätte er ohne diese Gebrechen die Menschennatur angenommen, nicht wahrer Mensch geworden wäre, noch wahres Fleisch gehabt hätte."

[11] Vgl. *ebd.*, III 5,3 c.: „Die Evangelisten berichten in den Evangelienberichten, daß Jesus staunte (*miratus est*), daß er zornig (*iratus*) und traurig war (*contristatus*), und daß er Hunger hatte (*esuriit*)."

[12] So ist etwa die Ausführlichkeit der Erörterungen zur *scientia Christi* in insgesamt vier Quaestionen (III 9-12) vom Grundimpuls der aristotelischen *Metaphysik* her zu verstehen, nach deren erstem Satz das Wesen des Menschen darin besteht, von Natur aus nach Erkenntnis zu streben: „Alle Menschen verlangen von Natur zu wissen (*Omnes homines natura scire desiderant*); *Metaphysik* I 1).

[13] Der Gedanke, daß Christus in seiner Menschheit *„dem Menschen den Menschen selbst voll kund macht"*, hat im 20. Jahrhundert v.a, durch die Lehrverkündigung des Vaticanum II (vgl. *Gaudium et spes* Nr. 22) und Papst Johannes Pauls II. Bedeutung erlangt: vgl. *Enzyklika „Redemptor Hominis"* Nr. 8.

te Vorstellung von der *„Instrumentalursächlichkeit“* (*causa instrumentalis*) zurück. Sie wird „der tragende Gedanke der Christologie des Thomas überhaupt“[14]. Demnach ist in der gottmenschlichen Vereinigung das göttliche *Verbum* die „Hauptursache“ (*agens principale*) des Heilsgeschehens, die Menschheit Christi dagegen „Instrument der Gottheit“ (*organum quoddam divinitatis*), „gleichwie man auch den [menschlichen] Leib für das ‚Instrument‘ der Seele (*organum animae*) hält“. So ist

> *die menschliche Natur in Christus derart angenommen, daß sie nach Art eines Instrumentes Tätigkeiten vollbringt, die einzig Gott eignen, wie etwa von Sünden zu reinigen, unseren Geist mit Gnade zu erleuchten und zur Vollkommenheit des ewigen Lebens zu führen.*[15]

Der Begriff der *Instrumentalursache* wird von hier aus für Thomas zugleich zum Schlüsselbegriff, um die Verbindung zwischen der Menschwerdung Christi und den *Sakramenten* deutlich zu machen, d.h. um zu zeigen, wie die Sakramente die Menschwerdung gewissermaßen „fortsetzen“ und „verlängern“. Während sich die Menschheit Christi als ein „eigentümliches und [mit der Gottheit] organisch verbundenes Instrument“ (*instrumentum coniunctum*) kennzeichnen läßt, „wie es beim Verhältnis der Hand zur Seele der Fall ist“[16], handelt es sich bei den Sakramenten um „äußerliche und getrennte Werkzeuge“ (*instrumenta separata*). So ist etwa die Axt oder der Stab ein äußerliches Werkzeug, das zu vielfältigen Tätigkeiten gebraucht werden kann, aber erst durch die Hand als verbundenes Werkzeug bewegt wird und seine eigentliche Bestimmung erhält.

> *Auf diese Weise ist*
> *[1] Gott selbst die hauptsächliche Ursache unseres Heils. Zu ihm verhält sich*
> *[2] die Menschheit Christi wie ein verbundenes Werkzeug,*
> *[3] das Sakrament dagegen wie ein getrenntes Werkzeug.*

---

[14] O.H. Pesch (1988), 328. – Der Gedanke geht wohl v.a. zurück auf Johannes Damascenus, *De fide orthodoxa* 59,20 (ed. Buytaert, 239,199).

[15] Thomas, *S.c.G.* IV 41 (n. 3798), dort ist das Konzept konziser entwikkelt als in der *S.th.*: vgl. III 8,1 ad 1; III 19,1 c; III 48,6 c.; III 62,5 c. – Bemerkenswerterweise wendet Aristoteles dieselbe Bezeichnung (*organon*) sowohl auf die Hand wie auf die menschliche Sprache, das *organon organôn*, an: vgl. *De anima* III 8 (432a1).

[16] Thomas, *S.c.G.* IV 41 (n. 3798).

> *Daher ist es notwendig, daß die heilbringende Kraft von der Göttlichkeit Christi her durch seine Menschheit in die Sakramente einströmt.*[17]

In der Sakramentenlehre liegt der Akzent in dieser Stufung der Ursachen und ihrer Wirksamkeiten v.a. darauf, das *Verbum incarnatum* als erste Ursache und prinzipiell Wirkendes in den Sakramenten sichtbar zu machen, und damit auch von dieser Seite die personale Qualität seiner Gegenwart zumal im Sakrament der Eucharistie herauszustellen.

2. *Vorbild: Der gute Schächer*

Unter den verschiedenen Personen, die in den Passionsberichten der Evangelien genannt werden, scheint die Figur des guten Schächers Thomas nachhaltig beschäftigt zu haben. So begegnet er gleich an mehreren Stellen seines Werks.

Einzig der Evangelist Lukas berichtet ja von jenem Zwiegespräch am Kreuz, in dem besagter Schächer zunächst seinen lästernden Kompagnon zurechtweist („Nicht einmal du fürchtest Gott? Dich hat doch das gleiche Urteil getroffen. Uns geschieht recht, wir erhalten den Lohn für unsere Taten; dieser aber hat nichts Unrechtes getan", *Lk* 23,39), und sich dann an den Gottessohn wendet mit der Bitte: „Jesus, denk an mich, wenn du in dein Reich kommst!" (*Lk* 23,42). Und er empfängt vom ihm die Verheißung: „Amen, ich sage dir: Heute noch wirst du mit mir im Paradies sein." (Lk 23,43).

In der kirchlichen Tradition - in Liturgie und Ikonographie - hat der in den Evangelien namenlos gebliebene gute Schächer vielfältige Beachtung gefunden.[18] In dieser Tradition stehen auch

---

[17] Thomas, *S.th.* III 62,5 c. - Vgl. unten S. 312ff.

[18] Zum Ganzen vgl. E. Lucchesi Palli (1968). - Sein Name wird zuerst im apokryphen *Nikodemusevangelium* (4.h.) mit „Dismas" oder Dumachus" überliefert. Vgl. auch *Acta Pilati* X 2 (ed. Tischendorf, 247). Bei einem bestimmten Typus von Auferstehungsikone führt er mit seinem Schächerkreuz die alttestamentlichen Heiligen an und klopft als erster an der Tür des Paradieses an. In der wohl gegen Ende des 12. Jahrhunderts entstandenen Sequenz der Totenmesse, *Dies irae*, wird er als Gestalt glaubender Zuversicht genannt: „Qui Mariam absolvisti,/ et latronem exaudisti,/ mihi quoque spem dedisti" - „Der du Maria [Magdalena] freigesprochen hast,/ und den Schächer erhört hast,/ hast auch mir Hoffnung gegeben". Die Tatsache, daß seine Reliquien und sein Kreuz im Mittelalter in Bologna in der Kirche Santo Stefano bzw. S. Vitalis et Agri-

die Zitate der verschiedenen Kirchenväter (Ambrosius [339-397], Johannes Chrysostomus [344/9-407] u.a.), die Thomas in der *Catena aurea* zusammenträgt, um seine theologische und geistliche Bedeutung zu erhellen. Unter ihnen verdient die Charakterisierung des guten Schächers bei Gregor dem Großen eigens Aufmerksamkeit. Sie läßt nicht nur ein spezifisch anthropologisches Bewußtsein für die *conditio humana* mitschwingen, die der Schächer verkörpert. Bis in ihre Formulierungen hinein erscheint sie wie ein gedanklicher Rahmen für die Komposition der Strophen 3 und 4, in den Thomas seine Verse einschreibt:

> *Am Kreuz (In cruce) waren Hände und Füße des Schächers durch die Nägel gebunden; nichts war frei von Qualen geblieben als das Herz und die Zunge. Und weil Gott es ihm eingab, brachte er ihm all das dar, was er frei in sich fand (quod in se liberum invenit); so daß er nach dem, was geschrieben ist, mit dem Herzen zu seiner Rechtfertigung glaubte (crederet) und mit dem Mund zu seinem Heil bekannte (confiteretur). Die drei Tugenden, die der Apostel nennt, nahm auch der Schächer, plötzlich von der Gnade erfüllt, an und bewahrte sie am Kreuz.*
> *Den Glauben (fides) hatte nämlich, der glaubte, daß der als Gott herrschen werde, den er mit sich auf gleiche Weise sterben sah;*
> *Die Hoffnung (spes) hatte er, der um den Zutritt zu seinem Reich bat;*
> *und die Liebe (caritas) hielt er noch in seinem Tod lebendig, der dem Bruder und Mit-Schächer, der für ein ähnliches Verbrechen starb, wegen seiner Ungerechtigkeit widersprach.*[19]

Der gute Schächer wird von daher für Thomas zum Vorbild des Glaubens und Betens,[20] des Bekennens und Bereuens („confitens“ und „paeniens“ sind Reimwörter in der 3. Strophe!), der drei göttlichen Tugenden, der Anbetung, ja: des Menschseins überhaupt und seiner eschatologischen Hoffnung.[21]

cola verehrt wurde, mag einen unmittelbaren Bezugspunkt zur Vita des Thomas bieten.

[19] Gregor der Große, *Moralia in Iob* XVIII 40 (CCL 143A,929,96-930,110).

[20] Vgl. Thomas, *Coll. in Orat. Dom.* prol. (n. 1025): „[Das Gebet] befreit von den begangenen Sünden [...]. So hat der Schächer am Kreuz gebetet und Lossprechung gefunden.“

[21] Als Beispiel einer geistlichen Haltung, ja als Vorbild für die eigene Lebensform wird der gute Schächer auch in Thomas, *S.th.* III 46,11 c. beschrieben.

In den Ausführungen zu den Letzten Dingen am Ende der *Summa contra Gentiles* ist das Schicksal des Schächers so biblischer Beleg dafür, daß die Seelen unmittelbar nach der Trennung vom Leibe im Tod sogleich ihren Lohn oder ihre Strafe empfangen:

> *Sobald also die heilige Seele vom Leibe getrennt ist, schaut sie Gott tatsächlich. Hierin besteht die höchste Glückseligkeit.*[22]

Die wohl eindrücklichste Auslegung des Thomas zur Gestalt und zur Bedeutung des guten Schächers freilich findet sich erneut in den *Collationes in Symbolum Apostolorum.* Sie rührt zugleich an jenes Geheimnis, in dem es, so Thomas, vor allem der Herr war, der „alles getan hat, nicht im Blick auf die gute Absicht des Schächers, sondern auf seine eigene Barmherzigkeit"[23], und „die gewährte Gnade die Bitte übertrifft, denn der Herr gibt immer mehr als worum gebeten wird"[24]:

> *Als nämlich die Seite Christi geöffnet wurde, ist das Tor zum Paradies geöffnet worden, [...] und die Verbannten werden ins Königreich zurückgerufen.*
> *Daher wird auch sogleich zum Schächer gesagt: „Heute noch wirst du mit mir im Paradies sein". Dies ist nicht einstmals gesagt worden. Es wurde nämlich nicht zu irgend jemandem gesagt – nicht zu Adam, nicht zu Abraham, nicht zu David –, sondern heute, als nämlich die Pforte geöffnet ist, erbittet der Schächer Verzeihung und findet sie. „Wir haben also Zuversicht, durch das Blut Christi in das Heiligtum einzutreten" (Hebr 10,19).*[25]

Dieses *„Heute"*, das auch an anderen Stellen der Heiligen Schrift begegnet, ist es, das eine unmittelbare Gleichzeitigkeit der Identifikation ermöglicht. In ihr ist der Rahmen der Zeitlichkeit insgesamt überschritten. Das „Heute" des Gekreuzigten ist ein „Heute", das aus der Ewigkeit in die Zeit hineinreicht – und damit über den

[22] Vgl. Thomas, *S.c.G.* IV 91 (n. 4253). – Auch wenn der Schächer noch nicht die Erfüllung aller Verheißungen empfangen hat, die der endgültigen Vollendung am jüngsten Tag vorbehalten ist, so ist er wie die Heiligen doch im Himmelreich und im Paradies. – So gilt die Stelle *Lk* 23,39-43 in der theologischen Tradition als *locus classicus* der sog. „Individualeschatologie" und des „besonderen Gerichts", die Weltgerichtsrede *Mt* 25, 31-46 dagegen als Belegtext für die sog. „Kollektiveschatologie" oder das „allgemeine Gericht".

[23] Johannes Chrysostomus nach Thomas, *Catena aurea* in *Lk* 24.

[24] Ambrosius, *Expositio evangelii secundum Lucam* XXII n. 121 (PL 15,1834A).

[25] Thomas, *Coll. in Symb. Apost.* 4 (n. 918).

Tod hinaus eine absolute Zukunft eröffnet. Zugleich rührt dieses „Heute" des Gekreuzigten an das ewige Heute, in dem das Wort, der göttliche Sohn, aus dem Vater hervorgeht: „Mein Sohn bist du, *heute*, habe ich dich gezeugt" (*Ps* 2,7).[26]

Es ist dabei - nebenbei bemerkt - wiederum typisch für Thomas und seinen zurückhaltenden Charakter, von dem eingangs die Rede war, daß er, indem er sich die Bitte des Schächers zu eigen macht, wiederum eine indirekte Formulierung wählt: Statt die Bitte „Denk an mich, wenn du in dein Reich kommst!" direkt zu nennen, spricht er nur umschreibend von dem, „worum der reuige Schächer bittet".

3. *Vorbild: Der Apostel Thomas*

Von weitaus größerer Unmittelbarkeit ist demgegenüber in Strophe 4 die Identifikation mit dem Apostel Thomas, dem „zweifelnden Apostel" (*discipulus dubitans*)[27], wie der Aquinate seinen Namenspatron nennt.[28]

In den Evangelien begegnet Thomas, genannt „Didymus" („Zwilling") außer in den Apostellisten (vgl. *Mt* 10,3; *Mk* 3,18; *Lk* 6,15; ferner *Apg* 1,13) bei *Johannes* dreimal: (1) vor dem letzten Aufbruch nach Judäa und der Auferweckung des Lazarus mit der Aufforderung an die anderen Jünger: „Laßt uns mit ihm [Christus] hingehen, um mit ihm zu sterben" (*Joh* 11,16),[29] (2) im Abendmahlssaal am Gründonnerstag mit der Frage: „Herr, wir wissen nicht wohin du gehst. Wie können wir dann den Weg kennen?" (*Joh* 14,5), auf die Jesus mit dem o.g. „Ich bin"-Wort antwortet, sowie (3) nach der Auferstehung. Hier rückt er in den Mittelpunkt, als er bei der Erscheinung Jesu zunächst abwesend ist und diese anzweifelt, ehe er bei einer Begegnung mit dem Auferstandenen selbst zum Glauben an ihn kommen darf (vgl. *Joh* 20,24-29).[30]

---

[26] Vgl. Thomas, *Super Ps.* 2 (n. 5): „Denn ‚heute' bezeichnet die Gegenwart, und was ewig ist, ist immer." - Vgl. *Super Ad Hebr.* I 3 (n. 49): „Und er verbindet mit der Gegenwart (*praesens*) die Vergangenheit (*praeteritum*), nämlich ‚heute' und ‚ich habe gezeugt', damit du weißt, daß diese Zeugung immerwährend ist und vollkommen, und so wird im ‚heute' das Andauern (*permanentia*), im ‚ich habe gezeugt' aber die Vollkommenheit (*perfectio*) bezeichnet."

[27] Vgl. Thomas, *Super Ioan.* XX 5 (n. 2545; 2549).

[28] Auch sein Biograph Wilhelm von Tocco bringt Thomas mit dem Apostel in Verbindung vgl. *Historia* 16 (Z. 72-79).

[29] Zur doppelten Deutemöglichkeit dieses Wortes vgl. Thomas, *Super Ioan.* XI 3 (n. 1504).

[30] Zu Gestalt und Biographie des Apostels Thomas und zu seiner Re-

Auch im *„Adoro te devote"* steht der zweifelnde Apostel im Zentrum, ja, er begegnet - ich deutete es oben bereits an - genau in der Mitte des Hymnus und wird damit zu einer Integralfigur, die das Grundthema des Textes gewissermaßen „personifiziert": Der Apostel wollte, wie Thomas ausdrücklich bemerkt, „mit zwei Sinnen glauben": Sein Anspruch, die Male der Nägel an Christi Händen zu *sehen* und seine Male bzw. seine Seite mit Finger und Hand zu *berühren*, statt auf die Botschaft der anderen Jünger zu *hören* und ihr zu *glauben*, klingen wie ein Echo zum 1. Vers der 2. Strophe, d.h. dem Versuch, mit den Sinnesvermögen des *visus* und des *tactus* einen Zugang zum auferstandenen bzw. eucharistischen Herrn zu finden. Und auch für den Apostel ersetzt die Möglichkeit, Christus schließlich zu sehen und zu berühren, mit der dieser sozusagen die von Thomas gestellten „Bedingungen" („Wenn ich nicht das Mal der Nägel an seinen Händen sehe und wenn ich meinen Finger nicht in das Mal der Nägel und meine Hand nicht in seine Seite lege, glaube ich nicht", *Joh* 20,25) erfüllt, keineswegs den Akt des Glaubens, zu dem ihn Christus selbst auffordert („Sei nicht ungläubig, sondern gläubig", *Joh* 20,27), und der in den Akt der Anbetung mündet:

> *Eines sah er (vidit), und ein anderes glaubte er (credidit):*
> *- Er sah den Menschen (hominem) und die Wundmale,*
> *- und er glaubte daraufhin die Göttlichkeit (divinitatem) des Auferstandenen.*[31]

So ist es nicht verwunderlich, daß Thomas der Gestalt seines Namenspatrons in seinem *Johannes-Kommentar* eine feinsinnige psychologische Charakterisierung widmet, die bei der Deutung seines Namens wie seines Beinamens „Didymus" beginnt:

(1) „Thomas" bedeutet „Abgrund" (*abyssus*): „Im Abgrund aber findet sich zweierlei: Tiefe (*profunditas*) und Finsternis (*obscuritas*)."[32] So ist damit auf die Finsternis des „Unglaubens" (*infidelitas*) hingedeutet, darüber hinaus aber auch auf die Tiefe der persönlichen Begegnung, die sich zwischen ihm und Christus vollziehen wird.[33]

---

zeption in Theologie, Liturgie und Ikonographie vgl. Jakob de Voragine, *Legenda aurea* 5 (FC, I,155-173); G.M. Lechner (1968). - Zur Interpretation durch Thomas von Aquin vgl. M. Schlosser (2016).

[31] Thomas, *Super Ioan.* XX 6 (n. 2563) als Differenzierung der Jesus-Wortes „Weil du mich gesehen hast, glaubst du" (*Joh* 20,29). - Vgl. auch *S.th.* II-II 1,4 ad 1: „Eines hat er gesehen, ein anderes geglaubt."

[32] Thomas, *Super Ioan.* XX 5 (n. 2546).

[33] Vgl. *ebd.* im Anschluß an *Ps* 41,8 (*Abyssus abyssum invocat* - „Der Ab-

(2) Der Beiname „Zwilling“ weist darüber hinaus auf die psychologische Qualität des Zweifels hin: Der Zweifel besagt ja eine gewisse „Doppeltheit“ im Urteil über einen Sachverhalt.[34]

Thomas bewertet den Zweifel des Apostels keineswegs positiv (wenn er ihn auch für entschuldbar hält). So spricht er von einem „unnachgiebigen Zweifel des Thomas“ (*obstinata Thomae dubitatio*)[35] und schreibt seiner Forderung eine gewisse *Härte* im Hinblick auf den Glauben, ja: eine Unvernunft hinsichtlich der Fähigkeit, zu bitten, zu (*durus fuit ad credendum, et irrationabils ad petendum*).[36]

Daher hat die Erscheinung des Auferstandenen auch nicht nur den Charakter einer „Bestätigung“ (*confirmatio*), sondern auch und in erster Linie eines „Zurückrufens“ (*revocatio*) des zweifelnden Jüngers.[37] Ähnlich wie der Schächer gilt auch der Apostel Thomas als ein „Gefallener“ (*lapsus*), dem Christus aufhilft und ihm „Erbarmen“ (*pietas*) erweist.[38] Und wie der Schächer bedarf Thomas eines eigenen Aktes der *Umkehr*.

Gerade die Schwäche des Apostels kann gleichwohl dem Nutzen und der Erbauung der Gläubigen dienen:[39]

> *Mehr war uns der Unglaube des Thomas zum Glauben nützlich, als der Glaube der anderen Jünger,*

zitiert Thomas so wiederum ein Wort Gregors des Großen.[40]

---

grund ruft dem Abgrund zu“): „‚Der Abgrund‘ der Tiefe, nämlich Christus, ‚ruft den Abgrund‘ der Finsternis, nämlich Thomas, erbarmend (*miserando*); und ‚der Abgrund‘ der Hartnäckigkeit (*obstinatio*), nämlich Thomas, ‚ruft den Abgrund‘ der Tiefe, nämlich Christus, bekennend (*confitendo*).“

[34] Vgl. *ebd.* (n. 2546).

[35] Vgl. *ebd.* (n. 2549). Mehrfach ist von der „Trägkeit“ (*tarditas*) des Thomas die Rede.

[36] Vgl. *ebd.* (n. 2550). – Überdies stellt er die Haltung des Zweifels in den Zusammenhang eines gewissen Einzelgängertums des Thomas, der sich von der Gemeinschaft der Glaubenden getrennt hat: vgl. *ebd.*, (n. 2547); (n. 2553).

[37] Vgl. Thomas, *S.th.* III 14,1 c.: „Durch den Anblick der Wunden wurde er zum Glauben zurückgerufen (*ad fidem est revocatus*)“. – Vgl. *Catena aurea*: „Zuerst weist er ihn zurecht bzw. macht ihm einen Vorwurf, dann belehrt er ihn.“

[38] Vgl. Thomas, *Super Ioan.* XX 6 (n. 2555): Dieses Erbarmen zeigt sich nicht nur darin, daß er zuläßt, daß seine Auserwählten in Bedrängnisse geraten, sondern auch, daß er ihnen schnell aufhilft, wenn sie fallen; vgl. *ebd.*, XX 5 (n. 2547).

[39] Vgl. *ebd.*, XX 6 (n. 2550).

[40] Vgl. *ebd.*, XX 5 (n. 2547). – Gregor der Große, *Homiliae in Evangelia* XXVI 7 (224,167f.).

Und die bleibende Bedeutung der Gestalt des Thomas liegt eben darin,

> *daß der zweifelnde Apostel, indem er an seinem Lehrer die Wunden des Fleisches berührt [und an seine Göttlichkeit glaubt], in uns die Wunden des Unglaubens heilt.*[41]

In dieser Weise kann er Beispiel des Glaubens und Vorbild für die Gläubigen sein.

Ob der zweifelnde Jünger die verklärten Wundmale, die die Identität von Gekreuzigtem und Auferstandenem verbürgen,[42] tatsächlich berührt hat oder bereits durch die bloße Anschauung des Auferstandenen zum Glauben gekommen ist, läßt Thomas offen. Bemerkenswert in den thomanischen Auslegungen sind dagegen überdies nicht nur die *eucharistischen Konnotationen*, mit denen er die Vorstellungen der leiblichen Gegenwart Christi und das Berühren seines Leibes verbindet.[43] Vor allem ist zu beachten, daß Thomas die Begegnung mit dem Auferstandenen in den Horizont der *endzeitlichen Begegnung mit dem verherrlichten Christus* und damit in den Zusammenhang der *ewigen Glückseligkeit* rückt:

> *Diese Erscheinung bezeichnet für uns jene, die uns in der Herrlichkeit erscheinen wird: „Wenn er offenbar wird, werden wir ihm ähnlich sein, denn wir werden ihn schauen wie er ist."*[44]

Als Gegenstand der Hoffnung wird diese Glückseligkeit im *„Adoro te devote"* ebenso zum Thema des Gebetes, wie der Weg dorthin, der für Thomas mit den drei Tugenden des Glaubens, der Hoffnung und der Liebe vorgezeichnet ist.[45] So findet die eigentümliche Unmittelbarkeit der Betrachtung dieser 4. Strophe zu einem gesteigerten Schlußpunkt, wenn

---

[41] *Ebd.* – Vgl. Gregor der Große, *Homiliae in Evangelia* XXVI 8 (CCL 141, 225,188ff.: „‚Selig sind, die nicht sehen und doch glauben.' Mit diesem Satz sind ganz besonders wir gemeint, die wir ihn nicht mit den leiblichen Augen sehen, aber im Geist festhalten."

[42] Vgl. *Thomas, Super Ioan.* XX 6 (n. 2560): Als solcher tritt der Auferstandene ihm entgegen mit der Aufforderung: „Erkenne, daß ich derselbe bin, der am Kreuze hing (*Cognosce me illum eumdem esse qui pependit in cruce*)."

[43] Vgl. *ebd.* (n. 2559).

[44] *Ebd.* (n. 2552).

[45] Daher bezeichnet Thomas jene Glückseligkeit, die Jesus schon jetzt denen verheißt, „die *nicht* sehen und doch glauben" (*Joh* 20,29), als „Glückseligkeit der Hoffnung" (*beatitudo spei*): vgl. *ebd.* (n. 2566).

Thomas seine abschließende Bitte nun nicht mehr nur umschreibend, sondern in direkter Weise formuliert: „Fac me tibi semper magis credere, in te spem habere, te diligere".

In den Betrachtungen zur eucharistischen Gegenwart Christi in den Strophen 3 und 4 sind wiederum grundlegende Motive präsent, die für das Denken des Thomas von prägender Bedeutung sind. Den starken persönlichen Zügen der Verse entsprechend betreffen diese Motive seine Berufung zum Predigerbruder wie seine Tätigkeit und Aufgabe als Lehrer.

(1) In der starken Hervorhebung des *Kreuzes*, mit der Strophe 3 einsetzt, läßt sich so jene besondere Betonung der Kreuzesnachfolge wahrnehmen, die Thomas im Ideal des Dominikanerordens, in einem Leben in radikaler Armut und Wanderpredigt, verwirklicht sieht.

(2) Und in den Worten des Apostels Thomas vor dem auferstandenen Christus erkennt er nicht nur den zum Glauben gekommenen Jünger, sondern zugleich auch den „guten Theologen" (*bonus theologus*), der mit seinem Bekenntnis das Zentrum und den Ursprung aller christlichen Glaubenslehre formuliert.[46]

So führen die Strophen 3 und 4 des *„Adoro te devote"* hin zum persönlichen Selbstverständnis des Thomas, aus dem er gelebt und gewirkt hat, und lassen seine „doppelte" Berufung anklingen: als Mendikant in der Nachfolge des Gekreuzigten und als Magister in der Tradition der Apostel. Mit ihnen verbunden sind

(1) einerseits die existentielle wie theologische Rechtfertigung des Standes der Predigerbrüder (Kapitel 3),

(2) andererseits die Beschreibung der Tätigkeit als Lehrer, die Unterscheidung seiner verschiedenen akademischen Aufgaben und der aus ihnen erwachsenen Schriften sowie die Skizzierung des Entwurfs der Theologie als Wissenschaft und ihrer Themen, die schließlich – wie die Verse der 4. Strophe des *„Adoro te devote"* – in den drei göttlichen Tugenden des Glaubens, der Hoffnung und der Liebe ihren Nukleus und Zielpunkt finden (Kapitel 4).

---

[46] Vgl. oben S. 34 und S. 167f.

Kapitel 3

Mendikant in der Nachfolge des Gekreuzigten

Es gibt gute Gründe anzunehmen, daß die erste und grundlegende Motivation, die Thomas von Aquin im Jahre 1244 im Alter von etwa 19 Jahren in Neapel zum Eintritt in den Dominikanerorden bewegt hat, vor allem die *Faszination für das Ideal radikal gelebter Armut* war, das er bei den Brüdern des hl. Dominikus vorfand: Man wollte das apostolische Leben, wie es in der Heiligen Schrift durch das Beispiel Christi und seiner Jünger bezeugt war, in möglichst buchstäblicher Weise nachahmen.

Mit diesem Anliegen bewegten sich die Dominikaner bewußt auf den Spuren der evangelischen Armutsbewegung, die sich im Anliegen einer Erneuerung der Kirche aus ihren Ursprüngen seit dem 12. Jahrhundert in Südfrankreich und Nordspanien gebildet hatte, im Laufe der Zeit jedoch in ihrer Radikalität in Irrlehre und Ketzerei abgeglitten war.[1] In der argumentativen Auseinandersetzung mit ihr liegen ja auch die allerersten Anfänge des Ordens. Zu „leben wie die Ketzer, aber [...] [zu] lehren wie die Kirche" (H. Grundmann), war die Absicht, mit der Dominikus diese zeitgeschichtliche Dynamik

[1] Vgl. J. Pieper (2001a), 174f.: „In dieser Vorgeschichte verknüpfen sich [...] zwei Elemente: [1] Die *Katharer*, die sich selbst so nennen, [...] die ‚Reinen' [...] sind die Erben des alten und wohl nie völlig überwindbaren Manichäismus, der die Materie und alles Materielle als böse versteht, den Leib, die Ehe, den Staat, die sichtbaren religiösen Institutionen, die Sakramente. Der Asket ist ihnen *die* Repräsentation der Vollkommenheit; und die Askese geht bis zu dem Äußersten des freiwilligen Hungertodes. [...] – [2] Die *waldensische* Bewegung ist zunächst völlig orthodox, wird aber, auch durch das Versagen der offiziellen Kirche, in die Häresie abgedrängt. Der Name leitet sich her von einem Lyoneser Kaufmann Petrus Waldes, der in einem Hungerjahr, 1176, sein Vermögen verschenkt und nach dem wörtlich verstandenen Gebot Christi, also nach dem Evangelium, zu leben sucht und eine Gemeinschaft von Gleichgesinnten um sich sammelt. Ihre Kennzeichen sind Armut, Bibellesung, Wanderpredigt. – Diese beiden Ströme vermischen sich miteinander auf vielfache Weise, vor allem in Südfrankreich, wo eine mächtige Volksbewegung daraus wird, die meist, nach der Stadt Albi, Albigenserbewegung genannt wird."

in kirchliche Bahnen gelenkt hatte. Allerdings lag der vorrangige Zweck der Ordensgründung – dies muß ausdrücklich betont werden – weniger in der Ketzerbekämpfung, als in *Predigt* und *Seelsorge zum Heil der Seelen*.[2] So heißt es im Prolog der ältesten Konstitutionen von 1218:

> *Denn bekanntlich ist unser Orden von Anfang an insbesondere zur Predigt und zum Heil der Seelen (specialiter ob praedicationem et animarum salutem) gegründet worden.*[3]

Der Verzicht auf jeglichen Luxus und ein Leben in radikaler Armut, bei dem die Brüder einzig von Betteln und Predigt abhängig waren, bedeuteten in der Konzeption eines Ordens – ich sagte es bereits zu Beginn[4] – ein vollkommenes Novum, ein Novum allerdings, das zu jener Zeit gerade auf viele Studenten und Söhne aus höheren Ständen, aber auch auf Intellektuelle und Professoren[5] eine besondere Faszination und Anziehungskraft ausübte und binnen weniger Jahrzehnte zum enormen Wachstum des Ordens beitrug. Zumal unter dem ersten Nachfolger des Dominikus, Jordan von Sachsen (1190-1237), kam es „zu einer regelrechten Eintrittswelle, in der sich viele bestens ausgebildete Männer den Predigerbrüdern anschlossen“[6]. Der

---

[2] Historische Quellen zu den Anfängen des Predigerordens sind neben den *Constitutiones antiquae* von 1216 und einer Reihe von Urkunden v.a. der *Libellus de principiis ordinis praedicatorum* (1221/33) des Jordan von Sachsen und die *Vitae Fratrum Ordinis Praedicatorum* (1254/58) des Gerhard von Frachet. – Moderne Überblicke bieten S. Tugwell (1997) und P. Hellmeier (2007).

[3] *Constit. antiq.* prol. (ed. Thomas, 311). – Er entsprach damit zugleich ganz den Reformbemühungen der kirchlichen Seelsorge, die seit dem IV. Laterankonzil 1215 vor allem die Heiligung des *einzelnen Gläubigen* zum Ziel hatte. – Zum Ganzen vgl. J. Oberste (2016), 43-46.

[4] Vgl. oben S. 23-26.

[5] So war der erste Dominikaner, der an der Pariser Universität einen Lehrstuhl erhält, Roland von Cremona (1178-1259), ursprünglich renommierter Philosophieprofessor in Bologna gewesen, und der Übertritt eines Professors aus dem Weltklerus, Johannes von St. Gilles (+ nach 1258), in den Predigerorden, dem damit an der Universität Paris ein weiterer Lehrstuhl samt der damit verbundenen Pfründe zuviel, gehört zur Vorgeschichte des „Mendikantenstreits“ (vgl. S. 190ff.). In einem Brief aus Paris von 1226 notiert Jordan von Sachsen: „Während der ersten vier Wochen meiner Anwesenheit sind einundzwanzig Brüder eingetreten; sechs davon sind Doktoren der Artistenfakultät“ (zitiert nach J. Pieper [2001a], 179).

[6] P. Hellmeier (2016), 19. – So umfaßte etwa die Provinz Teutonia bis 1300 1.300 Konvente an 95 Orten: vgl. W. Hoyer (2016), 69f.

Orden der Dominikaner wurde so zum „Anziehungspunkt für die bedeutendsten Köpfe seiner Zeit“[7].

1. Die Berufung des Thomas

In den Schriften des Thomas finden sich verschiedentlich Aussagen, die sich wie Reflexe der eigenen biographischen Erfahrungen seiner Berufung zu dieser Lebensform lesen lassen. So nennt er etwa an einer Stelle als zentrale Kriterien, die einen jungen Mann zum Ordenseintritt bewegen sollten, *zum einen* das Hören auf das uns anredende Wort Gottes in der Heiligen Schrift, *zum anderen* das Sprechen Gottes in unserem Inneren durch den *instinctus Spiritus Sanctus*.[8]

Zumal das biblische Wort Gottes zeigt sich damit für Thomas in einer Relevanz, die über die oben beschriebene *intellektuelle* Bedeutung für die Wahrheitserkenntnis noch einmal hinausgeht und in *existentieller Weise* zum Kriterium für die eigene Lebensentscheidung wird: Thomas versteht es als unmittelbare Aufforderung zu einem Leben nach den Weisungen Christi, des fleischgewordenen Wortes, die es in möglichst ursprünglicher Weise in die Praxis umzusetzen gilt. Das entscheidende Schlüsselmotiv, das in diesem Zusammenhang wiederholt auftaucht, ist das von Hieronymus (347-420) geprägte Wort:

> *Nackt dem nackten Kreuze nachfolgen (nudam crucem nudus sequi).*[9]

Armut und „Nacktheit“ der Lebensweise Christi, die in der „Nacktheit des Kreuzes“ schließlich ihren Höhepunkt erreichen, sind es, die in der „Nachfolge“ (*sequela*) der Predigerbrüder so wörtlich wie möglich nachgeahmt werden sollen:

> *Dieser Nacktheit des Kreuzes aber folgen Menschen durch freiwillige Armut, und insbesondere jene, die auf Besitz völlig verzichten.*[10]

---

[7] J. Pieper (2001a), 217.

[8] Vgl. Thomas, *Contra retrah.* 9 (Z. 103-207). Von hier aus erklärt sich wohl nicht zuletzt die besondere Bedeutung, die Thomas den Gaben des Heiligen Geistes (vgl. *Jes* 11,1f.) in seiner Tugendlehre zuschreiben wird; vgl. dazu U. Horst (2017), v.a. 9-24.

[9] Vgl. v.a. Thomas, *Contra retrah.* 15 (Z. 102), ferner 9 (Z. 135). – Hieronymus, *Epistula 58: Ad Paulinum* n. 2 (PL 22,580). – Vgl. U. Horst (2017), 60: Der Text des Kapitels „liest sich wie eine hymnisch-mystische Meditation, in der sich der Autor wie sonst nirgendwo öffnet“.

[10] Thomas, *Contra retrah.* 15 (Z. 89-97): „Unter allen Kennzeichen des

Schon sein ältester Biograph, Wilhelm von Tocco, berichtet von einer *besonderen Verehrung des Gekreuzigten*, die Thomas als zentrales Element seines geistlichen Lebens gepflegt hat.[11] Das Kreuz war für ihn Zufluchtsort bei schwierigen akademischen Fragen,[12] und auch außergewöhnliche Gebetserfahrungen und Visionen sind mit dem Gebet vor dem Gekreuzigten verbunden – etwa jene, in der Christus ihm beschieden haben soll: „Du hast gut von mir geschrieben (*Bene scribsisti de me*)."[13] Diese Kreuzesverehrung liegt ganz auf der Linie der Spiritualität des Ordensvaters Dominikus, in welcher das Kreuz und der Gekreuzigte eine hervorragende Stellung einnahmen.[14]

Aus dem Kölner Dominikanerkloster Heilig Kreuz, in dem Thomas während seiner Kölner Studienjahre lebte, ist ein hochgotisches Holzkreuz erhalten, das Albertus Magnus hatte anfertigen lassen, um die Kreuzesreliquien aufzubewahren, die König Ludwig IX. (1226-1270) ihm vor seinem Aufbruch in Paris überlassen hatte. Es ist gut möglich, daß der junge Thomas vor diesem Kreuz, das zwischen Langhaus und Chor der inzwischen abgerissenen Klosterkirche aufgehängt war, meditiert und gebetet hat.

Zum ersten Mal seit der Antike wird in der gotischen Plastik ja die menschliche Natur wieder in realistischer Weise zum Thema, und die *Individualität* und *Personalität* des Menschen kommen besonders zur Darstellung. Der gemessene, geradezu verinnerlichte Ausdruck des Gekreuzigten und die ausgewogene Darstellung von göttlicher und menschlicher Natur, in der

---

Kreuzes (*crucis insignia*) aber erscheint vor allem die völlige Armut, in welcher er äußerer Dinge beraubt ist bis zur Nacktheit des Leibes (*usque ad corporis nuditatem*)." – In den Akten des Heiligsprechungsprozesses wird Thomas dabei wiederholt als „besonderer Liebhaber der Armut" (*praecipuus pauperitatis amator*) gekennzeichnet.

[11] Vgl. Wilhelm von Tocco, *Historia* 48 (Z. 21); 34 (Z. 11); 38 (Z. 17f.); 52 (Z. 20). – Vgl. hierzu ferner Thomas, *S.th.* III 25,4; III 46,4 c. –Treffend zeigt eines der bekanntesten Bildnisse Thomas unter dem Kreuz: vgl. das Fresko „Die Kreuzigung" von Fra Angelico im Kloster San Marco, Florenz; vgl. dort verschiedene Fresken in den Zellen, die Thomas in der Anbetung vor dem Gekreuzigten zeigen: vgl. M. Scudieri (2004). – Im Ganzen nennt J.-P. Torrell (1995), 299f., drei Elemente, die für die Spiritualität des Thomas charakteristisch waren: (1) die enge Verbindung von Gebet und Studium, (2) die Verehrung der Eucharistie (allerdings noch nicht des Allerheiligsten), sowie (3) die Verehrung des Kruzifixes.

[12] Vgl. Wilhelm von Tocco, *Historia* 52 (Z. 20f.)

[13] Vgl. *ebd.* 34 (Z. 9-12); vgl. 52 (Z. 30).

[14] Vgl. hierzu nicht zuletzt die neun Gebetsweisen des hl. Dominikus: *Modi orandi S. Dominici* (mit farbigen Illustrationen), ed. Boyle.

gerade die letztgenannte hervortritt, mögen nicht nur Thomas' Blick auf den Menschen geprägt und ihm einen Sinn für die *conditio humana* vermittelt haben, sondern sind auch für sein Konzept von Personalität von Bedeutung gewesen. In diesem Sinne hat R. Spaemann auf die eigentümliche Weise hingewiesen, in der die christliche Kunst immer wieder versucht hat, „die Würde des Gekreuzigten in der Situation objektiver Würdelosigkeit", die der Vorgang der Kreuzigung intendiert, nun eben doch sichtbar zu machen.

> *Der Gekreuzigte bleibt so für die Jahrtausende den Blicken preisgegeben – nun aber als Gegenstand der Anbetung. Das Kreuz ist der Schritt zur radikalen Verinnerlichung des Würdebegriffs, zur Besinnung auf das, was sich im Phänomen des Würdevollen zugleich zeigt und verbirgt.*[15]

Als nicht unwesentlich erscheint es, in diesem Zusammenhang zu erwähnen, daß Thomas sich bei der Abfassung des *„Adoro te devote"* auf Vorlagen stützte, die er in der reichhaltigen Literatur frühmittelalterlicher Hymnen zur Kreuzverehrung fand.[16]

Einen guten Eindruck der thomanischen Spiritualität des Kreuzes, die um den Begriff der *„Demut"* (*humilitas*) Christi als Vorbild der eigenen Lebenshaltung kreist,[17] gibt eine Passage aus den *Collationes in Symbolum Apostolorum*:

> *Wer immer vollkommen leben will, soll nichts anderes tun, als geringschätzen, was Christus am Kreuz geringschätzte, und begehren, was Christus begehrte.*
> *Denn kein Vorbild irgendeiner Tugend ist dem Kreuze fern.*
> *- Wenn du das Vorbild der Liebe (exemplum caritatis) suchst: „Eine größere Liebe hat niemand, als wer sein Leben für seine Freunde dahingibt" (Joh 15,13). Das hat Christus am Kreuze getan. [...]*
> *- Wenn du ein Beispiel der Geduld (exemplum patientiae) suchst, die höchste Geduld findest du am Kreuze. [...]*
> *- Wenn du ein Beispiel der Demut (exemplum humilitatis) suchst, schau auf den Gekreuzigten. [...]*
> *- Wenn du ein Beispiel des Gehorsams (exemplum oboedientiae) suchst, folge dem, der dem Vater bis zum Tode gehorsam geworden ist. [...]*

---

[15] R. Spaemann (2002), 111.

[16] Vgl. R. Wielockx (2007), 129-133.

[17] Vgl. hierzu insbesondere die Auslegung zu *Phil* 2,5-11 in:Thomas, *Super Ad Phil.* II 2-3 (n. 51-73).

> – *Wenn du ein Beispiel für die Geringschätzung des Irdischen (exemplum contemnendi terrena) suchst, folge dem, der der König der Könige und der Herr der Herrscher ist, in dem die Schätze der Weisheit sind. Folge dem, der dennoch am Kreuze entkleidet, verspottet, bespieen, geschlagen, mit Dornen gekrönt, mit Galle und Essig getränkt worden und gestorben ist. – Also hafte*
> – *nicht an den Kleidern und am Reichtum, denn „sie haben meine Kleider unter sich geteilt" (Ps 22 [21],19);*
> – *nicht an Ehre, denn „ich habe Spott und Schläge erfahren";*
> – *nicht an Würde, denn „sie flochten eine Krone aus Dornen und setzen sie mir auf das Haupt";*
> – *nicht an Genüssen, denn „sie tränkten mich in meinem Durst mit Essig" (Ps 69 [68],22).*[18]

Geleitet vom Blick auf den gekreuzigten Christus hat Thomas das Ideal des armen Lebens der Predigerbrüder mit Entschiedenheit, ja: Leidenschaftlichkeit verteidigt – und zwar sowohl *existentiell* (Abschnitt 2), als auch *akademisch* (Abschnitt 3).

2. Die existentielle Verteidigung der Entscheidung für den Predigerorden

Schon zu Thomas' Lebzeiten kursierten in der ordenseigenen Literatur der Predigerbrüder Berichte von seiner Gefangensetzung durch die Familie auf der Burg Monte San Giovanni (und möglicherweise auch auf der Burg Roccasecca), die den Zweck verfolgte, ihn von einem Ordenseintritt abzubringen.[19] Demnach war er als junger Dominikanernovize auf dem Weg von Rom nach Bologna von seinen leiblichen Brüdern überfallen und für etwa zwei Jahre in Haft genommen worden. Eine offenbar ambivalente Rolle bei diesen familiären „Interventionen" gegen den Ordenseintritt spielte die Mutter Theodora.[20]

Bekannt ist die unterschiedlich ausgeschmückte Erzählung vom Versuch, Thomas während seiner Haft dadurch zu beeinflussen, daß man ihm zu Verführungszwecken eine Kurtisane in

---

[18] Thomas, *Coll. in Symb. Apost.* 5 (n. 920-924).

[19] Vgl. Gerhard von Frachet, *Vitae fratrum* IV 17 § 3 (ed. Ferrua, 379, n. 186): ohne Namensnennung; ausgeschmückter dann bei Thomas von Cantimpré, *Bonum universale de apibus* I 20, n. 10 (ed. Ferrua, 387f., n. 190; schließlich Wilhelm von Tocco, *Historia* 10 (Z. 1-25).

[20] Zur historischen Rekonstruktion der z.T. divergierenden Berichte der Biographen vgl. J.-P. Torrell (1995), 30-34; U. Horst (2017), 20-24.

sein Gefängnis schickte, die Thomas allerdings kurzerhand mit einem brennenden Holzscheit hinausbeförderte.[21] Es mag die Erinnerung an seine mit der Gefangenschaft verbundenen Begebenheiten gewesen sein, mit der Thomas Jahre später seine Ratschläge für diejenigen formulierte, die von Gott zu einem religiösen Leben berufen sind, dabei aber Widerstände erfahren:

> *Erstens in Zweifel zu ziehen, daß dasjenige, was Christus geraten hat, das Bessere ist, ist ein Sakrileg. Dagegen in Zweifel zu ziehen, ob man wegen der Traurigkeit der Freunde oder des Verlustes zeitlicher Dinge die Absicht, in das Ordensleben einzutreten, aufgeben darf, ist das Ansinnen eines noch in fleischlicher Liebe verfangenen Geistes.*
> *Daher schreibt Hieronymus im Brief an Heliodor: „Selbst wenn [...] deine Mutter mit ungepflegten Haaren und zerzauster Kleidung dir die Brüste zeigt, die dich genährt haben, oder dein Vater sich an deiner Schwelle niederwirft: geh mit dem Schuhwerk über deinen Vater hinweg und eile trockenen Auges zum Banner des Kreuzes (ad vexillum crucis evola). Nur Ehrerbietung ist in dieser Sache grausam." Und später fügt er hinzu: „Der Feind nimmt das Schwert, um mich zu vernichten, und ich soll der Tränen meines Vaters gedenken? Soll ich wegen des Vaters den Kriegsdienst (militia) aufgeben, den ich Christi wegen nicht begraben soll?"*[22]

---

[21] Vgl. Wilhelm von Tocco, *Historia* 11 (Z. 2-27), der davon berichtet im Anschluß daran von einer „Gürtung durch einen Engel" im Schlaf, um ihn so künftig unverwundbar zu machen gegen alle Versuchung zur Unreinheit. Thomas sei aus diesem Schlaf mit einem lauten Schrei erwacht. – Bedenkenswert hierzu ist die Interpretation J. Piepers (2005a), nach der „das mit diesem Geschehnis *Gemeinte* etwas zu tun hat mit dem, was wir das Wahrheitsverhältnis genannt haben. Thomas hat [...] häufig auf den sehr innigen Zusammenhang hingewiesen, der das Erkennen der Wahrheit an die Bedingung der Reinheit knüpft. Thomas hat die Reinheit gedacht als eine Voraussetzung dafür, daß das Weltverhältnis des Erkennenden, sein Verhältnis zur Wirklichkeit in *allen* ihren Bereichen [...] zur vollen Realisierung gelange. Vielleicht liegt in solcher, durch keinen Zwischenruf eines selbstisch entarteten Genußwillens verwirrten ‚Selbstlosigkeit' [...] des unbefangenen Hinblickens auf die Wirklichkeit [...] geradezu die *innere* Frucht und das *Wesen* der Reinheit. [...] [D]ie Sättigung des *Geistes* durch die *Wahrheit* sei unmöglich ohne Keuschheit, so sagt des Thomas Lehre von der *temperantia*." (31). – Vgl. hierzu auch *Eph* 6,13. – Hervorhebungen im Original.

[22] Thomas, *Contra retrah.* 9 (Z. 279-298) im Rückgriff auf Hieronymus, *Epistula* 14 n. 2 (PL 22,348f.); vgl. *S.th.* II-II 101,4 c.: dort wird eigens auch die Mutter genannt.

Die Radikalität und Drakonik dieser Formulierungen gibt nicht wenig von der *Entschiedenheit* und *Willenskraft* des jungen Mannes zu erkennen, von seiner Überzeugung, den richtigen Weg beschritten zu haben, und von der Unbeirrbarkeit, mit der er seine Berufung verfolgte – auch um den Preis der Loslösung von der eigenen Familie. Es war diese Widerständigkeit, die schließlich auch zu seiner Freilassung aus der Haft und zu seiner Rückkehr zum Orden führte.[23]

Beachtung verdient im von Thomas angeführten Zitat darüber hinaus die besondere *militärische Semantik*, die die Heftigkeit der Formulierungen unterstreicht.

Man mag die Vorstellungen vom „Banner des Kreuzes", das sich auch im Karfreitagshymnus *Vexilla regis* des Venantius Fortunatus (ca. 530–609) findet, vom „Schwert des Feindes" und vom „Kriegsdienst" zunächst auf den typisch mittelalterlichen Verstehenskontext der ritterlichen Welt zurückführen, in die Thomas hineingeboren worden und die ihm von Kind an vertraut war. Thomas' Vater Landulf war *miles*, seine Brüder waren in verschiedenen militärischen Unternehmungen aktiv, und so war er von klein auf mit den Gewohnheiten des Kriegshandwerks bekannt.[24] Die mongolischen Armeen, die zu jener Zeit an den Grenzen der östlichen Königreiche standen, und die Kreuzzüge gegen die Katharer und Albigenser in Europa und die Moslems jenseits des Meeres, die nicht nur die Päpste, Könige und Ritter beschäftigten, gehörten wie selbstverständlich zum lebensweltlichen Hintergrund seiner Epoche.

Darüber hinaus bot freilich auch die Heilige Schrift – zumal im Alten Testament – vielfältige Anknüpfungspunkte für das genannte Verständnis – etwa in den Gestalten der Richter oder der auf David und Salomo zurückgehenden Königsdynastien, die für das Selbstverständnis der feudalen Welt des Mittelalters unmittelbare Identifikationsmöglichkeiten boten. Ihren künstlerischen Niederschlag fanden sie nicht zuletzt in den sog. „Königsgallerien" der großen hochgotischen Kathedralen in Reims oder Amiens, wo die französischen Herrscher des Mittelalters in einer unmittelbaren Kontinuität zu den alttestamentlichen Königen erscheinen. – Von größerer Relevanz für Theologie und geistliches Leben waren indessen die metaphorischen und spiritualisierenden Beschreibungen des christlichen Lebens als eines *geistlichen Kampfes*, wie sie sich – häufiger als man es vermutet – v.a. beim Apostel Paulus

[23] Vgl. Wilhelm von Tocco, *Historia* 12 (Z. 2-21).
[24] Vgl. hierzu umfassend E. Synan (1988).

finden (vgl. 1 *Thess* 5,8f.; *Röm* 6,12f.; 13,12; 1 *Tim* 6,12 u.ö.). Dabei erscheinen die Tugenden als *geistliche Rüstung*, von der es etwa in *Eph* 6,13-17 heißt:

> *Gürtet euch mit Wahrheit (in veritate),*
> *zieht als Panzer die Gerechtigkeit (iustitia) an und*
> *als Schuhe die Bereitschaft, für das Evangelium vom Frieden zu kämpfen.*
> *Vor allem greift zum Schild des Glaubens (scutum fidei)! [...]*
> *Nehmt den Helm des Heils (galeam salutis) und*
> *das Schwert des Geistes (gladium Spiritus),*
> *das ist das Wort Gottes (verbum Dei).*

Für uns Heutige mögen solche Formulierungen auf den ersten Blick nicht leicht zugänglich sein. Thomas selbst hat diese Vorstellungen, die im Übrigen - wie man sieht - mit einer Reihe von Schlüsselbegriffen seines Denkens verbunden sind, allerdings mit besonderem Nachdruck verwendet, um die eigene geistliche Berufung und seine Nachfolge im Predigerorden auszubuchstabieren, so daß man über eine allgemeine Rezeption hinaus von einer eigentümlichen Prägung seines geistlichen Lebens sprechen kann.[25] Er tut dies keineswegs unreflektiert, sondern fragt ausdrücklich nach dem *Sinn* und der *Notwendigkeit* einer solchen militärischen Sprache in der Heiligen Schrift. Die Antwort findet er in der Tatsache, daß der innere und äußere Frieden auch für den an Gott glaubenden Menschen keine Selbstverständlichkeit und die *conditio humana* keineswegs von Anfechtungen frei ist.[26] In diesem Sinne nennt er etwa ganz selbstverständlich in der *Summa contra Gentiles* das Leben summarisch einen „Kriegsdienst" (*militia*)[27] und deutet die genannten Paulus-Stellen sehr differenziert

---

[25] Vgl. E. Synan (1988), 408 „Since other theologians as well commented on such issues, it is essential to recognize that the Common Doctor's military expertise will be established less by the quantity than by the quality of his references to the profession of arms. On this front, as on so many others, the range of information Aquinas brought to his task is hardly matched by that of any other mediaeval theologian."

[26] Vgl. Thomas, *Super Ad Eph.* VI 3 (n. 353).

[27] Vgl. Thomas, *S.c.G.* IV 91 (n. 4248) mit Hinweis auf *Ij* 7,1. - Vgl. hierzu *Exp. super Iob* VII (Z. 20-40): „Ijob [...] will zeigen, daß sich das gegenwärtige Leben des Menschen nicht wie das letzte Ziel verhält, sondern zu ihm in Beziehung steht wie die Bewegung zur Ruhe und der Weg zum Ziel. Und daher vergleicht er es mit jenem Status der Menschen, die auf ein bestimmtes Ziel hin ausgerichtet sind, wie dem Status der Soldaten, die, indem sie kämpfen auf den Sieg ausgerichtet sind, und dies meint er, wenn er sagt: ‚Kriegsdienst ist das Leben des Menschen auf Erden', so als

im Sinne seiner Anthropologie und Tugendlehre aus - wobei Glaube, Hoffnung und Liebe wiederholt als Angelpunkte der Texte selbst wie ihrer Auslegungen erscheinen.[28] In einem solchen Verstehensrahmen kann schließlich auch für das Bild des Ordenslebens der Vergleich mit dem Rittertum von unmittelbarer Plausibilität sein - etwa im Hinblick auf die Askese, die Ausbildung von klein auf oder die Strenge in der Organisation, die beide Institutionen gemeinsam haben.[29] Darüber hinaus begegnen auch an anderen zentralen Stellen der thomanischen Werke ohne Umschweife vielfältige militärische Bilder und Vergleiche - wobei etwa die Beispiele, die Aristoteles gibt, von Thomas häufig gerade auf die militärischen Dimensionen hin zugespitzt werden.[30]

Der entscheidende Schlüssel, der die ausführliche Verwendung einer solchen Metaphorik zugänglich macht, ist wohl in der leitenden Vorstellung Christi als *König* zu suchen, wie sie - gleich zu Beginn des Neuen Testaments im Stammbaum Jesu (vgl. *Mt* 1,1-17) - durch das *Matthäus-Evangelium* vorgegeben wird. Das Königsmotiv stellt an dieser Stelle eine Kontinuität zum Alten Bund her, indem es Christus als Erfüllung der messianischen Verheißungen und erwarteten Nachkommen Davids zeigt.[31] Es wird von hier aus zum roten Faden der thomanischen Christologie,[32] das

würde er sagen: das gegenwärrtige Leben, das wir auf Erden verbringen, ist nicht wie der Zustand des Sieges, sondern wie der Zustand des Kampfes. [...]. Er vergleicht aber das gegenwärtige Leben diese[m] Zustand wegen [demjenigen], das dem Menschen im gegenwärtigen Leben droht, nämlich daß er Hindernissen und Schädlichem widerstehe [...]. Aus diese[m] Beispiel [...] aber wird als Beispiel gegeben, daß man das gegenwärtige Leben verstehen sollte als der göttlichen Vorsehung untergeordnet. Denn auch die Soldaten kämpfen unter einem Heerführer."

[28] Vgl. Thomas, *Super Ad Eph.* VI 4 (n. 360-367); *Super I Ad Thess.* V 1 (n. 120); *Super Ad Rom* XIII 3 (n. 1072f.); *Super I Ad Tim.* VI 2 (n. 255-259).

[29] Vgl. Thomas, *S.c.G.* III 135 (n. 3090); *S.th.* II-II 87,1 c.; II-II 142,1 c.; *De regno* II 7 (Z. 61-67);

[30] Vgl. va. Thomas, *Super Eth.* prol (Z. 78-87), I 7 (Z. 181-185).

[31] Entsprechend ausführlich wird der Stammbaum Jesu von Thomas bedacht. So konzentriert sich die königliche Abstammung Jesu für ihn in der Bezeichnung „Christus"-„Gesalbter", den die Überschrift des ersten Evangeliums anführt (*Liber generationis Iesu Christi, Mt* 1,1). Denn sie umfaßt neben der besonderen Salbung zum König auch die beiden anderen Salbungen, die das Alte Testament kennt - die Salbung zum Priester und die Salbung zum Propheten: vgl. *Super Matth.* I 1 (n. 19); (n. 97).

[32] So durchzieht es etwa die *Collationes in Symbolum Apostolorum*: vgl. prooem. (n. 866); 3 (n. 896); 4 (n. 897; 909); 5 (n. 912; 918); 9 (n. 948; 956), v.a. 5 (n. 924). - Vgl. von hier aus auch die wiederholten Bezüge auf den Kampf

insbesondere im Zusammenhang von Passion und Kreuz sein Profil gewinnt: Im Ausgang von seiner Selbstbezeugung im Verhör durch Pilatus („Ich bin ein König. Ich bin dazu geboren und in die Welt gekommen, damit ich für die Wahrheit Zeugnis ablege", *Joh* 18,37b[33]) zeichnet Thomas in seinem Evangelienkommentar Christus als König, der nicht aus Schwäche oder Zwang, sondern souverän und aus eigener Kraft sein Leben dahingibt, um es wieder zu nehmen (vgl. *Joh* 10,10),[34] der sein Kreuz wie ein Zepter trägt und dessen Richtstätte zwischen zwei Verbrechern sein Thron ist.[35] Die Kreuzesinschrift „König der Juden" manifestiert daher seinen Ruhm und die Universalität seines Heilswerkes: „Denn er sollte zum König über alle Völker werden (*quia futurus erat Rex super omnes gentes*)."[36]

All dies paßt zum bisher über die Menschheit Christi Gesagten und die Bedeutung, die sie für seine Christologie besitzt. Doch zeigt sich gerade in der letzten Deutung eine eigentümliche Brechung, oder besser: Erweiterung der Königsvorstellung des Thomas. Ihren Impuls erhält sie durch das letzte Christus-Bild der Heiligen Schrift, wie die *Offenbarung des Johannes* es vorstellt: es ist das Bild des endzeitlichen Völkerkönigs (*rex gentium, rex regum et dominus dominorum*) auf einem weißen Pferd, mit Augen wie Feuerflammen, einem Haupt mit vielen Diademen und einem scharfen Schwert, das aus seinem Mund hervorgeht, und der bekleidet ist mit einem blutgetränkten Gewand – „und sein Name heißt „Wort Gottes" (vgl. *Offb* 19,11-16). In seinem *Johannes-Kommentar* stellt Thomas die Verbindung dieses Motivs zur Logos-Lehre des Prologs ausdrücklich her,[37] und in poetischer Weise verwendet er dasselbe Bild an hervorgehobener Stelle gleich zu Beginn des Fronleichnamshymnus „*Pange lingua*", wo er Christus als „Frucht des edlen Schoßes" (*fructus ventris generosi*) und „König der Völ-

---

mit dem Teufel, z.B. prooem. (n. 863); 1 (n. 876); 6 (n. 928); 8 (n. 946); 11 (n. 986); 12 (n. 998); 13 (n. 1001). – Zum Ganzen vgl. H.-G. Nissing (2019), LXIf.

[33] Vgl. hierzu die Übersetzung in Thomas, *Super Ioan.* XVII 4 (n. 2230): „Ad hoc veni, ut praedicarem veritatem."

[34] Vgl. Thomas, *Coll. in Symb. Apost.* 7 (n. 936): „Deswegen heißt es: ‚Er erstand wieder' und nicht, er sei wie von einem anderen auferweckt worden"

[35] Vgl. Thomas, *Super Ioan.* XIX 3 (n. 2414).

[36] Thomas, *Super Matth.* XXVII 2 (n. 2366).

[37] Vgl. Thomas, *Super Ioan.* I 1 (n. 33). – Zum Motiv des *rex regum* vgl. auch Ps.-Dionysius, *De divinis nominibus* XII 1ff. (ed. Suchla I, 224,1ff., PG 3,969A-B), wo der Titel unter den Gottesnamen genannt wird. Thomas kategorisiert ihn bezeichnenderweise als solchen, in dem die Vorsehung des zum Ziel hin leitenden und ordnenden Herrschers zum Ausdruck kommt: vgl. *Super De div. nom.* IV 1 (n. 165) und XII (n. 939 und 946).

ker" (*rex gentium*) einführt. Sehr treffend hat man in dieser *Doppelkennzeichnung* Christi eine „zarte Andeutung der Zwei-Naturen-Lehre" erkannt.[38] Sie entspricht exakt jener Hervorhebung der gott-menschlichen Doppelnatur, wie sie in der 3. Strophe des *„Adoro te devote"* den akzentuierten Auftakt und gedanklichen Bezugspunkt der folgenden Verse markiert. Schließlich ist in diesem Zusammenhang auch die Notiz beim Heiligsprechungsprozeß bemerkenswert, nach der es zu den Gewohnheiten des Thomas gehört haben soll, anläßlich der Elevation während der Heiligen Messe sich im Gebet an den erhöhten Herrn zu wenden und mit den Worten des *Te Deum* zu sprechen: „Du König der Herrlichkeit, Christus, du bis des Vaters immerwährender Sohn (*Tu rex gloriae, Christe, tu Patris sempiternus es Filius*)."[39]

Der König, dem Thomas mit seinem Leben als Bettelmönch und Predigerbruder nachfolgt,[40] ist das ewige Wort Gottes, das Fleisch geworden ist und über Kreuz, Auferstehung und Erhöhung das Menschsein zu seiner eschatologischen Vollendung gebracht hat. In ihm findet die *„teleologische Grundsignatur"* seines Lebens und Denkens ihr endgültiges Ziel in einer konkreten, personalen Gestalt.[41]

3. Die akademische Verteidigung des Bettelordensideals im Pariser „Mendikantenstreit"

Im sog. „Mendikantenstreit" während seiner beiden Lehrtätigkeiten an der Pariser Universität (1252-1259 und 1268-1272) sieht

[38] N. Lohfink (2003), 284.

[39] Bernhard Gui, *Vita S. Thomae Aquinatis* (ed. Prümmer, 182). Eine kleine christologische „Summe" bietet daher gerade die Auslegung des Glaubensartikels „Von dort wird er kommen zu richten die Lebenden und die Toten" in Thomas, *Coll. in Symb. Apost* 9 (n. 948-957). – Dazu H.-G. Nissing (2019), LXIff.

[40] Zum besonderen Charakter dieser Nachfolge vgl. auch die vielsagende Notiz in *Super Ioan.* I 15 (n. 287) zu *Joh* 1,38: „Jesus ging ihnen voran, und diese beiden Schüler, die ihm folgten, sahen sein Gesicht gar nicht. [...] Solange wir nämlich in dieser Welt sind, sehen wir seine Rückseite, weil wir erst durch die Vollendung zu seiner Erkenntnis gelangen." – Sie wirft noch einmal ein besonderes Licht auf das Leitmotiv der Verborgenheit.

[41] Vgl. hierzu etwa auch die Illustration der inneren Hierarchie der Zehn Gebote mit der Gottesliebe an der Spitze anhand des Bildes vom Heer, das auf den Feldherrn als auf sein Ziel bezogen ist, in Thomas, *S.th.* I-II 100,6 c. Mit ihm lassen sich die Treue (1. Gebot), die Ehrfurcht (2. Gebot) und der Dienst (3. Gebot) diesem gegenüber als die wichtigsten Pflichten plausiblieren.

Thomas sich vor die Aufgabe gestellt, seine persönliche Lebensentscheidung auch *theologisch* zu rechtfertigen und dem Ideal des Predigerordens eine umfassende Begründung zu geben.[42]

Unmittelbarer Anlaß dieses Streits war der wachsende Erfolg der Bettelorden gewesen, der sich in einer zunehmenden Besetzung der Lehrstühle der Pariser theologischen Fakultät durch Mitglieder der Mendikantengemeinschaften niederschlug. Ihre Inkorporierung in das Kollegium der Pariser Universität hatte zu einer grundsätzlichen Bestreitung der Legitimität der Bettelorden durch die Vertreter der Professorenschaft geführt, die aus dem Weltklerus stammten. Nicht zuletzt sehr handfeste ökonomische Interessen an den mit den Lehrstühlen verbundenen Pfründen spielten hierbei eine Rolle. Man muß sich die Auseinandersetzungen zwischen Mendikanten und Säkularklerikern in Paris durchaus mit Zügen der „Gewaltsamkeit" vorstellen, die Vorlesungsstörungen, Veranstaltungsboykotte und Straßenkämpfe umfaßte. Es war eine aufgeheizte und aggressive Situation, in die Thomas 1252 von Köln aus geschickt wurde, und die im vorangehenden Kapitel erwähnte Aufnahme von ihm und Bonaventura in das Magisterkollegium im August 1256 fiel in die Zeit der ersten großen „Welle" dieses Streits und trug nicht wenig dazu bei. Der Streit selbst wurde in zwei Etappen ausgefochten.

(1) Im Blickpunkt der Auseinandersetzungen stand zunächst die zu Ostern 1256 veröffentlichte Schrift *De periculis novissimorum temporum* des Weltklerikers Wilhelm von St. Amour (1200/10-1272). Dieser hatte - wie der Titel des Werkes andeutet - die Bettelorden als ein Phänomen der Endzeit beschrieben: als Bedrohungen, die vom Antichrist ausgingen und bei denen es sich um die vom Apostel Paulus angekündigten Pseudo-Prediger handelte.[43] Wilhelm bestritt den Bettelorden das Recht auf Seelsorge und ein Leben, das sich ganz dem Studium, der Lehre und Predigt widmete. Das Betteln widerspräche dem Ideal evangelischer Vollkommenheit. Das Heilmittel gegen diese Gefahr bestand nach Wilhelm darin, sie in ihre Klöster zurückzuschicken, wo sie wieder mit ihren Händen arbeiten sollten. Während es also in dieser ersten Phase um die Existenz des neuen Ordenstandes als „Stand der Vollkommenheit" und seine

---

[42] Zur Herkunft des Begriffs „Mendikant" vgl. *Ps* 34, 18: „Ego autem mendicans sum et pauper" (vgl. Thomas, *Contra impugn*. 7, Z. 745-800). - Zum Mendikantenstreit vgl. J.-P. Torrell (1995), 94-109, dort weitere Literatur.

[43] In dieser Argumentation zeigt sich der Einfluß des sog. „Chiliasmus" des Joachim von Fiore auf den Mendikantenstreit. - Vgl. dazu unten S. 262-266.

Legitimität als solche ging, kreiste die zweite Phase vor allem um seine Zuordnung zur kirchlichen Hierarchie.

(2) So brach nach einer zwischenzeitlichen Phase der Beruhigung ein „neuer Sturm" (J.-P. Torrell) gegen Ende der 1260er Jahre aus. Den Anstoß zu dieser zweiten Phase hatte Gerhard von Abbéville (+1272), ebenfalls ein Weltkleriker, mit seinen *Quodlibeta* gegeben. In ihnen hatte er insbesondere die franziskanische Lehre von der vollkommenen Armut in Frage gestellt und das Amt des Weltklerikers als Seelsorger zum vollkommensten Amt erklärt. Möglicherweise ist im Neuaufflammen des „Mendikantenstreits" einer der Gründe für die Rückkehr des Thomas nach Paris zu suchen. Schließlich war es ungewöhnlich, daß ein Magister zweimal an derselben Fakultät lehrte.[44]

Thomas beteiligte sich mit mehreren Stellungnahmen am „Mendikantenstreit": Aus der ersten Phase stammt die Schrift *Contra impugnantes Dei cultum et religionem* (1256), aus der zweiten die Schriften *De perfectione spiritualis vitae* (1269/70) und *Contra doctrinam retrahentium a religione* (1271). Dazu findet sich ein Niederschlag der Auseinandersetzungen in den beiden Summen sowie in einer Reihe der *Quaestiones disputatae* und *de quolibet*.

Seine Schriften dienten dabei „gewiß zunächst der Verteidigung einer neuen religiösen Existenzweise und der Ermöglichung auf ihr basierender pastoraler und intellektueller Aktivitäten", d.h. „als Apologie des Ordens". Sie können und müssen zugleich aber auch als „die erste Selbstreflexion des Predigerordens" gelesen werden:

> *[E]s geht ihnen zuvorderst um eine wissenschaftlich betriebene Theologie als Voraussetzung einer der Zeit angepaßten Pastoral, aber auch um die Grundlegung der persönlichen religiösen Existenz jedes einzelnen Dominikaners.*[45]

Wie die Schriften im Streit mit dem „lateinischen Averroismus" sind die Beiträge des Thomas zum „Mendikantenstreit" von einem herzhaften, polemischen, z.T. sogar sarkastischen[46] Stil getragen. So heißt es etwa am Ende von *Contra retrahentes*:

> *Wenn jemand dem Gesagten widersprechen will, soll er nicht vor Jünglingen schwatzen, sondern er soll schreiben und eine*

[44] Vgl. J.-P. Torrell (1995), 195-199. – Eine Rolle spielte überdies, daß Albertus Magnus die Berufung nach Paris abgelehnt hatte.

[45] U. Horst (2017), 297.

[46] M.-M. Dufeil (1971), 471, spricht von einer „sarkastischen Ironie, [die] in *Contra impugnantes* immer wieder hervorbricht".

> *Schrift öffentlich vorlegen, so daß von Verständigen beurteilt werden kann, was wahr ist, und das was irrig ist, und er durch die Autorität der Wahrheit zum Schweigen gebracht werde.*[47]

Und ähnlich zum Abschluß von *De perfectione:*

> *Wenn aber jemand etwas gegen dieses schreiben will, so wird mir dies sehr willkommen sein. Auf keine Weise nämlich als dadurch, daß den Widersprechenden widerstanden wird, wird die Wahrheit offenbar werden und die Falschheit zum Schweigen gebracht, nach dem Worte Salomos: „Eisen wird durch Eisen geschärft, und der Mensch schärft das Angesicht seines Freundes."*[48]

Noch grundlegender als in den anti-averroistischen Schriften spürt man in dieser Diktion, „daß er es hier mit dem für [Thomas] Wertvollsten zu tun hat, mit der Berufung, für welche er seit seiner Jugend kämpft."[49]

Ganz in Übereinstimmung mit den Leitmotiven seiner persönlichen Spiritualität liegt der zentrale und alles entscheidende Gesichtspunkt der theologischen Rechtfertigung, die Thomas für das dominikanischen Ordensideals[50] erbringt, im *Vorbild Christi und seiner Lebensweise* (Abschnitt 3.1). Auf seiner Grundlage entwickelt er die Bestimmung des *Mendikantentums als Stand der Vollkommenheit* (Abschnitt 3.2), in dem der *Armut* eine zentrale Rolle zukommt (Abschnitt 3.3), die jedoch dispositiv auf die eigentliche Tätigkeit des *Predigens* und *Studierens* ausgerichtet ist (Abschnitt 3.4) und in der hochmittelalterlichen Kultur der *Städte* und *Universitäten* ihren Resonanz- und Wirkraum findet (Abschnitt 3.5). Mit dieser christologischen Begründung unterscheidet sich Thomas deutlich von den eher asketisch ausgerichteten Grundlegungen anderer Ordensregeln, die - wie etwa die *Benedikt-* oder die *Augustinus-Regel* - in erster Linie die Selbstvervollkommung des Mönchs in den Blick nehmen.[51]

---

[47] Thomas, *Contra retrah.* 16 (167-171). - Vgl. dazu die Übereinstimmung in den Formulierungen zu *De unitate* 5: oben S. 132.

[48] Thomas, *De perf.* 30 (Z. 99-104). - Thomas schreibt tatsächlich „Freund" und nicht „Feind".

[49] J.-P. Torrell (1995), 109.

[50] Vgl. hierzu ausführlich U. Horst (1992), (1999) und (2006).

[51] Vgl. U. Horst (2017), 76: „Weder in der Regel Benedikts noch in der Augustins werden die Gelübde auf das Verlangen zurückgeführt, die Räte des Evangeliums buchstäblich zu erfüllen und in die Nachfolge des Herrn zu treten. Beide sprechen ausführlich über die Armut, aber keine bindet sie an das Exempel des *Christus pauper.*"

3.1. Das Vorbild Christi

Thomas widmet der „Lebensweise“ (*conversatio*) Christi in der *Summa theologiae* eine eigene Quaestio.[52] Eingefügt in den Christologietraktat enthält sie zugleich „die tiefste Fundierung des Predigerideals“[53], die sich in seinen Schriften findet. „Actio Christi fuit nostra instructio“[54], lautet dort die bündige Formel.

Dem *irdischen Leben Jesu* kommt dadurch eine neue, besondere Aufmerksamkeit zu.[55] Sie folgt aus der oben beschriebenen Betonung der menschlichen Natur Christi im Rahmen der thomanischen „Person-Christologie“.[56] Die Betrachtung der Ereignisse des Lebens Jesu, seiner „Taten und Widerfahrnisse“ (*acta et passa*) - der sog. „Mysterien des Lebens Jesu“ (*S.th.* III 27-59) –, nimmt daher im dritten Teil der *Summa* einen breiten Raum ein. Als „eine konkrete oder existentielle Christologie“ konzipiert, können diese Abschnitte als der „wahrscheinlich innovativste Teil“[57] des Traktats gelten und sind eine Frucht seines reifen Denkens und literarisches Produkt seiner letzten Lebensjahre.

Mit dem Sinn für die *Eigenbedeutung des Lebens Jesu* ist zugleich eine entscheidende Erweiterung der Perspektive gegenüber seinen früheren Schriften verbunden. So waren die christologischen Überlegungen etwa im *Sentenzenkommentar* und der *Summa contra Gentiles* lediglich auf die begriffliche Erörterung des Persongeheimnisses Christi sowie die Untersuchung der Passion und ihrer Heilsbedeutung konzentriert. Zwar entsprach eine solche Konzentration den Aussagen des Glaubensbekenntnisses, das in seinen Artikeln ja unmittelbar von der Geburt Jesu zu seinem Leiden und Sterben übergeht, doch hat die perspektivische Erweiterung in der *Summa theologiae* vor allem das Zeugnis der Heiligen Schrift für sich. Schließlich handelt doch der größte Teil der Evangelienberichte von den 33 Jahren des Erdendaseins Jesu.[58]

---

[52] Vgl. Thomas, *S.th.* III 40.

[53] U. Horst (2017), 50; v.a. 25-40.

[54] Thomas, *S.th.* III 40.

[55] Vgl. *ebd.*, 76: „Die Verehrung des irdischen Herrn war es, die das jugendliche Gemüt begeistert und die Hinwendung zu den Predigern angeregt hat.“

[56] Vgl. oben S. 167-171.

[57] J.-P. Torrell (1995), 274.

[58] Der Begriff der „Person“ erhält damit seine biographische Konkretion und „Füllung“, und das Leben Jesu *als ganzes* gewinnt eine soteriologische Bedeutung, die sich im Geschehen der Passion noch einmal verdichtet.

(1) *Das Motiv der Menschwerdung und die Lebensweise Christi.* – Im Rahmen der Betrachtungen des irdischen Lebens Jesu erfährt daher auch die häufig kontrovers diskutierte Frage nach dem Motiv der Menschwerdung[59] eine wesentliche Erweiterung: Noch vor dem „klassischen" und durch das Symbolum bezeugten Grund, (a) den Menschen von der Sünde zu befreien („qui propter nos homines er propter nostram salutem descendit de caelis"[60]), nennt Thomas hier das Anliegen, (b) ihm den Weg zur Wahrheit zu offenbaren, sowie (c) einen Zugang zu Gott zu eröffnen.[61] Hierdurch erhält das irdische Leben Christi seine äußeren Konturen: Da Christus öffentlich auftreten und die Wahrheit predigen mußte, lebte er nicht das Leben eines Eremiten, sondern eines *Predigers* (= b); da er wie ein Hirt den verlorenen Schafen nachging und wie ein Arzt die Kranken besuchte, war sein Leben ein *Wanderleben* (= a); und da er den Menschen Vertrauen vermitteln und sie durch menschliches Verhalten an sich ziehen wollte, war es ein Leben, das von *freundschaftlichem Umgang* geprägt war (*familiariter cum hominibus conversando*),[62] was sich u.a. auch im Teilen des gewöhnlichen Alltagsleben, etwa in Essen und Trinken, zeigte (= c).[63]

Es ist das Motiv der *Gottes- bzw. Christusfreundschaft*, durch welches das Verständnis der Menschwerdung seine entscheidende Modifikation erhält. Es gibt

> *kein anderes so offenkundiges Zeichen für die göttliche Liebe, als daß Gott, der Allschöpfer, Geschöpf geworden ist. Unser Herr ist unser Bruder (frater noster) geworden.*[64]

---

[59] Klassischerweise gelten dabei Thomas und Duns Scotus als Antipoden, die einander gegenübergestellt werden: während Thomas die Notwendigkeit der Menschwerdung durch den Sündenfall begründet hätte, habe Scotus eine absolute Prädestination Christi unabhängig von Sündenfall und Erbsünde, gewissermaßen als Vollendung der Schöpfung und „Hochzeit von Himmel und Erde" gelehrt: vgl. M. Grabmann (1933), 89. – Mit Blick auf die Mehrzahl von Motiven der Menschwerdung, die Thomas angibt, ist diese Sicht allerdings vereinfacht.

[60] Vgl. hierzu etwa auch als biblische Begründung *Mk* 10,45; *Joh* 3,16.

[61] Vgl. Thomas, *S.th.* III 40,1 c. – Dazu C. Berchtold (2000).

[62] Vgl. Thomas, *S.th.* III 40,1 c.; vgl. ferner III prol.

[63] Hierbei dient Thomas das asketische Leben von Johannes demTäufer als Kontrastfolie: vgl. *ebd.*, III 40,2 c. + ad 1 + ad 2.

[64] Thomas, *Coll. in Symb. Apost.* 4 (n. 907). – Zur Bedeutung des Motivs der Gottes- bzw. Christusfreundschaft für das thomanische Konzept der Liebe (*caritas*) vgl. unten S. 284ff.

Und nicht erst das Heilswerk der Erlösung, in dem er „allen seinen Freunden (*suis amicis omnibus*) in vollkommener Weise zu Hilfe kommen wollte" und „sein Leben für seine Freunde (*pro amicis suis*) dahingibt"[65], zeugt von dieser Liebe, sondern bereits sein Wandel unter den Menschen, seine „Freude, bei den Menschen zu wohnen" (vgl. *Ez* 27,37): Eben dazu ist die Weisheit „auf Erden erschienen und pflegte Umgang mit den Menschen (*in terris visus est, et cum hominibus conversatus est*)" , wie es in einem von Thomas gern angeführten Wort aus *Bar* 3,37f heißt.[66]

Dieser Umgang Christi ist wesentlich bestimmt durch die Unterordnung unter die Gesetze und Bräuche des Judentums. So widmet Thomas der *conversatio Christi secundum legem* eine nachdrückliche Aufmerksamkeit.[67] Angefangen bei der Beschneidung[68] hat Jesus als treuer Jude „in jeder Hinsicht nach den Vorschriften des Gesetzes gelebt" und sowohl in seiner Lehre wie in seinen Taten hat er die Gebote des Alten Gesetzes vollkommen erfüllt:[69] „Christus in omnibus secundum legis praecepta conversatus est."[70] – „Observata lege plene" („in vollständiger Beachtung des Gesetzes"), heißt es entsprechend im Fronleichnamshymnus *„Pange lingua"*. Diese Gesetzestreue Jesu hat ihr entscheidendes Ziel darin, daß er, indem er das Gesetz beachtete,

> *es durch sich selbst erfüllte und vollendete (in se ipso consummaret et terminaret) und dadurch zeigte, daß es auf ihn hingeordnet war (ad ipsum erat ordinata).*[71]

---

[65] *Ebd.* 5 (n. 920).

[66] Von daher heißt es in der zweiten Strophe des Fronleichnamshymnus *„Pange lingua"*: „[E]t in mundo conversatus, sparso verbi semine. – Und inden er in der Welt Umgang pflegte, streute er den Samen des Wortes aus". – Entsprechend dieser *Nähe* des menschgewordenen Wortes zu seinen Brüdern gewinnt für Thomas auch die *Vorbildlichkeit Christi* im praktischen Verhalten seinen vertieften Sinn. – Vgl. dazu insbesondere *Coll. in Symb. Apost.* 5 (n. 918-924); ferner 6 (n. 933).

[67] Vgl. insbesondere Thomas, *S.th.* III 37.

[68] *Ebd.*, III 40,4.

[69] Vgl. *ebd.*, I-II 107,2 c.

[70] Vgl. *ebd.*, III 40,4 c. – Thomas kann sich dabei nicht nur auf verschiedene Aussagen in den Paulusbriefen berufen, der von der vollkommenen Unterstellung Christi unter das Gesetz sprechen (vgl. v.a. *Gal* 4,4), sondern auf das Zeugnis Christi selbst: „Denkt nicht, ich sei gekommen, um das Gesetz und die Propheten aufzuheben. Ich bin nicht gekommen, um aufzuheben, sondern um zu erfüllen" (*Mt* 5,17).

[71] *Ebd.*, III 40, 1 c. – Vgl. *Röm* 10,4: „Christus ist das Ende des Gesetzes." – Dazu Thomas, *Super Ad Rom.* X 1 (n. 819).

Christus ist das Ziel und die vollkommene Verwirklichung des Gesetzes in Person.[72] – Diese Bestimmung hat weitreichende theologische Konsequenzen.

(a) So wird von diesem Grundgedanken aus die Christologie nicht nur zum wesentlichen Fundament für die thomanische *Theologie des Gesetzes*. Ihr zufolge kommt dem Alten Gesetz (der sog. *lex vetus*) der Charakter einer *Vorbereitung* oder eines *Erziehungsprogramms* zu, das die Menschen des Alten Bundes Christus entgegenführen will.[73] Wiederholt zitiert Thomas in dieser Hinsicht das Wort des Paulus, nach dem das Gesetz „unser Lehrer in Christus wurde" (*Gal* 3,24). Und es ist nicht zuletzt diese *pädagogische* Funktion, welche die Ausführlichkeit begründet, mit der er es in seinen Satzungen, Geboten und Gesetzen in der *Summa theologiae* bedenkt.[74]

(b) Überdies findet sich in der Bestimmung Christi als Ziel und Vollendung des Gesetzes in Person die entscheidende Vorgabe für die *Geschichtstheologie* des Thomas. Nach dieser ist die Zeit dreifach strukturiert und gliedert sich in

(i) den „Stand des Alten Gesetzes" (*status veteris legis*),

(ii) den „Stand des Neuen Gesetzes" (*status novae legis*) und

(iii) den vollendeten „Stand der Seligen" (*status beatorum*).

Schließlich steht der „Neue Bund" bis zur endgültigen Wiederkehr Christi unter einem eschatologischen Vorbehalt. Wiederholt wird diese Dreifachunterscheidung zum Angelpunkt der thomanischen Überlegungen in ganz verschiedenen Kontexten seiner Theologie werden.[75]

(2) *Die Armut Christi.* – Eine zentrale Bedeutung spielt im irdischen Leben Jesu aber vor allem die „Armut" (*paupertas*) – und dies nicht nur am Anfang und am Ende, im Stall und am Kreuz, wie Thomas in nachdrücklicher Weise in *Contra retrahentes* 15 ausführt. Als Schlüsselmotiv gilt ihm das Paulus-Wort: „Er, der reich war, wurde um unseretwillen arm" (2 *Kor* 8,9):

---

[72] Von dieser vollkommenen Verwirklichung aus kann das Alte Gesetz rückblickend erscheinen „wie das Unvollkommene gegenüber dem Vollkommenen" (*sicut perfectum et imperfectum in eadem specie*), „wie der Jüngling gegenüber dem Erwachsenen" oder „wie der Samen gegenüber dem ganzen Baum: vgl. *S.th.* I-II 91,5 c.; I-II 107, 3 c.

[73] Demgemäß steht es unter dem umfassenden Ziel, Freundschaft zu stiften zwischen Gott und Mensch (vgl. Thomas, *S.th.* I-II 99,2 c.), die das göttliche Gesetz auszeichnet und es daher auch primär nicht als Forderung, sondern als Hilfe erscheinen läßt.

[74] Vgl. dazu unten S. 261-267.

[75] Vgl. dazu außerdem unten S. 324ff. und S. 393-397.

(a) „Innerlich reich und äußerlich arm, den Schatz seiner Gottheit verbergend und als Mensch in Armut erfunden (*Deus latens in divitiis, apparens homo in paupertate*)"[76], so Thomas in Weiterführung des Gedankens, erwählte Christus ein armes Mädchen zur Mutter und zum Ort seiner *Geburt* die ärmste aller Städte. Der Stall ist „Denkmal seiner Armut", und aus der Krippe „strahlt die Herrlichkeit der Tugend der Armut."[77]

(b) Und „unter all dem, was am *Kreuz* erscheint, ist überall Armut zu erkennen, denn er wurde der äußeren Güter beraubt bis zur körperlichen Nacktheit: daher heißt es im *Psalm* [22,18]: ‚Sie verteilen meine Kleider unter sich, über mein Gewand warfen sie das Los'."[78]

(c) Schließlich gilt auch für die *Lebensweise* Christi *als ganze*, daß – nach seinen eigenen Worten – „der Menschensohn keinen Ort hat, wo er sein Haupt hinlegen kann" (*Mt* 8,20). Folgerichtig stellte er an den Beginn seiner Lehre in der Bergpredigt die Armut als Grundlage und erste der Seligpreisungen vor: „Glückselig sind die Armen im Geiste" (*Mt* 5,3). Und als erste Lebensregel gibt er den Aposteln bei ihrer Aussendung das Gebot der Armut mit auf den Weg: „Steckt nicht Gold, Silber und Kupfermünzen in euren Gürtel, nehmt keinen Beutel mit auf den Weg" (*Mt* 10,9).[79]

> *Die Armut, die Christus im Wort gelehrt und durch seine Werke gezeigt hat, gehört daher zur Vollkommenheit (perfectio). Daher ist es Bestandteil des christlichen Lebens, auf irdische Besitztümer völlig zu verzichten*[80],

stellt Thomas zusammenfassend fest. In der Aufforderung Jesu an den reichen Jüngling, alles zu verkaufen und das Geld den Armen zu geben, um ihm nachzufolgen (vgl. *Mt* 19,16-26), erkennt er daher die „Summe aller Vollkommenheit" (*summa perfectionis*).[81] Wiederholt kommt er auf diese Begegnung und die Weisung zurück und zeigt damit die Bedeutung, die gerade sie für das Verständnis seiner eigenen Berufung hatte.

---

[76] Thomas, *Contra retrah.* 15 (Z. 10ff.) in Zitation der *Glossa Petri Lombardi* (PL 192,58B).

[77] *Ebd.* (Z. 18f. und Z. 33f.).

[78] *Ebd.* (Z. 89-94).

[79] Vgl. *ebd.* (Z. 137-301).

[80] *Ebd.* (Z. 47-51).

[81] Vgl. *ebd.* (Z. 66-72); ferner Thomas, *Super Matth.* XIX (n. 1598). – Zur Bedeutung des urkirchlichen Ideals vgl. auch den Beginn der *Augustinus-Regel*, die den dominikanischen Konstitutionen vorangestellt ist.

Dementsprechend sieht er sich und seine dominikanischen Mitbrüder unmittelbar in der Nachfolge der Apostel und der Jerusalemer Urgemeinde, von der es in der *Apostelgeschichte* paradigmatisch heißt: „Die Gemeinschaft der Gläubigen war ein Herz und eine Seele. Niemand von ihnen besaß etwas für sich, sondern es war ihnen alles gemeinsam" (4,32.34f).

> *Daraus wird deutlich, daß die Befolgung des evangelischen Lebens, wie es von den Aposteln beachtet wurde, darin bestand, daß das zum Leben Notwendige gemeinsam besessen wurde und das Eigentum von den Besitzern völlig aufgegeben wurde.*[82]

Auch für die christliche Nachfolge der folgenden Jahrhunderte haben diese Ursprünge der *ecclesia primitiva* eine bleibend normative Relevanz gehabt, wie Thomas in einer eigenen kirchenhistorischen Einlassung zeigt,[83] so daß sie mit einer gewissen inneren Notwendigkeit schließlich zum Ideal der hochmittelalterlichen Bettelorden führt.

3.2. Das Mendikantentum als Stand der Vollkommenheit

Auf der Grundlage einer solchen Vergewisserung an den christologischen Ursprüngen sind es der Begriff der *„Vollkommenheit"* (*perfectio*) und insbesondere die Konzeption der *Armut als Vollkommenheit*, die für Thomas zum Dreh- und Angelpunkt werden, um gemäß den beiden Fragestellungen des Mendikantenstreits (1) die Existenz der Bettelorden als solche theologisch zu rechtfertigen und sie (2) in den Rahmen der bestehenden kirchlichen Hierarchie einzuordnen.

(1) *Rechtfertigung der Existenz der Bettelorden.* – Thomas entwikkelt seine Stellungnahme ausgehend von der grundlegenden Frage: Was ist ein Orden? Dabei setzt er an beim Begriff der *religio*, verstanden als Verpflichtung des Menschen auf bestimmte „Werke der Liebe" (*opera caritatis*).[84] Über das Konzept (a) der *„Lebensform"* (*vita*) gelangt er schließlich zum Verständnis (b) des *„Standes"* (*status*).

---

[82] *Ebd.* (Z. 237-241).

[83] Vgl. *ebd.* (Z. 302ff.). – Zur Bedeutung dieses Vorbildes für die evangelische Armutsbewegung des Hochmittelalters vgl. M.-D. Chenu (²1982), 39-45.

[84] Vgl. Thomas, *Contra impugn.* 1 (Z. 46-55): „Es ist die Auffassung von Religion [...], daß jemand sich auf bestimmte Werke der Liebe verpflichtet, durch die er Gott auf besondere Weise dient, indem er dem weltlichen Leben entsagt."– Vgl. *S.th.* II-II 186,1 c.

(a) *Lebensform.* - Der Begriff der „Lebensform" bezeichnet eine grundlegende und umfassende Ausrichtung des Menschen auf eine bestimmte Tätigkeit.[85] So hieß es bereits an früherer Stelle.[86] Den genannten Liebeswerken entsprechend, lassen sich die verschiedenen Ordensgründungen daher differenzieren in solche des „aktiven Lebens" (*vita activa*) und solche des „kontemplativen Lebens" (*vita contemplativa*).[87] Während die *vita contemplativa*, wie gesehen, in einem direkten und unmittelbaren Bezug zur „Gottesliebe" (*dilectio Dei*) steht, vollzieht sich die *vita activa* vor allem in der Verwirklichung der „Nächstenliebe" (*dilectio proximi*).[88] Die Frage nach der je größeren „Vollkommenheit" (*perfectio*) der *Ziele* der verschiedenen Lebensformen[89] wird von hier aus zum wesentlichen Kriterium, mit dem Thomas die Rechtmäßigkeit von Studium und Lehre der Mendikanten und ihrer Zugehörigkeit zum universitären Lehrkörper, ferner ihr Recht zu Beichtehören, Predigt und Seelsorge und auf absolute Armut und Handarbeit sowie die Möglichkeit, von Almosen zu leben, rechtfertigt.[90] Sie gipfelt in der Feststellung,

> *daß „es keine Verurteilung für diejenigen gibt, die in Christus Jesus sind, die nicht nach dem Fleische wandeln" (Röm 8,1), sondern das Kreuz des Herrn tragen, sich geistlichen Werken hingeben und das fleischliche Verlangen verschmähen.*[91]

(b) *Stand.* - Ihren institutionalisierten Rahmen finden die Lebensformen darüber hinaus im Begriff des *Standes.*[92] *„Stand"*

---

[85] Vgl. Thomas, *S.th.* II-II 179, 1 c.

[86] Vgl. oben S. 83-86.

[87] Vgl. Thomas, *Contra impugn.* 1 (Z. 52f.).

[88] Vgl. *ebd.*, II-II 182, 3 c.

[89] Vgl. *ebd.* (Z. 136-147): „Die letzte Vollkommenheit eines Dinges besteht im Erreichen seines Ziels. Daher muß man vorrangig die Vollkommenheit des Religiosenstandes aus zweierlei beurteilen. Erstens aufgrund dessen, worauf der Religiosenstand hingeordnet ist, so daß von einem Religiosenstand gesagt werden kann, er sei vorragiger, der der würdigen Tätigkeit gewidmet ist. [...] Zweitens aufgrund des Vergleichs des Religiosenstandes mit der Ausübung dessen, wozu er eingesetzt ist." - Vgl. *ebd.* II-II 184,2 c.: „Die Vollkommenheit des christlichen Lebens besteht in der Liebe."

[90] Vgl. dementsprechend den Themenkatalog am Ende von Thomas, *Contra impugn.* 1 (Z. 173-185).

[91] *Ebd.*, epilogus (Z. 2-6)

[92] Vgl. Thomas, *S.th.* II-II 183ff.; parallel v.a. *De perf.; Contra impugn.; Contra retrah.; Q. de quol.* III 6, 3; *S.c.G.* III 130 ff. - Die „Ständelehre" der *S.th.* unterscheidet zwischen (1) verschiedenen Gnadengaben (vgl. II-II

bezeichnet, so Thomas, einen „Unterschied der Stellung" (*quandam positionis differentiam*), der gemäß jemand seiner Natur entsprechend ausgerichtet ist - und zwar „mit einer bestimmten Festigkeit oder Permanenz" (*cum quadam immobilitate*).[93] Er besagt zugleich eine gewisse Ruhe oder Beständigkeit und dient von hier aus in einem engeren juristischen Sinne dazu, eine bestimmte Verpflichtung der Person zu bezeichnen, die von Dauer ist und sich nach dem Kriterium der Freiheit oder Unterordnung bemißt. Als solcher ist der Stand unmittelbar auf die *Person* und ihre *Vollkommenheit* bezogen und unterscheidet sich dadurch[94] (i) vom *„Amt"* (*officium*), das aus seiner Hinordnung auf eine Tätigkeit erklärbar ist, und (ii) vom *„Rang"* (*gradus*), der eine hierarchische Über- und Unterordnung im Rahmen der Ordnung der kirchlichen Gemeinschaft besagt.

(2) *Der Ort der Bettelorden in der kirchlichen Hierarchie*. - In diesem Verständnis wird der Begriff des Standes für Thomas auch zum entscheidenden Schlüssel, um die Bettelorden in die kirchliche Hierarchie einzuordnen.

Orientierungspunkt ist ihm hierbei das Bischofsamt, das im herkömmlichen Sinne in der Nachfolge der Apostel den *„Stand der Vollkommenheit"* (*status perfectionis*) repräsentiert und überdies ein „geistliches Lehramt" (*spirituale magisterium*) verkörpert.[95] Ihm obliegt die eigentliche Trägerschaft der „Seelsorge" (*cura animarum*) und damit die Hauptverantwortung für eine Diözese, der der übrige Klerus zuarbeitet. Im Gegenüber zu jener Vollkommenheit, die demnach die bischöfliche Würde voraussetzt und gewissermaßen *objektiv* (und aktiv) repräsentiert,[96] bestimmt Thomas den Stand der Bettelorden, ihr Leben in Armut, Lehre und Seelsorge, als einen solchen, der die Vollkommenheit gerade nicht voraussetzt, sondern vielmehr den

171-178), (2) verschiedenen Lebensformen (vgl. II-II 179-182) und (3) verschiedenen Ämtern und Ständen (vgl. II-II 183-189).

[93] Vgl. Thomas, *S.th.* II-II 183, 1 c. - Sehr schön erschließt Thomas den Begriff mit Blick auf die eigene Selbsterfahrung. So ist es für den Menschen natürlich, daß er mit dem Haupt nach oben gerichtet ist und mit den Füßen auf der Erde steht und in dieser Grundhaltung Bezugspunkt für andere (äußere und vorübergehende) Dispositionen ist.

[94] Vgl. *ebd.*, II-II 183, 1 ad 3; vgl. *ebd.*, II-II 183, 3 c.

[95] Nach verschiedenen Akzentuierungen in *De perf.* und *Contra retrah.* bietet die „Ständelehre" der *S.th.* hier eine zusammenfassende Antwort.

[96] Sie meint daher auch nicht persönliche Heiligkeit, sondern die stete innere Bereitschaft, die höchste Gestalt der Bruderliebe, die Lebenshingabe für die Schafe, zu verwirklichen (vgl. *Joh* 10,11).

Einzelnen *subjektiv* als *Weg* zu ihr hinführt.[97] Der Religiosenstand ist so „eine bestimmte Übung und Lehre" (*quoddam exercitium et disciplina*), durch die man zur Vollkommenheit gelangt.[98]

3.3. Die Bedeutung der Armut für das Ideal der Predigerbrüder

Eine eigene Note bildet in diesem Zusammenhang die Bestimmung der *Armut.* Im Rahmen der die drei evangelischen „Räte" (*consilia*)[99] der „Armut" (*paupertas*), der „Enthaltsamkeit" (*continentia*) und des „Gehorsams" (*oboedientia*) gehört sie zur integralen Gestalt des Ordensstandes. Thomas interpretiert sie darüber hinaus als *„Mittel zur Vollkommenheit"* (*instrumentum perfectionis*) und nicht etwa als *„wesentlichen Bestandteil"* (*pars essentialis*) des Mendikantentums, wie es in der zweiten Phase des Bettelordensstreits schwärmerisch von Seiten einiger Franziskanerminoriten behauptet worden war. Diese hatten, wie angedeutet, die *um ihrer selbst willen* gelebte Armut als höchsten Gipfel der Vollkommenheit bezeichnet und als erhabeneren Stand auch demjenigen der Bischöfe vorangestellt – womit sie die o.g. Widersprüche des Gerhard von Abbéville provoziert hatten.[100]

In der demgegenüber pragmatischeren Sicht des Thomas bleiben das Ideal der Armut und ebenso das Studium *„Mittel*, um der Seelsorge zu dienen, ja sie [...] allererst zu ermöglichen"[101]. Daher ist die Armut, so Thomas, auch nach dem Maß an Freiheit zu beurteilen, das sie schenkt.[102] Das eigentliche *Wesen* der biblischen Nachfolge besteht indessen nicht im Verzicht auf Besitz als sol-

[97] Vgl. Thomas, *S.th.* II-II 184,7 c.: „In der Gattung der Vollkommenheit verhalten sich also die Bischöfe [...] als die Vervollkommnenden (*ut perfectiores*), die Religiosen aber als vollkommene (*ut perfecti*). Davon gehört das eine zur Tätigkeit (*ad actionem*), das andere aber zum Zustand (*ad passionem*). Daher ist offenbar, daß der Stand der Vollkommenheit (*status perfectionis*) sich mehr bei den Bischöfen als bei den Religiosen findet."

[98] Vgl. Thomas, *S.th.* II-II 183,6 c.

[99] Vgl. *ebd.*, II-II 184,3 c. – Zu den drei evangelischen Räten, ihrer Unterscheidung von den Geboten und ihrer Stellung im Rahmen des Neuen Gesetzes vgl. unten S. 262-266, v.a. S. 265.

[100] Vgl. oben S. 190-193, v.a. S. 192.

[101] Vgl. U. Horst (2017), 81-92, der für den zweiten Teil des Mendikantenstreits von einer Auseinandersetzung „an mehreren Fronten" (305) – gegen den Weltklerus wie gegen die Franziskanertheologen – spricht.

[102] In diesem Zusammenhang weist er auch auf das Motiv der *praeparatio animi*, derzufolge es nicht auf die buchstäbliche Befolgung ankommt, sondern auf die Befähigung, jederzeit so zu handeln, wie es die Situation gebietet: vgl. etwa Thomas, *De perf.* 21 (B 94).

chen, sondern vielmehr im „Nachgehen" (*sequela*), die eigentliche *Vollkommenheit* liegt in der Nachfolge des Herrn.[103]

So war auch für Christus selbst die Armut kein Selbstzweck, sondern ein Mittel, um der Seelsorge zu dienen. Als zentralen Gesichtspunkt hebt Thomas vielmehr das Werk des Predigens hervor:

> *Die Prediger des Wortes Gottes müssen, um sich ganz der Predigt widmen zu können, der weltlichen Sorgen völlig enthoben sein. Denen aber, die Reichtümer besitzen, ist das nicht möglich. Daher sagte der Herr zu seinen Aposteln, als er sie zum Predigen aussandte: „Nehmt weder Gold noch Silber mit" (Mt 10,9). Und die Apostel selbst sagen: „Es ist nicht angemessen, daß wir das Wort Gottes hintansetzen und uns um die Tische [d.h. karitative Dienste, hier v.a. die Versorgung der Witwen der Urgemeinde] kümmern" (Apg 6,2).*[104]

3.4. Predigt und Studium

Im Leben Christi sind Beschauung bzw. Gebet und öffentliche Tätigkeit untrennbar miteinander verbunden - und nicht zufällig taucht im Zusammenhang der christologischen Betrachtungen der *Summa theologiae* jene Formel auf, unter der Thomas das dominikanische Lebensideal summarisch zusammengefaßt hat: „Contemplari et contemplata aliis tradere" - „Betrachten und das in der Betrachtung Erworbene anderen weitergeben".

> *Von [...] [diesem Lebensideal] heißt es, Christus habe es angenommen, da er zunächst sich der Beschauung hingab (primo contemplationi vacet) und anschließend zu öffentlicher Tätigkeit herabschritt (et postea ad publicum actionis descendat), um mit den anderen zusammenzuleben.*[105]

In den Augen des Thomas war Thomas so gewissermaßen „der erste Dominikaner"[106]. Auch in den weitergehenden Interpretatio-

---

[103] Vgl. Thomas, *S.c.G.* III 130 (n. 3022): „Und dies zeigen die Worte Christi ausdrücklich, die zur Armut raten [...], womit er die Vollkommenheit des Lebens in seiner Nachfolge gewissermaßen festsetzt (*constituens*)."

[104] *Ebd.*, III 40,3 c. - Bemerkenswerterweise findet sich in den Erörterungen zur Lebensweise Christi auch ein Reflex des Armutsstreites, wenn Thomas die vom Herrn praktizierte „gewöhnliche Lebensweise" (*communis vitae modus*) mit der „extremen Armut" (*maxima paupertas*) für unvereinbar erklärt, wie sie von Seiten radikaler franziskanischer Kreise vertreten worden war: vgl. *ebd.*,III 40,3 ad 2.

[105] *Ebd.*, III 40,2 ad 3. - Vgl. *ebd.*, II-II 188,6 c.

[106] Zu Dominikus selbst und seinem entsprechenden Motto „Cum Deo,

nen zur Art und Weise der Lehre Christi finden sich entsprechende Anspielungen auf das Ideal der Predigerbrüder: So predigte Christus öffentlich und vor der Menge[107] und ausschließlich in mündlicher Rede. Denn es war angemessen

> *daß Christus seine Lehre nicht aufgeschrieben hat.*
> *[1] Erstens seiner Würde wegen. Je erhabener der Lehrer, desto erhabener muß auch seine Lehrweise sein. Daher entsprach es Christus als dem erhabensten Lehrer, seine Lehre den Herzen seiner Zuhörer einzuprägen. [...] Aus dem gleichen Grunde wollten auch bei den Heiden weder Pythagoras noch Sokrates, beides hervorragende Lehrer, etwas niederschreiben [...].*
> *[2] Zweitens, die Hoheit der Lehre Christi, die ein geschriebenes Wort nicht erschöpfend wiedergeben kann; Joh 21,25: „Es gibt noch vieles andere, was Jesus getan hat. Wollte man das im einzelnen niederschreiben, so könnte, glaube ich, die Welt die Bücher nicht fassen, die zu schreiben wären." [...] Hätte Christus aber seine Lehre schriftlich niedergelegt, dann würden die Menschen keine größere Tiefe in seiner Lehre vermuten, als in der Schrift enthalten wäre.*
> *[3] Drittens, damit seine Lehre in einer gewissen Abstufung von ihm zu allen gelange. Denn während er selbst seine Jünger unmittelbar belehrte, lehrten diese später alle anderen durch Wort und Schrift. Hätte er aber selbst geschrieben, so wäre seine Lehre unmittelbar zu allen übrigen gedrungen.*[108]

Vor allem dem letzten dieser Argumente kommt im Hinblick auf Existenzweise und Aufgabe des Predigers eine entscheidende Begründungsfunktion zu. Im Eifer für *Predigt, Lehre und Seelsorge* findet die Nachfolge Christi entsprechend ihren zentralen Ausdruck.[109] Und die Armut, die von zeitlicher Sorge befreit, gibt den Mendikanten eine Freiheit zum Studium und macht sie so in hervorragender Weise geeignet „zum Lehren" (*ad docendum*)

---

vel de Deo loqui" vgl. P. Hellmeier (2007), 89-94. – U. Horst (2017), 42, macht allerdings darauf aufmerksam, daß der Name des Ordensvaters von Thomas in seinen systematischen Schriften nirgends erwähnt wird.

[107] Vgl. Thomas, *S.th.* III 42,3 c.

[108] *Ebd.*, III 42,4 c.

[109] Vgl. Thomas, *Super Matth.* XIX (n. 1598): „‚Dann komm und folge mir.' Dies ist das Ziel der Vollkommenheit. Darum sind jene vollkommen, die Gott mit ganzem Herzen folgen. [...] Die Nachahmung besteht nämlich im Mühen um das Predigen, Lehren und die Seelsorge (*in sollicitudine praedicandi, docendi, curam habendi*)."

und Predigen.[110] Lehre und Predigt selbst aber stellen ein eigenes „Werk der Barmherzigkeit“ (*actus misericordiae*) dar, das unter die „geistlichen Almosen“ zu rechnen ist.[111]

Auf diese Weise läßt sich schließlich die oben aufgeworfene Frage nach der Bestimmung des Rangs der verschiedenen Lebensformen und Ordensstände seiner Lösung zuführen. Denn das entscheidende Kriterium zur grundsätzlichen Rechtfertigung eines besonderen Religiosenstandes ist, wie gesehen, die Liebe, die sich sowohl auf Gott, wie auf den Nächsten erstrecken und neben Tätigkeiten des kontemplativen auch solche des aktiven Lebens umfassen kann.

(1) Von daher läßt sich die Einsetzung eines eigenen Religiosenstandes zum Predigen und Beichtehören einerseits im Sinne einer *Wohltätigkeit für das Heil der Seelen* erklären[112] – und dies um so mehr, als sich, so Thomas, bereits die Institution eines kämpfenden Standes in der Kirche rechtfertigen läßt.[113] Denn der Nutzen für den Nächsten hinsichtlich der geistigen Güter ist höher zu veranschlagen als hinsichtlich der zeitlichen.[114] Angesichts des beschriebenen geistlichen Profils seiner eigenen Christusnachfolge ist es wohl auch nicht zufällig, daß Thomas hier ausgerechnet eine *religio instituta ad militandum*, d.h. einen mittelalterlichen Ritterorden, zum Vergleichspunkt wählt, um den Stand des Predigens und Lehrens als eine in höchstem Sinne angemessene Einrichtung zu rechtfertigen:

> *Es ist auch mehr, mit geistlichen Waffen (spiritualibus armis) die Gläubigen gegen die Irrtümer der Häretiker und die Versuchungen der Dämonen zu verteidigen, als mit körperlichen Waffen das gläubige Volk zu schützen. Und daher ist es höchst*

---

[110] Vgl. ders., *Contra impugn.* 2 § 2 (Z. 194-199): „Frei zu sein für die Betrachtung, dazu sind vor allem die Religiosen bestellt. Folglich werden werden sie dadurch, wodurch sie Religiosen sind, zum Lehren mehr geeignet erfunden als sie daran gehindert werden.“

[111] Vgl. *ebd.*, 2 § 3 (Z. 224f.): „Das Lehren ist ein Akt der Barmherzigkeit (*actus misericordiae*), daher wird er den geistlichen Almosen (*inter elemosynas spirituales*) zugerechnet.“ – Zum Gebrauch des Wissens mit Liebe vgl. *Super I Ad Cor.* VII 1 (n. 426). – Vgl. zum Ganzen M. Schlosser (1999).

[112] Vgl. Thomas, *S.th.* II-II 188,4 c.

[113] Thomas denkt hier offenbar an die mittelalterlichen Ritterorden, die unter dem Ideal einer Kreuzfahrt auf Lebenszeit im 12. Jahrhundert gleichzeitig im Heiligen Land, in Preußen und in Spanien entstanden waren (Deutschorden, Templer).

[114] Vgl. Thomas, *S.th.* II-II 188,4 c.

> *angemessen (convenientissimum est), daß ein bestimmter Religiosenstand eingesetzt wurde zum Predigen und dem anderen, was zum Heil der Seelen dient.*[115]

(2) Zugleich ist es jedoch die *Rückbindung an die Kontemplation*, die den Predigerstand als höchste Form unter den Religiosen ausweist.[116] Denn die Wertigkeit der auf das aktive Leben ausgerichteten Stände ist stets mit Blick auf diese primäre Form zu bestimmen, in der die vollendende Schau anfanghaft vorweggenommen wird: Während gewisse Werke des aktiven Lebens sich vollkommen in äußeren Beschäftigungen wie Almosen zu geben, Kranke zu pflegen oder eben das gläubige Volk zu verteidigen, erschöpfen, ist es dem Predigen und Lehren eigen, unmittelbar der Fülle der Kontemplation zu entspringen: „[T]alis vita praesupponit abundantiam contemplationis."[117]

Die fundamentale Bedeutung, die der Kontemplation für das Predigerideal zukommt, belegt nicht zuletzt die Rolle, die neben dem Gebet das *Studium* besaß. An erster Stelle stand hier die Beschäftigung mit dem Wort der Heiligen Schrift als Quelle, Norm und Berufungsinstanz aller Verkündigung. Denn als Voraussetzung des Predigens galt eine entsprechend gediegene Kenntnis des Wortes Gottes.[118]

---

[115] *Ebd.*, II-II 188,4 c.

[116] *Ebd.*, II-II 188,6 c.

[117] *Ebd.*, III 40,1 ad 2. – So hebt R.H. Kahl (2006), 36f., besonders das Schweigen als Lebensraum des Dominikaners hervor: „Die im Schweigen erfahrene Welt ist so überwältigend, daß ein Mitteilungsdrang entsteht." Die Bedeutung der *contemplatio* läßt sich architektonisch bis in den Kirch- und Klosterbau der Dominikaner verfolgen: vgl. W. Hoyer (2017), 72f. – Die *Constitutiones antiquae* sahen bei aller Einfachheit des Kirchbaus die Möglichkeit vor, den Chorraum höher zu bauen und ihn zu überwölben, was zu einer gestalterischen Zweiteilung des Kirchbaus und einer entsprechenden Hervorhebung jenes Bereichs führte, in dem das Chorgebet der Mönche stattfand. Der *contemplatio* diente ferner der Kreuzgang, und mit der Einrichtung eigener Studierzellen und später eigener Zellen für die einzelnen Brüder trug man den religiösen Individualisierungstendenzen der Zeit Rechnung.

[118] Von Anfang an war die intensive Beschäftigung mit der Bibel ein besonderer Schwerpunkt im Leben der dominikanischen Konvente und in der theologischen Ausbildung der Predigerbrüder. So entstanden etwa die erste Gesamtausgabe der Vulgata, der lateinischen Bibelübersetzung, und die frühesten Wortkonkordanzen im Umkreis des Pariser Dominikanerkonvents St. Jacques, der zu den ersten Gründungen des Ordens gehörte und für Thomas Ort seines Wirkens in der Seine-Metropole war: vgl. M.-D. Chenu (^{2}1982), 271ff.; C. de Hamel (2002), 114-139. – Zum

> *Zur Erfüllung des Ordenszwecks war eine entsprechende Ausbildung nötig, was [...] aus jedem Predigerkonvent eine Schule machte. Das Studium wurde [...] außerdem nicht nur als Ausbildungsmaßnahme für Anfänger gesehen, sondern darüber hinaus als lebenslange Aufgabe. Um dieses ständige Lernen ermöglichen zu können und voranzutreiben, mußte jeder Konvent einen Lektor, einen Konventslehrer haben. Nicht einmal neuzugründende Konventsgemeinschaften durften ohne Lektor ausgesandt werden.*[119]

Die gründliche theologische Bildung der Dominikaner und das intellektuelle Niveau ihrer Predigten und ihrer Seelsorge wurden von daher zu wesentlichen Bedingungen ihres „Erfolges" - zumal in den Städten. Mit ihnen wußten sie der „neuen Religiosität"[120] und dem Bildungshunger der Stadtbevölkerung zu begegnen, der nicht zuletzt bedingt war durch Unwissenheit und eine mangelnde seelsorgliche Betreuung seitens eines schlecht ausgebildeten und schlecht lebenden Weltklerus.[121] Wie sie ihre Pastoral auf das Seelenheil des *Einzelnen* ausrichteten, so setzten sie gemäß ihrer Ordensverfassung auch „selbstbewußte und mit einem hohen Maß an Eigenverantwortung ausgestattete mündige *Persönlichkeiten*"[122] voraus, die sie als Mitglieder aufnahmen und ausbildeten. Mit beidem standen die Dominikaner so zugleich in einer unmittelbaren Entsprechung zum Selbstverständnis des hochmittelalterlichen Menschen als *aktivem Individuum* und *Bürger*.[123]

Verhältnis von Kontemplation und Schriftstudium bei Thomas vgl. U. Horst (2017), 53.

119 W. Hoyer (2017), 67.

120 Zur „neuen Religiosität" der Städter vgl. J. Oberste (2016).

121 *Ebd.*, 49 und 60: „Aus pastoralem Antrieb haben die Mendikanten [...] einen kommunikativen Zugang zur Welt des städtischen Bürgertums geschaffen, [...] indem sie [...] ihre Theologie, Historiographie, Architektur, Seelsorge und Ordensstruktur auf die Bedürfnisse der urbanen Gesellschaft gezielt ausrichteten."

122 G. Melville (2016), 29, zur Struktur des Ordens: „Mit einem ausgeklügelten System von Rechtssetzung, Kontrolle und Verwaltung wurde alles unternommen, um das fundamentale Anliegen des Ordens zu verwirklichen: die Rettung des Seelenheils aller Menschen. Diesem *propositum* [...] diente die Predigt, ihr wiederum das Studium, diesem wiederum die Normen und organisatorischen Abläufe des alltäglichen Betriebs und diesen wiederum die Mitglieder."

123 Vgl. U. Meier (1994).

3.5. Die Kultur der Städte und die Universitäten

Mit einer inneren Konsequenz stellte ihre apostolische Sendung und die Notwendigkeit, die dafür erforderlichen Voraussetzungen zu schaffen, die Predigerbrüder in eine unmittelbare Nähe zum geistigen Leben der *Universitäten*, die in jener Zeit in den Städten in ganz Europa entstanden. Und in der Tat haben die dominikanischen Studienhäuser, insbesondere die „Generalstudien" (*studia generalia*), an denen die Studenten aus allen Provinzen des Ordens studieren konnten, historisch einen wesentlichen Einfluß auf die Entwicklung der Hochschulen gehabt, wie in Paris[124], oder bildeten sogar selbst deren eigentliche Keimzelle, wie in Köln.[125]

Mit Recht hat man die Universität als die „vorbildlose Schöpfung der neuen Gesellschaftsordnung"[126] bezeichnet, in der sich in intellektueller Hinsicht „alle Faktoren [der] voll aufblühenden Kultur"[127] konzentrierten. Aus den alten Kloster- und Kathedralschulen des Frühmittelalters erwachsen,[128] waren die Universitäten im Laufe des 12. und 13. Jahrhunderts zu den neu gegründeten Zentren des geistigen Lebens geworden. Der Name *„Universität"* (*universitas*) bezeichnete nicht nur

(1) *organisatorisch* die Gemeinschaft der Lehrenden und Lernenden, die *universitas magistrorum et studentium,* das heißt die öffentlich-rechtliche Vereinigung der Lehrenden und Studenten, die als eine der Körperschaften der neuen Stadt nach dem Muster der handwerklichen Zünfte mit Rechten und Pflichten ausgestattet war, sondern zugleich auch

(2) *inhaltlich* (oder *ideell*) die umfassende Gesamtheit der Wissenschaften, die *universitas litterarum,* die sich klassischerweise in die vier fest umschriebenen Wissensgebiete oder Fakultäten –

---

[124] Vgl. M.-D. Chenu (²1982), 10-15 und 35f.

[125] Vgl. W.-P. Eckert (1961); W. Senner (2000). – Zur Bedeutung des Studiums in der Frühphase des Predigerordens vgl. P. Hellmeier (2016), 140, der verschiedene Richtungen ausmacht: „Studium als Vorbereitung und Mittel für Predigt und Seelsorge (Dominikus, Humbert), – Studium als Vervollkommnung des Menschen (Albert, Thomas), – Studium in der Haltung der *fuga mundi* (Humbert). Neu ist [...] die Auffassung, daß Studium als ‚Lernen und Lehren' Verkündigung und Seelsorge inkludiert (bei Jordan und Thomas)." Vgl. hierzu Thomas, *Q. de quol.* I 7,2 c., wo die Tätigkeit des Lehrens selbst als Seelsorge bestimmt wird. Dies steht freilich im Kontext einer Entwicklung, in der das Studium selbst einen Eigenwert gegenüber dem Predigen erhalten hat.

[126] M.-D. Chenu (²1982), 10.

[127] *Ebd.*, 5.

[128] Vgl. *ebd.*, 18-25.

Philosophie (bzw. *artes liberales,* daher der Name „Artistenfakultät"), Theologie, Jurisprudenz und Medizin - gliederte.[129]

J. Pieper hat darüber hinaus auf die grundlegende menschliche Erfahrung hingewiesen, die in die Institution der Universität eingegangen ist und sich in ihr niedergeschlagen hat:

> *Diese Erfahrung hat nichts Geringeres zum Gegenstand als die Natur des menschlichen Geistes. [...] Wenn Aristoteles sagt, die Seele sei eigentlich „alles", [...]; wenn Thomas von Aquin dem Menschengeist die natürliche Kraft zuspricht, convenire cum omni ente, „zusammenzukommen mit allem Seienden", [...] so meinen sie [...] den gleichen Sachverhalt. Der aber besagt [...]: Die Hervorbildung des eigentlich und unterscheidend Menschlichen, mit einem anderen Wort: wirkliche Bildung des Menschen, geschieht einzig insoweit, als solche Konfrontierung mit dem Totum des Seienden ausdrücklich in Gang gebracht wird. [Und die] Institution [...], die es ausdrücklich und methodisch darauf abgesehen hat, den Menschen mit dem Totum des Seins zu konfrontieren, Und diese Institution ist die Universität. Was sie zur Universität macht, ist [...] die entschiedene Ausrichtung des Denkens auf das universum, auf das einheitliche Allgesamt der Dinge.*[130]

Institutionell besaßen die Universitäten wie die Bettelorden eine eigentümliche Mittelstellung zwischen kirchlicher Hierarchie und frei wachsender Gesellschaft, da sie unmittelbar päpstlicher oder kaiserlicher Jurisdiktion unterstellt waren. Als nationenübergreifendes Phänomen eröffneten sie überdies einen geistigen Raum in dem über die einzelnen Städte und nationalen Grenzen hinweg ein wissenschaftlicher Austausch und eine umfassende Bildung möglich wurden.

---

[129] Vgl. J. Pieper (2001a), 206-220. - Zur Geschichte der Universität vgl. J. Verger/ C. Charle (2012).

[130] J. Pieper (1998b), 115f. - Er sieht die mittelalterliche Universität darin in innerer Kontinuität zu jenen Ursprüngen, wie sie zuerst in der Akademie Platons begegnete.

Kapitel 4

Magister in der Tradition der Apostel

Die beiden Aufenthalte des Thomas von Aquin in Paris und seine Tätigkeit an der dortigen Universität (1252-1259 und 1268-1272) markieren die Fixpunkte seiner Biographie. Sie sind, wie gesehen, zugleich verbunden mit den beiden großen akademischen Kontroversen, an denen er teilnahm und in denen er die beiden Grundentscheidungen seines Lebens - für die Bibel und für Aristoteles - intellektuell zu bewähren hatte: dem „Mendikantenstreit" und dem „Averroistenstreit".[1]

Aus der Zeit der ersten Pariser Lehrtätigkeit stammt überdies ein Text, der sich wie eine persönliche „Visitenkarte" des Thomas liest, da er darin umfassend seine Aufgabe als *Lehrer* reflektiert: die *Quaestio de magistro.* Sie ist den großen *Quaestiones disputatae de veritate* eingefügt und erscheint damit seinem Lebensthema zugeordnet. Zugleich zeigt sie die unmittelbare Verbindung, in der die Lebensform des Predigerbruders mit der Tätigkeit des Lehrers steht. War die Armut für Thomas der erste Impuls zum Eintritt in der Dominikanerorden war, so wird das Lehrersein zum eigentlichen Mittelpunkt seiner Sendung. Als Predigerbruder wie als Professor wollte er vor allem eines sein: ein Lehrer. So berichtet Wilhelm von Tocco in seiner *Historia* von einer „neuen Art zu lehren", von „neuen Artikeln, neuen Beweisführungen, neuen Argumenten", mit denen er seine Hörer in Begeisterung und Staunen zu versetzten wußte.[2] Und seinem

---

[1] „Hier fanden sich, wie nirgendwo sonst, die bedeutendsten Lehrer, die aggressivsten Partner, die an die Wurzel gehende Gegnerschaft, die Herausforderung, der schöpferische Widerstand, die unmittelbare Resonanz. Es ist nicht sehr übertrieben, wenn Chenu sagt, Thomas sei außerhalb der Pariser Universität überhaupt nicht vorzustellen: *Paris est son lieu naturel.* (J. Pieper [2001a], 210, mit Hinweis auf M.-D. Chenu [[2]1982], 18.) - Zum „Mendikantenstreit" vgl. oben S. 190-193; zum „Averroistenstreit" vgl. oben S. 126-133.

[2] Vgl. Wilhelm von Tocco, *Historia* 15 (Z. 19-23): „Er brachte in der Vorlesung neue Gesichtspunkte (*novos articulos*) vor, fand eine neue und klare Weise, Fragen zu entscheiden (*novum modum et clarum determinandi*)

Sekretär, Reginald von Piperno, vertraute er als seinen sehnlichsten Wunsch an, sein Leben möge nicht länger währen als sein Lehren.[3]

Nicht zuletzt die Tatsache, daß Thomas offenbar als einziger bekannter mittelalterlicher Autor eine eigene *Quaestio de magistro* verfaßt[4] und auf dieser Grundlage eine eigene Definition der *Schule* überliefert hat,[5] kann als Beleg dafür gelten,

> *daß sich für Thomas in der Frage des Lehrens wie in einem Brennspiegel [...] [jene] Anliegen und Einsichten verdeutlichen ließen, die er seinen wichtigsten [...] zugerechnet haben dürfte.*[6]

Von seinem Selbstverständnis als *Lehrer* aus (Abschnitt 1) können überdies seine verschiedenen *akademischen Tätigkeiten* (Abschnitt 2) und die aus ihnen hervorgegangenen *Schriften* in den Blick kommen, so daß sich ein geordneter Überblick über sein *Werk* ergibt (Abschnitt 3). Insofern sich Thomas in erster Linie als *theologischer Lehrer* begreift (und seiner Profession nach ja auch war) und unter seinen Schriften die *Summa theologiae* den Rang eines Hauptwerks einnimmt, sollen schließlich anhand ihrer auch die Bestimmung der *Theologie als Wissenschaft* (Abschnitt 4), ihr *Aufbau* (Abschnitt 5) sowie ihre zentralen *Inhalte* (Abschnitt 6) in diesem Kapitel bedacht werden.

---

und führte neue Beweisgründe (*novas rationes*) an, so daß niemand, der gehört hatte, wie er Neues lehrte (*nova docere*) und mit neuen Gründen (*novis rationibus*) Zweifel löste, daran zweifelte, daß Gott ihn mit den Strahlen neuen Lichtes (*novi luminis radiis*) erleuchtet habe". – Zur „Ursprünglichkeit und Neuheit" seines Lehrens vgl. J. Pieper (²1987), 27; (2001a), 240; (2005a), 35. – Es war Papst Johannes Paul II., der auf den Topos der „bleibenden Neuheit" der Lehre des Thomas Bezug genommen hat (vgl. *Enzyklika „Fides et ratio"*, Nr. 46-48).

[3] Vgl. Wilhelm von Tocco, *Historia* 47 (Z. 13f.): „Ich hoffe in meinem Gott, daß wie das Ende meiner Lehre auch rasch das Ende meines Lebens sein werde."

[4] Vgl. allerdings ähnliche Behandlungen im Rahmen anderer Werke bei Heinrich von Gent (vor 1240-1293), Philipp dem Kanzler (nach 1160-1236), Albertus Magnus oder Bonaventura; dazu H.-G. Nissing (2006), 672.

[5] Vgl. Thomas, *Contra impugn.* 1 § 3 (Z. 226f.): „Eine Gemeinschaft des Studiums ist hingeordnet auf die Tätigkeit des Lehrens und Lernens (*[S]ocietas studii est ordinata ad actum docendi et discendi*)".

[6] H. Pauli (1988), XXXV. – Zu den historischen Bedingungen, „in denen im Mittelalter zum ersten Mal der Titel ‚Meister' (*magister*) als reguläre Berufsbezeichnung begegnet" (XXVIII) vgl. *ebd.*, XXVII-XXIX, v.a. Anm. 41.

1. Das Selbstverständnis des Thomas als Lehrer

In der *Quaestio de magistro* geht es Thomas in erster Linie darum, die *Tätigkeit des Lehrens* als eine solche zu profilieren, der eine echte *Wirksamkeit* im Hinblick auf die Vermittlung von Wissen gegenüber dem Schüler zukommt, so daß ihr Träger, der menschliche Lehrer, als *eigenständiges* und *eigenwirksames Subjekt* angesehen werden kann. Eine solche Notwendigkeit ergab sich nicht zuletzt mit Blick auf die philosophische und theologische Tradition zuvor. So waren die Gegenpositionen dadurch markiert, daß sie den Akt des Lehrens entweder (1) auf eine „Erinnerung" (*recordatio*) an ein im Inneren bereits bestehendes Wissen reduzierten oder aber (2) auf eine „Erleuchtung" (*illuminatio*) durch eine göttliche Ursache zurückführten. – (1) Für die erstgenannte stand u.a. die Lehr- und Lerntheorie Platons,[7] (2) für die letztgenannte neben einer Tradition, die an Augustinus anknüpfte, auch Anhänger der Lehre Avicennas von einem getrennten Intellekt.

Ausdrücklich bezeugte aber auch das Herrenwort im Evangelium: „Nur einer ist euer Lehrer, Christus" (*Mt* 23,10). An sie hatte sich Augustins *Theorie vom „inneren Lehrer"* angeschlossen, nach der es vor allem Christus war, der beim Lehren und Lernen im Inneren des Menschen wirkte, während der menschliche Beitrag sich lediglich auf ein Erinnern mittels äußerer Zeichen reduzierte.[8] Ist also der Mensch überhaupt in der Lage, zu lehren, und kann er daher Magister genannt werden, oder kommt diese Tätigkeit einzig Gott zu? Damit ist genau die Fragestellung des ersten Artikels der *Quaestio de magistro* benannt: „ob der Mensch lehren und Magister genannt werden kann oder einzig Gott".

[7] Die Auseinandersetzung mit der Theorie im platonischen *Menon* führt Thomas in Anknüpfung an die aristotelische Vorlage in *Exp. Post* I 3 (Z. 36-96). In den *Q. de ver.* 11,1 stellt er darüber hinaus einen Bezug zur Lehre des Anaxagoras von der *latentia formarum* her. – Im Ganzen situiert Thomas seine Behandlung in drei parallelen Problemkreisen an, in der die genannten Positionen strukturanalog argumentieren: (1) den „Erwerb von Wissen" (*acquisitio scientiae*), (2) den „Erwerb von Tugenden" (*acquisitio virtutum*) und (3) den natürlichen Prozeß der „Hervorbringung von Formen ins Sein" (*eductio formarum in esse*).

[8] Vgl. in diesem Sinne bereits Thomas, *Q. de ver.* 11,1 obi. 1, sowie die häufigen Bezugnahmen auf die augustinische Sprach- und Zeichentheorie in den folgenden *obiectiones*. – Vgl. Augustinus, *Confessiones* X 18 (CCL 27, 164,1-7); *De trinitate* XII 24 (CCL 50,377,1-379,40); v.a. *De diversis quaestionibus* 46 (CCL 44A, 71,33-72,40). – Zum „inneren Lehrer" vgl. v.a. *De magistro* 46 (CCL 29,202,17 – 203,40); *Confessiones* XI 5 (CCL 27,196,1-197,16).

Der Ansatzpunkt: die Erkenntnis des Schülers. – In seiner Antwort stellt Thomas bemerkenswerterweise – aber offenbar ganz bewußt – zunächst nicht den Lehrer, sondern den *Schüler* in den Mittelpunkt, der Adressat und Ziel des Lehrprozesses ist, und betrachtet zunächst dessen eigenen Wissenserwerb. Dabei greift er auf die begriffliche Unterscheidung zwischen (a) einem „passiven Vermögen" (*potentia passiva*) und (b) einem „vollkommenen aktiven Vermögen" (*potentia activa completa*) zurück: Während ersteres einer äußeren aktiven Kraft bedarf, um in die Tätigkeit überführt zu werden, besitzt letzteres selbst ein inneres Prinzip, um sich eigenständig in den Akt zu überführen.

Fragt man nun nach der Möglichkeit, in der ein „von außen Wirkendes" (*agens extrinsecum*) auf den Prozeß des Übergangs vom Vermögen in die Wirklichkeit Einfluß nehmen kann, so läßt sich sagen, daß

(a) es im ersten Fall dieser äußere Akteur ist, dem die Rolle des hauptsächlich Wirkenden zukommt,

(b) während er im zweiten Fall lediglich derart wirkt, daß er dem inneren Prinzip „hilft und ihm das zum Übergang in die Wirklichkeit Erforderliche dienend zur Verfügung stellt" (*adiuvando [...] et ministrando ei ea quibus possit actum exire*)[9]. So ist etwa die Natur des Kranken das in ihm selbst liegende aktive Vermögen, aufgrund dessen dieser in den wirklichen Zustand der Gesundheit übergeht, während sich der Arzt ihr gegenüber lediglich als „Diener" (*minister*) verhält, indem er dieses Vermögen „stärkt" (*confortat*) und ihr durch das Beibringen von Medizin Mittel zur Heilung zur Verfügung stellt. Nicht anders beschreibt Thomas die Tätigkeit des Lehrers im Akt des Lehrens: als äußeres Prinzip *stellt* er das Wissen im Schüler nicht etwa aktiv *her*, sondern er gibt dessen eigenem natürlichen Erkenntnisvermögen und -streben unterstützend die geeigneten Mittel an die Hand, durch welche dieses *selbständig* seine Vervollkommnung erreichen kann.[10]

Die Tätigkeit des Lehrers. – Hätte man zunächst vermuten können, daß Thomas angesichts der skizzierten Gegenpositionen v.a. das Interesse verfolgen würde, die *Tätigkeit* des Lehrens im Sinne eines *aktiven Einwirkens* auf den Intellekt des Schülers – eines „Handelns an ihm" – möglichst deutlich herauszustellen, so erscheint dieser

[9] Thomas, *Q. de ver.* 11, 1 c. – Vgl. dazu noch einmal Thomas, *Exp. Perih.* ep. nunc. (Z 9f.): „[U]t tamen iunioribus proficiendi *auxilia tradere* non recusem". – Hervorhebung von mir. – Dazu oben S. 117, Anm. 90.

[10] vgl. hierzu wiederum die Reminiszenz an Aristoteles, *Metaphysik* I 1.

Gesichtspunkt mit Blick auf den Schüler und seine Eigenaktivität im Erkenntnisprozeß zurückgenommen. Beim Lehren geht es nicht um die Transfusion eines Satzsystems, für welche Platon das Bild vom Wollstreifen benutzt hatte, durch den das Wasser von einem vollen Becher in einen leeren hinüberfließt,[11] oder um eine „Produktion" von Wissen, sondern vielmehr um die *Initiierung* und *Stärkung* der im Schüler selbst bereits vorhandenen Erkenntnisanlagen und -dispositionen.

Gleichwohl kann dabei – und hier kommt die Aktivität des Lehrers ins Spiel – dieser als ein echtes „äußeres und helfendes Prinzip" (*principium extrinsecum adiuvans*) neben die Tätigkeit des Schülers als „innere Ursache" (*principium intrinsecum*) des Lehrvorgangs treten. Ja, auf dieser Grundlage kann das Lehren nicht nur als eine echte menschliche Tätigkeit gelten, sondern weitergehend als eine „Kunstfertigkeit" (*ars*), welche – im besten Sinne des Wortes – die Natur nachahmt (*Ars imitatur naturam*).[12] In der Ausübung dieser Kunst hat sich der Lehrer allerdings stets an jener Weise zu orientieren, durch welche der Schüler *sich selbst* zur Erkenntnis des Unbekannten bewegt.

Von diesen Überlegungen aus aber fällt ein ganz neues Licht auf die besonderen *didaktischen Fähigkeiten*, die man Thomas selbst in seinem eigenen methodischen Vorgehen bescheinigt hat und von denen Tocco berichtet. Sie erfahren hierdurch gewissermaßen ihre gedankliche Begründung. So wird etwa von hier aus deutlich, was die ihm zugeschriebene Fähigkeit beinhaltet, beim elementaren Verständnis des Schülers anzusetzen und „vom Anfangenden her, aus der inneren Situation der erstmaligen Begegnung mit dem Gegenstand, zu denken", sich

[11] Vgl. Platon, *Symposion* 175d; dazu Thomas, *Q. de ver.* 11,1 ad 6: „Vom Lehrenden heißt es nicht, er übermittle (*transfundere*) das Wissen dem Schüler, so als ob das Wissen gewissermaßen als der Zahl nach dasselbe (*eadem numero*) im Lehrer und im Schüler sei, sondern weil durch die Lehre im Schüler ein Wissen entsteht, das demjenigen ähnlich (*similis*) ist, das der Lehrer hat, indem es von der Möglichkeit in die Wirklichkeit überführt wird"; vgl. *ebd.*, 11,4 ad 3.

[12] Vgl. Thomas, *Q. de ver.* 11,1 c. – Im Paralleltext in *S.th.* I 117,1 c. nennt Thomas als Mittel (1) das Vorlegen der syllogistischen Folgerung (*ordo principiorum ad conclusiones*) als jenes Vernunftweges, den der Lehrer selbst aufgrund seinen eigenen Denkens durchschritten hat, ferner (2) das Beibringen weiterer „Hilfsmittel" (*auxilia vel instrumenta*) wie „weniger allgemeiner Sätze" (*propositiones minus universales*) und „anschaulicher Beispiele" (*sensibilia exempla*) – womit die *Totalität* deutlich wird, in welcher der Lehrprozeß alle Formen von Erkenntnis und Erkenntnisvermittlung einbezieht.

> *mit dem Anfangenden zu identifizieren, [...] mit der ganzen Unbefangenheit einer „ersten Begegnung" und zugleich mit der ausgereiften Erfassungs- und Durchdringungskraft des gebildeten Geistes.*[13]

Ganz im Sinne des *personalen Grundansatzes* des thomanischen Denkens liegt die Bedeutung dieses Konzepts entsprechend darin, daß der Schüler prinzipiell als ein eigenständiges und freies Subjekt, als wirklicher Gesprächspartner und mit Würde ausgestattetes Gegenüber wahr- und ernstgenommen wird und er nicht zum Objekt von „Einflußnahme" und Manipulation sowie der Durchsetzung eigener Interessen degradiert wird. Dies entspricht nicht nur dem o.g. Sinn menschlicher Sprache, die sich aus der doppelten Grundbestimmung des Menschen als *zoon logon echon* und *zoon politikon* ergibt.[14] Wie der Kontext der Darlegungen der *Quaestio de magistro* zeigt, handelt es sich hierbei zugleich um die Frucht der Debatte um die Einheit des Intellekts, nach der jeder Mensch Subjekt des eigenen Erkennens ist. So bleibt jedes lehrende Einwirken von Seiten des Lehrers stets abhängig vom Akt der „Zustimmung" (*assensio*) seitens des Schülers - und dieser Akt ist in keiner Weise abnehmbar oder herstellbar.

Der Einfluß Gottes. - Zugleich läßt sich innerhalb der thomanischen Theorie vom Lehren und Lernen aber auch - im Sinne Augustins - die *Präsenz eines göttlichen Einflusses* im Lehrprozeß wahren. Denn der Lehrer ist bei seiner Tätigkeit stets auf die „Vorkenntnis" (*praecognitio*) auf Seiten des Schülers verwiesen. Diese aber läßt sich schließlich auf die Kenntnis allererster Prinzipien zurückführen, die vom Lehrer nicht zu bewirken sind. Als Licht der Vernunft sind diese Prinzipien vielmehr von Gott als eine gewisse Ähnlichkeit der ungeschaffenen Wahrheit eingegeben, und menschliches Lehren kann nur kraft dieses Lichtes

[13] J. Pieper (2001a), 239f., der in diesem Zusammenhang auch vom Lernen als dem „Hineinwachsen in eine geistige Wirklichkeit" spricht. - Vgl. dazu etwa Thomas, *S.th.* II-II 1,7 ad 2: „Der Fortschritt in der Erkenntnis kann auf zweifache Weise geschehen: [1] zum einen von Seiten des Lehrenden, der [...] in der Erkenntnis im Verlauf der Zeiten voranschreitet. Und darin besteht der Begriff des Wachstums in den Wissenschaften, die durch die menschliche Vernunft erdacht wurden; [2] zum anderen von Seiten des Lernenden, so wie der Lehrer, der die gesamte Kunst kennt, sie nicht gleich am Anfang an den Schüler weitergibt, weil er es nicht fassen kann, sondern allmählich, indem er sich auf seine Aufnahmefähigkeit herabläßt. Und aus diesem Grund schreiten die Menschen in der Erkenntnis des Glaubens im Laufe der Zeiten voran."

[14] Vgl. oben S. 46ff.

geschehen. So kommt hier die sozusagen andere Seite der Interpretation der aristotelischen Intellektheorie durch Thomas zum Tragen, die nicht auf die menschliche Eigentätigkeit des menschlichen *intellectus agens* abhebt, sondern diese zugleich als *participatio luminis divini* versteht.[15] In solchem Sinne kann Gott derjenige bleiben, der zugleich innerlich und vorrangig lehrt.[16]

Ohne Einschränkung der *Prinzipialität Gottes* kann der *Quaestio de magistro* zufolge somit die Eigentätigkeit des menschlichen Lehrers als echte *causa secunda* gedacht werden- Ja, es kann davon gesprochen werden, daß der Lehrer durch sein Tätigsein im Schüler Wissen *verursache* (*causare scientiam in alio*).[17] In der Konsequenz dieses Gedankens stellt Thomas in der *Summa theologiae* die Tätigkeit des Lehrens als die *eigentümliche und vornehmste Form* vor, in der geistige Geschöpfe einander zu bewegen vermögen. So nimmt der Mensch, indem er in selbsteigener Tätigkeit und Ursächlichkeit lehrt, zugleich teil am göttlichen Schöpfungs- und Vorsehungsakt und setzt die darin liegende Dynamik des göttlichen Wortes fort. Er nimmt – anders gesagt – teil an der kreativen Bewegung göttlichen Erkennens und Sprechens, das die Schöpfung durchwaltet.[18]

Auf dieser Linie verfolgt Thomas in den weiteren Darlegungen der *Quaestio de magistro* das Anliegen, die Tätigkeit des Lehrens nicht als einen *isolierten Akt* erscheinen zu lassen, sondern als eine Praxis, die in der *Person* des Lehrers begründet ist und überdies einer eigenen *Lebensform* entspringt – einer Lebensform, die sich letztlich in der Nachfolge des *Verbum incarnatum* versteht, das „Quelle der Weisheit" (*fons sapientiae*) und „Lehrer der Lehrer" (*doctor doctorum*) ist.[19]

---

[15] Vgl. oben S. 137ff.

[16] Aufgrund der Differenzierung von *innerem* und *äußerlichem* Wirken sieht sich Thomas – anders als heutige Interpreten – auch selbst nicht in einem prinzipiellen Widerspruch zur Lehrtheorie Augustins. In *De magistro* habe dieser keineswegs die Intention verfolgt, ein äußeres Lehren des Menschen kategorisch auszuschließen, sondern seine Erörterung auf das innere Lehren allein durch Gott zugespitzt: vgl. *Q. de ver.* 11,1 ad 8. – In der mangelnden Differenzierung der näheren und weiteren Ursachen sowie in der Reduktion auf eine einzige alleinige Ursache markiert Thomas entsprechend das Manko der o.g. Gegenpositionen.

[17] Vgl. Thomas, *Q. de ver.* 11,1 c.

[18] Ein analoger Gedanke begegnete bereits oben im Zusammenhang mit der Notwendigkeit des Gebetes, die Thomas ebenfalls mit Blick auf die echte Zweitursächlichkeit des Geschöpfes rechtfertigt: vgl. S. 48f.

[19] In diesem Sinne hebt Thomas bei der Erörterung der Frage, ob je-

2. Die drei Aufgaben des theologischen Magisters

Bereits zu Beginn des 13. Jahrhunderts hatten die Statuten der Pariser Fakultät für die Magistri der Theologie als dreifache Aufgabe verbindlich festgelegt, (1) zu „lesen" (*legere*), (2) zu „disputieren" (*disputare*) und (3) zu „predigen" (*praedicare*).[20] In seiner schon erwähnten Antrittsvorlesung, dem *Principium biblicum*, macht Thomas sich diese drei Aufgaben ausdrücklich zu eigen und erläutert die dazu erforderliche persönliche Disposition des Lehrers:

> *Alle Lehrer der Heiligen Schrift müssen [...]*
> *- hochgemut sein durch ein hervorragendes Leben (alti per vitae eminentiam), so daß sie geeignet sind, wirksam zu predigen [...].*
> *- Auch müssen sie erleuchtet (illuminati) sein, so daß sie in geeigneter Weise durch die Lesung lehren [...]*
> *- Auch müssen sie gewappnet (muniti) sein, so daß sie die Irrtümer durch die Disputation widerlegen [...].*[21]

Indem Thomas diesen drei Aufgaben eine biblische Begründung gibt, weist er sie als ein ursprünglich apostolisches Ideal aus, das den Apostel Paulus (oder auch seinen im „*Adoro te devote*" genannten Namenspatron, den „guten Theologen" Thomas) bewegte:

> *Und von diesen drei Aufgaben, nämlich des Predigens, Lesens und Disputierens, heißt es im Titusbrief (1,9):*
> *- „Auf daß er kraftvoll sei zu ermahnen" im Hinblick auf die Predigt,*
> *- „in der gesunden Lehre" im Hinblick auf die Lesung,*
> *- „und den Widersprechenden zu widerstehen" im Hinblick auf die Disputation.*[22]

---

mand Lehrer seiner selbst genannt werden könne, die Priorität der *doctrina* von außen gegenüber der *inventio propria* hervor und begründet ihre größere Vollkommenheit mit der Vollkommenheit ihres Prinzips: des Lehrers, der in seiner Person das Wissen in Fülle repräsentiert (vgl. *Q. de ver.* 11,2) Und die Frage, ob das Lehren eine Tätigkeit des aktiven oder des kontemplativen Lebens sei, weist unmittelbar auf die o.g. Thematik der Standeslehre als Horizont zurück (vgl. *Q. de ver.* 11,4).

[20] Vgl. *Chartul.* II, n. 1185 (ed. Denifle/ Chatelain, 683). – Zur Herkunft vgl. Petrus Cantor, *Verbum abbreviatum* 1 (PL 205,25A). – Zur Bedeutung dieser Schrift und weiterer Traktate für die „Pariser Pastoraltheologie" jener Zeit vgl. J. Oberste (2016), 47.

[21] Thomas, *Princ. bibl. I* (n. 1213).

[22] *Ebd.* (n. 1213f.).

Auf solche Weise in einem apostolischen Vorbild fundiert, enthält die Dreifachunterscheidung von *lectio*, *disputatio* und *praedicatio* nicht nur einen Reflex der Teilnahme des Thomas am Schulbetrieb der hochmittelalterlichen Universität als Magister der Theologie. Sie bietet darüber hinaus auch ein gutes Raster, um die Schriften, die aus diesen Tätigkeiten entstanden sind, in ihrer Vielfalt zu ordnen und zu strukturieren und vermag so einen geordneten Zugang zum Gesamtwerk des Thomas zu eröffnen.[23]

Die drei Aufgaben des theologischen Magisters als solche lassen sich dabei als solche begreifen, die in einer organischen Abfolge stehen und - gewissermaßen in konzentrischen Kreisen - von einem Mittelpunkt aus wachsen. Diesen Mittelpunkt aber bietet der autoritative Lehrtext bzw. das betreffende Lehrbuch eines Faches.

(1) *lectio*. - Dieser Text galt als verbindliche Grundlage des Unterrichts. Mit seiner Hilfe lernte man einen Stoff - eben indem man ihn las und auslegte. Die Art und Weise der Auslegung konnte im einzelnen sehr verschieden und von unterschiedlicher Ausführlichkeit sein. So brachte der elementare Aneignungsvorgang von theologischem und philosophischem Wissen in der Form der *lectio* eine Vielzahl von Kommentarformen hervor.[24] - Auch für das Werk des Thomas läßt sich unterscheiden zwischen

(a) der *sententia*, einer Auslegung, die nur in knapper Weise den Text strukturiert und wiedergibt,

(b) der *expositio*, die eine ausführlichere Erklärung bietet, und

(c) der *postilla*, die ein Kurzkommentar ist.[25]

Darüber hinaus begegnen in der handschriftlichen Überlieferung die Bezeichnungen

(d) *lectura* und

(e) *scriptum*, die entweder den mündlichen Vortrag oder dessen schriftlichen Niederschlag benennen, in ihrer genauen Gestalt dagegen nicht festgelegt sind. - Bereits in Kapitel 2 begegneten diese Bezeichnungen im Zusammenhang der thomanischen Aristoteles- und Bibelkommentare.[26]

---

[23] Zum Ganzen vgl. M.-D. Chenu (²1982), 84-103.

[24] Zu den verschiedenen Kommentarformen im Mittelalter vgl. umfassend O. Weijers (1996). - Im Hinblick auf den Bearbeitungsstand ist ferner vom fertiggestellten Text, der vom Autor redigiert wurde, die *reportatio* zu unterscheiden, bei der es sich um die Mitschrift eines Hörers oder Sekretärs handelt, die noch einmal durchgesehen und korrigiert worden ist.

[25] Mitunter läßt sich der Unterschied dieser Kommentararten bereits an der Zahl der kommentierten Zeilen im Rahmen einer Einheit erkennen.

[26] Vgl. oben S. 116, S. 125 und S. 157-163.

(2) *disputatio*. – Im Rahmen der Lektüre und Kommentierung eines Textes ergaben sich von selbst Fragen und Zweifel zu seinem Verständnis, zu seiner Richtigkeit und zur Übereinstimmung mit anderen Aussagen desselben oder eines anderen Textes desselben Autors. Diese wurden auf einer zweiten Stufe des Unterrichts in der *disputatio* verhandelt, die sich im Laufe der Zeit mehr und mehr vom Text löste und verselbständigte und zu einer eigenen „Form aktiver Pädagogik"[27] wurde.

Die *disputatio* gliederte sich in verschiedene *quaestiones*, die wiederum in verschiedene Artikel eingeteilt war. Nach einem feststehenden Schema wurden in einem Artikel zunächst

(a) ein Problem oder eine Frage aufgeworfen,

(b) es wurden Argumente pro und contra angeführt,

(c) und es oblag dem Magister, eine definitive Antwort zu formulieren sowie schließlich

(d) die zuvor angeführten Argumente zu bewerten.[28]

Die einzelnen Schritte dieses Vorgehens sind dabei mit stereotypen Wendungen verbunden und lassen sich leicht daran erkennen.[29] Für den heutigen Leser eines Artikels empfiehlt es sich in der Regel, mit der Antwort (= c) zu beginnen, da sie die eigentliche Anschauung des Autors zu einer Thematik enthält, und von hier aus die zuvor vorgebrachten Argumente sowie die Antworten des Magisters darauf im Wechsel zu lesen.[30]

---

[27] *Ebd.* – Die historisch umfangreichste Studie zu Geschichte und Entwicklung der *disputatio* stammt von B. Bazan (1985).

[28] Mit Bezug auf die aristotelische Wissenschaftstheorie läßt sich die *disputatio* beschreiben als ein Verfahren, in dem es darum geht, eine Aussage, nämlich jene, die als Frage vorangestellt worden ist, als wahr zu erweisen, d.h. sie zu bejahen oder zu verneinen, und zwar indem man Prinzipien angibt, aus denen sich diese in demonstrativer Weise ableiten läßt.

[29] (a) Mit dem Fragewort „Utrum..." wird zunächst die in Frage stehende Aussage vorgestellt. – (b) Eingeleitet durch die Wendung „Videtur quod (non)..." folgen sodann (in einer in den modernen Ausgaben durchnumerierten Reihenfolge) Argumente *gegen* die in Frage stehende Aussage. – Die Formulierung „Sed contra..." bringt sodann die andere Seite mit ihren Argumenten und Begründungen *für* die in Frage stehende Aussage ins Gespräch. – (c) Die Wendung „Respondeo dicendum (oder: „Responsio. Dicendum)" schließlich leitet die Lehrentscheidung des Magisters ein, die den zentralen und wichtigsten Teil des Artikels ausmacht. Er wird auch als „corpus articuli" bzw. als „solutio" bezeichnet. (d) Mit den Antworten „Ad primum [secundum ...] dicendum..." reagiert der Magister endlich im Anschluß an die eigene Antwort auf die vorgebrachten Argumente.

[30] In ihrem in der Regel streng syllogistischen Bau wollen diese Argumente genau der Anforderung entsprechen, die durch die aristotelische Wissen-

Wann genau die *quaestio* ihre „klassische" Form gefunden hat, läßt sich nicht sagen. Von Einfluß war wohl v.a. die aristotelische *Topik,* die in ihrem 8. Buch eine Disputierkunst enthielt und die bereits im 12. Jahrhundert in den abendländischen Schulen bekannt geworden war, später die Wissenschaftstheorie der *Zweiten Analytiken,* die zu Beginn ihres zweiten Buches eine „Phänomenologie des Fragens" enthält, sowie ferner die *Metaphysik* mit ihren verschiedenen methodologischen Passagen. Flankiert waren die Entwicklungen bereits im 12. Jahrhundert durch eine intensive Rezeption der Schriften des Boethius gewesen. So ist es einer seiner Boethius-Kommentare, in dem Thomas die genaue Form der *quaestio* ausmacht, wie sie sein eigenes Vorgehen bestimmen sollte.[31]

Vor allem die Einrichtung der *disputatio* kann als Zeugnis des dialogischen Geistes des hochmittelalterlichen Universitätswesens gelten. Gerade sie kennzeichnet die scholastische Wissenschaftlichkeit als eine „récherche collective de la vérité"[32]. – Mit Blick auf ihre formale Gestaltung lassen sich die *quaestiones disputatae* zugleich als die gewissermaßen *„philosophischste"* oder sachlich-rationalste Textgattung bezeichnen: Tradition und Autoritäten sind – anders als in der *lectio* – lediglich in der Form von Definitionen, Prinzipien, Lehrsätzen oder Axiomen präsent, und es geht unter der Maßgabe logischer Klarheit und Richtigkeit allein um die Kraft des besten Arguments. Nicht unzutreffend hat man die Methode der *disputatio* daher in der Nähe zum platonischen Dialog angesiedelt, der mit dem gemeinsamen Ziel der Wahrheitsfindung geführt wird und die Urgestalt allen Philosophierens darstellt.[33] Schließlich ist mit der Methode der *disputatio* eine gewisse Offenheit der Argumentation verbunden: mehrere Ansichten können mitunter – trotz der *determinatio* durch den Magister – nebeneinander stehen bleiben und eröffnen damit einen vielseitigen Zugang zum Phänomen.[34]

schaftstheorie vorgegeben ist: sie wollen die Wahrheit einer Aussage (bzw. der Gegenaussage) aus Prinzipien *begründen.*

[31] Vgl. Thomas, *Exp. Boeth. De hebdom.* 3 (Z. 5-11): „[1] Erstens stellt er die Frage (*quaestio*) dar. [2] Zweitens trägt er die Lösung (*solutio*) vor. [3] Drittens schließt er einige Schlußfolgerungen aus, die der Lösung widersprechen. Im Hinblick auf ersteres tut er zweierlei: [1.1] Erstens schickt er voraus, was die Frage voraussetzt, [1.2] Zweitens, was bei der Frage in Zweifel gezogen wird."

[32] M.-D. Chenu (²1982), 384, im Original: (1950), 291.

[33] Vgl. Platon, *Siebter Brief* (341c-d): vgl. J. Pieper (2001a), 221-233, v.a. 228.

[34] Vgl. *ebd.,* 242: „Die *Quaestiones disputatae* gehen oft genug so zu Ende wie die platonischen Dialoge: sie machen ausdrücklich keinen Anspruch auf eine rundumfassende Antwort, sondern sie öffnen dem weiteren

Aber auch unter *theologischen* Gesichtspunkten wird man die konstitutive Bedeutung zu berücksichtigen haben, die dem Streitgespräch, der Disputation, für die Herausarbeitung der Wahrheit zukommt - zumal in der Auseinandersetzung mit Irrlehren und Häresien. Wie erwähnt, steht sie auch an den Ursprüngen des Dominikanerordens in Form der argumentativen Auseinandersetzung mit den spanischen und südfranzösischen Ketzerbewegungen.[35]

Thomas selbst hat das Programm der universitären *disputatio* so formuliert:

> *Die Disputation dient [...] dazu, die Hörer zu unterweisen, daß sie zum Verständnis der Wahrheit (ad intellectum veritatis) hingeleitet werden [...]; und dazu ist es notwendig, gestützt auf Vernunftgründe die Wurzel der Wahrheit zu erforschen (investigantibus veritatis radicem) und zu vermitteln, auf welche Weise wahr ist, was gesagt wird. Anderenfalls, wenn der Lehrer die Frage mit bloßen Autoritätsgründen (nudis auctoritatibus) entscheidet, wird der Hörer zwar darin versichert, daß es so ist, aber er wird nichts an Wissen und Einsicht erlangen und leer weggehen.*[36]

Und offenbar hatte Thomas gerade an dieser Form des wissenschaftlichen Unterrichts und der akademischen Auseinandersetzung eine besondere Freude. Während seine Kommentarwerke ihn als kongenialen Interpreten zeigen, machen ihn seine Quaestionen-Sammlungen vor allem als „Problematiker“ sichtbar.[37] Die Neigung zu Vereinfachung und Reduktion, zur Konzentration auf das Wesentliche und zur Formalisierung des Arguments, die für die scholastische Methodik im allgemeinen kennzeichnend ist, findet in den *Quaestiones disputatae* des Thomas noch einmal eine ausdrückliche Gestalt. Schließlich ist sie wesentlich getragen von der Grundeinsicht, daß wir auch unseren Gegnern Respekt, ja: Dankbarkeit schulden, denn auch sie

---

Suchen den Weg ins Unendliche.“ - Gegenüber der elenktisch-refutativen Ausrichtung der platonischen Dialoge wird man allerdings zu berücksichtigen haben, daß die von Cicero so benannte *dissertatio in utramque partem*, bei der Pro und Contra argumentiert wird, eher als ein Kennzeichen der verlorenen Dialoge des Aristoteles gilt.

[35] Vgl. J. Pieper (2001a), 176f.: „1206 findet in Montréal die erste wirkliche Disputation statt. [...] [G]leichberechtigte Gesprächspartner bemühen sich um Wahrheitsfindung nach vorher festgelegten Kampfregeln, zu denen auch diese gehört: Wer seine These nicht aus der *Bibel* beweisen kann, soll als besiegt gelten. Diese Disputation nun ist der Keim des Dominikanerorden.“

[36] Thomas, *Q. de quol.* IV 9,3 c.

[37] Vgl. E. Przywara (1925).

> *haben sich gemüht um der Erforschung der Wahrheit willen, und [...] haben uns hierin Hilfe geleistet.*[38]

Nicht immer handelt es sich bei den *Quaestiones disputatae* indes um schriftliche Wiedergaben tatsächlich gehaltener Disputationen. Vielmehr war die *quaestio* zugleich auch eine literarische Darstellungsform, derer sich die scholastischen Autoren bedienten.[39] So wird sie etwa in der *Summa theologiae* für Thomas selbst zum leitenden literarischen Modell und konstitutiven Bauschema bei der inhaltlichen Ausfüllung des dortigen *ordo disciplinae*.[40]

(3) *praedicatio*. – Seinen Abschluß fand das intellektuelle Bemühen der mittelalterlichen Scholastiker auf einer dritten Stufe schließlich in der *Predigt* als einer wissenschaftlich fundierten Form der *Verkündigung*.[41] In historischer Hinsicht ist dabei die *Neuheit* zu berücksichtigen, die sich mit der *praedicatio* als Verkündigungsform verband. Bis zur Mitte des 12. Jahrhunderts hatte die Predigt, von wenigen Ausnahmen abgesehen, in der Lektüre oder „Rezitation" von Homilien der Kirchenväter oder von ihnen inspirierter Kommentare zur Heiligen Schrift bestanden. Erst im 13. Jahrhundert gewannen das „Amt des Predigers" (*munus praedicandi*) und das damit verbundene Ideal einen eigenen Wert: Das Predigen wurde nunmehr verstärkt verstanden als Dienst am Heilsauftrag der Kirche, als Sendung zum Heil der Seelen (als *cura animarum*) und zum Aufbau der Kirche. In seiner Wichtigkeit wurde es mitunter gar parallelisiert mit der Spendung der Sakramente: „La prédication était alors une fonction religieuse, elle engageait toute la personne et toute la vie de prêcheur."[42]

---

[38] Thomas, *Super Metaph.* XII 9 (n. 2566).

[39] J.-P. Torrell (1995), 81: Zu berücksichtigen ist vielmehr, daß die *disputatio* zwei Hauptformen kannte: „[1] Die erste, die private (*disputatio privata*), wurde im Bezirk der Schule abgehalten, nur mit den Studenten des Magisters und seines Bakkalaureus [...]. [2] Die zweite Form war öffentlich (*disputatio publica* oder *ordinaria*). Der Magister mußte sie in regelmäßigen Abständen durchführen. [...] Der Unterschied zur ersten Form bestand im Publikum, da hier die Studenten der anderen Schulen und manchmal auch deren Magister anwesend sein durften."

[40] Vgl. J. Pieper (2005b), 58.

[41] Vgl. R.H. Kahl (2006), 38: „‚Predigt' ist dabei in einem umfassenden Sinn zu verstehen: die Verkündigung auf der Kanzel in den eigenen Kirchen und außerhalb, [....] der religiöse Vortrag und die Seelenführung in Frauenklöstern, die Katechese vor Erwachsenen und Kindern, das Gespräch im Locutorium oder unterwegs, die literarische Verkündigung durch das Buch, die Arbeit des Missionars."

[42] J. Leclercq (1946), 144. – In der Frage nach der Autorisierung der Pre-

So lassen sich Spuren des Weges „von der *lectio* zur *praedicatio*" etwa daran erkennen, daß die theologischen Magistri in ihre Schriftkommentare oft ganze Predigten, Predigtentwürfe oder -zusammenfassungen einfügten.[43] Und es wäre von eigenem Reiz, nicht nur die thomanischen Schriftkommentare, sondern auch seine Auslegungen zu Aristoteles oder die großen *Quaestiones disputatae* als „Vorarbeiten" für die *Verkündigung* und *Seelsorge* als ihr eigentliches Ziel zu verstehen.

Doch wie nun läßt sich aufgrund dieser *Dreifachunterscheidung* das thomanische Schrifttum mit seinen über 90 Werken gliedern und strukturieren?[44]

3. Ein Überblick über das Werk des Thomas von Aquin

3.1. lectio: Die Kommentare

Unter der Überschrift *lectio* sind hier an erster Stelle die beiden großen Kommentargruppen (1) zu den Büchern der Heiligen Schrift und (2) zu den Werken des Aristoteles zu nennen. In ihrer grundlegenden Bedeutung für das „Lebensthema" des Thomas, die Erkenntnis und Bezeugung der Wahrheit, waren sie bereits in Kapitel 2 ausführlich Thema. Sie belegen die Verge-

---

digt lag entsprechend einer der Diskussionspunkte des Mendikantenstreits. – Zum Wandel der Predigt und der grundlegenden Neubestimmung ihrer Form und Funktion vgl. J. Oberste (2016), 50ff.

[43] Vgl. hierzu L.-J. Bataillon (1986). – Ferner bot ihm die Kompilation aus Kirchenvätertexten, die er mit der *Catena aurea* angefertigt hatte, ein reiches Arsenal für die eigene Predigttätigkeit, von der Thomas selbst Gebrauch zu machen wußte: vgl. L.-J. Bataillon (1974).

[44] Die frühesten *Kataloge* von Schriften des Thomas von Aquin finden sich in einer Liste, die gegen Ende des 13. Jahrhunderts von einem Dominikaner in Paris mit Blick auf die dort befindlichen Ausgaben seiner Werke zusammengestellt wurde. Sie ist in zwei heute in Prag aufbewahrten Handschriften erhalten (vgl. Prag, Metr. Kap. A 17/1 und A 17/2). Quasi-„kanonische" Bedeutung hat die Liste erhalten, die Ptolemäus von Lucca in seiner *Historia ecclesiastica nova* XXII 22.34.39 und XXIII 12-15 (ed. Ferrua, 357-360, n. 171.173.175, und 364-368, n. 179-183) wohl zwischen 1313 und 1316 zusammengestellt hat. Beim Heiligsprechungsprozeß in Neapel erhielt sie den Titel eines „offiziellen Katalogs". Vgl. von hier aus die Aufstellung in Wilhelm von Tocco, *Historia* 18 (Z. 17-84). – Zum Ganzen vgl. J.-P. Torrell (1982), 6-9. – Moderne Werkkataloge finden sich bei I. Eschmann (1956), J. Weisheipl (1980) und v.a. G. Emery (1995). – Zur mittelalterlichen Verbreitung und Rezeption der Werke durch die handschriftliche Überlieferung vgl. H. Anzulewicz (2016).

wisserung an den Quellen der Philosophie und des christlichen Glaubens durch die minutiöse Erarbeitung des wörtlichen Sinnes des Textes und seiner argumentativen Struktur.[45]

(3) Flankiert werden diese beiden großen Kommentargruppen von Auslegungen zu Schriften des Boethius, des Ps.-Dionysius Areopagita und des Proklos (vgl. Abb. 9). V.a. letztere können als *Zeugen neuplatonischen Einflusses* auf das thomanische Denken gelten. Auch hiervon war oben bereits ansatzweise die Rede im Zusammenhang des sog. „negativen Elements" in der Weltsicht des Thomas.[46] Die Bedeutung dieser Kommentare scheint im Ganzen in ihrem Beitrag zum Konzept thomanischer Metaphysik und Seinslehre, zur Gottes- und Schöpfungstheologie, zu liegen.

(3.1) Die Auslegung zur Schrift des Ps.-Dionysius Areopagita, *Von den göttlichen Namen* (*Expositio super librum Dionysii De divinis nominibus*, Orvieto und Rom, 1261-1268) zeugt dabei von der ungebrochenen Attraktivität, die dieser Autor für Thomas seit den Kölner Studienjahren bei Albertus Magnus hatte. Sie belegt sein Interesse insbesondere an der *Gotteslehre* des Areopagiten, der eine wichtige Vermittlungsfunktion zwischen philosophischer und der theologischer Rede von Gott zukommt. In seiner Schrift erörtert Ps.-Dionysius unter dem Leitmotiv des Guten, das sich selbst verströmt (*bonum est diffusivum sui*) u.a. die Begriffe „das Licht" (*lumen*), „das Schöne" (*pulchrum*), „die Liebe" (*amor*), „das Leben" (*vita*), „das Seiende" (*ens*) und „das Eine" (*unum*) als Namen für Gott, die sich aber zugleich aufgrund einer Ähnlichkeit in den Geschöpfen finden, da sie sich durch Teilhabe von Gott herleiten. Im Prolog seines Kommentar bietet Thomas eine unterscheidende Kriteriologie für die verschiedenen Namen, die sich aufgrund der Aussagen der Heiligen Schrift auf Gott anwenden lassen, und rechtfertigt ausdrücklich das Vorgehen der „Platoniker", nach Art der „Abtrennung" (*abstractione*) „in Bezug auf das Allergemeinsamste (*circa maxime communia*) – nämlich das Gute, das Eine und das Seiende" vom ersten Prinzip der Dinge zu sprechen:

> *Denn sie behaupteten, es gäbe ein Erstes, das die Wesenheit der Gutheit, der Einheit und des Seins ist, das wir Gott nennen, und daß alles andere gut (bonum), eins (unum) und seiend (ens) genannt wird durch Ableitung von diesem ersten.*[47]

---

[45] Vgl. oben S. 121-126, S. 147-157, v.a. S. 151f.

[46] Vgl. oben S. 87-90.

[47] Vgl. Thomas, *Super De div. nom.* prol. (n. II).

Unverkennbar sind hier die Berührungspunkte mit der oben dargestellten Transzendentalienlehre.[48] Wenngleich Thomas mit *De divinis nominibus* die umfangreichste Schrift aus dem *Corpus Dionysiacum* kommentiert, so ist sie - anders als bei Albert - zugleich die einzige Schrift des Areopagiten geblieben, zu der er eine Auslegung verfaßt hat.

(3.2) Daß sich im thomanischen Kommentarwerk darüber hinaus Auslegungen zu zwei Schriften des Boethius finden, verdient eigene Beachtung. Zwar kommt Boethius, dem „letzte[n] Römer" und „erste[n] Scholastiker"[49], eine Schlüsselrolle für das mittelalterliche Denken zu, da er durch seine Übersetzungen, Definitionen und Wortprägungen nicht nur das antike Bildungsgut an die folgenden Jahrhunderte übermittelt hatte. Er war zugleich der erste gewesen, der das scholastische Programm der *Verbindung von Vernunft und Glaube* paradigmatisch formuliert und durchgeführt hatte.[50] Doch war inzwischen die große Zeit der Boethius-Rezeption, wie sie das 12. Jahrhundert gekennzeichnet hatte, vorüber, und die Beschäftigung mit seinen Schriften war deutlich zurückgegegangen. Im 13. Jahrhundert sollte Thomas der einzige bleiben, der an diese Tradition anknüpfte. Mit Teilen aus den sog. *„Opuscula sacra"*, in denen erstmals die zentralen Inhalte des christlichen Glaubens (Trinität und Inkarnation) mit Hilfe aristotelischer Kategorien erörtert worden waren, legte er dabei jene Texte aus, von denen man gesagt hat, an der „Kommentierung dieser kleinen Schriften [sei] die Scholastik groß geworden" (V. Schurr).[51] Thomas verfaßte Auslegungen zum ersten Traktat über die Trinität und zum dritten, der sog. „Axiomenschrift" *De hebdomadibus*.[52] Was ihn offenbar neben den metaphysischen Fragestellungen daran interessierte, war eine Verbindung der boethianischen Methodologie mit der aristotelischen Wissenschaftstheorie.

(3.2.1) So wurde die *Expositio libri Boethii De trinitate* (Paris, 1257-59) lange Zeit in ihrer wissenschaftstheoretischen Bedeutung

---

[48] Vgl. oben S. 69-73.

[49] Vgl. M. Grabmann (1909), 148.

[50] Vgl. dazu oben S. 128, Anm. 122. - Ferner Boethius, *Tractatus* I (ed. Elsässer 4,22ff.): „Die Untersuchung muß von uns so weit geführt werden, wie der Blick des menschlichen Verstandes die Höhen der Gottheit zu erklimmen vermag." - Von Thomas entsprechend gewürdigt in *Exp. Boeth. De trin.* prol. (Z. 97-113).

[51] Vgl. M. Elsässer (1988), VII. - Vgl. J. Pieper (2001c), 322f.

[52] Eine systematische Übersicht über die *Opuscula sacra* findet sich in Thomas, *Exp. Boeth. De trin.* prol. (Z. 73-96).

als „theologische Erkenntnis- und Einleitungslehre“[53] hochgeschätzt. Thomas behandelt hier die Erkenntniskraft der menschlichen Vernunft, den Wissenschaftscharakter der Theologie, die Einteilung der philosophischen Disziplinen etc. Bei dieser Auslegung handelt es sich übrigens um den einzigen Kommentar des Thomas, der in Quaestionenform verfaßt ist. Er blieb allerdings unvollendet, da Thomas lediglich das erste und den Beginn des zweiten der insgesamt sechs Kapitel kommentierte.

(3.2.2) Von fast größerer Bedeutung für Thomas scheint demgegenüber die *Expositio libri Boethii De hebdomadibus* (Paris, 1257-59?) gewesen zu sein. Mit den neun Axiomen, die sie in ihrem zentralen zweiten Kapitel vorstellte, bot sie nicht nur die Möglichkeit, methodologisch verschiedene Arten von Beweisprinzipien (*termini, regulae, communes animae conceptiones*) zu benennen und zu differenzieren.[54] Mit ihrer Lehre vom Sein und deren Interpretation mit Hilfe des platonischen Begriffs der „Teilhabe“ (*participatio*) enthielt sie vor allem entscheidende Impulse für die Explikation dieses metaphysischen Zentralbegriffs.[55] Denn die genannten Axiome beabsichtigten den Nachweis, daß das Sein aller Dinge von einem ersten Guten, d.h. von Gott, verursacht ist und daß es daher zwar nicht substantiell, aber durch Teilhabe gut ist. So faßt Thomas die Bedeutung dieser Schrift und seines Kommentars im einleitenden Prolog unter dem Leitgedanken des „Studiums der Weisheit“ (*studium sapientiae*) zusammen, das der Mensch um seiner selbst willen sucht und das ihm höchste Freude bereitet, da er durch die Einsicht in diese Prinzipien „die Erkenntnis der Wahrheit erfaßt“[56].

(3.3) Ein ausgeprägtes Beispiel für die Genauigkeit und Sensibilität der thomanischen Interpretationsfähigkeiten liefert schließlich der Kommentar zum *Liber De causis* (Paris, 1272). Lange Zeit war dieses Werk dem Aristoteles zugeschrieben und für seine an die *Metaphysik* anschließende Theologie gehalten worden.[57] Thomas war der erste, der im Rahmen seiner Auslegung als eigentlichen Autor einen arabischen Philosophen erkannte, der dieses Werk gegen Ende des 12. Jahrhunderts aus Exzerpten der *Elementatio theologica* des Neuplatonikers Proklos (412-485) zu-

[53] Vgl. M. Grabmann (1948).

[54] Vgl. Thomas, *Exp. Boeth. De hebd.* I (Z. 124-185) und II (Z. 9-18).

[55] Vgl. R. Schönberger (1999c). – Vgl. dazu unten S. 353-359.

[56] Thomas, *Exp. Boeth. De hebd.* I (Z. 51f.).

[57] Noch Albertus Magnus hielt das Werk für die Vollendung der aristotelischen *Metaphysik*. – Durch die Übersetzung des Gerhard von Cremona war es im Abendland bekannt geworden.

sammengestellt hatte.[58] Die inhaltliche Bedeutung dieses Werk liegt für Thomas v.a. in den Impulsen, die er für sein Verständnis von *Kausalität*, den Begriff der *Erstursache* und sein Konzept von *Schöpfung* empfängt. Indem er in Absetzung von der auf Plotin (205-270) zurückgehenden Tradition, die *das Eine* (*hen*) als erste Ursache ansetzt, mit dem *Liber De causis* das *Sein* als höchstes Prinzip bedenkt, gewinnen seine Aussagen unmittelbare Relevanz für die thomanische Lehre vom Seienden.

(1) *Expositio libri Boethii De trinitate* (Paris, 1257-59), unvollendet
(2) *Expositio libri Boethii De hebdomadibus* (Paris, 1257-59?)
(3) *Expositio super librum Dionysii De divinis nominibus* (Orvieto/Rom, 1261-1268)
(4) *Expositio super Librum de causis* (Paris, 1272)

Abb. 9: Die Kommentare des Thomas zu den neuplatonischen Schriften

Zur Gattung der Kommentare wird man schließlich auch das theologische „Erstlingswerk" des Thomas zu zählen haben: die Auslegung zu den *Sentenzen* des Petrus Lombardus, das *Scriptum super libros Sententiarum* (1252-54). Jeder angehende Magister der Theologie hatte die *Sentenzen* zum Erwerb der Lehrbefugnis zu lesen und zu kommentieren.

Beim *Sentenzenbuch* des Petrus Lombardus handelte es sich um eine systematische Zusammenstellung verschiedener Meinungen (sog. *sententiae*) der Kirchenväter, die seit den 20er Jahren des 13. Jahrhunderts zum kanonischen Lehrbuch der universitären Theologie geworden war. Pointiert gesagt, stellte es ein „systematisch geordnetes ‚Augustinus-Brevier'"[59] dar. Es gliederte sich gemäß der augustinischen Unterscheidung von (a) „Dingen" (*res*) und (b) „Zeichen" (*signa*)[60] und enthielt in seinen vier Bücher die Lehren

- über Gott als Einen und Dreifaltigen (Buch I),
- über Gott als Schöpfer, sein Werk und die Sünde (Buch II),
- über die Menschwerdung des Wortes und sein Erlösungswerk (Buch III) (= a) und
- über die Sakramente (plus Eschatologie, Buch IV) (= b).

[58] Vgl. dazu Thomas, *Super De causis* prol. (n. 9): „Daher scheint es sich um einen Auszug (*excerptus*) zu handeln, der von einem arabischen Philosophen aus dem genannten Buch des Proklos gemacht wurde, zumal da alles, was in diesem Buch enthalten ist, viel reicher und ausführlicher in jenem enthalten ist."

[59] J. Pieper (2001c), 379: „[D]ie etwa 1.000 Texte aus den Werken Augustins machen nahezu vier Fünftel seines Umfangs aus."

[60] Vgl. Augustinus, *De doctrina christiana* II 2 (CCL 32,7).

Als Kompendium, das den gesamten Stoff der Theologie umfaßte, bot das *Sentenzenbuch* einem Theologen die erste Gelegenheit, seine eigene theologische Synthese vorzulegen. Mit seiner Einteilung in Unterscheidungen (*distinctiones*), Kapitel und Artikel enthielt das *Sentenzenbuch* überdies ein detailliertes Raster, anhand dessen sich Probleme verorten und eigene Schwerpunkte setzen ließen. Mit seiner Hilfe läßt sich auf der Perspektive heutiger Interpretation gut ein vergleichender Überblick über die Meinungen und Anschauungen der verschiedenen scholastischen Theologen zu einem bestimmten Lehrstück verschaffen.

Die grundlegende Bedeutung, die der Sentenzenkommentar im Werk eines theologischen Magisters hatte, sowie die Tatsache, daß es sich beim *Sentenzenkommentar* des Thomas um seine einzige Gesamtdarstellung der Theologie handelt, die im universitären Kontext entstanden ist, mag einer der Gründe dafür gewesen sein, daß sich die akademischen Diskussionen um seine theologischen Positionen in den folgenden Jahrzehnten in erster Linie an diesem Werk orientierten – und nicht etwa an der *Summa theologiae*.[61] Offenbar hat Thomas selbst – dies belegen sowohl das Zeugnis der frühen Biographen wie die Ergebnisse der Handschriftenkunde – vermutlich in Rom eine Überarbeitung seines *Sentenzenkommentars* unternommen, sich aber dann vor allem der Arbeit an der *Summa* zugewandt.[62]

3.2. *disputatio*

3.2.1. *Die Quaestionensammlungen*

(1) Von den *Quaestiones disputatae de veritate*, die in der Reihe der *disputationes* an der ersten Stelle zu nennen sind, war bereits oben ausführlich die Rede.[63] Aus der ersten Pariser Lehrzeit (1256-1259) stammend, sind sie nicht nur die erste, sondern mit ihren 29 *quaestiones* und insgesamt 253 Artikeln auch die umfangreichste der thomanischen Quaestionensammlungen. Unter dem Leit- und Lebensthema der Wahrheit erschließen sie eine Reihe weiterer Themenkomplexe, die im Denken des Thomas von zentraler Bedeutung sind – wie die Lehre vom Wort, vom Lehrer, vom Gewissen, vom Guten oder von den Leidenschaften.

---

[61] Erst in der Barockscholastik des 16. Jahrhunderts löste die *Summa theologiae* das *Sentenzenbuch* des Petrus Lombardus als kanonisches Lehrbuch der Theologie ab. – Vgl. M. Forschner (2006), 209f.

[62] Vgl. hierzu J.-P. Torrell (1995), 66ff. und 346f.

[63] Vgl. oben S. 57-73.

Treffend hat J.-P. Torrell die *Quaestiones disputatae de veritate* als „ein denkerisches Laboratorium“ bezeichnet, in dem sich „ein großer Geist in Bewegung, im Prozeß ständiger Neuentdeckung“[64] bezeugt. Denn gemeinhin gelten sie als Zeugnis einer „Phase des Übergangs“ im thomanischen Denken, da sie mitunter Änderungen zu früher (im *Sentenzenkommentar*) geäußerten Meinungen dokumentieren und die Wege und Richtungen markieren, in die Thomas seine Lösungen entwickeln wird. Von daher können sie als repräsentativ für die thomanische Position gelten. Indessen sind sie noch nicht von jener didaktischen Klarheit und Einfachheit, wie sie etwa den Stil des Spätwerks auszeichnet.[65]

(2) Aus der römischen Zeit stammen drei weitere Quaestionensammlungen zur Macht Gottes (*De potentia Dei,* 1265-66), zur Menschenseele (*De anima,* 1265-66) und zu den geistigen Geschöpfen, d.h. den Engeln (*De spiritualibus creaturis,* 1267-68).

(3) Ähnlich wie die drei Sammlungen aus der zweiten Pariser Lehrtätigkeit zum Bösen (*De malo,* 1269-71), zu den Tugenden (*De virtutibus,* 1271-72) und zur Vereinigung des fleischgewordenen Wortes (*De unione Verbi incarnati,* 1272) kreisen sie um weitere Zentralthemen des thomanischen Denkens und stehen inhaltlich in einer Nähe zur Arbeit an der *Summa theologiae* und deren jeweiligen Traktaten. Entsprechend lassen sie sich als deren ergänzende Vertiefung lesen.

(4) Eine originelle, ja mitunter amüsante Gattung bilden schließlich die sog. *Quaestiones quodlibetales.* Sie dokumentieren jene zweimal im Jahr - vor Weihnachten und vor Ostern - abgehaltenen universitären Disputationsveranstaltungen, in denen die Wahl des zu behandelnden Gegenstandes der Initiative der

---

[64] J.-P. Torrell (1995), 87: „Man sieht den Autor bei der Arbeit, das Aufblitzen seiner Gedanken wie auch sein Zögern, seine Anstrengung, sich auf die bestmögliche Weise auszudrücken. Es genügt, die Spuren der redaktionellen Überarbeitung [...] zu überfliegen [...], und man begreift, daß der Text nicht in einem Stück aus dem Denken des Autors auf das Papier gelangt ist“. *Ebd.*, 84: „Das Original trägt unbestreitbar viel zur Kenntnis des Menschen und des Autors bei. Des weiteren kann man hier auch etwas über die Arbeitsmethode und sein Vorgehen erfahren: Thomas arbeitete auf der Grundlage von ‚Zetteln‘, und er hatte eine ganze Gruppe von Sekretären zur Verfügung.“

[65] Als gutes Beispiel kann hier die *Q. de ver.* 10,6 zur Selbsterkenntnis der menschlichen Seele dienen, die eine Reihe von Traditionen versammelt, ohne sie stringent zu synthetisieren.

Hörer überlassen war. „[V]on den höchsten metaphysischen Spekulationen bis zu den geringfügigsten Problemen des alltäglichen öffentlichen und privaten Lebens“[66] wurden hier die unterschiedlichsten und disparatesten Fragen behandelt: die Struktur des Universums, die Verpflichtungskraft des irrenden Gewissens, die Erlaubtheit des gleichzeitigen Besitzes mehrerer kirchlicher Pfründe - oder auch die bereits oben erwähnte Frage, was in seiner Wirkung auf den Menschen stärker sei: der Wein, der König, die Frau oder die Wahrheit.[67] Die überlieferten *quaestiones de quolibet* sind so ein äußerst lebendiges Zeugnis von dem, was die mittelalterlichen Geister bewegte.[68]

Und wie Thomas die Disputation als ganze geschätzt hat, so scheint er gerade diese Veranstaltungsart mit einer gewissen Vorliebe abgehalten zu haben: insgesamt 260 Fragen sind von ihm während der beiden Pariser Lehrtätigkeiten behandelt worden und zeigen ihn mitunter in argumentativer Spontaneität und Schlagfertigkeit (*Quodlibeta* VII-XI, 1256-59; *Quodlibeta* I-VI, XII, 1268-72; vgl. Abb. 10).[69]

(1) *Quaestiones disputatae de veritate* (Paris, 1256-1259)

(2) *Quaestiones disputatae de potentia Dei* (Rom, 1265-66)
(3) *Quaestiones disputatae de anima* (Rom, 1265-66)
(4) *Quaestiones disputatae de spiritualibus creaturis* (Rom, 1267-68)

(5) *Quaestiones disputatae de malo* (Paris, 1269-71)
(6) *Quaestiones disputatae de virtutibus* (Paris, 1271-72)
(7) *Quaestiones disputatae de unione Verbi incarnati* (Paris, 1272)
(8) *Quaestiones quodlibetales* VII-XI (Paris, 1254-1259) und I-VI. XII (1269-1272)

Abb. 10: Die *Quaestiones disputatae* des Thomas von Aquin

3.2.2. Die polemischen Schriften

In gewissem Sinne dürfen auch die oben genannten *Streitschriften* aus (A) dem „Mendikantenstreit“ und (B) dem „Averroistenstreit“ der Gattung der *disputationes* zugeordnet werden, inso-

[66] M.-D. Chenu (^{2}1982), 98.

[67] Vgl. Thomas, *Q. de quol.* 6,19; 3,27; 8,13; 9,15; 12,14 (1); letztere übrigens in Bezug zum apokryphen Buch 3 *Esra* 4,35.

[68] Vgl. hierzu insbesondere die Arbeiten von P. Glorieux (1925/35) und J.F. Wippel (1985).

[69] Zur Datierung vgl. J.-P. Torrell (1995), 223-226 mit einer tabellarischen Übersicht über die verschiedenen Datierungshypothesen.

fern sie akademische Auseinandersetzungen dokumentieren und kontroverse Fragestellungen behandeln. Andererseits stehen sie mit ihrer interpretatorischen Arbeit - gerade im Zusammenhang des Streits um das richtige Aristoteles-Verständnis - in der Tradition der Kommentare. Auch ihre Inhalte wurden bereits in den vorangehenden Kapiteln ausführlich vorgestellt.[70] Sie seien daher hier nur noch einmal tabellarisch aufgeführt:

(A) Zum „Mendikantenstreit"

(1) *Contra impugnantes Dei cultum et religionem* (Paris, 1256)
(2) *De perfectione spiritualis vitae* (Paris 1269-70)
(3) *Contra doctrinam retrahentium a religione* (Paris, 1271)

(B) Zum „Averroistenstreit"

(1) *De unitate intellectus contra Averroistas* (Paris, 1270)
(2) *De aeternitate mundi* (Paris, 1271)

Abb. 11: Die polemischen Schriften des Thomas von Aquin

3.2.3. Die sog. „Opuscula"

Begleitet ist die universitäre wie außeruniversitäre Tätigkeit des Magisters Thomas darüber hinaus von einer ganzen Reihe von Abhandlungen, die entweder

(A) aus eigenem Antrieb unternommen wurden, oder aber

(B) Auftragsarbeiten, Briefe und Gutachten, z.T. für höchste kirchliche Autoritäten sind. So sind nicht weniger als 26 von den ca. 90 Schriften des Thomas auf Anfrage von außen entstanden.

Aufgrund ihres geringen Umfangs werden diese Schriften in der Regel unter dem Titel „Opuscula" („kleine Werke") zusammengefaßt.[71] Von ihnen seien hier nur die bekanntesten kurz genannt.

- Von *philosophischem* Interesse sind insbesondere die frühen Werke *De ente et essentia* (Paris 1252-56) und *De principiis naturae* (Paris 1252-56), die das Anliegen einer Klärung philosophischer Grundbegrifflichkeiten (*ens, esse, essentia, materia, forma, potentia, actus*) verfolgen und daher weite Rezeption erfahren haben, ferner der kleine „Fürstenspiegel" *De regno [ad regem Cypri]* (auch: *De regimine principum*, 1267), der im Ausgang von der aristotelischen Bestimmung des Menschen als *animal naturaliter*

[70] Vgl. oben S. 126-133 und S. 190-207.
[71] Einen guten Überblick bietet U. Horst (2017), 113-126.

sociale et politicum die Grundmotive der politischen Philosophie des Thomas entfaltet: das *bonum commune* als Ziel des Gemeinwesens, die Monarchie als beste Verfassungsform, die Tyrannis und der Widerstand gegen sie, das Verhältnis von weltlicher und geistlicher Gewalt.[72] Zusammen mit dem *Kommentar zur aristotelischen Politik* ist es die wesentliche Grundlage zur Rekonstruktion der politischen Philosophie des Thomas.[73]

– Auch zur *Theologie* finden sich verschiedene geraffte Gesamtdarstellungen unter den Opuscula, etwa das für seinen Sekretär Reginald von Piperno verfaßte *Compendium theologiae* (1265-1267, Rom-Neapel, unvollendet), in dem Thomas die zentralen Gehalte des christlichen Glaubens in Anlehnung an Augustins *Enchiridion* mit Bezug auf die drei theologischen Tugenden anhand des *Credo*, des *Vater unser* und der *Zehn Gebote* darlegt.[74] Heute kaum bekannt sind darüber hinaus die kleine Schrift *De rationibus fidei ad Cantorem Antiochenum* (nach 1265), für die armenische und griechische Infragestellungen der Dogmen der Menschwerdung den Anlaß grundlegender Klärungen bildeten, sowie das Opusculum *De articulis fidei et ecclesiae sacramentis ad archepiscopum Panormitanum* (1261-1270), ein Katalog von Häresien und ihrer Widerlegung. Der Prolog zum letztgenannten enthält im Übrigen erste Hinweise auf das Projekt der *Summa theologiae*, das Thomas kurz darauf in Angriff genommen hat, und zeigt damit wiederum wesentliche Aspekte seines Selbstverständnisses als Theologe und Lehrer.[75]

– Über ihre inhaltlichen Darlegungen hinaus, in denen sie Thomas als Meister in der Kunst zeigen, „das Ganze im Fragment" darzubieten, sind die Opuscula daher auch nicht zuletzt in *biographischer* und *historischer* Hinsicht von Interesse, insofern sie die persönlichen Beziehungen dokumentieren, in denen Thomas stand,[76] sowie die Fragestellungen, die seine Zeitgenossen beschäftigten und mit denen sie sich an ihn wandten.[77] Auch

---

[72] Vgl. H.-G. Nissing (2017b).

[73] Vgl. hierzu E.-W. Böckenförde (2002), 214-264.; R. Schönberger (2017). – Teile seiner politischen Philosophie sind darüber hinaus in die *Summa theologiae* integriert, v.a. in den *lex*-Traktat mit seiner Lehre vom Naturrecht (I-II 94) und in die Lehre von der Gerechtigkeit (II-II 57-79).

[74] Vgl. Augustinus, *Enchiridion* 3 (CCL 46,49,21-25).

[75] Vgl. Thomas, *De art. fid.* prol.

[76] Vgl. hierzu immer noch M. Grabmann (1937); ferner J.-P. Torrell (1995), 227-234 und 280-285. – V.a. Widmungsschreiben und Einleitungen, die Thomas seinen Opuscula voranstellt, enthalten hier interessante Auskünfte.

[77] So geht es etwa um den Wucher (*De emptione er venditione ad tem-*

das populärste Werk des Thomas, das schon erwähnte Offizium zum Fest Fronleichnam, wird unter die Opuscula gerechnet, da Thomas es 1263/4 in Orvieto auf die Bitte von Papst Urban IV. hin verfaßte (*Officium de festo Corporis Christi ad mandatum Urbani Papae*), gehört in diesem Sinne in die Reihe der Opuscula (vgl. Abb. 12).

(A) Abhandlungen

(1) *De ente et essentia* [→ Mitbrüder und Gefährten] (Paris, 1252-56)
(2) *De principiis naturae ad fratrem Sylvestrum* (Paris, 1252-56)

(3) *Compendium theologiae ad fratrem Raynaldum [de Priverno]* (Rom/Neapel, 1265-73) - bis II 10, unvollendet
(4) *De regno ad regem Cypri* [= Heinrich von Lusignon] (Rom, 1267) - bis II 8, unvollendet

(5) *De substantiis separatis* [→ Reginald von Piperno] (Paris/Neapel, 1271) - bis II 20, unvollendet

(B) Gutachten und Antworten auf Anfragen

(1) *De emptione et venditione ad tempus* [→ Jacobus de Viterbio] (Orvieto, 1262)
(2) *Contra errores Graecorum* [→ Papst Urban IV.] (Orvieto, 1263/4)
(3) *Officium de festo Corporis Christi ad mandatum Urbani Papae* (Orvieto, 1264)
(4) *Expositio super I et II Decretalem ad Archidiaconum Tudertinum* (Orvieto, 1261-65)

pus, Orvieto 1262), um die vier Elemente, und die Rolle, die die alte Medizin ihnen in der Säfte- und Temperamentenlehre zuschrieb (*De mixtione elementorum*, Paris, 1268/9?), um das Verhältnis von natürlicher Bewegung und Willensbewegung (*De motu cordis*, 1273), um Magie (*De operationibus occultis naturae*, Paris 1268-72) oder Astrologie und ihren Einfluß auf die menschliche Freiheit (*De iudiciis astrorum*, Paris 1269-72), um die Bedeutung des Loses bei der Bischofswahl und um Zufall und Vorsehung (*De sortibus*, 1270/71), um juristische Fragen zum Ordensleben (*De secreto*, Paris 1269), um die Engel (*De substantiis separatis*, Paris oder Neapel 1271) oder die Beichte (*De forma absolutionis*, 1269). - Das letzte schriftliche Zeugnis des Thomas war der schon genannte Brief an Abt Bernhard von Monte Cassino (*Epistula ad abbatem Bernardum*) zu Streifragen der Mönche im Hinblick auf die göttliche Vorsehung und ist vermutlich bereits auf dem Weg zum Konzil von Lyon im Frühjahr 1274 entstanden, womit dann allerdings die Notiz vom programmatischen Arbeitsabbruch vom Nikolaustag 1273 zweifelhaft würde. - Z.T. gehören diese Kleinschriften zu den handschriftlich am stärksten verbreiteten Werken des Thomas: vgl. H. Anzulewicz (2016), 7f.

(5) *De rationibus fidei ad Cantorem Antiochenum* (Orvieto, nach 1265)
(6) *De articulis fidei et ecclesiae sacramentis ad archiepiscopum Panormitanum* (Orvieto/Rom/Paris, 1261-70)

(7) *Responsio de 108 articulis ad magistrum Ioannem de Vercellis* (Rom, 1265-67)
(8) *De forma absolutionis* [→ Johannes de Vercellis] (Rom, 22.2.1269)
(9) *De secreto* [→ Generalkapitel der Dominikaner] (Rom, 1269)

(10) *Responsio de 43 articulis ad magistrum Ioannem de Vercellis* (Paris, 2.4.1271)
(11) *Responsiones de 30 et 36 articulis ad lectorem Venetum* [= Baxianus von Lodi] (Paris, 1271)
(12) *Responsio de 6 articulis ad lectorem Bisuntinum* (Paris, 1271)
(13) *Epistola ad ducissimam Brabantiae* [= Margarete von Flandern] (Paris 1271)
(14) *Liber De sortibus ad dominum Iacobum de Tonengo* (Paris, 1270/1)
(15) *De iudiciis astrorum* [→ Reginald von Piperno] (Paris, 1269-71)
(16) *De operationibus occultis ad quendam militem ultramontanem* (Paris, 1268-72)
(17) *De mixtione elementorum ad magistrum Philippum de Castro Caeli* (Paris, 1271)

(18) *De motu cordis ad magistrum Philippum de Castro Caeli* (Neapel, 1273)

(19) *Epistola ad Bernardum abbatem Casinensem* (Aquino/Maenza, 1274)

Abb. 12: Die „Opuscula" des Thomas von Aquin

3.3. praedicatio: Schriften zur Verkündigung

Unter den Kleinschriften des Thomas finden sich schließlich auch einige Texte, die der dritten Aufgabe des theologischen Magisters entsprechen, der *praedicatio*:

- Es handelt sich um verschiedene *Predigtreihen* –und zwar zum Apostolischen Glaubensbekenntnis, zum Vaterunser, zu den Zehn Geboten, die vermutlich im letzten Lebensjahr des Thomas in Neapel entstanden sind. Sie wurden wohl ursprünglich als Volkspredigten auf Italienisch gehalten und erst in der Folge ins Lateinische übersetzt. Da man sie wie kleine systematische Traktate behandelt und entsprechend überarbeitet hat, haben sie nicht wenig von ihrem ursprünglichen Predigtstil verloren.[78] In

[78] Den Anknüpfungspunkt hierzu bot nicht zuletzt der Beginn von *Coll. in decem praec.* prol: „Drei Dinge sind für den Menschen heilsnotwendig:

der Unmittelbarkeit ihrer Diktion erscheinen sie gleichwohl in herausragender Weise als *persönliche Zeugnisse seines Glaubens* – und sind daher wie kaum ein anderer Text dazu geeignet, eine eine erste Bekanntschaft mit Thomas von Aquin zu vermitteln.[79]

– Von den Predigtreihen zu unterscheiden sind darüber hinaus als *Einzelpredigten* überlieferte Texte, die ihren „Sitz im Leben" an der Universität haben und ursprünglich auf Latein gehalten wurden. Nur wenige von ihnen lassen sich mit Sicherheit der Autorschaft des Thomas zuschreiben.[80] Doch geben auch sie Zeugnis von seiner eigentümlichen Art zu predigen. Thomas unterscheidet sich dabei

> *von der Mehrheit seiner Zeitgenossen durch seine [...] Nüchternheit, er verwendet kaum scholastische Spitzfindigkeiten und Fachbegriffe. Die Entscheidung zur Nüchternheit schließt nicht nur den gelehrten Wortschatz aus, sondern auch jegliche rhetorische Höhenflüge. [...] Es erstaunt [...], daß die Predigten eines Intellektuellen wie Thomas so konkret sind, sich auf tägliche Erfahrung stützen [...]. Zwar spiegeln sie die Mentalität seiner Zeit [...], aber sie zeugen auch von einem starken Zug auf die Bibel und einer tiefen Liebe zum Wort Gottes.*[81]

3.4. *summae: Theologische Gesamtdarstellungen*

Was schließlich die beiden *theologischen Gesamtdarstellungen* anbetrifft, die aus der Feder des Aquinaten stammen, so wird man auch bei ihnen eine Ausrichtung auf die *Verkündigung* nicht verkennen dürfen.[82] In diesem Sinne hat man in der kleineren von

[1] die Kenntnis dessen, was er glauben muß, [2] die Kenntnis dessen, was er ersehnen muß, und [3] die Kenntnis dessen, was er tun muß. [1] Das erste wird im Glaubensbekenntnis gelehrt, [2] das zweite im Gebet des Herrn, [3] das dritte aber im Gesetz."

[79] Vgl. H.-G. Nissing (2019), VII-XII. – Diese Texte liegen zweisprachig als Bände 3-5 in der Reihe *Thomas von Aquin, Einführende Schriften* vor.

[80] In mühevoller editorischer Arbeit hat L.-J. Bataillon 20 authentische Universitätspredigten identifiziert, deren Datierung und Lokalisierung allerdings sehr schwierig ist. Vgl. dazu die ausführlichen Informationen in Band 44,1 *Sermones* der *Editio Leonina*: L.-J. Bataillon (2014).

[81] J.-P. Torrell (1995), 92f.

[82] Als literarische Gattung markiert die *summa* im Kontext der historischen Entwicklungen der Scholastik jenen Punkt, an dem es um eine auf sachliche Vollständigkeit bedachte systematische Darstellung des Wissens nach einem einheitlichen Gliederungsprinzip geht. Für die erste

beiden, der *Summa contra Gentiles* (1259-1265), u.a. lange ein Missionshandbuch zu apologetischen Zwecken gesehen,[83] das zur Auseinandersetzung mit den in ihren Einleitungskapiteln genannten „Mohammedanern und Heiden" (*mahumetistae et pagani*) bestimmt war.[84] Und die größere, die *Summa theologiae*, an der Thomas die längste Zeit seines Lebens (1266-1273) gearbeitet hat, ist bewußt als ein *Anfängerlehrbuch* konzipiert – und zwar nicht für den Universitätsbetrieb, sondern für die *fratres communes* des Ordens im Hinblick auf ihre Tätigkeit in der Seelsorge.

(1) Freilich ist im Hinblick auf die *Summa contra Gentiles* die erwähnte zeit- und kontextbezogene Interpretation inzwischen einer *grundsätzlicheren Lesart* gewichen. Demnach gilt das Werk, das Thomas schon am Ende seines ersten Pariser Aufenthalts begonnen und in den 1260er Jahren in Orvieto abgeschlossen hat und das in den frühesten Handschriften unter dem Titel *Liber de veritate catholicae fidei contra errores infidelium* überliefert ist, weniger als ein Lehrbuch, denn als eine *„persönliche Reflexion" des jungen Theologen*, der nach drei Jahren aktiver Lehrtätigkeit hier eine „erste Synthese" vorlegt:[85]

> *Das, was diesen Seiten eigen ist, das, was es ausmacht, [...] ist nicht ihr Inhalt, sondern ihr persönlicher Ton, die darin enthaltenen Emotionen und der Eifer, mit dem Thomas bekennt, aus dem Beruf des Theologen sein Leben gemacht zu haben: Das Programm wird zum Geständnis, und genau dies ist die „Summa contra Gentiles".*[86]

Das Anliegen des Werks, mit *Verstandesargumenten* von der Richtigkeit des christlichen Glaubens zu überzeugen, sowie der bewußte Rückgang auf die *natürliche Vernunft*, wie sie das Werk in seinen ersten drei Büchern kennzeichnet, ehe im vierten Buch von den Offenbarungswahrheiten gehandelt wird, scheinen den ge-

---

Summe des Mittelalters steht das im Jahr 1140 verfaßte Werk *De sacramentis* des Hugo von St. Viktor (um 1097-1141). Als eigenständige Leistung eines Autors geht die Summe über die primär kompilarische Tätigkeit der *Sentenzenbücher* hinaus. – Zur Gattung „Summa" vgl. L. Hödl/ P. Weimar/ H. Zapp (1997).

[83] Vgl. *ebd.*, 123ff.

[84] Vgl. Thomas, *S.c.G.* I 2 (n. 11). – Vgl. M.-D. Chenu (²1982), 326: „[E]s ist eine ganze Gruppe von *errantes*, Heiden, Muslime, Juden, Häretiker, die untersucht und kritisiert werden."

[85] J.-P. Torrell (1995), 126-130, mit Überblick über die Diskussion.

[86] R.-A. Gauthier (1984), 290*.

nannten Reflexionscharakter zu unterstreichen.[87] Hierfür sprechen nicht zuletzt auch die wiederholten Überarbeitungen verschiedener Passagen und das Fehlen einer durchstrukturierenden Ordnung. Mitunter hat der Leser den Eindruck, es eher mit einem Arsenal von Argumenten zu tun zu haben, die locker aneinandergereiht sind und sich nach Gelegenheit ergeben.[88] Auch deswegen hat die *Summa contra Gentiles* in den vergangenen Jahrzehnten eine verstärkte Aufmerksamkeit erfahren, weil sie vieles von der *gedanklichen Entwicklung* des Thomas, die sich gerade zu jener Zeit vollzieht, wie in einem Brennglas zu erkennen gibt.

(2) Mit der Abfassung der *Summa theologiae* begann Thomas nur wenige Jahre später in Rom. Den historischen Anlaß dieses Unternehmens bot ihm vermutlich der schlechte Ausbildungszustand der Dominikanerstudien, wie er ihn schon in Orvieto, aber auch in der Ewigen Stadt vorfand: Ohne Verankerung in einem biblischen Horizont und ohne Verständnis für den (dogmatischen) Zusammenhang der christlichen Lehre war die Ausbildung der Predigerbrüder auf eine bloß kasuistische, einseitige und lückenhafte Behandlung von Tugenden, Lastern, Sakramenten etc. reduziert.[89]

Sein Vorhaben, daher ein Lehrbuch „zur Unterweisung von Anfängern" (*ad eruditionem incipientium*)[90] zu schreiben, in dem die Vielfalt unnützer Fragen, Artikel und Argumente, das Fehlen einer wissenschaftlichen Ordnung und die häufige Wiederholung desselben vermieden und „dasjenige, was zur heiligen Lehre gehört, in Kürze und Klarheit (*breviter ac dilucide*)" dargelegt wurde (wie es programmatisch im Prolog heißt), verfolgte Thomas bis zum geschilderten programmatischen Abbruch seiner schriftstellerischen Tätigkeit am Nikolaustag 1273.[91] So entstand

---

[87] Vgl. Thomas, *S.c.G.* I 9 (n. 55-58). – Gerade mit Blick auf die Behandlung genuin theologischer Themen im 4. Buch läßt sich die *S.c.G.* nicht als eine „summa philosophiae" interpretieren, die sich der „Summa theologiae" gegenüberstellen ließe! – Zur Interpretation vgl. insbesondere R. Schönberger (2001).

[88] So gehen etwa in Buch III recht locker die Erörterungen zur göttlichen Weltlenkung in die Glückseligkeitslehre (III 25-50) und Eschatologie (III 51-64) über und von dort in die Lehren von der Vorsehung (III 64-110) und vom Gesetz (III 111-121), von Ehe (III 122-130) und Mendikantentum (III 131-138), um schließlich in den Abschnitten über Sünde (III 139-146) und Gnade (III 147-163) zu enden.

[89] Vgl. hierzu J.-P. Torrell (1995), 138f.

[90] Vgl. Thoma, *S.th.* I prol.

[91] Vgl. oben S. 87-90, v.a. S. 90.

- der erste Teil (die *Ia Pars*) wohl ab 1265 bis September 1268 in Rom,

- der zweite Teil (die *IIa Pars*) wurde bis 1271 in Paris fertiggestellt,

- die Arbeit an der Fortsetzung des dritten Teils (*IIIa Pars*) schließlich fällt vor allem in die Zeit in Neapel.

Bemerkenswerterweise sind die einzelnen Teile von einer sehr unterschiedlichen Diktion geprägt:

> *Im Gegensatz zum kalten, metaphysischen, trockenen und unversöhnlichen Stil der Prima Pars zeigt sich die Secunda Pars tief menschlich, voller Feinheiten und Nuancen.*[92]

In der klassischen Ausgewogenheit ihrer Gesamtanlage wie ihrer Einzelaussagen ist die *Summa theologiae* in der Folgezeit dennoch zurecht zum Lehrbuch der katholischen Theologie schlechthin geworden. Und auch deswegen kommt ihr der Charakter eines „Schlußsteins" des thomanischen Schaffens zu, weil dessen wesentliche Konstruktionsprinzipien - die Bibel und Aristoteles - in ihr in organischer Weise zur Einheit verbunden sind.[93] Mit ihrer Unvollendetheit trägt die *Summa theologiae* zudem ein Kennzeichen, das den thomanischen Werken häufig anhaftet und sie vor dem Verdacht einer vollständig abschließenden Systematik bewahrt. So hat man gesagt, ihr „Fragment-Charakter" gehöre „mit zu ihrer Aussage"[94], denn in ihm manifestiert sich gerade jener Sinn für die prinzipielle Unabgeschlossenheit allen menschlichen Erkennens, der oben unter dem Begriff des „negativen Elements" - der „verborgenen Wahrheit" - im Denken des Thomas bereits dargestellt worden ist.[95]

4. Theologie als Wissenschaft

Vor allem aber läßt sich in der *Summa theologiae* in paradigmatischer Weise der Entwurf einer Theologie als Wissenschaft nach den Maßgaben des aristotelischen Paradigmas erkennen. In seiner Konzeption bestand ja - ich sagte es bereits - eine der epochalen geistesgeschichtlichen Leistungen des Thomas.[96]

---

[92] J.-P. Torrell (1995), 259.

[93] Zum inhaltlichen Aufbau vgl. unten S. 247-256.

[94] Vgl. J. Pieper (2001a), 296.

[95] Vgl. oben S. 81ff.

[96] Zum Ganzen vgl. das Standardwerk von U. Köpf (1974); M.-D. Chenu (2008). - Wegbereiter und Vorläufer sind v.a. die genannten Hugo von

Thomas greift dazu auf die verschiedenen Elemente der aristotelischen Beweistheorie zurück, wie sie oben dargestellt wurden:[97]

- die Bestimmung des „*Gegenstandes*" (*subiectum*) einer Wissenschaft sowie ihrer *Prinzipien*,
- die Frage nach deren *Beschaffenheit* und *Erkennbarkeit*, nicht zuletzt unter Berücksichtigung der Unterscheidung
- zwischen dem *an sich* und dem *für uns Bekannteren*, und damit verbunden schließlich
- die Einordnung des wissenschaftlichen Voranschreitens in einen *habituellen* bzw. *anthropologischen Rahmen*, der durch die Tugenden der *Einsicht* und des *Wissens* markiert ist.

Was mit der Charakterisierung der Theologie als Wissenschaft zugleich zur Diskussion steht, ist nicht nur ihre Unterscheidung zu den philosophischen Disziplinen, sondern auch allgemein das Verhältnis von *Philosophie und Theologie*, von *Vernunft und Glaube*.

Die Prinzipien der Theologie und ihre Erkenntnis. – Thomas entwickelt sein Konzept von Theologie in der ersten Quaestio der *Summa theologiae*, indem er feststellt:

(1) Das *subiectum* ihrer Aussagen ist Gott, und

(2) ihre *Prinzipien* sind die Artikel bzw. Aussagen des Glaubensbekenntnisses.[98]

Ganz im Sinne des Duktus der *Zweiten Analytiken* spitzt Thomas die Frage nach der Möglichkeit der Theologie als Wissenschaft sogleich auf die Frage nach der *Erkenntnis* ihrer *Prinzipien* zu und stellt sie damit in jenen erkenntnistheoretischen oder habituellen Rahmen, in dem sie auch dort angesiedelt ist. Denn ohne Einsicht in die Prinzipien gibt es keine Wissenschaft. Nun scheinen diese Prinzipien im Falle der Theologie aber gerade nicht evident zu sein.

Thomas behilft sich daher mit einer Unterscheidung, die er ihrerseits der aristotelischen Wissenschaftstheorie entnimmt. Demnach gibt es Wissenschaften, die ihre Prinzipien in sich selbst besitzen, und andere, die ihre Prinzipien einer anderen, höheren Wissenschaft verdanken und die deshalb als „subalterne Wissenschaften" bezeichnet werden. So entnimmt etwa die Perspektivik ihre Prinzipien der Geometrie und die Musik die ihren der Arithmetik. Ebenso besitzt die Theologie ihre Prinzipien nicht in sich, sondern entnimmt sie einer anderen, höheren Wissenschaft –

St. Viktor mit seiner Schrift *De sacramentis* und Petrus Lombardus mit seinem *Sentenzenbuch*.

[97] Vgl. oben S. 116-121.

[98] Thomas, *S.th.* I 1,7 c.

nämlich dem „*Wissen Gottes und der Seligen*“ (*scientia Dei et beatorum*). Als von Gott geoffenbarte nimmt sie diese Prinzipien im Glauben (*credit principia revelata a Deo*) an.[99]

Es gilt mithin gleich zu Beginn die eigentümliche „*Ewigkeitsperspektive*“ zu realisieren, in der das thomanische Konzept von Theologie als Wissenschaft seinen „archimedischen“ Punkt besitzt: Weil die Theologie in Teilhabe am Wissen Gottes und der Seligen alles unter dem Gesichtspunkt Gottes (*sub ratione Dei*) betrachtet, „insofern es durch das göttliche Licht erkennbar ist“ (*prout sunt divino lumine cognoscibilia*), läßt sich nicht nur ihr *Formalobjekt* bestimmen, das ihre Einheit als Wissenschaft verbürgt,[100] sondern vor allem ihre *umfassende Perspektive*, in der sie sich auf alles erstreckt, was zu den verschiedenen philosophischen Wissenschaften gehört. So umgreift die Theologie nicht nur (a) die grundlegende Unterscheidung von *theoretischen* und *praktischen* Wissenschaften und überschreitet sie.[101] Sie besitzt auch einen Vorrang gegenüber den übrigen Wissenschaften sowohl (b) im Hinblick auf ihre „Gewißheit“ (*certitudo*), als auch (c) auf die „Würde“ (*dignitas*) ihres Gegenstandes. Denn kraft göttlichen Wissens kann sie in ihrer Gewißheit nicht fehlgehen. Und mit ihren Gegenständen „überschreitet“ (*transcendit*) sie die Vernunft in grundlegender Weise, welcher die Gegenstände der anderen Wissenschaften ansonsten untergeordnet sind.

Es ist nicht unwesentlich, dabei wiederum das „negative Element“ wahrzunehmen, das an dieser Stelle in das thomanische Theologieverständnis eingebaut ist. So verweist er hinsichtlich möglicher Zweifel, die man im Hinblick auf die Glaubensartikel haben könnte, darauf, daß diese Zweifel ihren Grund nicht in der „Ungewißheit des Gegenstandes“ (*propter incertitudinem rei*) haben, sondern in der „Schwäche des menschlichen Verstandes“ (*propter debilitatem intellectus humani*). Denn:

---

[99] Vgl. *ebd.*, I 1,2 c. – Zum aristotelischen Konzept von Subalternation vgl. Aristoteles, *Analytica posteriora* I 2 (72a14-20); I 13 (78b35-39).

[100] Thomas, *S.th.* I 1,4 c.: „Alles, was irgendwie von Gott geoffenbart werden kann, kommt in einem formalen Gegenstand dieser Wissenschaft überein.“– Vgl. *ebd.*, ad 2.

[101] Vgl. *ebd.*, I 1, 4 c.: „Sie ist aber eher theoretisch als praktisch, denn vorrangiger handelt sie von den göttlichen Dingen als von den menschlichen Tätigkeiten. Von diesen handelt sie, insofern der Mensch durch sie auf die vollkommene Erkenntnis Gottes hingeordnet wird, in welcher die ewige Glückseligkeit besteht.“ – Vgl. *ebd.*, I 1,5 c. – Für die praktische Seite: „Das Ziel dieser Wissenschaft aber, insofern sie praktisch ist, ist die ewige Glückseligkeit, auf die hin alle anderen Ziele der praktischen Wissenschaften wie auf ihr letztes Ziel hingeordnet sind.“

> *Nichts spricht dagegen, daß dasjenige, was der Natur (secundum naturam) nach gewisser ist, im Hinblick auf uns (quoad nos) weniger gewiß ist, aufgrund der Schwäche unseres Geistes, der sich zu dem Offenkundigsten in der Natur verhält wie das Auge des Nachtvogels zum Licht der Sonne, wie es in Metaphysik II heißt.*[102]

Theologie und Philosophie, Vernunft und Glaube. – Die wissenschaftstheoretische Unterscheidung zwischen dem „an sich" und dem „für uns" Bekannteren wird von daher auch zum Vorzeichen, unter dem die Verhältnisbestimmung der Theologie zur sog. „Ersten Philosophie" bzw. *Metaphysik* und ihrer „natürlichen", d.h. auf die Mittel der Vernunft gestützten Gotteslehre, geschieht.

Die Metaphysik ist die „Erste Philosophie", die vornehmste unter den philosophischen Wissenschaften und wird auch als „Weisheit"[103] bezeichnet, weil sie schlechthin die höchste Ursache des gesamten Universums betrachtet, die Gott ist. Jedoch auch die Theologie (*sacra doctrina*) handelt im eigentümlichsten Sinne von Gott als höchster Ursache – allerdings

> *nicht nur im Hinblick darauf, was durch die Geschöpfe erkennbar ist (was die Philosophen erkennen, wie es in Röm 1 [19] heißt: „Was man von Gott erkennen kann, ist ihnen offenbar"), sondern auch um Hinblick darauf, wie er sich selbst bekannt ist und sich anderen durch Offenbarung mitteilt. Daher heißt die heilige Lehre [d.h. die Theologie] im höchsten Maße Weisheit (sapientia).*[104]

Damit aber ist die Grenze zwischen Philosophie und Theologie eindeutig markiert – *aufgrund ihrer je spezifischen Weise zu erkennen.*

Die Bedeutung der praeambula fidei. – Gleichwohl kommt der Philosophie eine konstitutive Bedeutung im Hinblick auf die Erkenntnisbemühungen der Theologie zu, insofern sie diesen mit den sog. *praeambula fidei* einen sicheren Untergrund von Seiten der natürlichen Vernunft gibt.[105]

---

[102] Thomas, *S.th.* I 1,5 ad 1. – Im Hintergrund steht hier die o.g. Unterscheidung zwischen dem an sich und dem für uns Bekannteren. – Vgl. Aristoteles, *Metaphysik* II 1 (993b9); *De partibus animalium* I 5 (644b31).

[103] Vgl. hierzu sowie zu den verschiedenen Bezeichnungen der Metaphysik als *theologia, metaphysica* oder *prima philosophia*: Thomas, *Super Metaph.* prol.

[104] *Thomas, S.th.* I 1,6 c.

[105] Zum Begriff der *praeambula fidei* vgl. Thomas, *S.th.* I 2,2 ad 1: „Daß Gott ist und anderes dergleichen, was durch die natürliche Vernunft von

Bei den *praeambula fidei* handelt es sich um jenen Bestand von Einsichten, zu dem die Erkenntnis der menschlichen Vernunft durch ihr natürliches Bemühen gelangen kann und die als Voraussetzungen des Glaubens zu dem gehören, was der Glaubende nicht nur glaubt, sondern weiß oder zum mindesten wissen können muß. Denn es ist ja keineswegs so, daß Wissen und Glaube bzw. Philosophie und Theologie durch ihre *Gegenstandsbereiche* so trennscharf voneinander abgegrenzt sind, daß ein Gegenstand entweder *nur* dem Bereich des Wissens oder *nur* dem Bereich des Glaubens zuzurechnen wären. Vielmehr ist es nach Thomas die *Erkenntnisweise* „aufgrund des Lichtes der natürlichen Vernunft" (*lumine naturalis rationis*) oder „aufgrund des Lichtes der Offenbarung" (*lumine divinae revelationis*), die Philosophie und Theologie, natürliches Wissen und Glaubenserkenntnis, voneinander unterscheidet.[106] So enthält der Glaube, der sich auf die Offenbarung als Mitteilung göttlichen Wissens bezieht, auch solche Erkenntnisse, zu denen der Mensch schon mit der Hilfe der eigenen Vernunft gelangen kann.[107] Durch das natürliche Erkenntnisbemühen kann er so eine wesentliche Unterstützung erhalten, wie er umgekehrt diesem seinerseits eine zusätzliche Leichtigkeit und Sicherheit zu verleihen vermag. Von einer solchen *„Schnittmenge" an Erkenntnissen*, die sowohl dem Licht der natürlichen Vernunft wie dem Licht des Glaubens zugänglich sind, sind allerdings jene Wahrheiten zu unterscheiden, die als *mysteria stricte dicta* ausschließlich durch letzteren erkannt werden, wie die göttliche Dreifaltigkeit oder die Menschwerdung.

Zu den *praeambula fidei* gehören etwa die mit den Mitteln der philosophischen Beweisführung gewonnene Einsicht in die Existenz der menschlichen Seele, wie sie bereits Platon in seinen Dialogen entwickelt hatte,[108] oder der Engel sowie insbesondere die Gottesbeweise, wie Thomas sie „klassischerweise" in den sog. „fünf Wegen" (*quinque viae*) vorgelegt hat.[109]

Gott bekannt sein kann, [...], sind nicht Glaubensartikel (*articuli fidei*), sondern gehen den Artikeln voraus (*praeambula ad articulos*)"; vgl. *Super III Sent.* d. 23,2,5 ad 5; ferner *Q. de ver.* 14,9 ad 8; *S.th.* I 2,2 ad 1: „Die Glaubenserkenntnis (*cognitio fidei*) setzt die natürliche Erkenntnis (*cognitio naturalis*) voraus".

[106] Vgl. *ebd.*, I 1,1 ad 3.

[107] Vgl. Thomas, *S.th.* I II-II 1,4-5.

[108] Vgl. Platon, *Phaidon* 69c-84b; *Phaidros* 245c-256d.

[109] Vgl. Thomas, *S.th.* I 2,3 c.; zuvor *S.c.G.* I. 10-13.15, wo Thomas den aristotelischen Gottesbeweis aus der Physik rekonstruiert: vgl. *Physik* VIII 5; *Metaphysik* XII 6. – Zu den Vorlagen vgl. Platon, *Phaidros* 245cff., *Nomoi*

Die „Gottesbeweise". – Ihrer Struktur nach stellen die *fünf Wege* eine einfache Schlußfolgerung dar, in welcher
- der *Obersatz* eine empirisch nachprüfbare Tatsache angibt,
- der *Untersatz* ein wissenschaftliches Axiom benennt und
- der *Schlußsatz* daraus auf die Existenz eines Prinzips schließt, „das alle Gott nennen".

So stellt etwa (1) der erste der fünf Wege in der Weise einer beweisenden Schlußfolgerung fest:

(OS:) In der Welt gibt es Bewegung.[110]
(US:) Alles Bewegte wird von einem anderen bewegt (d.h. nichts kann sich selbst die erste Bewegung mitteilen).

(C:) Folglich muß es einen ersten Beweger geben, der von der bewegten Welt verschieden ist – „und den nennen alle Gott".

Analog erbringt Thomas Beweise für die Existenz Gottes

(2) aus der Wirkursache (*ex ratione causae efficientis*, „Zweiter Weg"),

(3) aus dem Möglichen und Notwendigen (*ex possibili et necessario*, „Dritter Weg"),

(4) aus den Graden der Vollkommenheit (*ex gradibus*, „Vierter Weg") und

(5) aus der Teleologie (*ex gubernatione rerum*, „Fünfter Weg").

In der Geschichte der Gottesbeweise pflegt man die *quinque viae* des Thomas als sog. „kosmologische" (oder „aposteriorische") Gottesbeweise zu bezeichnen. Sie unterscheiden sich damit vom Typus der „ontologischen" (oder „apriorischen") Beweise,[111] welche die Existenz Gottes aus dem Gottesbegriff selbst zu beweisen suchen und die in Anselm von Canterbury (um 1033-1109) ihren bekanntesten Ahnherrn haben.[112] So führte Anselm seinen Beweis für die Existenz Gottes auf der

891bff. Thomas lehnt sich ferner an Argumentationen an, die er bei Johannes Damascenus, Avicenna, Averroes und Moses Maimonides findet; vgl. zu den thomanischen Gottesbeweisen einführend: H. Seidl (²1986).

110 Bewegung wird hier von Thomas nicht ausschließlich physikalisch als Ortsbewegung, sondern als Übergang von der Möglichkeit in die Wirklichkeit, d.h. als Werden oder Veränderung im allgemeinen Sinne verstanden.

111 Vgl. I. Kant, *Der einzig mögliche Beweisgrund zu einer Demonstration des Daseins Gottes* (AA II, 155); *Kritik der reinen Vernunft* (AA III, 396).

112 Vgl. allerdings bereits Augustinus, *De libero arbitrio* II 2-13; *De doctrina christiana* I 29-31; später v.a. R. Descartes, *Meditationes de Prima Philosophia*, Anhang zu den zweiten Erwiderungen, Satz I; *Principia Philosophiae* I, § 14; *Discours de la Méthode*, Kap. 4 u.a.

Grundlage des Begriffs dessen, „über das hinaus nichts Größeres gedacht werden kann" (*id quo maius cogitari non potest*).[113] Thomas kennt die Beweisführung Anselms, äußert sich jedoch aufgrund seiner eigenen wissenschaftstheoretischen Prinzipien reserviert ihr gegenüber. Im Hintergrund steht dabei wiederum die wissenschaftstheoretische Unterscheidung zwischen dem *an sich* und dem *für uns* Bekannten[114] sowie die Ablehnung einer unmittelbaren, weder durch wissenschaftliche Schlußfolgerung noch durch den Glauben erreichbaren Wesenserkenntnis Gottes.[115] Im Hintergrund steht mit anderen Worten die Verborgenheit des Wesens Gottes für die menschliche Erkenntnis („te, qui [...] vere latitas").

Bis in die Gegenwart werden Bedeutung, Relevanz und Gültigkeit der thomanischen Gottesbeweise extensiv diskutiert.[116] An dieser Stelle mag es genügen, ihren Ort im thomanischen Entwurf der Theologie als Wissenschaft kenntlich gemacht zu haben. Auf ihrer Grundlage läßt sich eine *natürliche Gotteslehre* entwickeln, in der Gott die Attribute der „Einfachheit" (*simplicitas*), „Vollkommenheit" (*perfectio*), „Güte" (*bonitas*), „Unendlichkeit" (*infinitas*), sein „Dasein in den Dingen" (*existentia in rebus*), seine „Unveränderlichkeit" (*immutabilitas*), „Ewigkeit" (*aeternitas*) und „Einheit" (*unitas*) u.a.m. zugeschrieben werden.[117]

[113] Vgl. Anselm, *Proslogion* II (ed. Schmitt I,101).

[114] Vgl. Thomas, *Q. de ver.* 10,12 ad 2: „Jenes Argument [Anselms] wäre schlüssig, wenn es an uns läge, was nicht an sich bekannt ist (*per se notum*); daß aber gedacht werden kann, daß er nicht ist, liegt an uns, die wir nicht in der Lage sind, dasjenige zu erkennen, was in sich das bekannteste (*notissimum*) ist. Daß daher von Gott gedacht werden kann, daß er nicht ist, ist daher unerheblich dafür, ob er auch dasjenige ist, über das hinaus Größeres nicht gedacht werden kann."- Ferner *Exp. Boeth. De trin.* 1, 3; *S.c.G.* I 10-11 und I 2,1.

[115] Vgl. dazu erhellend J. Pieper (2001c), 357: „Abgekürzt formuliert, würde also Thomas, zu Anselm gewendet, folgendes sagen: ‚Du redest wie einer, der Gottes Wesenheit unmittelbar kennt, während ich [...] von dem gewöhnlichen Geistesstand des hiesigen Menschen rede; und der ist so beschaffen, daß wir Gott *nicht* unmittelbar kennen. Wir haben nur zwei, gleichermaßen indirekte und mittelbare Möglichkeiten, Gott zu kennen. Die eine ist der Glaube, die andere das schlußfolgernde Denken'."

[116] Vgl. als Überblick J. Bromand/G. Kreis (2011).

[117] Vgl. Thomas, *S.th.* I 3-13. – Weitere Attribute, die über sein Wesen hinaus sein inneres Leben betreffen, sind das göttliche „Wissen" (*scientia*), die „Wahrheit" (*veritas*), das „Leben" (*vita*), der „Wille" (*voluntas*), die „Liebe" (*amor*), „Gerechtigkeit" (*iustitia*) und „Barmherzigkeit" (*misericordia*), „Vorsehung" (*providentia*) und „Vorherbestimmung" (*praedestinatio*), „Macht" (*potentia*) und „Glückseligkeit" (*beatitudo*): vgl. *ebd.*, I 14-26.

Die argumentative Qualität der Aussagen der Theologie. – Aus den genannten Grundbestimmungen zu den Prinzipien der Theologie, die im Glauben angenommen werden, ergibt sich zugleich ihre eigentümlich argumentative Gestalt: Sie erbringt keine *Rechtfertigung* ihrer *Prinzipien*, der Glaubensartikel, sondern nimmt diese zur Grundlage, um aus ihnen durch Beweisführung ihre *Schlußfolgerungen abzuleiten*: „[E]x articulis fidei haec doctrina ad alia argumentatur."[118] So führt Thomas das biblische Beispiel des Apostels Paulus an, der als „erster Theologe" in 1 *Kor* 15 aus der Auferstehung Christi die allgemeine Auferstehung aller bewiesen hat.[119]

Dieser argumentative Grundsatz bestimmt zumal den Umgang mit den *Gegnern des Glaubens* und ihren Argumenten:

(1) solange sie, wie die Häretiker, einen bestimmten Glaubensartikel leugnen, andere jedoch noch annehmen, kann man, so Thomas, gegen sie theologisch argumentieren.

(2) Werden hingegen die geoffenbarten Glaubensaussagen gänzlich abgelehnt, so läßt sich ihre Wahrheit nicht *positiv* durch die Vernunft begründen; es bleibt vielmehr nur *negativ* die Aufgabe, die vom Gegner gegen den Glauben vorgebrachten Argumente rational zu entkräften und sie als Scheingründe zu entlarven. Mit diesem Konzept, das strikt am Offenbarungscharakter der Glaubenprinzipien festhält, setzt sich Thomas dezidiert von Versuchen ab, die zentralen Inhalte des Glaubens – wie etwa die Trinität oder die Inkarnation – philosophisch und positiv mit sog. „zwingenden Vernunftgründen" (*rationes necessariae*) zu beweisen.[120]

Im Ganzen stellt das thomanische Konzept von Theologie den Entwurf einer Gotteswissenschaft dar, die von einer starken Rationalität des Vorgehens geprägt ist. Gleichwohl bietet dieses Konzept einen Raum, auch die spezifisch narrativen bzw. metaphorischen Dimensionen einzubeziehen, die der Theologie von ihren biblischen Ursprüngen her und insbesondere durch die Predigt Christi eigen sind, so daß die Theologie in ihrer Herkunft aus der Schriftauslegung erkennbar wird.[121] Zumal der

---

[118] *Ebd.*, I 1,8 ad 1.

[119] *Ebd.*, I 1,8 c. – Zur Rekonstruktion vgl. *Super I Ad Cor.* XV 1-9.

[120] Für solche Versuche steht etwa Anselm von Canterbury, *Monologion* prol. (ed. Schmitt I 7,7-11); dazu J. Pieper (2001c), 348-359.

[121] Von der Bibelauslegung als ordnender Interpretation des göttlichen Offenbarungswortes unterscheidet sich die Theologie dabei durch ihren synthetischeren, konzeptionellen Charakter als Gotteswissenschaft in der beschriebenen Weise.

o.g. Variantenreichtum von Überzeugungsmitteln, den die aristotelische Wissenschaftstheorie enthält, bietet die Möglichkeit, diese Dimensionen zu rechtfertigen. Entsprechend verweist Thomas auf die spezifischen Bedingungen menschlicher Erkenntnis, die in die Rede der Theologie eingehen:

> *Es ist aber für den Menschen natürlich, daß er durch das Sinnenfällige (per sensibilia) zum Geistigen (ad intelligibilia) gelangt, denn all unsere Erkenntnis hat ihren Anfang bei den Sinnen. Daher wird uns angemessenerweise in der Heiligen Schrift das Geistige unter körperlichen Bildern (sub metaphoris corporalium) vermittelt.*[122]

Die Theologie und das menschliche Heil. – Im Sinne eines solchen Bewußtseins für die spezifischen Bedingtheiten des Menschen steht der thomanische Entwurf der Theologie als Glaubenswissenschaft im ganzen unter dem Vorzeichen der *Heilslehre*: Als erstes und entscheidendes Argument dafür, daß es die Theologie überhaupt gibt und daß sie notwendig ist, stellt Thomas gleich im allerersten Artikel der *Summa theologiae* die Bedeutung heraus, die sie „für das menschliche Heil" (*ad humanam salutem*) besitzt:

> *Der Mensch ist von Gott auf ein Ziel hingeordnet, das die Fassungskraft der Vernunft überschreitet. [...] Daher war es dem Menschen zum Heil notwendig, daß ihm etwas durch göttliche Offenbarung kund wurde, das über die menschliche Vernunft hinausgeht. [...] Von der Erkenntnis der Wahrheit hängt das gesamte Heil des Menschen ab, das in Gott ist. Damit also dieses Heil den Menschen [...] zuteil werde, war es nötig, daß sie über die göttlichen Dinge durch göttliche Offenbarung unterrichtet wurden. Daher war [...] eine heilige Lehre notwendig, die auf göttlicher Offenbarung gründet.*[123]

Bereits eingangs dieses Abschnitts hatte ich von der spezifischen „Ewigkeitsperspektive" gesprochen, von der aus der thomanische Entwurf der Theologie als Wissenschaft konzipiert ist. Hier nun kommt als das eigentlich tragende Grundmotiv dieses Entwurfs neuerlich *die „teleologische Grundsignatur"* seines Denkens zum Vorschein: das natürliche Streben nach Erkenntnis und die Hinordnung auf die Wahrheit, wie sie schon die philosophische Wissenschaftlichkeit und die Aristoteles-Rezeption des Thomas leitmotivisch bestimmte. In der Theologie, die gewissermaßen im „teleologischen

[122] Vgl. Thomas, *S.th.* I 1,9 c.
[123] *Ebd.*, I 1,1 c.

Vorgriff" auf die Ewigkeitsperspektive und von dieser her entworfen ist, findet diese dynamische Ausrichtung des menschlichen Geistes ihr letztes Ziel und ihre endgültige Erfüllung.[124]

5. Der Aufbau der *Summa theologiae*

Gott als Ursprung und Ziel. – Die Überlegungen zum Wissenschaftscharakter der Theologie bestimmen so zugleich die Konzeption des Aufbaus und der Gliederung der *Summa*: Weil alles in dieser Wissenschaft *„unter der Perspektive Gottes"* (*sub ratione Dei*) betrachtet wird und ihr „Gegenstand" (*subiectum*) entweder Gott selbst ist und alles, was eine Hinordnung auf Gott hat,[125] entwirft Thomas die Darstellung nach dem Modell des Ausgangs der Geschöpfe von Gott und ihrer Rückkehr zu ihm (*exitus-reditus*). Die geschaffene Wirklichkeit als ganze wird damit eingefaßt in eine große Bewegung, die von Gott als ihrem „Ursprung" (*principium*) herstammt und zu ihm als ihrem „Ziel" (*finis*) hinführt, und alle übrigen Gegenstände und Themen der Theologie sind dieser Dynamik zu- und untergeordnet. Bereits in seinen früheren theologischen Gesamtdarstellungen, dem *Sentenzenkommentar* und der *Summa contra Gentiles* hatte Thomas sich an diesem Modell orientiert.

Er setzt sich damit von *alternativen Versuchen* seiner Zeitgenossen ab, die Materie der Theologie zu strukturieren. Sein Grundeinwand lautet bezeichnenderweise, daß diese eher auf die *Gegenstände* der Theologie achten, als auf ihre leitende *Erkenntnisperspektive* (*ratio*), die erst eine umfassende Konzeption ermöglicht.[126]

Zur Herkunft des exitus-reditus-Schemas. – Im Rahmen der ausführlichen Diskussionen, die im 20. Jahrhundert um den sog.

---

[124] Dementsprechend geschieht auch die Ordnung der Artikel des Glaubensbekenntnisses, welche die Prinzipien der Theologie bilden, aus der Perspektive der ewigen beseligenden Schau, die die beiden Grundmysterien des Christentums (Inkarnation und Trinität) umfaßt: vgl. Thomas, *S.th.* II-II 1,8 c. – Dazu unten S. 399-405, v.a. S. 403f. – Zugleich ist mit dieser Ausrichtung auf das Seelenheil der Urimpuls des Predigerordens eingeholt.

[125] Thomas, *S.th.* I, 1, 3 ad 1 und v.a. I 2 prol.; vgl. I 1,7 c.; ferner I-II prol.

[126] Vgl. Thomas, *S.th.* I 1,7 c: „Einige [...] haben den Gegenstand (*subiectum*) dieser Wissenschaft (*subiectum huius scientiae*) anders bezeichnet, [1] nämlich entweder als Dinge und Zeichen (*res et signa*); [2] oder als Werke der Wiederherstellung (*opera reparationis*); [3] oder als den ganzen Christus, d.h. Haupt und Glieder (*totum Christum, idest caput et membra*). Von all diesem nämlich wird in dieser Wissenschaft gehandelt, aber in Hinordnung auf Gott."

„Plan der Summa" geführt wurden,[127] hat man immer wieder auf die Ursprünge dieses Konzepts (1) im Neuplatonismus und dessen Schema von *prohodos* und *epistrophê* hingewiesen.[128] – (2) Mit gleichem Recht ließe sich freilich auch die Philosophie des Aristoteles mit ihrer Vier-Ursachen-Lehre als Orientierungsmaßstab angeben.[129] Nach ihr erscheint Gott als (a) Wirk- und (b) Zielursache der Geschöpfe, die ihrerseits durch die innere Ursachen (c) der Form und (d) der Materie bestimmt sind (bzw. bei den reinen Geistwesen: durch Sein und Form[130]). – (3) Schließlich wird man jenseits aller möglichen Herkunft aus dem Bereich der *Philosophie* – und vermutlich naheliegender – jene entscheidende Grundlage zu bedenken haben, die das Modell von *exitus* und *reditus* in der Darstellung der Heiligen Schrift selbst besitzt, wo die Geschichte von Welt und Mensch von ihrer Erschaffung (in der *Genesis*) bis zu ihrer Vollendung (in der *Geheimen Offenbarung*) durch Gott, den Schöpfer und das Ziel von allem, erzählt wird.

Eine christologische Herkunft? – Bemerkenswert ist überdies, daß der junge Magister Thomas seine allererste Anwendung dieses Schemas im *Kommentar zu den Sentenzen des Petrus Lombardus* unter ein ausdrücklich *christologisches Vorzeichen* stellt. So versteht er das Zitat aus *Sir* 24,40 Vg, das er seinem Prolog voranstellt, als Selbstzeugnis Christi, des Ewigen Wortes:

---

[127] Im Mittelpunkt des Interesses stand dabei nicht zuletzt die Frage, inwieweit ein solches philosophisches Schema geeignet ist, die heilsgeschichtlichen Dimensionen des christlichen Glaubens einzufassen und zum Ausdruck zu bringen. Zum Überblick über die Diskussion um die Gliederung der *Summa* und den Aufbau der Theologie im Mittelalter vgl. O.-H. Pesch (1988), 381-400; zusammenfassend B. Johnstone (2002), zuletzt J.-H. Tück (2009), 34-39, demzufolge der neuplatonische Gedanke der sich mitteilenden Güte und Liebe durch das Schöpfungsmotiv seine entscheidende Transformation erfährt.

[128] Vgl. Plotin, *Enneaden* V 2 (ed. Henry/Schwyzer II, 290,7-10); Proklos, *Elementatio theologica* 30-31 (ed. Onnasch/ Schomakers,42f.); vgl. *Joh* 3,13. – Vgl. jedoch v.a. – wiederum als „Kölner Erbe" – den Einfluß des Ps.-Dionysius Areopagita über Albertus Magnus, der seinen Prolog zu *De caelesti hierarchia* und damit zum Gesamtwerk unter das Motto *Sir* 1,7 stellt: „Zum Ort, wo die Flüsse entspringen, kehren sie zurück, um wiederum auszufließen" (*Ad locum, unde oriuntur flumina, revertuntur, ut iterum fluant*). Thomas wird dieses Motiv dem Prolog seines *Kommentars zum 3. Sentenzenbuch* voranstellen.

[129] Vgl. dazu oben S. 110f. und S. 140.

[130] Vgl. dazu unten S. 345-351.

> *[1] Ich, die Weisheit, habe Flüsse entströmen lassen und*
> *[2] wie ein Strom reißenden Wassers fließe ich hinab,*
> *[3] ich bin wie der Fluß Dorix und wie ein Wasserlauf bin ich ausgegangen vom Paradies.*
> *[4] Ich sagte: Ich will den Garten meiner Pflanzungen bewässern und die Früchte meiner Wiesen tränken.*[131]

Thomas deutet dieses Wort auf der Grundlage von 1 *Kor* 1,24 und 30 („Christus, Gottes Kraft und Gottes Weisheit, der auch für uns von Gott zur Weisheit geworden ist"): (1) auf das ewige Hervorgehen der ewigen Weisheit *im trinitarischen Leben*, (2) auf seine Hervorbringung der Geschöpfe *in der Schöpfung*, (3) ihre Wiederherstellung im *Werk der Erlösung* und (4) ihre Bewahrung zum Ziel hin im *Werk der Vollendung*. Eine solche christologische Interpretation des *exitus-reditus*-Schemas und damit der Gesamtdarstellung der Theologie findet immerhin ihre Unterstützung durch jene anderen bereits genannten Stellen im Werk des Thomas, die den Ursprungsort für die Entfaltung aller Theologie in der gott-menschlichen Doppelnatur Christi situieren, die ja auch als gedankliches Prinzip den betonten Anfang der Strophen 3-4 des *„Adoro te devote"* markierte.[132]

Und man wird die erschließende Kraft nicht verkennen können, die diese christologische Lesart besitzt (a) sowohl im Hinblick auf den Zugang zum innergöttlichen Leben und zum Verständnis der Schöpfung im *Ausgang* aus Gott (*Trinitäts- und Schöpfungslehre*), (b) als auch im Hinblick auf den *Rückgang* zu ihm in seiner spezifisch anthropologischen Schwerpunktsetzung, wie ihn gerade die *Summa theologiae* beschreibt (*Anthropologie und Ethik*).

(a) *Zugang zum inneren Leben Gottes: Trinitätstheologie*. – Inwieweit der Lehre vom ewigen göttlichen Wort eine Schlüsselfunktion im Hinblick darauf zukommt, einen Zugang zum innergöttlichen Leben und damit zum zweiten großen Grundmysterium des christlichen Glaubens, dem Geheimnis der *Dreifaltigkeit*, zu erschließen, wurde bereits oben hinreichend deutlich:[133] Vom Sohn, dem ewigen Wort, her wird zugleich der göttliche Vater als „Sprechender" (*dicens*) erkennbar.[134] Darüber hinaus ist es der Heilige

---

[131] Vgl. H.-G. Nissing (2017a), XXIf.
[132] Vgl. oben S. 167-171.
[133] Vgl. oben S. 76f.
[134] Vgl. Thomas, *Super Ioan.* I 1 (n. 56).

Geist als „Liebe“ (*amor*) und „Gabe“ (*donum*), der die Lebendigkeit und Fruchtbarkeit in Gott verbürgt.[135]

Ihren Kristallisationspunkt finden die Erörterungen des Trinitätstraktats der *Summa* wiederum im Begriff der *Person*. Im Ausgang von den biblisch bezeugten innergöttlichen „Hervorgängen“ (*processiones*) der „Zeugung“ (*generatio*) des Sohnes und „Hauchung“ (*spiratio*) des Geistes bestimmt Thomas die Relationen als wesentliche Unterscheidungskriterien im Göttlichen und gelangt so in genialer Anwendung und Erweiterung der aristotelischen Kategorientafel zur Bestimmung der göttlichen Personen als *„subsistenter Beziehungen“* (*relationes subsistentes*): Die Hervorgänge begründen die Relationen, diese besagen eine „Unterscheidung“ (*distinctio*) und „Entgegensetzung“ (*oppositio*), doch von den vier Relationen in Gott (Vaterschaft, Sohnschaft, Hauchung und Hervorgang der Liebe), die sich in Gott feststellen lassen, sind nur drei unterscheidend und personenbildend, so daß lediglich Vaterschaft, Sohnschaft und Hervorgang der Liebe als personenbildende Relationen bleiben, die sich schließlich mit den konkreten Personen identifizieren lassen (Vaterschaft = Vater, Sohnschaft = Sohn, Hervorgang = Geist).[136] Als *Personen* sind Vater, Sohn und Heiliger Geist so *reine Beziehungen*!

Mit diesem Konzept, das sich im Sinne der o.g. theologischen Argumentationsprinzipien keineswegs als Rationalisierung des Mysteriums, sondern als Erhellung seiner Nicht-Widersprüchlichkeit für die Vernunft versteht, vermag Thomas nicht nur grundsätzlich plausibel zu machen, wie in Gott eine *Dreifaltigkeit* denkbar ist, ohne die *Einheit* des göttlichen Wesens zu nivellieren. Zugleich läßt sich damit in einer besonderen kontroverstheologischen Wendung gegen die Theologie der Ostkirche die sachliche Notwendigkeit des sog. *„Filioque“* zeigen, d.h. die Richtigkeit der Aussage, daß der Heilige Geist „aus dem Vater *und dem Sohn* hervorgeht“, wie es im Glaubensbekenntnis heißt.[137]

---

[135] Vgl. Thomas, *Coll. in Symb. Apost.* 10 (n. 958): „Das Wort Gottes aber ist lebendig: ‚Lebendig ist Gottes Rede‘ (*Hebr* 4,12). Deswegen muß in Gott notwendig Wille und Liebe sein. Daher sagt Augustinus im *Buch über die Dreifaltigkeit*: ‚Das Wort, das wir einem anderen mitzuteilen trachten, wird mit Liebe kundgegeben.‘ [*De trinitate* IX 10, CCL 50,307,29f.]Wie aber das Wort Gottes der Sohn Gottes ist, so ist die Liebe Gottes der Heilige Geist.“ – Im Hintergrund steht hier die sog. „psychologische Trinitätslehre“ Augustins. Vgl. dazu grundlegend M. Schmaus (1927).

[136] Vgl. Thomas, *S.th.* I 27-43.

[137] Hierfür steht vor allem die Schrift *Contra errores Graecorum*. – Vgl. zusammenfassend *S.th.*I 36,2 c.: „Die Beziehungen können die Personen nur

Nicht zu Unrecht mag man die Bedeutung der trinitätstheologischen Überlegungen des Thomas in erster Linie in einer logisch-begrifflichen Leistung sehen - darin zu zeigen, daß „der Sprachgebrauch autoritativer Texte - seien sie biblischer, konziliarer oder sonstwelcher Art - korrekt ist"[138]. Und es läßt sich sicherlich sagen, daß die Trinität für Thomas nicht wie für seinen Kollegen Bonaventura Dreh- und Angelpunkt seines Denkens, ja: hermeneutisches Leitmotiv ist, das er in allen Gegenständen der Theologie, in der Schöpfung und im Heilswerk, wiederfindet.[139] Doch es wäre falsch zu meinen, daß die Lehre von der Dreifaltigkeit bei Thomas nur eine untergeordnete Rolle spielt.[140] Vielleicht läßt sich vielmehr sagen, daß es Thomas nicht nur und nicht in erster Linie um die Trinität *als Trinität* geht, sondern eher um *die einzelnen trinitarischen Personen*, um die Wirkungen, die ihnen im Heilsgeschehen und in der Heilsgeschichte zukommen, und dementsprechend um die Beziehungen, die sie jeweils zum Menschen haben.[141] In solchem Sinne war bereits oben ausführlich von der Bedeutung des Ewigen Wortes im Hinblick auf die Schöpfung, Vorsehung und Offenbarung die Rede.[142] In ähnlicher Weise läßt sich auch die Wirksamkeit des Heiligen Geistes, auf die Thomas in seinen Schriften immer wieder zu sprechen kommt, mit seinen siebenfältigen Geistesgaben und Früchten im Bereich der Tugenden zeigen, welche sie erhöht und vollendet.[143] Im Übrigen findet sich die thomanische Trinitätstheologie in grandioser Weise poe-

---

dadurch unterscheiden, daß sie einander entgegengesetzt sind. [...] Es ist also nötig, daß Sohn und Heiliger Geist durch entgegengesetzte Beziehungen aufeinander bezogen sind. [...] Es ist also notwendig, daß der Heilige Geist vom Sohn ist." - Allerdings ist Thomas in den folgenden Artikeln deutlich um eine Annäherung an die ostkirchliche Tradition bemüht.

[138] F. Inciarte (1981), 290: „Erst wenn man sich zu diesem technischen Aspekt hinabbegibt, zeigen sich die Texte des Thomas in ihrer ganzen besonderen Aufschlußkraft."

[139] Vgl. etwa Bonaventura, *Itineratium*. - Zum Ganzen vgl. A. Stohr (1925). - Immerhin hebt auch Thomas an gegebener Stelle - im Rückgriff auf die Trinitätslehre Augustins - hervor, daß sich in den Geschöpfen eine „Spur" (*vestigium*) des dreifaltigen Gottes und in der Menschenseele überdies sein „Bild" (*imago Trinitatis*) findet: vgl. Thomas, *S.th.* I 93,1-9.

[140] Hiergegen sprechen etwa auch die sehr schönen Ausführungen in *Exp. Boeth. De trin.* prol. (v.a. Z. 47-96), wo die ewige Zeugung bzw. Geburt des Sohnes der Rahmen ist, in dem Thomas den innergöttlichen Hervorgangs des Heiligen Geistes wie das Hervorgehen der Geschöpfe in ihrem seinsmäßigen Gutsein entwickelt.

[141] Vgl. die Lehre von den sog. „Appropriationen" in Thomas, *S.th.* I 39,7-8.

[142] Vgl. oben S. 80-83.

[143] Vgl. dazu unten S. 274ff. und S. 277, Anm. 241.

tisch gefaßt und auf den Punkt gebracht in der letzten Strophe des Fronleichnamshymnus *„Pange lingua"*, wo es heißt:

> *Genitori Genitoque*
> *laus et iubilatio,*
> *salus, honor, virtus quoque*
> *sit et benedictio.*
> *Procendenti ab utroque*
> *compar sit laudatio.*[144]

Unter dem Vorzeichen der göttlichen Einheit (vgl. I 1-26) und Dreieinigkeit der Personen (vgl. I 27-43) entfaltet die *Prima Pars* daher auch den „Hervorgang der Geschöpfe aus Gott" (*processio creaturarum a Deo*) dreiteilig, insofern sie (i) die Hervorbringung der Geschöpfe (vgl. I 44-46), (ii) ihre Unterscheidung (vgl. I 47-102) und (iii) ihre Bewahrung und Lenkung (vgl. I 103-119) darlegt. Ihren besonderen Schwerpunkt hat sie nach der Betrachtung der rein geistigen (vgl. I 50-64, Angelologie) und der rein körperlichen Schöpfung (I 65-74 mit einer Auslegung zum „Sechstagewerk" nach *Gen* 1) in den Ausführungen zum Menschen, dem aus geistiger und körperlicher Natur zusammengesetzten Geschöpf, seiner Konstitution und seiner Erkenntnis (vgl. I 75-102). Ihr Ziel findet sie schließlich in der Beschreibung der geistigen wie leiblichen Fruchtbarkeit, in der die Geschöpfe an der Dynamik des göttlichen Lebens teilhaben und sie weitergeben.[145]

(b) *Anthropologischer Schwerpunkt.* – Bildet der christologische Gesichtspunkt im *Sentenzenkommentar* den Ausgangspunkt für die Erschließung der innergöttlichen und geschöpflichen Hervorgänge, so erscheint er in der *Summa theologiae* als eigentümlicher Schlußpunkt. Denn in deren Aufbau wird das *exitus-reditus*-Schema, das die beiden ersten Teile des Werks strukturiert, durch einen eigenen dritten Teil ergänzt. Dieser ist der Betrachtung Christi, des Mensch gewordenen Wortes, gewidmet, der

> *uns in sich selbst den Weg der Wahrheit gezeigt hat, durch den wir zur Glückseligkeit des unsterblichen Lebens durch die Auferstehung gelangen können.*[146]

---

[144] „Dem Zeugenden und dem Gezeugten/ sei Lob und Jubel,/ Heil, Ehre, auch Kraft/ und Segen,/ dem, der von beiden ausgeht,/ sei der gleiche Lobpreis."

[145] Es ist dieser Zusammenhang, in dem die eingangs erwähnte Frage nach der lehrenden Tätigkeit des Menschen und ihren Bedingungen ihre Erörterung findet: vgl. S.th. I 117. – Vgl. dazu oben S. 212-216.

[146] Thomas, *S.th.* III prol.

Insofern damit die *menschliche* Natur und Existenz Christi, d.h. die Christologie in ihrem *anthropologischen Gehalt* in den Mittelpunkt rückt,[147] wird zugleich ein wesentlicher Faktor erkennbar, der die eigentümliche anthropologische Akzentuierung der *Summa theologiae* im Ganzen bedingt: Was Menschsein bedeutet, wird am Menschen Christus in exemplarischer Weise deutlich. Er ist im teleologischen Sinne gewissermaßen die finale „Projektionsfläche", auf die hin alle Anthropologie letztlich entworfen ist.

Von hier aus fällt zugleich ein signifikantes Licht auf die Ausgestaltung des *exitus-reditus*-Schemas bereits in den ersten beiden Teilen der *Summa.* Kennzeichnend für dieses ist es, daß Thomas anders als in den früheren theologischen Gesamtdarstellungen den Rückweg des Menschen zu Gott nicht unter dem leitenden Gesichtspunkt der göttlichen Vorsehung und Lenkung entfaltet. Stattdessen zeichnet er sie im Ausgang von der Grundbestimmung des Menschen als „Bild Gottes" (*imago Dei*), das mit Vernunft und freiem Willen begabt und Herr seiner Akte ist, als *Morallehre*, genauer gesagt: als *Lehre von den menschlichen Tugenden.* – Als reifer Entwurf einer wissenschaftlichen Gesamtschau bietet der *ordo disciplinae* der *Summa theologiae* daher einen idealen „Lageplan", um Fragestellungen zu situieren und Probleme in einen größeren Zusammenhang einzuordnen, aus dem sie in ihrer Bedeutung und ihrem Gewicht verständlich werden (vgl. Abb. 13).

Von wesentlichem Einfluß auf diese „architektonische" Verschiebung ist neben dem christologischen Faktor zweifellos die verstärkte Rezeption des Aristoteles, seiner Anthropologie und Ethik, die ihren Niederschlag findet in der grundlegenden Einsicht in die *Eigenwirklichkeit* und *Eigenwirksamkeit* des Menschen als Subjekt und Person und seine Grundwahrnehmung als dynamisches Wesen, wovon bereits mehrfach die Rede war.[148] Darüber hinaus ergibt sich die Zuspitzung auf die Tugendlehre, die diese Dynamik formen und gestalten soll, für Thomas aus der Erkenntnis, daß allgemeine und abstrakte Überlegungen im Bereich der Moral weniger überzeugend und nützlich sind, insofern ihr eigentümlicher „Gegenstand" (*subiectum*), die Tätigkeiten und ihre Prinzipien, stets im Bereich des Einzelnen liegen. In der Betrachtung des Besonderen findet die ethische Betrachtung daher ihre Vollendung.[149]

---

[147] Dabei ist die Betrachtung des irdischen Lebens Jesu ihrerseits aufgrund biblischer Aussagen nach dem Schema des Ausgangs aus Gott und der Rückkehr zu ihm strukturiert: Vgl. Thomas, *S.th.* III 27 prol.; *Super Matth.* I 1 (n. 11); als biblische Grundlage *Joh* 13,3; *Joh* 16,28.

[148] Vgl. oben S. 40-46, S. 49f., 126-133, S. 147ff. und S. 212-216.

[149] Vgl.Thomas, *S.th.* I-II 6 prol.

- *Summa theologiae*
  - Gott als Prinzip (Ia Pars)
    - die Wissenschaft von Gott (I 1)
    - Gott in sich
      - der Eine (I 2-26)
      - der Dreifaltige (I 27-43)
    - Gott als Prinzip aller Dinge
      - im allgemeinen: ihre Hervorbringung (I 44-49)
      - ihre Unterscheidung
      - ihre Erhaltung und Führung (I 103-119)
  - Gott als Ziel/ Der Mensch als Bild Gottes und sein Weg zu Gott (IIa Pars)
    - das äußerste Ziel: die Glückseligkeit (I-II 1-5)
    - der Weg: die menschlichen Akte
      - im allgemeinen (Ia-IIae)
      - im besonderen: die Tugenden (IIa-IIae)
  - Christus als Weg der Wahrheit (IIIa Pars)
    - der Erlöser
      - die Menschwerdung (III 1-34)
      - Taten und Leiden (III 35-59)
    - die Sakramente
      - im allgemeinen (III 60-65)
      - Taufe (III 66-71)
      - Firmung (III 72)
      - Eucharistie (III 73-83)
      - Buße (III 83-90) …
    - das Ewige Leben …

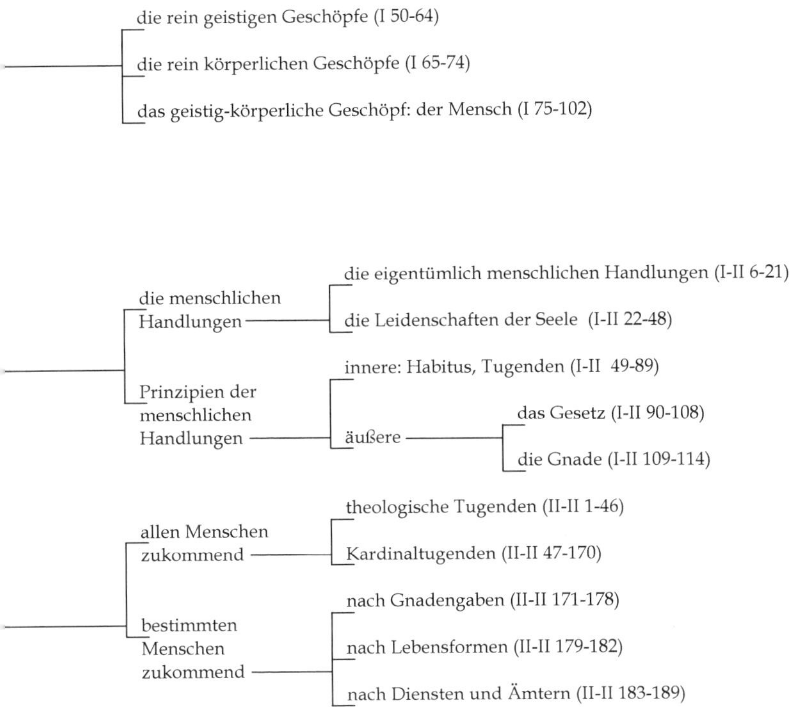

Abb. 13: Der Gesamtaufbau der *Summa theologiae*

So konzentrieren sich die thomanischen Darlegungen auf den *Einzelnen* und seine *moralische Beschaffenheit* – wobei die drei theologischen Tugenden (Glaube, Hoffnung und Liebe) und die vier Kardinaltugenden (Klugheit, Gerechtigkeit, Tapferkeit, Maßhaltung) den äußeren Leitrahmen bilden und insbesondere erstere als Dreh- und Angelpunkt der Tugendlehre hervortreten.[150]

6. Der Mensch auf dem Rückweg zu Gott: Theologie und Tugendlehre

Aufgrund dieser anthropologischen und ethischen Akzentsetzung wird der zweite Teil der *Summa* zum umfangreichsten Abschnitt des Werks. Er gliedert sich

(1) in einen allgemeinen Teil (die sog. *Prima Secundae*) und

(2) einen besonderen Teil (die sog. *Secunda Secundae*), der, wie gesagt, im Wesentlichen als Tugendlehre gestaltet ist. Schon quantitativ bildet sie den größten Teil der *Summa.*

Dabei lassen sich die Darlegungen und Unterscheidungen der *Prima Secundae* gewissermaßen als begriffliche „Vorarbeit" lesen, die erst in der Farbigkeit und Plastizität der *Secunda Secundae* ihre vollendete Gestalt finden, in der das *Bild gelingenden Menschseins* gezeichnet wird. Gleichwohl stellen sie die für die Ethik wesentlichen Begriffe und Unterscheidungen vor und führen so auf die Tugendlehre hin. – Beginnen wir also unseren Gang durch die *Secunda Pars*!

6.1. Grundbegriffe der Prima Secundae

Actus humanus – actus hominis. – Ihr Zentrum und ihren Bezugspunkt haben die Überlegungen der *Ia-IIae* – dem anthropologischen Grundkonzept des Thomas entsprechend – in der „Tätigkeit" (*actus*) des Menschen, genauer gesagt, in der *„menschlichen Handlung"* (*actus humanus*), die in Vernunft und Willen ihren Grund hat und aus dem wählenden Wollen des Menschen hervorgeht. Diese unterscheidet sich begrifflich von der *„Handlung des Menschen"* (*actus hominis*), in welcher der Mensch mit den unvernünftigen Lebewesen übereinkommt.[151] Auf erstere konzentrieren sich die Überlegungen der Ethik.

Akt und Ziel. – Weil jeder Handelnde um eines Zieles tätig ist, steht an erster Stelle die Frage nach dem letzten und umfassen-

[150] Vgl. *ebd.*, II-II prol.; I-II 6,1 prol.
[151] Vgl. *ebd.*, I-II 1,1 c.

den Ziel und Gut des Menschen, das über alle partikulären und vorläufigen Ziele hinaus in der endgültigen „Glückseligkeit" (*beatitudo/ eudaimonia*) besteht. Die zentrale Schlüsselrolle kommt in diesem Zusammenhang dem Begriff des *„natürlichen Verlangens"* (*desiderium naturale*) zu. Auf seiner Grundlage läßt sich der *menschliche Wille* als *appetitus rationalis* erschließen, der sich durch die Selbstbestimmung vom *appetitus naturalis* aller übrigen Dinge unterscheidet und doch in diesem seinen tragenden Untergrund hat. Die weiteren Implikate dieses eudaimonistischen Grundkonzepts der Ethik werden noch weiter unten ausführlich Thema sein.[152] An dieser Stelle genügt es festzuhalten, daß für Thomas die Bestimmung des *Ziels* bzw. des Glücks die Voraussetzung dafür ist, um den *Weg* dorthin zu erörtern. Damit holt er nicht zuletzt auch die Grundstruktur der aristotelischen Ethik (gewissermaßen als „Kölner Erbe"[153]) ein, nach der die Lehre von der Glückseligkeit (vgl. *Eth. Nic.* I) die Voraussetzung für die Entfaltung der Ethik als Tugendlehre (ab *Eth. Nic.* II) ist.

Wille und Handlung. – In der *Summa theologiae* schließen sich Überlegungen zur *Willentlichkeit* der menschlichen Handlung und zu ihrer *moralischen Qualität* als gut und schlecht an, die insbesondere auf das Kriterium der *Vernunftgemäßheit* abheben.[154] Das Gut des Menschen besteht darin, „der Vernunft gemäß zu leben" (*bonum hominis est secundum rationem esse*).[155] Der von Thomas in diesem Zusammenhang wiederholt verwendete

[152] Vgl. *ebd.*, I-II 1-5. – Vgl. dazu unten S. 406-431.

[153] Vgl. oben S. 106-109.

[154] Vgl. Thomas, *S.th.* I-II 6-21. – Indem Thomas zu Beginn seiner Handlungstheorie den *Willen* als Begründungsinstanz der Möglichkeit eigen tümlich menschlicher Akte pointiert herausstellt, versieht er seine aristotelische Vorlage mit einem neuen Vorzeichen. In *Nikomachische Ethik* III hatte Aristoteles die menschliche Freiheit als *Handlungfreiheit* im Kontext der Unterscheidung zwischen „Freiwilligem" (*hekoúsion*) und „Unfreiwilligem" (*akoúsion*) beschrieben. Thomas bedenkt sie dagegen im Rahmen der Unterscheidung von „Willentlichem" (*voluntarium*) und „Unwillentlichem" (*involuntarium*) als *Willensfreiheit*. „Durch diese Differenzierung wird der aristotelischen Betrachtung des Zusammenhangs zwischen dem Handelnden und seinem Verhalten eine Thematisierung der inneren Akte des Handelnden zur Seite gestellt. Die voluntative Auslegung ermöglicht eine *Verinnerlichung* des handlungsphilosophischen Interesses, aufgrund derer die von der Handlungsfreiheit zu unterscheidende Willensfreiheit des Menschen pointiert herausgearbeitet werden kann" (K. Mertens [2005], 178f., Hervorhebung von mir). – Vgl. zum Ganzen zusammenfassend H.-G. Nissing (^{2}2019), 64ff.

[155] Thomas, *S.th.* I-II 18,5 c. – Zur moralischen Kriteriologie vgl. I-II 18,4 c.

Begriff der *„Vernunftordnung"* (*ordo rationis*) will dabei die Einsicht in dasjenige benennen, was der Wirklichkeit gemäß ist. Weil er auf die Beurteilung der *konkreten Einzelhandlung* bezogen ist, enthält dieser Begriff allerdings weniger allgemein und abstrakt zu entwickelnde Bestimmungen, sondern verweist vor allem auf das Moment des Erfahrungswissens und eine Vertrautheit mit der Moralität, d.h. auf Dimensionen, die eben im Rahmen der Tugendlehre (zumal im Zusammenhang der Tugend der Klugheit) zu entwickeln sein werden.

6.2. Die menschlichen Leidenschaften (passiones animae)

Parallel dazu stehen auch die Ausführungen zu den menschlichen Leidenschaften und zur Bedeutung, die sie für die Handlung haben, in einer inneren Hinordnung auf die Tugendlehre. Der Mensch ist eben nicht nur als ein vernunftbegabtes, sondern auch ein sinnenhaftes Wesen bestimmt. Die große Aufmerksamkeit, die Thomas den *passiones animae* widmet, ist daher geleitet von der Einsicht,

> *daß es zur Vervollkommnung des moralisch Guten gehört, daß der Mensch nicht allein dem Willen gemäß, sondern auch dem sinnengebundenen Streben nach zum Guten hinbewegt wird.*[156]

So geht es bei der Tugend darum, *das Gute gern zu tun*.[157] Entgegen dem Verdacht einer rationalistischen Engführung der thomanischen Ethik zeigt gerade der Traktat von den menschlichen Leidenschaften, „der in Umfang und systematischer Geschlossenheit weder im antiken und patristischen Schrifttum noch in der mittelalterlichen Literatur ein Vorbild hat"[158], den thomanischen Sinn für die *ganzheitliche Verfaßtheit des Menschen*, die Würdigung seiner Leiblichkeit und Sinnenbegabtheit, die sich letztlich aus seiner *Geschöpflichkeit* ergibt.[159] Denn die Leidenschaften sind – wie im Theoretischen die Sinnesvermögen – gewissermaßen an der „Schnittstelle" der an sich untrennbaren Leib-Seele-Einheit des Menschen angesiedelt und prägen das Handeln konstitutiv mit. Präziser gesagt, sind sie im

[156] Thomas, *S.th.* I-II 24, 3 c.; vgl. bereits *Super De an.* I 1.

[157] Vgl. Thomas, *S.th.* II-II 108,2 c.: „Die Tugenden vervollkommnen uns darauf hin, unseren natürlichen Neigungen auf die angemessene Weise zu folgen."

[158] A. Brungs (2005), 198. – Thomas entwickelt ihn im Anschluß an die aristotelische Tradition und in Auseinandersetzung mit der stoischen Philosophie.

[159] Vgl. unten S. 359-364.

„sinnenhaften Strebevermögen" (*appetitus sensitivus*) der Seele angesiedelt[160] und nehmen so eine Mittelstellung zwischen dem *appetitus naturalis* und dem *appetitus rationalis* ein.

Als „Bewegungen" (*motus*) des sinnenhaften Strebevermögens, durch die sie auf das Gute oder Schlechte ausgerichtet sind,[161] finden die *passiones animae* ihre grundlegende Unterscheidung durch ihren Gegenstand:

(1) Dem schlechthin erfaßten sinnenhaften Guten oder Schlechten in seiner Eigenschaft, Lust oder Schmerz zu bereiten, ist das *„begehrende Strebevermögen"* (*appetitus concupiscibilis*) zugeordnet,

(2) während sich das *„zornmütige"* oder *„überwindende Strebevermögen"* (*appetitus irascibilis*) auf das sinnenhaft erfaßte Gute richtet, insofern es die Bewandtnis des „Steilen" (*arduum*) oder Schwierigen hat und der Anstrengung und Überwindung bedarf:[162] Die weitere Differenzierung von insgesamt *elf grundlegenden Leidenschaften* entwickelt Thomas aus der Beziehung des jeweiligen Strebevermögens zu seinem spezifischen Gut.[163]

---

160 Vgl. Thomas, *S.th.* I-II 22,1-3.

161 Vgl. *ebd.*, I-II 22, 3 s.c.: „Die Leidenschaft ist eine Bewegung des strebenden sinnenhaften Vermögens in der Vorstellung des Guten und Bösen. Oder anders: Die Leidenschaft ist eine Bewegung der unvernünftigen Seele aufgrund einer Einschätzung des Guten oder Bösen."

162 Vgl. Thomas, *S.th.* I 81 2 c.: „Denn die natürlichen Dinge besitzen nicht nur die Neigung, das ihnen Zuträgliche zu erstreben bzw. das Schädliche zu meiden, sondern auch dem Schädlichen und Widerwärtigen zu widerstehen." – Zu dieser Grundunterscheidung vgl. bereits Platon, *Timaios* 69eff.

163 Vgl. Thomas, *S.th.* I-II 23, 4 c.: (1) Im Bereich der begehrenden Strebevermögen ist es die (1.1) „Liebe" (*amor*), die eine grundlegende Hinneigung zum Gut entstehen läßt (vgl. *S.th.* I-II 26-28). Ihr Gegenteil ist der „Haß" (*odium*; vgl. *S.th.* I-II 29). (1.2) Insofern das geliebte Gut noch nicht besessen wird, erfährt das Streben ein Darauf-hin-Bewegtwerden, das durch das „Verlangen" (*desiderium*) oder „Begehren" (*concupiscentia*) bezeichnet wird. Ihr Gegenteil ist die „Flucht" (*fuga*) bzw. „Abscheu" (*abominatio*; vgl. *S.th.* I-II 30). (1.3) Im Besitz des geliebten Gutes schließlich kommt das Streben zur Ruhe, in der sich „Vergnügen" (*delectatio*) und „Freude" (*gaudium*) einstellen (vgl. *S.th.* I-II 31-34). Ihr Gegenteil sind „Schmerz" (*dolor*) und „Traurigkeit" (*tristitia*; vgl. *S.th.* I-II 35-39). – (2) Im Bereich der überwindenden Strebevermögen, die ihre grundlegende Hinneigung zum Erreichen des Guten oder zum Meiden des Bösen von den begehrenden empfangen, beziehen sich (2.1) auf das noch nicht erlangte Gut „Hoffnung" (*spes*) und „Verzweiflung" (*desperatio*; vgl. *S.th.* I-II 40), (2.2) auf das noch nicht beseitigte Böse „Angst" (*timor*; vgl. *S.th.* I-II 41-44) und „Tollkühnheit" (*audacia*; vgl. *S.th.* I-II 45). Während sich (2.3) auf ein erlangtes Gut keine Leidenschaft des überwindenden Strebevermögens richten kann, da dieses nicht mehr die Bewandtnis des Schwierigen besitzt, ist dem bereits eingetroffenen Bösen die

Im Ganzen finden die überwindenden Strebevermögen in den begehrenden ihren Ursprung und ihr Ziel, so daß Thomas die *„Liebe"* (*amor*) als die Grundlage aller anderen Leidenschaften und deren erste kenntlich machen kann. Denn „jedes Tätige, was immer es auch sei, aus irgendeiner Liebe heraus tätig ist"[164]. Parallel dazu schreibt er unter den überwindenden Strebevermögen der *„Hoffnung"* (*spes*) den ersten Rang zu, so daß die beiden Strebevermögen in ihren vorrangigen Leidenschaften als *natürliche Grundlagen und Vorformen* für jene Ausgestaltung erscheinen, die die Tugendlehre durch die drei übernatürlichen bzw. theologischen Tugenden des Glaubens, der Hoffnung und der Liebe erfahren wird.

6.3. Gesetz und Gewissen

Eine besondere Rolle kommt innerhalb der Ausführungen der *Prima Secundae* darüber hinaus der *Lehre vom „Gesetz" (lex)* zu – handelt es sich bei diesem Begriff doch um einen der Schlüsselbegriffe im Denken des Thomas. Er begegnete bereits mehrfach (1) als charakteristische Art und Weise der Vorsehung, in der Gott den Menschen als vernunftbegabtes Geschöpf und Person leitet, sowie (2) als spezifische Kennzeichnung der göttlichen Offenbarung im Wort der Heiligen Schrift.[165] Im Aufbau der *Summa theologiae* markieren die Überlegungen zum *Gesetz* zusammen mit denjenigen zur *„Gnade"* (*gratia*) eine merkliche Erweiterung gegenüber dem eudaimonistischen Gesamtkonzept der aristotelischen Ethik. Gesetz und Gnade gelten als sog. *äußere Prinzipien*, die die menschliche Handlung bestimmen[166] – im Unterschied zu den *inneren Prinzipien*: den Habitus, den Tugenden und Lastern. Darüber finden sich gerade im *lex*-Traktat viele zentralen Elemente der thomanischen Ethik wie unter einem Brennglas, so daß er in der Thomas-Interpretation der vergangenen Jahrzehnte verstärkt Aufmerk-

---

Leidenschaft des „Zornes" (*ira*; vgl. *S.th.* I-II 46-48) zugeordnet. – Vgl. dazu auch oben S. 136, Abb. 6.

[164] Thomas, *S.th.* I-II 28, c.

[165] Vgl. oben S. 78f. und S. 149ff.

[166] In der Rezeption der thomanischen Ethik haben gerade die Traktate von *lex* und *gratia* eine besondere Aufmerksamkeit erfahren – ersterer vor allem im Felde der philosophischen, letzterer insbesondere im Bereich der theologischen Diskussion. Gegen „isolierende" Interpretationen gilt es daher gerade hier, ihre Einordnung in den Zusammenhang des Gesamtkonzepts der *S.th.* deutlich zu machen.

samkeit gefunden hat[167] (Abschnitt 6.3.1). In unmittelbarer Verbindung mit der thomanischen Lehre vom Gesetz steht überdies seine Lehre vom Gewissen, die diese sozusagen personalisierend einfaßt (Abschnitt 6.3.2).

6.3.1. Dimensionen des Gesetzesbegriffs

Ganz allgemein definiert Thomas im Ausgang vom allgemeinen Sprachgebrauch das Gesetz als

> *[1] eine Anordnung der Vernunft (quaedam rationis ordinatio)*
> *[2] im Hinblick auf das Gemeingut (ad bonum commune),*
> *[3] erlassen und öffentlich bekannt gegeben (promulgata)*
> *[4] von dem, der die Sorge für die Gemeinschaft innehat (ab eo qui curam communitatis habet).*[168]

Er unterscheidet *vier* hauptsächliche *Arten* des Gesetzes:[169]

(a) das *„ewige Gesetz"* (*lex aeterna*): dieses besteht in der Anordnung der göttlichen Vorsehung und der Weltenlenkung; daher besitzt es eine universale Reichweite und ist die Grundlage für alle anderen Gesetze, die entsprechend von ihm abhängen;[170]

(b) das *„natürliche Gesetz"* (*lex naturalis*): es bezeichnet die Teilhabe des Menschen an diesem ewigen Gesetz und die „Einstrahlung des göttlichen Lichtes in uns", es ist „das Licht der natürlichen Vernunft, durch das wir unterscheiden, was gut und böse ist", und bildet damit die Grundlage für alle weiteren Konkretionen durch:[171]

(c) das *„menschliche Gesetz"* (*lex humana*), womit im eigentlichen Sinne die politischen und juristischen Regelungen der menschlichen Gemeinschaft gemeint sind,[172] sowie

(d) das *„göttliche Gesetz"* (*lex divina*), das eigens durch göttliche Offenbarung ergangen ist.[173] Es unterscheidet sich in das *Gesetz des Alten Bundes* (*lex vetus*)[174] und das *Gesetz des Neuen*

---

[167] Vgl. H.-G. Nissing (2021b), XLIII-LXII

[168] Thomas, *S.th.* I-II 90 4 c.

[169] Vgl. *ebd.*, I-II 91.

[170] Vgl. *ebd.*, I-II 91, 1; I-II 93; – in modifizierender Aufnahme einer Vorstellung Augustins (vgl. *De libero arbitrio* I 15, CSEL 74,19-24). – Vgl. in diesem Zusammenhang auch die Orientierung des Traktats über Laster und Sünden an der augustinischen Definition der Sünde. Dazu unten S. 366-371.

[171] Vgl. *ebd.*, I-II 91,2; I-II 94.

[172] Vgl. *ebd.*, I-II 91,4; I-II 95-97.

[173] Vgl. *ebd.*, I-II 91,5

[174] Vgl. *ebd.*, I-II 98-105.

Bundes (*lex nova*).[175] – Maßgebliche Vorlage seiner Überlegungen ist Thomas die Lehre vom Gesetz, die sich in den Briefen des Apostels Paulus findet.[176]

Bereits quantitativ liegt der Schwerpunkt des Gesetzestraktates der *Summa theologiae* auf der Lehre vom göttlichen Gesetz und hier insbesondere auf jener vom „Alten Gesetz". Wohl nicht zufällig findet sich die längste Quaestio der *Summa* ausgerechnet innerhalb der Darlegungen zum jüdischen Zeremonialgesetz.[177] Ja, man kann sagen, daß die Darlegungen zur *lex vetus* den eigentlichen Mittelpunkt oder die gedankliche Achse des *lex*-Traktates bilden, um den herum sich dieser ordnet. So dient er Thomas (1) einerseits dazu, im Rahmen z.T. sehr langer exegetischer Ausführungen, seine *Theologie des Alten und des Neuen Bundes* und sein Verständnis der *Heilsgeschichte* zu entfalten.[178] – (2) Andererseits kommt dem Alten Gesetz mit den Zehn Geboten als seinem Zentrum aber auch eine konstitutive Rolle für das Verständnis des *natürlichen Gesetzes* und seiner Regeln und Weisungen zu.

(1) *Gesetz und Geschichte*. – Der Dekalog ist Kern und Mitte der Tora, denn Gott selbst hat die „Zehn Worte" auf dem Berg Sinai zur Versammlung des Volkes gesprochen „mitten aus dem Feuer, aus Wolken und Dunkel, unter lautem Donner", und er hat sie mit eigenem Finger auf zwei Steintafeln geschrieben und Mose übergeben hat (*Dtn 5,22;* vgl. *Ex* 31,18). Sie sind daher *„Wort Gottes" im eigentlichen und buchstäblichen Sinne* und Mittelpunkt des Glaubens Israels. Ihre herausragende Würde belegt die besondere Verehrung ihrer Niederschrift auf der sog. „Bundesurkunde" (*Ex* 25,16) sowie deren Aufbewahrung in der Bundeslade (*Ex* 25,16; 40,1-3), die später zum Mittelpunkt und „Allerheiligsten" des Jerusalemer Tempels wurde (vgl. 1 *Kön* 8,9).[179] Insofern der doppelte Sinn der Zehn Worte darin besteht, die

[175] Vgl. *ebd.*, I-II 106-108.

[176] Aus diesem Zusammenhang stammt schließlich auch eine fünfte Art von Gesetz, die Thomas gelegentlich anführt: das „Gesetz der Sünde" oder auch „der Begehrlichkeit": vgl. etwa *Coll. in dec. praec.* prol. (n. 1130). – Zur Herkunft: vgl. *Röm* 7,23. – In der thomanischen Deutung tritt sie allerdings merklich zurück, insofern Thomas an der prinzipiellen Gutheit des Gesetzes und seinem Gutsein für den Menschen mit allem Nachdruck festhält.

[177] Vgl. Thomas, *S.th.* I-II 102. – Zu den Quellen des *lex*-Traktats und zur thomanischen Theologie des Gesetzes insgesamt vgl. O.-H. Pesch (1977).

[178] Vgl. hierzu O.-H. Pesch (1988), 308-317.

[179] Zur inneren Ordnung der Zehn Gebote vgl. Thomas, *S.th.* I-II 100,6 c.

Menschen (a) auf Gott und (b) auf die Mitmenschen hinzuordnen, stellen die beiden anderen großen Teile des Gesetzes, (a) die „Kultvorschriften" (*caeremonialia*) und (b) die „Rechtssatzungen" (*iudicalia*; vgl. *Dtn* 4,13f. und 6,1), deren positive Entfaltungen oder *determinationes* in beiden Richtungen dar.[180] So will das Alte Gesetz mit seinen Weisungen dem Menschen einen Weg vorzeichnen, im religiösen Leben voranzuschreiten und das soziale Verhalten zu ordnen. Es soll zu Werken der Tugenden anleiten und vom Bösen abhalten und läßt sich daher, so Thomas, auf das eudaimonistische Gesamtkonzept der Ethik hingeordnet deuten.[181]

Während nun den Geboten des Dekalogs nach den Worten Jesu auch im Neuen Bund eine bleibende Gültigkeit zukommt (vgl. *Mt* 5,17-18; 19,16-21), ja: sie sogar eine Zuspitzung auf ihren eigentlichen, inneren Kern und ihre Intention (so in den sog. „Antithesen" der Bergpredigt - vgl. *Mt* 5,21f; 27f) und eine Konzentration auf das Doppelgebot der Gottes- und Nächstenliebe erfahren (so in den Jerusalemer Tempelgesprächen in den Tagen vor der Passion; vgl. *Mt* 22,35-40; vgl. *Röm* 13,9-10), finden die Kultvorschriften und Rechtssatzungen in Christus und mit der Einsetzung des Neuen Bundes durch ihn einen Abschluß.[182] Zumal im Zusammenhang der Eucharistielehre wird dies deutlich werden.[183] Zum entscheidenden Schlüssel, um das Verhältnis von Altem und Neuem Gesetz zu bestimmen, wird Thomas das Paulus-Wort, nach dem das Alte Gesetz „unser Lehrer in Christus" (*Gal* 3,24) geworden ist. Daher lassen sich im Alten Gesetz, und zumal in den *caeremonialia*, vielfältige prophetische Hinweise auf Christus entdecken, die Thomas durch typologische Interpretation auf der Basis der o.g. Lehre von den vier Schriftsinnen[184] ausgiebig zu Tage fördert. Im Ganzen unterlegt er seiner Deutung dabei jene heilsgeschichtliche *Dreiteilung*, die schon im Zusammenhang der *Christologie* begegnet ist.[185] Demnach kommt (i) das Alte Gesetz in Christus an sein Ziel, (ii) doch

---

[180] Vgl. *ebd.*, I-II 99,3-4. - Von hier aus erklärt sich wohl auch die umfassende Kennzeichnung des Wortes Gottes als *mandatum* und *lex* im *Princ. bibl.* I. - Dazu oben S. 149ff.

[181] Vgl. Thomas, *S.th.* I-II 100,9 c.

[182] Vgl. *ebd.*, I-II 103 und 104,3.

[183] Vgl. dazu unten S. 324ff. - Daher können die Zeremonialgesetze und die Rechtssatzungen über ihren wörtlichen Sinn hinaus auch einen figurativen, auf Christus hindeutenden Sinn haben, den Thomas in seiner Exegese extensiv bedenkt.

[184] Vgl. oben S. 153ff.

[185] Vgl. oben S. 194-199.

ist die Zeit und Gültigkeit des Neuen Gesetzes noch einmal zu unterschieden von (iii) der zu erwartenden endgültigen, endzeitlichen Vollendung.

Dabei ist mit der Unterscheidung zwischen dem Neuen Gesetz und der eschatologischen Vollendung keinerlei *binnengeschichtliche* Unterscheidung oder Chronologisierung verbunden: Das *Neue Gesetz* wird vielmehr andauern bis zum Ende der Welt.[186] Hierin besteht die entscheidende Differenz zur Geschichtstheologie (oder besser: Geschichtsverlaufstheologie) des Joachim von Fiore (um 1130/35-1202). Joachim hatte die Geschichte trinitarisch strukturiert gedacht und nach dem Alten Bund als Zeitalter des Vaters und dem Neuen Bund als Zeitalter des Sohnes ein eigenes Zeitalter des Heiligen Geistes (das sog. „Dritte Reich") angenommen, in dem kirchliche Institution und Hierarchie überwunden waren auf eine Epoche spiritueller Glückseligkeit und Freiheit hin. Dieses Zeitalter war mit dem Auftauchen des Franz von Assisi (1181/2-1226) und der Mendikanten identifiziert worden und hatte v.a im Franziskanerorden im 13. Jahrhundert Resonanz gefunden. So spielte das Konzept Joachims, wie gesehen, auch in den Polemiken des Mendikantenstreits eine Rolle.[187] Bereits auf dem IV. Laterankonzil 1215 waren seine Thesen verurteilt worden. – Die besondere Bedeutung, die dem thomanischen Verständnis von Gesetz und Geschichte im Blick auf das Konzept Joachims und als seine Widerlegung zukommt, läßt sich nicht zuletzt daran erkennen, daß Wilhelm von Tocco in seiner *Historia* neben (i) dem Averroistenstreit (vgl. c. 19) und (ii) dem Mendikantenstreit (vgl. c. 20) die Auseinandersetzung (iii) mit dem Joachimitismus als drittes großes Kampffeld herausstellt, auf dem Thomas sich zu bewähren hatte,

> *indem er zeigte, daß nach Christi Evangelium und dem letzten Testament des Sohnes Gottes, durch das jeder Gläubige in das himmlische Erbe eintritt, kein weiteres Alter der Kirche folgen darf, sondern daß dieses, das jetzt ist, das Zeitalter der Gnade, als Vorbereitung der Herrlichkeit bis zum Ende der Welt dauern wird.*[188]

Vor diesem theologiegeschichtlichen Hintergrund erscheint das Gesetz – und zumal das Alte Gesetz – im Verständnis des Thomas als *konkrete* und *konstitutive Weise der Heilsvermittlung*, die jede Orientierung am Geist und einem geistgeführten Christen-

---

[186] Vgl. Thomas, *S.th.* I-II 106,4.

[187] Vgl. oben S. 191ff., v.a. Anm. 43.

[188] Wilhelm von Tocco, *Historia* 21 (Z. 34-38).

tum auf das Wort und die Schrift zurückverpflichtet[189] und Christus, das Fleisch gewordene Wort, als den unüberbietbaren Mittel- und Endpunkt der Heilsgeschichte herausstellt.

Dieser Gesichtspunkt ist nicht zuletzt deswegen besonders zu betonen, weil sich auch in den thomanischen Ausführungen zum „Neuen Gesetz", dem „Gesetz des Evangeliums", Aussagen finden, die in einer Tendenz zur *Verinnerlichung* des Gesetzesbegriffs stehen. So charakterisiert Thomas die *lex nova* in bewußter Absetzung von der *lex vetus* als ein „inneres Gesetz" (vgl. *Hebr* 8,8; *Jer* 31,33), das in den Herzen der Gläubigen (vgl. 2 *Kor* 3,3) wirkt und das im Wesentlichen in der innerlichen Mitteilung der Gnade, der Gnade des Heiligen Geistes (vgl. *Röm* 3,27 und 8,2), besteht.[190]

Freilich zielen diese Kennzeichnungen nicht auf eine einseitige Spiritualisierung des Gesetzesbegriffs, sondern vielmehr auf seine Einordnung in das tugendethische Gesamtkonzept und die *beatitudo*-Lehre des Thomas, die auch ansonsten immer wieder als Leitmotive des *lex*-Traktats hervortreten und die „teleologische Grundsignatur" seines Denkens deutlich erkennbar machen. In diese Richtung weisen etwa die Deutung der *Glückseligkeitspreisungen*, mit denen – in innerer Entsprechung zum Ansatz der aristotelischen Ethik bei der Frage nach der Eudaimonie – die Bergpredigt beginnt, um die „Summe der Vollkommenheit unseres Lebens" zu entfalten (vgl. *Mt* 5,2-8);[191] ferner die Lehre von den *evangelischen Räten*, die im Unterschied zu den *Geboten* dem Menschen einen besonderen Weg zur Vollkommenheit zeigen, indem sie alle Hindernisse auf dem Weg zur Glückseligkeit beiseite räumen.[192] Demgemäß leitet Thomas die Notwendigkeit des „Neuen Gesetzes" überhaupt aus der übernatürlichen Ausrichtung des menschlichen Verlangens nach Erkenntnis ab.[193] Und schließlich ist es auch für das Verständnis der *Gnade* selbst von wesentlicher Bedeutung, daß sie von Thomas an erster Stelle als eine Erleuchtung des Geistes, als Überhöhung und Vollendung seines natürlichen Strebens nach Wahrheit und

---

[189] Zum Ganzen vgl. W. Schachten (1980). – Daher auch bewußt die Rede vom „neuen *Gesetz*".

[190] Vgl. *ebd.*, I-II 106, 1 c.

[191] Vgl. Thomas, *Super Matth.*V 1 (n. 403); zu Christus als ihrem „Gesetzgeber" vgl. Thomas, *S.th.* I-II 108,3 c.

[192] Diese Hindernisse betreffen materielle Güter, Triebansprüche und Ehrsucht: vgl. dementsprechend die innere Ableitung der drei evangelischen Räte in *S.th.* I-II 108, 4 c.

[193] Vgl. *ebd.*, I-II 91,4 c.

damit vor allem in ihrer Hinordnung auf die Glückseligkeit im Ewigen Leben interpretiert wird.[194]

(2) *Das natürliche Gesetz und der Dekalog.* – In einer ähnlichen Dynamik der Verinnerlichung des Gesetzesbegriffs und seiner Interpretation im Sinne der Habitus- und Tugendlehre steht auch der Traktat vom natürlichen Gesetz, der in der Thomas-Rezeption bis in die Gegenwart hinein ein besonderes Interesse gefunden hat.[195] Schon von der Grundkonzeption des thomanischen Denkens mit seiner Betonung des Natürlichen, Schöpfungsmäßigen legt sich eine Akzentuierung gerade dieser Dimension der Gesetzeslehre nahe. Der Sache nach ist es ihre eigentümliche „Scharnierfunktion“ zwischen dem ewig-göttlichen und dem positiv-menschlichen Gesetz, die der *lex naturalis* die Stellung eines zentralen hermeneutischen Instrumentes verleiht, das – ausgestaltet in der Lehre vom „Naturrecht“ – bis in die Gegenwart der ethischen Vermittlung christlicher Philosophie und Theologie eine gemeinsamen Grundlage gegeben hat – sei es in der Verständigung mit fremden Völkern (Völkerrecht), unter den Konfessionen (Naturrecht als Vernunftrecht) oder im Dialog mit den Religionen und der säkularen Gesellschaft der Gegenwart.[196] Die entscheidende Bedeutung kommt dabei der kontrovers diskutierten Frage zu, welche konkreten *Inhalte* das natürliche Gesetz über das erste *formale* Prinzip der praktischen Vernunft („Das Gute ist zu tun, das Böse zu meiden“) hinaus umfaßt.[197]

Anknüpfungspunkt ist hierbei die Unterscheidung dreier *„natürlicher Neigungs- oder Strebungstypen“* (*inclinationes naturales*), aus denen sich – in sukzessiver Besonderung – die ersten inhaltlichen Regeln oder Gebote des natürlichen Gesetzes ergeben:

(a) So führt das Streben nach Selbsterhaltung, das dem Menschen mit allen Naturdingen gemeinsam ist, zu den Geboten zum Schutz des menschlichen Lebens;

(b) das Streben nach Arterhaltung, das er mit allen Sinnenwesen teilt, führt zu den Geboten des Geschlechts- und Familienlebens;

---

[194] Vgl. Thomas, *S.th.* I-II 109,1 c. mit der Auftaktfrage: „Utrum absque gratia possit homo aliquod verum cognoscere“. – Zum Ganzen vgl. J. Wippel (2005). – Zentrale Quelle des Gnadentraktats ist selbstverständlich Paulus.

[195] So lautet etwa die erste Frage direkt: „Ob das natürliche Gesetz ein Habitus ist“: vgl. Thomas, *S.th.* I-II 94,1 c.

[196] Zur Unterscheidung der Begriffe „natürliches Gesetz“ und „Naturrecht“ bei Thomas selbst vgl. O.-H. Pesch (1977), 568-571.

[197] Zur Diskussion vgl. die typologisierende Übersicht in: H.-G. Nissing (^{2}2019), 73, Anm. 22.

(c) und das spezifisch menschliche Streben nach Erkenntnis, v.a. nach Gotteserkenntnis, und nach einem Leben in Gemeinschaft schließlich hat die Gebote zur Folge, die die Bildung sowie die sozialen und politischen Beziehungen betreffen.[198]

Beachtung verdient in diesem Zusammenhang die in der Diskussion kaum beachtete *Komplementarität*, in der die derart differenzierten Weisungen des Naturrechts zu den Geboten des Dekalogs stehen. So finden etwa die natürlichen Strebungen nach (a) Selbsterhaltung, (b) Arterhaltung und (c) Erkenntnis und Wahrheit ihre unmittelbare Entsprechung im (a) Tötungsverbot, (b) Ehebruchsverbot und (c) Falschzeugnisverbot des Dekalogs. Insofern das spezifisch menschliche Streben nach Erkenntnis auch die Gotteserkenntnis und das Leben in Gemeinschaft umfaßt, ergibt sich überdies eine Korrespondenz zur allgemeinen Zweiteilung des Dekalogs in die Gebote der Gottes- und der Nächstenliebe. Indem Thomas zeigt, wie Naturrecht und Zehn Gebote inhaltlich einander entsprechen und sich wechselseitig interpretieren, vermag er vor allem die *innere Vernünftigkeit* des Gesetzes, wie sie in der eingangs genannten Gesetzesdefinition festgestellt wurde, sowie sein prinzipielles Gutsein und seinen Nutzen für den Menschen zugänglich zu machen: Das Gesetz weist dem Menschen den Weg zum Leben und zum Glück. Der Zuschuß an Erkenntnis, den dabei der Dekalog gegenüber dem natürlichen Sittengesetz mit sich bringt, betrifft zumal die ewige Glückseligkeit als übernatürliches Ziel des menschlichen Lebens, die Sicherheit des Urteils in konkreten Entscheidungen und die Vollkommenheit der Tugend, so daß der Mensch in allen seinen Tätigkeiten richtig existiere.[199]

6.3.2 Das Gewissen: Der Mensch unter dem Anspruch des Guten

Im Zuge der beschriebenen Verinnerlichungstendenz läßt sich die thomanische Lehre vom Gewissen dementsprechend als eine *personalisierende Einfassung* oder *anthropologische Konkretion* der Theorie von der *lex naturalis* charakterisieren: Im Gewissen wird mir der Anspruch des moralischen Guten auf unmittelbare und ursprüngliche Weise zugänglich: als motivierend oder prüfend,

---

[198] Vgl. Thomas, *S.th.* I-II 94,2 c. – Nicht zuletzt unter diesen Gesichtspunkten steht die *lex naturalis* für Thomas in einer grundlegenden Verwandtschaft und Übereinstimmung zu den Weisungen des Dekaloges.

[199] Vgl. summarisch Thomas, *S.th.* I-II 99, 2 ad 1: „Wie die Gnade die Natur voraussetzt, so ist es notwendig, daß das göttliche Gesetz das natürliche Gesetz voraussetzt.“

antreibend oder anklagend, quälend, verteidigend oder entschuldigend – in jedem Falle jedoch als bindend.

In der Geschichte des Gewissensbegriffs gilt Thomas als einer der herausragenden Vertreter, da er die *subjektiven Bedingungen des Gewissensphänomens* in besonderer Weise herausgestellt hat.[200] In seiner Beschreibung des Phänomens unterscheidet er zwei Aspekte: (1) die *synderesis* (das „Ur-Gewissen") und (2) die *conscientia* (das konkrete Gewissensurteil).

(1) Die *synderesis* meint dabei den grundlegenden Besitz der ersten Prinzipien der praktischen Vernunft, ohne die moralisches Urteilen und Handeln überhaupt nicht möglich wäre, wie das erste Prinzip der praktischen Vernunft:

> *Das Gute ist zu tun und zu befolgen, das Böse aber zu meiden (Bonum est faciendum et prosequendum, et malum vitandum).*[201]

Mit (a) seiner Grundunterscheidung zwischen Gut und Böse und (b) seiner verpflichtenden Kraft (in der Form des Gerundivs) ist es das erste und oberste Gebot des natürlichen Gesetzes, in dem alle anderen Gebote ihr Fundament besitzen. Es ist seinerseits auf den Begriff des Guten, „nach dem alles strebt" (*Eth. Nic.* I 1), gegründet und „individualisiert" oder „personalisiert" das naturteleologische Rahmenkonzept der thomanischen Ethik durch seine eigentümliche Formulierung *als Urteil* auf die spezifische Erkenntnisart des Menschen und dessen unvertretbare und eigenständige Verantwortung als moralisches Subjekt hin.

Thomas bestimmt die *synderesis* als einen natürlichen, angeborenen Habitus, der seinen Sitz im vernünftigen Seelenteil hat.[202] Bedingt durch ihre Teilhabe am göttlichen Erkenntnislicht besitzt sie eine unmittelbare Einsicht und ist so beständiges Prinzip aller folgenden moralischen Erkenntnis, der sie Rechtheit, Festigkeit und Sicherheit verleiht. Als biblischen Beleg führt er in diesem Zusammenhang wiederholt den *Psalmvers* 4,7 an, der im Rahmen der Intellektheorie eine zentrale Rolle spielte:

> *Wer zeigt uns Gutes? – Gezeichnet ist über uns das Licht deines Angesichtes, Herr.*

(2) Im Unterschied dazu ist die *conscientia* eine „Tätigkeit" (*actus*) und bezeichnet die

---

[200] Zur Gewissenslehre des Thomas vgl. H.-G. Nissing (2021a).
[201] Thomas, *S.th.* I-II 94, 2 c.
[202] Vgl. *ebd.*, I 79,12.

> *Anwendung dieser Erkenntnis auf eine bestimmte Handlung (applicatio scientiae ad aliquem specialem actum).*

Ihrer Wortbedeutung nach besagt *con-scientia* ein „Mit-Wissen" oder „Zugleich-Wissen", das sich sowohl (a) auf die Faktizität als auch (b) auf die Richtigkeit einer Handlung beziehen kann. - (b.a) Im Hinblick auf Handlungen in der Gegenwart und Zukunft hat die *conscientia* hier eine leitende Funktion, indem sie „antreibt", „bewegt" oder „bindet", (b.b) im Hinblick auf Handlungen in der Vergangenheit dagegen kommt ihr eine prüfende Funktion zu, wenn sie „anklagt" oder „quält", „verteidigt" oder „entschuldigt".[203]

Als Prüfungsinstanz oder „innerer Gerichtshof" (*ebd.*) besitzt die *conscientia* indessen keine befehlende Funktion und hat deshalb auch keinen festen Ort im Aufbau der menschlichen Handlung.[204] Als „Spruch der Vernunft" ist sie vielmehr Kriterium der letzten Selbstbeurteilung der Person und Zeugnis ihrer *Innerlichkeit* und konkretisiert damit zugleich das o.g. Programm *philosophischer Selbsterkenntnis*.[205]

Der Gewissensirrtum. - Aufgrund dieser Bestimmungen von *synderesis* und *conscientia* läßt sich von einem *„Irrtum"* (*error*) des Gewissens nur mit Bezug auf letztere sprechen. Dabei kann gerade die Irrtumsmöglichkeit des Gewissens als Beleg für die nicht hintergehbare Subjektivität der sittlichen Erkenntnis gelten, in der sich die Eigentätigkeit der menschlichen Vernunft niederschlägt. Dies galt ja schon allgemein für den Urteilsakt.[206] „Durch sein Gewissen" (*mediante [con-] scientia*) ist der einzelne Mensch folglich in seinen Urteilen im Bereich der Praxis immer und unbedingt gebunden:

> *Jedes Gewissen, sei es das rechte, sei es das irrende, ist verbindlich, und dies dergestalt, daß sündigt, wer gegen sein Gewissen handelt.*[207]

Diese Bindung an das Gewissensurteil als subjektives Organ sittlicher Erkenntnis gilt auch dann, wenn das Gewissen eine Handlung als schlecht beurteilt, die objektiv mit dem Willen Gottes übereinstimmt. - Gleichwohl bedeutet *seinem Gewissen zu folgen*

---

203 Vgl. Thomas, *Q. de ver.* 17,1 c.; *S.th.* I 79,13 c.

204 Nach Thomas gibt es ein Gewissensurteil, aber keine Gewissensentscheidung! Entsprechend betont Thomas den rein kognitiven Charakter des Gewissensurteils.

205 Vgl. oben S. 111, ferner unten S. 385f.

206 Vgl. oben S. 61-67.

207 Thomas, *Q. de quodl.* III 12,2 c.

nach Thomas nicht automatisch schon, *das Richtige zu tun.*[208] Gegen die Vorstellung einer einseitigen sittlichen Autonomie erörtert er daher die *Verantwortlichkeit des Einzelnen für seinen Gewissensirrtum,*[209] und diskutiert als Grenzfall schließlich die Möglichkeit eines schuldhaften Gewissensirrtums, bei dem es dem Betreffenden trotz eines Handelns gemäß dem eigenen Gewissen nicht möglich ist, die Sünde völlig zu vermeiden.[210] Thomas rechnet allerdings mit der Möglichkeit, seinen Irrtum zu erkennen und ein irrendes Gewissen „abzulegen" (*conscientiam deponere*), und zeigt damit ein Verständnis, nach dem die

> *Gewissenserkenntnis kein abgeschlossener Prozeß [ist], sondern ein lebenslanges Weiterwachsen in der Erkenntnis des Guten.*[211]

Man hat die Gewissenslehre mitunter als eigentliche Mitte und Kern der thomanischen Ethik verstanden, und dem Gewissen die konstitutive Bedeutung für das Konzept der menschlichen Person zugeschrieben. Zweifellos kann gerade im Rahmen der thomanischen Gewissenslehre *die nicht hintergehbare und unvertretbare Subjektivität des Menschen* als eines moralisch Handelnden sichtbar werden. Zugleich weisen freilich die geforderte Offenheit für eine Objektivierung und Überprüfung des eigenen Urteils und die Verpflichtung zur Gewissensbildung, ferner der Blick auf die umfassende Disposition des sittlich Urteilenden - etwa in einer möglichen Verblendung seines Gewissensurteils durch Leidenschaften - auf eine Einbindung der Gewissensthematik *in einen größeren Zusammenhang*, der durch die Tugendlehre und ein anhand ihrer entwickeltes Personverständnis bezeichnet ist.

6.4. Habitus und Tugend

Denn ihrem eigentlichen „Stil" nach ist die theologische Ethik des Thomas, wie er sie im zweiten Teil der *Summa theologiae* entfaltet, nicht Gesetzes- oder Gewissensethik, sondern Tugendlehre.[212]

---

[208] Vgl. Thomas, *Q. de ver.* 17, 4 c.

[209] Dabei unterscheidet er zwischen (1) der Unkenntnis oder falschen Wahrnehmung der tatsächlichen Voraussetzungen eines komplexen Sachverhalts (sog. *ignorantia facti*) und (2) der Unkenntnis dessen, was man gehalten ist, zu wissen (sog. *ignorantia iuris*). Für erstere sind Ödipus oder Jakob die klassischen Beispiele, für letztere etwa das fehlende Wissen darum, daß Ehebruch eine Sünde ist.

[210] Vgl. *ebd.*, 17 ad 8 zum sog. *casus perplexus*.

[211] E. Schockenhoff (2003), 117.

[212] Vgl. E. Schockenhoff (1987), 11, mit Hinweis auf die v.a. am Gesetz

Habitus. – Zum entscheidenden Schlüssel wird dabei der schon mehrfach angesprochene Begriff des *Habitus* – verstanden als eine *persönliche Qualität* des Einzelnen, die ihn auf der Grundlage seiner natürlichen Ausstattung im Hinblick auf seine Tätigkeit oder sein Ziel in guter oder schlechter Weise disponiert.[213] Im Habitus „setzt" sich die dynamische Natur des Menschen und erhält eine persönliche Gestalt. Der Habitus ist so jene charakteristische Weise, in der er Halt und Haltung gewinnt und sich selbst besitzt. Im Rückblick auf die oben formulierte anthropologische Grundspannung zwischen Gegeben- und Aufgegebensein, zwischen *actus primus* und *actus secundus*,[214] bezeichnet der Habitus daher eine „Mitte", in der seinshafte Wirklichkeit und tathafte Verwirklichung des Menschen zu einem Ausgleich kommen. Durch den Habitus erfährt die „Herrschaft über seine Akte" (*dominium sui actus*), die den Menschen als *Person* kennzeichnet, ihre Ausformung zur *Persönlichkeit*.[215]

Der Habitus besagt freilich nicht nur ein Selbstverhältnis seines Trägers, sondern zugleich auch die Ausrichtung auf sein *Ziel*. Er setzt den Menschen in den Stand, seinen natürlichen Tendenzen auf die gebührende Weise zu folgen. So verleiht er seinem Handeln eine einheitliche und konstante Ausrichtung sowie eine Leichtigkeit und freudige Spontaneität und wird so gewissermaßen zur „zweiten Natur".

Als Qualität der Seele, die durch wiederholte Tätigkeiten und Gewöhnung erzeugt wird, ist der Habitus von den *Seelenvermögen* unterschieden und ihnen gegenüber *etwas Zweites*, da er sie in besonderer Weise auf ihre Tätigkeiten hin disponiert.[216] Das von Aristoteles zur Illustration bevorzugt angeführte Beispiel ist das des Kitharaspielers, der seine naturgegebene Musikalität durch beständige Übung zur hervorragenden Tätigkeit

---

ausgerichtete Interpretation bei W. Kluxen (1964), 218-230.

[213] Vgl. Thomas, *S.th.* I-II 49,4 c.: „Der Habitus enthält eine bestimmte Disposition in Hinordnung auf die Natur eines Dinges (*ad naturam rei*) und auf seine Tätigkeit (*ad operationem*) oder sein Ziel (*finem*), dergemäß etwas auf gute oder schlechte Weise darauf hingeordnet wird (*disponitur*)."

[214] Vgl. oben S. 44f.

[215] In diesen Zusammenhang gehört etwa auch der Hinweis, daß die Herrschaft des Tugendhaften über die eigenen Leidenschaften nicht despotisch, sondern politisch auszuüben sei – womit sich die analoge Verwendung des Begriffs „Verfassung" im Ethischen wie im Politischen erschließt: vgl. Thomas, *S.th.* I-II 9,2 ad 3; Aristoteles, *Politik* I 2 (1254b4ff.).

[216] Vgl. hierzu sowie zur unterschiedlichen Entstehung verschiedener (natürlicher, erworbener, eingegossener etc.) Habitus vgl. H.-G. Nissing (2006), 588-592.

des Virtuosen ausbildet. Ebenso führt auch die *Tugend* zur Virtuosität im Menschsein.

> *Wenn wir so als Werk des Menschen [...] die Tätigkeit der Seele und den vernunftgemäßen Akt bestimmen und als Tätigkeit eines geübten Menschen in einem hervorragenden Maße, dann ist das Gute für den Menschen die Tätigkeit der Seele gemäß der Tugend.*[217]

Aspekte des Begriffs „Tugend“. – Im Begriff „Tugend“ selbst schwingen verschiedene Dimensionen mit, die ihn von mehr als einer Seite erschließen. Neben (1) dem Aspekt der „Tüchtigkeit“ als Übersetzung des griechischen Ursprungswortes *aretê*, der im soeben genannten Zitat eine Rolle spielt und auf eine „Tüchtigkeit im Menschsein“ zu übersetzen wäre, mag auch (2) der Gedanke der „Tauglichkeit“, der dem deutschen Wort „Tugend“ zugrunde liegt, eine gewisse Hilfestellung bieten. Demnach macht die Tugend den Menschen dazu tauglich, das zu sein und zu tun, was er ist, und seine eigenen Möglichkeiten zu verwirklichen. Schließlich besagt (3) der lateinische Begriff *virtus*, der sich von *vir* = „Mann“, herleitet eine eigentümliche Kraft und Selbstmächtigkeit, eine Bündelung von Energie, und akzentuiert damit das „Auf-dem-Sprunge-Sein“ zum Guten, das der Tugend eigen ist. Am treffendsten und konzisesten indessen scheint die Tugend als Habitus, der den Menschen in seinem Handeln und Sein gut werden läßt, charakterisiert als

> *das „ultimum potentiae“, das Äußerste dessen, was ein Mensch sein kann; sie ist die Erfüllung menschlichen Seinkönnens. [...] Tugend bedeutet die Unbeirrbarkeit der Richtung des Menschen auf die wahrhafte Verwirklichung seines Wesens, das ist: auf das Gute.*[218]

So knüpft die *Tugendlehre* an die eingangs genannte *formale* Bestimmung der menschlichen Person an und füllt sie *inhaltlich*

---

[217] Aristoteles, *Nikomachische Ethik* I 6 (1098a8ff.) mit der daraus abgeleiteten Definition der Tugend: „Es ist mithin die Tugend ein Habitus des Wählens, der die nach uns bemessene Mitte hält und durch die Vernunft bestimmt wird, und zwar so, wie ein kluger Mann sie zu bestimmen pflegt.“

[218] J. Pieper (1996b), 263. – Vgl. Aristoteles, *Nikomachische Ethik* II 6 (1106a15): „Die Tugend ist es, die ihren Besitzer und sein Werk gut macht (*Virtus est quae bonum facit habentem et opus eius bonum reddit*)“. – Ihre Unterscheidung als *habitus bonus* zum „Laster“ (*vitium*) ergibt sich dabei aus der Übereinstimmung mit der Natur ihres Trägers: vgl. Thomas, *S.th.* I-II 54, 3 c.

durch das Konzept einer umfassenden Formung und Bildung des Charakters. Auf der Grundlage der Habituslehre entwickelt Thomas den Tugendbegriff so als eine „anthropologische Strukturformel“[219], mit der das Zusammenwirken aller am Tun des Guten beteiligten Seelenkräfte und Handlungspotentiale des Menschen kenntlich gemacht werden kann: Leidenschaften, Wille und rationale Vermögen kommen als Träger bestimmter Tugenden in Frage.[220] Nicht von ungefähr findet sich daher auch die eigentliche und differenzierte *Psychologie des Thomas*, die detaillierte Beschreibung von Antrieben und Haltungen sowie ihres Zusammenwirkens, innerhalb der Tugendlehre.

Ein besonderes Gewicht besitzt für Thomas der Aufweis des inneren *Zusammenhangs* (*connexio virtutum*), in dem die Tugenden zueinander stehen und der das Gutsein des Menschen in umfassender Weise zum Ausdruck bringt.[221] In ihrer Verbindung bilden die Tugenden ein organisches Ganzes und bringen den Menschen in umfassender Weise in eine Ordnung. Ihren Abschluß findet die Tugendlehre daher in der Lehre von den *Lebensformen*, den *Ständen* und *Ämtern*, von denen bereits oben die Rede war.[222] Sie sind es, die dem Geflecht der Tugenden eine objektive Festigkeit und Beständigkeit geben, da sie eine institutionalisierte Gestalt besitzen und für die Person verpflichtenden Charakter haben.[223]

So kann schließlich in der Tugend bzw. Tugendhaftigkeit die *Personalität* des Menschen und seine *Würde* in besonderer Weise hervortreten:

> *Würde wird einem Menschen hauptsächlich aufgrund der Tugend zugesprochen, weil sie „die Ausrichtung des Vollkommenen auf das Beste“ ist.*[224]

Definition der Tugend. – Zur definitorischen Bestimmung der Tugend greift Thomas allerdings bemerkenswerterweise nicht auf Aristoteles zurück, sondern auf eine Definition, die sich in der Tradition des Augustinus und des Petrus Lombardus findet.[225] Demnach ist die Tugend

---

[219] E. Schockenhoff (1987), 282.

[220] Vgl. Thomas, *S.th.* I-II 56.

[221] Vgl. *ebd.*, I-II 65.

[222] Vgl. oben S. 83-87 und S. 199-207.

[223] Vgl. Thomas, *S.th.* II-II 179-189, v.a. I-II 183ff. – Zum Ganzen vgl. H.-G. Nissing (2006), 695-701.

[224] *Ebd.*, II-II 145,1 c.

[225] Zur Herkunft vgl. E. Schockenhoff (1987), 249-253.

> *[1] die gute Qualität (bona qualitas)*
> *[2] des Geistes (mentis),*
> *[3] durch die richtig gelebt und durch die nichts schlecht gebraucht wird (qua recte vivitur, qua nullus male utitur),*
> *[4] die Gott in uns ohne uns bewirkt (quam Deus in nobis sine nobis operatur).*[226]

Zumal das letzte Definitionselement, das über die aristotelische Tugenddefinition hinausgeht,[227] zeigt, daß Thomas das Entstehen und Wachsen der Tugenden in uns keineswegs als einen rein natürlichen Prozeß versteht: Sein Gutsein und seine Vollkommenheit kann der Mensch nicht aus eigener Kraft erreichen, er bedarf vielmehr der göttlichen Hilfe – eben darin besteht die wesentliche Grundeinsicht der thomanischen Tugendlehre.[228] Ja, unsere Werke verdanken sich ganz wesentlich der Gnade und dem Antrieb des Heiligen Geistes.[229]

Dementsprechend orientiert sich diese vor allem an den von Gott *„eingegossenen Tugenden"* (*virtutes infusae*) und hat in den drei theologischen Tugenden des Glaubens, der Hoffnung und der Liebe ihren eigentlichen Nukleus. Sie sind es, um die Thomas seine Tugendlehre gruppiert – und die daher nicht von ungefähr am Ende der 4. Strophe des *„Adoro te devote"* genannt werden, um summarisch den Zielsinn menschlichen Richtigseins vor Gott zum Ausdruck zu bringen.

6.5. Die theologischen Tugenden als Nukleus der thomanischen Tugendlehre

Nach Thomas heißen diese Tugenden *„theologische"* oder *„göttliche" Tugenden*, weil sie (1) allein von Gott dem Menschen eingegossen werden, weil sie (2) einzig durch göttliche Offenbarung bekannt sind und vor allem, weil sie (3) Gott zum Gegenstand

---

[226] Thomas, *S.th.* I-II 55,4 c.

[227] Die ersten drei Definitionselemente lassen sich – so Thomas – gemäß der aristotelischen Tugenddefinition interpretieren, um bereits als solche eine erschöpfende, alle Tugenden umfassende Bestimmung anzugeben (vgl. *ebd.*).

[228] Dieser Einfluß göttlicher Hilfe ist dabei nicht im Sinne eines „Überbaus" zu verstehen, sondern als ein „Eingriff in den Innenraum des natürlichen Tugendlebens" (E. Schockenhoff 1987, 287), der dieses von innen her umformt – und in den natürlichen Dispositionen des Menschen seine Anknüpfungspunkte besitzt.

[229] Vgl. Thomas, *Super Ad Rom.* VI 4 (n. 517).

haben.[230] Insofern ordnen sie den Menschen unmittelbar und in rechter Weise auf sein übernatürliches Ziel, die Glückseligkeit, hin. – Im Tugendkanon der *Summa theologiae* erfahren sie eine Ergänzung von zwei Seiten:

(a) zum einen von Seiten der Natur durch die sog. *„Kardinaltugenden"* (Klugheit, Gerechtigkeit, Tapferkeit, Maßhaltung), die das Bild des richtigen, d.h. gelungenen Menschseins von Seiten seiner natürlichen Ausstattung und als Ergebnis von Übung und Gewöhnung beschreiben. Zusammen mit ihnen bilden sie jene Siebenzahl, um deren Betrachtung die Tugendlehre der *Secunda Secundae* kreist.[231] Nicht zuletzt die Vorordnung der theologischen Tugenden vor den Kardinaltugenden im Duktus der Erörterungen zeigt, daß letztere im thomanischen Tugendverständnis keine selbständige, natürliche Vorstufe bilden, sondern daß sie in ihrer inneren Gestalt vielmehr überformt und eingewurzelt zu denken sind in Glaube, Hoffnung und Liebe.

(b) Zum anderen werden die theologischen Tugenden aber auch ergänzt von Seiten der Übernatur, durch die der Mensch zusätzlich Unterstützung erlangt, um seine Vollendung zu erreichen. So ordnet Thomas den sieben Tugenden jeweils weitere Qualitäten oder Eigenschaften zu, die durch die Heilige Schrift bezeugt sind:

(i) die sieben Gaben des Heiligen Geistes, von denen der Prophet Jesaja spricht (vgl. *Jes* 11,2),

(ii) die acht Seligkeiten der Bergpredigt (vgl. *Mt* 5,3-10) und

(iii) die zwölf Früchte des Geistes, die sich beim Apostel Paulus erwähnt finden (vgl. *Gal* 5,22).

(i) Über die Tugenden hinaus bezeichnen die *„Gaben"* (*dona*) höhere Vollkommenheiten, durch die der Mensch disponiert ist, durch göttliche Inspiration spontan zum Guten bewegt zu werden,[232]

(ii) die *„Seligkeiten"* (*beatitudines*) und die ihnen zugeordneten *„Verheißungen"* (*praemia*) sind deren erfüllende Aktualisierung[233]

(iii) und die *„Früchte"* (*fructus*) ihre Tätigkeiten mit der mit ihnen verbundenen Freude.[234]

Vor allem die sieben Geistesgaben spielen neben den Tugenden die zentrale Rolle für die Umformung des natürlichen Le-

---

[230] Vgl. Thomas, *S.th.* I-II 62,1 c.
[231] Vgl. *ebd.*, II-II prol.
[232] Vgl. *ebd.*, I-II 68,1 c.
[233] Vgl. *ebd.*, I-II 69,1 c.
[234] Vgl. *ebd.*, I-II 79,1 c.

bens und unterstreichen die besondere Bedeutung des Heiligen Geistes für das Glaubensleben.[235]

6.6. Die natürliche Grundlage der Tugendlehre: Die vier Kardinaltugenden

Die vier Kardinaltugenden bilden also gewissermaßen den „natürlichen“ Bodensatz der thomanischen Tugendlehre. Ihre *Aufzählung* und *Unterscheidung* findet sich bereits bei Platon.[236] Von hier aus war sie über die stoische Philosophie (v.a. in ihrer Darstellung durch Cicero [106-43 v. Chr.]) dem christlichen Denken vermittelt worden. Ihren *Namen „Kardinaltugenden“* hatte der Kirchenvater Ambrosius von Mailand vom lateinischen Wort *cardo* abgeleitet, womit der metallene Zapfen bezeichnet wurde, an dem eine Tür aufgehängt ist: Wie die Tür ins Innere des Hauses führt, so öffnen die Kardinaltugenden den gesamten Bereich des Sittlichen.[237] Als *„vorrangige Tugenden“* (*virtutes principales*) sind sie daher zugleich die Basis für alle weiteren sekundären Tugenden und ermöglichen den Aufweis ihrer organischen Zusammengehörigkeit.

Die vier Kardinaltugenden werden für Thomas zu jenen entscheidenden Bezugsgrößen, auf die er die aristotelische Tugendlehre zuspitzt. Wie gesehen, hatte Aristoteles im Ausgang von den verschiedenen Kräften der Menschenseele zwischen (a) moralischen (ethischen) oder Charaktertugenden und (b) intellektuellen (dianoëtischen) Tugenden unterschieden[238] und überdies in der *Nikomachischen Ethik* eher eine exemplarische Aufzählung als eine Klassifikation der von ihm erörterten Tugenden geboten.[239] In seinem Kommentar systematisiert Thomas diese Liste, indem er Klugheit, Gerechtigkeit, Tapferkeit und Maßhaltung als leitende Tugenden zeigt.[240] Daß es sich bei ihnen in aristotelischer Terminologie vorrangig um *moralische* Tugenden handelt, plausibilisiert er mit ihrer Funktion, das sittliche Leben

---

[235] Vgl. U. Horst (2001). – Auch sie gehören gewissermaßen zum „Kölner Erbe“ des Thomas. – Zur thomanischen Pneumatologie, insbesondere zur Bedeutung des Heiligen Geistes für die Erlösung und das Leben der Gnade im Ausgang von *Röm* 8 vgl. Thomas, *Super Ad Rom.* VIII 2-3 (n. 626-651). – Als „Schnittstelle“ markiert *ebd.*, XII 2 (n. 966) dabei die Notwendigkeit eines neuen *Denkens* und *Urteilens* des Christen.

[236] Vgl. Platon, *Politeia* IV, 443d.

[237] Vgl. Thomas, *Q. de virt.* 1,12 ad 24.

[238] Vgl. oben S. 112ff.

[239] Vgl. C. Steel (2005), 325.

[240] Vgl. Thomas, *Super Eth.* II 8 (Z. 28-117); III 14 (Z. 1-20); allerdings einschränkend I 16 (Z. 98-100).

in seiner Konkretheit zu gestalten und das Streben und Wollen des Menschen auf das Gute hin auszurichten: Im Unterschied zu den intellektuellen Tugenden, die die Vernunft zur Vollendung führen, sollen sie die Befähigung zum guten Handeln geben und dieses auch bewirken.[241]

(1) In ihrer *Vierzahl* umfassen die Kardinaltugenden dabei die vier formalen Aspekte des gesamten sittlichen Lebens, das heißt jene Aspekte, nach denen sich das *für den Menschen Gute* als Gut eines vernünftigen Wesens unterscheiden läßt:[242]

(a) So betrifft die *„Klugheit“* (*prudentia),* das Gute der Vernunft *an sich*, indem sie diese befähigt, die angemessenen Prinzipien für das rechte Handeln bereitzustellen. Sie macht die Willensentscheidung abhängig von der Einsicht und gilt Thomas, insofern sie auf die Wirklichkeit und ihre Erkenntnis bezogen ist, als „Auge der Tugenden“ und ihre Gebärerin (*genitrix virtutum*).[243]

(b) Die *„Gerechtigkeit“* (*iustitia),* dagegen ordnet das Gut der Vernunft *in äußeren Handlungen* und *in den Beziehungen zu anderen*. Sie ist jene Kardinaltugend, die in erster Linie der Sozialnatur des Menschen zugeordnet ist und unterscheidet sich daher nach den fundamentalen Grundverhältnissen des gemeinsamen Lebens in (i) die *„ausgleichende“* oder „Tausch-Gerechtigkeit“ (*iustitia commutativa*), die das Verhältnis der Einzelnen zueinander ordnet (*ordo partium ad partes*), (ii) die *„zuteilende* Gerechtigkeit“ (*iustitia distributiva*), die das Verhältnis des sozialen Ganzen, d.h. des Gemeinwesens, zu den Einzelnen ordnet, die seine Glieder sind (*ordo totius ad partes*), und (iii) die *„gesetzliche* Gerechtigkeit“ (*iustitia legalis*), die die Beziehung der Einzelnen zum sozialen Ganzen ordnet (*ordo partium ad totum*).[244]

---

[241] Vgl. Thomas, *S.th.* I-II 61,1 c. – Der Umbau der aristotelischen Tugendlehre vollzieht sich daher v.a. im Bereich der intellektuellen Tugenden: von ihnen findet einzig die Klugheit in der thomanischen Systematik einen Platz. Die „Kunst(-fertigkeit)“ (*ars*) dagegen wird aus der Betrachtung der Moral ausgeschieden, insofern sie als *recta ratio factibilium* nicht auf die Handlungen als solche, sondern auf die hergestellten Produkte bezogen ist. Die übrigen drei intellektuellen Tugenden schließlich (Wissen, Einsicht und Weisheit) besitzen eine nominelle Entsprechung zu drei der sieben Gaben des Heiligen Geistes und werden von Thomas demgemäß dem Glauben (Einsicht und Weisheit) und der Liebe (Weisheit) zugeordnet: vgl. v.a. *ebd.*, II-II prol.

[242] Vgl. *ebd.*, 61,2 c.

[243] Vgl. *ebd.*, II-II 47-56. – Von daher besitzt die Klugheit unter den Kardinaltugenden in ähnlicher Weise die Rolle der Leittugend wie die Liebe unter den göttlichen Tugenden. – Dazu unten S. 284ff.

[244] Vgl. *ebd.*, II-II 57-122. – Zur genannten Dreiteilung vgl. *ebd.*, II-II 61,1.

Im Unterschied dazu betreffen die beiden übrigen Kardinaltugenden das *Selbstverhältnis der Person*, indem sie das Gut der Vernunft im Bereich der Leidenschaften regeln.

(c) Dabei hat die *„Tapferkeit"* (*fortitudo*) die Aufgabe, das Gut der Vernunft gegen innere und äußere Widerstände zu behaupten. Sie ist die Bereitschaft, sich einzusetzen für das Gute, es gegen die Macht des Bösen zu verteidigen und umfaßt so auch die Bereitschaft, im Kampf zu fallen.[245]

(d) Die Tugend der *„Maßhaltung"* (*temperantia*) hingegen soll das Gute gegen das Streben der Leidenschaften sichern, indem sie diese „temperiert" und eine innere Ordnung im Menschen bewirkt - ist es doch gerade die Maßlosigkeit, die seiner Würde widerspricht.[246] In einer ähnlich basalen Bedeutung, die sie für das Konzept menschlichen Richtigseins als Person besitzt, hatte bereits Aristoteles der *„Selbstbeherrschung"* (*continentia*) in der *Nikomachischen Ethik* ein eigenes Buch gewidmet.

Somit lassen sich die vier Kardinaltugenden in ihrer Hinordnung auf das Gute derart unterscheiden, daß die Klugheit das Gute *erkennt*, die Gerechtigkeit das Gute *anderen gegenüber tut*, die Tapferkeit das Gute *verteidigt* und die Maßhaltung das Gute persönlich *kultiviert*.

(2) In ihrer umfassenden Bedeutung für die menschliche Person können die vier Kardinaltugenden aber auch dadurch plausibel werden, daß sie sich den verschiedenen Kräften bzw. Vermögen der *Menschenseele*[247] als ihren *Trägern* zuordnen lassen, nämlich:

(a) die *Klugheit* der Vernunft,
(b) die *Gerechtigkeit* dem Willen,
(c) die *Tapferkeit* dem überwindenden und
(d) die *Maßhaltung* dem begehrenden Seelenvermögen.

(3) Im Ganzen versteht Thomas die Kardinaltugenden - anders als Platon und die Stoa - nicht nur als allgemeine Grundhaltungen, sondern als *spezifische Tugenden*, die in paradigmatischer Weise auf einen *bestimmten Gegenstand* oder *Lebensbereich* bezogen sind, der ihren Sinngehalt exemplarisch illustriert.

(a) So ist die *Klugheit* diejenige Vollkommenheit der Vernunft, die einen Menschen in die Lage versetzt, mit Blick auf die Wirklichkeit schnell und leicht eine Entscheidung zu treffen, wie hier und jetzt zu handeln ist,

---

245 Vgl. *ebd.*, II-II 123-140.
246 Vgl. *ebd.*, II-II 141-170.
247 Vgl. dazu oben S. 134-137.

(b) die *Gerechtigkeit*, die Platon noch allgemein als Grundtugend beschrieben hatte, ist für Thomas jene Tugend, die Gleichheit zumal in äußerlichen Handlungen, wie etwa dem Geschäftsverkehr (Kaufen und Lohn bezahlen), herstellt,

(c) die *Tapferkeit* zeichnet - als militärische Tugend - vor allem den Kämpfenden und sich in Todesgefahr Befindenden aus (Thomas stellt hier eine Verbindung mit der Vorstellung des christlichen Märtyrers her),

(d) die *Maßhaltung* schließlich hat es in erster Linie mit solchen Leidenschaften zu tun, die sich auf den spezifischen Genuß des Tastsinns, das heißt auf sexuellen Genuß sowie auf Essen und Trinken, beziehen.[248]

Und eben weil diese besonderen Gegenstände oder Lebensbereiche, mit denen die Kardinaltugenden es zu tun haben, grundlegend sind und es hier „sehr schwierig ist und von größter Wichtigkeit, sich gemäß der Tugend zu verhalten"[249], kommt ihnen *eine paradigmatische Funktion im sittlichen Leben* zu. Von dieser paradigmatischen Rolle her lassen sich verschiedene weitere Grundhaltungen als *abgeleitete* oder *sekundäre Tugenden* beschreiben.

- So kann etwa die Lehre von der *Maßhaltung* auch die Bereiche der Bescheidenheit oder Sanftmut umfassen,
- die Erörterungen zur *Tapferkeit* sich auf Ehrgeiz, Beharrlichkeit oder Großmut erstrecken oder
- der *Gerechtigkeitstraktat*, der größte unter den Traktaten zu den Kardinaltugenden, das Verhältnis von Kindern und Eltern oder die Beziehung des Menschen zu Gott thematisieren, in denen der Rahmen einer auf gleicher Ebene herzustellenden Gleichheit von vorneherein gesprengt ist und Aspekte der Dankbarkeit, der Freigebigkeit oder auch des Opfers zur Sprache kommen.[250] - Dies alles kann hier jedoch nur angedeutet werden.

6.7. „Für jetzt bleiben Glaube, Hoffnung und Liebe."

Im Ganzen haben es die Kardinaltugenden also eher mit der *konkreten Lebensgestaltung* zu tun, als mit dem *Lebenssinn im Ganzen* und betreffen insofern eher den Weg als das Ziel des menschlichen Lebens. Demgegenüber stehen die drei theologischen Tugenden in einer unmittelbareren Verbindung zur endgültigen Vollendung des menschlichen Lebens. Sie sind daher

[248] Vgl. v.a. Thomas, *Super Eth.* II 8 (Z. 111-117).
[249] Thomas, *S.th.* II-II 149,1 c.
[250] Vgl. *ebd.*, I-II 61,2 c.

auch nicht auf bestimmte Objektbereiche oder einzelne Seelenteile bezogen. Vielmehr ist es der umfassende Gesichtspunkt der *übernatürlichen Glückseligkeit*, der die Basis für den Aufweis ihrer inneren Zusammengehörigkeit bildet:[251] Weil die Vollendung des Menschen sowohl seine Erkenntnis als auch seinen Willen umfaßt, erfährt er

(1) einerseits die Mitteilung einer übernatürlichen Einsicht in dasjenige, das mittels des göttlichen Lichtes erfaßt wird: in die „Inhalte" (*credibilia*), auf die sich der *„Glaube"* (*fides*) richtet.

(2) Andererseits geschieht die Erfüllung seines willentlichen Strebens

(2.1) sowohl im Hinblick auf dieses Streben selbst: in der *„Hoffnung"* (*spes*),

(2.2) als auch im Hinblick auf die Vereinigung mit diesem Ziel: in der *„Liebe"* (*caritas*).

In seiner inhaltlichen Beschreibung der drei theologischen Tugenden nimmt Thomas die Grundmotive der aristotelischen Tugendlehre auf und entwickelt sie mit Hilfe von Aussagen der Bibel und der christlichen Tradition organisch weiter.

(1) *Wissen und Glauben*. – So knüpft die Lehre vom Glauben[252] an das schon mehrfach genannte anthropologische Grunddatum des menschlichen Verlangens nach Wissen und Wahrheit an sowie an die im Anschluß daran entwickelte Wissenschaftstheorie. „Gegenstand des Glaubens" (*obiectum fidei*) ist „die erste Wahrheit" (*veritas prima*), und diese ist Gott.[253] Anders als beim „Wissen" (*scientia*) ist diese Wahrheit beim Glauben jedoch verborgen und nicht aus Eigenem zugänglich: Während das natürliche Wissen auf Prinzipien zurückgeht, die der menschlichen Vernunft von sich aus einsichtig sind, verdankt sich das *Glaubenswissen* einer „übernatürlichen" Erkenntnis (*principia supernaturalia*). Hier berühren sich die Überlegungen des Glaubenstraktats mit denen zum Wissenschaftscharakter der Theologie.[254] So tritt an die Stelle der eigenen Einsicht der Anschluß an die Erkenntnis eines anderen – wodurch (a) mit einer *personalen* zugleich (b) eine *willentliche* Dimension der *„Zustimmung"* (*assensus*) ins Zentrum des Glaubensaktes rückt: Glauben heißt stets: (a) *jemandem* etwas glauben. Und Glauben heißt: (b) „mit Zu-

[251] Vgl. *ebd.*, I-II 62,3 c.

[252] Vgl. *ebd.*, II-II 1-16.

[253] Vgl. *ebd.*, II-II 1,1 c.

[254] Vgl. oben S. 238-247. – Ja, der Glaube wird innerhalb des o.g. Entwurfs der Theologie als Wissenschaft zum entscheidenden „Schlußstein".

stimmung bedenken" (*cum assensione cogitare*).[255] Das natürliche Leitbild des Glaubenstraktates ist daher der *Schüler*, der die Prinzipien von seinem Lehrer vermittelt bekommt.[256] Und der Glaubende kann trotz eines verbleibenden Beieinanders von Gewißheit und Ungewißheit eine „sichere Erkenntnis" (*certa cognitio*) der Wahrheit haben, ein echtes *Glaubens-Wissen*, das von anderen Habitus (dem Meinen, Zweifeln, Vermuten) unterschieden ist.[257]

Als Angelpunkt seiner Überlegungen gilt Thomas die Definition des Glaubens nach *Hebr* 11,1, wo der Glaube als

> *Wesen der zu erhoffenden Dinge und Grund des nicht Offenbaren (substantia sperandarum rerum, argumentum non apparentium)*

bestimmt wird.[258] Sie zeigt den Glauben als eine Haltung, die der Dynamik menschlichen Erkennen-Wollens und der Zugkraft des Staunens entspricht und sich daraus nicht nur als Möglichkeit, sondern sogar als Notwendigkeit ergibt. So vermag der Glaube den Menschen schon in diesem Leben in die Lage zu versetzen, das letzte Ziel seines Strebens nach Erkenntnis anfanghaft zu ergreifen, das er erst im Ewigen Leben vollständig erreichen kann: eben die erste Wahrheit.[259] Der Glaube zeigt sich so im Ganzen von der endzeitlichen Schau her gedacht. Und Gott ist gleichermaßen ihr Inhalt und ihr Beweggrund - weswegen man „Gott glaubt" und „an ihn glaubt".

Die erste Wahrheit des Glaubens aber wird dem Menschen in *„Aussagen"* oder *„Urteilen"* (*enuntiationes, iudicia*) zugänglich,[260]

---

[255] Vgl. *ebd.*, II-II 2,1 c. in Aufnahme der Definition Augustins, *De praedestinatione sanctorum* 2 (PL 44,963). - J. Pieper (1996a), 218, verweist zur Illustration der o.g. Doppelstruktur des Glaubens auf John Henry Newmans Wort: „We believe, because we love."

[256] Vgl. Thomas, *S.th.* II-II 1,7 ad 2.

[257] Vgl. *ebd.*, II-II 2,1. - Das verbleibende Beieinander von Gewißheit und Ungewißheit im Glaubensakt als „‚Denk-Unruhe' trotz unbedingter Zustimmung" beschreibt eindrücklich J. Pieper (1996a), 226-229. - Vgl. von hier aus noch einmal rückblickend die thomanische Darstellung des Apostels Thomas: oben S. 174-178.

[258] Vgl. Thomas, *S.th.* II-II 4,1 c. - Nach Thomas bezeichnet diese Definition den Glauben als „einen Habitus des Geistes, durch den in uns das Ewige Leben beginnt, und der uns dem Nicht-Offensichtlichen zustimmen läßt".

[259] Vgl. *ebd.* II-II 2,1 c.: Im Glauben enthalten ist „eine Bewegung der überlegenden Seele, die noch nicht durch die volle Schau der Wahrheit vollendet ist (*per plenam visionem veritatis*)".

[260] Vgl. *ebd.*, II-II 1,2 c.: „Denn das Erkannte wird nach Art des Erken-

wie sie sich (i) in der Heiligen Schrift als erste und wesentliche „Glaubensregel" (*regula fidei*) findet, die alles zum Heil Notwendige in sich enthält, sowie (ii) in den die Aussagen der *Lehre der Kirche* (*doctrina fidei*),[261] zu denen an erster Stelle das *Glaubensbekenntnis* zählt. Auf sie ist der Glaube an erster Stelle verwiesen.

Nimmt man all diese Aspekte der theologischen Lehre vom Glauben in den Blick, so zeigt sich, wie stark sie in den Versen des *„Adoro te devote"* präsent sind und dort moduliert werden:

- die Willentlichkeit des Glaubensaktes (im emphatischen „credo"),
- die mit ihm gegebene eigentümliche *Sicherheit* der Erkenntnis („tute creditur"),
- das *Wort Gottes* und seine *absolute Wahrheit* als zentraler Bezugspunkt des Glaubens („Credo quidquid dixit Dei Filius/ nihil hoc veritatis verbo verius"),
- die konstitutive, ja heilsnotwendige Rolle des *Bekenntnisses*, in dem die innere Haltung ihren Ausdruck findet („credens atque confitens"),[262]
- die innere Verbindung von *Glaube* und *Hoffnung* nach *Hebr* 11,1 („credens [...] peto") sowie schließlich
- die *personale* Dimension des Glaubens und sein *Wachstum* hin auf die Vollendung in der ewigen Schau („fac me tibi semper magis credere").

(2) *Streben und Hoffnung*. – Bezieht sich der Glaube in erster Linie auf den *Gegenstand* des menschlichen Verlangens, so richtet sich die Hoffnung auf dieses *Verlangen selbst*.[263] Insofern ist sie jene

---

nenden erkannt. Es ist aber die eigentümliche Weise des menschlichen Verstandes, verbindend und trennend [d.h. in Form von Urteilen bzw. Aussagen] die Wahrheit zu erkennen [...] Der Gegenstand des Glaubens ist daher etwas in der Weise des Aussagbaren Zusammengesetzes *(per modum enuntiabilis)*." – Zum Ganzen vgl. H.-G. Nissing (2006), 419-430.

[261] Vgl. *ebd.*, II-II 5,3 c.; I 1,8 ad 2.

[262] Zu den Obertönen dieses Begriffs vgl. *ebd.*, II-II 3,1 ad 1: „Dreifach ist das Bekenntnis, das in den Heiligen Schriften gelobt wird [1] Das eine ist das Bekenntnis dessen, was zum Glauben gehört. Und dies ist der eigentümliche Akt des Glaubens, insofern er auf das Ziel des Glaubens hingeordnet ist [..]. [2] Das andere ist das Bekenntnis der Danksagung oder des Lobes (*confessio gratiarum actionis sive laudis*). Und dies ist der Akt der Gottesverehrung (*actus latriae*), er ist nämlich daruf hingeordnet, Gott äußerlich die Ehre zu erweisen, worin das Ziel der Gottesverehrung besteht. [3] Das dritte ist das Bekenntnis der Sünden (*confessio peccatorum*). Und dieses ist hingeordnet auf die Nachlassung der Sünde, die das Ziel der Buße ist. Also gehört es zur Buße."

[263] Vgl. entsprechend die Verbindung beider in der Definition von *Hebr* 11,1.

Tugend, die dem *desiderium naturale* des Menschen als solchem und seiner Lebensform als *viator* am meisten entspricht. In ihr „verdichtet" sich gewissermaßen die innere Dynamik des menschlichen Daseins. Ja,

> *[e]s ist kaum eine Aussage möglich, die tiefer in die innerste Zone geschöpflicher Existenz eindränge als die: daß der Mensch bis zu seinem Tode in statu viatoris, im Zustand des Auf-dem-Wege-Seins, ist. [...] Dieser Zustand bezeichnet [...] die innerste Seinsverfassung der Kreatur. Er ist das innere seinshafte „Noch nicht" des Geschöpfes, [...] [und dieses] schließt ein Negatives und ein Positives in sich: das Nichtsein der Erfüllung und die Richtung auf die Erfüllung.*[264]

Wesentliche Bestimmungen des *status viatoris* des Menschen sind demgemäß seine *Zeitlichkeit* und die ihn begründende *Leiblichkeit*, die ihn zugleich als *Sterblichen* ausweisen.[265]

> *Die einzige Antwort, die der wirklichen Existenz-Situation des Menschen entspricht, ist: die Hoffnung. Die Tugend der Hoffnung ist die erstlich zugeordnete Tugend des status viatoris; sie ist die eigentliche Tugend des „Noch nicht". In der Tugend der Hoffnung vor allen anderen versteht und bejaht der Mensch sich darin, Kreatur zu sein, ein Geschöpf Gottes.*[266]

Als theologische Tugend greift sie die *„Leidenschaft"* (*passio*) der natürlichen Hoffnung, von der oben die Rede war,[267] jene „Ur-Gebärde des Lebendigen" auf, in der „der Mensch sich ‚unruhigen Herzens' in vertrauend auslangender Erwartung empor[reckt] nach dem *bonum arduum futurum*, nach dem steilen ‚Noch nicht' der Erfüllung"[268], und verbindet den Menschen mit dem Ziel seiner äußersten Vollendung. Eigentlicher Gegenstand der Hoffnung ist daher das *Ewige Leben*.

Dabei überschreitet sie auch alle zeitlichen Hoffnungsgüter als vorläufig und verleiht dem Menschen, indem sie sich sich auf die „helfende Allmacht Gottes" (*auxilium divinum*) richtet, die Kraft, sich allen innerweltlichen Widerständen zu widersetzen. Ihre „Festigkeit der Ausrichtung auf das Gute erfährt die Hoffnung somit erst [...] als gottgewirkte Hinwendung zu Gott, das heißt: als theologische Tugend", m.a.W. „wenn sie aus der Gnaden-

---

[264] J. Pieper (1996b), 258.
[265] Vgl. *ebd.*, 260; vgl. hierzu instruktiv M.-D. Chenu (2001).
[266] J. Pieper (1996b), 262.
[267] Vgl. oben S. 258-260.
[268] *Ebd.*, 264.

wirklichkeit im Menschen ihren Ursprung nimmt und sich richtet auf die übernatürliche Glückseligkeit in Gott."[269] Ihren sprachlichen Ausdruck findet die Hoffnung folglich im *Gebet*, das Thomas als „Lautwerden der Hoffnung"[270] bezeichnet. Und ihr sprechendes *Sinnbild* besitzt sie in der *Jugendlichkeit*:

> *Jungsein ist die Ursache der Hoffnung. Die Jugend nämlich hat viel Zukunft und wenig Vergangenheit. [...] Für die übernatürliche Hoffnung aber gilt [...]: sie ist nicht nur nicht gebunden an das natürliche Jungsein, sondern sie begründet gerade eine viel wesenhaftere Jugendlichkeit. [...]. Die theologische Tugend der Hoffnung [...] allein vermag dem Menschen zu unverlierbarem Besitz jenes Sichspannens mitzuteilen, das gelöst ist und straff zugleich, jene Elastizität und Leichtigkeit, jene starkherzige Frische, jene federnde Freudigkeit, jene gelassene Tapferkeit des Vertrauens, die den jugendlichen Menschen unterscheidend auszeichnen und so liebenswert machen. [...] Es gibt ein Augustinus-Wort: „Gott ist jünger als alle."*[271]

(3) *Freundschaft und Liebe*. – In der Lehre von der *caritas* erreicht die Tugendlehre der *Summa theologiae* schließlich ihren Höhepunkt.[272] Zeigt der Glaube dem Menschen sein letztes Ziel, und läßt die Hoffnung ihn zu diesem aufbrechen, so ist es die Liebe, die ihn mit diesem Ziel vereint. Thomas bezeichnet sie folglich als *forma virtutum*[273] und „Mutter und Wurzel aller Tugenden" (*mater omnium virtutum et radix*)[274].

> *Die Vollendung des Menschen besteht in der Liebe, welche den Menschen mit Gott verbindet,*

heißt es daher summarisch an einer Stelle in den *Quaestiones quodlibetales*.[275] Und in den *Collationes in decem praeceptis* erfährt folge-

[269] *Ebd*. – „In einem abgründigen Satz des *Hebräerbriefes* wird gesprochen von der ‚Hoffnung, die wir besitzen wie einen sicheren und starken Anker der Seele und die in das Innerste des verhüllten Heiligtums dringt, in das Christus uns voraus eingetreten ist' (6,19). Thomas von Aquin sagt hierzu: ‚Christus ist für uns in das Innere des Zeltes eingetreten und hat dort unsere Hoffnung festgemacht (*fixit*)' [*Super Ad Hebr*. VI 4, n. 325]" (268f.).

[270] Vgl. Thomas, *S.th*. II-II 17,4 c.

[271] J. Pieper (1996b), 273. – Vgl. Augustinus, *De Genesi ad litteram* VIII 26,48 (CSEL 28/1,265,20): „Ipse est [...] novior omnibus."

[272] Vgl. Thomas, *S.th*. II-II 23-46.

[273] *Ebd*., II-II 23,8.

[274] *Ebd*., I-II 62,4.

[275] Thomas, *Q. de quol*. I 14 ad 2.

richtig das Verständnis menschlicher Würde seine Begründung aus dem Horizont der Liebe. Demnach ist es die Liebe, die

> *den Menschen zu großer Würde erhebt. Denn alle Kreatur ist der göttlichen Majestät untertan. Aber die Liebe macht aus einem Hörigen einen Freien und einen Freund. Daher sagt der Herr: „Ich nenne euch nicht mehr Knechte, sondern Freunde" (Joh 15,15).*[276]

Zur Ausdeutung der christlichen Lehre von der Gottes- und Nächstenliebe nimmt er in origineller Weise das aristotelische Konzept der „Freundschaft" (*amicitia*) auf, das dieser in den Büchern VIII und IX der *Nikomachischen Ethik* entwickelt hatte.[277] Und wie die Hoffnung, so baut auch die *caritas* als Tugend auf der „Liebe" (*amor*) als natürlicher Leidenschaft zum Guten auf. Sie kennt zwei Grundformen:

(a) die *„begehrende Liebe"* (*amor concupiscentiae*), die ein Gut um eines anderen willen bejaht, jedoch von seinem Eigenwert absieht,

(b) und die *„Freundschaftsliebe"* (*amor amicitiae*), die auf den anderen in seinem Selbstsein gerichtet ist und für ihn um seiner selbst willen Gutes will.[278] Daher ist das *„gegenseitige Wohlwollen"* (*mutua benevolentia*) konstitutiv für sie.[279] Hieran anschließend definiert Thomas die Gottesliebe als

> *gewisse Freundschaft des Menschen zu Gott, die auf eine Gemeinschaft der ewigen Glückseligkeit gegründet ist (amicitia quaedam hominis ad Deum fundata super communicationem beatitudinis aeternae).*[280]

Mit der Vorstellung einer *Freundschaft des Menschen mit Gott* geht Thomas dabei entschieden über Aristoteles hinaus, für den eine Freundschaft zwischen Göttern und Menschen aufgrund der Postulate seiner *philia*-Lehre (proportionale Gleichheit der Part-

---

[276] Thomas, *Coll. in dec. praec.* prol. (n. 1151). – Für die Nächstenliebe heißt es entsprechend: „Keiner darf auf das Zeichen seiner besonderen Würde verzichten. Die größte unter allen Würden ist nun, Sohn Gottes zu sein, und das Zeichen dieser Würde ist die Feindesliebe: ‚Liebt eure Feinde, damit ihr Söhne eures Vaters seid, der im Himmel ist' (*Mt* 5,44f). Wenn man seinen Freund liebt, dann ist das noch kein Zeichen göttlicher Sohnschaft. Denn ‚das tun auch die Zöllner und die Heiden' (*Mt* 5,46)" (2, n. 1188).

[277] Vgl. bereits die 1. Frage in *ebd.*, II-II 23,1 c.: „Utrum caritas sit amicitia".

[278] Vgl. *ebd.*, II-II 26,4 c.

[279] Zum Begriff des „Wohlwollens" (*benevolentia*) als Schlüsselbegriff, der den *actus caritatis* zugänglich macht, vgl. Thomas, *S.th.* II-II 27,2.

[280] *Ebd.*, II-II 24,2 c.

ner als Voraussetzung für Wechselseitigkeit etc.) unvorstellbar war. Die Gründung einer solchen Gemeinschaft kann freilich einzig und allein von Gott her erfolgen. Somit kann gerade an dieser Stelle die Schlüsselrolle sichtbar werden, die der Menschwerdung Gottes in Jesus Christus für das thomanische Konzept der Liebe wie der Tugendlehre insgesamt zukommt.[281] Hier zeigen sich die Würdigung der menschlichen Natur Christi, des „Immanuel", und der „Mysterien des Lebens Jesu", wie sie oben skizziert wurden, in ihrer konstitutiven Rolle für die Tugendlehre und ihrer Heilsbedeutung für den Menschen.[282] Denn durch sie wird es möglich, die Freundschaft mit Gott am Paradigma des Gott-Menschen konkret und nach dem Verstehensmodell einer persönlichen Beziehung mit ihm zu denken. Von diesem Paradigma her läßt sich die Lehre von der *caritas* in die verschiedenen Dimensionen der Gottes-, Selbst- und Nächstenliebe entfalten.

Damit aber schließt sich der große Bogen der Strophen 3 und 4, mit dem die doppelte Berufung des Thomas von Aquin umrissen wurde: Ist mit der Liebe ein Letztes benannt - die höchste Verwirklichungsform des Menschseins -, so findet sie ihren Ermöglichungsgrund in der gott-menschlichen Doppelnatur, die den betonten Anfang der Verse markierte: „In cruce latebat sola deitas/ ad hic latet simul et humanitas [...] fac me tibi semper magis credere, in te spem habere, te diligere."[283]

---

[281] Vgl. als biblisches Schlüsselmotiv 1 *Kor* 1,9, zitiert in *ebd.*, II-II 23,1 c.

[282] Vgl. oben S. 167-171 und S. 194-199. – Diese Freundschaft reicht sogar bis in die Unterwelt, wo sie ihre Vollendung findet: Vgl. *Thomas, Coll. in Symb. Apost.* 6 (n. 927); ferner *ebd.* (n. 930 und 933).

[283] Vgl. hierzu auch die Zuspitzung des immerwährenden Gebetes auf die drei göttlichen Tugenden in Thomas, *S.th.* II-II 83,14 c., belegt mit Augustin (*Epistula ad Proba* 130,10, PL 33,501): „In Glaube, Hoffnung und Liebe beten wir in unablässiger Sehnsucht ohne Unterbrechung."

Teil III

Das Vermächtnis des Thomas von Aquin:

Sakrament und Schöpfung

Empfang: „De te vivere" – Leben und Heilung (Strophen 5-6)

Mit der Anrede „O memoriale mortis Domini" beginnt in Strophe 5 wiederum pointiert ein neuer Sinnabschnitt. Es geht nun unmittelbar um die *eucharistischen Gestalten* sowie die *Wirkungen*, die sie bezeichnen: um den Leib Christi (das „lebendige Brot"), der nährt und das Leben stärkt – leiblich wie geistlich -, und das Blut Christi, das Reinigung und Heilung von den Sünden bewirkt.

Neu ist auch die *Form der Rede*, die sich in den beiden Strophen 5 und 6 findet. Mit der Struktur von (1) Anrede, (2) relativischer Prädikation und (3) Bitte folgt sie jeweils dem „klassischen" Aufbau eines Gebets[1] und stellt damit die genannten Wirkungen nicht nur fest, sondern erbittet sie auch. – Sie bringt damit freilich zugleich eine Entwicklung zum Abschluß, die durch die Vorstrophen bereits angebahnt wurde: in der indirekten Einnahme des Gestus des Betens in Strophe 3 sowie in der direkt formulierten Bitte um die drei göttlichen Tugenden am Ende von Strophe 4.

Anders als die übrigen Strophen sind gerade die Verse der 5. und 6. Strophe schließlich von einem ausgesprochenen *Reichtum an biblischen Motiven und Bildern* gekennzeichnet. In dichter Metaphorik geht ein Bild in das andere über, um die Bedeutung der Eucharistie in ihrer Vielgestaltigkeit zu erhellen. Unterstützt wird diese Bildersprache durch eine Reihe weiterer poetischer Gestaltungsmittel, die zur Intensivierung des Ausdrucks beitragen. Und schließlich erhalten die Verse ihre eigentümliche Schwingung auch hier durch verschiedene syntaktische und semantische Fortführungen, die an die Vorstrophen anschließen, sie aber zugleich entscheidend steigern und verstärken.

Zu Angelpunkten der Gedankenführung werden die verschiedenen Namen, Begriffe und Bilder, mit denen der eucharistische Christus angesprochen wird: „Gedächtnis des Todes des Herrn", „lebendiges Brot", „gütiger Pelikan", „Herr". Sie sind den Strophen 5 und 6 in ähnlich akzentuierter Weise vorangestellt wie der Hinweis auf die gott-menschliche Doppelnatur in den Strophen 3 und 4 und bilden die eigentlichen Prinzipien, von denen aus die eucharistischen Wirkungen entfaltet werden. Sie sind jeweils paarweise angeordnet – wobei die erste eine eher

[1] Vgl. J.A. Jungmann (1949), 463f.; Thomas, *S.th.* II-II 83,17 c.; *Super Ad Tim* II 1 (n. 56).

vorbereitende, dispositive Funktion hat (Abschnitt 1), während die zweite zur eigentlichen Wirkung und zur entsprechenden Bitte (Abschnitt 2 und 3) sowie den dahinterliegenden Grundmotiven (Abschnitt 4) führt.

1. Der Ursprung der Eucharistie in der Passion Christi: „Gedächtnis des Todes des Herrn" – „Gütiger Pelikan"

In diesem Sinne deuten die Bezeichnungen „Gedächtnis des Todes des Herrn" und „gütiger Pelikan" jeweils auf den Ursprung der Eucharistie in der *Passion Christi* hin.

(1) *Gedächtnis des Todes des Herrn.* – Die Anrede „O memoriale mortis Domini" spielt an auf die Einsetzungsworte Jesu am Gründonnerstag („Tut dies zu meinem Gedächtnis"/ „Hoc facite in meam commemorationem"; 1 *Kor* 11,24; vgl. *Lk* 22,19) und verbindet sie zugleich mit der Deutung, die Paulus diesen Worten in seiner Überlieferung in 1 *Kor* 11,26 gibt:

> *[S]ooft ihr nämlich von diesem Brot eßt und aus dem Kelch trinkt, verkündet ihr den Tod des Herrn, bis er kommt. (Quotienscumque enim manducabitis panem hunc et calicem bibetis, mortem Domini adnuntiatis donec veniat).*

Das Motiv des „Gedächtnismals" (*commemorativum*) der Passion des Herrn ist im Eucharistietraktat der *Summa theologiae* eine häufig verwendete Vorstellung:[2] Thomas stellt sie dort vor allem in einen Zusammenhang mit dem Begriff des *„Opfers"* (*sacrificium*).[3] In der Eucharistie soll

> *für alle Zeiten ein Sichtmal der Passion des Herrn (repraesentativum passionis Domini) erhalten bleiben als Gedächtnis und Darstellung seiner Hingabe, durch die den Menschen das Heil zuteil geworden ist.*[4]

Als „Opferung Christi" (*immolatio Christi*) ist die Feier der Eucharistie für Thomas daher einerseits

(a) eine „abbildhafte Darstellung des Leidens Christi" (*imago quaedam repraesentativa passionis Christi*) und zugleich

---

[2] Vgl. etwa Thomas, *S.th.* III 74,1 c; III 79,7 ad 2 etc.

[3] Thomas, *S.th.* III 73,4 c.: „Im Hinblick auf die Vergangenheit, sofern es ein Gedächtnismal ist der Passion des Herrn (*commemorativum dominicae passionis*), welche ein wahres Opfer war, wird es [das Sakrament] ,Opfer' (*sacrificium*) genannt."

[4] Vgl. *ebd.*, III 73,5 c.

(b) Teilhabe an der Frucht der Passion. So bezeugen es die liturgischen Texte selbst:

> *Jedes Mal, wenn das Gedächtnis dieses Opfers gefeiert wird, vollzieht sich an uns das Werk der Erlösung.*[5]

Das eucharistische Opfer wendet die Heilskraft des Kreuzesopfers des Gläubigen zu.

Nicht ganz stimmig mag es hierbei erscheinen, daß Thomas sich mit der Formulierung „memoriale mortis Domini" auf einen *Vorgang* oder ein *Ereignis* zu beziehen scheint, während Adressat der Anrede doch eine *Person* sein soll, nämlich der in der Eucharistie gegenwärtige Christus. – Diese Unstimmigkeit läßt sich allerdings lösen, wenn man berücksichtigt, daß Thomas im Eucharistietraktat immer wieder in einer stehenden Doppelformulierung von der Eucharistie als „Sakrament *und* Opfer" spricht („Hoc sacramentum simul est sacrificium et sacramentum"[6]) – wobei die Kennzeichnung als Sakrament die erste und grundlegendere ist und von ihr aus die Dimension des Opfers in den Blick kommt. Der Konsekrationsformel nach aber wird in der Eucharistie – präzise gesagt – nicht die *passio Christi* vergegenwärtigt, sondern der *Christus passus* – und zwar in der Weise, daß mit der *Person* zugleich ihr *Heilswerk* präsent wird.[7] Für Thomas ist diese Reihenfolge v.a. durch den syntaktischen Aufbau belegt, in dem die Formel „Das ist mein Leib" (mein Blut)" den Hauptsatz bildet, die Wendung „der für euch hingegeben wird (das für euch vergossen

---

[5] Thomas, *S.th.* III 83,1 c. – Der an dieser Stelle zentrale Begriff der *repraesentatio*, der die Vermittlung zwischen dem historischen Kreuzesopfer und seiner liturgischen Feier leistet, ist hier freilich noch nicht in jene Bedeutungsfacetten differenziert, die er in nachtridentinischen Meßopfertheorien erhalten sollte. Vgl. dazu B. Neunhäuser (1962).

[6] Thomas, *S.th.* III 79,5 c. Vgl. ferner *S.th.* III 79,7 c.; III 82,4 c.; 83,4 c. – J. Pieper (2000b), 369, hat diese Doppelformulierung als Beleg dafür gewertet, daß – entgegen der Vermutung, Thomas habe „die von der Meßliturgie abgetrennten Formen des eucharistischen Kultes mitbegründet und sozusagen ‚eingeführt'" – der erste und ursprüngliche Ort der Eucharistie ihre Feier, d.h. die Heilige Messe, ist."

[7] In Anknüpfung an die Konsekrationsformel als Zentrum der thomanischen Eucharistietheologie (vgl. oben S. 96ff. und unten S. 326ff.) unterscheidet J.-H. Tück (2009), 29f. und 113f., in seiner Interpretation der thomanischen Eucharistietheologie neben der Frage nach dem „Wie" jene nach dem „Was" als zweiten zentralen Gesichtspunkt. Während erstere durch die Lehre von der Realpräsenz bzw. der Transsubstantiation beantwortet werde, sei letztere unter dem Leitbegriff des *memoriale passionis Domini* zu rekonstruieren.

wird)" dagegen als von ihm abhängiger und somit nachgeordneter Relativsatz erscheint.[8] In der Anrede „O memoriale mortis Domini" tritt demnach primär der Herr und mit ihm sein Tod und dessen Gedächtnis in den Blick. In solcher Weise kann die Eucharistie „das Sakrament der Passion Christi" (*sacramentum passionis Christi*) sein, „sofern der Mensch vollendet wird in der Vereinigung mit Christus, der das Leiden trug (*in unione ad Christum passum*)."[9]

(2) *Gütiger Pelikan.* – Auf den Bezug der Eucharistie zum Kreuzesopfer deutet gleichfalls die auf den ersten Blick fremdartig und im Duktus der Verse unpassend scheinende Bezeichnung Jesu als „Pelikan" hin, mit der Strophe 6 beginnt. Mit ihr klingt eine Legende an, die im sog. *Physiologus* überliefert ist, einer frühchristlichen Naturlehre, in der Pflanzen, Steine und Tiere beschrieben und allegorisch auf das christliche Heilsgeschehen hin gedeutet werden.[10] Im Ausgang von dem König David zugeschriebenen Psalmvers „Similis factus sum pelicano solitudinis" („Ähnlich geworden bin ich dem Pelikan in der Einsamkeit", *Ps* 101,2) wird hier von der großen Liebe berichtet, die der Pelikan zu seinen Kindern hat: Bald nach ihrer Geburt beginnen die Pelikankinder die eigenen Eltern zu schlagen und erhalten dafür ihrerseits Schläge der Eltern, die zum Tode führen. Getrieben von Mitleid und Trauer durchstößt ein Elternteil drei Tage später die eigene Rippe, öffnet seinen Brustkorb und erweckt mit dem vergossenen Blut die toten Kinder zum Leben.[11] – Der symbolische Bezug, den diese Vorstellungen zum leidenden Christus, dem „Sohn Davids" (vgl. *Mt* 1,1), zu seiner Passion und zu seiner Heilstat besitzen, ist evident. Eben diesen Bezug spricht Thomas mit der Verwendung des Bildes an, wobei er sich auf die allge-

---

[8] Vgl. Thomas, *Super I Ad Cor.* XI 5 (n. 651); *S.th.* III 78,3 c. – Im Sinne dieser Reihenfolge ist Thomas auch sehr zurückhaltend, wenn es um eine symbolische Deutung des Meßritus und seiner Elemente im Hinblick auf die Passion Christi geht, wie sie in allegorischen Meßauslegungen jener Zeit sehr verbreitet war (und sich etwa auch noch bei seinem Lehrer Albert finden läßt).

[9] Thomas, *S.th.* III 73,3 ad 3.

[10] Neben der Bibel war der *Physiologus* das meistübersetzte Buch des Mittelalters und beliebt als Unterhaltungs- und Erbauungslektüre, aber auch als Schulbuch. Er war Vorbild zahlreicher mittelalterlicher Tierenzyklopädien, nicht zuletzt des Werkes *De animalibus* von Albertus Magnus.

[11] Vgl. *Physiologus* 4 (ed. Schönberger, 10f.). – Auch bei den Kirchenvätern findet sich die Vorstellung, nach welcher der Pelikan seine hungrigen Jungen mit seinem Blut ernährt, indem er sich mit dem Schnabel selbst eine Wunde in der Brust zufügt, oder sie sogar wieder zum Leben erweckt, wenn sie gestorben sind. – Vgl. Augustinus, *Enarrationes in Psalmos* 101,7 (CCL 40,1430,1-34); Isidor von Sevilla, *Etymologiae* XII 7,26 (ed. Lindsay I, 7-11).

meine Popularität stützen kann, die es in der mittelalterlichen Frömmigkeit besaß.[12]

2. *„Lebendiges Brot" und die Bitte um seine lebensspendende Kraft*

Das eigentlich dominierende Thema der 5. Strophe - die lebensspendende Wirkung des eucharistischen Brotes - erreicht Thomas indessen durch eine bewußte *Kontrastierung* zum Motiv des Leidens und des Todes: „Gedächtnis des Todes des Herrn - lebendiges und lebensspendendes Brot". Sie besagt: Durch den Tod Christi, der in der Eucharistie gegenwärtig ist, wird dem Menschen das Leben zuteil.

Man mag in dieser semantischen Gegenüberstellung zugleich eine Variation des Motivs der Begegnung mit dem Gekreuzigten und Auferstandenen in den Strophen 3-4 erkennen, das hier fortgeführt und zugespitzt wird. Zu einer Steigerung des Ausdrucks trägt darüber hinaus die Kombination von Wortwiederholung und Assonanz bei, wenn es im 2. Vers von Strophe 5 - überdies in schöner chiastischer Verschränkung - heißt: „panis vivus vitam praestans".

Die Bezeichnung „lebendiges Brot" (*panis vivus*) selbst geht wiederum auf eines der sieben „Ich-bin-Worte" zurück, mit denen Jesus im *Johannes-Evangelium* sich selbst charakterisiert:

> *Ich bin das lebendige Brot, das vom Himmel herabgekommen ist. (Ego sum panis vivus qui de caelo descendi, Joh 6,51).*

Es stammt aus der sog. „Brotrede" (vgl. *Joh* 6, 32-59), die er in der Synagoge von Kapharnaum hält, und ist dort mit besonderem Nachdruck versehen, insofern es insgesamt dreimal auftaucht (vgl. 6,35; 6,48; 6,51). Der Begriff des „Lebens" (*vita*) verbindet es überdies mit zwei anderen „Ich-bin"-Worten: (a) mit der bei der Auferweckung des Lazarus geäußerten Selbstbezeichnung: „Ich bin die Auferstehung und das Leben" (*Joh* 11,25) und vor allem (b) mit dem im Abendmahlsaal gesprochenen Wort, das, wie gesehen, als Leitmotiv den Hymnus prägt: „Ich bin der Weg und die Wahrheit und das Leben" (*Joh* 14,6). - Schließlich zeigt schon der Prolog des Evangeliums den Begriff des „Lebens" als eines der großen Leitmotive, die mit dem Ewigen Wort, seinem Sein und Wirken, verbunden sind:

---

[12] Die Vorstellung ist vielfältig eingegangen in künstlerische Darstellungen der christlichen Ikonographie: vgl. A. Lipinsky (1968).

> *Was geschaffen ist, war in ihm Leben, und das Leben war das Licht der Menschen. (Joh 1,4).*[13]

Und auch die *lebensspendende* Wirkung dieses Brotes (*panis vivus vitam praestans*)[14], die sich aus der wesentlichen Lebendigkeit Christi ableiten läßt, hat ihre Grundlage im biblischen Selbstzeugnis Jesu in der Brotrede:

> *Wer von diesem Brot ißt, wird in Ewigkeit leben. Das Brot, das ich geben werde, ist mein Fleisch, (ich gebe es hin) für das Leben der Welt. (Joh 6,52).*

Thomas deutet diese belebende Kraft Christi – gemäß seiner gottmenschlichen Doppelnatur – (1) in einem geistlichen, wie (2) in einem leiblichen Sinne, wobei erstere die Voraussetzung für letztere ist. Wiederum kommen dabei die bekannten Motive der thomanischen Theologie des ewigen göttlichen Wortes zum Tragen:

> *[1] Jesus sagte ihnen daher: „Ich bin das Brot des Lebens", denn [...] das Wort der Weisheit ist eine besondere Speise für den Geist, weil durch ihn der Geist gestärkt wird. [...] Das geistliche Brot hat eine solch belebende Kraft, daß es Leben gibt, denn die Seele beginnt dadurch zu leben, daß sie dem Wort Gottes anhangt. So heißt es in Ps 35,10: „Bei dir ist die Quelle des Lebens". Weil folglich jedes Wort der Weisheit vom einziggeborenen Wort Gottes herstammt nach Sir 1,5: „Die Quelle der Weisheit ist der Einziggeborene Gottes, der in der Höhe thront", daher wird das Wort Gottes selbst vorrangig Brot des Lebens genannt. Und daher sagt Christus: „Ich bin das Brot des Lebens."*
> *[2] Und weil das Fleisch Christi mit dem Wort Gottes selbst vereinigt ist, besitzt es ebenfalls die Eigenschaft lebensspendend zu sein. Daher ist auch sein Leib, auf sakramentale Weise empfangen, lebensspendend. Denn durch die Geheimnisse, die Christus im Fleisch vollendet hat, gibt er der Welt das Leben. Und so ist das Fleisch Christi aufgrund des Wortes*

---

[13] Vgl. hierzu Thomas, *Super Ioan.* I 2 (n. 94): „‚In ihm war das Leben', durch welches das Wort nicht allein alles hervorzubringen vermocht hat, sondern das unausschöpfbar quillt und in immer gleicher Ursprünglichkeit ständig neuer Schöpfung fähig ist, wie ein lebendiger Quell, der, wiewohl allezeit strömend, doch nicht ärmer wird. [...] Darum heißt es: ‚Bei dir ist die Quelle des Lebens' (*Ps* 36 [35],10)."

[14] Vgl. parallel in der Sequenz *„Lauda Sion"*: „panis vivus et vitalis".

> *des Herrn, Brot – nicht des gewöhnlichen Lebens, sondern des Lebens, das dem Tod nicht zugänglich ist.*[15]

Die Eucharistie wird so zum umgreifenden Konzentrationspunkt, in dem sich die lebensspendende Kraft des göttlichen Wortes mitteilt.

Thomas verbindet die Bitte um diese Wirkungen des lebendigen Brotes überdies mit der Vorstellung des *Kostens seiner Süße*. Dieses Motiv entnimmt er einer Stelle bei Ambrosius von Mailand[16] und deutet es im Sinne eines *innerlichen Vorgeschmacks der ewigen Herrlichkeit*. Hierauf weist das doppelte „semper" hin, das zuvor bereits im 3. Vers von Strophe 4 begegnete: „Praesta mihi semper de te vivere,/ et te mihi semper dulce sapere."[17]

Zugleich steht die Vorstellung vom „Schmecken" (*sapere*) offenkundig in einem gedanklichen Rückbezug zur Erwähnung des „Geschmacksinns" (*gustus*) in Strophe 2, der nach Thomas deswegen eine Vorordnung vor allen anderen äußeren Sinnen besitzt, weil er in einer direkten Vereinigung mit dem Sinnesobjekt steht.[18] Der Hinweis auf ihn kann Thomas daher als Basis

---

[15] Vgl. Thomas, *Super Ioan.* VI 4 (n. 910).

[16] Vgl. Ambrosius, *De sacramentis* V 17 (FC 3,166,9f.) mit Bezug auf *Hld* 5,1; vgl. ferner *Ps* 34,5. – Im Zusammenhang der Auslegung der Brotrede begegnet überdies der Hinweis auf Augustinus: vgl. Thomas, *Super Ioan.* VI 4 (n. 921).

[17] Mit Blick auf die Verbindung der Personalpronomen der 1. und 2. Person Singular mit dem Adverb „semper" hat man überdies gemeint, beim ansonsten so nüchternen Thomas mystische Anklänge entdecken zu können. Vgl. hierzu R. Wielockx (1998), 167f. – Insbesondere von *Hos* 2,19f fällt in diesem Sinne ein Licht auf die letzten beiden Verse der 5. Strophe: „Et sponsabo *te mihi* in sempiternum, et sponsabo *te mihi* in iustitita et iudicio er in misericordia et miserationibus, et sponsabo *te mihi* in fide, et scies quia ego Dominus" – Bemerkenswerterweise leitet Thomas mit diesem Zitat in *Coll. in Symb. Apost.* seine Darlegungen zum Glauben ein, indem er als dessen erstes Gut die Vereinigung der Seele mit Gott anführt und sich dabei auf den erwähnten *Hosea*-Vers beruft: „Denn durch den Glauben schließt die christliche Seele gewissermaßen einen Ehebund mit Gott. So heißt es bei *Hos* 11,20: ‚Ich traue dich mir an im Glauben." – Die chiastische Stellung der Personalpronomina in V. 15 und V. 20 („mihi"-„te", „te"-„mihi") mag dabei auch sprachlich die wechselseitige Verbindung von Braut und Bräutigam im Sinne einer gegenseitigen Umarmung zum Ausdruck bringen. Zugleich belegt der biblische Vers den Rückbezug auf die dritte Strophe, insofern diese bräutliche Vereinigung eben durch den Glauben geschieht. – Vgl. ferner *Super IV Sent.* d. 39, un. 6 ad 2.

[18] Vgl. Thomas, *Super IV Sent.* d. 8,1,3,1 c.: „Der Geschmack (*gustus*) aber in ein gewisser Tastsinn (*tactus quidam*): und unter allem, was zum Tastsinn

dafür dienen, die Angemessenheit der Einsetzung der Eucharistie unter der *Gestalt der Speise* verständlich zu machen. Denn die Speise ist darauf ausgerichtet, mit dem Speisenden vereint zu werden. Darauf aber zielte das Fleisch gewordene Wort, als es dieses Sakrament in Gestalt der Speise einsetzte: sich mit uns zu vereinigen - auf eine Weise, die intensiver nicht sein könnte.

Die Vereinigung selbst ist dabei von besonderer Gestalt:

> *[N]ämlich nicht so, daß er durch seine Verbindung mit uns in uns verwandelt wird, sondern vielmehr so, daß er durch seine Verbindung uns in sich verwandelt, nach dem Wort, das Augustinus aus der Perspektive des Fleisch gewordenen Wortes formuliert: „Nicht du verwandelst mich in dich, wie die Speise deines Leibes, sondern du wirst in mich verwandelt (Non tu me mutabis in te, sicut cibum carnis tuae; sed tu mutaberis in me)"*[19],

schreibt Thomas in seinen Auslegungen zur Brotrede. Abgesehen davon finden sich in seinem Kommentar vielfältige textliche Übereinstimmungen, die wie ein Echo zur 5. Strophe des *„Adoro te devote"* klingen, so etwa das Motiv der Universalität des mitgeteilten Lebens, das „der ganzen Welt" gegeben ist.[20] Sie belegen die elementare Bedeutung, die diesem Text für die thomanische Eucharistietheologie zukommt. Dem letzten Teil der Brotrede ist daher auch der Text jenes Evangeliums entnommen, das Thomas in das von ihm zusammengestellte Meßformular für das Fronleichnamfest eingefügt hat und das bis in die Gegenwart an diesem Tag gelesen wird(vgl. *Joh* 6,56-60).

3. „Herr Jesus!" und die Bitte der Heilung

Anders als in Strophe 5 gelangt Thomas zum Hauptthema von Strophe 6 nicht durch einen Kontrast, sondern durch eine *Emotio-*

---

gehört, ist es einzig die Speise (*cibus*), die dadurch wirkt, daß sie sich zur Nahrung (*ad cibatum*) verbindet, denn der sich Nährende und das Nährende werden eins. Das andere, was tastbar ist, dagegen wirkt dadurch, daß es bestimmte Eindrücke in demjenigen bewirkt, was es berührt."

[19] Thomas, *S.th.* III 73,3 ad 2; vgl. *Super Ioan*. VI 7 (n. 972). - Zur Herkunft vgl. Augustinus, *Confessiones* VII 16 (CCL 27,104,19f.).

[20] Vgl. z.B. *ebd.* VI (n. 964): „[Das Leben] aber ist allgemein (*universalis*), weil das Leben, das er mitteilt, nicht nur das Leben eines Menschen ist, sondern, als solches, das Leben der ganzen Welt (*totius mundi*). Dazu hat der Tod Christi genüge getan: ‚Er ist die Sühne für unsere Sünden, aber nicht nur für unsere, sondern auch für die der ganzen Welt (*totius mundi*)'."

nalisierung und *Steigerung* der Rede. Bereits an sich besitzt das poetische Bild vom Pelikan ja ein entsprechendes Potential. Es wird verstärkt durch das Attribut „pius" („gütig", gnädig", „liebevoll", treu"), wodurch sich eine Alliteration in der Anrede ergibt: „Pie pelicane". An sie knüpft der zweite Titel an: „Iesu, Do-mine".[21] Mit ihm nimmt Thomas den in den Evangelien überlie-ferten Ausruf verschiedener Menschen auf, die Jesus begegnen und ihn um *Heilung* und *Reinigung* von ihren Sünden bitten. Exemplarisch sei hier die Bitte des Aussätzigen in *Mt* 8,1-4 genannt:

> *Herr, wenn du willst, kannst du mich rein machen (Domine, si vis, potes me mundare).*[22]

Die „Krankheit" (*infirmitas*) des Aussätzigen, auf die sich die Bitte bezieht, diagnostiziert Thomas – entlang den Linien seiner ganzheitlichen Anthropologie – als eine solche, die Leib und Seele, körperliches Gebrechen und Sünde, gleichermaßen umfaßt, und einer umfassenden Reinigung und Heilung bedarf.[23] Indem er auf Jesus zukommt und vor ihm niederfällt, zeigt der Aussätzige *Glauben* und *Demut*:

> *So kommt der Sünder im Glauben (venit per fidem), doch er betet ihn an in Demut (sed adorat per humilitatem) [...].*
> *– Ebenso bekennt er Christi Macht, wenn er sagt: „Herr, wenn du willst, kannst du mich rein machen".*
> *– Ebenso nennt er ihn „Herr". Wenn er Herr ist, kann er heil machen [...].*
> *– Ebenso vertraut er in die Barmherzigkeit Gottes. Den Barmherzigen muß man nämlich nicht bitten, sondern ihm lediglich*

[21] Bei der Anrede „Dominus" muß es sich dabei nicht notwendig um die Gottesanrede handeln. So kennt das Neue Testament sowohl eine profane wie religiöse Verwendung des Namens *kyrios*. – Zum Ganzen vgl. W. Foerster (1990). – Thomas allerdings versteht sie hier als Gottesbezeichnung.

[22] Vgl. die parallelen Perikopen *Mk* 1,40-45 und *Lk* 5,12-16; ferner die Heilung der zehn Aussätzigen in *Lk* 17,12-19 sowie die Antwort Jesu auf die Frage des Täufers (vgl. *Mt* 11,5: „leprosi mundantur") – Das alttestamentliche Beispiel eines Aussätzigen oder Unreinen, das Jesus selbst nennt, ist der Syrer Naaman (vgl. *Lk* 4,27). – Vgl. ferner die wiederholte Rede von den „unreinen Geistern": z.B. *Mt* 10,1; 12,43; *Mk* 1,23; 3,11; 3,30; 5,2; 6,7; 7,25; 9,25; *Lk* 4,36; 6,18; 8,29; 9,42; 11,24; *Apg* 5,17. – Schließlich spielt die Unreinheit eine Bedeutung in der Auseinandersetzung mit den Pharisäern: vgl. *Mt* 23,25; *Lk* 11,39.

[23] Vgl. Thomas, *Super Matth.* VIII 1 (n. 680): „Die Krankheit ist der Aussatz, und dies zeigt geistliche Krankheiten (*spirituales infirmitates*) an."

> *die Not zeigen, wie jener: „Herr, wenn du willst, kannst du mich heil machen" [...].*
> *– Ebenso wendet er sich an die Weisheit Christi, denn er bittet um nichts anderes, als um seinen Willen, da dieser besser weiß, welches Werk dir nötig ist als du selbst.*[24]

So nimmt der Aussätzige mit seinem Verhalten Jesus gegenüber eine paradigmatische Haltung ein, die für die Kranken und Sünder aller Zeiten beachtens- und nachahmenswert ist.[25] Zugleich setzt er damit indirekt die Reihe der biblischen Identifikationsfiguren fort, die Thomas in den Strophen 3 und 4 angeführt hatte, und fügt sich ein in die Reihe derer, die dem im Auftaktvers des Hymnus genannten Leitthema der Anbetung eine persönliche Gestalt geben.

Indem Thomas im *„Adoro te devote"* die biblische Bitte um Reinigung um die Selbstbezeichnung als *„Unreiner"* („me immundum munda") erweitert, nimmt er zugleich jene Prägung auf, die dieser Begriff im neutestamentlichen Sprachgebrauch, zumal durch Paulus, erhalten hatte. Dieser hatte die „Unreinheit" (*immunditia*) in erster Linie auf die sog. „fleischlichen Sünden" bezogen (vgl. *Röm* 6,19),[26] genauer gesagt: auf jene, die im sexuellen Bereich ihren Ort haben (vgl. *Eph* 5,3; *Kol* 3,5; 2 *Kor* 12,21).[27] In dieser Bedeutung begegnet die Unreinheit etwa auch unter den sog. „Werken des Fleisches" (*opera carnis*), die in *Gal* 5,19-26 den „Früchten des Geistes" (*fructus Spiritus*) entgegengestellt werden.[28] Zum angemessenen Verständnis dieses Akzents wird man an dasjenige zu erinnern haben, was oben über die Tugend der Maßhaltung und ihr Gegenteil gesagt wurde: Unreinheit meint über die äußere Befleckung hinaus eine tiefergehende, innere Unordnung, die der Integrität der Person zuinnerst entgegensteht.[29]

Reinigung durch das Blut Christi. – Folglich besteht auch die der menschlichen Unreinheit entsprechende „Reinigung" (*mundatio*) durch Christus vor allem in einer *inneren, geistlichen* Dimension.

---

[24] Thomas, *Super Matth.* VIII 1 (n. 683).

[25] *Ebd.* (n. 687).

[26] Vgl. Thomas, *Super Ad Rom.* VI (n. 506). – Zu den *peccata carnalia* vgl. unten S. 398ff.

[27] Vgl. Thomas, *Super Ad Eph.* V 2 (n. 272): „[J]ede Unreinheit, das heißt jede Befleckung, die gegen die Natur (*pollutio contra naturam*) ist, das heißt die nicht auf die Zeugung hingeordnet ist"; *Super II Ad Cor.* XII 6 (n. 514): „‚Unreinheit', d.h. Wollust gegen die Natur (*luxuria contra naturam*)"; *Super Ad Col.* III 1 (n. 146). – Vgl. dazu auch unten S. 374-382.

[28] Vgl. Thomas, *Super Ad Gal.* V 5 (n. 323).

[29] Vgl. oben S. 270-274.

Auf den ersten Blick mag dies nicht unmittelbar nachvollziehbar sein, wenn das *„Adoro te devote"* von einer „Reinigung *durch das Blut Christi"* spricht und damit an ein kultisches Motiv des Alten Testaments anknüpft, das im *Hebräerbrief* aufgegriffen und auf Christus als Mittler des Neuen Bundes übertragen wird:[30]

> *Fast alles wird nach dem Gesetz mit Blut gereinigt (in sanguine mundatur), und ohne daß Blut vergossen wird, gibt es keine Vergebung (Hebr 9,22).*

In seinem Kommentar zum 9. Kapitel des *Hebräerbriefes* geht Thomas ausführlich den Beschreibungen des alttestamentlichen Opferdienstes nach,[31] um unterscheidend *die besondere Kraft des Blutes Christi* gegenüber den alttestamentlichen Reinigungszeremonien herauszustellen: Christus ist, wie es in *Hebr* 9,11f heißt, „gekommen als Hoherpriester der künftigen Güter", und er ist

> *ein für allemal in das Heiligtum hineingegangen, nicht mit dem Blut von Böcken und jungen Stieren, sondern mit seinem eigenen Blut, und so hat er eine ewige Erlösung bewirkt.*

Daher hat das Blut, das Christus am Kreuz vergossen hat, die alttestamentlichen Opfer, die es vorausbedeutet haben, zur Vollendung geführt[32] und einen neuen Bund begründet:

> *Deshalb heißt es: „Dies ist das Blut des Neuen [und Ewigen] Bundes", weil es nicht mehr auf die Weise des Bildes, sondern in wahrer Wirklichkeit dargeboten wird; deshalb wird hinzugefügt: „das für euch wird vergossen werden".*[33]

---

[30] Der Gedanke einer Reinigung durch das Blut Christi begegnet ferner auch an anderen Stellen des Neuen Testaments, etwa im Bild der Märtyrer der Apokalypse, die ihre Kleider im Blut des Lammes gewaschen haben (vgl. *Offb* 1,5) oder auch in 1 *Joh* 1,7 („Das Blut seines Sohnes Jesus reinigt uns von aller Sünde.")

[31] Der Kontext der Stelle lautet: „Nachdem Mose jedes Gebot dem Gesetz gemäß dem ganzen Volk vorgelesen hatte, nahm er das Blut der jungen Stiere und der Böcke, dazu Wasser, rote Wolle und Ysop, besprengte das Buch selbst und das ganze Volk und sagte: Das ist das Blut des Bundes, den Gott für euch eingesetzt hat. Dann besprengte er auch das Zelt und alle gottesdienstlichen Geräte auf gleiche Weise mit dem Blut." (*Hebr* 9,19ff).

[32] Vgl. Thomas, *S.th.* III 73,4 c; 73,6 c.; 75,1 c.; 79,5 c.; 79,7 c. + ad 2; 82,4 c.; 83,4 c.; 83,5 ad 3.

[33] Thomas, *S.th.* III 78,3 ad 3. – Zur Bedeutung von *Hebr* für die Eucharistietheologie des Thomas vgl. J.-P. Torrell (1999).

Und während die alttestamentlichen Reinigungszeremonien in erster Linie auf eine *äußerliche* Reinigung von körperlichen Makeln zielten, bewirkt das Blut Christi eine *innere* Reinigung des Menschen: „[S]anguis Christi mundat interius conscientiam“: es reinigt „unser Gewissen von toten Werken, damit wir dem lebendigen Gott dienen“ (*Hebr* 9,14). Dieser innerlichen Wirkung des Blutes Christi entsprechend werden die Gläubigen damit auch nicht äußerlich besprengt wie im Alten Bund, sondern es wird ihnen als *Speise* und *Trank* dargereicht, so daß sie es sich *innerlich* einverleiben.[34]

Zum Heil der ganzen Welt. – Eine eigene Note besitzt die 6. Strophe des Hymnus schließlich im Wortspiel „(im)mundum“–„mundare“ –„mundus“, mit dem Thomas die *persönliche* Erlösungsbedürftigkeit des Einzelnen in die *universelle* Dimension und Größe des göttlichen Heilshandelns hineinstellt: Ich darf auf Heilung und Erlösung hoffen, weil Christus sein Leben hingegeben hat für die *ganze* Welt, und weil dieses Handeln *alle* Sünde und *alles* Vergehen zu umfassen und zu heilen vermag. Die nachdrückliche Verwendung der Partikeln „totus“ und „omnis“ unterstreicht eben diese umfassende Perspektive.

Zugleich erlaubt der Begriff „Welt“ (*mundus*) einen semantischen Bezug herzustellen zu *Joh* 3,16, jener Schlüsselstelle im vierten Evangelium, wo als alles tragende *Haltung* des göttlichen Heilshandelns die *Liebe* angeführt wird:

> *So sehr hat Gott die Welt (mundum) geliebt, daß er seinen einziggeborenen Sohn dahingab, damit jeder, der an ihn glaubt, das Ewige Leben hat.*[35]

In ihren umfassenden Dimensionen hebt Thomas diese Liebe eigens hervor:

[34] Entsprechend erkennt Thomas auch in der Rede von der Einsetzung eines Testaments in *Hebr* 9,16f. („Wo nämlich ein Testament vorliegt, muß der Tod des Erblassers nachbewiesen werden; denn ein Testament wird erst im Todesfall rechtskräftig und gilt nicht, solange der Erblasser noch lebt) und in den zitierten Worten des Mose beim Bundesschluß („Das ist das Blut des Bundes, den Gott für euch eingesetzt hat“, 9,20; vgl. *Ex* 24,8) einen vorausdeutenden Hinweis auf das Geheimnis der Eucharistie, namentlich auf die Einsetzungsworte über den Kelch: „Dies ist der Kelch meines Blutes, des Neuen Bundes (*testamentum*).“

[35] Vgl. parallel 1 *Joh* 4,7-12. – Im Motiv der „Hingabe“ berühren sich im Übrigen untergründig die Motive des Opfers, des Pelikans und auch des lebendigen Brot, das Christi Fleisch ist und hingegeben wird für das Leben der Welt (vgl. *Joh* 6,51).

> *Man muß aber wissen, daß die Ursache all unserer Güter (omnium bonorum nostrorum causa) der Herr ist und die göttliche Liebe (divinus amor). Lieben heißt nämlich im eigentlichen Sinne jemandem Gutes wollen (velle alicui bonum). Weil folglich der Wille Gottes die Ursache der Dinge ist, geht uns daraus das Gut hervor, daß Gott uns liebt (quia Deus amat nos).*
> *– Und tatsächlich ist die Liebe Gottes die Ursache des Gutes der Natur (boni naturae). Weish 11,25: „Du liebst alles, was ist" etc.*
> *– Ebenso ist sie die Ursache des Gutes der Gnade (boni gratiae). Jer 31,3: „In ewiger Liebe habe ich dich geliebt, daher habe ich dich angezogen", nämlich durch die Gnade.*
> *– Daß er aber auch der Geber des Gutes der Herrlichkeit (boni gloriae) ist, geht aus seiner großen Liebe hervor.*
> *Und daher zeigt [der Evangelist] hier, daß die Liebe Gottes die größte ist [...].*
> *– Erstens nämlich anhand der Person des Liebenden, denn Gott ist es, der liebt, und zwar unermeßlich [...].*
> *– Zweitens aufgrund der Bedingung des Geliebten, denn es ist der Mensch, der geliebt wird, und zwar der weltliche, körperliche, d.h. in Sünden existierende. Röm 5,10: „Gott hat seine Liebe zu uns bewiesen: Denn als wir noch Sünder waren, sind wir mit Gott versöhnt worden durch den Tod seines Sohnes" [...].*
> *– Drittens aufgrund der Größe der Gaben. [...] Gott aber gab uns das größte Geschenk, nämlich seinen einziggeborenen Sohn. Und daher heißt es: „daß er seinen einziggeborenen Sohn dahingab." Röm 8,32: „Er hat seinen eigenen Sohn nicht verschont, sondern ihn für uns alle hingegeben." [...]*
> *– Viertens aufgrund der Größe der Frucht, denn durch ihn haben wir das Ewige Leben. Daher heißt es: „Damit jeder, der an ihn glaubt, das Ewige Leben hat", das er uns durch den Kreuzestod erwarb.*[36]

Das Bewußtsein für die *Größe göttlicher Liebe* macht zugleich auch die hyperbolische Formulierung zugänglich, nach der *ein einziger Tropfen* des Blutes Christi genügt hätte, um Erlösung zu bewirken: „cuius una stilla falvum facere/ totum mundum posset ab omni scelere".

---

[36] Vgl. Thomas, *Super Ioan.* III 3 (n. 477). – Thomas legt dabei einen differenzierten Begriff von „Welt" (*mundus*) zugrunde, den er in der Heiligen Schrift ausmacht: So läßt sich von „Welt" sprechen (a) unter dem Gesichtspunkt ihres Geschaffensein, wie in *Joh* 1,10; (b) unter dem Gesichtspunkt ihrer Vollendung durch die durch Christus bewirkte Versöhnung, wie in 2 *Kor* 5,19; und (c) unter dem Gesichtspunkt ihrer Verkehrtheit, wie in 1 *Joh* 5,19: „Die ganze Welt liegt im Argen" (vgl. *Super Ioan.* I 5, n. 128).

Von Thomas selbst wird dieser Gedanke Bernhard von Clairvaux zugeschrieben, tatsächlich findet er sich jedoch bei Nikolaus von Clairvaux (+ ca. 1176) sowie in verschiedenen anderen Quellen seiner Zeit.[37] Verschiedentlich kommt Thomas in seinen Schriften darauf zurück, wenn es um die *Qualität des Todes Christi* als Werk der Erlösung geht. Denn in der Tat ließe sich ja fragen, ob nicht möglicherweise ein geringeres Leiden ohne den Tod genügt hätte, um die Erlösung für das Menschengeschlecht zu bewirken. Daher differenziert Thomas zwischen (1) der notwendigen Genugtuung und (2) der Angemessenheit, die mit der Erlösungstat Christi verbunden ist:

(1) Im Hinblick auf die Genugtuung, die zu erbringen notwendig gewesen wäre, hätte es, so führt er aus, tatsächlich nur „eines kleinen Leidens Christi" (*una minima passio Christi*) bedurft,

(2) im Hinblick auf die Angemessenheit indessen war der Tod am Kreuz höchst sinnvoll - ging es doch darum, den Menschen vom Tod zu befreien, und ihm ein Beispiel zu geben, daß er den Tod für die Wahrheit nicht fürchten müsse.[38]

Wenn Thomas im *„Adoro te devote"* so im erstgenannten Sinne vom Genügen eines einzigen Tropfen Blutes spricht, so gewinnt dieser Gedanke sein ganzes Gewicht letztlich vom Blick auf die *Person* des Erlösers:

> *So hätte nämlich jedes Leiden Christi auch ohne Tod zur Erlösung des Menschengeschlechs genügt aufgrund der unbegrenzten Würde der Person (propter infinitam dignitatem personae).*[39]

4. *Der gedankliche Hintergrund: Schöpfung und Erlösung*

Es sind die beiden Begriffe „Leben" und „Reinigung" bzw. „Heilung", die im Duktus der Aussagen der Strophen 5 und 6 als zentrale Grundmotive hervortreten.

---

[37] Vgl. Nikolaus von Clairvaux, *Sermo de exaltatione sanctae crucis* (PL 144,762B).

[38] Vgl. Thomas, *S.th.* III 46,5 ad 3, ebenso *Q. de quol.* II 1,2 c.

[39] *Ebd.* - ebenso in *Super III Sent* d. 20,un.,3,4 + ad 4. - Nach J.-P.Torrell (1995), 276, zeigt sich in dieser Deutung zugleich, daß Thomas nichts „ferner liegt als eine mitleidige Idealisierung des Leidens". - Vgl. ferner Thomas, *Coll. in Symb. Apost.* 5 (n. 917): „Das Leiden Christi war von so großer Kraft, daß es hinreicht, alle Sünden der ganzen Welt zu sühnen, wären es auch hunderttausende."

Anhand ihrer führt Thomas zugleich das Hauptthema des Hymnus - die Verborgenheit Christi unter den eucharistischen Gestalten - fort, insofern beide Begriffe die in der äußeren Gestalt enthaltene *innere Wirkung* betreffen. Immerhin wird man dabei eine gewisse Inkongruenz in der poetischen Gestaltung nicht verkennen können. Denn während einerseits in Strophe 5 die äußere Brotsgestalt auf die verborgene innere Nahrung und Stärkung hinweist, ist es andererseits in Strophe 6 nicht der Wein, sondern das durch ihn bezeichnete Blut Christi, dem die reinigenden und heilenden Wirkungen zugeschrieben werden.

Vor allem jedoch werden mit diesen beiden thematisch akzentuierten Leitbegriffen jene beiden großen Dimensionen zur Sprache gebracht, die nicht nur das *Sakrament der Eucharistie*, sondern auch *die anderen Sakramente* nach Thomas auszeichnen - sind diese doch eingesetzt (a) einerseits zur geistlichen und gnadenhaften Vervollkommnung des menschlichen *Lebens*, (b) andererseits als *Heilmittel* gegen die Sünde.[40] Darin aber erscheinen sie unmittelbar bezogen auf den Menschen in den elementaren Dimensionen seines Daseins: (a) als Geschöpf und (b) als Gefallener bzw. Erlöster.

J. Pieper hat von daher auf den wechselseitigen Zusammenhang hingewiesen, in dem *Sakramententheologie* und *Schöpfungstheologie* bei Thomas zueinander stehen: Einerseits empfängt die Sakramententheologie ihren wesentlichen Impuls aus der Grundeinsicht, daß die Schöpfung gut sei. Denn nur auf der Grundlage einer umfassenden Gutheißung des Geschaffenen ist es möglich, daß die natürliche Wirklichkeit gerade in ihrer sinnenhaft-materiellen Qualität zum Träger göttlicher Wirklichkeit und -wirksamkeit, zum Ort der Nähe Gottes und seiner Gegenwart, werden kann. Andererseits ist es aber gerade die Wertschätzung der Sakramente und ihrer Bedeutung, von der her „die Anerkennung und Bejahung der Schöpfung neue Kraft und Bestätigung erfahren" kann. In gewissem Sinne ist sie sogar „das gewichtigste und am meisten charakteristischste Argument für die Haltung des hl. Thomas zur natürlichen Schöpfungswirklichkeit"[41].

---

[40] Vgl. Thomas, *S.th.* III 65,1 c.: „Die Sakramente der Kirche sind auf zweierlei hingeordnet, nämlich, um den Menschen [...] zu vervollkommnen (*ad perficiendum hominem*), [...] und auch als Heilmittel gegen den Mangel der Sünde (*in remedium contra defectum peccati*)." - Vgl. *ebd.*, III 62,5 c.; III 63,1 c.

[41] J. Pieper (2000c), 375f.

Dabei ist beim Verständnis von *Schöpfung* nach Thomas stets auch ihr *Gefallen-* und *Erlöstsein* mitzudenken. Denn ihre Quellen besitzt die Bejahung und Anerkennung der sichtbaren Schöpfungswirklichkeit für Thomas zweifellos zunächst einmal in jener Sicht, die der allererste Artikel des christlichen Glaubensbekenntnisses mit dem Glauben „an den Schöpfer des Himmels und der Erde" zum Ausdruck bringt. Darüber hinaus kommt, wie gesehen, der Philosophie des Aristoteles mit ihrer Sicht der natürlichen Welt, eine maßgebliche Bedeutung zu.[42] Fragt man indessen nach der *letzten* Begründung für die Gutheit alles Geschaffenen, so ist dies für Thomas über den Akt der Schöpfung hinaus deren durch die Sünde notwendig gewordene *reparatio* durch den menschgewordenen Logos. In der Bejahung und Anerkennung der Schöpfungswirklichkeit in allen ihren Bereichen zeigt sich mithin die spezifische *religiöse* und *christliche* Verwurzelung der Weltoffenheit des thomanischen Denkens. In solchem Sinne hat J. Pieper das Motiv der „Kreatürlichkeit"[43] bzw. einer „theologisch gegründeten Weltlichkeit"[44] als Grundsignatur dieses Denkens herausgestellt.

Gilt die Lehre von den Sakramenten, insbesondere vom Sakrament der Eucharistie, als das spezifische *Vermächtnis* des Thomas für den Glauben der Kirche, so läßt sich Gleiches für sein Verständnis der Schöpfung sagen. Als grundlegende Dimensionen, die sich aus der Betrachtung der Strophen 5 und 6 ergeben, sollen daher beide im folgenden dargestellt werden.

---

[42] Vgl. oben S. 103-145, v.a. S. 103ff.

[43] „Kreatürlichkeit" besagt, daß der „Gedanke [...] von Schöpfung und Geschöpflichkeit in [...] der Mitte der Weltaussage des heiligen Thomas" steht, „[d]aß die Welt die Seinsqualität von etwas Erschaffenem habe und daß es außer dem Schöpfergott und seiner Kreatur nicht etwas Drittes gebe noch auch geben könne" (J. Pieper [2001d], 441). – Zu den Dimension des Begriff „Kreatürlichkeit" vgl. ausführlich unten S. 359-364.

[44] Der Begriff der *theologisch gegründeten Weltlichkeit* bzw. einer *weltbejahenden* oder *weltformenden Theologie* meint „die bejahende Zuwendung zur Welt. [...] Diese natürliche Wirklichkeit besitze, das wird behauptet, ein echtes Eigensein und Eigenwirken, das nicht durch irgendwelche Absolutsetzung des ‚Religiösen' ignoriert und ausgelöscht werden dürfe. [...] Alle Dinge, auch die sichtbaren, auch der Leib, auch die natürliche Vernunft des Menschen – alle diese Dinge sind gut, weil sie von Gott geschaffen sind. *Omne ens est bonum* – dieser Satz der abendländischen Seinslehre, der übrigens durchaus paulinisch ist, besagt schlechthin: Die Welt ist gut, weil sie Schöpfung ist; gut sind die Dinge, sofern sie Kreatur sind"(2001d, 446-450).

(1) Zwar sind die *eucharistie-* und *sakramententheologischen* Gesichtspunkte des thomanischen Denkens im Verlauf der bisherigen Darlegungen bereits mehrfach zur Sprache gekommen.[45] Doch erscheint es sinnvoll, die verschiedenen Aspekte an eine zusammenhängende Gesamtschau zurückzubinden (Kapitel 5).

(2) Von hier aus kann unter dem Gesichtspunkt des „Notenschlüssels" Kreatürlichkeit, der über dem Denken des Thomas im ganzen steht, der Mensch sowohl (2.1) als *Geschaffener*, wie (2.2) als *Sünder* und *Erlöster* in den Blick kommen (Kapitel 6). Denn mit den Begriffen „Leben" und „Unreinheit" bzw. „Sünde" sind ja jene grundlegenden und wesentlichen Bestimmungen des menschlichen Daseins angesprochen, die dieses zuinnerst ausmachen und prägen. Und die Wirkung der Sakramente – dies ist die Aussage der Strophen 5 und 6 des *„Adoro te devote"* – reicht eben in diese Tiefenschichten hinab. Deshalb erscheint der Mensch in diesen beiden Dimensionen vor allem als ein *Empfangender.* Mit Bedacht sind die Verse daher im Modus des Gebets und der Bitte formuliert, die sich an *Gottes Großzügigkeit* und seine *Barmherzigkeit* wenden: „Praesta mihi / Me [...] munda".

[45] Vgl. S. 92-98 und S. 166-178.

Kapitel 5

Dichter und Theologe der Eucharistie

Das Sakrament und die Sakramente

Mit seinem Sinn für das Sakramentale und insbesondere für das Sakrament der Eucharistie ist Thomas von Aquin zweifellos ein typischer Repräsentant seiner Zeit: des Glaubenslebens und der Theologie des Hochmittelalters. Für die „neue Weltfreudigkeit", die das 13. Jahrhundert kennzeichnete, bedeutete die Feier und Verehrung der Eucharistie die Krönung und Vollendung ihres Welt- und Gottesbewußtseins![1]

Wohl nicht zu Unrecht hat man darauf hingewiesen, daß mit der Entwicklung zu dieser „neue Weltfreudigkeit" zugleich ein *Wandel in der Wahrnehmung der Eucharistie* und ihrer Feier gegenüber der Alten Kirche einherging: So war die frühe Kirche stärker an der Gestalt der liturgischen Feier als ganzer orientiert, die sie als *Mysterienfeier* verstand. In ihr wurden die verschiedenen Dimensionen der Heilstaten Christi und dadurch auch er selbst symbolisch gegenwärtig. In diesem Sinne bezeichnete der altkirchliche Begriff *mysterion* zunächst und vorrangig die Ereignisse der Heilsgeschichte selbst und ging mit der Zeit immer stärker in ein liturgisches Verständnis über.

Im Hintergrund dieser symbolischen Auffassung der Eucharistie stand dabei das *platonische Bilddenken*, nach dem alles Seiende in seiner Bewegtheit und Veränderlichkeit nur Bild und Gleichnis war, das auf das unveränderliche und höchste Gut, auf Gott, verwies. Hatte Platon das Verhältnis von Abbild und Urbild vor allem mit dem Gegensatz von „veränderlich" und „unveränderlich" beschrieben, so erhielt sein Denkmodell im Rahmen der christlichen Mysterientheologie insofern eine Abwandlung, als nunmehr als Urbild nicht mehr ein Ewiges und Unbewegliches galt, sondern das dynamische Heilsgeschehen

[1] Insofern läßt sich sagen, daß die Sakramententheologie ein typisches Thema der Theologie des 2. Jahrtausends ist, während dem gegenüber in der Frühzeit der Kirche zunächst die Hauptgeheimnisse des christlichen Glaubens – Trinität und Inkarnation – im Mittelpunkt theologisch-begrifflicher Klärungen standen.

von Leben, Tod und Auferstehung Jesu Christi, das in der liturgischen Feier vielfältig präsent werden konnte.[2]

Demgegenüber konzentrierte sich die mittelalterliche Wahrnehmung der Eucharistie in erster Linie auf *die gewandelten Gaben von Brot und Wein* als Träger der Gegenwart Christi.[3] Dieser Bewußtseinswandel läßt sich sowohl (1) in den theologischen Diskussionen des Mittelalters wie (2) in den frömmigkeitsgeschichtlichen Entwicklungen jener Zeit verfolgen.[4]

(1) *Eucharistietheologische Diskussionen im Mittelalter.* – Im Mittelpunkt des frühmittelalterlichen „Abendmahlsstreits", der im 9. und im 11. Jahrhundert in zwei Etappen ausgetragen wurde,[5] stand so die Frage, ob Christus „wahrhaft" (*in veritate*) oder lediglich „zeichenhaft" (*in signo*) unter Brot und Wein gegenwärtig wird, und wie demgemäß das Verhältnis von sakramentalem „Zeichen" (*signum/ figura*) und „wirklicher Gegenwart" (*res/ veritas*) Christi in adäquater Weise zu bestimmen sei. Bereits diese Entgegensetzung zeigt, daß die altkirchliche Wahrnehmung der Eucharistie in den Kategorien platonischen Bilddenkens, im Schema von Urbild und Abbild, ihre Selbstverständlichkeit verloren hatte.

> *In dem Moment, wo die imago oder figura nicht mehr teilhat am Urbild der veritas, wo sie mithin nicht mehr als wirklichkeitsgefülltes, sondern lediglich verweisendes Zeichen verstanden wird, ergeben sich Schwierigkeiten, die eucharistische Realpräsenz zu denken.*[6]

---

[2] Eine Wiederbelebung fand dieser Denkansatz zu Beginn des 20. Jahrhunderts innerhalb der patristisch-liturgischen Bewegung durch die sog. „Mysterientheologie" Odo Casels. – Zur Geschichte allgemein vgl. T. Schumacher (2009).

[3] Daß damit keine generelle „Tendenz zu einer fortschreitenden ‚Verdinglichung' des Eucharistieverständnisses" (G. Koch [1995], 434) verbunden war, habe ich oben bereits mit Blick auf den Begriff der Substanz und den Begriff der *res* gezeigt: vgl. S. 69-73 und S. 92-96. – Vgl. hierzu auch J.-H. Tück (2009), v.a. 25-29 und 71ff.

[4] Zur Bedeutung der Eucharistie im Mittelalter vgl. als Überblick I.C. Levy/G. Macy/K. Van Ausdall (2012).

[5] Zu den historischen Hintergründen der Abendmahlsstreitigkeiten vgl. H. Hoping (2011), 193-216.

[6] J.-H. Tück (2009), 70, Anm. 3. – Zum Ganzen vgl. H. Jorissen (1965). – In poetischer Weise spiegelt sich die genannte Entgegensetzung in der thomanischen Sequenz „*Lauda Sion*", wo es heißt: „Sub diversis speciebus/ *signis tantum* et non *rebus*/ latet res eximiae" – „Unter verschiedenen Gestalten, *Zeichen nur* und nicht den *Dingen* selbst verbergen sich

Zum bekanntesten Vertreter einer Lehre, die daraufhin annahm, Christus sei in der Eucharistie „nur wie in einem Zeichen" (*nisi sicut in signo*) gegenwärtig, wurde im zweiten „Abendmahlsstreit" Berengar von Tours (+1088). Auch Thomas gilt er noch als Hauptgegner und Ahnherr eines im folgenden immer wieder auftauchenden Irrtums (*primus inventor huius erroris*).[7] Berengar hatte gelehrt, Brot und Wein würden nicht physisch-real verwandelt, sondern es würde ihnen in der Konsekration lediglich eine neue, spirituelle Wirklichkeit hinzugegeben, wodurch sie zum „Sakrament" (*sacramentum*), d.h. „Zeichen" (*figura*), des Leibes und Blutes Christi würden. Die Gegenwart Christi im Sakrament bestünde demzufolge *intellectualiter*, jedoch nicht *substantialiter*.[8] Mit seinem derart zugespitzten spiritualistischen Eucharistieverständnis war Berengar von mehreren Synoden verurteilt worden und mußte seine Lehre schließlich im Jahr 1059 vor Papst Nikolaus II. (990/5-1061)[9] sowie im Jahr 1079 vor Papst Gregor VII. (1025/30-1085) und einer römischen Synode widerrufen und die Formulierung beschwören,

> *daß das Brot und der Wein, die auf den Altar gelegt werden, durch das Geheimnis des heiligen Gebetes und durch die Worte unseres Erlösers substanzhaft in das wahre, eigene und lebendigmachende Fleisch und Blut unseres Herrn Jesus Christus verwandelt werden (substantialiter converti in veram et propriam ac vivificatricem carnem et sanguinem Iesu Christi Domini nostri).*[10]

Damit war jener Begriff lehramtlich fixiert, dem in den Lösungsansätzen der mittelalterlichen Theologie die Schlüsselfunktion zukommen sollte: der Begriff der „Substanz" (*ousia*). Er bildete die Grundlage für die Entwicklung der Lehre von der sogenannten *Transsubstantiation*, in der die Erklärung der realen Gegenwart Christi unter den eucharistischen Gestalten ihre endgültige Ausprägung finden sollte.[11] Auf dem IV. Laterankonzil 1215

---

außerordentliche Dinge." (Hervorhebung von mir.)

[7] Vgl. Thomas, *S.th.* III 75,1 c.; III 77,7 obi. 3. – Zum Ganzen zusammenfassend H.-G. Nissing (2018), XVII-XX.

[8] Der sakramentale Leib ist daher für Berengar ein anderer als der historische und verklärte Leib Christi – ein Gedanke, der später bei den Reformatoren (vgl. Zwingli), wieder auftauchen wird.

[9] Vgl. *DH* 690.

[10] *DH* 700.

[11] Der Begriff „Transsubstantiation" selbst (eine Neuprägung, vergleichbar dem christologischen *homoousios* der Alten Kirche) begegnet

durch Papst Innozenz III. (1160/1-1216) wurde sie erstmals lehramtlich verkündet wurde. Das Konzil stellte fest, daß

> *Leib und Blut [Jesu Christi] im Sakrament des Altars unter den Gestalten von Brot und Wein wahrhaft enthalten sind, wenn durch göttliche Macht das Brot in den Leib und der Wein in das Blut wesenhaft verwandelt (transsubstantiatis) sind.*[12]

(2) *Eucharistische Frömmigkeit im Mittelalter.* – Begleitet wurden diese theologischen Klärungen von kulturellen, liturgischen und frömmigkeitsgeschichtlichen Entwicklungen, in denen gleichfalls die gewandelten Gaben mehr und mehr in den Mittelpunkt der Aufmerksamkeit rückten:[13]

- durch die Hervorhebung der *Konsekration* als jenes Moments der Heiligen Messe, in dem die Gegenwart Christi unter den Gestalten von Brot und Wein gestiftet wird,
- durch die *Elevation* der gewandelten Gaben nach der Wandlung, wodurch diese zu Objekten der Schau und letztere anstelle der Kommunion zur primären Form der Teilhabe am Altarsakrament wurde,
- durch entsprechende *Verehrungsformen* wie Kniebeugen oder Beweihräuchern der eucharistischen Gaben,
- durch Andachtsformen, die – herausgelöst aus der Feier – eigens der Betrachtung und *Anbetung* der Eucharistie gewidmet waren,
- durch architektonische Neuentwicklungen wie die eines eigenen *Sakramentshäuschens* oder *Tabernakels*[14] sowie die Installation eines *„ewigen Lichtes"* vor den darin aufbewahrten Gestalten;
- durch die Erfindung eines eigenen Gefäßes zum „Zeigen" des eucharistischen Brotes, der sogenannten *„Monstranz"*;

---

zum ersten Mal gegen 1140/42 in der Sentenzensammlung des Roland Bandinelli (1100/05-1181), des späteren Papstes Alexander III. Er breitete sich im Laufe des 12. Jahrhunderts rasch und relativ unwidersprochen unter den scholastischen Theologen aus. – Zur Begriffsgeschichte vgl. M. Laarmann (1998).

[12] *DH* 802. – Zur lehramtlichen Aufnahme vgl. bereits vorher *DH* 782-784 (Innozenz III., 1202). – Ein poetischer Reflex findet sich bei Thomas wiederum in der Sequenz *„Lauda Sion"*, 11. Strophe: „Dogma datur Christianis,/ quod in carnem transit panis/ et vinum in sanguinem" – „Ein Dogma ist den Christen gegeben,/ daß das Brot in Fleisch übergeht/ und der Wein in Blut."

[13] Vgl. hierzu grundlegend P. Browe (1933); ferner M. Rubin (1991).

[14] Ihre biblische Grundlage hat diese Bezeichnung im alttestamentlichen Offenbarungszelt mit den Bundestafeln als Allerheiligstem (vgl. *Ex* 25-27; 36-39) und der Vorstellung des *tabernaculum Dei cum hominibus* im himmlischen Jerusalem (vgl. *Offb* 21,3).

- schließlich durch eine Vielfalt von mitunter seltsamen Blüten eucharistischer Wundergläubigkeit und Legendenbildungen, die häufig materialistische oder sensualistische Auffassungen des Altarsakraments aufwiesen - und dabei gleichwohl von einer tiefen eucharistischen Frömmigkeit zeugten.[15]

Ihren Höhepunkt fand die hochmittelalterliche Verehrung der Eucharistie schließlich in der Einführung eines eigenen *liturgischen Festes zu Ehren des Sakraments des Leibes Christi* - und es sollte Thomas vorbehalten sein, dem eucharistischen Bewußtsein seiner Zeit eine summarische Formulierung zu geben.

Die *besondere eucharistische Frömmigkeit*, die Thomas dazu gewissermaßen prädestinierte, ist von frühster Zeit an vielfach bezeugt:

> *Besonders verehrte er (erat autem praecipue devotus) das allerheiligste Sakrament des Altares. Und weil es ihm vergönnt war, tiefsinniger darüber zu schreiben (profundius scribere), wurde ihm gewährt, es frommer zu feiern (devotius celebrare)*[16],

heißt es in einer summarischen Beschreibung seines geistlichen Lebens bei Wilhelm von Tocco.

Thomas hatte die Angewohnheit, nach der eigenen täglichen Feier der Heiligen Messe einer zweiten als Ministrant beizuwohnen. Diese Teilnahme war wiederholt begleitet von „starker Ergriffenheit" (*affectus devotionis*), „langer Geistesabwesenheit" (*diutina mentis abstractio*), ja: von „Entrückungen" (*raptus*) und „überquellender Tränenflut" (*inundans perfusio lacrimarum*).[17] Wiederholt erscheint die Eucharistie - ähnlich wie das Kreuz, von dem oben die Rede war[18] - als „geistlicher Fluchtpunkt" seiner Religiosität wie seines theologischen Arbeitens, in Situationen persönlichen Zweifelns wie in der akademischen Auseinandersetzung. So berichten die Quellen wiederholt davon, daß Thomas in Momenten wissenschaftlicher Unsicherheit den Al-

---

[15] Vgl. dazu P. Browe (1933), 74ff.; M. Rubin (1991), 176f. - So hat man etwa wiederholt - allerdings wohl zu Unrecht - im sog. „Hostienwunder von Bolsena" (1263), bei dem ein Priester nach Zweifeln an der realen Gegenwart Christi beim Brechen der Hostie Blutstropfen darauf entdeckt haben soll, eines der Motive für die Einführung des Fronleichnamsfestes sehen wollen. - Reminiszenzen finden sich bei Thomas in *S.th.* III 76,8. Vgl. dazu zusammenfassend H. Hoping (2011), 229-243.

[16] Wilhelm von Tocco, *Historia* 29 (Z. 11ff.). - Das Kapitel trägt die Überschrift „Von der Betrachtung und dem Gebet des Doktors" (*De dicti doctoris contemplatione et oratione*).

[17] *Ebd.* (Z. 15-23).

[18] Vgl. oben S. 181-184.

tar, den Ort der Eucharistiefeier, aufgesucht und von hier die geistlichen Impulse für seine Arbeit empfangen habe.[19] Die Beschreibung seines Todes in der Zisterzienserabtei Fossanova im März 1274 schließlich versieht das Leben des Thomas als ganzes mit einer „eucharistischen Signatur". Als solche markierte sie ja den Auftakt dieser Betrachtungen.[20]

Ihren *literarischen Ausdruck* finden die thomanische Theologie und Spiritualität der Eucharistie einerseits (1) in seinen liturgischen Dichtungen zum Fronleichnamsfest, andererseits (2) im Eucharistietraktat der *Summa theologiae*. Enthalten erstere die thomanische Theologie vom Altarsakrament in einer poetischen Verdichtung, so findet sie sich im letzteren in ihrer argumentativen Begründung und Entfaltung, so daß Thomas gerade in diesem Zusammenhang gleichermaßen als *Denker* und als *Dichter* hervortreten kann. Die Dichtungen und der Traktat weisen vielfach bemerkenswerte Übereinstimmungen und Parallelen in Wortwahl, Formulierung und Gedankenführung auf und erhellen einander gegenseitig.

(1) *Theologie der Eucharistie – poetisch.* – Der Auftrag zur Zusammenstellung der Texte für die einzelnen Teile des Stundengebetes und die liturgischen Texte für die Messe des Fronleichnamsfestes, den Papst Urban IV. Thomas übertragen hatte, umfaßte *zum einen* die redaktionelle Kompilation von Texten aus der Heiligen Schrift sowie der Kirchenväterliteratur (für die Prim/ Lesehore), sowie *zum anderen* deren Ergänzung durch Eigendichtungen in Form von Hymnen für das Stundengebet und die Sequenz für die Messe (*Officium de festo Corporis Christi ad mandatum Urbani Papae*).[21] Aus der Feder des Thomas stammen so neben

- der Sequenz „*Lauda Sion*",
- die Hymnen „*Pange lingua*" (zur Ersten Vesper),
- „*Sacris solemniis*" (zur Matutin) und
- „*Verbum supernum prodiens*" (zu den Laudes).

---

[19] Vgl. z.B. *Processus* n. 81: Bartholomäus de Capua (ed. Prümmer, 381); n. 58: Wilhelm von Tocco (*ebd.*, 346). – So bezieht sich, nach Wilhelm von Tocco, *Historia* 52 (Z. 30ff.), auch das o.g. Wort Jesu „Gut hast du von mir geschrieben" auf die Eucharistietheologie des Thomas, so daß das erwähnte „tiefsinnige Schreiben" über das Altarsakrament sowie die eucharistische „Sendung" des Thomas insgesamt damit sozusagen ihre Beglaubigung „von höchster Stelle" erhalten.

[20] Vgl. oben S. 15-22.

[21] Zur Überlieferung vgl. P.-M. Gy (1980) und (1990); C. Lambot (1942) und C. Lambot/ J. Fransen (1946); zusammenfassend J.-H. Tück (2009), 192-199.

Inhaltlich setzen die poetischen Betrachtungen dieser Texte unterschiedliche Akzente:

- So thematisiert das *„Pange lingua"* in erster Linie die personale Gegenwart Christi in der Eucharistie, seines Seins und Lebens, und konzentriert diese schließlich auf den *Begriff des Sakramentes*: „Tantum ergo sacramentum".

- Das *„Sacris solemniis"* stellt demgegenüber das *Verhältnis von Altem und Neuem Bund* (inklusive der eschatologischen Dimensionen) und seinen Heilszeichen in den Mittelpunkt und lenkt den Blick auf den bedürftigen Menschen als Empfänger der Eucharistie: „Manducat Dominum/ pauper, servus et humilis."[22]

- Im *„Verbum supernum prodiens"* erscheint die Eucharistie vor allem als *trinitarische Gabe*, die dem Menschen in umfassender Weise die *Nähe und Wirklichkeit Gottes* vermittelt: „Se nascens dedit socium,/ convescens in edulium,/ se moriens in pretium,/ se regnans dat in praemium."[23]

- Das *„Lauda Sion"* bietet schließlich mit seinen insgesamt 24 Strophen eine „poetische Summe" der thomanischen Eucharistietheologie. Es gliedert sich nach den drei zeitlichen Dimensionen, die Thomas der Eucharistie als (a) *signum commemorativum* (Vergangenheit), (b) *signum repraesentativum* (Gegenwart) und (c) *signum praefigurativum* (Zukunft) zuschreibt[24] und enthält neben (a) einer biblischen Begründung und (b) einer poetisch-theologischen Entfaltung der Transsubstantionslehre (c) einen ausführlichen eschatologischen Ausblick auf das Mahl in der Ewigkeit: „Bone pastor, panis vere,/ Iesu, nostri, miserere,/ tu nos pasce, nos tuere,/ tu nos bona fac videre/ in terra viventium."[25]

Als charakteristisches *Kennzeichen* des Fronleichnamsoffiziums haben die frühsten Biographien ausdrücklich dessen biblische Grundprägung[26] und dessen „lichtvollen und besonderen Stil"

---

[22] „Es ißt den Herrn/ der Arme, der Diener und Niedrige" (6. Strophe).

[23] Durch seine Geburt hat er sich zum Gefährten gegeben,/ beim gemeinsamen Essen zur Speise,/ sterbend zum Lösegeld,/ herrschend gibt er sich zum Lohn" (4. Strophe).

[24] Vgl. dazu ausführlich unten S. 320ff.

[25] „Guter Hirt, wahres Brot,/ Jesus, erbarme dich unser,/ weide du uns, gib auf uns acht,/ mache du, daß wir das Gute sehen/ im Land der Lebenden" (23. Strophe).

[26] Vgl. Wilhelm von Tocco, *Historia* 18 (Z. 63ff.): „Er schrieb das Offizium vom Leib Christi im Auftrag von Papst Urban, in dem er alles, was in diesem Sakrament enthalten ist, mit alten Vorbildern erklärte, und die Wahrheiten, die von der Neuen Gnade handeln, zusammenstellte."– Zu den biblischen Quellen vgl. v.a. R. Zawilla (1985).

(*luculentus et proprius stilus*)[27] hervorgehoben, in dem sich die allgemeinen methodischen Prinzipien seines Arbeitens widerspiegeln. Ich werde im folgenden verschiedentlich auf diese Texte Bezug nehmen, insofern sie einen wesentlichen Gedanken der Eucharistielehre des Thomas prägnant zum Ausdruck bringen.

(2) *Theologie der Eucharistie – systematisch.* – Stehen die liturgischen Texte werkchronologisch in der Mitte des thomanischen Schaffens, so markieren die Darlegungen im Eucharistietraktat der *Summa theologiae* den Endpunkt: Es handelt sich um den letzten Abschnitt dieses Werks, den Thomas fertiggestellt hat, bevor er die Arbeit abgebrochen hat, und der nicht zuletzt von daher als sein besonderes Vermächtnis gelten kann.

Doch ehe im folgenden das Sakrament der Eucharistie in seinen verschiedenen Dimensionen betrachtet wird, sollen zunächst einige allgemeine Bestimmungen zur *Sakramententheologie* skizziert werden (Abschnitt 1), die als Voraussetzung in die Überlegungen zur *Eucharistie* (Abschnitt 2) eingehen.

1. Grundbestimmungen der Sakramententheologie des Thomas von Aquin

Es entspricht dem synthetischen Charakter seiner allgemeinen sakramententheologischen Überlegungen in der *Summa theologiae,* daß Thomas sich hinsichtlich ihrer biblischen bzw. christologischen Begründung auf den Hinweis konzentriert, die Sakramente seien eine „Verlängerung" der Menschwerdung. Als solche empfangen sie ihre Wirksamkeit vom Fleisch gewordenen Wort.[28] Auf dieser Grundlage erschließt er im Ausgang vom Begriff des Sakraments (Abschnitt 1.1) ihre Zahl, Ordnung und Bedeutung (Abschnitt 1.2), wobei er wiederholt den wesentlichen Vorrang sichtbar macht, welcher der Eucharistie unter den Sakramenten zukommt (Abschnitt 1.3).

1.1. Begriff des Sakraments

Im *Begriff* des Sakraments und seiner *Definition* verbinden sich bei Thomas verschiedene Traditionen.[29] Maßgeblich geprägt wurde

---

[27] Ptolemäus von Lucca, *Historia ecclesiastica nova* XXII, 24 (ed. Ferrua, 359, n. 173). – Moderne Auslegungen zu den Texten bei J.-H. Tück (2009), 187-280.

[28] Vgl. Thomas, *S.th.* III 60 prol.

[29] Als Äquivalent für den griechischen Begriff *mysterion* bezeichnete *sacramentum* zunächst vom römischen Militärrecht her (der Eid oder die

die theologische Bedeutung dieses Wortes von Augustinus, der das Sakrament in die Gattung der Zeichen einordnete und zwischen dem sichtbaren „Zeichen" (*sacramentum* oder *sacramentum tantum*) und der unsichtbaren „Wirklichkeit" (*res/ sacrificium*) unterschied, das diese gleichermaßen anzeigt wie enthält.[30] Thomas erweitert den augustinischen Begriff des Sakraments als eines *„heiligen Zeichens"* (*sacrum signum*) mit Hilfe des aristotelischen Begriffs der *„Ursache"* (*causa*): Sakramente sind *wirksame Zeichen*. Sie zeigen nicht nur eine unsichtbare Wirklichkeit an, sondern sie *„bewirken*, was sie bezeichnen" (*efficiunt quod figurant*). Auf der Linie der Lehre von der *Instrumentalursächlichkeit*, die ich oben im Zusammenhang der Christologie in ihren wesentlichen Zügen dargestellt habe,[31] gelangt er zu einer Definition des Sakraments, die dieses bestimmt als

> *Zeichen einer heiligen Wirklichkeit, insofern diese die Menschen heiligt (signum rei sacrae inquantum est sanctificans homines).*[32]

Konstitutiv für das Verständnis der Sakramente als *Instrumente der Heilsvermittlung* ist dabei das Bewußtsein für die *Eigenwirksamkeit*, die den Sakramenten bereits in ihrer Materialität selbst innewohnt: In ihren natürlichen Eigenschaften und Wirksamkeiten bilden die Elemente (Wasser, Brot, Wein, Öl) die Grundlage dafür, zu Trägern geistlicher Wirkungen zu werden. Im Unterschied zu anderen Theologen des 13. Jahrhunderts (Wilhelm von Auxerre [ca. 1180-1231], *Summa Halensis*, Bonaventura) versteht Thomas die Sakramente nicht nur als bloße „Gefäße" (*vasa*), die zum Empfang

---

Weihe, mit der sich der Soldat zur Treue gegenüber dem Kaiser verpflichtete) das Übereignen von Personen oder Sachen an das „Heilige" (*sacrum*), d.h. die religiös-ethische Selbstverpflichtung, und wurde von daher auf die Taufe und die Eucharistie übertragen (etwa bei Tertullian, nach 150-nach 220). Die militärische Vorstellungswelt begegnet bei Thomas immerhin noch im Zusammenhang des *character indelebilis*, der durch verschieden Sakramente (Taufe, Firmung, Weihe) eingeprägt wird: vgl. z.B. *S.th.* III 63,1 c. – Zur Begriffsgeschichte vgl. J.-H. Tück (2009), 43f.

[30] Vgl. Augustinus, *De civitate Dei* X 5 (CCL 47,277). – Vgl. als Vermittlung: Petrus Lombardus, *Liber Sententiarum* IV d. 1,4: „Das Sakrament ist Zeichen der Gnade Gottes und sichtbare Form der unsichtbaren Gnade."

[31] Vgl. oben S. 167-171.

[32] Thomas, *S.th.* III 60, 2 c. – Analog läßt sich etwa die von Augustinus überkommene Unterscheidung von *elementum* und *verbum* als zentralen Bestandteilen beim Zustandekommen des Sakraments („Accedit verbum ad elementum et fit sacramentum") mit Hilfe der aristotelischen Unterscheidung von *materia* und *forma* präzisieren: vgl. Thomas, *S.th.* III 60,7 c.

der Gnade lediglich disponieren, während diese selbst direkt und unmittelbar von Gott geschenkt wird,[33] sondern als *echte Ursachen*, denen bereits, sofern sie der körperlichen Sphäre zugehören, eine wirkliche „Eigentätigkeit" (*propria operatio*) zukommt, durch die sie die körperliche Welt zu erreichen und eine geistliche Wirkung zu vermitteln vermögen.[34] Eben hierin zeigt sich der o.g. Sinn für die Gutheißung alles Geschaffenen, für die in der Weltwirklichkeit liegende Eigendynamik sowie für die Sinnlichkeit geistiger Vermittlung, die der Sakramentenlehre von Seiten der Schöpfungstheologie zukommt.[35] So schreibt Thomas zur Begründung der Wirksamkeit der Sakramente:

> *Es sollte deutlich werden, daß die sichtbaren Dinge selbst aufgrund ihrer Natur gut sind, weil sie von Gott geschaffen sind [...] [und] heilbringend wirken, verwendet man sie auf rechte Weise.*[36]

Auf der Grundlage der drei genannten Elemente, die konstitutiv in den thomanischen Sakramentenbegriff eingehen – (1) Zeichen, (2) Ursache, (3) Heiligung des Menschen -, gewinnen die Sakramente ihr eigentliches Profil für Thomas freilich durch ihre *Hinordnung auf den Menschen* und *seine Vervollkommung*. Der Mensch in seiner *leib-seelischen Doppelnatur* wird in der *Summa* so zur eigentlichen Erschließungsgrundlage für die Sakramenten- und Eucharistielehre,[37] und dem Nachweis der *anthropologischen Angemessenheit* der einzelnen Sakramente kommt daher ein besonderes Gewicht zu. Zugleich liefert die Sakramentenlehre so einen eindrucksvollen Beleg für die thomanische Grundauffassung, nach welcher die Gnade die Natur nicht zerstört, sondern vielmehr voraussetzt, erhebt und vollendet: „Gratia supponit naturam et perficit eam."[38]

1.2. Zahl und Ordnung der Sakramente

Mit Blick auf den Menschen unterscheidet Thomas so Zahl und Ordnung der Sakramente – wobei er sich die Analogie zwischen dem leiblichen und dem geistigen Leben zunutze macht:

---

[33] Zu dieser sog. „Pakttheorie", der ein bloß äußerer Parallelismus von äußeren Zeichen und innerer Gnade zugrundeliegt, vgl. J.-H. Tück (2009), 55f.

[34] Vgl. Thomas, *S.th.* III 62,1 c.

[35] Vgl. J. Pieper (2001b), 114; (2001d).

[36] Thomas, *S.c.G.* IV 56 (n. 3963).

[37] Vgl. Thomas, *S.th.* III 61,1-3, mit verschiedenen Argumenten, die immer wieder die Sakramente als Mittel der ganzheitlichen Heilung und Heiligung für die (leib-seelische) Gesundheit des Menschen herausstellen.

[38] Thomas, *S.th.* I 1,8 ad 2; I-II 99,2 ad 2.

Im körperlichen Leben [...] wird der Mensch auf zweifache Weise vervollkommnet: [1] in Bezug auf die eigene Person [2] und dann in seinem Verhältnis zum Ganzen der menschlichen Gemeinschaft, in der er lebt; denn der Mensch ist von Natur aus ein gesellschaftliches Wesen.
[1] In Bezug auf sich selbst wird der Mensch im körperlichen Leben auf zweifache Weise vervollkommnet:
[1.1] einmal an sich, dadurch, daß er eine gewisse Vollkommenheit des Lebens erlangt;
[1.2] und dann nebenbei dadurch, daß er die Hemmungen des Lebens ausräumt, wie Krankheiten und ähnliches.
[Zu 1.1] An sich aber wird das körperliche Leben in dreifacher Weise vollkommen gemacht:
[1.1.1] Erstens durch die Zeugung, durch die der Mensch überhaupt zu sein und zu leben anfängt. Und an Stelle dessen steht im geistigen Leben die Taufe, die eine geistige Wiedergeburt ist [...].
[1.1.2] Zweitens durch das Wachstum, wodurch der Mensch zur vollkommenen Größe und Kraft geführt wird. Und an Stelle dessen steht im geistigen Leben die Firmung, durch die der Heilige Geist zum Starksein gegeben wird [...].
[1.1.3] Drittens durch die Ernährung, wodurch im Menschen das Leben und die Kraft erhalten wird. Und an Stelle dessen steht im geistigen Leben die Eucharistie. Deshalb heißt es Joh 6,54: „Wenn ihr das Fleisch des Menschensohnes nicht essen und sein Blut nicht trinken werdet, werdet ihr das Leben nicht in euch haben."
[Zu 1.2] Und das würde dem Menschen genügen, wenn er körperlich und geistig ein leidensunfähiges Leben hätte; weil er aber zuweilen krank wird sowohl im körperlichen Leben wie auch durch die Sünde im geistigen Leben, braucht der Mensch notwendig eine Heilbehandlung. Und diese ist zweifach:
[1.2.1] eine, durch die die Gesundheit wiederhergestellt wird. Und anstelle ihrer haben wir im geistigen Leben die Beichte [...].
[1.2.2] Eine andere, die die frühere Kraft wiederherstellt durch die richtige Nahrung und Übung. Anstelle ihrer haben wir im geistigen Leben die Letzte Ölung, welche die Reste der Sünden wegräumt und den Menschen bereit macht für die Endherrlichkeit [...].
[Zu 2] In seiner Beziehung zur Gemeinschaft wird der Mensch in zweifacher Weise vervollkommnet.
[2.1] Einmal dadurch, daß er die Gewalt empfängt, eine Vielzahl [von Menschen] zu leiten und öffentliche Handlungen auszuüben. Dem entspricht im geistigen Leben das Sakrament der Weihe [...].
[2.2] Zweitens hinsichtlich der natürlichen Fortpflanzung. Und dies geschieht durch die Ehe sowohl im körperlichen wie im geistigen Leben, da sie nicht nur ein Sakrament, sondern auch ein Dienst der Natur ist.

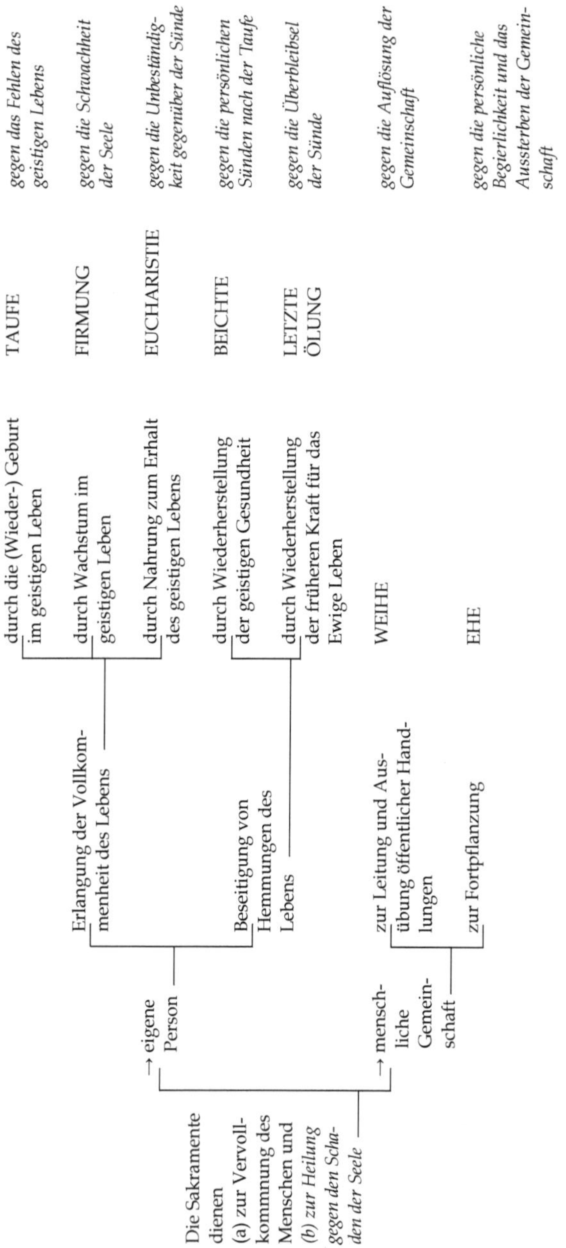

Abb. 14: Die Ordnung der Sakramente nach Thomas von Aquin, *Summa theologiae* III 65,1 c.

Erst auf der Grundlage der so skizzierten umfassenden *Vervollkommnung des menschlichen Lebens* in seinen Grundgegebenheiten - bei keinem Geringeren als Johann Wolfgang Goethe (1749-1832) findet sich im Übrigen eine sehr ähnliche Herleitung -[39], kommen die Sakramente als *Heilmittel gegen bestimmte Sünden* in den Blick. Bemerkenswerterweise gelten wiederum die sieben Tugenden als Referenzpunkte der Strukturierung:

> *Manche jedoch leiten die Zahl der Sakramente aus einem Bezug zu den Tugenden und den Schäden der Schuld- und Strafübel ab, indem sie sagen:*
> *[1] Dem Glauben entspreche die Taufe, und sie sei gegen die Erbschuld gerichtet;*
> *[2] der Hoffnung entspreche die Letzte Ölung, und sie sei gegen die läßliche Sünde gerichtet;*
> *[3] der Liebe entspreche die Eucharistie, und sie sei gegen das Strafübel der Bosheit gerichtet;*
> *[4] der Klugheit entspreche die Weihe, und sie sei gegen die Unwissenheit gerichtet;*
> *[5] der Gerechtigkeit entspreche die Buße, und sie sei gegen die Todsünde gerichtet;*
> *[6] der Maßhaltung entspreche die Ehe, und sie sei gegen die Begierlichkeit gerichtet;*
> *[7] der Tapferkeit entspreche die Firmung, und sie sei gegen die Schwäche gerichtet.*[40]

Die Systematisierung der Sakramente, die Thomas hier bietet (vgl. Abb. 14), ist dabei im Horizont der allgemeinen Entwicklungen zu verstehen, welche die hochmittelalterlichen Theologie hervorgebracht hatte. Hierzu gehörte etwa die genaue Festlegung der Anzahl der Sakramente und ihrer inneren Ordnung. Erst im 12. Jahrhundert geschah so eine Festschreibung der Sakramente auf die geläufige Siebenzahl.[41] Von prägendem

---

[39] Vgl. J.W. Goethe, *Aus meinem Leben* II 7 (HA 9,289-291).

[40] Thomas, *S.th.* III 65,1 c.

[41] Während die frühmittelalterliche Theologie bloß drei oder vier Sakramente kannte, listete Petrus Damiani (+1072) im 11. Jahrhundert insgesamt zwölf Sakramente auf, worunter etwa auch die Königssalbung oder die Kirchweihe, bezeichnenderweise allerdings nicht die Eucharistie, fielen. Die Zuordnung der Salbung mit Öl zur Taufe oder zur Firmung oder die Zählung von Leib und Blut Christi als ein oder zwei Sakramente stellten weitere Unsicherheiten dar. - Eine lehramtliche Akzeptanz der Siebenzahl geschieht erst kurz nach dem Tod des Thomas auf dem Konzil von Lyon 1274 (vgl. *DH* 860).

Einfluß war hier das schon genannte *Sentenzenbuch* des Petrus Lombardus, das mit der Definition und Anzahl der Sakramente zugleich ein Raster von Fragen festlegte, das für die Theologen der Folgezeit zum „Standardkatalog" ihrer Erörterungen wurde.[42]

1.3. Der Vorrang der Eucharistie unter den Sakramenten

Ohnehin ist die Eucharistie unter den Sakramenten in besonderer Weise hervorgehoben. Sie gilt Thomas als das „Sakrament der Sakramente (*sacramentum sacramentorum*)"[43], als das „vornehmliche" (*potissimum*)[44] oder „absolute"[45] Sakrament und als die „Vollendung (*perfectio*)"[46] der anderen Sakramente: „[L]'eucharistie est la couronne et la perspective de l'organisme sacramental."[47] In *Summa theologiae* III 65,3 c. führt Thomas drei Gründe dafür an:

(1) Während alle anderen Sakramente lediglich an der Kraft Christi teilhaben, ist Christus in der Eucharistie selbst „wesenhaft" (*substantialiter*) enthalten.[48]

(2) Alle anderen Sakramente sind auf die Eucharistie als ihr Ziel hingeordnet.[49]

(3) Und nahezu alle anderen Sakramente werden in der Feier der Eucharistie vollzogen und zum Abschluß gebracht.

Die Eucharistie wird dadurch zum *Paradigma* der Sakramente. D.h. an der Eucharistie wird in *konkreter* Gestalt erkennbar und anschaulich, was ein Sakrament *im allgemeinen* ist, und die dabei verwendeten Bestimmungen werden von diesem Paradigma her zugänglich.[50] In Ableitung von der Eucharistie her lassen sich so

---

[42] Vgl. unten S. 319. – Zum inhaltlichen Einfluß vgl. ferner auch Ps.-Dionysius Areopagita, *De ecclesiastica hierarchia* III 1-31 mit seinen Ausführungen zur Eucharistie.

[43] Thomas, *Super IV Sent.*, d. 24,2 ,1, 2 c. – Vgl. die Bezeichnung schon bei Hugo von St. Viktor, *Sententiae* II (ed. Piazzoni, 921, 293-298).

[44] Thomas, *S.th.* 65, 3 c.

[45] Vgl. *ebd.*, III 73, 1 ad 3.

[46] Vgl. *ebd.*, III 65,2 c.

[47] J.-P. Torrell (2000), 372.

[48] Vgl. entsprechend zu Beginn des Eucharistietraktats: *S.th.* III 73,1 ad 3.

[49] Dieser Ziel- oder Vollendungscharakter der Eucharistie ist für Thomas eines der zentralen Leitmotive, die den Eucharistietraktat prägen.

[50] So ist etwa die Unterscheidung zwischen der Materie eines Sakraments und seiner Form im Hinblick auf die Eucharistie in ihrer integralen Zuordnung (Brot/Wein – Konsekrationsformel) unmittelbar verständlich.

auch die anderen Sakramente in ihren wesentlichen Eigenschaften verstehen. Es ist nicht zuletzt dieser Gedanke, der in die Formulierungen des Hymnus *„Pange lingua"* eingeht, wenn Thomas dort betont von der Eucharistie dem „so großen Sakrament", das es zu verehren gilt: „Tantum ergo sacramentum ..."

2. „Tantum ergo sacramentum" – Grundzüge der Eucharistielehre des Thomas

In seiner Anlage folgt der Eucharistietraktat der *Summa theologiae* nicht nur dem o.g. „Themenkatalog" des Petrus Lombardus.[51] Darüber hinaus bietet er ein Paradebeispiel der Anwendung der aristotelischen Wissenschaftslehre. Nach dieser geht es, wie gesehen, darum, einen *Gegenstand*, seine *Ursachen* und *Eigenschaften* zu verstehen.[52] Und diese Ursachen lassen sich gemäß der Vier-Ursachen-Lehre unterscheiden in Material-, Formal-, Wirk- und Zielursache. Im Eucharistietraktat sind daher (1) nach der Darstellung der Eucharistie als Sakrament (III 73) (2) die *Materie* des Sakraments: Brot und Wein (III 74-77), (3) die *Form* gebenden Worte (III 78), (4) die Wirkungen (= *Zielursache*), und zwar (4.1) sowohl von Seiten des Sakraments selbst (III 79) (4.2) wie von Seiten der Empfänger – und dies (4.2.1) sowohl im allgemeinen (III 80) wie (4.2.2) bei seiner ersten Feier (III 81) –, (5) der Urheber (= *Wirkursache*), d.h. der Priester im Dienste Christi (III 82), und schließlich (6) der Ritus der Feier (III 83) die Themen der Erörterung.

Ein Schwergewicht liegt mit insgesamt vier Quaestionen zweifellos auf der Betrachtung der *materia sacramenti*, insofern es darum geht, genau darzulegen, *wie* die Wandlung von Brot und Wein in Leib und Blut Christi geschieht – und zwar (2.1) von

---

Doch schon bei der Taufe hat die Materie (das Wasser) einen anderen Sinn, und bei Ehe und Buße fungieren jeweils vergleichsweise immaterielle Elemente (Reue und Bekenntnis der Sünden bzw. der Ehewille der Partner) als *materia sacramenti*.

[51] Nach diesem galt es neben den verschiedenen Namen eines Sakraments seinen besonderen sakramentalen Charakter, seine alttestamentlichen Vorbilder, seine Einsetzung, seine Materie, seine Form, seinen Spender, seinen Empfänger und seinen Ritus abzuhandeln.

[52] Vgl. oben S. 116-121. – Diese „wissenschaftliche Struktur" läßt sich im Übrigen bis hinein in die thomanischen Dichtungen verfolgen. So zeigt das „ergo" im „Tantum ergo sacramentum" in völlig präziser Weise die Schlußfolgerung (*conclusio*) an, die sich aus der Betrachtung der vorangehenden Strophen des Hymnus *„Pange lingua"* (sozusagen den Vordersätzen) als logische Konsequenz ergibt.

Seiten der zugrunde liegenden Materie: Brot und Wein (III 74), (2.2) im Hinblick auf den Vorgang der Verwandlung selbst (III 75) und (2.3) schließlich im Hinblick auf deren Ergebnis: (2.3.1) die Gegenwart Christi (III 76) sowie (2.3.2) die verbleibenden äußeren Eigenschaften oder Gestalten (III 77).

Den Kern dieser Ausführungen, der um die Lehre von der *„Transsubstantiation"* kreist, habe ich zu Beginn von Teil II bereits dargestellt.[53] In diesem Zusammenhang trat deutlich der biblische Grundimpuls zutage, der die thomanische Eucharistietheologie von ihren Wurzeln her bestimmt – geht es bei der Lehre von der Wesensverwandlung doch primär um die korrekte Erklärung der Wandlungsworte, wie sie in den Evangelien und bei Paulus bezeugt sind.[54]

Zur Einordnung dieser Lehre in den Gesamtzusammenhang der Eucharistietheologie des Thomas sollen im folgenden ergänzend die *Benennung* und *begriffliche Bestimmung* der Eucharistie (Abschnitt 2.1), ihre *Einsetzung* und ihr *Spender* (Abschnitt 2.2), sowie ihre *Wirkungen* und ihr *Empfänger* (Abschnitt 2.3) thematisiert werden. Als besonderes Proprium zeigt sich in diesen Ausführungen immer wieder die *eschatologische Dimensionierung* der thomanischen Lehre vom Altarsakrament, die man als ihre charakteristische Eigenart im Kontext der hochmittelalterlichen Theologie gekennzeichnet hat und in der wiederum die allgemeine teleologische Verfaßtheit seines Denkens zum Ausdruck kommt (Abschnitt 2.4).

2.1. Name und begriffliche Bestimmung der Eucharistie

In Entsprechung zur anthropologischen Erschließung der Sakramentenlehre ist das Motiv, das den grundlegenden Zugang zum thomanischen Eucharistietraktat eröffnet, der Gedanke der *„geistlichen Nahrung"* (*spirituale alimentum*). So hatte ja auch das *„Adoro te devote"* vom *panis vivus et vivalis* gesprochen. Als geistliche Nahrung bewirkt die Eucharistie die *Einheit mit Christus*.[55] Denn im Unterschied zu den anderen Sakramenten ist die Eucharistie dadurch ausgezeichnet, daß sie nicht nur etwas Heiliges bewirkt, sondern selbst „ein unmittelbar in sich selbst Heiliges" enthält: den Leib Christi.[56] Aus seiner Ziel-

---

[53] Vgl. oben S. 96ff.

[54] Vgl. *Mt* 26,26ff; *Mk* 14,22-26; *Lk* 22,19f; ferner 1 *Kor* 11,23-26.

[55] Vgl. Thomas, *S.th.* III 73,1 c. und ad 3.

[56] Vgl. *ebd.*

setzung als geisthafte Erquickung der menschlichen Grundbedürfnisse[57] und der Vereinigung mit Christus und seiner Kirche entwickelt Thomas die Bestimmungen der *Einheit* des Sakraments[58] und seine *Heilsnotwendigkeit*[59]. Dabei erscheint die Eucharistie in besonderer Weise als „Sakrament der Liebe" (*sacramentum caritatis*)[60] – ist doch die Liebe, wie gesehen, jene Tugend, die die Vereinigung von Liebendem und Geliebtem bewirkt.[61]

Um den Gedanken der *Vereinigung* mit Christus ordnet Thomas auch die verschiedenen für dieses Sakrament gebräuchlichen *Namen* und die ihnen entsprechenden Dimensionen – wobei ihm die *zeitliche Verfaßtheit des menschlichen Daseins* als Anhaltspunkt dient:[62] So heißt die Eucharistie

(1) in ihrem Bezug auf die Gegenwart „Vereinigung" (*communio/ synaxis*), da sie die Vereinigung mit Christus und mit seiner Kirche bewirkt.

(2) In ihrem Bezug zur Vergangenheit trägt sie darüber hinaus den Namen „Opfer" (*sacrificium*), denn sie ist „Gedächtnismal" (*commemorativum*) der Passion des Herrn. Hiervon war bereits in den einführenden Passagen dieses Teils die Rede.[63]

(3) Im Hinblick auf die Zukunft schließlich heißt sie „Wegzehrung" (*viaticum*), sofern sie den seligen Gottesbesitz vorbildet, wie er „im Vaterland" (*in patria*) Wirklichkeit sein wird. Ferner weisen hierauf auch ihre Namen *eucharistia* und *metalepsis* hin.[64] – Schon die Sequenz *„Lauda Sion"* hatte in ähnlicher Weise mit ihrem dreiteiligen Aufbau die umfassende Bedeutung der Eucharistie sichtbar gemacht. Und auch die Magnificat-Antiphon der Zweiten Vesper von Fronleichnam, in der Thomas seine poetisch-

---

[57] Vgl. von daher die ständige Bezugnahme auf den Charakter der Eucharistie als Speise und Trank: vgl. Thomas, *S.th.* III 73,1 c.; 2 c. + ad 2; 4 c.; 74,1 c.; 3 c.; 4 c.; 75,5 c.; 76,2 ad 1; 79,1 c.; 2 c.; 4 c.; 5 c. + ad 1 etc.

[58] Vgl. *ebd.*, III 73,2 c.

[59] Vgl. *ebd.*, III 73,3 c.

[60] Vgl. *ebd.*, III 73,3 ad 3: im Unterschied zur Taufe als „Sakrament des Glaubens".

[61] Vgl. oben S. 274ff. und S. 284ff.

[62] Vgl. *ebd.*, III 73,4 c.

[63] Vgl. oben S. 289ff.

[64] Vgl. *ebd.*, III 73,4 c.: „Darum wird das Sakrament des Herrenmahls auch *eucharistia* genannt, das ist ‚gute Gnade': weil ‚die Gnade Gottes das Ewige Leben ist' (*Röm* 6,23), oder weil es Christus wirklich enthält, welcher ist voll der Gnade. Im Griechischen wird auch *metalepsis* gesagt, das ist ‚Teilhabe': weil wir, wie Johannes Damascenus sagt, ‚durch dieses Sakrament die Gottheit des Sohnes annehmen'".

liturgischen Betrachtungen wie unter einem Schlußstrich zusammenfaßt, belegt die zentrale Rolle, die der zeitlichen Dimensionierung in den Größen der Vergangenheit, Gegenwart und Zukunft für die Eucharistielehre des Thomas zukommt:

> *O sacrum convivium, in quo Christus sumitur.*
> *[1] Recolitur memoria passionis eius,*
> *[2] mens impletur gratia,*
> *[3] futurae gloriae nobis pignus datur.*[65]

Und es ist gerade die dritte Dimension, der Ausblick auf die Zukunft, die von Thomas mit einem nachdrücklichen Akzent versehen wird. Die Wahrnehmung der Eucharistie als Gedächtnis der Passion wie der personalen Gegenwart unter den Gestalten erhält dadurch eine grundlegend dynamische Ausrichtung und erscheint in einer inneren Entsprechung zur aktualistischen, zielgerichteten Struktur des Menschseins: als „Pilgerspeise" (*cibus viatorum*) begleitet sie den Menschen auf seinem Weg zur ewigen Glückseligkeit, ja: sie „zieht" ihn gewissermaßen dorthin und vermittelt ihm als Angeld und „Unterpfand" (*pignus futurae gloriae*)[66] schon jetzt einen Vorgeschmack und Anteil an der künftigen Herrlichkeit.

2.2. Einsetzung und Spendung der Eucharistie

Biblische Grundlegungen. – Die damit verbundene Vereinigung des Menschen mit Christus bildet auch die eigentliche Sinnspitze der Begründung, die Thomas dafür anführt, warum Christus die Eucharistie am Gründonnerstag überhaupt eingesetzt hat. In seiner Ausdeutung der Berichte der Evangelien nennt er drei Motive:

(1) In einer *personalen* Hinsicht soll die Eucharistie die leibliche Gegenwart Christi auf Erden fortsetzen, der zwar „in seiner Eigengestalt" (*in propria specie*) fortgeht, „in sakramentaler Gestalt" (*in specie sacramenti*) jedoch unter den Seinen bleiben will; sie dient m.a.W. einer Verstetigung der Inkarnation, in der das Ewige Wort der „Immanuel", der „Gott mit uns" (*Jes* 7,14), geworden ist. Von daher wird der Begriff der *praesentia corporalis Christi* zum bestimmenden Bezugspunkt der Ausführungen.[67]

---

[65] „O heiliges Gastmahl, in dem Christus empfangen wird. [1] Es wird das Gedächtnis seines Leidens begangen, [2] der Geist wird erfüllt mit Gnade, [3] der künftigen Herrlichkeit Unterpfand wird uns gegeben."

[66] Vgl. Thomas, *S.th.* III 73,4 c.; dazu schon oben S. 177f.

[67] Gegen J.-H. Tück (2009), 198, der Thomas „gegenüber der Rede von

(2) In *heilsgeschichtlicher* Hinsicht soll ferner für alle Zeiten ein „Sichtmal der Passion des Herrn" (*repraesentativum passionis Domini*) erhalten bleiben, durch die den Menschen das Heil zuteil geworden ist.[68]

(3) In *anthropologischer* Hinsicht schließlich - und gewissermaßen in Intensivierung des ersten Aspekts - soll der Freundschaft Rechnung getragen werden, in der Christus mit den Seinen verbunden ist:

> *Weil es, wie der Philosoph sagt, das Eigenste der Freundschaft ist, mit den Freunden zusammen zu sein, [...] hat er uns [....] auch in der Zwischenzeit, auf unserer Wanderschaft, nicht seine leibhafte Gegenwart entzogen; sondern in diesem Sakrament vereinigt er uns mit sich durch die wahre Wirklichkeit seines Leibes und Blutes.*[69]

Mehrfach kommt Thomas auf den Gedanken der *Freundschaft* zurück und zeigt darin die konkrete Anwendung eben jenes Motivs der Gottes- bzw. Christusliebe, die er vor dem Hintergrund des aristotelischen Freundschaftskonzepts in der Tugendlehre entwickelt hat. Zumal in diesen Passagen sind seine Ausführungen von einer bemerkenswerten, da ungewohnten Wärme und Gemüthaftigkeit getragen - wenn er etwa die Traurigkeit beschreibt, die mit der Situation des Abschiednehmens von den Freunden verbunden ist.[70] Eine poetische Parallele finden diese Töne unter den Offiziumsgesängen in der 4. Strophe des Hymnus „*Sacris solemniis*":

> *Dedit fragilibus corporis ferculum,*
> *Dedit et tristibus sanguinis poculum,*
> *Dicens: Accipite, quod trado vasculum.*
> *Omnes ex eo bibite.*[71]

Mit den genannten drei Argumenten, die die Einsetzung der Eucharistie erklären - dem personalen, dem heilsgeschichtlichen und dem anthropologischen -, sind zugleich die zentralen gedankli-

---

einer *praesentia corporalis* theologische Vorbehalte" unterstellt. Richtig ist immerhin, daß Thomas damit keine lokale Gegenwart des Leibes und Blutes Christi verbindet.

[68] Vgl. oben S. 289ff.

[69] Thomas, *S.th.* III 75,1 c.

[70] Vgl. *ebd.*, III 73,5 c.

[71] „Er gab den Gebrechlichen die Speise des Leibes,/ er gab auch den Traurigen den Kelch des Blutes,/ indem er sagte: Nehmt den Becher, den ich gebe,/ trinkt alle daraus."

chen Bezugspunkte markiert, die den weiteren Ausarbeitungen als Orientierungsrahmen dienen.[72] – Diese Ausarbeitungen betreffen die Deutung der Eucharistie als *Erfüllung des Alten Bundes* und als *Einsetzung eines Neuen und Ewigen Bundes* (Abschnitt 2.2.1), die zentrale Rolle, die den *Worten des fleischgewordenen Wortes* für den sakramentalen Vollzug zukommt (Abschnitt 2.2.2), und das Verständnis des *Priesters* als Spender der Eucharistie, das sich von hier herleitet (Abschnitt 2.2.3).

2.2.1. Alter Bund und Neuer Bund

So lassen sich etwa anhand des zweiten, heilsgeschichtlichen Arguments die *Sakramente des Alten Bundes* in ihrem Verweis- und Hinweischarakter im Bezug auf die Eucharistie einholen.[73] Das Opfer des Melchisedek (vgl. *Gen* 14,18ff), das Manna in der Wüste (vgl. *Ex* 16) oder das Versöhnungsopfer (vgl. *Lev* 16) gelten Thomas daher als vorausdeutende Sinnbilder. Unter ihnen kommt dem Osterlamm (vgl. *Ex* 12) als „vornehmlichstem Sakrament" des Alten Bundes eine herausragende Bedeutung zu, die bereits durch das Neue Testament selbst verbürgt ist, wo Christus als „unser Paschalamm" bezeichnet wird, das „für uns geschlachtet ist" (1 *Kor* 5,7). Die konstitutive Bedeutung, die den alttestamentlichen Sakramenten als Verstehenshorizont für die Eucharistie bei Thomas zukommt,[74] ist bereits von den frühesten Biographen bemerkt worden. Eine poetische Verarbeitung dieses Konzepts findet sich wiederum im *„Lauda Sion"*, wenn es heißt:

> *In figuris praesignatur,*
> *cum Isaac immolatur,*
> *agnus Paschae deputatur,*
> *datur manna patribus.*[75]

In seiner herausragenden Bedeutung unter den alttestamentlichen Vorbildern war das Paschalamm zugleich geeignet, die Sakramente des Alten Bundes gleichermaßen zu ihrer Vollendung und zu ihrem Ende zu führen:

---

[72] Vgl. etwa Thomas, *S.th.* III 75,1 c.

[73] Vgl. *ebd.*, III 73,6 c.

[74] Vgl. etwa *ebd.*, III 73,5 c.; III 73,6 c.; III 75,1 c.; III 78,5 ad 3; III 83,1 c.

[75] „In Bildern wird es vorwegbezeichnet,/ als Isaak geopfert wird,/ als das Paschalamm hingegeben (bestimmt) wird,/ als das Manna den Vätern gegeben wird" (22. Strophe). – Vgl. ferner den Hymnus *„Sacris solemniis"*, 3. Strophe: „Post agnum typicum expletis epulis" („Nach dem hinweisenden Lamm, als das Mahl beendet war").

> *Darum war es sinngemäß, daß der Herr, als seine Passion begann, das neue Sakrament gründete, nachdem er zuvor das alte gefeiert hatte.*[76]

In dieser Abfolge von Pascha und Eucharistie (*nach* der Feier des Pascha wird die Eucharistie eingesetzt) wird somit *das heilsgeschichtliche Konzept von Altem und Neuem Bund*, das Thomas im christologischen Kontext entwickelt hatte,[77] unmittelbar konkret, und die Rede von der Aufhebung des Zeremonialgesetzes erhält ihre praktische Plausibilität.[78]

In ähnlicher Weise stand dieses Konzept bereits im Hintergrund der o.g. Vorstellung der „Reinigung durch das Blut Christi", die im *„Adoro te devote"* zur Sprache kam.[79] Zugleich war dort bereits der Begriff des *„Neuen und Ewigen Bundes"*, wie er sich in den Wandlungsworten über den Kelch findet, als Angelpunkt der Überlegungen sichtbar geworden.

(1) Mit seiner Hilfe deutet Thomas darüber hinaus zum einen den Kult und die Sakramente des Alten Testamentes allgemein auf die Sakramente des Neuen Testaments hin. „Alt" (*vetus*) und „neu" (*novus*), „Bild" und „Wahrheit" (*veritas*), „Schatten" (*umbra*) und „Licht" (*lux*) sind hierbei die zentralen, dem *Hebräerbrief* entnommenen Beschreibungskategorien. Als Schlüssel kann *Hebr* 10,1 gelten:

> *Denn das Gesetz enthält nur einen Schatten der künftigen Güter, nicht die Gestalt der Dinge selbst.*

Poetisch wird dieses Motiv ausführlich im *„Lauda Sion"* verarbeitet, wo es heißt:

> *In hac mensa novi regis,*
> *novum Pascha novae legis*
> *phase vetus terminat.*
>
> *Vetustatem novitas,*
> *umbram fugat veritas,*
> *noctem lux eliminat.*[80]

---

[76] Vgl. *ebd.*, III 73,5 c.

[77] Vgl. oben S. 194-199.

[78] Zu den verschiedenen Elementen des Zeremonialgesetzes (*sacrificia, sacra, sacramenta* und *observantia*) vgl. Thomas, *S.th.* I-II 101,4.

[79] Vgl. oben S. 297ff.

[80] „Am Tisch des neuen Königs,/ beendet ein neues Pascha des neuen Gesetzes/ den alten Zeitraum.// Das Alte weicht der Neuheit,/ der

(2) Zum anderen stellt die Rede vom „*Ewigen* Bund" diesen zugleich in ein endzeitliches Licht, in dem die Eucharistie erst ihre endgültige Vollendung findet.[81] Mithin veranschaulicht sich in ihr die o.g. Dreiteilung der Heilsgeschichte, die einen *status veteris legis*, einen *status novae legis* und einen *status beatorum* umfaßt.[82] Und die Wandlungsworte Christi zeigen sich als der eigentliche Schlüssel zu ihrer heilsgeschichtlichen Deutung.

2.2.2. Die Worte Christi und ihre Kraft

Als Inbegriff der biblischen Grundmotivation der thomanischen Eucharistietheologie sind die Wandlungsworte daher nicht nur die unmittelbare Erklärungsgrundlage der Transsubstantiationslehre. Als *forma sacramenti* bilden sie das eigentlich zentrale Prinzip und Fundament seiner Lehre vom Altarsakrament. Schließlich sind sie die zentrale Voraussetzung dafür, daß eine „Vereinigung *mit Christus*" in der Eucharistie überhaupt möglich wird. Ihre Besonderheit zeigt sich nach Thomas im Vergleich mit den anderen Sakramenten in doppelter Hinsicht:

(1) Während letztere im Gebrauch der geheiligten Materie zur Vollendung kommen (wie bei der Taufe im Übergießen mit Wasser oder bei der Firmung in der Salbung mit Öl) findet die Eucharistie ihr Ziel in der Heiligung der Materie selbst. Dies begründet die *indikativische Formulierung* der Konsekrationsformel: „Dies *ist* mein Leib (mein Blut)".

(2) Und während diesem werkzeuglichen Charakter gemäß die übrigen Sakramente bis in die Spendeformel hinein stärker von ihrem Spender abhängig sind („*Ich* taufe dich ...", „*Ich* firme dich ..."),[83] tritt dieser bei der eucharistischen Wandlung völlig

---

Schatten der Wahrheit,/ die Nacht erleuchtet das Licht." (7. und 8. Strophe). – Vgl. ferner Hymnus „*Sacris solemniis*": „ Recedant vetera, nova sint omnia, [...]// Noctis recolitur cena novissima,/ qua Christus creditur agnum et azyma/ dedisse fratribus iuxta legitima/ priscis indulta patribus." („Es weiche das Frühere, neu sei alles, [...]// Des Nachts wird an das jüngste Mahl erinnert,/ bei dem Christus, wie wir glauben, Lamm und ungesäuertes Brot/Den Brüdern gemäß den Bestimmungen gegeben hat,/ die für die Vorväter gesetzlich waren.")

[81] Thomas, *S.th.* III 75,1 c.

[82] Vgl. oben S. 262-267.

[83] Dabei läßt sich „sprechakttheoretisch" zwischen einer „ausführenden Redeweise" (*modus exercentis*) bei der Taufe („Ich taufe dich .."), einer „befehlenden odera nordnenden Redeweise" (*modus imperantis*) bei der Weihe („Empfange die Vollmacht ...") und einer „bittenden Redeweise" (*modus deprecantis*) bei der letzten Ölung unterscheiden. – Sprachphiloso-

zurück: er braucht nichts anderes zu tun, als die Worte Christi auszusprechen - und diese empfangen,

> *wenn der Priester sie ausspricht, durch das Sprechen Christi selbst die Kraft verwandelnder Heiligung, als seien sie von Christus selbst gesprochen.*[84]

Das ist gemeint, wenn es heißt, der Priester spreche *in persona Christi.*[85]

Die Worte Christi haben, so Thomas, mithin die Kraft, nicht nur zu bezeichnen (*vis significativa*), sondern auch zu bewirken (*vis factitiva*), sie besitzen „performative" Kraft. Ihre *Wahrheit*, die in die sprachliche Form der Aussage oder des Urteils gefaßt ist und die für Thomas die Grundlage aller seiner Überlegungen ist („nihil hoc veritatis verbo verius"), setzt das Wirkliche, das diese Worte bezeichnen, nicht voraus,

> *sondern sie schafft es; so nämlich verhält sich das Wort Gottes zu der Wirklichkeit, die durch das Wort geschaffen wird.*[86]

> *Das Sprechen Gottes, wie es in der Wandlung wirkt, ist [dasselbe, das] auch in der Erschaffung der Dinge wirksam gewesen ist.*[87]

Damit aber zeigt sich die Lehre von der eucharistischen Wandlung neuerlich als Anwendungsfall typisch thomanischer Theoreme: der Lehre vom Urteil als Wahrheitsträger[88] und v.a. der Lehre vom ewigen göttlichen Wort,[89] dem Thomas eine *vis creativa effectiva* im Hinblick auf die Wandlungsworte zuschreibt.[90] Das schöpferische göttliche Wort erscheint damit als erstes Prinzip und Ursprung der eucharistischen Gegenwart.

---

phisches Pendant ist die Vorordnung der Aussage und der in ihr enthaltenen Wahrheit vor allen anderen „Sprechakten" (Bitte, Frage, Befehl etc.): vgl. dazu H.-G. Nissing (2006), 447-464.

[84] Thomas, *S.th.* III 78,5 c.

[85] Vgl. das Zitat des Ambrosius, *De sacramentis* IV 14 (FC, 3,142-143) in *S.th.* III 78,1 s.c.: „Also vollzieht die Rede Christi dieses Sakrament." - Vgl. *ebd.* III, 82,1 c.: Die Eucharistie ist „von so hoher Dignität, daß nur vollzogen werden kann in der Person Christi (*nisi in persona Christi*)." - Alle anderen Sakramente werden dagegen „in persona ministri" gespendet.

[86] *Ebd.*

[87] *Ebd.*, III 78,2 ad 2. - Zur Parallele von Schöpfungs- und Einsetzungswort vgl. bereits Ambrosius, *De sacramentis* IV 16 (FC 3,144-145).

[88] Vgl. oben S. 61-67.

[89] Vgl. oben S. 73-81.

[90] Vgl. Thomas, *S.th.* III 78,4.

In einzigartigartiger Weise wird dieser Beziehungszusammenhang, in dem das ewige, Fleisch gewordene Wort, sein Leben und sein Heilswerk Prinzip der Eucharistie sind und diese deren organische Verlängerung bildet, in den ersten vier Strophen des Hymnus *„Pange lingua"* erkennbar gemacht, die schließlich in der 4. Strophe in den Versen gipfeln:

> *Verbum caro panem verum*
> *verbo carnem efficit*
> *fitque sangui Christi merum,*
> *et si sensus deficit,*
> *ad firmandum cor sincerum*
> *sola fides sufficit.*[91]

Dichter und schöner kann man die Lehre von der eucharistischen Wandlung in der Tat nicht zum Ausdruck bringen!

2.2.3. *Der Priester als Spender der Eucharistie*

Gegenüber der primären und fundamentalen Bedeutung, die den Worten Christi im Akt der eucharistischen Wandlung zukommen, tritt das Tun des Priesters deutlich zurück. Mit seinem Sprechen „in persona Christi" nimmt er eine *dienende Rolle* ein.[92] Dementsprechend ist die prinzipielle Stellung Christi als Priester und erster Spender der Eucharistie, aus der Thomas (1) einerseits Sein und Tun des Priesters als eine *Teilhabe* am Priestertum Christi verständlich macht und (2) andererseits die Notwendigkeit einer dem Priester durch die *Weihe* verliehenen *Vollmacht* erklärt.

(1) *Teilhabe am Priestertum Christi.* - Eine zentrale Bedeutung kommt in diesem Zusammenhang wiederum der Theologie des *Hebräerbriefs* zu.[93] Mit seiner Hilfe wird es Thomas möglich, (a) einerseits die alttestamentlichen Dimensionen von Priestertum, Opfer und Sakrament aufzunehmen und *christologisch* zu integrieren, (b) andererseits aber auch die Identität

---

[91] „Das Wort-Fleisch macht wahres Brot/ durch sein Wort zu Fleisch,/ und zu Blut Christi wird der Wein./ Wenn der Sinn hier versagt,/ so ist zur Festigung eines aufrichtigen Herzen / der Glaube allein genug."

[92] Vgl. Thomas, *S.th.* III 75,8; vgl. III 83, 1 ad 3: „Der Priester stellt das Bild Christi (*imago Christi*) dar, in dessen Person und in dessen Kraft er die Konsekrationsworte spricht."

[93] In der betreffenden Quaestio 22 der *IIIa Pars* zum Priestertum Christii wird er allein achtzehnmal zitiert. - Zum Einfluß von *Hebr* und von daher zur Bedeutung von *Super Ad Hebr.* vgl. J.-P. Torrell (1999).

von *Priester* und *Opfergabe* und damit die *Einmaligkeit* und *Unüberbietbarkeit* des Opfers Christi zu belegen. Wiederum ließe sich hier auf das Motiv von der „Reinigung durch das Blut Christi" und seine Auslegung zurückverweisen, die bereits einen ersten Weg zum Verständnis der Vorstellungswelt des alttestamentlichen Kultes in seinen wesentlichen Elementen gebahnt haben.[94]

(a) Die christologische Integration geschieht neuerlich unter einem *personalen Vorzeichen*: Die gott-menschliche Doppelnatur gilt Thomas als der entscheidende Grund, Christus das Priestertum zuschreiben, und zwar „in höchstem Maße". Denn es ist das eigentümliche Amt des Priesters, *„Mittler"* (*mediator*) zwischen Gott und den Menschen zu sein, insofern der Priester *in einer doppelten Rolle* einerseits (i) dem Volk die göttlichen Gaben mitteilt und zugleich andererseits (ii) die Gebete des Volkes vor Gott bringt und für ihre Sünden Opfer darbringt. Christus aber repräsentiert die damit beschriebene zweiseitige *communicatio* zwischen Gott und den Menschen eben *in seiner Person*: denn er hat (i) die Verheißungen der göttlichen Gnade erfüllt und (ii) den Menschen mit Gott versöhnt.

(b) Die Eigenart des Priestertums Christi besteht überdies nach dem *Hebräerbrief* darin, daß er nicht nur Priester ist, sondern zugleich auch *„Opfergabe"* (*hostia*) und die verschiedenen Opferarten des Alten Bundes (Sündopfer, Friedensopfer, Ganzopfer)[95] in sich vereinigt – und zwar durch die bis ins Äußerste gehende „Hingabe" (*traditio*) seines Lebens. Im Opfer Christi finden somit alle alttestamentlichen Opfer mithin ihre Vollendung, er hat es „ein für allemal" (*Hebr* 7,17) dargebracht, so daß sein Priestertum mit Recht ein *„ewiges* Priestertum" genannt wird, in dem die o.g. doppelte priesterliche Rolle erkennbar wird: (i) Christus ist „Hoherpriester der künftigen Güter" (*Hebr* 9,11), da er uns durch seinen Tod nicht zeitliche, sondern ewige Güter mitgeteilt hat. (ii) Und wie der Hohepriester des Alten Bundes einmal im Jahr mit dem Blut der Opfertiere in das Allerheiligste eingetreten ist (vgl. *Lev* 16,33f), so

> *ist auch Christus ins Allerheiligste, d.h. in den Himmel, eingetreten und hat uns den Zugang eröffnet durch die Kraft seines Blutes, das er für uns auf Erden vergossen hat.*[96]

---

[94] Vgl. oben S. 297ff.

[95] Zur Unterscheidung der verschiedenen Opfer des Alten Bundes vgl. *S.th.* I-II 102,3 ad 8 + ad 10.

[96] Thomas, *S.th.* III 22,5 c., in Anlehnung an *Hebr* 9,11-14. – Das Priestertum

Es ist dieses Priestertum Christi, in dem das Priestertum des Neuen Bundes wurzelt, von dem es sich herleitet und an dem es teilhat. Von hier aus erklärt sich nicht zuletzt das doppelte Amt des Priesters, bei der Feier der Eucharistie zugleich Opfernder *und* Ausspender zu sein - womit er nicht zuletzt auch der o.g. Doppelgestalt der Eucharistie als Opfer *und* Sakrament entspricht.[97]

(2) *Weihe und Vollmacht.* - Auf dieser christologischen Basis läßt sich daher auch die *differentia specifica* des Priestertums mit ihrer unmittelbaren Zuordnung zur Eucharistie angeben:

> *Priester werden*
> *[a] dazu geweiht (ad hoc consecrantur),*
> *[b] damit sie das Sakrament des Leibes Christi vollziehen (ut sacramentum corporis Christi conficiant).*[98]

Diese Bestimmung vereint zwei Elemente.

(a) Das erste - die *consecratio* - besagt über die persönliche Selbsthingabe hinaus, die von Seiten des Menschen her in Form der *dedicatio* geschieht, einen eigenen Akt der „Umwandlung" in eine *persona sacra* von Gott her durch den Dienst des Bischofs - wodurch sich die Weihe von einer bloßen Beauftragung unterscheidet.[99]

(b) Das zweite Element benennt darüber hinaus das eigentümliche *Ziel*, auf das hin diese Weihe und die damit verbundene Verleihung „geistlicher Vollmacht" (*potestas sacra*) geschieht: das Handeln *in persona Christi* beim Vollzug des Altarsakraments.[100]

Christi hat sein Vorbild im Priestertum Melchisedeks: vgl. III 22,6 c. mit Bezug auf *Ps* 110,5. - Am ausführlichsten arbeitet Thomas das Motiv des ewigen Hohenpriestertums Christi in *Super Hebr.* IX 3 (n. 435-446) heraus. - Zum Ganzen vgl. J.-P. Torrell (1999); T. Marschler (2003); J.-H. Tück (2009), 150-161.

[97] Vgl. oben S. 289ff. - Dabei ist die Opfergabe dieselbe, der Priester nur der Darstellung nach derselbe.

[98] Thomas, *S.th.* III 67,2 c.

[99] Hierhin gehört - wie bei Taufe und Firmung - die Mitteilung eines „unauslöschlichen Siegels" (*character indelebilis*), das in der Priesterweihe mitgeteilt wird: vgl. Thomas, S.th. III 63,5-6. - Dies umfaßt einerseits eine objektiv-seinshafte Qualität gegenüber einer bloß subjektiven Würdigkeit, andererseits eine Unwiederholbarkeit bzw. Endgültigkeit. - Damit verbindet sich zugleich die Sicherstellung der Wirksamkeit priesterlichen Handelns, auch im Falle von Sünde, Irrglauben, Abfall etc. zum Schutz der Gläubigen: „Die Diener der Kirche können die Sakramente spenden, auch wenn sie unwürdig sind."

[100] Vgl. Thomas, *S.th.* III 82,1 c.: „Dem Priester wird, indem er geweiht

Aus dieser unmittelbaren Zuordnung von Priestertum und Eucharistie[101] leitet sich alles weitere priesterliche Wirken ab, und auf sie hin ist alle Aktivität des Priesters bezogen.[102]

Wiederum findet diese doppelte Aufgabe des Priesters als *mediator*, der in Teilhabe am Priestertum Christi Opfer darbringt und dem Volk die göttlichen Gaben mitteilt, eine poetische Resonanz in den eucharistischen Hymnen, nämlich in der 5. Strophe des Hymnus „*Sacris solemniis*", wo es heißt:

Sic sacrificium istud instituit,
Cuius officium committi voluit
Solis presbyteris, quibus sic congruit,
Ut sumant et dent ceteris.[103]

2.3. *Wirkungen und Empfänger der Eucharistie*

In Verlängerung und „Ausbuchstabierung" des anthropologischen Ausgangspunktes der *Einigung mit Christus* traktiert Thomas in großer Ausführlichkeit vor allem die Wirkungen und den Empfang der Eucharistie.[104] Die verschiedenen Wirkungen der Eucharistie lassen sich nach (1) Inhalt (Christus), (2) Darstellung (seine Passion), (3) Medium der Darreichung (Nahrung und Trank) und (4) deren Gestalt (als Symbol der Einheit) differenzieren. Sie finden ihren Integrationspunkt im Begriff der *Gnade* (*gratia*), die aufgrund des Gesagten nicht ohne personale Konnotationen gedacht werden sollte.[105] Auch wenn sich der Eucharistie

---

wird, die Vollmacht übertragen, dieses Sakrament [die Eucharistie] in der Person Christi zu konsekrieren."

101 Dabei ist es die besondere Dignität der Eucharistie, die die Notwendigkeit der Weihe begründet: vgl. *ebd.* III, 82,1c.

102 So unterscheidet Thomas zwei Akte des Priesters: [1] der eine und primäre bezieht sich auf die Feier des Mysteriums der Eucharistie; [2] der zweite, nachgeordnete, der in dem ersten gründet, bezieht sich darauf, die Menschen hinzuführen und zu bereiten zum Mitvollzug dieses Mysteriums. So werden etwa das Lossprechen von den Sünden in der Beichte oder die Verkündigung des Wortes Gottes in der sakramentalen Feier organisch von hier aus verständlich: vgl. Thomas, *Super IV Sent.* d. 24,1,3, 2 ad 1; *S.c.G.* IV 74 (n. 4097).

103 „So hat er dieses *Opfer* eingesetzt,/ dessen Dienst er anvertraut wissen wollte/ allein den Priestern, denen es daher zusteht,/ daß sie selbst empfangen und den *anderen geben*."

104 Vgl. Thomas, *S.th.* III 79 und 80 (mit acht bzw. zwölf Artikeln).

105 Vgl. *ebd.*, III 79,1 c.: „Weil aber [1] Christus und [2] seine Passion die Ursache der Gnade sind, und weil [3] die Erquickung des Geistes und [4] die Liebe nicht sein können ohne die Gnade, so ist durch alles zuvor

zusätzlich weitere Wirkungen, wie die *Nachlassung und Bewahrung von Sünden* in verschiedenen Hinsichten, zuschreiben lassen, so sind diese von nachgeordneter Bedeutung. Denn – anders als die Taufe – ist dieses Sakrament nicht primär hingeordnet auf die Genugtuung, sondern eben auf die geistliche Nahrung und Vollendung des Menschen, auf die Liebe und die Vereinigung mit Christus.[106] Daher ist die Taufe auch das „Tor" zu den Sakramenten, die Eucharistie dagegen ihr Ziel und ihre Erfüllung.[107]

(1) *Sakramentale und geistliche Kommunion.* – Mit dem Empfang des Altarsakraments entspricht der Glaubende der Aufforderung Jesu „Nehmt und eßt" – „Trinket alle daraus" (vgl. *Mt* 26,26.28) – wobei Thomas prinzipiell zwei Weisen unterscheidet, es zu empfangen: (a) die „sakramentale" (*manducatio sacramentalis*) und (b) die „geisthafte" (*manducatio spiritualis*).[108]

Diese Differenzierung liegt ganz auf der Linie der Unterscheidung von sowohl leiblichen, als auch geistlichen Wirkungen, die Thomas oben dem *panis vivus et vitalis* zugeschrieben hatte.[109] – Dabei ist allerdings deutlich hervorzuheben, daß

> *die manducatio spiritualis [...] für Thomas etwas völlig anderes [bedeutet,] als das, was wir unter „geistlicher Kommunion" verstehen. Für unseren Sprachgebrauch besagt „geistliche Kommunion" negativ so viel wie „nicht-leibhaftige" Kommunion; positiv bedeutet sie das „innige Verlangen" nach dem eigentlich und leibhaftig sakramentlichen Empfang des Herrenmahles". Für Thomas hingegen meint die manducatio sacramentalis den „nur" sakramentlichen Empfang, „die minder vollkommene Weise des Empfanges, in welcher nur das Sakramentliche des Sakramentes, nicht aber sein Wirklichkeitskern (res sacramenti) genossen wird [...]; sie ist „das Unvollkommene, das die wesenseigene Vollendung nicht erreicht".*[110]

Gesagte offenbar geworden, daß dieses Sakrament die Gnade mitteilt.". – Vgl. *ebd.*, III 79,2 c.

[106] Der Doppelbezeichnung als „Opfer" und „Sakrament" entsprechend wird zwischen der Wirkung für den Darbringenden und der für den Genießenden unterschieden: vgl. *ebd.*, III 79,5 c + 7 c.

[107] Vgl. Thomas, *S.th.* III 73,3 c.

[108] J. Pieper (2000b), 372: „*Spiritualis* meint nicht nur ‚geistig' *und* ‚geistlich' zugleich, sondern darüber hinaus ‚das auf den Heiligen Geist Bezügliche'." – Vgl. zum Ganzen H.R. Schlette (1959).

[109] Vgl. oben S. 292-295.

[110] J. Pieper (2000b), 372, in Zitation von Thomas, *S.th.* III 80,1 ad 2.

Die *manducatio spiritualis* hingegen besteht darin, *auch* die Frucht dieses Sakramentes in sich aufzunehmen „und durch sie im Glauben und in der Liebe mit Christus vereinigt" zu werden. Sie ist die eigentlich *vollkommene* Weise, das Herrenmahl zu empfangen, worin der leibhaftig sakramentliche Empfang mit einbeschlossen ist.[111]

Diese Annahme, daß das geistliche Genießen die eigentlich *vollkommene Form des Empfangs* ist, macht schließlich eine Redeweise verständlich, die biblischem Sprachgebrauch entstammt und in der christlichen Tradition auf die Eucharistie bezogen wurde: die Rede vom „Brot der Engel" (*panis angelorum*, vgl. *Ps* 78 [77],25). In der Sequenz „*Lauda Sion*" begegnet sie an exponierter Stelle:

Ecce panis angelorum,
factus cibus viatorum,
vere panis filiorum,
non mittendus canibus.[112]

Und auch in der *Summa theologiae* kommt Thomas eigens auf sie zu sprechen: Sie bezeichnet, wie er ausführt, das geistliche Genießen der Eucharistie in seiner spezifischen Hinordnung „auf das Genießen im Vaterland - so wie die Engel Christus genießen"[113].

(2) *Die „manducatio impiorum"*. - Die Unterscheidung zwischen sakramentaler und geistlicher Kommunion geht offenbar zurück auf die Mahnung des Apostels Paulus zur gründlichen Selbstprüfung vor dem Empfang und die Besorgnis eines unwürdigen Hinzutretens:[114]

Wer also unwürdig von dem Brot ißt und aus dem Kelch des Herrn trinkt, macht sich schuldig am Leib und am Blut des Herrn. Jeder soll sich selbst prüfen; erst dann soll er von dem

---

[111] *Ebd.*

[112] „Seht, das Brot der Engel,/ den Wanderern zur Speise gemacht,/ das wahre Brot der Söhne, das nicht den Hunden vorgeworfen werden soll." (21. Strophe).

[113] *Ebd.*, III 80,2 ad 1.

[114] Vgl. J. Pieper (2000b), 373: „[D]ie *Glossa ordinaria*, auf welche Thomas sich beruft, knüpft die Unterscheidung zwischen sakramentlicher und geisthafter Kommunion an die Erläuterung des Paulus-Wortes ‚Wer unwürdig ißt und trinkt, der ißt und trinkt sich das Gericht' (1 *Kor* 11,29), so daß der Begriff der ‚sakramentlichen Kommunion', wie er in der genannten Unterscheidung verstanden wird, in die Nähe des Begriffes ‚unwürdige Kommunion' gerückt ist." – Zum besonderen Sinn für das Heilige vgl. ferner den Einfluß des Ps.-Dionysius Areopagita.

> *Brot essen und aus dem Kelch trinken. Denn wer davon ißt und trinkt, ohne den Leib zu unterscheiden, der zieht sich das Gericht zu, indem er ißt und trinkt (1 Kor 11,27-29).*

So könnte man geneigt sein, in den detaillierten Ausführungen der *Summa theologiae* zur angemessenen Disposition des Empfängers, zum sündhaften Empfang und unwürdigen Umgang mit dem Sakrament und seiner Schwere in verschiedenen Fällen, zur erforderlichen Nüchternheit, zum täglichen Empfang, zur Verpflichtung zum Empfang sowie zum Empfang unter beiderlei Gestalten[115] etc. zumindest Anfänge jener Tendenz zur Kasuistik sehen, die man dem scholastischen Denken immer wieder nachgesagt und in ihrer Auswirkung auf das Glaubensleben als problematisch empfunden hat. Schließlich findet die paulinische Warnung vor einer *manducatio impiorum* selbst in den thomanischen Dichtungen einen vergleichsweise ausführlichen Widerhall, wenn es heißt:

> *Sumunt boni, sumunt mali,*
> *sorte tamen inaequali,*
> *vitae vel interitus.*
> *Mors est malis, vita bonis;*
> *vide, paris sumptionis*
> *quam sit dispar exitus.*[116]

Mit Blick auf das Ganze der thomanischen Ausführungen zur geistlichen Disposition des Empfängers der Eucharistie wird man allerdings eine gute Ausgewogenheit konstatieren können, die zwischen der *Ehrfurcht* einerseits - auf welche die paulinische Warnung zielt - und der *Liebe* andererseits - die dem Streben nach Vereinigung entspricht - als notwendigen Haltungen gegenüber der Eucharistie vermittelt. So führt Thomas in Erörterung der Frage, inwieweit man eher mit Ehrfurcht oder Liebe zum Sakrament hinzutreten sollte, mit einem Zitat des Augustinus die beiden biblischen Personen des Zachäus (vgl. *Lk* 19,1-10) und des Hauptmanns von Kapharnaum (vgl. *Mt* 8,5-13) an, die diese beiden Haltungen in typischer Weise repräsentieren und dem Glaubenden wiederum als Identifikationsfiguren dienen können: Wenn

---

[115] Vgl. Thomas, *S.th.* III 80, 4-12.

[116] „Es empfangen ihn Gute, es empfangen ihn Böse,/ allerdings mit ungleichem Anteil,/ nämlich dem des Lebens oder des Untergangs.// Tod wird den Bösen, Leben den Guten./ Sieh, wie bei gleichem Empfang/ der Ausgang so verschieden ist." (17.-18. Strophe).

> *„der eine den Herrn mit Freuden in sein Haus aufnahm, während der andere sagte: ‚Ich bin nicht würdig, daß du eingehest unter mein Dach'", so haben beide doch „den Erlöser geehrt, wenn auch nicht auf die gleiche Art".*[117]

(3) *Die kirchliche Dimension der Eucharistie.* – Schließlich mag man sich die Frage stellen, ob die thomanischen Darlegungen zum Empfang der Eucharistie insgesamt nicht von einem zu starken *individualistischen* Zug geprägt sind, da sie vor allem mit Blick auf den einzelnen Empfänger formuliert sind, und damit einer spezifisch neuzeitlichen Verkürzung der eucharistischen Frömmigkeit vorarbeiten. Hiergegen gilt es allerdings, jenes zentrale Grundmotiv wahrzunehmen und herauszustellen, das den Herrenmahl-Traktat der *Summa* von Anfang an durchzieht:[118] den Gedanken nämlich, daß die Eucharistie „das Sakrament der kirchlichen Einheit" ist (*eucharistia est sacramentum ecclesiasticae unitatis*)[119].

> *Sätze dieser Art kehren mehrfach wieder. Die Einheit des mystischen Leibes und die Einheit mit dem mystischen Leibe, ohne welche kein Heil ist, gehört zum Wirklichkeitskern [...] dieses Sakramentes: „res [huius] sacramenti est unitas corporis mystici, sine qua non potest esse salus". [...] Der Gründungssinn dieses Sakramentes ist, „Nahrung zu sein durch die Einswerdung mit Christus und seinen Gliedern, so wie auch die Nahrung eins wird mit dem, den sie nährt". Während der Name „Kommunion" (communio) in der Neuzeit fast ausschließlich auf die Vereinigung des einzelnen mit Christus (sozusagen gleichfalls als „einzelnem") bezogen worden ist, versteht Thomas dieses Wort, wiederum, vornehmlich als Bezeichnung der Einheit des mystischen Leibes, dem der einzelne durch den Empfang des Herrenmahles eingegliedert wird. [...] Thomas nimmt den paulinischen Gedanken, daß „wir vielen alle, die an dem einen Brote und an dem einen Kelche teilhaben, ein Brot sind und ein Leib" (1 Kor 10,17), ganz in seinem wörtlichen Sinn. Aus dem gleichen Gedanken der Einheit des*

[117] Thomas, *S.th.* III 80,10 ad 3. – Vgl. Augustinus, Epistula 54: *Ad inquisitiones Ianuarii 4* (CSEL 34,2,162,17-163,1) – Vgl. ferner den ausdrücklichen Hinweis auf den Zusammenhang von Empfang und Anbetung des Leibes Christi mit einem Zitat des Augustinus in *S.th.* III 80,6 ad 2: „Nemo carnem Christi manducet, nisi prius adoret." (*Enarrationes in Psalmos* 98,9, CCL 39,138523f.).

[118] Vgl. bereits oben bei der Erläuterung der Namen der Eucharistie: es geschieht eine Vereinigung mit Christus und seiner Kirche (*S.th.* III 73,4 c.).

[119] Thomas, *S.th.* III 80,5 ad 2.

> *mystischen Leibes Christi begründet Thomas auch die Gebete für die Verstorbenen, die im Kanon der Messe, also unmittelbar in der Feier des Herrenmahles, gesprochen werden: „Das Herrenmahl ist das Sakrament der Einheit der gesamten Kirche, und darum geschieht gerade in diesem Sakrament, mehr als in den anderen, eine Erwähnung alles dessen, was auf das Heil der gesamten Kirche Bezug hat."*[120]

Auf diese Weise bleibt in der Eucharistietheologie des Thomas das altkirchliche Verständnis des *corpus Christi mysticum* gewahrt,[121] und im selben Geiste kann auch die Sequenz der Messe zu Fronleichnam ganz bewußt mit einem Anruf an die Kirche beginnen:

> *Lauda Sion salvatorem,*
> *lauda ducem et pastorem*
> *in hymnis et canticis.*[122]

2.4. *Die eschatologische Ausrichtung der Eucharistietheologie des Thomas*

So ordnen sich die eucharistietheologischen Überlegungen des Thomas von Aquin um das Leitmotiv der *Vereinigung und Gemeinschaft mit Christus* und stehen zugleich im Zeichen einer eigentümlichen Dynamik: Als Sakrament des „Neuen und Ewigen Bundes" ist die Eucharistie hingeordnet „auf die Erlangung des Ewigen Erbes" (*ad adipiscebdam aeternam hereditatem*)[123]. Ja, diese ist für Thomas in besonderer Weise „Frucht" (*effectus*) der Eucharistie, denn

> *Christus selbst hat uns durch seine Passion den Zugang zum Ewigen Leben aufgetan, gemäß dem Worte: „Er ist der Mittler des Neuen Testamentes, auf daß durch seinen Tod die Berufenen die Verheißung des ewigen Erbes empfangen" (Hebr 9,15). [...]*

---

[120] J. Pieper (2000b), 370f. in Zitation von Thomas, *S.th.* III 83,4 ad 3. – Inwieweit sich von der Eucharistielehre her ein ekklesiologisches Konzept des Thomas entwickeln läßt, in dessen *Summa* es ja keinen eigenen Traktat über die Kirche gibt, wäre ein eigenes Thema. – Zum Verständnis der Kirche bei Thomas vgl. H.-G. Nissing (2017b). – Die genannten Thomas-Zitate stammen aus *S.th.* III 73,3 c. und III 83,4 ad 3.

[121] Vgl. dazu H. de Lubac (1969).

[122] „Lobe, Zion, den Heiland,/ lobe den Führer und Hirten/ in Hymnen und Gesängen" (1. Strophe).

[123] *Ebd.*, III 78,3 c.: „Nach dem Wort in *Hebr* 10,19: ‚Wir haben Zuversicht kraft seines Blutes einzutreten in das Allerheiligste'".

> *Und die geisthafte Erquickung durch die Speise und die in der Gestalt von Brot und Wein zeichenhaft bedeutete Einheit sind zwar auch schon in diesem Leben Wirklichkeit, jedoch nur unvollkommen, vollkommen aber erst im Stande der Herrlichkeit.*[124]

Mit ihrer eschatologischen Ausrichtung bringt die thomanische Eucharistietheologie nicht nur die grundlegende anthropologische Perspektive, die den Ausgangspunkt der Sakramentenlehre markierte, mit einer inneren Konsequenz zum Abschluß, insofern sie das Altarsakrament in den Kontext der dynamischen Ausrichtung des Menschen auf Gott als sein Endziel einordnet und von dort her interpretiert.[125] Zugleich zeigt sie darin auch die persönliche Handschrift des Thomas, da sie ganz „auf der Linie [....] [seiner] theologischen und geistlichen Persönlichkeit [...] [liegt], die grundlegend von einer ‚Spannung im Hinblick auf die Schau Gottes' geprägt ist"[126].

Mit Recht läßt sich diese eschatologische Perspektivierung als „Schlußstein" in der Eucharistietheologie des Thomas kennzeichnen.

(1) Von entscheidender Bedeutung ist hier vor allem anderen die *Wahrnehmung Christi* als *erhöhter Herr*, der sein Heilswerk vollendet hat und der durch Leiden, Tod und Auferstehung in die Herrlichkeit eingegangen ist. Er, der eschatologische König, dem der Predigerbruder Thomas in seinem Leben Gefolgschaft leistet, ist es, der unter den eucharistischen Gestalten gegenwärtig wird![127] So ist auch

> *Ausgangspunkt der Transsubstantiationslehre [...] die Überzeugung, daß Christus als der auferstandene und erhöhte Herr mit einem verherrlichten Leib zur Rechten des Vaters sitzt.*[128]

---

[124] *Ebd.*, III 79,2 c.

[125] Schon durch den Aufbau der *Summa theologiae* erscheinen die Sakramente, die unmittelbar vor dem (ungeschrieben gebliebenen) Traktat von den Letzten Dingen behandelt werden, in ein endzeitliches Licht gerückt.

[126] J.-P. Torrell (1995), 154 mit Hinweis auf die Arbeiten von P.-M. Gy (1980); (1983); (1990). – Zum theologischen Kontext im Hochmittelalter vgl. M.M. Adams (2010).

[127] Vgl. hierzu etwa Thomas, *S.th.* III 73,4 c.; 6 c.; 78,3 c.+ad 3; 79,1 c.+ad 3; 2 c. – Dazu oben S. 184-190. – Durch die Eucharistie wird auch unser Leib, den wir „in der gegenwärtigen Zeit Gott darbieten als ‚Waffen der Gerechtigkeit' (*Röm* 6,13) in der zukünftigen Zeit teilhaben an der Unvergänglichkeit und Herrlichkeit der Seele" (*S.th.* III 73,4 c)

[128] H. Hoping (2011), 220.

Von den verschiedenen „Mysterien des Lebens Jesu" der *Summa theologiae* hat deshalb gerade die Betrachtung der Erhöhung und Verherrlichung Christi und seiner eschatologischen Existenz „zur Rechten des Vaters" für die Eucharistielehre eine konstitutive Relevanz.[129] Als Erhöhter hat er zugleich „ein unvergängliches Priestertum" und „lebt allezeit, um für [die Gläubigen] einzutreten" durch sein Opfer, das er „ein für alle Mal dargebracht hat" in der Hingabe seiner selbst (vgl. *Hebr* 7,24f.27).

Insbesondere ist die eschatologische Existenz Christi (*in specie propria*) - und das damit verbundene Entzogensein des in den Himmel Aufgefahrenen - die zentrale gedankliche Voraussetzung dafür, sein davon verschiedenes Gegenwärtigwerden unter den eucharistischen Gestalten (*in specie panis et vini*) als wahrhaft und wirklich an verschiedenen Orten und zu verschiedenen Zeiten überhaupt sinnvoll zu denken. Als Erhöhter ist er nicht begrenzt auf dieses Sakrament, sondern kann „sowohl im Himmel in seiner eigenen Gestalt, als auch auf den vielen Altären in sakramentaler Gestalt" sein.[130] Von hier aus zeigt sich noch einmal, daß die sakramentale Gegenwart Christi, wie Thomas sie konzipiert, nicht einfach *materialistisch* zu verstehen ist, sondern daß seine Eucharistielehre vielmehr einen *Mittelweg* aufzeigt zwischen den Extremen eines *historisch-sensualistischen Materialismus* einerseits und eines *symbolistischen Spiritualismus* andererseits.[131] Mit dem Unterschied von *species propria* und *species sacramenti* ist somit der Deuterahmen vorgezeichnet, in dem sich die Eucharistielehre des Thomas im Ganzen bewegt. Entsprechend sind die Betrachtungen der Schlußstrophe des *„Adoro te devote"* auf die endzeitliche Anschauung des Herrn von Angesicht zu Angesicht perspektiviert, und parallel dazu endet auch die Sequenz *„Lauda Sion"* mit einem Ausblick auf die ewige Gottesstadt:

Tu qui cuncta scis et vales,
qui nos pascis hic mortales,
tu nos ibi commensales,
coheredes et sodales
fac sanctorum civium.[132]

---

[129] Vgl. Thomas, *S.th.* III 57-59. - So bietet Thomas etwa in seinen *Coll. in Symb. Apost.* gerade zu diesem Glaubensartikel eine kleine „christologische Summe": vgl. H.-G. Nissing (2019), LXII.

[130] Thomas, *S.th.* III 76,5 c.

[131] Vgl. dazu H.-G. Nissing (2018), XXXVIIIf.

[132] Thomas, *Sequenz „Lauda Sion"*, 24. Strophe: „Du, der alles weißt und

(2) Daher lenkt die *eucharistische Feier* den Blick stets vom Gedächtnis des Vergangenen und der Präsenz des Gegenwärtigen auf das in der Zukunft Erwartete: auf die Erfüllung des Mahles im Reich Gottes (vgl. *Lk* 22,16). Die Feier der Kirche wird daher andauern „bis er wiederkommt (*donec veniat*) in Herrlichkeit", d.h.

> *bis zu seiner endgültigen Ankunft [...] am Ende der Welt, nach den Worten bei Matthäus 28,20: „Ich werde bei euch sein, bis zum Ende der Welt."*[133]

---

vermagst,/ der uns Sterbliche hier weidet,/ mache du uns dort zu Teilnehmern an deinem Mahl,/mach uns zu Miterben und Mitpriestern/ deiner heiligen Bürger."

[133] Thomas, *Super I Ad Cor.* XI 7 (n. 686). – Vor allem bei Lukas und Paulus ist dieser Gesichtspunkt in der Heiligen Schrift bezeugt.

Kapitel 6

Der „Notenschlüssel" Kreatürlichkeit

Schöpfung, Sünde und Erlösung

Der Mensch steht am Ausgangspunkt der Sakramenten- und Eucharistietheologie des Thomas von Aquin. So gehen in ihre Überlegungen die Grunddimensionen seines Daseins in konstitutiver Weise ein: Weil der Mensch Geschöpf, Gefallener und Erlösungsbedürftiger ist, sind die Sakramente gleichermaßen Mittel zur gnadenhaften Vervollkommnung des menschlichen Lebens wie Heilmittel gegen die Sünde. Das *„Adoro te devote"* beschreibt diese anthropologischen Grunddimensionen durch die Schlüsselbegriffe des „Lebens" und der „Unreinheit bzw. der „Heilung". Von ihnen aus erschließen sich zugleich die thomanischen Konzepte von *Schöpfung* einerseits sowie von *Sünde* und *Erlösung* andererseits. Erst in ihrer Komplementarität ergibt sich ein vollständiges Verständnis dessen, was mit dem „Notenschlüssel" Kreatürlichkeit gemeint ist, der vor dem Denken des Thomas im Ganzen steht. In ihrer Entfaltung kann sich dabei neuerlich jene organische Verbindung zeigen, welche die beiden großen Quellen im Denken des Thomas, die Philosophie des Aristoteles und die Botschaft der Bibel, miteinander eingehen.

1. Der Mensch als Geschöpf

1.1. Leben und Sein

Biblische und aristotelische Quellen. – Mit dem Begriff des „Lebens" ist ja nicht allein eines der großen und elementaren Schlüsselworte des christlichen Verständnisses von Mensch und Gott zur Sprache gebracht, wie es insbesondere durch das johanneische Schrifttum akzentuiert wird. Als solches begegnete es bereits im Zusammenhang der thomanischen „Theologie des Ewigen Wortes", in dem „Licht" und „Leben" sind,[1] ferner in

[1] Vgl. oben S. 73-90. – Unter dem Leitmotiv des „Lebens" erscheint so in *Super Ioan.* I 2 (n. 94) die besondere Kreativität des Wortes als ein fortwährendes Quellen, das Entstehenlassen wie Führung und Leitung gleicherma-

den Selbstzuschreibungen der „Ich bin“-Worte Jesu,[2] sowie in der Rede vom „Ewigen Leben“ (*Joh* 17,3) als Ziel allen Menschseins, das für Thomas beständiger Bezugspunkt seines Denkens ist.[3] Aus diesem Kontext heraus gewinnt das Verständnis für die *Gutheit*, ja: *Heiligkeit* allen Lebens seinen Sinn.[4]

Zugleich ist der Begriff des Lebens freilich auch Grundbegriff der aristotelischen Naturphilosophie und Metaphysik.[5] Er dient dort zur Erschließung der physischen Wirklichkeit und zumal der *Seele*. In der Seele wird der Begriff des Lebens konkret und „faßbar“, die Seele ist gewissermaßen die „Subjektivität des Lebendigen“[6], denn sie besagt „immer so etwas wie Innerlichkeit [...], [a]llerdings [...] nicht [ausschließlich] als Bewußtsein und Denken“[7]. „Eine Seele zu haben, verbindet den Menschen mit allem Lebendigen.“[8] Vielleicht stellt der Begriff des Lebens daher sogar noch mehr als der Begriff des *„Seins“* (*esse*) den zentralen Grundbegriff in der Philosophie des Thomas von Aquin dar.[9] Zumindest ist er geeignet, diesen in seiner eigentümlichen Bedeutung zu erschließen.

Leben und Seele. – Nach Aristoteles gelten die Phänomene (1) der *Selbstbewegung* und (2) der *Wahrnehmung* als Hinweise auf das Vorhandensein von Leben.[10] Sie deuten zugleich auf die grundlegend *dynamische* Verfaßtheit des Lebendigen hin, wie sie schließ-

---

ßen umfaßt. Die Schöpfung selbst unterscheidet sich in die verschiedenen Stufen der Pflanzen, Tiere, Menschen und Engel (vgl. I 3, n. 97) mit ihren Grundvollzügen des Seins, Lebens und Erkennens, die durch den Evangelisten in den ersten Versen (1,1–1,4a–1,4b) in der entsprechenden Ordnung zum Ausdruck gebracht werden (vgl. I 3, n. 100). – Der Begriff „Licht“ wird von hier aus zum Leitmotiv für die besondere Geistigkeit des Lebens unter den Geschöpfen (vgl. I 3, n. 97ff.). Und die Identifizierung des Ewigen Wortes mit Leben und Licht (*Joh* 1,4) gibt Thomas Anlaß, das Wirken des Wortes im Rahmen der menschlichen Erkenntnis zu bedenken.

[2] Vgl. oben S. 292-295.

[3] Vgl. unten S. 399-405.

[4] Vgl. *Gen* 9,6; *Dtn* 32,39; *Ex* 20,13; 23,7; *Ij* 12,10; 1 *Sam* 2,6 u.ö.

[5] Vgl. Aristoteles, *De anima* I 1 (402a5); II 1 (412a13f.); II 4 (415b13f.); *Metaphysik* XII 7 (1072b28f.). – Dazu oben S. 109ff., S. 115f. und S. 140. Nicht zu vergessen sind hier schließlich die Impulse von Seiten des Ps.-Dionysius, der in *De divinis nominibus* VI den Namen „Leben“ (*vita*) unter den Gottesnamen erörtert; hierzu Thomas, *Super De div. nom.* VI 1-2 (n. 674-694).

[6] R. Spaemann (2010), 57.

[7] *Ebd.*, 48f.

[8] *Ebd.*, 58.

[9] Vgl. in diesem Sinne *ebd.*

[10] Vgl. Aristoteles, *De anima* I 2 (403a31-404b30).

lich in der Bestimmung der Seele als erstem Akt des physischen Körpers, der der Möglichkeit nach Leben besitzt, zum Ausdruck kommt.[11] Als solches ist das Leben der menschlichen *Selbsterkenntnis* unmittelbar zugänglich:

> *Darin, daß wir wahrnehmen und erkennen, nehmen wir wahr und erkennen wir, daß wir sind [und leben].*[12]

Stufen des Lebens. – Die Anwesenheit einer Seele und der durch sie ermöglichten Tätigkeiten wird für Aristoteles von daher zum grundlegenden Kriterium, um zu identifizieren, daß etwas Leben hat:

> *Dadurch unterscheidet sich ja das Belebte vom Unbelebten, daß es eine Seele hat.*[13]

Die Seele ist

> *das Prinzip, durch das (quo) wir zuerst leben (vivimus), wahrnehmen (sentimus), uns bewegen (movemus) und denken (intelligimus),*[14]

das *primum principium vitae.* Von jedem „Lebe-Wesen" sagt man folglich, daß es lebt, sofern ihm mindestens eine der genannten Tätigkeiten zukommt. Auch die *Tätigkeit des Geistes* ist somit Leben, ja: Leben im höchsten und vollkommensten Sinne.[15] Für Aristoteles hat der Aspekt des Lebens dabei stets den Vorrang gegenüber dem des Bewußtseins, wie sich im Zusammenhang der Untersuchungen zur Seele erkennen läßt:

---

[11] Vgl. Aristoteles *De anima* II 1 (412b4). – Dazu oben S. 43-46.

[12] Vgl. Aristoteles, *Nikomachische Ethik* IX 9 (1170a29ff.); vgl. Thomas, *Super Eth.* IX 11 (Z. 94-113); *Q. de ver.* 10,8 ad 2; 10,12 ad 7. – Inwieweit sich hierin in Analogie zum antiskeptischen Argument Augustins (vgl. *De trinitate* X 14, CCL 50,327,38-45 u.ö.) eine Vorform des berühmten *Cogito*-Arguments Descartes' erkennen läßt, sei dahingestellt. – Zum Ganzen vgl. H.-G. Nissing (2009), 156ff.

[13] Aristoteles, *De anima* II 2 (413a20) u.ö. – Zu den verschiedenen Zugängen zum Lebensbegriff bei Aristoteles vgl. grundlegend S. Schaede (2009), 18. – Anders als im Griechischen, das den terminologischen Unterschied zwischen *zoê* und *bios* kennt (mit ersterem sind – als Oberbegriff –bei Aristoteles die physiologischen und biologischen Phänomene bezeichnet, mit letzterem v.a. die Lebensführung), sind im Lateinischen die verschiedenen Dimension unter dem Begriff *vita/ vivere* zusammengefaßt.

[14] Aristoteles, *De anima* II 2 (414a12); vgl. Thomas, *Super De an.* II 4 (Z. 196-213).

[15] Vgl. Aristoteles, *Nikomachische Ethik* IX 9 (1170a29ff.). – Vgl. Thomas, *Super Ioan.* I 3 (n. 99 und 101).

> *„Leben" ist [...] sowohl umfassender als auch einheitlicher als „Bewußtsein".*[16]

Die Seele kommt somit zunächst als *primum principium vitae* und erst dann als *primum principium intellectivum* in den Blick.[17]

Die teleologische Struktur des Lebendigen. – Mit der wesentlich dynamischen aber ist zugleich auch eine *teleologische* Struktur des Lebendigen gegeben. In ihr erscheint die Seele nicht nur als *inneres Ziel* (*entelechia*), welches die Integration des Organismus bewirkt und das Lebendige zur Einheit seines Wesens bestimmt,[18] sondern das Lebewesen als Ganzes ist dadurch ausgezeichnet, daß es strebend „auf etwas aus" ist: Lebendige Wesen haben natürliche Ziele, um deren willen sie tätig sind.

Das gute Leben des Menschen. – Ihre spezifisch ethische Gestalt gewinnt diese Ausrichtung beim Menschen dadurch, daß er aufgrund seiner Vernunftbegabung „sein Leben selbst führen" kann und muß. Das Motiv des *dominium sui actus*, der „Herrschaft über die einen Akte", welche die menschliche Personalität grundlegend kennzeichnet, findet darin seine Erstreckung auf die Zeit hin. Entsprechend hat die schon mehrfach genannte aristotelische Lehre von den *„Lebensformen"* (*bioi*) hier ihre Wurzel.[19]

Es war R. Spaemann, der dieses „Aus-Sein-auf" des Lebendigen, seine natürliche Teleologie, gegen die neuzeitliche, mit R. Descartes (1596-1650) beginnende Anthropologie eigens herausgestellt hat. Auf der Basis seines berühmten *cogito*-Arguments hatte Descartes die Seele als eine *res cogitans* gedeutet und sie der *res extensa*, einer mathematisch verstandenen Körperlichkeit, gegenübergestellt, mit der sie lediglich äußerlich verbunden ist – und sie so zu einem „Gespenst in der Maschine" (*ghost in the machine*)[20] verflüchtigt.[21] Damit aber trat der Dualismus von Denken und

---

[16] Vgl. F. Inciarte (1984), 46ff.

[17] Vgl. Thomas, *S.th.* I 75,1 und 2.

[18] Vgl. Aristoteles, *De anima* II 4 (415b7–28). – Vgl. Thomas, *Super De an.* II 7 (Z. 164–228).

[19] Im thomanischen Verständnis trifft sie sich schließlich mit jener o.g. Verheißung, „das Leben zu gewinnen", die der reiche Jüngling im Evangelium von Jesus erhält: vgl. oben S. 194-199, v.a. S. 198.

[20] Vgl. G. Ryle ([6]1955) 17. – Vgl. R. Spaemann (1994), 84: „Die neuzeitliche Philosophie ist durch die Dichotomie von Subjekt und Objekt, von Bewußtsein und Gegenstand, von *res cogitans* und *res extensa* bestimmt. Es gibt für Descartes keine spezifische Ordnung des Lebens zwischen dem Sein des Geistes und dem Sein toter, passiver Materie."

[21] Aufgrund dieser Reduktion der Seele auf das Denken gelten die ver-

Ausdehnung, von Geist und Materie, an die Stelle der klassischen, bereits auf Platon und den Neuplatonismus zurückgehenden Triade von „Sein-Leben-Denken"[22] bzw. die ihre entsprechende Trias von „Körper-Seele-Geist", in denen dem Gedanken des *Lebens* die entscheidende *vermittelnde* und *integrierende* Rolle zukam. Der Verzicht auf diesen Begriff des Lebens sowie auf jede teleologische Betrachtung der Natur war von daher kennzeichnend für die in der Folge entwickelte moderne Naturwissenschaft mit ihrer Tendenz zur Vergegenständlichung, Hypothetisierung und Simulation.[23]

Weil die Seele hingegen nach klassischer Auffassung für die natürlichen Wesen Prinzip und Ursache ist – und zwar in formaler, finaler und effizienter Hinsicht,[24] ist das Leben für Aristoteles und Thomas nicht als eine bloße *Eigenschaft* zu verstehen, die man haben kann oder nicht, sondern als die *Seinsweise* bestimmter Wesen, die wir lebendig nennen und die aufhören zu sein, sobald sie nicht mehr leben. Leben kommt – anders gesagt – Lebewesen nicht akzidentell, sondern substantiell zu; Leben ist das Sein des Lebendigen: „Vivere viventibus est esse."[25] Damit aber ist zugleich gesagt, daß Leben das Paradigma für unser Verständnis von Sein überhaupt ist:

> *Durch die Seele leben nämlich [die Lebewesen] und ihr Leben ist ihr Sein (ipsum vivere est esse eorum).*[26]

Auf dieser gedanklichen Grundlage eröffnet sich nicht nur der Zugang zum Begriff des *Seins* selbst als metaphysischem Grund-

---

nunftlosen Geschöpfe Descartes als „Automaten". Mit seiner Lehre schrieb Descartes nicht nur einen mechanistischen Dualismus und Materialismus fest, sondern war auch von Einfluß für moderne Auffassungen der Psychologie und Physiologie, die etwa in der „mind-brain-theory", dem Projekt einer „Chirurgie der Seele" oder in der mittlerweile gängig gewordenen Rede von der Seele als „Funktion" des Körpers ihren greifbaren Ausdruck findet. – Zum Ganzen vgl. F. Inciarte (1980); K. Kremer (1984), 1-17; aktualisierend M. Knaup (2012).

[22] Vgl. Platon, *Sophistes* 248e-249a.

[23] Vgl. dazu R. Spaemann (1994), 85-89.

[24] Vgl. Thomas, *Super De an.* II 7 (Z. 167-179). – Dazu oben S. 140, Anm. 174.

[25] Aristoteles, *De anima* II 4 (415b13). – Dazu R. Spaemann (1996), 166.

[26] Vgl. Thomas, *Super De an.* II 7 (Z. 179ff.). – Vgl. R. Spaemann (1994), 84: „Leben [...] ist eine höhere oder intensivere Weise des Seins als das Sein des Unbelebten. Bewußtsein aber ist wiederum eine intensivere Weise von Leben [...] Was Leben heißt, können wir nur verstehen, wenn wir es als das verstehen, als was bewußt Lebendiges sich selbst erfährt, aber abzüglich seines Bewußtseins." – Vgl. vor diesem Hintergrund summarisch die Deutung des „Ewigen Lebens" in *S.th.* I-II 3, 2 ad 1. – Dazu unten S. 402ff.

begriff (Abschnitt 1.2), sondern zugleich auch die Möglichkeit, mit seiner Hilfe den Gedanken der Schöpfung zu explizieren: Insofern *Gott* sich als *reiner Akt* und *subsistierendes Sein* erschließen läßt (Abschnitt 1.3), kann die *Schöpfung* als Mitteilung bzw. *Teilhabe am Sein* verständlich werden (Abschnitt 1.4). Gerade in diesem Rahmen zeigt sich, wie der Gedanke der *Kreatürlichkeit* zum „Notenschlüssel“ des thomanischen Denkens wird (Abschnitt 1.5) und dabei gleichermaßen ein Bewußtsein für die *Größe Gottes* wie für die *Größe des Menschen* zum Ausdruck bringt (Abschnitt 1.6).

1.2. Das Sein als Akt – Grundbegriff thomanischer Metaphysik

Metaphysische Grundbegriffe. – Doch ist es zunächst notwendig, einige *metaphysische Grundbegriffe* zu unterscheiden, die konstitutiv in die thomanischen Überlegungen eingehen. Es sind die Begriffe (1) „Wesenheit“ (*essentia*), (2) „Washeit“ (*quidditas*), (3) „Form“ (*forma*) und (4) „Natur“ (*natura*).

Unter ihnen besitzt vor allem der letztgenannte Begriff eine besondere Erschließungskraft, insofern er konstitutiv in die o.g. Definition der menschlichen Person eingeht und von hier aus verständlich wird. Signifikanterweise findet sich die ausführlichste Erläuterung zum Begriff der *„Natur“* im Zusammenhang der Erörterungen zur Personproblematik.[27] Demnach leitet sich der Begriff *natura* ursprünglich (a) von *nascendo* bzw. *nativitas* her und bezeichnet die Entstehung der Lebewesen. Von hier aus ist er (b) übertragen worden auf das Prinzip solchen Entstehens. Mit der Ausweitung des Namens vom inneren Prinzip der *generatio* zur Bezeichnung des inneren Prinzips einer jeden Bewegung ist (c) die aristotelische Bestimmung des Naturbegriffs erreicht:

> *Natur ist das Prinzip von Bewegung und Ruhe, in demjenigen, in dem es zuerst durch sich und nicht als Eigenschaft ist.*[28]

(d) Weil ein solches Prinzip formal oder material ist, werden auch *forma* und *materia* Natur genannt. (e) Insofern schließlich das Ziel des Entstehens das spezifische Wesen darstellt, ist *natura* schließlich gleichbedeutend mit *essentia* („Wesenheit“).[29]

---

[27] Vgl. oben S. 40-43

[28] Aristoteles, *Physik* II 1 (192b21): „Principium motus et quietis in eo in quo est primo per se et non per accidens.“

[29] Vgl. Thomas, *S.th.* III 2,1 c.

Analog dazu unterscheidet Thomas zu Beginn seiner Frühschrift *De ente et essentia* die metaphysischen Grundbegriffe in ihren verschiedenen Nuancen:

> *[1. Wesenheit/ essentia:] Weil [...] das Seiende (ens) [...] in zehn Kategorien unterschieden wird, muß „Wesenheit" (essentia) etwas bezeichnen, [...] wodurch die verschiedenen Seienden in verschiedene Gattungen und Arten zusammengefaßt werden, wie Menschheit die Wesenheit des Menschen ist und so auch bei anderem.*
> *[2. Washeit/ quidditas:] Und weil dieses [...] dasjenige ist, was durch die Definition bezeichnet wird, die anzeigt, was ein Ding ist, daher ist der Name „Wesenheit" von den Philosophen in den Namen „Washeit" (quidditas) umgewandelt worden. Und dies ist es, was der Philosoph häufig das „Was etwas war" (quod quid erat esse) nennt, d.h. dasjenige, wodurch etwas hat, daß es etwas ist.*
> *[3. Form/ forma:] Sie [die Wesenheit] wird auch „Form" (forma) genannt, sofern durch die Form die Bestimmtheit (certitudo) irgendeines Dinges bezeichnet wird [...]*
> *[4. Natur/ natura:] Der Name „Natur" [dagegen] [...], scheint die Wesenheit eines Dinges zu bezeichnen, sofern sie eine Hinordnung auf die eigentümliche Tätigkeit des Dinges hat, denn kein Ding entbehrt seiner eigentümlichen Tätigkeit. – „Wesenheit" (essentia) aber heißt sie, sofern durch sie und in ihr das Seiende (ens) Sein (esse) hat.*[30]

Mit der zuletzt genannten Bestimmung sind dabei die für die folgenden Überlegungen entscheidenden Begriffe genannt! Zur Aufgabe bei der Erschließung der Bedeutung von „Sein" (*esse*) wird von daher die Unterscheidung zwischen der „Wesenheit" (*essentia*) bzw. der „Form" (*forma*) eines Seienden und seinem Sein.[31]

Die reinen Geister. – Thomas entwickelt diese Unterscheidung in *De ente* anhand der Betrachtung der „reinen Geister" (*intelligentiae*) oder Engel, die damit zugleich in ihrer konstitutiven Rolle für sein Denken sichtbar werden. In seiner späteren Schrift *De substantiis separatis* wird der „Doctor Angelicus" (wie er später genannt wurde)[32] zeigen, wie sich die metaphysische Lehre

---

[30] Thomas, *De ente* 1 (Z. 20-52).

[31] Zum Verhältnis von Form und Sein vgl. bereits die Ausführungen in der Seelenlehre: *Super De an.* II 1 (Z. 366-392); *S.th.* I 75,1 c. – Dazu oben S. 134-137.

[32] Zu diesem Thomas im 15. Jahrhundert verliehenen Titel sowie weite-

von den reinen Geistern oder Intelligenzen der Philosophen, v.a. diejenige des Aristoteles, mit der biblisch-christlichen Engellehre verbinden läßt. Zum Paten für die Ausgestaltung der letztgenannten wird ihm hier im Wesentlichen wiederum Ps.-Dionysius Areopagita mit seiner Schrift *Von der himmlischen Hierarchie*.[33] – Auf der Ebene der *philosophischen* Spekulationen von *De ente* geht es jedoch zunächst einmal darum, die reinen Geister sowohl von den übrigen Dingen der Welt wie von Gott zu unterscheiden:

(1) Im Unterschied zu den sonstigen Seienden sind sie einerseits nicht aus Materie und Form zusammengesetzt, sondern stellen aufgrund ihrer Geistigkeit *reine Formen* dar.

(2) Gleichwohl sind sie andererseits anders als Gott nicht durch völlige Einfachheit ausgezeichnet. Es muß sich also auch in ihnen eine Zusammensetzung finden – nämlich die Zusammensetzung von *Form* und *Sein*.[34] Und dieses Sein besitzen die reinen Geister nicht aus sich selbst, sondern sie empfangen es von einer äußeren Ursache. Daher verhält sich ihre Form potentiell zu dem sie aktuierenden *Akt des Seins*. Denn:

> *Alles [...], was etwas von einem anderen empfängt, steht zu ihm in der Weise der Möglichkeit (in potentia respectu illius), und dasjenige, was von einem anderen aufgenommen wird, ist seine Wirklichkeit (actus eius); folglich ist es notwendig, daß*

---

ren Ehrenbezeichnungen (*Doctor venerabilis, Doctor communis*) vgl. J.-P. Torrell (1995), 337f., mit Verweis auf P. Mandonnet (1909).

[33] Von Ps.-Dionysius (vgl. *De div. nom.* IV) übernimmt Thomas nicht nur die Auffassung von der reinen Geistigkeit, d.h. Immaterialität und Unkörperlichkeit der Engel, die er als *intelligentiae* oder *substantiae separatae* Thomas die mit den aristotelischen Himmelsbewegern gleichsetzt (vgl. *S.c.G.* II 91). Sondern er adaptiert auch das ps.-dionysianische Konzept einer hierarchischen Stufenordnung der Engel, die in ihrer Gesamtheit wiederum eine Stufe in der Hierarchie des Kosmos darstellen (vgl. *S.c.G.* II 80; 95). Der damit verbundene Gedanke der Vermittlung wird aufgrund der alleinigen Ursächlichkeit des göttlichen Schöpfers nicht ontologisch, sondern gnoseologisch interpretiert. Von daher gehört die Lehre von der Sprache der Engel zu den interessantesten Elementen der thomanischen Angelologie, zumal sich in ihr das große Thema des Lehrens und Lernen spiegelt (vgl. dementspreched die Einfügung der Frage, ob der Mensch durch einen Engel belehrt werden kann, in der *Q. de ver.* 11 *De magistro*. – Zum ganzen vgl. H.-G. Nissing (2006); B. Faes de Mottoni (1988).

[34] Thomas, *De ente* 4 (Z. 123-126): „Daher ist es notwendig, daß in den reinen Geistern Sein (*esse*) neben der Form (*forma*) ist, und daher wurde gesagt, daß der reine Geist Form und Sein ist."

> *die Washeit (quidditas) oder Form, die sich in den reinen Geistern findet, in der Weise der Möglichkeit zum Sein (esse) steht, das sie von Gott empfängt, und dieses Sein wird in der Weise der Wirklichkeit (per modum actus) aufgenommen. Und so finden sich in den reinen Geistern Möglichkeit und Wirklichkeit.*[35]

Thomas überträgt hier also die aristotelische Unterscheidung von *„Möglichkeit"* (*potentia*) und *„Wirklichkeit"* (*actus*), wie sie sich im Bereich der natürlichen, aus Materie und Form zusammengesetzten Lebewesen findet und zugänglich wird, in analogisierender Weise auf das Verhältnis von *essentia* (oder Form) und *esse* in den reinen Geistern. Aufgrund ihrer reinen Geistigkeit läßt sich in den reinen Geistern zwar kein Unterschied von Materie und Form annehmen (wie Thomas gegen einen sog. „universellen Hylemorphismus" ausdrücklich betont[36]), wohl aber einer von Potenz und Akt.

Zur Unterscheidung von Form bzw. Wesenheit und Sein. – Wenn nun aber die reinen Geister durch eine *einfache Zusammensetzung* von Form bzw. Wesenheit und Sein bestimmt sind, so muß im Hinblick auf die materiellen, aus Materie und Form zusammengesetzten Dinge (und damit auch und vor allem im Hinblick auf den Menschen) von einer *doppelten Zusammensetzung* gesprochen werden:

> *In den aus Materie und Form zusammengesetzten Substanzen finden wir nämlich dreierlei, und zwar die Materie, die Form und das Sein selbst.*[37]

Und diese Zusammensetzung wird von Thomas als ein zweifaches, gestuftes Akt-Potenz-Verhältnis interpretiert:

> *In den zusammengesetzten Dingen muß man eine zweifache Wirklichkeit (duplicem actum) und eine zweifache Möglichkeit (duplicem potentiam) betrachten.*

---

[35] *Ebd.* (Z. 147-153).

[36] Die Vertreter eines „universellen Hylemorphismus" schrieben – vor neuplatonischem Hintergrund und v.a. beeinflußt durch den *Fons vitae* des Ibn Gabirol – auch den Engeln und der Seele eine geistige Materie zu. Zu ihnen gehörten vor allem Gelehrte aus der „Franziskanerschule", wie Alexander von Hales, Bonaventura und Roger Bacon, aber auch der Dominikaner Robert Kilwardby.

[37] Thomas, *Q. de an.* 6 c.

> *[1] Denn zuerst verhält sich die Materie in der Weise der Möglichkeit im Hinblick auf die Form, und die Form ist ihr Akt; [2] und wiederum verhält sich die aus Materie und Form konstituierte Natur in der Weise der Möglichkeit im Hinblick auf ihr Sein, insofern sie dieses empfängt.*[38]

É. Gilson hat dieses von Thomas entwickelte Konzept eine „Revolution von völlig einzigartiger Bedeutung“[39] genannt - erfahren die Kategorien des aristotelischen Denkens dadurch doch eine grundlegende Modifikation.[40] Denn alle Wesen, alle Seienden können demnach verstanden werden als solche, die *ihr Sein* nicht in sich und durch sich selbst besitzen, sondern es in grundlegender Weise *empfangen* haben - d.h. *geschaffen* sind.

Das Sein als Eigenschaft? - Sein Profil gewinnt dieser Entwurf, wenn man ihn vor dem Hintergrund der metaphysischen Diskussionen des Hochmittelalters wahrnimmt. Denn mit seiner Lösung folgt Thomas einer durch Avicenna vorgezeichneten Linie, denkt sie jedoch an einem entscheidenden Punkt weiter. Nach Avicenna läßt sich die „Wesenheit“ (*essentia*) der Dinge in dreifacher Weise betrachten:

(1) im Hinblick auf das Sein, das es im einzelnen Ding außerhalb der Seele besitzt (*secundum quod est in his singularibus*),

(2) im Hinblick auf sein Sein im erkennenden Verstand (*secundum quod est in intellectu*) und schließlich

(3) in einer absoluten Weise und ohne Bezug auf ein drittes Sein (*secundum quod ipsa est non relata ad aliquod tertium esse*). In dieser letzten Hinsicht nun verhält sich die Wesenheit, so Avicenna, neutral zu jeder Art von konkretem Seienden, es umfaßt nur, was semantisch zum Begriff oder Gehalt der Wesenheit gehört: „[I]psa equinitas non est aliud nisi equinitas tantum.“[41]

---

[38] Thomas, *Q. de spir. creat.* 1 c. - Vgl. *De subst. sep.* 8 (Z. 213-216): „Es findet sich also in der aus Materie und Form zusammengesetzten Substanz eine zweifache Ordnung (*duplex ordo*): [1] nämlich eine der Materie zur Form, [2] eine andere aber des bereits zusammengesetzten Dings zum Sein, an dem es teilhat (*esse participatum*)“.

[39] Vgl. É. Gilson (1952), 174.

[40] Nicht nur erfahren die Begriffspaare *materia-forma* und *potentia-actus* eine entscheidende terminologische Dissoziierung, auch auch der Begriff der Substanz als solcher läßt sich damit in eine Metaphysik der Schöpfung integrieren. R. Schönberger (1986), 279f., spricht in diesem Zusammenhang auch von einer „Depotenzierung der Form“: Der Hylemorphismus werde „zum Prinzipienpaar einer sozusagen regionalen Ontologie“.

[41] Avicenna, *Liber de Philosophia Prima* V 1 (ed. Van Riet 2,228,33f.); vgl. *Logica* I (Ed. Venet., 2rB).

Als solches, d.h. als intelligibler Gehalt, der sich in einer Definition wiedergeben läßt, ist die Wesenheit von seinem Allgemeinsein verschieden, das ihm erst in seiner Realisierung in den Dingen oder im Intellekt zukommt. Von entscheidender Bedeutung ist nun, daß nach Avicenna zu dieser Wesenheit eines Dinges das „Sein" (*esse*) lediglich als *Eigenschaft*, d.h. als *Akzidens* hinzukommt.

Mit seinem Konzept der sog. *natura absolute considerata*, das er in *De ente* 3 entfaltet, nimmt Thomas diese Lehre Avicennas auf.[42] Allerdings begreift er – und hierin liegt die entscheidende Verschiebung gegenüber Avicenna – das Sein nicht als ein Akzidens, das äußerlich zur Wesenheit hinzukommt und deshalb gegenüber diesem als sekundäres und sozusagen „schwächeres" Prinzip erscheint, sondern vielmehr als das „stärkere", die Wesenheit determinierende Prinzip: als dieses innerlich bestimmenden Akt. Die *Kontingenz* alles Seienden, d.h. das Unselbstverständliche, ja: Zufällige der Tatsache, daß etwas ist und eben nicht nicht ist, läßt sich damit viel deutlicher herausstellen, als bei Avicenna, insofern die Wesenheit nicht etwas ist, zu dem das Sein als Eigenschaft bloß noch hinzukommt, sondern etwas, das *als ganzes* der Aktuierung, d.h. seiner Verwirklichung, durch das Sein bedarf.

Man hat diese Unterscheidung und Zuordnung der Begriffe „Wesenheit" (*essentia*) und „Sein" (*esse*), die übrigens bereits der o.g. Differenzierung der Transzendentalien *res* und *ens* zugrundelag,[43] in der Schultradition mit dem Namen der sog. *„Realdistinktion"* (*distinctio realis*) gekennzeichnet. Bei Thomas selbst findet sich dieser Begriff nicht, und er läßt sich durchaus daraufhin hinterfragen, ob er die Besonderheit der Zuordnung von Wesenheit und Sein nach dem Modell von Akt und Potenz nicht gerade ver-

---

[42] Vgl. Thomas, *De ente* 3 (Z. 26-56). – Er unterscheidet dabei zwischen einer Betrachtung der Natur oder Wesenheit (1) „im Hinblick auf ihren eigentümlichen Begriff" (*secundum rationem propriam*) und einer Betrachtung (2) „im Hinblick auf das Sein, das sie in diesem oder jenem besitzt" (*secundum esse quod habet in hoc vel in illo*), wobei sich letzteres seinerseits in ein zweifaches Sein – (2.1) dasjenige in den Individuen und (2.2) dasjenige in der Seele – differenzieren läßt. Als besondere Eigenschaft der Natur „in ihrer ersten, „absoluten Betrachtung" (*secundum suam absolutam considerationem*) hebt Thomas hier ihre Eigenschaft, weder eine noch viele zu sein, hervor. Sie stellt die Voraussetzung dafür dar, den *Inhalt* eines Begriffs von allen Individuen der Art zu prädizieren. – Vgl. auch *De ente* 3 (Z. 37-45) und (Z. 68-72); ferner *Q. de quol.* VIII 1, 1; *Super I Sent.* d. 36,1,3 ad 2. – Vgl. dazu ausführlich H.-G. Nissing (2006), 263ff. und 334ff.

[43] Vgl. oben S. 69ff.

wischt, da dieses Modell ja bei aller Unterschiedenheit der Prinzipien stets auch eine wechselseitige Bezogenheit impliziert.[44]

1.3. Gott als reiner Akt und subsistierendes Sein: „Ich bin der Ich bin" (Ex 3,14)

Im Duktus der Überlegungen von *De ente et essentia* dient das derart ermittelte Verständnis des *Seins als Akt* schließlich dazu, Gott als „reinen Akt" (*actus purus*) und „subsistierendes Sein" (*esse subsistens*) zu erschließen: „Es gibt nämlich", so Thomas, „etwas wie Gott", in dem sich *keinerlei Zusammensetzung* findet, sondern der in seiner Natur *völlig einfach* ist, und „dessen Wesenheit (*essentia*) daher sein Sein selbst (*ipsum esse*) ist"[45]. Mit anderen Worten:

> *Gott ist das Wesen, dessen ganze Natur es ist, zu existieren, das heißt, jener actus zu sein. Gott ist Da-sein schlechthin, actus purus. Es ist im Hinblick auf Gott nicht möglich, zu sagen oder auch nur zu denken, daß zunächst einmal diese, durch eine gewisse Summe von Merkmalen bestimmte Wesenheit sei, und außerdem sei da, vielleicht notwendigerweise, Existenz, das Wirklichsein dieses so und so beschaffenen Wesens. Nein, [...] Gottes Wesensbeschaffenheit selber ist das Wirklichsein; Er ist sein Wirklichsein.*[46]

Auf dem Weg metaphysischer Spekulation, die Thomas auf der Grundlage des aristotelischen Begriffs des „Seienden" (*ens*) anstellt, gelangt er damit zu einen *Gottesverständnis*, das zugleich unmittelbar an jene Selbstbezeichnung rührt, mit der Gott selbst sich im brennenden Dornbusch dem Mose geoffenbart hat und die deshalb im Alten Testament als der Gottesname schlechthin gilt:

---

[44] Vgl. dazu W. Kluxen (^{4}1990), 199. – Ein kurzer Überblick über die Diskussionsgeschichte dieses Themas bei R. Schönberger (1986), 253, der seinerseits auf die Materialauflistung bei R. Imbach (1979), 377-386, hinweist. Vgl. *ebd.*, 254: „Zudem ist der Ausdruck ‚Real-' mit einem Verständnis behaftet, das seit und durch Ägidius [Romanus] dazu neigt, die Unterscheidung einer zwischen Dingen (*res*) anzugleichen. Dies wird sich freilich bei Thomas nicht belegen lassen; daß es allerdings auch bei ihm nicht bloß zwei Gesichtspunkte sind, unter denen ein Ding im Denken differenziert werden kann, zeigt schon die Inanspruchnahme des metaphysischen Vokabulars des Aristoteles."

[45] Thomas, *De ente* 5 (Z. 4f.); *S.th.* I 3,2 c.: „Gott ist reiner Akt (*actus purus*), der nichts an Möglichkeit (*potentialitas*) besitzt." – Zur Bezeichnung Gottes als *actus purus* vgl. bereits Aristoteles, *Metaphysik* XII 7 (1072b27ff.).

[46] J. Pieper (2001a), 276, in Zusammenfassung des thomanischen Konzepts.

Ich bin der Ich bin (Ego sum qui sum, Ex 3,14).

Dieser Gottesname wird im Neuen Testament zur Grundlage für die „Ich bin"-Worte sowie für eine Reihe weiterer Selbstprädikationen Jesu im *Johannes-Evangelium*, die den Gottesnamen für sich in Anspruch nehmen.[47] Auch von Thomas wird er folglich als Name herausgestellt, der „Gott am meisten eigentümlich ist" (*est maxime proprium nomen Dei*): Er ist nicht nur semantisch der allgemeinste und umfassendste Name und vermag damit ein mögliches Fehlgehen zu vermeiden, das mit der Benennung Gottes stets verbunden ist (man beachte wiederum das Element „negativer Theologie"!). In seiner verbalen Fassung bringt er zugleich die eigentümliche *Gegenwärtigkeit* zum Ausdruck, in der Gott zur Zeitlichkeit von Mensch und Welt steht:

> *Unser Verstand vermag nämlich die Wesenheit Gottes selbst in diesem Leben (in statu viae), wie sie in sich ist, nicht zu erkennen, und auf welche Weise auch immer er dasjenige bestimmt, was er von Gott versteht, er verfehlt die Weise, wie Gott in sich ist. Umso weniger bestimmt und umso allgemeiner und absoluter daher die Namen sind, desto eigentümlicher benennen wir damit Gott. Daher sagt auch Johannes Damascenus: „Der Vorzüglichste von allen Namen, mit denen Gott benannt werden kann, ist der Name ‚Der ist'. Er begreift nämlich alles in sich und hat das Sein selbst wie ein gewisses unendliches und grenzenloses Meer von Substanz (velut quoddam pelagus substantiae infinitum et indeterminatum)".*[48]

Mehr noch als durch das Bild des *Wassers* und des *Meeres* in seiner Unendlichkeit werden die Eigentümlichkeit Gottes als Akt des Seins und sein *Lebendigsein* durch das *„Feuer"* (*ignis*) zum Ausdruck gebracht:

> *Das Feuer ist unter allen Elementen das wirkendste (maxime activus): so überragt auch Gott, der reine Wirklichkeit (actus purus) ist und keinerlei Möglichkeit beigemischt hat, in seiner*

[47] Vgl. v.a. *Joh* 8,28: „Wenn ihr den Menschensohn erhöht habt, dann werdet ihr erkennen: Ich bin"; ferner *Joh* 1,26; 6,20; 8,24; 8,58, 13,19; 18,5. – Vgl. hierzu Thomas, *Super Ioan.* VIII 3 (n. 1192).

[48] Thomas, *S.th.* I 13,11 c.: „Er bezeichnet nämlich das Sein in der Gegenwart (*esse in praesenti*), und dies wird am eigentümlichsten von Gott gesagt, dessen Sein keine Vergangenheit oder Zukunft kennt." Dementsprechend begegnet der Hinweis auf den Gottesnamen bereits im *Sed contra* des Artikels zum Gottesbeweis: vgl. *S.th.* I 2,3.

> *aktiven Kraft alles in unendlicher Weise (in infinitum abundat in virtute activa super alia).*[49]

Im Hinblick auf das Zueinander von aristotelischem Denken und biblischer Offenbarung in der Deutung des Gottesbegriffs hat man auch von einer „Exodus-Metaphysik" gesprochen.[50] Und É. Gilson und J. Maritain haben in dieser Perspektive die Metaphysik des Thomas ausdrücklich als „Existenz-Philosophie" und Thomas selbst als den „am meisten existentiellen unter den Philosophen" (*le plus existentiel des philosophes*) bezeichnet.[51] Denn mit seiner spezifisch „‚existentiellen' Interpretation des Seins- und Gottesbegriffs"[52] unterscheidet er sich maßgeblich vom „essentialistischen" Verständnis seiner Vorgänger, nicht zuletzt Avicennas, aber auch Augustins. Diesen zufolge ist

> *das Äußerste an Sein [...] anzutreffen in der unwandelbaren Wesenheit. Aus diesem gleichen augustinischen Grundgedanken lebt das Wirklichkeitsbild des Boethius, Anselms, Bonaventuras. Und dann kommt Thomas und sagt: „Ich bin der, dessen Wesen es ist, zu existieren." Wenn Augustin den Gottesnamen las, dann verstand er: „Ich bin der sich niemals Wandelnde"; wenn Thomas die gleichen Worte las, dann verstand er: „Ich bin der reine Akt des Seins".*[53]

Zugleich wird damit das durch und durch *dynamische Wirklichkeitsverständnis* des Thomas als ganzes, von dem im Ausgang von der Anthropologie wiederholt die Rede war, durchsichtig auf seinen letzten Grund: Existieren (oder Sein haben) heißt „Entflammtsein durch den *actus purus*" – wodurch „alles Seiende nicht nur gut, sondern heilig" genannt werden kann.[54]

1.4. *Schöpfung als Mitteilung von Sein*

Dementsprechend expliziert Thomas das Verhältnis der geschöpflich Seienden zum reinen und subsistierenden Sein des Schöpfers als Verhältnis der *Teilhabe*. Er greift damit einen Begriff auf, der einen der Grundpfeiler des platonischen Denkens

---

[49] Thomas, *Comp. theol.* I 19 (Z. 15-19). – Vgl. als Hintergrund die Phänomenologie des Feuers bei Ps.-Dionysius, *De caelesti hierarchia* XV 2-3.
[50] Vgl. É. Gilson (1954), 50ff. – Dazu K. Albert (1974).
[51] Vgl. J. Maritain (1941); É. Gilson (1957), 369.
[52] Vgl. J. Pieper (2001a), 277.
[53] *Ebd.*, 278.
[54] *Ebd.*, 154 und 281.

bildet: den Begriff der *methexis* oder *participatio*. Thomas erläutert ihn in der zentralen zweiten *lectio* der *Expositio Boethii De hebdomadibus* etymologisierend:

> *Teilhaben aber heißt gewissermaßen einen Teil haben (Est autem participare quasi partem capere),*[55]

womit zunächst einmal und prinzipiell ein wirkliches *Zu-eigen-Haben* dessen, an dem das Teilhabende teilhat, festgestellt ist. Dies läßt sich anhand des Unterschieds der Begriffe „Seiendes" (*ens*) und „Sein" (*esse*) deutlich machen: So verhält sich die Teilhabe des Seienden am Sein nicht wie die Teilhabe des Besonderen am Allgemeinen, der Substanz am Akzidens oder der Materie an der Form, sondern wie die Teilhabe des Konkreten am Abstrakten:

> *Dasjenige, was ist bzw. das Seiende (ens), wird, obwohl es das Allgemeinste (communissimum) ist, dennoch auf konkrete Weise ausgesagt, und daher hat es am Sein teil [...]. Daher bleibt übrig, daß*
> *– dasjenige, was etwas ist (id quod est aliquid), teilhaben kann,*
> *– das Sein als solches (ipsum esse) aber kann nicht an etwas teilhaben.*[56]

Die Anwendung des Partizipationsgedankens erlaubt es Thomas, verschiedene Dimensionen des Seienden wie des Seins zur Sprache zu bringen.

(1) So zeigt sich der Partizipationsgedanke einerseits geeignet, die verschiedenen Seienden unter einem *gemeinsamen Aspekt* zu einen: Die Dinge sind verschiedene, aber als Seiende kommen sie überein, insofern sie am Sein teilhaben. Das Sein selbst gilt Thomas dabei als *innerstes Prinzip des Seienden*, als das erste in den *geschaffenen* Dingen: „[P]rima rerum creatarum est esse."[57] Es läßt sich als *erste Wirkung* in den Geschöpfen beschreiben, die alle anderen Wirkungen voraussetzen,[58] als das *Tiefste* und *Innerlichste*, das in

---

[55] Thomas, *Exp. Boeth. De hebd.* II (Z. 70f.). – Zur Neuentdeckung des Partizipationsgedankens bei Thomas vgl. C. Fabro (1939); L.-B. Geiger (1942).

[56] *Ebd.* (Z. 97-113). – Zum Begriff der *participatio* vgl. summarisch R. Schönberger (1986), 281f.

[57] *Liber de causis* prop. IV (ed. Pattin, 142,37f.).

[58] Thomas, *Comp. theol.* I 68 (Z. 4ff.) im Anschluß an die erste *propositio* des neuplatonischen *Liber de causis*. – Vgl. ebenso *Q. de pot.* 3,4 c.: „Die

jedem Wesen ist – weswegen Gott, der durch sein Wirken das Sein gibt, in den Dingen als innerste Wirkkraft wirkt.[59]

Der Partizipationsgedanke vermag dadurch eine Verbindung zwischen Gott und den Geschöpfen und das Element einer grundlegenden *Ähnlichkeit* oder *Nachahmung* zum Ausdruck zu bringen, in der das Teilhabende zu demjenigen, an dem es teilhat, steht.

(2) Mit der *Unterschiedlichkeit,* in der alles geschaffene Seiende gleichwohl von seinem Sein gebenden Ursprung steht, erlaubt er andererseits aber auch, dessen Defizienz und radikale Abhängigkeit, sichtbar zu machen.[60] Thomas illustriert diese Abhängigkeit mit dem Verhältnis der Atmosphäre bzw. des *diaphanum* zu dem sie durchdringenden, erhellenden und erleuchtenden Licht- oder Sonnenstrahl:

> *So verbleibt das Licht nicht im Durchsichtigen (in diaphano), sobald das Erleuchtende verschwindet. Das Sein aber ist nicht die Natur oder Wesenheit irgendeines geschaffenen Dinges, sondern einzig Gottes. [...] Kein Ding kann demnach im Sein verbleiben, wenn die göttliche Tätigkeit aufhört.*[61]

Zugleich verdeutlicht dieses Bild die innere Einheit von *Seinsgründung* und *Erhaltung* (*creatio continua*). In ihr ist der Schöpfer – in Differenz zu einem neuzeitlichen Deismus – „gerade nicht ein *Deus extramundanus* [...], sondern mit der Kreatur aufs

---

erste Wirkung aber ist das Sein selbst (*ipsum esse*), das von allen anderen Wirkungen vorausgesetzt wird (*praesupponitur*), und selbst keine andere Wirkung voraussetzt (*non praesupponit*). Und daher ist es notwendig, daß ‚Sein geben' (*dare esse*) als solches die Wirkung einzig der ersten Ursache gemäß ihrer eigentümlichen Kraft ist. "

[59] Vgl. Thomas, *S.th.* I 8,1 c.: „Sein aber ist dasjenige, was an jedem [Seienden] am innerlichsten (*magis intimum*) ist und was allem am tiefsten (*profundius*) innewohnt, weil es sich im Hinblick auf alles, was in einem ist, wie die Form verhält. [...] Daher ist es nötig, daß Gott in allen Dingen ist, und zwar auf innige Weise (*intime*)."

[60] Zugleich begründet die Defizienz, in der das Teilhabende zum Nachgeahmten steht, eine *Vielheit* und *Verschiedenheit* unter den Partizipierenden (die ihrerseits als graduelle verstehbar ist).

[61] Thomas, *S.c.G.* III 65 (n. 2403). – Vgl. *Super Ioan.* I 6 (n. 135): „Wenn Gott augenblicklich (*ad momentum*) seine Kraft von den geschaffenen Dingen nähme (*subtraheret*), würde alles ins Nichts zurücksinken (*in nihilum redigerentur*) und zu sein aufhören (*esse desinerent*)." – Hiermit ist derselbe Gedanke berührt, der oben bereits einmal parallel mit dem Bild des göttlichen Sprechens illustriert wurde: vgl. S. 78f.. – Zu den verschiedenen „Metaphern des Seins" vgl. R. Schönberger (1986), 61-74.

engste verbunden"[62]. Daß damit andererseits kein Pantheismus verbunden ist, insofern das *esse creatum* vom *esse increatum* des Schöpfers deutlich unterschieden bleibt,[63] versteht sich ebenso, wie die Tatsache, daß mit dem *Sein* zugleich auch die *Wesenheit* oder *Washeit* der Dinge Gegenstand und Ziel des göttlichen Schöpfungsaktes ist:

> *Weil der Washeit (quidditati) Sein (esse) zugeschrieben wird, heißt es nicht nur vom Sein, sondern auch von der Washeit selbst, sie sei geschaffen (creari). Dann bevor sie Sein hat, ist sie nichts, auch nicht im Verstand des Erschaffenden, wo sie nicht Schöpfung ist, sondern schöpfungshafte Wesenheit (creatrix essentia).*[64]

Daß schließlich der göttliche Schöpfungsakt selbst kein *natürlicher* und *notwendiger* ist, sondern sich dem freien Entschluß Gottes verdankt, geht ebenso als wesentliche Voraussetzung in dieses Konzept ein. Sie verdankt sich nicht zuletzt den Diskussionen um die Ewigkeit der Welt.[65]

(3) Worauf es in der thomanischen Anwendung des Teilhabegedankens auf den Seinsbegriff vor allem ankommt, ist der Gedanke, daß das Sein selbst nicht eine *leere Formalität*, ein schlichtes Vorhandensein oder eine „bloßes Faktum" besagt, sondern vielmehr eine *Vollkommenheit*, ja: es ist die „Vollkommenheit aller Vollkommenheiten" (*perfectio omnium perfectionum*):[66]

> *Das was ich Sein nenne (dico) ist unter allem das Vollkommenste. Dies wird dadurch deutlich, daß der Akt stets die Vollkommenheit der Potenz ist. ([H]oc quod dico esse est inter omnia perfectissimum: quod ex hoc patet quia actus est semper perfectio potentiae).*[67]

---

[62] J. Pieper (2001d), 441.

[63] Vgl. Thomas, *S.th.* I 7,2 ad 1; I 18,4 ad 2; I 54,2 c.

[64] Thomas, *Q. de pot.* 3,5 ad 2; vgl. *ebd.* 3,1 ad 17: „Indem er zugleich das Sein gibt (*simul dans esse*), bringt Gott dasjenige hervor, was das Sein aufnimmt (*id quod esse recipit*)."

[65] Vgl. oben S. 126-133, v.a. S. 130f.

[66] Thomas, *Q. de pot.* 7,2 ad 9.

[67] *Ebd.* - Hier wird zugleich erkennbar, daß die „eigentliche Leistung bei der Konzeption des T[eilhabe]-Begriffs" durch Thomas darin besteht, „daß er das Teilhabende als Potenz, hingegen das, woran etwas teilhat, als Akt versteht" (R. Schönberger [1999a], 965) - worin sich das aristotelische Deutungsschema von *potentia* und *actus* als das gegenüber dem Partizipationsgedanken „erklärungskräftigere" und in diesem Sinne

Bereits der *allgemeine Sprachgebrauch* legt für Thomas ein solches Verständnis nahe, insofern das *Verb „sein“* (*esse*) darin eine Sonderrolle hat: Es dient ja als Kopula, die Subjekt und Prädikat verbindet. Vor dieser kopulativen Funktion jedoch bringt es, so Thomas, die elementare Tatsache zum Ausdruck, daß etwas überhaupt ist, daß es Existenz hat. Schließlich kann ich über einen Gegenstand nichts Grundlegenderes und Allgemeineres sagen, als „daß er ist“. Ich kann von ihm alle möglichen Beschreibungen und Eigenschaften angeben, die möglicherweise immer genauer auf die Frage antworten, *was* er ist (und damit seine Wesenheit bestimmen). Um jedoch deutlich zu machen, daß es sich dabei nicht um etwas bloß Gedachtes handelt, sondern daß er *wirklich* ist, kann ich immer nur sagen, daß er „da ist“, daß er „etwas Wirkliches“ ist - eben daß er *„ist“*. Und dieses Wirklich-Sein ist nach Thomas

> *eher etwas von der Art des Tuns. Ja, es ist „Tun“ in einem ausgezeichneten und völlig einzigartigen Sinn [...] „The most marvellous of all the things a being can do is: to be“.*[68]

So kann auch auf diesem Weg noch einmal der *„Akt des Seins“* (*actus essendi*) als innerster Ursprung der natürlichen Aktivität der Lebewesen erkennbar werden, das deren erstem Prinzip, der Seele, noch einmal zugrunde liegt.[69]

Und es ist diese grundlegende Aktualität, dieses Wirklichsein, die alles Seiende *ihrem Geschaffensein durch Gott* verdankt, der es aus Nichts hervorbringt.[70] Thomas bezeichnet das Seins-

---

grundlegendere zeigt. M.a.W.: es ist nicht das aristotelische Denkmodell, das durch den platonischen Teilhabegedanken seine entscheidende Modifizierung und Vertiefung hin auf eine Partizipationsmetaphysik hin erfährt, sondern umgekehrt der platonische Begriff der *participatio*, der in den Linien aristotelischer Verständnismuster von Akt und Potenz ausgedeutet wird. - Vgl. Thomas, *S.th.* I 75,5 ad 4: „Alles, an dem teilgehabt wird (*participatum*), verhält sich zum Teilhabenden (*ad participans*) wie seine Wirklichkeit (*ut actus eius*)“; vgl. *S.c.G.* II 53 (n. 1285): „Alles, was an etwas teilhat (*participans*) verhält sich zu demjenigen, an dem es teilhat (*ipsum quod participatur*) wie die Möglichkeit zur Wirklichkeit (*ut potentia ad actum*)“; I 38 (n. 313): „Alles nämlich, was teilhat, ist der Möglichkeit nach (*potentia*), das Sein aber ist die Wirklichkeit (*actus*)“. - Zum Ganzen vgl. H.-G. Nissing (2006), 396-403.

[68] J. Pieper (2001a), 274f., mit Hinweis auf É. Gilson (1957), 83.

[69] Vgl. Thomas, *Q. de an.* 6 c.; *Q. de spir. creat.* 1 c.; *De subst. sep.* 8 (Z. 213-216).

[70] Als Gott vorbehaltene Tätigkeit unterscheidet sich daher das „Erschaffen“ (*creare*) vom bloßen „Machen“ oder „Herstellen“ (*facere*) der Menschen: vgl. oben S. 74, Anm. 76.

prädikat daher als „Quelle und Ursprung aller anderen Verben" (*fons et origo omnium verborum*), als *forma formarum* und *actualitas omnium actualitatum*.[71] Erst auf der Grundlage dieser Bedeutung als Existenzbegriff erhält schließlich auch seine Verwendung als Kopula ihren Sinn - wird, anders gesagt, deutlich, warum in einer Aussage als Kopula *gerade* und *nur* das Verb *est* fungiert: In all unserem Reden und Urteilen ist das Sein stets mitgemeint, und unsere Aussagen lassen sich darauf zurückführen.[72]

Entgegen einem bloßen Verständnis als „leeres Prädikat", wie es durch die „Transformation des Seinsbegriffs" in der Neuzeit geläufig geworden ist,[73] ist der thomanische Begriff des Seins mithin *ein qualitativer*. Die Aussage „Ich bin" bezeichnet keine leere Formalität, sie besagt vielmehr: „Ich bin wirklich", „Ich vollziehe mein Dasein", „Mein tiefster Wesenskern ist es, Geschöpf zu sein", „Ich bin zuinnerst und zuerst geprägt und entflammt vom Akt des Seins, den ich empfangen habe durch den Akt schöpferischer Gutheißung."[74]

Es ist eben dieser Gedanke *schöpferischen Gutgeheißenseins*, der mit dem Verständnis des Seins als *perfectio omnium perfectionum* letztlich berührt ist. Im Transzendentalbegriff des „Guten" (*bonum*) findet er seinen summarischen Ausdruck. Denn die Aussage: „Jedes Seiende ist gut" (*Omne ens est bonum*) besagt ein grundlegendes Bejaht- und Gewolltsein alles Geschaffenen –

---

[71] Vgl. Thomas, *Exp. Perih.* I 5 (Z. 397-400).

[72] Vgl. *ebd.* (Z. 391-397): „Dieses Verb ‚ist' [...] bezeichnet dasjenige, was als erstes in den Verstand fällt in der Weise absoluter Aktualität (*per modum actualitatis absolutae*); denn ‚ist' schlechthin gesagt, bezeichnet das Sein im Akt (*esse actu*), und daher bezeichnet es in der Weise des Verbs (*per modum verbi*)." – Vgl. dazu H.-G. Nissing (2006), 384-396.

[73] Vgl. hierzu R. Schönberger (1986), 260. – In diesem Sinne stellt etwa auch A. Keller (1968) seine Untersuchung zu neuthomistischen Interpretationen des Seinsbegriffs unter die Alternative „Sein oder Existenz". – Problematisch erscheint freilich ebenso der Versuch einer inhaltlichen „Aufladung" des Seinsbegriffs im Rahmen transzendentalthomistischer Deutungen, deren Interesse darin lag, über die Rückführung auf ein (im Urteil) Ersterkanntes (das Sein) metaphysische Anschlußfragen zu explizieren und den Seinsbegriff als einen Horizont zu entwerfen, in dem alles andere (inklusive Gott) miterkannt ist. – Vgl. dazu H.-G. Nissing (2006), 294-297.

[74] Vgl. dazu auch die grundlegend anthropologische Sinngebung, welche die Ableitung der Transzendentalien besitzt: S. 69-73. Zu erinnern wäre hier etwa an die wunderbaren Claudius-Verse: „Ich danke Gott, und freue mich/ Wie's Kind zur Weihnachtsgabe,/ *Daß ich bin, bin*!/ Und daß ich dich,/ Schön menschlich Antlitz! habe" („Täglich zu singen", *Werke in einem Band,* 149f. – Hervorhebung von mir).

gerade auch in seinen materiellen und sinnenhaften Dimensionen - durch den kreatorischen Akt - und dies nicht nur als theoretische Einsicht, sondern als *Daseinsgefühl* und *Identitätsbewußtsein* des Menschen:

> *[E]s kann [...] für das In-der-Welt-Sein des Menschen nicht ohne Bedeutung sein, ob er es [...] zuwege bringt, sich selber als etwas auf eine so absolute Weise Bejahtes, und das heißt als creatura, zu erfahren; notwendigerweise muß dadurch das Daseinsgefühl von Grund auf geprägt werden. [...] Allein in dieser Gewißheit, auf eine absolut wirksame Weise geliebt zu sein, mag sich dann wohl auch jenes oft beschworene „Ur-Vertrauen“ eingründen können, kraft dessen einer letztlich [...] zu leben imstande ist.*[75]

Gerade die Transzendentalien, von deren elementarer Bedeutung im thomanischen Denken bereits oben die Rede war,[76] zeigen sich so rückblickend als Grundbegriffe und „Ur-Worte des Seins“, die die verschiedenen Dimensionen des *Geschaffenseins* in summarischer Weise zum Ausdruck bringen: (1) das Erkanntsein der geschaffenen Dinge durch den kreatorisch-erkennenden göttlichen Geist (*verum*); (2) ihr Gutgeheißensein (*bonum*) und (3) ihr fortwährendes Aktuiertwerden als Seiende (*ens*).

1.5. Der „Notenschlüssel“ Kreatürlichkeit

Es sind diese drei Dimensionen, aus denen sich im Wesentlichen der „Notenschlüssel“ Kreatürlichkeit[77] zusammenfügt, der über dem Denken des Thomas als ganzem steht und seine Grundtonart angibt. Mit ihnen verbunden sind zugleich eine Reihe weiterer *Implikationen*, die um Hinblick auf die verschiedenen Grundmotive, die im Verlauf der bisherigen Darlegung bereits zur Sprache kamen, *letzte Begründungsinstanzen* markieren.

(1) Da ist zunächst das Bewußtsein für die *Eigenwirklichkeit* und *Eigenwirksamkeit*, ja: für die *Unvergänglichkeit, Festigkeit* und *Unsterblichkeit* alles Wirklichen, das von hier aus seine vertiefte Begründung empfängt: Die Dinge sind - bei aller durch die *creatio continua* gegebenen Kontingenz - prinzipiell „geschaffen, damit sie seien (*ut essent*)“ (*Weish* 1,14).

---

[75] J. Pieper (2001d), 454. - Vgl. 1 *Tim* 4,4: „[O]mnis creatura Dei bona est“.
[76] Vgl. oben S. 69-73.
[77] Vgl. oben S. 301-304.

(2) Ebenso erscheint von hier aus die *Natur* in einem *Vorgegeben- und Vorgefundensein*, in dem sie - gegründet im vorgängigen Gewußt- und Entworfensein durch Gott - das unhintergehbare Prinzip und Fundament ist, das allem menschlichen Handeln und Tun - Moral, Tugend, freiem Willen - zugrunde liegt.

(3) Aufgrund dieser Gründung aller menschlichen Praxis in der Natur, besteht für Thomas auch *kein Gegensatz zwischen Natur und Freiheit*. Das Wollen selbst - der *appetitus rationalis* - erscheint vielmehr als Naturgeschehen, das aus dem innersten Kern des Subjekts entspringt und qua Schöpfung eine *natürliche Tendenz* auf seine endgültige Erfüllung in der Glückseligkeit besitzt. So zeigt sich mithin der Schöpfungsgedanke als jenes Motiv, in dem das oben skizzierte teleologische Konzept der thomanischen Ethik wie die „teleologische Grundsignatur" seines Denkens insgesamt ihre letzte Begründung finden:[78] *Der Mensch ist geschaffen auf ein Ziel hin!* - Und umgekehrt erweist sich der Schöpfungsgedanke damit von einer grundlegenden Dynamik auf die eschatologische Vollendung hin geprägt.[79]

Und schließlich ist es auch der Gedanke der Kreatürlichkeit, auf dessen Basis sich ein einzig sinnvoller Zugang zum Verständnis von *theoria* oder *contemplatio* ergibt, die als eine allem Nutzungsdenken enthobene Tätigkeit des Menschen in der *Wahrheit* ihren eigentlichen Bezugspunkt findet.[80] Nicht nur erscheint der *Glaube* von hier aus als natürlicher Lebensvollzug des Menschen, da er eine Vermittlung zur letzten und höchsten Wahrheit leistet.[81] Es läßt sich zugleich sogar sagen: Ohne den Gedanken der Kreatürlichkeit gibt es letztlich kein wirklich realistisches Denken![82]

---

[78] Vgl. oben S. 256-286 und unten S. 406-431.

[79] Zu dieser teleologischen Hinordnung der Kreatur auf die eschatologische Vollendung vgl. v.a. Thomas, *Super Ad Rom.* VIII 4 (n. 558ff.; n. 662) in Ausdeutung des paulinischen Bildes vom Seufzen der gesamten Schöpfung.

[80] Vgl. oben S. 83-86.

[81] Vgl. oben S. 280ff.

[82] So wird die „Kreatürlichkeit" auch zum Schlüssel für die Rezeption spezifisch aristotelischer Denkmotive, wie der *anthropologischen* Lehre von der Einheit von Leib und Seele, der *erkenntnistheoretischen* Konzeption der *conversio ad phantasmata* oder der *wissenschaftstheoretischen* Hervorhebung der Eigenbedeutung der natürlichen Vernunft und der Philosophie gegenüber dem übernatürlichen Glauben und der Theologie (vgl. J. Pieper [^{2}1987], 30-33). - Vgl. dazu oben S. 134-143.

1.6. Die Würde des Menschen und die Größe Gottes

Ihren Konvergenzpunkt finden die verschiedenen Dimensionen des Verständnisses von Kreatürlichkeit im Begriff der *„Würde"* (*dignitas*) der menschlichen Person. Denn diese Würde hat keine andere Letztbegründung als die, daß der Mensch

> *geschaffen ist auf das Ebenbild Gottes hin (ad imaginem Dei).*[83]

Zwar bezieht sich diese Ebenbildlichkeit in erster Linie auf seine *Geistnatur*, insofern nur diese in der Lage ist, Gott in höchster Weise nachzuahmen in Selbsterkenntnis und Liebe.[84] Doch wendet Thomas den Gedanken zugleich ausdrücklich auf den ganzen Menschen an, indem er deutlich hervorhebt, daß die mit dem Leibe vereinte Seele gottähnlicher ist als die vom Leibe getrennte:

> *In dem Maße nämlich ist ein jegliches Gott ähnlich, in dem es vollkommen ist.*[85]

In diesem Sinne sind die Auslegungen des Thomas zur Erschaffung des Menschen in der *Summa theologiae* schon mit Blick auf seine *leibliche Konstitution* geprägt von einem nachhaltigen Staunen über die Größe und Würde des Menschen. So weist Thomas etwa auf die aufrechte Gestalt des Menschen hin und begründet sie mit der Hinordnung auf die Erkenntnis, in der sich der Mensch an der Schönheit des Sinnenfälligen erfreut.

> *Daher hat der Mensch ein erhobenes Antlitz, damit er mit den Sinnen und vor allem mit dem Gesichtssinn, der der feinsinnigste ist und viele Unterschiede der Dinge erkennen läßt, die Sinnendinge von allen Seiten frei erkennen könne, die am Himmel wie die auf der Erde sind, um aus allen die geistige Wahrheit zu entnehmen.*[86]

Die aufrechte Gestalt ermöglicht es ferner, daß die inneren Kräfte des Menschen ungehinderter ihre Tätigkeiten ausüben können und daß er vor allem in der Lage ist, das Sprechen, „die eigentliche Tätigkeit der Vernunft" aufzuüben. So hat er

---

[83] Das „ad" in der Formulierung der *Vulgata* bezeichnet dabei nach Thomas v.a. die Distanz zum göttlichen Schöpfer: vgl. *S.th.* I 93,1 c.

[84] Vgl. Thomas, *S.th.* I 93,4 c. – Zur Unterscheidung der in diesem Zusammenhang zentrale Begriffe *similitudo* und *imago* vgl. I 93,9 c.

[85] Thomas, *Q. de pot.* 5,10 ad 5.

[86] Thomas, *S.th.* I 91,3 ad 3.

> *eine aufrechte Gestalt, die ihn so weit wie möglich vom Boden entfernt. Denn der Mensch hält seinen oberen Teil, nämlich das Haupt, zum höheren Teil der Welt und seinen niederen Teil zum unteren Teil der Welt gerichtet. Und so ist er in seiner ganzen Disposition aufs beste eingerichtet.*[87]

Fast noch schöner findet sich der Sinn für die *Größe und Würde des Menschen* in den Auslegungen zu *Psalm* 8 zum Ausdruck gebracht. Schon der biblische Text hebt dies hervor, wenn es heißt:

> *Was ist der Mensch, daß du an ihn denkst? [...]*
> *Du hast ihn nur wenig geringer gemacht als Gott, hast ihn mit Herrlichkeit und Ehre gekrönt.*
> *Du hast ihn als Herrscher eingesetzt über die Werke deiner Hände,*
> *alles hast du ihm zu Füßen gelegt (Ps 8,5ff).*

Thomas schreibt dazu:

> *Gekrönt werden (coronari) kommt Königen zu. Gott schuf den Menschen gewissermaßen als König der niederen Welt (inferiorum) und er ist die Herrlichkeit (gloria), das heißt der Glanz des Bildes. Und dies ist eine gewisse Krone des Menschen. „Der Mann ist Bild und Herrlichkeit Gottes" (1 Kor 11,7). „Gezeichnet ist über uns das Licht deines Angesichtes, Herr." (Ps 4,7).*
> *Aber es wird derjenige geehrt (honoratur), der niemandem unterworfen ist. Der Mensch ist nämlich im Hinblick auf seine Seele keinem körperlichen natürlichen Geschöpf unterworfen, weder bei seinem Eintritt in die Welt, noch bei seinem Fortschreiten: nicht bei seinem Eintritt, denn er [...] handelt frei (libere agit): noch vergeht er mit dem Körper. Und darin besteht die Ehre des Menschen. [...] Denn Gott hat den Menschen unsterblich (inexterminabilem) erschaffen und ihn nach seinem Bild und seiner Ähnlichkeit (ad imaginem similitudinis suæ) gemacht [...]*
> *Er [Der Psalmist] sagt demnach: aufgrund dessen, daß der Mensch König ist, hast du ihm Herrschaft (dominium) gegeben. „Über die Werke deiner Hände". Gen 1,28: „damit er herrsche (praesit) über die Fische im Meer, über die Vögel am Himmel und die wilden Tiere auf der ganzen Erde, und die Kriechtiere, die sich über den Boden bewegen." Dies aber ist ihm durch die Vernunft (per rationem) eigentümlich, denn*

[87] *Ebd.*

> *darin überragt er alle Lebewesen. Und daher fügt er, nachdem er gesagt hat: „mit Herrlichkeit und Ehre" sogleich hinzu: „hast du ihn eingesetzt (constituisti)", das heißt: „Du hast ihm Herrschaft gegeben". [...]*
> *„Alles", sagt er, „hast du ihm unterworfen", damit er ihm vorsteht und es beherrscht auf einen Wink hin.*[88]

In diesem Sinne heißt es auch sehr eindrücklich in den *Collationes in Symbolum Apostolorum*:

> *[Durch den Gedanken der Schöpfung] werden wir zur Erkenntnis der menschlichen Würde geführt. [...] Nach den Engeln ist der Mensch unter den Geschöpfen Gott am ähnlichsten. Deswegen heißt es im Buch Genesis (1,26): „Laßt uns den Menschen machen als unser Bild und Gleichnis!" So sagte er nicht vom Himmel, nicht von den Sternen, sondern nur vom Menschen. Nicht wegen seines Leibes, sondern wegen seiner Seele, die einen freien Willen hat und unzerstörbar ist. Dadurch ist der Mensch Gott ähnlicher als alle übrigen Geschöpfe.*
> *Wir müssen also [...] die Würde des Menschen für höher erachten als die der übrigen Geschöpfe; und wir dürfen in keiner Weise unsere Würde erniedrigen durch Sünde und ungeordnete Hinneigung zu den leibhaften Dingen, die geringer sind als wir und zu unserem Dienst gemacht. Wir müssen uns so halten, wie Gott uns geschaffen hat. Gott schuf ja den Menschen, damit er über alles auf Erden herrsche und selber Gott untertan sei.*[89]

Vielleicht ist es gerade die Spekulation über das Sein, die das Selbstverständnis des Menschen am ehesten zu einem solchen Bewußtsein der eigenen Größe und Würde hinzuführen vermag. Jedenfalls hat dieser Sinn seine innere Entsprechung im Bewußtsein für die *Größe* und *Großzügigkeit* Gottes, in welcher dieser gerade als Schöpfer und Geber des Seins erscheint. Aus diesem Geist kann Thomas in seiner Auslegung zu *Psalm* 8 auf die besondere Sorge und Familiarität Gottes mit den Menschen hinweisen.[90] Und in seiner *Auslegung zum Apostolischen Credo* hebt er den ersten und grundlegenden Glaubensartikel („Ich glaube an Gott den Schöpfer") als Grundlage für alles weitere Verständnis des Wirkens Gottes und seines *menschgewordenen Wor-*

[88] Thomas, *Super Ps.* 8 (n. 5).
[89] Thomas, *Coll. in Symb. Apost.* 2 (n. 886).
[90] Vgl. Thomas, *Super Ps.* 8 (n. 4).

tes hervor.[91] Wiederholt führt er in diesen Zusammenhängen Zitate an, die gerade diese Züge des Gottesbildes akzentuieren und die in der biblischen Weisheitsliteratur ihre Grundlage haben, wo es etwa so eindrucksvoll heißt:

> *Du liebst alles, was ist, und verabscheust nichts von allem, was du gemacht hast; denn hättest du etwas gehaßt, so hättest du es nicht geschaffen. Wie könnte etwas ohne deinen Willen Bestand haben, oder wie könnte etwas erhalten bleiben, das nicht von dir ins Dasein gerufen wäre? Du schonst alles, weil es dein Eigentum ist, Herr, du Freund des Lebens (Weish 11,24ff).*[92]

Diese *Großzügigkeit*, in der „Gott den Menschen mit großer Ehrfurcht führt" (*Weish* 12,15), zeigt sich insbesondere in der *(Mit-) Ursächlichkeit*, die Gott dem Menschen einräumt, um an seinem Schöpfungswerk mitzuwirken: inspiriert erkennend und schreibend, lehrend oder betend.[93]

2. Der Mensch als Sünder und Erlöster

Man könnte nun freilich meinen, im Glanz und in der Fülle des thomanischen Schöpfungsdenkens käme der Sinn für die *Gebrochenheit* und *Unvollkommenheit* des menschlichen Daseins, für die Existenz des physischen und moralischen Übels in der Welt, zu kurz, und hier würde einem leichtfertigen Optimismus das Wort geredet, der das Böse *als Böses* gar nicht angemessen zu denken vermag und folglich auch den Begriff der Sünde unterbelichtet läßt. Dagegen spricht freilich bereits die geradezu kontrapunktische Akzentuierung von Geschaffen- und Gefallensein des Men-

[91] Vgl. Thomas, *Coll in Symb. Apost.* 2 (n. 881): „Wenn er also die Dinge aus nichts geschaffen hat, dann müssen wir auch glauben, daß er alles neu schaffen kann, wenn es zerstört wird. Er kann also einem Blinden das Augenlicht geben, einen Toten auferwecken, kurzum Wunder wirken: „Das Können steht dir zu Gebote, wenn du willst" (*Weish* 12,18). [...] „Und wenn [die Menschen] Kraft und Wirksamkeit bewunderten, so sollten sie aus ihnen schließen, um wieviel mächtiger ihr Bildner ist" (*Weish* 13,4)".

[92] Vgl. auch *Weish* 12,16.18: „Deine Stärke ist die Grundlage deiner Gerechtigkeit und deine Herrschaft über alles läßt dich gegen alles Nachsicht üben. [...]/ Weil du über Stärke verfügst, richtest du in Milde und behandelst uns mit großer Nachsicht; denn die Macht steht dir zur Verfügung, wann immer du willst."

[93] Vgl. etwa die Lehren vom Gebet (vgl. S. 48f.), vom Lehren und Lernen (vgl. S. 212-216) oder das Konzept der Schriftinspiration (vgl. S. 147ff.).

schen in der paarweisen Anordnung der Strophen 5 und 6 des *„Adoro te devote“* mit der zentralen Selbstkennzeichnung des Beters als *immundus* sowie seiner Bitte um Reinigung und Heilung. In ihnen zeigt sich der eigentümliche Realismus in der Wahrnehmung des menschlichen Daseins durch Thomas.

Das Bild von der *Unreinheit* oder *„Krankheit“* (*infirmitas*), das Thomas verwendet und das in der Bibel Gemeingut ist, beschreibt, wie gesehen,[94] eine nicht nur äußerliche und leibliche, sondern vor allem eine innere und geistliche Qualität, die auf einer grundlegenden Ebene des menschlichen Daseins angesiedelt ist und *in die Tiefe der Person hineinreicht*. Sie erscheint einerseits als *Wirkung*, die durch schlechtes Handeln, die Sünde, hervorgebracht wurde und die den Status des Menschen zugleich so sehr bestimmt, daß sie andererseits auch die *Ursache* für weitere Sünden wird und daher eine Perpetuierung seines Zustands bedingt. Der Mensch kann sie selbst nicht beseitigen, sondern ist auf die Hilfe Gottes angewiesen, der er erbittet: „Me immundum munda“.

In den systematischen Ausführungen zur Sünde, ihren Ursachen und ihren Wirkungen, in der *Summa theologiae* wird die *Rede vom Unrein- und Krank-Sein* daher zur integralen Vorstellung, um die herum Thomas seine Erörterungen gruppiert. Er spricht dort (a) von „Schwachheit“ und „Krankheit“ (*infirmitas*), die er neben der „Unwissenheit“ (*ignorantia*) und der „reinen Bosheit“ (*certa malitia*) zu den drei Ursachen zählt, die im Inneren des Menschen liegen,[95] (b) von der „Verderbnis des Guten der Natur (*corruptio boni naturae*)“ und von den „Wunden (*vulnera*) der Natur“[96], (c) ferner vom „Makel der Seele (*maculum animae*)“[97], ja: (d) von einer eigentümlichen „Häßlichkeit“ des Sünders, in der Maß, Gestalt und Ordnung verloren gehen[98], (e) von „körperlichen Gebrechen“ (*corporales defectus*)[99] und (f) schließlich vom „Tod“ (*mors*) als jenen Dimensionen der Sünde, die den Menschen in seiner leib-seelischen Ganzheit in umfassender Weise affizieren. – Metaphysisch betrachtet, erscheint die Sünde in

[94] Vgl. oben S. 295-301, v.a. S. 296, Anm. 22.

[95] Vgl. Thomas, *S.th.* I-II 76-78. – Als äußere Ursachen der Sünde werden darüber hinaus (a) Gott, (b) der Teufel und (c) der andere Mensch besprochen (vgl. *ebd.*, I-II 79-84). – Im Zusammenhang des letztgenannten Komplexes hat die Lehre von der Erbsünde ihren Ort.

[96] Vgl. Thomas, *S.th.* I-II 85; v.a. 3 im Rückgriff auf Beda Venerabilis.

[97] Vgl. *ebd.* I-II 86.

[98] Vgl. *ebd.*, I-II 85,4 mit Bezug auf Augustinus, *De natura boni* 3 (CSEL 25.2,856,14-17).

[99] Vgl. Thomas, *S.th.* I-II 85,5.

ihren Wirkungen so im Ganzen als ein *Mangel* - ein *„Mangel an Gutem"* (*privatio boni*) und infolgedessen als ein *Mangel an Sein.*

Die thomanischen Überlegungen lassen sich dabei um fünf Schwerpunkte gruppieren: das allgemeine innerliche Befallensein durch die Sünde als *Krankheit* (Abschnitt 2.1), die zugleich ein Infiziertsein durch die sog. *„Erb-" oder „Ursprungssünde"* umfaßt (Abschnitt 2.2), sowie eine habituelle Verfaßtheit des Sünders und die individuelle Disposition zu bestimmten Sünden, wie sie in der Lehre von den sog. *„Wurzelsünden"* zum Ausdruck kommt, die ihrerseits Prinzip und Ursprung weiterer Sünden sind (Abschnitt 2.3) , und schließlich die Erörterung des *Todes* als einer Wirkung der Sünde, die einerseits deren Widernatürlichkeit in ihrem ganzen Ausmaß zeigt, zugleich aber auch bereits eine Grundlage in der Natur des Menschen als solcher besitzt (Abschnitt 2.4). In all dem wird die wesentliche Erlösungsbedüftigkeit des Menschen sichtbar, vor deren Hintergrund zur Sprache kommen kann, was *Befreiung und Erlösung von der Sünde* durch die Heilstat Christi bedeutet und was es heißt, daß der Mensch zwar ein Sünder, aber auch ein Geheilter und Erlöster ist (Abschnitt 2.5).

2.1. Sünde als Schwachheit und Krankheit

Thomas knüpft in seiner Betrachtung des Phänomens „Sünde" als Krankheit - wie schon in der Ableitung der Sakramente - bei der Analogie zwischen leiblicher und geistiger Konstitution des Menschen an:

> *Man kann aber von einer Schwachheit in der Seele ähnlich wie von einer Schwachheit des Leibes sprechen. Der Leib eines Menschen wird aber schwach genannt, wenn er in der Ausübung seiner eigentümlichen Tätigkeit geschwächt oder behindert wird durch eine Fehlausrichtung der Körperteile, etwa dergestalt, daß die Flüssigkeiten und Glieder eines Menschen der Steuerungs- und Bewegungskraft des Leibes nicht gefügig sind. Ein Glied wird daher schwach genannt, wenn es nicht die Tätigkeit eines gesunden Gliedes vollbringen kann – etwa das Auge, wenn es nicht klar sehen kann, wie der Philosoph im 10. Buch der Tierkunde sagt. Daher spricht man auch von einer Schwachheit der Seele (infirmitas animae), wenn die Seele in ihrer eigentümlichen Tätigkeit aufgrund einer Fehlausrichtung ihrer Teile behindert ist.*[100]

[100] Thomas, *S.th.* I-II 77,3 c. – Vgl. Aristoteles, *Historia animalium* X 1 (633b20).

Definition der Sünde. – Die eigentümliche Tätigkeit der Seele aber – so heißt es zu Beginn der *Prima Secunda* der *Summa theologiae* – ist bestimmt durch ihre Ausrichtung auf das umfassende und höchste Gute und die Glückseligkeit, durch die Dynamik auf Gott als erfüllendes Endziel.[101] Die Sünde bedeutet eine Störung dieser Dynamik, eine Verfehlung gegen Gott als letztes Endziel.[102]

Damit ist der leitende Gesichtspunkt in der Interpretation der Sünde durch Thomas kenntlich gemacht: Thomas versteht die Sünde im Horizont des Wegs des Menschen zu Gott als ein Abirren von diesem Weg, als ein Zurückfallen aus dem Hingespanntsein auf Gott als sein letztes Ziel und als eine dadurch bedingte innere Unordnung, Desorganisation, ja: Desintegration. Aus diesem Horizont heraus gewinnt die Definition der Sünde, die er von Augustinus übernimmt und die wie eine Überschrift über dem Sündentraktat steht, ihre eigentliche Kontur. Sünde ist demnach

> *etwas, das gegen das ewige Gesetz gesagt, getan oder begehrt wird (dictum vel factum vel concupitum contra legem aeternam).*[103]

Seiner aktualistischen Anthropologie gemäß arbeitet Thomas deutlich den *Tatcharakter* der Sünde und die entsprechende *Verantwortlichkeit* des Mensch dafür heraus:[104] Die Sünde ist nicht ein Verhängnis, sondern hat ihre Ursache im Inneren des Menschen, seiner Erkenntnis und seinem freien Willen. Die differenzierten, z.T. komplexen psychologischen Analysen, die Thomas in diesem Zusammenhang anstellt, zeigen vor allem einen Sinn für die *Innerlichkeit* des Menschen und die *personale Qualität der Sünde*.[105]

---

[101] Vgl. oben S. 256f. und unten S. 404-418.

[102] Damit unterscheidet sich Thomas wesentlich von anderen Zugängen zum Phänomen der Sünde: Auch wenn er den Charakter des Unrein- und Krankseins ausführlich betrachtet, denkt er die Sünde nicht primär als *Zustand* (und damit in seiner Angewiesenheit auf Gnade), er denkt sie auch nicht primär *heilsgeschichtlich* von ihren Ursprüngen her (so daß er bei der Erbsünde ansetzen würde) und auch nicht im Kontext heidnischer Unschuldsvermutung (von einer abstrakt verstandenen *natura pura* her).

[103] Thomas, *S.th.* I-II 71,6 u.ö. – Vgl. Augustinus, *Contra Faustum* XXII 27 (CSEL 25.1,621,12f.) – Varianten der Definition im Sündentraktat: Die Sünde richtet sich gegen Gott als Ziel der Liebe (78,1 c.); gegen Gottes Güte (79,1 ad 4); ist Verachtung Gottes aus fehlgeleiteter Selbstliebe (77,4 ad 1).

[104] Vgl. Thomas, *S.th.* I-II 71,6.

[105] Dabei ist festzuhalten, daß diese Ursachen im Inneren des Menschen nicht monokausal als ausschließliche Ursachen, sondern als ausschlaggebende Faktoren in einem Geflecht verschiedener Gründe gesehen werden:

Aversio a Deo – conversio ad creaturam. – Aus der Beschreibung als ein Heraustreten aus der Hinordnung auf Gott wird die Sünde auch in ihrer Bestimmung verständlich, in der sie *aversio a Deo*, Abkehr von Gott, „vom letzten Ziel"[106]; „vom unwandelbaren Gut"[107]; „von den ewigen Gründen"[108], „vom göttlichen Licht"[109] ist, wie Thomas in verschiedenen Variationen sagt.

Diese Bestimmung ist zugleich der Integrationspunkt für eine Reihe weiterer *uneigentlicher* Kennzeichnungen, die sich anführen lassen, um die Sünde zu beschreiben, etwa wenn die Sünde beschrieben wird (1) als Verstoß gegen die Ordnung bzw. „als ein in besonderem Sinn beziehungsloses [...] Tun, als ein Handeln, dem die Zuordnung fehlt", (2) als ein Handeln „wider die Natur" (im Ganzen oder des Menschen) bzw. die Schöpfung als Norm, die in sich ein „Element von Richtweisung, Verbindlichkeit oder gar Verpflichtung" enthält oder auch (3) als ein Mißachten der Vernunft, als „Verrücktheit" und „Verblendung".[110] All diese Bestimmungen benennen Aspekte des Phänomens der Sünde, finden in der Vorstellung von der *aversio a Deo* allerdings ihren eigentlichen Mittelpunkt.

Allerdings ist mit dieser Vorstellung nur die eine, *formale* Seite des Sachverhalts benannt, der als solcher doppelgesichtig ist: Besteht die Sünde einerseits *formell* in einer *„Abwendung"* (*aversio*) von Gott, so ist sie andererseits *materiell* verwirklicht in einer *„Zuwendung" (conversio)* zu einem geschaffenen Gut, das gewissermaßen als „Ersatz-Ziel" oder „Ersatz-Gott" fungiert. Denn die genannte Abwendung kann – unter der Voraussetzung einer grundlegenden zielgerichteten Struktur menschlichen Handelns – nie als bloße Verneinung gedacht werden. Der menschliche Wille kann nie direkt die Negativität der Tat, ihre Fehlausrichtung wollen, sondern immer nur das falsche Ziel. Geschieht die Sünde daher auch stets als Hinwendung als zu einem Ersatzgut, so ist es diese Hinwendung, von der her die verschiedenen Sünden in ihrer *Verschiedenheit* und *Schwere* beschreibbar und unterscheidbar werden,[111] sie erhalten von dieser materiellen Seite her gewisserma-

---

vgl. dazu die differenzierten Überlegungen in Thomas, *S.th.* I-II 76-78.

[106] Thomas, *S.th.* I-II 71,6 ad 3; I-II 74,9 c.; I-II 87,5 ad 1.

[107] *Ebd.*, I-II 73,3 ad 2; I-II 87,4 c.

[108] *Ebd.*, I-II 74,8 ad 1.

[109] *Ebd.*, I-II 79,3 c.; I-II 72, 5 ad 1 u.ö.

[110] J. Pieper (1997b), 232ff., zu diesen „uneigentlichen" Kennzeichnungen und ihrem Verhältnis zur „eigentlichen" Definition der Sünde.

[111] Vgl. Thomas, *S.th.* I-II 77,4 c.; 84,1 c.; 87,4 c. – Die *specificatio ex obiecto* ist daher für Thomas beständiger Bezugspunkt für Thomas bei der Unterscheidung und Bewertung der verschiedenen Sünden.

ßen ihre „Individuierung". Auf dieser Linie ist so etwa (a) die traditionelle, bereits erwähnte Unterscheidung von *„fleischlichen Sünden" (peccata carnalia)* und *„geistigen Sünden" (peccata spiritualia)*[112] angesiedelt wie (b) jene zwischen *„Todsünden"* (*peccata mortalia*) und *„läßlichen Sünden" (peccata venialia).*[113] Dabei gilt die *Intensität* der Abwendung von Gott bzw. der Zuwendung zu einem geschaffenen Gut für Thomas als Kriterium für ihre Bewertung. So kann etwa die fleischliche Sünde in Form von „Unzucht" (*fornicatio*) oder „Ehebruch" (*adulterium*), der es primär darum geht, sich aus Lust zum leiblichen Gut hinzukehren, weniger wiegen als die geistige Sünde des „Hochmuts" (*superbia*), die mehr von der Abwendung gegenüber Gott enthält.

Der Begriff der *aversio,* in der die Sünden formal übereinkommen, meint in diesem Zusammenhang - und dies ist deutlich zu unterstreichen - keineswegs nur ein geringfügiges Abweichen

---

[112] Vgl. *ebd.*, I-II 72,2; I-II 73,5. - Vgl. Gregor der Große, *Moralia in Iob* XXXI 45 (CCL 143B,1610,15-18), der unter den sieben *vitia capitalia* fünf geistliche und zwei fleischliche unterschieden hatte.

[113] Vgl. Thomas, *S.th.* I-II 72,6 ad 1: die Todsünde verhält sich zur läßlichen Sünde „wie das Vollkommene zum Unvollkommenen", wie das „Nichtwiderherstellbare" (*irreparabile*) zum „Wiederherstellbaren" (*reparabile*), sie unterscheidet sich *in infinitum* von dieser. Es handelt sich mithin nicht um die Einteilung einer Gattung in Arten. Weil die Sünde „in der Abkehr vom letzten Ziel, das Gott ist" besteht, ist die Todsünde für Thomas Sünde *im eigentlichen und vollen Sinne*. Das zentrale Problem, das sich von hier aus für Thomas ergibt, besteht darin, die läßliche Sünde zu erklären, in der diese Abkehr eben nicht so vollzogen ist, daß die Verbundenheit mit Gott als Endziel abgebrochen ist. Die Ausführlichkeit, mit der Thomas sich dem *peccatum veniale* in der *S.th.*, aber auch in den *Q. de malo* widmet, ist die Konsequenz dieser Grundbestimmung - sowie des Anliegens, das *peccatum veniale* eben nicht zu verharmlosen, sondern als wirkliche Sünde sichtbar zu machen. - Zur Lösung dieser Frage hat J. Pieper (1997b) den Akzent auf die *Innerlichkeit* der Sünde als Unterscheidungskriterium gelegt: Während die läßliche Sünde (oder die „Schwachheitssünde", in der wir in erster Linie „hingerissen" werden, 259) nicht „in der personalen Mitte unseres Wesens" geschieht, trägt sich das *peccatum mortale* des Menschen zu „im Ewigen des Menschen, in *suo aeterno*" (259) - damit aber als ein von Natur verborgener Vorgang, den zu beurteilen letztlich einzig Gott vorbehalten bleibt. Mit Blick auf diese subjektive Dimension mag es daher sinnvoll sein, im Sprachgebrauch eigens zwischen *„schweren"* und *„tödlichen"* Sünden zu unterscheiden: während erstere an objektiven Kriterien zu messen sind, deuten letztere auf die äußerer Beurteilung nicht zugängliche subjektive Dimension des Handelnde hin. Mit Origenes gesagt: „Welches nun die Arten seien der Sünde ‚zum Tode' oder ‚nicht zum Tode' - das wird ein Mensch kaum zu entscheiden vermögen; denn es steht geschrieben: Wer hat Einsicht in die Sünden!" (260).

vom eigentlichen Ziel, ein bloßes „Danebentreffen", sondern eine tatsächliche „Ab-Wendung", ein *Heraustreten* des Menschen aus seiner Hinordnung auf sein eigentliches Ziel, die für Thomas immer eine Gerichtetheit auf Gott ist. Dieses Heraustreten unterstreicht die eigentliche Schwere oder das „Gewicht", die das Sündigen für ihn hat. So ist in jeder Sünde – so scheinbar diesseitig sie auch geschehen mag – stets Gott *mitgemeint* ist.

Conversio ad creaturam als conversio ad seipsum. – Fragt man nun weitergehend nach dem eigentlichen Kern oder der Wurzel dieser *aversio a Deo*, so findet sich bei Thomas der Hinweis auf *die ungeordnete Selbstliebe* des Menschen, in der *jede* (*omnis*) (!) Sünde ihren Ursprung hat:

> *Die eigentliche und durch sich selbst [wirksame] Ursache der Sünde ist zu bestimmen von seiten der Hinkehr zum vergänglichen Gut. [...] Daß aber einer auf fehlgeleitete Weise ein zeitliches Gut begehrt, geht daraus hervor, daß er auf fehlgeleitete Weise sich selbst liebt. Jemanden lieben heißt nämlich, ihm Gutes wollen. Daher ist offenkundig die fehlgeleitete Selbstliebe Ursache aller Sünde.*[114]

In Zuspitzung der Unterscheidung von *conversio* und *aversio* führt Thomas die *conversio ad creaturam* somit auf eine *conversio ad seipsum* zurück: Die Eigenliebe ist der eigentliche Kern der *conversio*, sie ist die Wurzel und gewissermaßen der „Entzündungsherd" aller sündhaften Krankheit – einer Krankheit, die, wie es in der Schrift heißt, „zum Tode" führen kann (vgl. *Joh* 11,4).[115]

Der Sünder als desintegrierte Persönlichkeit. – In innerer Konsequenz zur Rede von der Sünde als „Schwachheit" und „Krankheit", die sich aus der fehlenden Hinordnung auf das letzte Ziel ergibt, stellt Thomas den Sündhaften als eine desintegrierte, multiple Persönlichkeit dar: Während es im Tugendhaften gerade die *continentia*, die Fähigkeit, sich in sich selber zu halten, ist, die die innere Einheit der Person und die „Verbindung der Tugenden" (*connexio virtutum*) maßgeblich bedingt,[116] gehen beim Sündhaften die Sünden keine innere Verbindung ein. Sie lassen

---

[114] Vgl. Thomas, *S.th.* I-II 77,4 c. – Dabei unterscheidet Thomas ausdrücklich eine recht geleitete und geschuldete Selbstliebe von der ungeordneten und fehlgeleiteten und heißt erstere gut: vgl. ad 1.

[115] Vgl. Thomas, *S.th.* I-II 88,1-2 die Vorstellung der Krankheit mit Bezug auf die Todsünde.

[116] Vgl. Thomas, *Super Eth.* I 20 (Z. 125-136).

den Menschen vielmehr in viele Richtungen „auseinanderdriften".[117] In diesem Sinne führt Thomas den aristotelischen Vergleich des „Unbeherrschten" (*incontinens*) mit einem Gelähmten an, „dessen Gliedmaßen sich in der Gegenrichtung von dem bewegen, wohin er selbst sie hinlenken will"[118].

Mit einer solchen Sicht des Sünders, in der dieser weniger als ein entschlossener, aufbegehrender Prometheus, sondern als ein innerlich schwaches, „zerstreutes" Wesen erscheint, holt Thomas freilich nicht nur (1) die Phänomenologie ein, die Aristoteles in der *Nikomachischen Ethik* zur ausführlichen Diskussion der Willensschwäche anregte,[119] sondern zugleich auch (2) die Schilderung jener anthropologischen Grundproblematik, die der Apostel Paulus aus der eigenen Selbsterfahrung heraus formuliert hatte:

> *Ich sehe ein anderes Gesetz in meinen Gliedern, das dem Gesetz des Geistes widerstrebt und mich im Gesetz der Sünde gefangen hält (Röm 7,23).*[120]

2.2. Die Erb- oder Ursprungssünde (peccatum originale)

Ebenfalls auf Paulus zurück geht die Lehre von der „Erb-" oder besser: „Ursprungssünde" (*peccatum originale*)[121], die sich in die

---

[117] Vgl. Thomas, *S.th.* I-II 73, 1 c.

[118] Vgl. *ebd.*, I-II 77,3 c. – Vgl. Aristoteles, *Nikomachische Ethik* I 13 (1102b18-25); vgl. bereits *De anima* III 9 (433a3f.); III 11 (434a114).

[119] Zum Ganzen vgl. J. Müller (2009b), 512-547, der mit Blick auf die Thematik der „Willensschwäche" oder „Unbeherrschtheit" (*akrasia*) deutlich herausstellt, daß die Überlegungen zur „Sünde aus Schwachheit" bei Thomas auf einer wesentlich grundlegenderen Ebene angesiedelt sind, als die Analysen der „Sünde aus Unwissenheit" und „aus reiner Bosheit", denn „diese seelische Schwäche [ist] nicht die Proprietät oder Disposition eines einzigen Seelenteils [...], sondern vielmehr auf die Seele des Handelnden in toto zu beziehen [...]. Die *infirmitas animae* bezieht deshalb nicht nur die Leidenschaften und den Willen, also den *appetitus sensitivus* und den *appetitus rationalis*, mit ein, sondern ebenso auch die Vernunft" (541f.).

[120] Zur Psychologie des Sündigens vgl. Thomas, *Super Ad Rom.* VII 3-4 (n. 556-594).

[121] Zum Begriff *peccatum originale* vgl. O.H. Pesch, (2004), 620f.: „Der deutsche Ausdruck ‚Erbsünde' geht, soweit man sieht, auf den spätmittelalterlichen Straßburger Prediger Geiler von Kaysersberg (1445-1510) zurück und wurde durch Luthers deutsches Schrifttum und durch den deutschen Text von Art.2 der *Confessio Augustana* populär. – Der sich näher am lateinischen Original orientierende Begriff *„Ursprungssünde"* „soll sagen: Es handelt sieh um eine Sündigkeit, die dem Menschen (noch) nicht durch Willensentscheid, sondern durch seinen „Ursprung" zukommt, das heißt: durch

Reihe der phänomenologischen Beschreibungen der Sünde als Schwäche, Krankheit oder Infekt gut einzufügen scheint.

In der Überlieferung des katholischen Glaubens besagt diese Lehre, daß „die erste Sünde des ersten Menschen durch Abstammung auf die Nachkommen übergeht"[122]. Ihr eigentümliches Profil erlangte sie, wie Thomas ausführt, zur Zeit der alten Kirche in der Auseinandersetzung mit dem Pelagianismus. Hier diente sie der Herausstellung der Bedeutung des Sakraments der Taufe und insbesondere der Rechtfertigung der Praxis der *Kindertaufe*. Ihr eigentliches Motiv besitzt sie indessen darin, die *universelle Erlösungsbedürftigkeit* aller Menschen durch Christus hervorzuheben, wie sie durch die Heilige Schrift bezeugt wird.[123] Als *locus classicus* gilt hier *Röm* 5,17-19:

> *Wie es also durch die Übertretung eines einzigen [Adam] für alle Menschen zur Verurteilung kam, so wird es auch durch die gerechte Tat eines einzigen [Christus] für alle Menschen zur Gerechtsprechung kommen, die Leben gibt. Wie durch den Ungehorsam des einen Menschen die vielen zu Sündern wurden, so werden auch durch den Gehorsam des einen die vielen zu Gerechten gemacht werden.*[124]

In seiner Deutung der „Ursprungssünde" akzentuiert Thomas allerdings bemerkenswerterweise gerade nicht den Aspekt einer *Krankheit* oder *Schwäche* der menschlichen Natur, die vom einen Menschen auf den anderen sozusagen *„vererbt"* wird. Vielmehr hebt er – in Übereinstimmung mit seiner eigenen Definition der Sünde als Tat wie seiner Beschreibung der menschlichen Handlung im allgemeinen – die zentrale Rolle des *Willens* im Akt der Sünde hervor. Denn nur als *willentliche* ist sie *Sünde* und als solche zuschreibbar.

---

den Zeugungszusammenhang mit dem ersten Menschen, als den man den Adam des zweiten Schöpfungsberichtes (*Gen* 2,4b-25) ansah." – Formal behandelt Thomas das Thema unter der Fragestellung, inwiefern ein Mensch für den anderen Ursache der Sünde sein kann – und zwar nicht in der Weise der Einflüsterung o.ä., sondern eben durch Vererbung.

[122] Thomas, *S.th.* I-II 81,1 c.

[123] *Ebd.*, I-II 81,3 c. – Zur theologischen Diskussion um die Erbsünde in der Gegenwart vgl. H. Hoping/M. Schulz (2009); zu ihrer Plausibilisierung unter den Bedingungen der Moderne vgl. C. Schönborn/ R. Spaemann/ A. Görres ([2]1994).

[124] Vgl. ferner *Gen* 3; *Ps* 51,7. – Zur biblischen Rekonstruktion der Lehre von der Erbsünde vgl. Thomas, *Super Ad Rom.* V 3ff.

Thomas' Lösung läuft - kurz gesagt - auf eine Distanznahme von allzu biologischen Erklärungen der Übertragung der Ursprungssünde und einer Infizierung durch sie hinaus, in denen „traduzianistisch" die ganze Menschheit auf Adam zurückgeführt und als virtuell in ihm enthalten gedacht wird: Statt eine sozusagen *diachrone* Übertragungskette auf der Ebene des Seelischen oder des Leiblichen anzusetzen,[125] entwirft er vielmehr das gewissermaßen *synchrone* Bild eines *einzigen großen Menschen*, als der alle Menschen, die von Adam abstammen und ihre Natur vom Stammvater empfangen haben, angesehen werden können:

> *so wie im bürgerlichen Bereich alle, die zu einem Gemeinwesen gehören, gleichsam als ein Leib angesehen werden, und das ganze Gemeinwesen gleichsam als ein Mensch. [...] So sind also die vielen Menschen, die sich von Adam herleiten, gleichsam wie die vielen Glieder eines Leibes.*[126]

Der Tat eines einzelnen Gliedes am Leib aber kommt ihre *Willentlichkeit* nicht von sich aus zu, sondern aufgrund des ersten Prinzips, das die Glieder bewegt, d.h. von der Seele. In analoger Weise läßt sich sagen, daß die Fehlausrichtung des aus Adam gezeugten Menschen in diesem willentlich ist, nicht aufgrund seines eigenen Willens, sondern aufgrund des Willens des Stammvaters:

> *Dieser bewegt durch die Bewegung der Zeugung alle, die sich von seinem Ursprung herleiten, so wie der Wille der Seele alle Glieder zum Tätigsein bewegt [...].*
> *Daher wird die Sünde, die so vom Stammvater auf die Nachkommen weitergeleitet wird, „Ursprungssünde" (peccatum originale) genannt – so wie die Sünde, die sich von der Seele zu den Gliedern des Leibes herleitet, „Tatsünde" (peccatum actuale) heißt.*

---

[125] Vgl. Thomas, *S.th.* I-II 81,1 c: „Einige bedachten, daß Träger der Sünde die Geistseele ist, und behaupteten, mit dem Samen werde die Geistseele übertragen, so daß von einer angesteckten Seele angesteckte Seelen weitergegeben zu werden scheinen. Andere [...] versuchten [dies dadurch] zu zeigen [...], [daß] wenn die Seele selbst nicht übertragen wird, [...] die Gebrechen des Leibes vom Stammvater auf die Nachkommenschaft übertragen werden [...] aufgrund einer gewissen Verderbnis des Samens."

[126] *Ebd.* – Seinen gedanklichen Hintergrund besitzt dieses Konzept im korporativen Staatsverständnis der aristotelischen *Politik*, aber auch im *corpus Christi*-Konzept des Paulus. Thomas selbst verweist in diesem Zusammenhang allerdings auf die *Isagoge* des Porphyrius (um 233-301/5) in der Auslegung durch Boethius (PL 64,111).

> *Und wie die Tatsünde, die durch ein Glied begangen wird, Sünde jenes Gliedes nur ist, sofern jenes Glied etwas am Menschen selbst ist, weshalb sie auch „menschliche Sünde" (peccatum humanum) genannt wird –, so ist die Ursprungssünde Sünde dieses Menschen nur, sofern diese Person ihre Natur vom Stammvater empfängt. Darum wird sie auch „Natursünde" (peccatum naturae) genannt nach Eph 2,3: „Wir waren von Natur aus Söhne des Zornes."*[127]

Dieses Modell erlaubt es einerseits, die Ursprungssünde ganz im Sinne der kirchlichen Tradition als etwas zu denken, das nicht nur durch *Nachahmung*, sondern durch *Fortpflanzung* übertragen wird, um damit ein persönliches Affiziertsein des Einzelnen durch die sündhafte Tat eines anderen verständlich zu machen.[128] Zugleich wird es andererseits aber auch damit möglich, begrifflich einen Unterschied zwischen *Natursünde* und *persönlicher Sünde* sowie auch zwischen der *Ursprungssünde*, die nur Adam begangen hat, und einer *Ursprungsschuld*, die auf alle seine Nachfahren übergegangen ist, festzuhalten.[129]

2.3. *Die sieben Haupt- oder Wurzelsünden (vitia capitalia)*

Einen ganz eigenen Akzent besitzt die thomanische Theologie der Sünde darüber hinaus in ihrer Lehre von den sieben sog. „Hauptsünden" (*vitia capitalia*).[130] In gewissem Sinne kann man

---

[127] *Ebd.*

[128] Die Lehren von der Übertragung der Ursprungssünde durch die Zeugung und von der Trägerschaft des männlichen Samens, wie sie in der „klassischen" Erbsündenlehre vertreten wurden, lassen sich dabei freilich erst auf Umwegen erreichen: Weil nur die Seele Träger von Schuld sein kann, nicht aber das Fleisch, muß die *Seele* erster Träger der Ursprungssünde sein – und sie ist es deshalb, weil sie als Form des Leibes Zielursache (*causa finalis*) der Zeugung ist (vgl. I-II 83,2.). Nächst der Seele aber ist als erstes der *Wille* befallen, denn er ist jenes Seelenvermögen, das die erstanfängliche Neigung zum Sündigen hat (vgl. *ebd.*). Erst auf dieser Grundlage kann von einem Befall jener Seelenvermögen gesprochen werden, die in einer besonderen Nähe zu Zeugung und Fortpflanzung stehen: „Zeugungskraft" (*vis generativa*), „Begehrungsvermögen" (*vis concupiscibilis*) und „Tastsinn" (*sensus tactus*, vgl. I-II 83,4). – Stets gilt dabei: In Adam ist die Ursprungssünde als Hauptursache, im leiblichen Samen des Menschen dagegen ist sie lediglich als Instrumentalursache (vgl. I-II 83,1).

[129] Vgl. *ebd.*, I-II 81,3 c. – Zum Unterschied von Sünde und Schuld vgl. unten S. 382ff.

[130] Formal entwickelt Thomas diese Lehre unter der Fragestellung, inwiefern eine Sünde Ursache einer anderen Sünde sein kann: vgl. *ebd.*, I-II 84.

sie sogar als ihren eigentlichen Höhepunkt bezeichnen. Denn sie konkretisiert nicht nur die allgemeine Phänomenologie der Sünde als (ererbter oder erworbener) Schwachheit und Krankheit, die den Horizont für die Definition der Sünde *als Tat* darstellt. Mit ihrer Betrachtung der sieben Hauptsünden als *„Laster“* (*vitia*), d.h. als *Haltungen*, nicht als *Handlungen*, führt sie diese überdies auf ihre Prinzipien zurück und stellt damit die Verbindung der Sündenthematik zum tugendethischen Grundduktus der thomanischen Ethik her, in deren Zentrum ja das Gutsein der menschlichen Person steht. Mit gutem Grund hat man die thomanische Lehre von den sieben *vitia capitalia* daher auch als eine „negative Tugendlehre“[131] und als „philosophische Anthropologie“[132] gekennzeichnet. Schließlich steht sie in ihrer Betrachtung der Hauptlaster als „Wurzelsünden“[133], d.h. als Grundlagen des Sündigenkönnens in der menschlichen Natur, die individuell je unterschiedlich ausgeprägt ist, in einer nicht unwesentlichen Nähe zum Programm der philosophischen Selbsterkenntnis des Menschen.[134]

Ursprünglich stammt die Lehre von den *vitia capitalia* aus der Tradition des altkirchlichen Mönchtums. Auf der Basis verschiedener Aussagen der Heiligen Schrift[135] wurde sie von Evagrius Pontikus (345-399) und Johannes Cassian (360-435) überliefert und hat schließlich durch Papst Gregor den Großen ihre für das Abendland „klassische“ Ausprägung gefunden.[136] Bemerkenswerterweise waren es die mittelalterlichen Bettelorden, die durch ihre Predigt die Lehre von den sieben Hauptlastern popularisierten und als Mittel der Selbstprüfung einer breiten Öffentlichkeit zugänglich machten. Auch dieser Zeitkontext mag das besondere Augenmerk des Thomas für die Lehre von den sieben Hauptlastern plausibel machen.[137]

---

[131] O.H. Pesch (1998), 87.

[132] C. Schäfer (2009).

[133] Vgl. in diesem Zusammenhang auch die Rückführung der Hauptlaster auf die Leidenschaften des überwindenden und begehrenden Strebevermögens und letzterer auf erstere (vgl. Thomas, *S.th.* II-II 84,4 ad 2).

[134] Wie die Tugenden der Ethik ein individuelles Gepräge geben, so vermögen gerade die Wurzelsünden auf das je Persönliche in der Sünde hinzudeuten.

[135] Vgl. *Röm* 1,28-31; 1 *Kor* 5,9ff; 6,9f; *Kol* 3,5-9; *Eph* 5,3ff; 1 *Tim* 1,9f; 1 *Petr* 2,1; 4,3.15; *Mk* 7,21f par.; *Mt* 15,19.

[136] Vgl. B. Müller (2015).

[137] Die Wichtigkeit, die die Lehre von den sieben Hauptlastern für Thomas besitzt, wird auch darin erkennbar, daß der zweite große Text im Gesamtwerk des Thomas, der die Sünde behandelt, die *Quaestiones dispu-*

Bis in die Gegenwart hinein ist diese Lehre als „Lehre von den sieben Todsünden" populär und findet ungebrochene Aufmerksamkeit in der bildenden Kunst oder im Film.[138] Allerdings ist die Bezeichnung „Todsünden" unzutreffend – handelt es sich bei den *vitia capitalia* doch gerade nicht um Sünden im Sinne von Taten, sondern um *Laster*, d.h. um Dispositionen oder Gewohnheiten, die durch wiederholte Akte entstanden und habituell geworden sind:

> *Laster (vitium) heißt ein Habitus, aufgrund dessen jemand schlecht handelt. ([V]itium dicatur habitus secundum quem quis male operatur).*[139]

Als Habitus sind die Hauptlaster somit nicht automatisch „Todsünden" im Sinne der o.g. Sündendefinition.[140] Gleichwohl benennen sie Dispositionen, die in grundlegender Weise wesentlichen Gütern des Menschseins entgegenstehen und die daher ihrerseits Ursachen von anderen sündhaften Dispositionen oder Handlungen sind. Eben dies will ihre Bezeichnung als „*Haupt*-Sünden" zum Ausdruck bringen, ist doch das „Haupt" (*caput*), so Thomas „der Ursprungsgrund und Steuerungsort für das ganze Sinnenwesen"[141]. Entsprechend entwirft er eine systematische Ableitung der sieben Hauptlaster, die beim natürlichen Streben des Menschen und den damit verbundenen Zielen oder Gütern ansetzt, die an sich förderlich und notwendig für den Menschen sind. Mit Blick auf die natürlichen Strebensziele und das menschliche Begehren lassen sie sich systematisch ableiten:

---

tatae de malo in mehr als der Hälfte ihrer 16 Fragen die *septem vitia capitalia* gemeinsam und einzeln zum Gegenstand haben. Vgl. *Q. de malo* 8-16 mit ausführlichen Erörterungen zu den *septem capitala vitia.*

[138] Vgl. dazu u.a. A. Bellebaum/D. Herbers (2007); P. Nickl (2009).

[139] Thomas, *S.th.* I-II 59, 1 ad 2.– Vgl. auch I-II 71, 1 s. c. mit Bezug auf die Definition Augustins: „Das Laster ist eine Eigenschaft, der gemäß der Geist schlecht ist" (*Vitium est qualitas secundum quam malus est animus; De perfectione iustitiae* 2, CSEL 42,6,4f.). – Hier wäre an die ausführlichen Darlegungen zum Begriff des Habitus zu erinnern: vgl. oben S. 270-274.

[140] Vgl. Thomas, *Q. de malo* 9,2. – Denn die Todsünde besteht in einer tatsächlichen Ausübung. – Treffender hatte Hugo von St. Viktor sie auch als „Entkräftungen der Seele oder auch Wunden des inneren Menschen" (*animae lanuguores, sive vulnera interioris hominis*) bezeichnet (vgl. *De quinque septenis seu septenariis opusculum*, PL 175, 405D).

[141] Thomas, *S.th.* I-II 84,3 c.: „Und in diesem Sinne heißt ‚Hauptlaster' ein solches, aus dem andere Laster entstehen. [...] Und deshalb ist ein Hauptlaster nicht nur Ursprungsgrund anderer [Laster], sondern auch Anleitung und gewissermaßen Hinführung zu anderen [Lastern]. [...] Daher vergleicht Gregor derartige Hauptlaster mit den ‚Führern von Heeren'."

Nun bewegt aber etwas die Begehrungskraft auf doppelte Weise.
[I.] Einmal geradewegs und durch sich selbst. Und auf diese Weise bewegt das Gute die Begehrungskraft dazu, es zu verfolgen, das Schlechte aber aus demselben Grunde, es zu fliehen.
[II.] Auf andere Weise [bewegt etwas die Begehrungskraft] auf Umwegen und gleichsam durch ein anderes. So wenn einer einem Übel nachjagt wegen eines damit verbundenen Gutes, oder ein Gutes flieht wegen eines damit verbundenen Übels.
[Zu I.] Das Gut des Menschen aber ist dreifach.
[1] Erstens nämlich ist es ein Gut der Seele, das allein aufgrund seiner Wahrnehmung die Bewandtnis des Begehrenswerten hat, nämlich Erhabenheit aufgrund von Lob oder Ehre. – Und diesem Gut jagt auf fehlgeleitete Weise die „eitle Ruhmsucht" (inanis gloria) nach.
[2] Ein anderes ist das Gut des Leibes. Und das betrifft entweder die Erhaltung des Einzelwesens, wie Speise und Trank. – Und nach diesem Gut strebt auf fehlgeleitete Weise die „Völlerei" (gula);
[3] oder es betrifft die Erhaltung der Art, wie die geschlechtliche Vereinigung, und darauf richtet sich die „Wollust" (luxuria).
[4] Das dritte Gut ist äußerlich, nämlich Reichtümer. Und darauf richtet sich die „Habsucht" (avaritia).
Und dieselben vier Laster fliehen auf fehlgeleitete Weise die entgegengesetzten Übel. [...]
[Zu II.] Daß einer aber das Gute flieht wegen eines damit verbundenen Übels, geschieht zweifach. Denn es geschieht entweder
[5] im Hinblick auf das eigene Gut – und so ist es der „Überdruß" (acedia), der traurig ist über ein geistliches Gut wegen der damit verbundenen körperlichen Anstrengung.
[6] Oder es bezieht sich auf ein fremdes Gut,
und wenn das ohne Angriff geschieht, gehört es zum „Neid" (invidia), der betrübt ist über fremdes Gut, sofern es die eigene Erhabenheit behindert.
[7] Oder es ist verbunden mit einem Angriff zur Vergeltung, und so ist es „Zorn" (ira).
Und in den Bereich derselben Laster gehört auch die Bekämpfung des entgegengesetzten Übels.[142]

Als eigentliche Problematik der Hauptlaster zeigt sich dabei, daß sie diese Ziele und Güter *verabsolutieren* und zu abschließenden Lebenszielen machen. Sie stellen somit fehlgeleitete Weisen dar, diese Güter anzustreben – und eben darin läßt sich

[142] Thomas, *S.th.* I-II 84,4 c. – Vgl. *Q. de malo* 8,1.

ihre eigentliche „Perfidie" erkennen: Sie verhalten sich, so könnte man sagen, wie Halbwahrheiten zu faustdicken Lügen:

> *Wie die Halbwahrheit stets unter dem Segel des Wahren, unter dem sie das Falsche transportiert, fährt und vorankommt, so transportieren die Hauptlaster unter dem Emblem des Antriebsguten das Falsche für die Lebensausrichtung.*[101]

Dieser Sachverhalt macht es zugleich verständlich, daß Thomas überhaupt eine systematische Ableitung der sieben Hauptlaster unternimmt, die dem oben skizzierten Ausweis der *connexio virtutum*, einer Verbindung der Tugenden als organischer Ausprägung menschlichen Richtigseins entspricht[102] - auch wenn dies, wie er einräumt, nur bedingt möglich ist.[103] Denn der *Ganzheit* und *Integrität* des Tugendhaften, der sich in sich selbst hält, steht ja die *Uneinigkeit* des Lasterhaften mit sich selbst, seine *Zerrissenheit*, gegenüber. Daher geschieht die *Gegenüberstellung* der drei göttlichen und der vier Kardinaltugenden und ihrer Unterarten zu den ihnen „entgegengesetzten Lastern" (*vitia opposita*) und deren Ausprägungen, wie Thomas sie in der Morallehre der *Secunda Secundae* entwirft, auch nicht in völliger spiegelbildlicher Entsprechung.[104] So sind in der Ordnung der Tugenden und Laster

- „Überdruß" (*acedia*)[105] und „Neid" (*invidia*)[106] der Liebe,
- die „Habsucht" (*avaritia*)[107] der Gerechtigkeit,
- die „eitle Ruhmsucht" (*inanis gloria*)[108] der Tapferkeit,
- „Völlerei" (*gula*)[109], „Wollust" (*luxuria*)[110] und „Zorn" (*ira*)[111] der Maßhaltung entgegengesetzt.[112]

Doch sind es nicht die Hauptlaster, die den sieben Tugenden *an erster Stelle* entgegengesetzt sind. Dies sind vielmehr im Falle des Glaubens der „Unglaube" (*infidelitas*), im Falle der Hoffnung

---

[101] C. Schäfer (2009), 148

[102] Vgl. oben S. 273.

[103] Vgl. Thomas, *S.th.* I-II 73, 1 c.

[104] Vgl. *ebd.*, I-II 84,4 ad 1.

[105] Vgl. *ebd.*, II-II 35.

[106] Vgl. *ebd.*, II-II 36.

[107] Vgl. *ebd.*, II-II 118.

[108] Vgl. *ebd.*, II-II 132.

[109] Vgl. *ebd.*, II-II 148.

[110] Vgl. *ebd.*, II-II 153f.

[111] Vgl. *ebd.*, II-II 158.

[112] Ergänzend zur o.g. Lehre von der Ursprungssünde finden sich ferner im Traktat *de temperantia* in der Untersuchung des Hochmutes Überlegungen zu Sünde, Strafe und Versuchung der Stammeltern (vgl. II-II 163-165).

„Verzweiflung" (*desperatio*) und „Vermessenheit" (*praesumptio*), im Falle der Liebe der „Haß" (*odium*) etc. Immerhin lassen sich die sieben Hauptlaster als *Quellen* dieser Laster sichtbar machen.[113] Und sie haben zusätzliche „Töchter", die aus ihnen erwachsen.[114] Für ihre Beschreibung in der *Secunda Secundae* läßt sich deshalb eine ähnliche Farbigkeit feststellen wie für die Tugenden, so daß der z.T. sehr abstrakte und formale Sündentraktat der *Prima Secundae* hier seine eigentliche Konkretheit und Anschaulichkeit erhält.

„Wurzel" und „Anfang" aller Sünde. – Zugleich wird die Lehre von den sieben Hauptlastern für Thomas zum Rahmen, in dem die Frage nach der eigentlichen *Wurzel* oder dem *Anfang der Sünde* zu stellen ist. Mit ihr führt er die o.g. Analyse der ungeordneten Selbstliebe, in der jede Sünde ihren Ursprung hat, fort und radikalisiert sie.

Denn bemerkenswerterweise taucht *eine* Haltung, die in den Überlegungen zu den Ursachen der Sünde traditionell genannt wird, in der Ordnung der sieben *vitia capitalia* nicht auf: der *„Hochmut"* (*superbia*). Thomas begründet dieses Fehlen mit der besonderen Prinzipialität, die dem Hochmut gegenüber den Hauptlastern eigen ist, insofern er unter den Sünden als das erste und eigentliche Ziel erscheint. Der Hochmut ist „gewissermaßen ein universelles Laster" (*quasi universale vitium*) und „wie eine Königin aller Laster" (*velut regina quaedam omnium vitiorum*).[115] Im Unterschied zu den anderen Hauptlastern, die sich immerhin noch auf ein verabsolutiertes partikuläres Gut als Ersatz-Endziel beziehen, kennt der Hochmut als Gut *nur noch sich selbst.* Als radikale *conversio* zum eigenen Ich ist er einzig und allein auf sich selbst bezogen – und insofern das klassische Paradigma für die von Augustinus sog. „Verkrümmung des Menschen in sich selbst" (*incurvatio in se ipso*), die sich auch in allen anderen Lastern ausprägt.[116]

Thomas profiliert diese Eigenschaft des Hochmuts vor allem gegenüber der „Begierde" (*cupiditas*). Denn die Heilige Schrift bezeichnet sowohl den einen wie die andere als „Anfang" (vgl. *Sir*

---

[113] Vgl. *ebd.*, II-II 20,4 21,4; 34,6; 53,6; 55,8; 72,4.

[114] Vgl. etwa die Ableitung der *filiae acediae* in *ebd.*, II-II 35,4 ad 3; ferner II-II 37,2; 38,2; 41,2; 46,3; 132,5; 148,6; 153,5; 158,7). – Zu den verschiedenen Deutungen, die die *acedia* im Laufe der Zeit erfahren hat vgl. W. Post (2011).

[115] Thomas, *S.th.* I-II 84,4 ad 4 – Es war Gregor, der den Stolz aus der Liste herausgenommen hatte (vgl. *Moralia in Iob* XXXI 45, CCL 143B,1610,14f.).

[116] Vgl. Augustinus, *Confessiones* II 13 (CCL 27,23,18-24,43; *De civitate Dei* XIV 13 (CCL 48,434,26ff.) u.ö.

10,15: *Initium omnis peccati superbia*) bzw. „Wurzel" (vgl. 1 *Tim* 6,10: *Radix omnium malorum est cupiditas*) der Sünde. Ihre besondere Bedeutung für die Theologie der Sünde hatte die *cupiditas* oder *concupiscentia* als „allgemeine Sünde" (*generale peccatum*) durch den Römerbrief des Paulus und die an sie anknüpfende theologische Tradition erhalten.[117] Ihren Unterschied faßt er so:

> *Der Name „Begierde" (cupiditas) bezeichnet die Sünde unter dem Gesichtspunkt der Hinwendung zu einem vergänglichen Gut; der Name „Hochmut" (superbia) bezeichnet sie unter dem Gesichtspunkt der Abkehr von Gott.*[118]

Thomas deutet *superbia* und *cupiditas* somit anhand der beiden wesentlichen Bestimmungselemente der Sünde und gibt damit zugleich der o.g. graduellen Stufung der Sünden nach dem unterschiedlichen Vorhandensein einer *conversio ad creaturam* und einer *aversio a Deo* ihr Fundament:

> *Je weniger also in einer konkreten Tat das Element „Hochmut" realisiert ist und je mehr die cupiditas die Szene beherrscht, die Begierde und das Verlangen nach Stillung – desto geringer die Schuldhaftigkeit. Je „geistiger" anderseits ein Mensch, je mehr er aufgrund von Askese und Willenszucht dem Zauber der sinnlichen Welt gegenüber unverführbar geworden ist, desto mehr wächst für ihn die Möglichkeit, nun erst die Untat schlechthin begehen zu können, die Sünde unvermischter Hybris und des blanken Hochmuts. Wenn alle Kräfte meines Wesens mir gehorchen, dann erst erhebt sich eines Augenblicks die Frage: wem gehorche nun ich selbst?*[119]

Mit der Zuspitzung der Bestimmung des Hochmuts auf die in der Sünde steckende *aversio a Deo* kommt nicht nur die Sünde der rein geistigen Wesen, der *Engel*, in den Blick, die ja durch die Leiblichkeit und ihr Begehren nicht belastet sind, so daß

---

[117] Vgl. dazu Thomas, *Super Ad Rom.* VII 2 (n. 538).

[118] Thomas, *S.th.* I-II 84,2. – „In jeder Sünde, heißt das, sei immer beides miteinander verflochten und verknüpft, ein Element von *cupiditas* und ein Element von *superbia.* [...] Gemeint ist das schon verdorbene Haben- und Genießenwollen, verdorben durch den Hochmut, der, als Abkehr von Gott, die Sünde erst zu dem endgültig Schlimmen macht, das sie ist" (J. Pieper [1997b, 251).

[119] *Ebd.*

sich die Sünde als Schwäche von dieser Seite her erklären ließe. Auch im Hinblick auf den *Menschen* wird damit jenes Motiv erkennbar, das sich als „unter dem tarnenden Kennwort ‚Freiheit'"[120] Gewolltes verbirgt: Möglicherweise könne, so sagt Thomas, auch die Abkehr von Gott selber zum Ziel werden,

> *sofern sie begehrt wird unter dem Bilde der Freiheit, sub specie libertatis, gemäß dem Worte des Jeremias: „Seit je hast du das Joch zerbrochen, die Bindung zerrissen und gesagt: non serviam, dienen werde ich nicht! [Jer 2,20]"*[121].

Damit aber ist auf eine *letzte Haltung* hingewiesen, auf „die fundamentale Entscheidung in sämtlichen konkreten Entscheidungen":

> *entweder Selbstverwirklichung als Hingabe an Gott, das heißt in Anerkennung der eigenen Kreatürlichkeit; oder „absolute" Selbstliebe und der Versuch einer Selbstverwirklichung aufgrund der Leugnung oder Ignorierung der Tatsache, Kreatur zu sein*[122].

Damit aber zeigt sich die thomanische Lehre von der Sünde in ihrer Zuspitzung rückbezogen auf das Grundmotiv und den „Notenschlüssel" Kreatürlichkeit, der die *conditio humana* nach Thomas von Grund auf bestimmt: *Sünde besagt zuletzt die Weigerung, Geschöpf zu sein!*[123]

---

[120] *Ebd.*, 252.

[121] Thomas, *S.th.* III, 8,7.

[122] J. Pieper (1997b), 253.

[123] Weiterführend wäre von hier aus zu erörtern, ob für Thomas der „Hochmut" (*superbia*) oder der „Gotteshaß" (*odium Dei*) die schwerste aller Sünden ist – wird doch hier die Abkehr von Gott selbst Thema und Gegenstand, wobei der Hochmut diese Abkehr nach Seiten der *conversio* verwirklicht, der Gotteshaß nach Seiten der *aversio* benennt. Für beide Alternativen finden sich Belege in der *S.th.*: vgl. II-II 34,2 c. und I-II 73,4 ad 3: zum Gotteshaß; II-II 162,6 c.: zum Hochmut. Mit O.H. Pesch (2004), 715, wird man beide jedoch nicht ohne Weiteres zusammenfallen lassen dürfen: „Der Stolz richtet sich [...] zuerst und zuletzt gegen Gottes Herrschaftsrecht, der Haß gegen Gottes Liebe [...]. Der Stolz widersteht dem Schöpfer, der Gotteshaß dem Freund. Der Stolz will nicht dienen, der Haß will nicht lieben. [...] [D]er Stolz [ist] der elementare unterste Boden aller Sünde, der Gotteshaß aber die furchtbarere Sünde. Denn im Stolz verweigert der Mensch, was er als Geschöpf schuldig ist. Im Gotteshaß verweigert er, was er durch Gottes zuvorkommendes Geschenk darf: in Freundschaft mit Gott leben."

2.4. Der Tod als Wirkung der Sünde

Daher erscheint unter den vielfältigen Wirkungen der Sünde, die Thomas anführt und diskutiert, an erster Stelle der „Tod" (*mors*) als jene Konsequenz, die dem „Leben" (*vita*) und Sein des Menschen in grundsätzlicher Weise entgegensteht:

> *Der Sold der Sünde ist der Tod (Stipendia enim peccati, mors, Röm 6,23),*

lautet das Zeugnis der Heiligen Schrift, dessen militärisches Bild vom „Sold" Thomas im Sinne von „Vergeltung" (*retributio*), „Ziel" (*finis*) oder auch „Strafe" (*poena*) für die Sünde deutet.[124] War bisher vor allem *inhaltlich* von den *Haltungen* und *Dispositionen* die Rede, welche die Sünde gleichermaßen bedingen, wie durch sie bedingt werden, so ist an dieser Stelle noch einmal auf den inneren Kern zurückzukommen, der am Ausgangspunkt ihrer Bestimmung stand, nämlich auf ihren besonderen Charakter als *Tat*. Er ist die Basis für die folgenden *formalen* begrifflichen Bestimmungen und Unterscheidungen.

Sünde, Schuld und Strafe. – So bezeichnen die Begriffe *„Schuld"* (*culpa*) der *„Strafe"* (*poena*) jene Folgen, die sich aus der „Sünde" (*peccatum*) als Tat oder Handlung ergeben (denn Handeln heißt ja stets Wirkungen hervorbringen), und zwar nicht nur bei anderen, sondern auch *bei mir selbst*. Und diese Folgen sind nicht auf die Zeitspanne des sündhaften Aktes eingrenzbar. Die philosophische und theologische Tradition hat dies mit einer Vielzahl von Bildern und Vorstellungen illustriert. Sie spricht nicht nur von „Wunden", „Befleckung", „Makel", und „Narben", sondern auch von „Gefesseltsein", „Hörigkeit", „Gottferne" etc. Alle diese Bilder beziehen sich auf die handelnde Person und beschreiben den durch seine Tat bewirkten Zustand. Daß es sich dabei um eine „tief [...] in den Personkern dringende Seinsbeschaffenheit" handelt, will der Begriff der *„Strafwürdigkeit"* (*reatus poenae*) zum Ausdruck bringen:

> *Das Wort leitet sich her von „reus", schuldig, und es bedeutet den Zustand des Schuldigseins. Sünde heißt nicht nur: ich habe etwas getan; Sünde heißt auch: ich bin nunmehr etwas, das ich vorher nicht war; ich bin, aufgrund jener Tat, schuldig. [...] Das Schuldigsein ist das, was beim Tun der Sünde als innere Frucht, als effectus, „herauskommt".*[125]

[124] Vgl. Thomas, *Super Ad Rom*. VI 4 (n. 516); *S.th.* I-II 85,6 c.

[125] J Pieper (1997b), 271. – Vgl. Thomas, *Q. de malo* 2,2 ad 14: „Wenn

> *[A]ls innebleibende Frucht der Sünde, bedeutet [reatus poenae] [...] eine zweifache Personqualität,*
> *[1] sowohl die des Schuldigseins, des „Schuld-Habens“*
> *[2] wie auch die des Strafe-Verdienens, der Strafwürdigkeit, der „obligatio ad poenam“.*[126]

Hierdurch gelingt es Thomas, die Strafe als eine *innere Konsequenz* verständlich zu machen, die sich aus dem Handeln des Sünders selbst ergibt – und nicht als ein nur *äußerliches Verhängtwerden.*[127] Auf dieser Linie wird schließlich der Gedanke des Todes als „Strafe für die Sünde“ zugänglich. Als Vernichtung der Person entspricht der Tod der Sünde in ihrer Endgültigkeitsintention: Die „Endgültigkeit der Strafe ist nur die Antwort auf die Endgültigkeit der Entscheidung.“[128]

Ist aber der Tod, so läßt sich dagegen fragen, nicht etwas, das sich bereits aus der *natürlichen Beschaffenheit des Menschen* ergibt, so daß er nicht eigens als Strafe zu deklarieren wäre? Ist der Mensch nicht schon von Natur aus dazu bestimmt, geboren zu werden, um zu sterben?

In der Tat, räumt Thomas ein, ist der Mensch bereits natürlicherweise verderbnisanfällig – zwar nicht der Natur seiner Form, d.h. seiner geistigen Seele, nach, der in ihrer Immaterialität eine eigene Unzerstörbarkeit eigen ist, wohl aber aufgrund der Natur seiner Materie, d.h. seiner Leiblichkeit. Aufgrund dieser Disproportion ist der natürliche Tod gegen die natürliche Tendenz der unsterblichen Seele des Menschen gerichtet – doch sie hat an sich nicht die Kraft, den Tod zu verhindern.

---

man sagt, die Sünde sei als Akt etwas Vorübergehendes, als *reatus* aber etwas Bleibendes, dann ist dies dasselbe, wie wenn man sagt: sie geht vorbei in dem, was sie ist; aber sie bleibt in dem, was sie bewirkt.“

[126] J Pieper (1997b), 271. – Thomas, *Super II Sent.* d. 42,1,2; ähnlich *Q. de malo* 2,2 ad 14. – An anderer Stelle spricht er daher von einer *Selbstentwürdigung* durch die Sünde: vgl. Thomas, *Coll. in Dec. Praec.* 2 (n. 1188) u.ö.

[127] Jenseits der traditionellen Bilder von Höllenfeuer und Höllenpein liegt das eigentliche Wesen der Strafe darin, daß die Weigerung des Menschen *zu lieben,* die in der tödlichen Sünde als endgültige Entscheidung gemeint war, unwiderruflich wahr gemacht wird. Mit C.S. Lewis: „Die Türen der Hölle werden von innen zugehalten.“ – und Gott läßt den Zuhaltenden gewähren (vgl. J. Pieper [1997b], 274f.). – Unter dem Gesichtspunkt der Unsterblichkeit der Menschenseele ergibt sich über den leiblichen Tod hinaus die Perspektive auf eine unbeendliche Strafe der Verdammnis.

[128] *Ebd.*, 273.

> *Gott jedoch, dem alle Natur unterworfen ist, glich den Mangel der Natur bei der Erschaffung des Menschen aus und gab dem Leib Unzerstörbarkeit durch das Geschenk der ursprünglichen Gerechtigkeit. Und in diesem Sinne heißt es gleichermaßen: „Gott hat den Tod nicht geschaffen" [Weish 1,12], und: „Der Tod ist Strafe der Sünde" [Röm 6,23].*[171]

Durch diese ursprüngliche Gerechtigkeit wurden

> *nicht allein die niederen Seelenkräfte ohne Fehlausrichtung unter der Vernunft im Zaume gehalten wurden, sondern der ganze Leib war ohne jedes Gebrechen unter der Herrschaft der Seele gehalten.*[172]

Die ursprüngliche Gerechtigkeit war ein *Geschenk*, das die Verderbnisanfälligkeit der menschlichen Natur verhinderte, insofern es der menschlichen Natur genau jene Kraft mitteilte, die der natürlichen Tendenz der Seele entspricht, ihr aber gleichwohl aus eigener Macht nicht zu eigen ist. – Durch die Sünde des Stammvaters indessen wurde diese übernatürliche, gnadenhafte Gabe an die menschliche Natur hinweggenommen[173] – und der Tod zu einer die menschliche Natur depotenzierenden Wirkung der Sünde. Mit dieser Deutung versteht Thomas es, die *Natürlichkeit* wie *Unnatürlichkeit* des Todes gleichermaßen plausibel zu machen.

Zugleich wird an dieser Stelle deutlich, daß es sich bei der *menschlichen Natur*, von der Thomas spricht – und dies ist bis hinein in die Definition der Person von entscheidender Relevanz – keineswegs um eine neutrale Größe oder ein Abstraktum handelt, um eine „reine Natur", der ohne die ursprüngliche Gerechtigkeit etwas fehlt, was sie entbehren könnte.[174] *Natur* ist für Thomas kein „sündenfreier Raum". Sie steht vielmehr von vorneherein in der heilsgeschichtlichen Dramatik urständlichen Beschenktseins, schuldhaften Verlustes – und gnadenhafter Wiederherstellung durch die Erlösung.

---

[171] Thomas, *S.th.* I-II 85,6 c.

[172] *Ebd.*, I-II 85,5 c.

[173] Vgl. *ebd.*: „Der Entzug der ursprünglichen Gerechtigkeit aber hat die Bewandtnis der Strafe ebenso wie auch der Entzug der Gnade. Daher sind auch Tod und alle damit zusammenhängenden leiblichen Gebrechen gewisse Strafen der Ursprungssünde".

[174] Vgl. O.H. Pesch (2004), 279: Durch die Sünde „bleibt buchstäblich die Ruine des Geschöpfes über, das Gott gewollt hat".

2.5. Bekehrung und Buße, Vergebung und Erlösung

Denn auch wenn die Sünde derart in ihren umfassenden Dimensionen für das menschliche Dasein erkennbar wird, so ist sie nicht einfach ein unabänderliches Verhängnis. Vielmehr ist der Mensch in der Lage, sich zu diesem Zustand zu verhalten, zu ihm Stellung zu nehmen. Wie aber lassen sich dieser uneigentliche Zustand des Sünderseins und seiner Folgen ändern, wie kann man ihn verlassen? - Bereits die verschiedenen Grundbestimmungen der Sünde zeigten, daß es hier nicht nur auf menschliches Tun ankommt, sondern ganz wesentlich auf die Hilfe Gottes.

(1) *Von Seiten des Menschen.* - Unerläßliche innere Vorbedingungen der Befreiung von der Sünde *von Seiten des Menschen* sind zunächst (a) die Anerkennung und Reue sowie (b) die Selbstanklage und das Bekenntnis (die Platon bedenkenswerterweise als den eigentlich „nutzbringenden Gebrauch der Kunst des Wortes“[175] bezeichnet hat). Bereits in Strophe 3 des *„Adoro te devote“* hatte Thomas eine solche Haltung der Reue und des Bekenntnisses exemplarisch in der Figur des Schächers zur Sprache gebracht: *„confitens,/* peto quod petivit latro *paenitens*“.

Dabei versteht Thomas diese Vorbedingung ganz offenbar nicht nur als einen punktuellen Akt, sondern als eine *beständige Haltung*. In diesem Sinne erörtert er mitten im Traktat über das Sakrament der Buße (*De paenitentia*) in der *Summa theologiae* - dem letzten, an dem er geschrieben hat, ehe er seine Arbeit daran abbrach - in Anknüpfung an die ersten Worte der Verkündigung Jesu („Kehrt um und tut Buße! Denn das Reich Gottes ist nahe“, vgl. *Mt* 3,2 par.) die *paenitentia* als *Tugend*, d.h. als eine beständige Haltung, in der zu verbleiben, dem Menschen permant notwendig - *selbst nach Erlangung der Sündenvergebung.* Ja, sie gilt ihm sogar als erste unter den Tugenden, denn:

> *Die Buße öffnet den Tugenden den Zugang zur Seele, indem sie kraft des Glaubens und der Liebe, die ihr der Natur nach vorausgehen, die Sünde austreibt. Dennoch öffnet sie den Zugang so, daß die übrigen Tugenden zugleich mit ihr eintreten. Denn bei der Rechtfertigung des Sünders vollzieht sich zugleich mit der Hinwendung des freien Willens zu Gott und mit seiner Abkehr von der Sünde die Nachlassung der Schuld und die Eingießung der Gnade, mit welcher zugleich auch alle Tugenden eingegossen werden.*[176]

---

[175] So der Hinweis von J. Pieper (1997b), 278. - Vgl. Platon, *Gorgias* 481b.

[176] Thomas, *S.th.* III 85,6 ad 3. Begrifflich heißt „Buße tun: Schmerz emp-

Durch die Buße gewinnt der Mensch seine Gestalt zurück, die ihn als Person auszeichnen – und zugleich jene „*Würde*" (*dignitas*), die er durch die Sünde verloren hatte. Ja, er erlangt durch die Vergebung – durch die Wiederannahme an Kindes statt durch Gott – eine größere, als er sie am Anfang besessen hatte.[177] Und als beständige Haltung macht die *paenitentia* den Menschen eben dafür fortwährend bereit, die Vergebung zu erlangen.[178]

Komplementär zu jenen Dimensionen, in denen das Verständnis der *menschlichen Person* seine Fundierung von Seiten des *Schöpfungsgedankens* erhält, wird man daher jene Aspekte zu berücksichtigen haben, die von Seiten der thomanischen Ausführungen zum *cor semper paenitens* und zur Wiedererlangung der Würde maßgeblich zu seiner Vertiefung beigetragen haben. Sie stehen im historischen Kontext jenes geistesgeschichtlichen Prozesses der *Verinnerlichung*, von dem bereits mehrfach die Rede war und der in der Ausbildung der skizzierten Lehre vom Gewissen seinen Mittelpunkt hat.[179] Zu seinen integralen Bestandteilen gehörte überdies die schon genannte Popularisierung der Lehre von den sieben Hauptsünden als Mittel der Selbsterkenntnis.[180] Unter dem leitenden Gesichtspunkt des Gefallenseins des Menschen und seiner Erlösungsbedürftigkeit trugen sie maßgeblich zur zunehmenden Herausbildung eines individuellen Bewußtseins von *Identität* und *Subjektivität* bei und damit zur Ausformung des Verständnisses von *Personalität*.[181] Schließlich gehören die Dimensionen von *paenitentia* und *humilitas* zum Charakterbild des Thomas und werden immer wieder von ihm hervorgehoben.[182]

(2) *Von Seiten Gottes*. – Freilich handelt es sich bei Buße, Reue und Bekenntnis, wie bereits betont, stets lediglich um *Vorbedingungen*

---

finden über etwas, was man früher getan hat" (III 85,1 c.), sie beinhaltet den angemessenen Schmerz über die Gott zugefügte Beleidigung, und bezeichnet nicht nur als „Trauer" (*tristitia*) oder „Schamgefühl" (*verecundia*), d.h. als „Leidenschaft" (*passio*), sondern als ein „Wollen" (*voluntas*) – den Anfang der neuerlichen Bewegung des Menschen auf Gott hin. So ist die Buße der Kardinaltugend der Gerechtigkeit zugeordnet (vgl. III 85,3).

[177] Vgl. hierzu die Deutung des Gleichnisses vom verlorenen Sohn (*Lk* 15) in *ébd.*, III 89,3 c.

[178] In solchem Sinne beschreibt Thomas etwa auch den Religiosenstand als *status poenitentiae:* vgl. *S.th.* II-II 187,6 c.; 189,5 ad 2.

[179] Vgl. oben S. 10ff. und S. 267-270.

[180] Und nicht zuletzt die Einführung der individuellen Beichtpraxis durch das IV. Lateranskonzil 1215 und die damit verbundene Praxis der Selbstbeobachtung mögen dabei eine Rolle gespielt haben.

[181] Vgl. G. Wieland (1987).

[182] Vgl. oben S. 181-184.

im Umgang mit der eigenen Sünde. Denn diese kann nur durch Eines wirklich ausgelöscht werden: durch das *von außen* kommende, von Gott selber gewährte *Geschenk* der Vergebung.[183] Den Akt göttlicher Vergebung beschreibt das *„Adoro te devote“*, wie gesehen, in metaphorischer Weise mit den Bildern des „Abwaschens“ (*mundare*) und „Heilens“ (*salvum facere*), das Christus vollzieht, indem er sich wie der Pelikan für die Seinen verzehrt. Und wie es oben galt, den Gedanken des *Geschaffenseins* („Ich bin ins Sein gesetzt durch einen Akt schöpferischer Gutheißung“) wie des *Sünderseins* („Ich bin schuldig und der Strafe würdig“) persönlich zu vollziehen, so gilt es auch hier, die Vergebung als etwas zu realisieren, das *mich* in meinem Innersten betrifft: *„Mir* ist Vergebung geschenkt. *Um meinetwillen* geschah das Werk der Erlösung.“ Denn dieser Begriff, der Begriff der *„Erlösung“* (*redemptio*), wird in der *Summa theologiae* zum entscheidenden Begriff, um den Thomas seine theologisch-systematischen Überlegungen gruppiert.

Erlösung. – Auf den Begriff der „Erlösung“ hin ordnet er die Interpretation der anderen Erklärungsmotive zu den Wirkungen, welche die Heilige Schrift dem Leiden und Sterben Christi (*modi efficiendi passionis*) zuschreibt. So thematisiert etwa

(a) der Begriff der *„Genugtuung“* (*satisfactio*), der in einem *rechtlichen* Kontext steht,[184] den gegenüber Gott geleisteten Ausgleich für begangenes Unrecht, den Christus aus Liebe und Gehorsam leidend, wiederherstellte,

(b) der Gedanke des *„Opfers“* (*sacrificium*) dagegen, der vor allem *kultisch-zeremonielle* Konnotationen besitzt,[185] betrifft die Erstattung der Gott geschuldete Ehre, die Christus leistete, als er sich freiwillig und aus Liebe der Passion unterwarf.[186] – Während beide Vorstellungen in erster Linie das Verhältnis zu Gott und die Wirkung auf ihn hin als Adressaten der Heilstat Christi im Blick haben, benennt der Begriff der Erlösung ähnlich wie

---

[183] J. Pieper (1997b), 279.

[184] Vgl. Thomas, *S.th.* III 48,2.

[185] Vgl. *ebd.*, III 48,3.

[186] Man ist leicht geneigt, beide Dimensionen miteinander zu vermischen, so als ob das Opfer grundsätzlich den Charakter einer Zurückerstattung oder des Ausgleichs eines entstandenen Ungleichgewichts und daher der (irgendwie zähneknirschenden) Restitution hat. Im ursprünglichen Sinne jedoch meint Opfer den Akt der freien, schenkenden aus dem Bewußtsein existentiellen Reichseins, das seinen letzten „Wurzelgrund [in] einer umfassenden Bejahung, für die sich schwer eine andere Bezeichnung finden läßt als wiederum der Name ‚Liebe‘“ (J. Pieper [1998e], 232).

(c) der des *„Verdienstes“* (*meritum*), das Christus im moralischen Sinne für sich und die Seinen erworben hat,[187] in erster Linie die Wirkung für die Menschen.

Seiner Wortbedeutung nach läßt der Begriff der „Erlösung“ zunächst an den Bereich des *Handels* und des *Geschäftes* denken, insofern für einen bestimmten Preis etwas erworben bzw. zurückgekauft oder ausgelöst wird.[188] In diesem Sinne wendet Thomas den Gedanken an auf den der Knechtschaft der Sünde verfallenen Menschen, der durch diese der Freiheit beraubt war, sich so zu verhalten, wie er wollte.[189] Dagegen bewirkte die Heilstat Christi die Befreiung von jedem Unterworfensein unter die Herrschaft der Sünde, wobei sein Leiden der Preis dafür war:

> *Seine Passion war gewissermaßen der Preis, wodurch wir von jeder Knechtschaft befreit sind. [...] Christus aber leistete diese Genugtuung – jedoch nicht dadurch, daß er Geld oder etwas dergleichen gab, sondern er gab dasjenige, was das Größte war – und zwar sich selbst, für uns (sed dando id quod fuit maximum, seipsum, pro nobis).*[190]

Selbstgabe. – Es ist dieses Motiv der (Selbst-) Gabe Christi, das Thomas in seiner Betrachtung der Passion Christi in Anknüpfung an die Darstellung der vier Evangelien moduliert – wird die Passion dort doch als ein komplexes Geschehen der *traditio* (d.h. der Gabe, Hingabe, des Übergeben-Werdens) dargestellt:[191]

– So wird Christus von *Judas Iskariot* den Juden „übergeben“ bzw. „ausgeliefert“ (*traditurus*, *Joh* 6,71; 12,4; 13,2),

– die *Juden* und ihre *Führer* „lieferten“ ihn Pilatus „aus“ (*tradiderunt*, *Joh* 18,35; vgl. 19,11) und „übergeben“ (*tradent*, *Mt* 20,19) ihn so den Heiden, „damit er verspottet, gegeißelt und gekreuzigt wird“,

– der römische Statthalter *Pontius Pilatus* „übergab“ (*tradidit*, *Joh* 19,16) ihn schließlich den Soldaten zur Kreuzigung.

– Aber auch vom *göttlichen Vater* heißt es in der Heiligen Schrift, daß er seinen Sohn nicht geschont und ihn dem Leiden und dem Tod für uns alle „übergeben“ hat (*pro nobis omnibus tradidit illum*)“ (*Röm* 8,32).

---

[187] Vgl. *ebd.*, III 48,1.

[188] Vgl. *ebd.*, III 48,5 c.

[189] Vgl. *ebd.*, 48,4 c.: „Zur Knechtschaft gehört es nämlich, daß jemand etwas erleidet, was er nicht will, weil es dem freien Menschen eigentümlich ist, über sich selbst zu verfügen, wie er will (*uti seipso ut vult*).“

[190] *Ebd.*, 48,4 c.

[191] Vgl. Thomas, *S.th.* III 47,1-4.

– Vor allem aber ist es *Christus selbst*, der sich aus Liebe zu den Menschen „dahingegeben hat" (*tradidit semetipsum pro nobis*) (*Eph* 5,2; vgl. *Gal* 2,20; vgl. auch die Selbstbezeugung: *Joh* 10,18: „Nemo a me tollit animam meam, sed ego ponam eam").

In all diesen Aspekten aber erscheint das Motiv der Selbst-Gabe rückbezogen auf jenes Wort, das Jesus bei der Feier des letzten Abendmahls als Deutung über seine Passion stellt: „Dies ist mein Leib, der für euch *hingegeben* wird (*quod pro vobis datur*)" (*Lk* 22,19). Die Selbstgabe Christi wird damit konkret und zugänglich in der eucharistischen Hingabe des eigenen Fleisches und Blutes „für euch".

In vielfältiger Weise finden die Gedanken, die in die 5. und 6. Strophe des *„Adoro te devote"* eingehen, eine motivische Resonanz in einem Text aus dem Erstlingswerk des Thomas, dem *Kommentar zu den Sentenzen des Petrus Lombardus*. Im Prolog zum 4. Buch entfaltet Thomas dort summarisch die Rolle und Sendung Christi im Hinblick auf die Sünde des Menschen, in der dieser als „Heiland" (*salvator*)[150] und „Arzt" (*medicus*) hervortritt, sowie auf seine Weise des Heilens. Gerade deswegen ist dieser Text von besonderer Bedeutung, weil er als Erschließungsgrundlage im vorangestellten Motto aus *Ps* 106 wiederum die thomanische *Lehre vom ewigen göttlichen Wort* wählt, das damit nicht nur in seinen *schöpfungstheologischen*, sondern auch in seinen *therapeutischen* Dimensionen sichtbar werden kann und in seinem Wirken dem Menschen als Geschöpf und Sünder gleichermaßen entspricht. Zur entscheidenden Vermittlungsinstanz dieses Wirkens aber werden die *Sakramente*:

> *„Er sandte sein Wort und heilte sie und entriß sie ihren Verderbnissen." (Ps 106,20). [...]*
> *Es wird [...] in den vorangestellten Worten dreierlei angesprochen: nämlich [1] die Bereitung der Medizin, [2] die Heilung von der Schwachheit und [3] die Befreiung vom Tod.*
> *[Zu 1] Die Bereitung der Medizin wird angesprochen, wenn es heißt: „Er sandte sein Wort". Dies ist ja zu beziehen [1.1] sowohl auf die Fleischwerdung des Wortes, von dem es heißt, es sei von Gott gesandt, weil es Fleisch geworden ist: Gal 4,4: „Er sandte seinen Sohn, geboren aus einer Frau"; [1.2] als auch auf die Einsetzung der Sakramente: in ihnen „tritt das Wort zum Element, und es wird das Sakrament", so daß auf diese Weise eine Gleichförmigkeit der Sakramente*

[150] Vgl. hierzu auch die Deutung des Namens „Jesus", der in den Strophen 6 und 7 genannt wird. – Dazu unten S. 393f.

zum fleischgewordenen Wort besteht. Es wird die sinnenhafte Schöpfung nämlich geheiligt durch das Wort Gottes und das Gebet: 1 Tim 4,5.
[Zu 2] Die Heilung von der Schwachheit der Sünde und ihren Folgen aber, wird angesprochen, wenn es heißt: „und er heilte sie". Diese Heilung geschieht ja durch die Sakramente. Daher sind sie Salben der Gesundheit, die Christus gewissermaßen als Salbenmischer (unguetarius) bereitet. Daher heißt es auch in Ps 102,3: „Der all deine Schuld vergibt" im Hinblick auf die Sünden; und „Der alle deine Gebrechen heilt" im Hinblick auf die Sündenfolgen.
[Zu 3] Die Befreiung vom Tod aber wird angesprochen, wenn es heißt: „er entriß sie ihren Verderbnissen". Und weil die Vernichtung im Tod gewaltsam zu klingen scheint, daher kann man [den Vers] angemessen auf die Strafe des Todes beziehen. Denn der Begriff der Strafe ist es, daß sie gegen den Willen geschieht, wie es Begriff der Schuld ist, daß sie willentlich geschieht. Und daher wird die Schuld auf die Schwachheit zurückgeführt, die Strafe auf den Tod. Denn hinsichtlich der Strafe ist die Schuld der Weg, wie es hinsichtlich des Todes die Schwachheit ist. Nicht aber kann allein die Trennung der Seele vom Leib Tod genannt werden, sondern auch alle Strafen des gegenwärtigen Lebens. Und daher werden sie in der Mehrzahl Verderbnisse genannt, wie auch in 2 Kor 11,23: „Häufig in Toden".
– Vom Tod der Verderbnis der Natur entriß folglich das fleischgewordene Wort durch seine Auferstehung, denn: „in Christus werden alle lebendig gemacht" (1 Kor 25,22), „Es sollen leben meine Verstorbenen" (Jes 26,19).
– Von den Toden der Strafen aber durch die Herrlichkeit. Dann nämlich ist der Tod vom Sieg verschlungen, 1 Kor 15,55.
Und hiervon heißt es in Ps 102,4: „Der dein Leben von der Verderbnis erlöste" im Hinblick auf das erste; „Der dich in Erbarmen krönt" im Hinblick auf das zweite.

In dieser „Krönung in Erbarmen" – in seiner Annahme an Kindes statt – aber erscheint der Mensch in einer größere Würde, als er sie am Anfang durch die Schöpfung hatte. Und in ihrer gnadenhaften Verleihung als Gabe und Geschenk wird über allem die *Liebe* und *Großzügigkeit Gottes* erkennbar.[151]

---

[151] Thomas, *S.th.* III 46,3 c.: „Indem der Mensch durch das Leiden Christi befreit worden ist, geschah vieles andere, was zum Heil des Menschen gehört, [....] weil dies zu einer größeren Würde (*ad maiorem dignitatem*) führte."

Teil IV

Die Persönlichkeit des Thomas von Aquin:

In Sehnsucht nach der Ewigen Schau

Finale: „Visu sim beatus" – Im Licht der Ewigkeit (Strophe 7)

Der Anfang und das Ende verdienen besondere Beachtung, so sagte ich zu Beginn dieser Betrachtungen.[1]

Mit der Schlußstrophe erreicht der Hymnus *„Adoro te devote"* eine letzte Steigerung. Die Unmittelbarkeit des Tons gewinnt eine zusätzliche Intensität, und die inhaltliche Aussage ist von summarischem Charakter. Es ist, als ob *Persönlichkeit und Temperament des Thomas* in diesen letzten Versen noch einmal mit betonter Deutlichkeit hervortreten.

Die 7. Strophe ist geprägt von einer eigentümlichen Stimmung der *Ungeduld* und *Unruhe*: Zwar schließt sie in ihrem Duktus an die Gebetsstruktur der beiden Vorstrophen an,

– doch ist die Anrede, zuvor doppelt und mit Metaphern ausgestaltet, nun verkürzt auf das gleichermaßen schlichte wie vertrauliche „Iesu";

– die Bitten sind ersetzt durch eine Frage, die mit einem Zeitindex („quando") versehen sind und durch die Partikel „tam" eine zusätzliche Dringlichkeit erhält;

– schließlich treten an die Stelle des ansonsten vorherrschenden indikativischen Präsens zunehmend Futur- und Konjunktivformen: „fiet", „visu sim".[2]

Gruppiert um die leitende Vorstellung des Dürstens („tam sitio") will all dies eine *gesteigerte Sehnsucht* zum Ausdruck bringen. Das Hauptthema des Hymnus, die Verhülltheit Christi unter den eucharistischen Gestalten, wird so an eine Schwelle geführt, von der aus sich der Blick ins Jenseitige, Eschatologische weitet: auf die offenbare Anschauung von Angesicht zu Angesicht, in welcher der Betrachter seine Stillung, Erfüllung und Glückseligkeit findet: „visu sim beatus tuae gloriae".

Wie in den Vorstrophen kann auch hier die Anrede („Iesu") zu Beginn als Angelpunkt der Betrachtungen gelten. Von ihr aus entfaltet sich die eigentümliche Spannung, die durch

– den Anblick des verborgenen Christus im Diesseits einerseits (Abschnitt 1) und

---

[1] Vgl. oben S. 40.

[2] Vgl. Thomas, *S.th.* II-II 76,1 c.: „Wenn das Sprechen selbst sich zu demjenigen, was gesprochen wird, verhält wie der Ausdruck eines gewissen Affekts, der dasjenige verlangt, was im Wort zum Ausdruck gebracht wird. Und dazu sind die Verben des Optativs (*verba optativi modi*) eingesetzt."

- seine offenbare Anschauung im Jenseits andererseits bestimmt ist. - Sie wird erzeugt durch die Gegensatzpaare (a) „verhüllt" (*velatum*) und „enthüllt" (*revelata*) sowie (b) „jetzt" (*nunc*) und „dann" - angesprochen und noch einmal in einer Steigerung durch das Fragepronomen „wann" - „quando" (Abschnitt 2).

- Zum eigentlichen „Motor" der Gedankenführung wird indessen der Begriff der *Sehnsucht* bzw. des *Verlangens* („sitio"), der den ersten vier Versen ihr drängendes Gepräge gibt, ehe sich diese Gedrängtheit im Ausblick auf die Ewigkeit deutlich löst (Abschnitt 3). Damit aber werden die Verse zugleich unmittelbar durchsichtig auf *das zentrale Grundmotiv*, das das thomanische Denken und Schreiben prägt, und damit zugleich auf den dahinterstehenden Charakter und die Geisteshaltung des Thomas von Aquin: die Sehnsucht nach der ewigen Glückseligkeit in der unverhüllten Anschauung Gottes.

1. *Der Anblick des verhüllten Jesus im Diesseits*

Anrede und Prädikation zu Beginn sind - ich sagte es bereits - auf das Wesentliche konzentriert und von summarischem Charakter: Sie fassen die Situation des Beters - die Betrachtung der verborgenen Gegenwart Christi in der Eucharistie -, die in den Vorstrophen entfaltet wurde, zusammen und bündeln sie im Blick auf ihren Adressaten.

Der Name „Jesus". - Der Name „Jesus", mit dem Thomas den eucharistischen Herrn anspricht, kann als Summe und Inbegriff der Bedeutung und Sendung des menschgewordenen Gottessohnes gelten: „Jesus" bedeutet „Heiland" (*salvator*), „Erlöser" (*redemptor*), wie es bereits seinem Nährvater Josef durch den Engel im Traum geweissagt wurde:

> *Denn er wird sein Volk von seinen Sünden erlösen (Ipse enim salvum faciet populum suum a peccatis eorum, Mt 1,21).*

Zwar ist dieser Name, wie Thomas einräumt, im Alten Bund ein durchaus geläufiger Name, der bereits viele Träger vorher hatte (z.B. Jesus Sirach, Josua, den Sohn Nuns, vgl. *Neh* 8,17, oder Jeschua, den ersten Hohenpriester nach dem Exil, vgl. *Esr* 2,2). Seine Einzigartigkeit ergibt sich jedoch durch den *Inhalt des damit bezeichneten Heils*, das im Neuen Bund ein geistliches und universales ist. Daher kommen im Namen „Jesus" alle Namen überein, mit denen er im Alten Testament prophetisch benannt wird.[3] Der Name „Jesus" ist die umfassende Bezeichnung des menschlichen Heiles (*significativum salutis*)!

In seinem Kommentar zu *Mt* 1,21 stellt Thomas den Namen „Jesus" wiederum ausdrücklich in einen Zusammenhang mit der Doppelnatur des menschgewordenen Gotteswortes und unterstreicht, daß dieser Name ihm sowohl (1) im Hinblick auf seine menschliche, als auch (2) auf seine göttliche Natur zukommt. – (1) Denn seiner menschlichen Natur nach hat er im Fleisch gelitten und das Geheimnis unserer Erlösung erfüllt. (2) Doch konnte dieses Leiden eine Wirksamkeit nur haben aufgrund der Kraft der mit ihm verbundenen Göttlichkeit.[4]

Schließlich mag es im Zusammenhang dieser spezifischen Aufmerksamkeit des Thomas für den Namen „Jesus" und seine Bedeutung als nicht unwesentlich erscheinen, daß dieser Name seit den frühesten Zeiten im Dominikanerorden ein Gegenstand besonderer Verehrung war.[5]

Verhüllung und Enthüllung. – So verbindet sich dieses Element dominikanischer Spiritualität in der Schlußstrophe des *„Adoro te devote"* mit der Kreuzesfrömmigkeit, die Thomas als Mitglied des Predigerordens in ausgeprägter Weise gepflegt hat und von der oben die Rede war.[6] Denn das Motiv von „Verhülltsein" (*velatum*) und „Enthülltsein" (*revelata*), das die Vorstellungswelt der letzten Strophe bestimmt, hat seinen biblischen Referenzpunkt wohl weniger in einer Braut- und Hochzeitsmetaphorik, die man in dieser Wortwahl zu erkennen gemeint hat,[7] als in der kultischen Vorstellungswelt des Tempels mit seinem Vorhang, der das Allerheiligste verhüllt (vgl. *Ex* 26,31-37; *Lev* 16,2.12-15).[8] Nach dem Bericht der Evangelien zerreißt dieser Vorhang im Moment des Todes Jesu am

---

[3] Vgl. Thomas, *S.th.* III 37, 2 c. – Eine besondere Rolle spielen hier v.a. die Namen, die sich in den Weissagungen des Propheten Jesaja finden: „Immanuel" (7,14), „Wunderbarer Ratgeber, starker Gott, Vater in Ewigkeit, Fürst des Friedens" (9,6), „Eile, raube geschwind" (8,3); ferner „Aufgang" (Zach 9,12): vgl. *ebd.*, ad 1.

[4] Vgl. Thomas, *Super Matth.* I 1 (n. 18); vgl. (n. 94-97).

[5] Vgl. Papst Honorius III., *Brief an den hl. Dominikus und seine Begleiter vom 18.1.1221*, wo die Spiritualität des Ordens vom Ziel her bestimmt wird, „den *Namen* des Herrn *Jesus* Christus aller Welt zu verkündigen" (*MOFPH* XXV, 144). – Hervorhebung von mir.

[6] Vgl. oben S. 181-184.

[7] Vgl. oben S. 294, Anm. 17.

[8] Zur Bedeutung des Vorhangs nach dem Zeremonialgesetz: vgl. Thomas, *S.th.* I-II 104,4 ad 4.

Kreuz und gibt den Blick frei auf das *sacratissimum* (vgl. *Mt* 27,50f; *Mk* 15,37f; *Lk* 23,45bf).

Bemerkenswerterweise erinnert Thomas in seiner Deutung dieses Geschehens an den *doppelten Vorhang*, der sich im Jerusalemer Tempel befunden hat: (1) den äußeren zum Vorhof, der der Abgrenzung von Äußerem (Profanem) und Innerem (Sakralem) diente, und (2) den inneren, der die Grenze zum Allerheiligsten markierte. Das Zerreißen des Vorhangs, von dem die Evangelisten berichten, bezieht er lediglich auf den äußeren: Damit werde das Zerreißen der Hülle des Alten Bundes und das Offenbarwerden aller Geheimnisse, die im Gesetz und in den Propheten niedergeschrieben sind, durch den Tod Christi angezeigt. Das Unversehrtbleiben des inneren Vorhangs hingegen deutet Thomas - ganz im Sinne der Dreistufigkeit seiner o.g. Geschichtstheologie - unter einem „eschatologischen Vorbehalt": „Denn die himmlischen Geheimnisse bleiben noch verhüllt (*remanent velata*)."[9] - Und eben dieses bleibende Verhülltsein ist es, das die Spannung der 7. Strophe begründet und die drängende Frage nach dem „Wann" seines Offenbarwerdens motiviert.

Gegenwart und Zukunft. - Maßgeblich verstärkt wird diese Spannung durch den zeitlichen Gegensatz von „jetzt" und „dann", der zur gedanklichen „Achse" der Schlußstrophe wird. Er hat seine biblische Grundlage in 1 *Kor* 13,12:

> *- Jetzt schauen wir (Videmus nunc) in einen Spiegel (per speculum) und sehen nur rätselhafte Umrisse (in aenigmate), dann aber (tunc autem) schauen wir von Angesicht zu Angesicht (facie ad faciem).*
> *- Jetzt (Nunc) erkenne ich stückweise, dann aber (tunc autem) werde ich durch und durch erkennen, so wie ich auch durch und durch erkannt worden bin.*

In seinem Kommentar zur Stelle im 1. *Korintherbrief* unterscheidet Thomas von daher eine *dreifache* Art und Weise, Gott zu erkennen:

(1) Im Diesseits erkennen wir ihn bisweilen klar und offen, wenn wir das Unsichtbare an Gott durch die Geschöpfe wahrnehmen gemäß der schon mehrfach zitierten Stelle *Röm* 1,20.

> *Und auf diese Weise ist die gesamte Schöpfung uns gewissermaßen wie ein Spiegel (per speculum), denn aus der Ordnung,*

[9] Vgl. Thomas, *Super Matth.* XXVII 2 (n. 2392). - Vgl. oben S. 194-199 und S. 262-266.

> *der Güte oder der Größe, die in den Dingen von Gott verursacht wurden, gelangen wir zur Erkenntnis der göttlichen Weisheit, Güte und Eminenz.*[10]

(2) Bisweilen hingegen ist diese Erkenntnis dunkel und geheimnisvoll, und insofern das Unsichtbare an Gott uns auf solche Weise verborgen ist, sehen wir ihn wie „in Rätselbildern" (*in aenigmate*).

(3) Von diesen beiden mittelbaren Erkenntnisweisen unterscheidet sich die *unmittelbare Gotteserkenntnis im Jenseits*:

> *Denn wenn wir etwas im Spiegel sehen, dann sehen wir nicht den Gegenstand selbst, sondern seine Ähnlichkeit (similitudo); wenn wir aber etwas von Angesicht sehen, dann sehen wir den Gegenstand selbst. Und nichts anderes will der Apostel sagen, wenn es heißt: „Wir werden" in der Heimat „von Angesicht zu Angesicht sehen (facie ad faciem)", als daß wir das Wesen Gottes selbst (ipsam Dei essentiam) sehen werden.*[11]

Mit Nachdruck betont Thomas die *Unmittelbarkeit* dieser Gottesschau gegen alternative Deutungsweisen seiner Zeitgenossen. So war u.a. die Behauptung, daß die Auferstandenen und die Seligen das göttliche Wesen *nicht* unmittelbar schauen würden durch die Professoren der Universität Paris der Anlaß für eine Verurteilung von insgesamt zehn Irrtümern durch den Pariser Bischof, Wilhelm von Auvergne (1180-1249) im Jahr 1241 gewesen.[12] Zum entscheidenden Argument wird Thomas in diesem Zusammenhang wiederum der Hinweis, auf das *natürliche Verlangen des Menschen*, das bei der Annahme einer nur mittelbaren Gottesschau im Jenseits in seinem Bestreben, die erste Ursache der Dinge durch sich selbst zu erkennen, fehlgehen würde.

> *Und schließlich würde daraus auch folgen, daß die letzte Glückseligkeit des Menschen in etwas anderem als in Gott bestünde.*[13]

Begegnung. – Die einzigartige *personale Qualität*, die diese unmittelbare Anschauung Gottes auszeichnet, läßt sich bereits aus der diesseitigen Perspektive annähern – und zwar in zweifacher Hinsicht.

---

[10] Thomas, *Super I Ad Cor.* XIII 4 (n. 800). – Vgl. oben S. 241.

[11] *Ebd.* (n. 802).

[12] Zur Auseinandersetzung mit diesen Positionen vgl. *ebd.* (n. 803). – Zum historischen Hintergrund vgl. unten S. 418ff.

[13] *Ebd.* (n. 803).

(1) *Liebende Vereinigung.* – So schließt der biblische Text aus 1 *Kor* 13 zum einen unmittelbar an den endzeitlichen Ausblick auf das „Dann" den Hinweis auf die *drei theologischen Tugenden* an, um den „Jetzt"-Zustand – das *nunc* des Betrachters – summarisch zu beschreiben:

> *Jetzt (Nunc) bleiben Glaube, Hoffnung, Liebe, diese drei, doch am größten unter ihnen ist die Liebe. (1 Kor 13,13)*

Die drei theologischen Tugenden erscheinen damit nicht nur in eine eschatologische Dynamik gestellt, die ihre zentrale Rolle im *„Adoro te devote"* wie im thomanischen Denken insgesamt rückblickend verifiziert.[14] Es ist insbesondere die *Liebe*, die in der Reihe der drei Tugenden eine herausragende Rolle einnimmt. Thomas nutzt in seinem Kommentar daher die Gelegenheit, die Bedeutung der Liebe als *„einigender Kraft"* (*vis unitiva*) im Hinblick auf die Verbindung mit Gott in der Erkenntnis „von Angesicht zu Angesicht" auszuweisen – wobei er sie wiederum mit Hilfe des aristotelischen Freundschaftskonzepts als Frucht der *amor caritatis* interpretiert.[15] – Nicht zuletzt hierin mag die Vertrautheit der Anrede („Iesu") ihren Grund besitzen.

(2) *„Von Angesicht zu Angesicht".* – Vor allem jedoch bietet die Vorstellung vom *„Antlitz"* (*facies*) semantisches Anknüpfungspotential, um der zunächst recht allgemeinen und abstrakten Beschreibung einer „Schau der göttlichen Wesenheit" (*visio ipsae essentiae divinae*) *konkrete personale Züge* zu verleihen.[16]

2. Die unverhüllte Schau des Antlitzes Christi im Jenseits

Denn es ist das Antlitz, in dem sich die Erscheinung einer Person verdichtet. In ihm kommt sie in hervorgehobener Weise zum Ausdruck.[17] Dementsprechend sind die Betrachtungen der letzten Strophe des *„Adoro te devote"* ganz auf das *Antlitz Christi* konzentriert und finden in ihm ihren Integrationspunkt.

Die Rede vom „Antlitz" (*facies*) Christi läßt dabei wohl in erster Linie Reminiszenzen an den Evangelienbericht von der *Verklärung Jesu* mitschwingen. Dort wird sein Antlitz beschrieben als

---

[14] Vgl. oben S. 98ff.; S. 166ff.; S. 274ff.; S. 279-286 u.ö.

[15] Vgl. Thomas, *Super I Ad Cor.* XIII 4 (n. 806).

[16] Keine Bedeutung hat in diesem Zusammenhang dagegen 2 *Kor* 3,18: „Wir alle spiegeln mit enthülltem Angesicht (*revelata facie*) die Herrlichkeit des Herrn wider". Thomas deutet den Vers auf den diesseitigen Status der Glaubenden hin.

[17] Vgl. Thomas, *S.th.* III 45,1 ad 3.

> *leuchtend wie die Sonne, und seine Kleider wurden weiß wie das Licht (Mt 17,2; vgl. Lk 9,29; Mk 9,3).*

Gerade die *transfiguratio Christi*[18] will ja, so Thomas, einen Ausblick auf das Ziel, d.h. die künftige Herrlichkeit geben, und auf die eschatologische Gestalt, die nicht nur Christus auf seinem Weg nach Jerusalem, sondern auch den Menschen auf seinem Lebensweg erwartet:[19]

> *Christus wollte verklärt werden, um seine Herrlichkeit den Menschen zu zeigen (ut gloriam suam hominibus ostenderet) und die Menschen dazu aufrufen, sie zu ersehnen (ad eam desiderandam homines provocaret).*[20]

Als charakteristische Eigenschaften dieser eschatologischen Gestalt hat die christliche Theologie in der Lektüre der Evangeliumsberichte vier sog. *„Gaben"* (*dotes*) des *corpus gloriosum* ausgemacht: (1) die „Leidlosigkeit" (*impassibilitas*), (2) die „Beweglichkeit" (*agilitas*), (3) die „Feinheit" (*subtilitas*) und (4) die „Klarheit" (*claritas*).[21] Sie bilden die Grundlage dafür, vom Vorbild Christi her die Vollendungsgestalt des Menschen bei der leiblichen Auferstehung am Ende der Zeiten zu beschreiben:[22]

> *[D]ie Gabe (dos) ist eine bestimmte Eigentümlichkeit seiner Herrlichkeit (quaedam proprietas ipsius gloriae), [...] denn „sein Gesicht strahlte wie die Sonne". Offb 1,6: „Sein Gesicht strahlte wie die Sonne wider in seiner Kraft".*[23]

---

[18] Vgl. Thomas, *Super Matth.* XVII 1 (n. 1422): „Verklärtwerden ist dasselbe wie in seiner eigentümlichen Gestalt verwandelt werden (*[T]ransfigurari idem est quod a propria figura mutari*)".

[19] Vgl. Thomas, *S.th.* III 45,1 c.: „Und daher war es angemessen, daß er seinen Jüngern die Herrlichkeit seines Glanzes (*gloria suae claritatis*) zeigte (das heißt verklärt wurde), dem er die Seinen ähnlich machen wird (*configurabit*), nach dem Wort in *Phil* 3,21: ‚Er wird den Leib unserer Niedrigkeit erneuern (*reformabit*) und dem Leib seines Glanzes ähnlich machen'."

Vgl. Thomas, *Super Matth.* XVII 1 (n. 1417).

[20] Thomas, *S.th.* III 45,3 c.

[21] Vgl. *ebd.*, III 45,2 c. – Zu den *dotes* vgl. *ebd.*, III 81,3 c.; *Comp. theol.* I 168. – Zur Entstehung der *dotes*-Lehre in der mittelalterlichen Frühscholastik vgl. grundlegend N. Wicki (1954).

[22] Vgl. unten S. 420-424. – In den Zusammenhang der gnadenhaften Mitteilung, die sich von der Verklärungsgestalt Christi her für die Gläubigen herleitet, gehört darüber hinaus auch die Teilhabe der Sohnschaft. Schließlich umfaßt die Verherrlichung die Zusage: „Du bist mein geliebter Sohn", in dem die Glaubenden an den Sohn Gottes angeglichen werden: vgl. Thomas, *S.th.* III 45,4 c.

[23] Thomas, *Super Matth.* XVII 1 (n. 1426)

In der Verklärung Christi zeigt sich von diesen *dotes*, so Thomas, freilich nur die Klarheit, denn sie ist jene Qualität, welche *die Person als solche* betrifft, während die übrigen im Christi Tun oder Ergehen ansichtig werden.[24]

3. Durst und Verlangen

Ihre eigentümliche Dynamik, ja: Gedrängtheit, so sagte ich eingangs dieses Abschnitts, erhält die Schlußstrophe des *„Adoro te devote"* durch das Motiv des Sehnens und Strebens, mit dem Thomas die skizzierte Spannung von „Verhüllung" und „Enthüllung", von „Jetzt" und „Dann" unterlegt. Sie findet ihren summarischen Ausdruck im Bild des „Dürstens" (*sitio*), das die *Elementarität* des menschlichen Verlangens und Bedürfens in plastischer Weise zum Ausdruck bringt.

Gerade in diesem Punkte zeigt sich der ausgezeichnete Rang, den das *Buch der Psalmen* unter den biblischen Quellen einnimmt, welche die Redeweise des *„Adoro te devote"* beeinflussen. Vielfältig sind hier die Vorlagen, auf die Thomas - nicht zuletzt geprägt durch das tägliche Chorgebet der Dominikaner - zurückgreifen kann.

Sehnsucht als Durst. - An erster Stelle ist hier *Psalm* 42 (41),1-3 zu nennen:

> *Wie der Hirsch nach frischem Wasser verlangt (desiderat), so verlangt meine Seele, Gott, nach dir.*
> *Meine Seele dürstet (sitivit) nach Gott, nach dem lebendigen Gott.*
> *Wann darf ich kommen und vor Gottes Antlitz erscheinen? (Quando veniam et parebo ante faciem tuam?)*

Die Verse fassen die menschlichen Sehnsucht, von der auch ansonsten in den Psalmen vielfach die Rede ist, nicht nur (1) in die Metapher des Dürstens, sie bringen dieses Verlangen (2) überdies- wie das *„Adoro de devote"* - in der sprachlichen Gestalt der zeitlichen Frage („quando?") zum Ausdruck und benennen schließlich (3) als sein Ziel das göttliche Antlitz.

Wohl nicht von ungefähr ist der thomanische Kommentar zu diesen Versen von einem sehr persönlichen Ton getragen: Thomas

---

[24] *Ebd.* - Vgl. Thomas, *Super Matth.* XVII 1 (n. 1426) in deutlicher Absetzung von alternativen Lehrmeinungen (z.B. Innozenz, *De mysterio missae* IV 12, PL 217,864; *Summa Halensis* IV 44,3; Hugo von St. Viktor, *De sacramentis* II 83, PL 176,462); ferner *S.th.* III 45,2 c.

wechselt in seinen Auslegungen unversehens in die erste Person Singular. Er macht sich damit den Psalm unmittelbar zu eigen und ermöglicht so unversehens einen Einblick in sein eigenes Inneres:

> *Dies sind die Worte eines Sehnsuchtsvollen (verba desiderantis), [...] und ihr Sinn ist: „Wann werde ich kommen und erscheinen", das heißt: um dich von Angesicht zu Angesicht zu sehen, denn jetzt bin ich fern von dir, weil ich dich durch den Glauben schaue? Aber wenn ich dich [...] sehe, dann werde ich dir nahe sein. Phil. 1,23: „Ich sehne mich danach, aufzubrechen und bei Christus zu sein."*
> *Und er sagt nicht: „Der Herr wird mir erscheinen", sondern „Ich werde vor dem Angesicht des Herrn erscheinen", denn dadurch, daß ich das Angesicht des Herrn sehen werde, wird mir zuteil werden, alles zu schauen (reddar conspicuus omnibus) [...]. 1 Joh 3,2: „Noch ist nicht offenbar geworden, was wir sein werden. Wir wissen, daß wir, wenn er offenbar wird, ihm ähnlich sein werden." Röm 8,18: „Die Leiden der gegenwärtigen Zeit sind nichts" etc. Es ist, ob er sagte: Ich werde zugegen sein in der Gemeinschaft derer, die Gott schauen, und dadurch werde ich schauend und verherrlicht sein (conspicuus et gloriosus ero).*[25]

Verlangen nach dem Antlitz Gottes. – Eine besondere Rolle für die Gestaltung von Strophe 7 mag vor dem Hintergrund des Grundthemas von Verborgenheit und Offenbarwerden überdies *Ps* 27 (26),8f gespielt haben, der ebenfalls das *Antlitz* Gottes als Ziel menschlichen Suchens und Sehnens beschreibt:

> *Dir sagt mein Herz: Dich sucht mein Angesicht (facies mea). Dein Angesicht, Herr, suche ich (Faciem tuam, Domine, requiram). Wende dein Angesicht nicht ab vor mir.*[26]

Thomas deutet den Begriff des Angesichts – hier zunächst verstanden als das *eigene* Angesicht des Beters – bemerkenswerterweise vor allem als *etwas Innerliches*:

---

[25] Thomas, *Super Ps.* 41 (n. 1). – Das Verlangen ist dabei ein *desiderium cum anxietate:* „So bezeichnet er, daß er Angst leidet, nicht allein durch die Abwesenheit des ersehnten Gegenstandes, sondern wegen des Bösen, das ihm hier widerfährt: *Mt* 5,6: ‚Glückselig, die hungern und dürsten nach der Gerechtigkeit, denn sie werden gesättigt werden'." – Vgl. ferner *Exp. Is. ad litt.* XLIX (Z. 97-108) zu *Jes* 49,10.

[26] Zum Topos des Angesichts vgl. ferner *Ps* 11,7; 24,6; 31,17; 41,3; 51,13 u.ö.

> *Das Angesicht des Menschen ist innerlich, das Sehen in ihm ist innerlich, d.h. die Seele oder der Geist, und dieses, nämlich mein Angesicht, das auf dein Bild hin geschaffen ist, sucht nach dir.*[27]

Und dieses Suchen ist ein immer neues Fragen – ist doch

> *dies dem Liebenden eigentümlich: wieder und wieder nach dem Geliebten zu fragen.*[28]

Das Licht des göttlichen Angesichts. – Von der genannten Deutung des Antlitzes her wird schließlich die Vorstellung vom „Licht deines Angesichtes (*lumen vultus tui*), das über uns gezeichnet ist" aus *Ps* 4,7 zugänglich. In der Bedeutung, die gerade dieser Vers für das Denken des Thomas hat und von ihm immer wieder zitiert wird, kam er bereits mehrfach zur Sprache.[29] Im *Psalmenkommentar* heißt es erhellend dazu:

> *Das Angesicht Gottes (vultus Dei) ist dasjenige, wodurch Gott erkannt wird, wie der Mensch durch sein Angesicht erkannt wird, und dies ist die Wahrheit Gottes (veritas Dei). Von dieser Wahrheit Gottes strahlt eine Ähnlichkeit seines Lichtes in unseren Seelen wider. Und dies ist gewissermaßen das Licht, und es ist über uns gezeichnet, denn es ist in uns das Höhere, und es ist sozusagen ein gewisses Zeichen über unseren Gesichtern; und durch dieses Licht vermögen wir das Gute zu erkennen.*[30]

Freude in der Anschauung Gottes. – Schließlich kommt in den Psalmen vielfach die Freude und Erfüllung zum Ausdruck, die mit der Schau des göttlichen Angesichtes verbunden ist. So formuliert *Ps* 17 (16),15:

> *Ich aber will in Gerechtigkeit dein Angesicht schauen,*
> *mich satt sehen an deiner Gestalt, wenn ich erwache.*[31]

Thomas schreibt dazu:

---

[27] Thomas, *Super Ps.* 26 (n. 7).

[28] *Ebd.* – Vgl. *ebd.* (n. 9): „Und dadurch, daß in unserem Herzen etwas zur Hülle (*velamen*) wird, werden wir unfähig sein Angesicht zu sehen."

[29] Vgl. oben S. 137ff.; S. 267-270; S. 361-364, v.a. S. 362.

[30] Thomas, *Super Ps.* 4 (n. 5). – Durch die Metaphorik des „Zeichnens" ergibt sich dabei eine unmittelbare Verbindung zur Vorstellungswelt des *Johannes-Prologs*, die mit ihren Leitmotiven von „Wort" und „Licht" für das thomanische Denken von grundlegender Bedeutung ist.

[31] Vgl. dazu Thomas, *Super Ps.* 16 (n. 6).

> *[I]ch werde gesättigt, wenn deine Herrlichkeit erscheint, das heißt, wenn ich dich sehen werde, werde ich mit allem Guten erfüllt, [...] nämlich mit deiner Herrlichkeit (gloria tua), in der alles Gute enthalten ist.*

Ähnlich heißt es in *Ps* 16 (15),11:

> *Du erfüllst meine Freude mit deinem Angesicht,*
> *zu deiner Rechten ist Wonne für alle Zeit.*

In seinem Kommentar zu diesem Vers stellt Thomas ausdrücklich den Bezug zu 1 *Kor* 13,12 her und zieht verschiedene biblische Bilder heran, um diese Freude näher zu beschreiben:

> *Hier spricht er [der Psalmist] von zweierlei:*
> *[a] erstens von der vollkommenen Schau Gottes. „Du erfüllst meine Freude mit deinem Angesicht", das heißt: ich werde dein Angesicht schauen. 1 Kor 13,12: „Jetzt erkenne ich stückweise", das heißt unvollkommen, „dann aber werde ich von Angesicht zu Angesicht erkennen".*
> *[b] Von der vollkommenen Freude: Joh 15,11: „Damit eure Freude vollkommen sei": denn es sind unzerstörbare Freuden (delectationes indeficientes), nämlich „zu deiner Rechten für alle Zeit". Jes 51,11: „Ewige Freude über ihren Häuptern; sie erlangen Frohlocken und Wonne, Schmerz und Seufzen entflieht von ihnen." Spr 3,16: „Langes Leben ist in ihrer Rechten und in ihrer Linken Reichtum und Herrlichkeit."* [32]

Glückseligkeit in der Schau Gottes. – Auf vielfältige Weise finden diese Hoffnungen und Bitten des Psalters ihr Echo in den Verheißungen Jesu im Neuen Testament – und zumal im *Johannes-Evangelium*. So deutet die Aussage Jesu in der Brotrede, die sich unmittelbar an das „Ich bin"-Wort vom „Brot des Lebens" anschließt, – so Thomas – hin auf „die ewige Stillung, in der keinerlei Verlangen und keinerlei Mangel mehr bleibt" (*aeterna satietas, ubi nulla est egestas*)[33]:

> *Wer zu mir kommt, wird nie mehr hungern, und wer an mich glaubt, wird nie mehr Durst haben (non sitiet umquam; Joh 6,35).*

---

[32] Vgl. Thomas, *Super Ps.* 15 (n. 7).

[33] Thomas, *Super Ioan.* VI 4 (n. 915). – Vgl. auch das Wort an die Samariterin am Jakobsbrunnen: „Wer [...] von dem Wasser trinkt, das ich ihm geben werde, wird niemals mehr Durst haben" (*Joh* 4,13).

Und die entsprechende Einladung in der Rede Jesu am Tag des großen Festes in Jerusalem („Wer Durst hat, komme zu mir, und es trinke, wer an mich glaubt; *Joh 7,37*) bezieht Thomas vor allem auf die *geistliche Erquickung*, die *„in der Erkenntnis der göttlichen Weisheit und Wahrheit"* (*in cognitione divinae sapientiae et veritatis*) besteht und in der „unser Sehnen seine Erfüllung findet" (*in impletione desideriorum*).[34]

Als „klassischer" biblischer Beleg für die Verbindung des menschlichen Sehnens und Strebens mit dem Wunsch nach *Erkenntnis* und seiner Erfüllung in der ewigen Glückseligkeit gilt in der christlichen Theologie gemeinhin die letzte der Glückseligpreisungen der Bergpredigt:

> *Glückselig, die reinen Herzens sind, denn sie werden Gott schauen (Mt 5,8).*[35]

Denn sie verheißt, so Thomas, dem Menschen eben jenes letzte Gut, in dem all sein Verlangen und all sein Erkenntnisstreben zur Ruhe kommt: die wesenhafte „Schau" (*visio*) Gottes.[36]

Daß in der Erkenntnis Gottes das Ewige Leben besteht, „definiert" Christus gewissermaßen selbst zu Beginn des sog. „hohenpriesterlichen Gebetes":

> *Das ist das Ewige Leben, daß sie dich den einzigen wahren Gott erkennen und den du gesandt hast: Jesus Christus (Haec est autem vita aeterna: ut cognoscant te solum verum Deum et quem misisti Iesum Christum; Joh 17,3).*[37]

Demnach besteht das Ewige Leben in einem *Zweifachen*: (1) in der Erkenntnis der Geheimnisse der Gottheit und (2) in der Erkenntnis des Mysteriums der Menschheit Christi, „durch die wir den Zugang zur Herrlichkeit der Kinder Gottes haben" (vgl. *Röm* 5,2).[38] Die Betonung der Tatsache, daß die menschliche Natur Christi notwendigerweise zur Vollkommenheit der glückseligen Schau mit hinzugehört, liegt dabei ganz auf der Linie

---

[34] Vgl. Thomas, *Super Ioan.* VII 5 (n. 1088). – Vgl. schließlich *Offb* 21,16

[35] Der Vers gilt als Endpunkt innerhalb der Vielfalt der sog. „Makarismen" im Alten und Neuen Testament, die dem Menschen Glückseligkeit verheißen: vgl. etwa *Iob* 5,17; *Ps* 32 (31),1; 34 (33),9; 40(39),5; 41 (40),2 etc.

[36] Vgl. ferner 1 *Joh* 3,2; 1 *Tim* 2,4: „Gott will, daß alle Menschen gerettet werden und zur Erkenntnis der Wahrheit gelangen."

[37] Vgl. dazu Thomas, *Comp. theol.* I 2 (Z. 6-15). – Zur Verwendung der Bezeichnung „Leben" in diesem Zusammenhang vgl. *S.th.* I-II 3, 2 ad 1.

[38] Thomas, *S.th.* II-II 1,8 c.

ihrer allgemeinen Hochschätzung, von der im Vorherigen vielfach die Rede war.[39] Durch sie findet die Konzentration der Betrachtung der Schlußstrophe auf das Antlitz Christi ihren eigentlichen Sinn.[40]

Die letzten sechs Verse des *„Adoro te devote"* sind wie eine Unterschrift unter den Hymnus wie unter Werk und Leben des Thomas von Aquin im Ganzen. Mit wenigen starken Strichen umreißen sie den Kern dessen, worauf es ihm in seinem Denken ankam und was auch seine Person, seinen Charakter und seinen Arbeitsstil prägte.

Die Aussagen der letzten Strophe lassen sich daher in zwei Richtungen weiter ausbuchstabieren und vertiefen:

(1) zum einen im Hinblick auf jene mehrfach sogenannte *„teleologische Grundsignatur"*, die ich bereits eingangs als „Hauptschlagader" seines Denkens bezeichnet habe[41] und die im Gang der Darlegungen immer wieder begegnete: sein Verstehen und Interpretieren der Wirklichkeit vom Ziel her und auf das Ziel hin, unter Maßgabe der *causa finalis*. In ebenso elementarer wie umfas-

[39] Vgl. Thomas, *Q. de quol.* VIII 9,2 c.: „Und daher ist dasjenige, was die Heiligen als erstes wahrnehmen, Gott selbst. Und sie haben ihn als Mittel jedweder Erkenntnis (*medium cuiuslibet cognitionis*) und als Regel jedweden Handelns (*regula cuiuslibet operationis*). Und auf diese Weise wird früher die Göttlichkeit Christi betrachtet, als seine Menschheit. Dennoch findet sich im Betrachten von beiden Freude."

[40] Zurück tritt gegenüber dieser Beschreibung der vollkommenen Ausrichtung des Menschen auf die Erkenntnis Gottes bzw. Christi ein Gedanke, der in 1 *Kor* 13,12 ebenfalls angelegt ist: das Motiv des *Erkannt-* bzw. *Angeschautwerdens* durch ihn. Thomas schenkt ihm keine größere Beachtung. Unter den verschiedenen Anknüpfungspunkten, welche die Evangelien bieten (vgl. etwa *Mk* 10,27: „Da sah ihn Jesus an" u.ö.), ließe sich etwa auf den Kommentar zu *Joh* 1,43 verweisen: Hier wird der „Blick" (*intuitus*) Jesu gegenüber Petrus als Ausdruck seiner verborgenen göttlichen Gegenwart gedeutet und mit der Namensgebung als göttlichem Schöpfungsakt in Verbindung gebracht: „Daher ‚sah er ihn an' (*intuitus eum)*, das heißt sogleich, als er ihn mit der Kraft seiner Gottheit sah, bedachte er und sprach seinen Namen. Daher sagte er: ‚Du bist Petrus'" (*Super Ioan.* I 15, n. 303). – Immerhin: ausgerechnet in seinem Kommentar zur Begegnung Jesu mit dem reichen Jüngling, einer Textstelle, die, wie gesehen, für Thomas von besonderer biographischer Bedeutung ist (vgl. oben S. 197ff.), erweitert er seine Auslegung der Schilderung bei Matthäus durch einen Hinweis auf die Variante bei Markus (10,21): „Dort heißt es: ‚Als Jesus ihn ansah, liebte er ihn' (*cum intuitus esset eum Iesus, dilexit eum)*, was er nicht getan hätte, wenn er [der Jüngling] nicht gut gewesen wäre [d.h. keinen guten Willen gehabt hätte]" (*Super Matth.* XIX, n. 1587).

[41] Vgl. oben S. 20ff.

sender Weise wird dieses Grundmotiv vor allem zugänglich im Rahmen der Frage der endgültigen Bestimmung des Menschen, d.h. im Kontext der Ethik, und nicht etwa der Naturphilosophie. So ist es die Lehre von der „Glückseligkeit" (*beatitudo/ eudaimonia*), wie Thomas sie in ihrer „klassischen" Gestalt in den ersten fünf Quaestionen des zweiten Teils der *Summa theologiae* entfaltet hat,[42] die in den Rang einer grundlegenden Auskunft rückt und das thomanische Denken gerade in seinen *existentiellen Dimensionen* von Grund auf erschließt.[43] Ausführlich spricht Thomas dort von der Sehnsucht und dem *„natürlichen Verlangen"* (*desiderium naturale*) des Menschen, das sein ganzes Dasein innerlich prägt, das ihm seine eigentümliche Dynamik und Richtung verleiht und in dem er nach dem ihn endgültig erfüllenden Guten als seiner Vollendung strebt. Und nicht anders als in der Schlußstrophe des *„Adoro te devote"* beschreibt er dieses Verlangen in seiner Elementarität, in der es die ganze Person in all ihren geistigen, leiblichen und sinnlich-vegetativen Kräften umfaßt, mit den Metaphern des „Hungerns" und „Dürstens" – nach dem Trank Glückseligkeit.[44] Der Begriff des *desiderium naturale* wird so zum Schlüsselbegriff bei der Erschließung der Frage des Menschen nach sich selbst, nach seinem letzten Ziel und Glück, und erweist sich damit als *Grundsignatur des Geschöpfs*. In ihrer existentiellen Färbung werden die Überlegungen des Traktats *De beatitudine* dabei zugleich immer wieder durchsichtig auf ihren Autor und können so als signifikanter Ausdruck seines Wesens und seines Charakters erscheinen (Abschnitt 1 des folgenden Kapitels).

(2) In Anknüpfung an diese Überlegungen sollen daher zum anderen – als Ergänzung und Vervollständigung – jene Zeugnisse zur Sprache kommen, in denen das Verlangen und die Dynamik, von denen die philosophischen und theologischen Texte sprechen, auch *persönlich faßbar* werden und die einen Eindruck vom Menschen Thomas von Aquin geben. Im Zusammenspiel beider mag sich so die umfassende Skizze eines Charakterbildes ergeben (Abschnitt 2 des folgenden Kapitels).

---

[42] Vgl. Thomas, *S.th.* I-II 1 1-6.

[43] Von hier aus kann die praktische Philosophie und Theologie des Thomas im Ganzen als „christlicher Eudaimonismus" bezeichnet werden: vgl. dazu H.-G. Nissing (²2019).

[44] Vgl. z.B. Thomas, *S.th.* I-II 5,8 c. – Dazu J. Pieper (1998d), 166f.

Kapitel 7

Zum Ziel kommen wollen

Skizze eines Charakterbildes

1. Das natürliche Verlangen des Menschen nach Glückseligkeit

Der Mensch ist ein Wesen, das durch und durch dynamisch verfaßt und auf ein Ziel hin ausgerichtet ist, so hieß es von Beginn dieser Darlegungen an. Und es ist eben diese *Zielgerichtetheit*, durch welche die aktualistische Grundwahrnehmung des Menschen - die Spannung von *actus primus* und *actus secundus*, von wesenhafter Wirklichkeit und tathafter Verwirklichung, in der er steht - ihre wesentliche Orientierung und ihr gedankliches Komplement erhält. Denn Im-Akt-Sein, Tätigsein, so hieß es bereits mehrfach, bedeutet stets: um eines Zieles willen tätig sein. Wie aber läßt sich diese Grundeinsicht auf das Ganze der menschlichen Existenz hin plausibel und zugänglich machen und begründen? Wie wird diese umfassende teleologische Ausrichtung der Person, die sich in den letzten Versen des *„Adoro te devote"* so drängend und sehnsuchtsvoll zum Ausdruck bringt, allgemein verständlich?

Thomas von Aquin knüpft mit seinen Überlegungen an das eudaimonistische Grundkonzept der aristotelischen Ethik an, die unter der leitenden Frage nach dem Guten und der *Glückseligkeit* als Strebensziel des Menschen steht (Abschnitt 1.1). Indem er die Aussagen des „Philosophen" aufnimmt und radikalisiert, wird die Frage nach der Glückseligkeit zur Frage nach seiner endgültigen Bestimmung und Vollendung, und es ergibt sich von selbst der Schritt von der Eudaimonie zur *Eschatologie* (Abschnitt 1.2).

1.1. Die Glückseligkeit des Menschen: Eudaimonie

1.1.1. Das desiderium naturale als Grundaussage über den Menschen

Zum Schlüsselbegriff wird Thomas dabei der bereits genannte Begriff des *„natürlichen Verlangens"* (*desiderium naturale*) des Menschen. Unter seinem Vorzeichen erörtert Thomas zu Beginn des Glückseligkeitstraktats der *Summa theologiae* zunächst *in formaler Weise* „die Eigenart humaner Praxis und das im konkreten Bewirken des Handelns sich vollziehende Ausgreifen nach dem letzten Ziel"[1]: Er fragt - anders gesagt - als erstes nach der Notwendigkeit, überhaupt ein *„letztes Ziel"* (*ultimus finis*) anzunehmen, das als umfassender *Einheitspunkt* fungiert und auf den hin die Vielzahl menschlicher Tätigkeiten ausgerichtet ist, so daß sie von dort her ihre Einheitlichkeit gewinnen: Inwieweit ist es dem Menschen überhaupt eigentümlich, um eines Zieles willen zu handeln? Und wie prägt diese Hinordnung seine einzelnen Handlungen? Gibt es ein letztes Ziel des menschlichen Lebens? Kann ein einzelner Mensch mehrere letzte Ziele haben? Ordnet er alles auf das letzte Ziel hin? Und ist das letzte Ziel bei allen Menschen dasselbe?

Das letzte Ziel des Menschen muß, so Thomas, derart beschaffen sein, daß es das ganze Streben des Menschen in einer solchen Weise erfüllt, daß außer ihm nichts mehr zu erstreben bleibt. Dies ist der Grund dafür, warum sich dieses Streben nicht auf mehr als *ein* Ziel richtet.[2] Zugleich ist dieses *eine* und *letzte* Ziel sozusagen der tragende Untergrund, der in allem menschlichen Wollen und Streben implizit mitgewollt wird und aufgrund dessen der Mensch alles andere will:

> *Notwendigerweise erstrebt der Mensch alles, was er erstrebt, aufgrund des letzten Ziels. Und dies wird durch einen zweifachen Grund offenbar.*
> *[1] Erstens, weil der Mensch, was immer er erstrebt, unter dem Begriff des Guten (sub ratione boni) erstrebt. Dieses aber wird, wenn es nicht als vollkommenes Gut erstrebt wird, was das letzte Ziel ist, notwendigerweise erstrebt als auf das vollkommene Gut hingeordnet (ut tendens in bonum perfectum), denn immer ist der Anfang von etwas hingeordnet auf seine Vollendung [...]. Und daher ist jeder Anfang der Vollkommenheit hingeordnet auf die vollendete Vollkommenheit, die sich zu ihr wie ihr letztes Ziel verhält.*
> *[2] Zweitens, weil das letzte Ziel sich zum Bewegen des Strebens so verhält, wie sich in den übrigen Bewegungen das erste Bewegende (primum movens) verhält. Es ist aber offenkundig, daß die Zweitursachen, die bewegen, nur insoweit bewegen, als sie vom ersten Bewegenden bewegt werden. Daher bewegt dasjenige, was in zweiter Hinsicht erstrebenswert ist, nur in Hinordnung auf das, was als erstes erstrebenswert ist. Und das ist das letzte Ziel.*[3]

---

[1] E. Schockenhoff (1987), 95.
[2] Vgl. Thomas, *S.th.* I-II 1,5 c.
[3] *Ebd.*, I-II 1,6 c.

Unter dieser Voraussetzung wird es zugleich möglich, eine *Einheitlichkeit* des menschlichen Handelns herauszuarbeiten, die über die Vielzahl der Einzelhandlungen und bestimmter Handlungseinheiten hinaus den *Lebenszusammenhang des Menschen als ganzen* betrifft.

Ihre eigentliche Plausibilität gewinnt diese Argumentation aus der Vorstellung vom *desiderium naturale.* Sie ist das eigentlich treibende Element. Mit ihm verbunden ist zugleich eine Reihe elementarer Annahmen über die *Natur des Menschen*, über die innere Bauform seiner Existenz. Es lohnt sich, sie eigens explizit zu machen.[4]

– Denn daß er von einem derartigen Streben bestimmt ist, zeigt, daß der Mensch an sich gekennzeichnet ist durch eine wesentliche *Unvollkommenheit* und *Bedürftigkeit*, er ist nicht schon durch sein Wesen vollendet – sonst würde er ja nichts erstreben –, vielmehr ist er naturhaft darauf hingeordnet, seine Erfüllung über sich selbst hinaus zu suchen und zu erstreben.

> *Von Natur aus begehrt die geistbegabte Kreatur, glückselig zu sein; darum kann sie nicht wollen, nicht glückselig zu sein,*[5]

schreibt Thomas.

– Das Streben nach dem letzten Ziel gehört daher auch nicht zu den Dingen, deren Herr wir sind.[6] Es ist vielmehr eine Art „Schwerkraft", die den Menschen sein letztes Ziel „naturhaft und mit Notwendigkeit" anstreben läßt.[7]

– Letztlich wird darin jene Grundsignatur seiner *Kreatürlichkeit* erkennbar, von der oben die Rede war: das Vorgegeben- und Vorgefundensein unserer Natur, in der unser Wollen selbst etwas Natürliches ist, das – aus dem innersten Kern der Person hervorgehend – von Schöpfungs wegen auf seine endgültige Erfüllung tendiert.[8]

– Wenn aber in allem menschlichen Streben, das sich auch auf ein geschaffenes Gut richtet, irgendwie das letzte Ziel mitgemeint ist und sich dieses Streben implizit auf eine äußerste Stillung durch die letzte Vollendung richtet, dann bleibt schließlich

---

[4] Zum *desiderium naturale* vgl. v.a. die Rekonstruktion von Aristoteles her: Thomas, *Super Metaph.* I 1 (n. 3 f.)

[5] Thomas, *S.c.G.* IV 92; vgl. *S.th.* I-II, 13,6.

[6] Vgl. Thomas, *S.th.* I 82,1 ad 3.

[7] Vgl. Thomas, *S.th.* I-II 69,1 c.; I-II, 3,1 c: „Glücklich sein zu wollen, ist nicht Sache freier Entscheidung."

[8] Vgl. oben S. 359f.

> *die Einsicht erreichbar, daß jegliche Stillung [im Diesseits] auf die äußerste weist, und daß alles Glücklichsein irgend etwas mit der ewigen Glückseligkeit zu tun hat.*[9]

1.1.2. Die subjektive und die objektive Seite der Glückseligkeit

In den sich anschließenden *inhaltlichen* Überlegungen zur Glückseligkeit des Menschen gewinnt eine begriffliche Unterscheidung die Rolle eines tragenden Elements oder eines „cantus firmus"[10], die Thomas ebenfalls von Aristoteles übernimmt: die Unterscheidung zwischen *finis cuius* und *finis quo.*

> *Wie der Philosoph im 2. Buch der Physik und im 5. Buch der Metaphysik sagt, spricht man in doppelter Hinsicht von einem „Ziel", nämlich*
> *[1] vom „Ziel worum willen" (finis cuius) und*
> *[2] vom „Ziel wodurch" (finis quo), das heißt:*
> *[1] vom Gegenstand selbst, in dem sich der Begriff des Guten findet, und*
> *[2] vom Gebrauch oder von der Aneignung dieses Gegenstandes. Wie wenn wir sagen, daß für die Bewegung des schweren Körpers das Ziel entweder*
> *[1] der tiefe Ort ist – als Gegenstand – oder*
> *[2] das Sein am tiefen Ort – als Gebrauch –,*
> *oder daß das Ziel des Habsüchtigen entweder*
> *[1] das Geld ist – als Gegenstand – oder*
> *[2] der Besitz des Geldes – als Gebrauch.*[11]

Der Begriff *finis cuius* bezeichnet somit die objektive, der Begriff *finis quo* die subjektive Seite des Glücks, so daß im Hinblick auf das letzte Ziel des Menschen stets von zweierlei zu handeln ist: von der Glückseligkeit *als Trank* und von der Glückseligkeit *als Trinken.*[12]

(1) Der *finis cuius* bringt so zum Ausdruck, daß im Sinne der o.g. anthropologischen Grundaussage das Glück des Menschen stets von anderswo her, von außerhalb der Seele stammt - daß es nicht etwa im bloßen Selbsterhalt besteht, daß es nicht aus Eigenem erreichbar ist und sich im rein Subjektiven erschöpft.

---

[9] J. Pieper (1998d), 157.
[10] E. Schockenhoff (1987), 109.
[11] Thomas, *S.th.* I-II 1,8 c. – Vgl. hierzu auch R. Spaemann (1979), 73.
[12] Vgl. J. Pieper (1998d), 167.

(2) Im Sinne des *finis quo* bezeichnet die Glückseligkeit ihrer Definition nach freilich zugleich das *Erlangen* des letzten Zieles durch die *Person*: „Beatitudo nominat adeptionem ultimi finis."[13] Die *beatitudo* muß deshalb nach Thomas in der vollkommensten *Aktualisierung* der besten und höchsten *Fähigkeit* des Menschen (*finis quo*) im Hinblick auf den vorzüglichsten *Gegenstand (finis cuius)* bestehen.

Mit dieser Bestimmung greift er das sog. *ergon*-Argument aus der *Nikomachischen Ethik* des Aristoteles auf und radikalisiert es.[14] Mit seiner Hilfe wird es ihm schließlich möglich, zu zeigen, daß die Glückseligkeit in der *beseligenden Anschauung* und Erkenntnis *Gottes* besteht.

1.1.3. Der vorzüglichste Gegenstand menschlichen Verlangens (finis cuius)

Im Hinblick auf den möglichen *Gegenstand* der Glückseligkeit mustert Thomas zunächst phänomenologisch alle in Frage kommenden Glücksgüter durch. Doch weder

(1) *„äußere Güter"* (*bona exteriora*), (1.1) wie „Reichtum" (*divitiae*), (1.2) „Ruhm" (*honor*), (1.3) „Ehre" (*fama sive gloria*) oder (1.4) „Macht" (*potestas*),[15] noch

(2) *„leibliche Güter"* (*bona corporis*), die Empfindung von „Lust" (*voluptas*),[16] oder

(3) ein *„Gut der Seele"* (*bonum animae*), wie etwa die Tugenden, noch irgendein anderes „geschaffenes Gut" (*bonum creatum*)[17] vermögen dem menschlichen Verlangen nach Glückseligkeit letzten Endes zu genügen. Sie alle besitzen stets nur einen *singulären, begrenzten, vorübergehenden* oder *partikulären* Charak-

---

[13] Thomas, *S.th.* I-II 2 prol. – Im Unterschied zur *S.c.G.*, wo die *beatitudo* noch vor allem ein göttliches Attribut war, ist der Begriff in der *S.th.* auf den Menschen bezogen. – Eine terminologisch differenzierte Verwendung der beiden Begriffe *felicitas* (v.a. in *Super Eth.* verwendet) und *beatitudo* (v.a. in *S.th.*) ist m.E. nicht anzusetzen. – Der griechische Begriff *eudaimonia* kommt im Neuen Testament nicht vor, die lateinische *felicitas* nicht in der Vulgata: vgl. J. Pieper (1998d), 155f.

[14] Zum aristotelischen *ergon*-Argument vgl. J. Müller ([2]2019).

[15] Vgl. Thomas, *S.th.* I-II 2,1-4.

[16] Vgl. *ebd.*, I-II 2,5-6.

[17] Vgl. *ebd.*, I-II 2,7-8. – Damit wird zugleich deutlich, daß die Tugenden nicht in einem instrumentellen Verhältnis zur Glückseligkeit stehen, wie man durch ihre Charakterisierung als „Weg zum Glück" fälschlich vermuten könnte. Vielmehr hat der Besitz der Tugenden durch den Tugendhaften das Genügen in sich.

ter oder sind in ihrer Äußerlichkeit von *kontingenten Faktoren* wie dem Schicksal oder dem Zufall abhängig.[18]

Ausdrücklich ist zu betonen, daß Thomas im Rahmen seiner Analysen keineswegs eine leichtfertige *Abwertung* all dieser geschaffenen Güter vornimmt, sondern sie in ihrer Bedeutung und ihrem Wert nachdrücklich zu würdigen weiß. Dennoch vermögen sie - so seine These - dem sozusagen maßlosen, „unersättlichen" menschlichen Glücksverlangen nicht zu genügen. In solchem Sinne steigert Thomas den Gedanken des „natürlichen Verlangens" gewissermaßen ins Unermeßliche:[19]

> *Man muß sagen, daß es unmöglich ist, daß die Glückseligkeit des Menschen in einem bestimmten geschaffenen Gut besteht. Die Glückseligkeit ist nämlich das vollkommene Gut, das das Streben vollkommen zur Ruhe kommen läßt. Anderenfalls wäre sie nicht das letzte Ziel, wenn es dann noch etwas [anderes] zu erstreben gäbe.*
> *Der Gegenstand des Willens aber, der das menschliche Streben ist, ist das allgemeine Gut (bonum universale), wie der Gegenstand des Verstandes das allgemeine Wahre (verum universale) ist. Daraus wird deutlich, daß nichts den Willen des Menschen zur Ruhe bringen kann außer dem allgemeinen Gut. Dies aber findet sich nicht in einem bestimmten geschaffenen [Gut], sondern nur in Gott. Denn jedes Geschöpf besitzt [lediglich] ein Gutsein durch Teilhabe. Daher kann nur Gott den Willen des Menschen erfüllen. [...] In Gott allein besteht also die Glückseligkeit des Menschen.*[20]

J. Pieper hat darauf hingewiesen, daß Thomas an dieser Stelle offenbar mit Bedacht nicht sogleich von *Gott* spricht, sondern

---

[18] Vgl. parallel und ergänzend Thomas, *S.c.G.* III 37 (n. 2159): „Es ist aber nicht möglich, daß die letzte Glückseligkeit des Menschen in derjenigen Betrachtung besteht, die sich auf die Prinzipieneinsicht (*intellectus principiorum*) bezieht. Diese ist die unvollkommenste, [...] sofern sie die Erkenntnis der Dinge der Möglichkeit nach enthält. Und sie ist das Prinzip und nicht das Ziel des menschlichen Studiums, das uns von Natur aus zukommt, nicht durch das Studium der Wahrheit. Noch besteht die letzte Glückseligkeit des Menschen in den Wissenschaften von den untersten Dingen."

[19] Vgl. J. Pieper (1998d), 171: Dem Menschen „genügt die ganze Welt nicht. Würde sie ihm geschenkt, er müßte und er würde sagen: es ist zu wenig - wenn zur Rede steht, daß ‚die Begehrungskraft ganz und gar gestillt' werde"

[20] *Ebd.*, I-II 2, 8 c. mit Bezug auf *Ps* 103, 5.

zunächst allgemeiner den Begriff des *bonum universale* („das Gut im Ganzen“) verwendet:

> *Man muß die vor nichts zurückschreckende Radikalität wahrnehmen, die in diesem Gedanken steckt. Der Wille verlangt nach dem bonum universale, das heißt: sollte irgendwo in der Welt ein Gut, etwas Gutes realisiert sein, das ihm noch nicht zuteil geworden wäre – dann will er es noch hinzu! Man muß sehen, wie Thomas hier den utopischen, den, so scheint es, nur in Traum und Märchen zu erfüllenden Anspruch des menschlichen Glücksverlangens in seiner fast erschreckenden Maßlosigkeit akzeptiert.*[21]

1.1.4. *Die höchste Tätigkeit des Menschen (finis quo)*

Ist die Frage nach dem Gegenstand menschlicher Glückseligkeit damit in einer letzten Radikalität gesteigert, so muß zugleich im Hinblick auf dessen subjektive Aneigung (der *finis quo*) mitbedacht werden, daß es nicht genügt, wenn sich die Beglückung durch diesen Gegenstand selbst nur als ein *Widerfahrnis von außen* vollzieht. Das Erlangen des Glücks kann keineswegs nur als Überwältigung, die reine Passivität voraussetzt, oder einfachhin als ein Gefühl, das dem Menschen zuteil wird, verstanden werden.

(1) Vielmehr ist es – nicht zuletzt der aristotelischen Vorgabe gemäß – als ein Geschehen *von innen her* zu denken, bei dem der Mensch *als Wirkender* aufs intensivste beteiligt ist. Die Erlangung der Glückseligkeit muß folglich in einer Tätigkeit geschehen:

> *Glückseligkeit ist ein Wirken und Tätigsein der Seele.*[22]

Das Gut im Ganzen kann nicht anders erworben werden, als durch die ganze Kraft unserer inneren Existenz. So muß die

> *Glückseligkeit […] gedacht werden als ein Wirken, das alle Seinsmöglichkeiten des Menschen zu äußerster Verwirklichung entfacht.*[23]

Summarisch läßt sie sich in *drei* Dimensionen umreißen:

> *Erstens: Glückseligkeit heißt Vollendung. Es gehört zum Begriff der Glückseligkeit als des äußersten Glückes, daß „nichts*

---

[21] J. Pieper (1998d), 172.
[22] Vgl. Thomas, *S.th.* I-II 3,2 c.
[23] J. Pieper (1998d), 182.

> *zu wünschen übrigbleibt", daß also, wer immer glückselig ist, das letzte Ziel erreicht hat. „In der vollkommenen Glückseligkeit vollendet sich der ganze Mensch."*[24]
> *Zweitens: Vollendung heißt Verwirklichung.*[25] *Der Mensch erreicht Vollendung, indem der Entwurf, der er selber ist, realisiert und „aus-verwirklicht" wird. Wenn also Glückseligkeit soviel bedeutet wie Vollendung, dann gilt: „Die Glückseligkeit muß in dem äußersten Wirklichsein des Menschen bestehen."*[26]
> *Drittens: Verwirklichung geschieht durch Wirken. Damit ist jetzt nicht gemeint, nur durch Tun und Machen werde etwas zustande gebracht. Der Sinn ist vielmehr dieser: „Wirken ist die letzte Verwirklichung dessen, der wirkt";*[27] *das heißt: nur indem der Mensch wirkt, verwirklicht er sich selbst.*[28]

(2) Im Unterschied zu einem *nach außen* gehenden, produzierenden Tun muß es sich bei diesem Wirken um ein solches handeln, das *im Wirkenden selbst verbleibt*, denn nur in einem solchen verwirklicht sich der Wirkende selbst. Die Verbindung oder „Vereinigung" (*unio*) mit dem *bonum universale* kann daher nach Thomas nicht anders geschehen, als durch die *„schauende Erkenntnis"* (*visio*) Gottes. Im Ausschluß anderer Alternativen, wie der Tätigkeiten des sensitiven Seelenteils, des Willens oder des praktischen Verstandes,[29] zeigt er sie als „die *höchste* und *beste* Tätigkeit des Menschen" (*ultima et optima operatio hominis*):[30] Die höchste Glückseligkeit des Menschen besteht im Erkennen!

Schließlich ist das Erkennen, so Thomas, dadurch ausgezeichnet, daß es „die vornehmste Weise des Habens" (*nobilissimus modus habendi vel continendi aliquid*)[31] ist, ja: es gibt in der Welt „keine andere Form von Haben [...], die so sehr Haben wäre"[32], weil es nicht einfach „Aneignung, mit dem Ergebnis ‚Eigentum' und ‚Eigentümerschaft'" ist, sondern „Assimilation in dem völlig genauen Sinn, daß die objektive Welt, sofern sie erkannt ist, zum

---

[24] Thomas, *S.th.* I-II 3, 3 ad 3; vgl. I-II 3,2 c.: „Die Glückseligkeit ist des Menschen äußerste Vollendung."

[25] Vgl. *ebd.*, I-II 3,2 c: „Ein jedes Wesen ist vollendet in dem Maße, in welchem es verwirklicht (*actu*) ist."

[26] *Ebd.*

[27] *Ebd.*: „Operatio est ultimus actus operantis."

[28] J. Pieper (1998d), 181f.

[29] *Ebd.*, I-II 3, 3-7.

[30] Vgl. Thomas, *S.th.* I-II 3, 8 c.

[31] Vgl. Thomas, *Super De causis* 18 (n. 339); ähnlich *Super IV Sent.* d. 49,3,5,1 ad 2.

[32] J. Pieper (1998d), 189.

selbsteigenen Sein des Erkennenden wird": *Aneignung* und *Anteilhabe* an anderem Sein, ohne daß die Selbständigkeit des anderen angetastet wird:

> *Der Erkennende [...] gewinnt Anteil am fremden Sein, indem er es erkennt, das heißt, indem er es in sich hineinnimmt.*[33]

So heißt Erkennen:

> *man selber sein und bleiben und zugleich die Weltwirklichkeit in sich einlassen und sich anverwandeln. [...] Wo aber der Geist ist, da hat zugleich das Allgesamt der Dinge Raum; da ist es „möglich, daß in einem einzigen Wesen die Vollkommenheit des ganzen Universums Dasein habe".*[34]

Mit der Anspielung auf das aristotelische Diktum „anima est quodammodo omnia" ist an dieser Stelle der Bogen zurückgeschlagen zum Anfang der Betrachtungen und zum Lebensthema des Thomas, das hier auf die Glückseligkeitslehre hin zu Ende gedacht erscheint und in der Lehre von der beseligenden Schau Gottes seine Vollendung findet:[35]

> *Das letzte Ziel des ganzen Menschen und all seiner Tätigkeiten und all seines Verlangens, ist es, das erste Wahre (primum verum, quod est Deus) zu erkennen, das Gott ist.*[36]

Als charakteristischer *plot* der Überlegungen, mit dem Thomas dabei schließlich die subjektive und objektive Dimension der Glückseligkeitslehre – *finis cuius* und *finis quo* – zusammenbindet, aber zeigt sich, daß Thomas die *persönliche* Vollendung des Menschen in seiner höchsten und besten Tätigkeit *zugleich* als

---

[33] *Ebd.*, 190.

[34] *Ebd.*

[35] Vgl. oben S. 58-60. – Im Rahmen seiner Überlegungen setzt sich Thomas dabei auch mit dem Einwand auseinander, ob die glückselige Erfüllung des Menschen nicht eher in der *Liebe* als in der Erkenntnis besteht. Sein Argument gegen diese Annahme lautet: Das Haben ist etwas anderes als das Wollen. Der Liebende aber ist stets ein Wollender. Daher ist glücklich erst, wer sieht, was er liebt. J. Pieper (1998d), 187f., weist auf eine entsprechende Deutung in einem Kommentar zur *Summa theologica* hin. Das glückselige Leben bedeutet demnach nicht: zu lieben, was man besitzt; sondern: zu besitzen, was man liebt.

[36] Thomas *S.c.G.* III 25 (n. 2064). – Zugleich kommt damit das philosophische Streben nach Weisheit und Wissen zur Erfüllung, das nach *Metaphysik* I als Vorzeichen vor dem Denken des Aristoteles steht.

Anähnlichung an Gott versteht, der selbst reine Tätigkeit und reines Erkennen ist:

> *Jedes Wesen, das seine eigene [!] Vollkommenheit erstrebt, erstrebt die Ähnlichkeit mit dem Göttlichen,*

schreibt er mit Verweis auf ein Diktum aus der aristotelischen Schrift *De anima*, das er auch ansonsten wiederholt zitiert.[37] Aristoteles hatte gelehrt, daß alle Lebewesen, indem sie in der ihnen eigenen Weise tätig sind, soweit sie können am Göttlichen und Unsterblichen teilhaben und es repräsentieren.[38] Beim Menschen nun geschehen diese Anähnlichung und diese Repräsentation aber in nichts anderem, als in der Weise der *Erkenntnis*, im *erkennenden Tätigsein*.

1.1.5. Elemente der Glückseligkeit

Begleitet ist die höchste und beste Tätigkeit des Menschen von einer Reihe von *Bedingungen*, welche die Vollkommenheit der Glückseligkeit *in jeder Hinsicht* verbürgen: (1) „Freude" (*delectatio*), (2) „Verstehen" (*comprehensio*), (3) „Rechtheit des Willens" (*rectitudo voluntatis*), (4) „Vollkommenheit des Leibes" (*perfectio corporis*) und (5) „Gemeinschaft der Freunde" (*societas amicorum*).[39] – Insbesondere die Berücksichtigung der beiden letztgenannten trägt der ganzheitlichen Konzeption der Anthropologie des Thomas Rechnung – wird doch die soziale Dimension des Menschseins gerade durch die Leiblichkeit vermittelt.[40]

Einer eigenen Bemerkung bedarf in diesem Zusammenhang vor allem die *Freude*. Schließlich könnte man diese doch als das eigentliche *Ziel* der Glückseligkeit ansehen. Thomas weist jedoch ausdrücklich darauf hin, daß die Freude stets *etwas Zweites* ist, daß sie immer nur *Folge*, nicht jedoch *Ziel* des menschlichen Verlangens sein kann. Denn immer bedarf die Freude eines Grundes. In solchem Sinne ist der Besitz des Guten, in dem das Verlangen des Menschen zur Ruhe kommt, die „Ursache der Freude" (*causa*

---

[37] *Ebd.*, III 21 (n. 2022): „[U]numquodque [...] tendens in suam [!] perfectionem tendit in divinam similitudinem."

[38] Aristoteles, *De anima* II 4 (415a26-b1).

[39] Vgl. Thomas, *S.th.* I-II 4.

[40] Äußere Güter hingegen sind, so Thomas, letztlich entbehrlich – worin sich noch einmal die gegenüber Aristoteles stärkere „Verinnerlichung" seiner Ethik zeigt, von der bereits oben die Rede war: vgl. S. 257, Anm. 154, und S. 267-270.

delectationis), die Freude dagegen ist die Antwort auf die darin bestehende Glückseligkeit. Mit Blick auf das oben verwandte Bild vom „Trank Glückseligkeit" ließe sich somit der Unterschied zwischen der *visio beatifica* und der *delectatio* vergleichen mit dem Getrunkenwerden und dem Wohlschmecken.[41]

1.1.6. *Jenseitigkeit und Übernatürlichkeit der Vollendung*

Thomas entwickelt sein Konzept der menschlichen Glückseligkeit entlang der Vorlagen, die ihm Aristoteles mit seiner *Nikomachischen Ethik* bietet. In zwei entscheidenden Punkten geht er freilich über diese hinaus. Diese beiden Punkte sind eigentlich schon in den bisherigen Überlegungen enthalten oder ergeben sich zumindest mit innerer Konsequenz daraus. Doch erscheint es sinnvoll, sie noch einmal eigens zu benennen:[42] (1) Zum einen hält Thomas - anders als Aristoteles - die vollkommene Glückseligkeit in diesem Leben für nicht erreichbar und siedelt sie daher im *jenseitigen Leben* an, (2) zum anderen sieht er den Menschen bei ihrem Erlangen überdies auf die *göttliche Hilfe* angewiesen.[43]

(1) Daß der Mensch seine letzte Vollendung *in diesem Leben* nicht erreichen kann, folgt für Thomas aus dem realistischen Blick auf die *Begrenztheit* allen menschlichen Lebens, seine Zeitlichkeit, ja: Todgeweihtheit. Diese Aspekte widersprechen vor allem der Bestimmung der Glückseligkeit als eines vollkommenen Tätigseins, das *ausschließlich, sicher, kontinuierlich* und *immerwährend* ist:[44]

---

[41] Vgl. J. Pieper (1998d), 174-178, der außerdem auf das Phänomen hinweist, daß wir mitunter etwas als unser Glück wollen, was keine Freude spendet.

[42] Entsprechend mögen die beiden Unterschiede gegenüber Aristoteles auch nicht in einer Überformung oder Verfremdung, sondern in einer *Radikalisierung* der Glückskonzeption des Stagiriten liegen, mit welcher Linien ausgezogen werden, die Aristoteles selbst in seiner Ethik unberücksichtigt gelassen hatte. In diesem Sinne schweige der *Philosophus*, so Thomas, vom Glück nach diesem Leben, er bewege sich lediglich innerhalb der Grenzen der Natur, übergehe die Frage nach der menschlichen Unsterblichkeit und betrachte lediglich das Glücklichsein „als Mensch".

[43] Zu weiteren Unterschieden vgl. E. Schockenhoff (1987), 27-50; ferner A. Speer (2005b), 161-167.

[44] Vgl. Thomas, *S.th.* I-II 3,2 ad 4: „Durch eine einzige, fortwährende und immerwährende Tätigkeit wird der Geist des Menschen im Status der Glückseligkeit mit Gott verbunden (*[U]na et continua et sempiterna operatione in illo beatitudinis statu mens hominis Deo coniungetur*)."

> *[D]a die Glückseligkeit „das vollkommene und erfüllende Gut" ist, schließt es alles Übel aus und erfüllt jedes Verlangen.*
> *– In diesem Leben aber kann nicht alles Übel ausgeschlossen werden. Denn das gegenwärtige Leben ist vielen Übeln unterworfen, die man nicht vermeiden kann, sowohl der Unwissenheit von Seiten des Verstandes, als auch dem ungeordneten Begehren von Seiten des Strebens, und vielfältigen Strafleiden von Seiten des Leibes, wie Augustinus ausführlich im 19. Buch Vom Gottesstaat darlegt.*
> *– In ähnlicher Weise kann auch das Verlangen nach dem Guten in diesem Leben nicht gestillt werden. Natürlicherweise verlangt der Mensch nämlich nach Dauerhaftigkeit jenes Gutes, das er besitzt. Die Güter des gegenwärtigen Lebens aber sind vergänglich, da ja auch das Leben selbst vergeht, nach dem wir natürlicherweise verlangen. Und wir wollen, daß es fortwährend dauert, weil der Mensch natürlicherweise den Tod flieht. Deshalb ist es unmöglich, daß man in diesem Leben die wahre Glückseligkeit besitzt.*[45]

Wenn freilich zugleich das Prinzip gilt, daß das Verlangen der Natur nicht fehl gehen kann (*natura nihil facit frustra*)[46], so eröffnet sich damit die Möglichkeit, eine Vollendung menschlichen Glücksstrebens *nach diesem Leben* zu erhoffen.

(2) Und auch daß der Mensch diese Vollendung *nicht aus eigenen, natürlichen Kräften erreichen kann*, ist eine Einsicht, die zwar schon durch eine natürliche Phänomenologie des Glücks zugänglich wird - ist doch Glück etwas, das dem Menschen letztlich *als Geschenk* zuteil wird. Man kann sich nicht selber glücklich machen! Doch radikalisiert Thomas diesen Geschenkcharakter des Glücks noch einmal im Hinblick auf den spezifisch übernatürlichen Charakter der Vollendung und ihres Gegenstandes: Zur vollendeten Glückseligkeit bedarf der Mensch einer Weitung und Erhöhung seiner Fähigkeit zu erkennen durch die Tätigkeit Gottes, dessen Schau um Unendliches jedes geschaffene Wesen „überragt" (*excedit*).[47]

---

[45] Vgl. Thomas, *S.th.* I-II 5,3 c. - Vgl. Augustinus, *De civitate Dei* XIX 4 (CCL 68,664,1-669,201). - An paralleler Stelle in der *S.c.G.* spricht Thomas daher von Trauer, Schwermut und angsterfüllter Bedrängnis, die einem nur auf das Diesseits ausgerichteten Glücksverständnis innewohnen (vgl. III 48).

[46] Vgl. Aristoteles, *De caelo et mundo* I 4 (271a33); *De anima* III 9 (432a8f.); *Politik* I 2 (1253a9).

[47] Vgl. Thomas, *S.th.* I-II 5,5 c.

Der Ausblick auf die Jenseitigkeit des menschlichen Glücks und seine übernatürliche Vollendung, mit der Thomas die aristotelischen Überlegungen auf diese Weise weiterführt, besagt dabei – und dies ist wiederum eigens zu betonen – keineswegs eine *Abwertung* des diesseitigen Glückstrebens und seiner natürlichen Qualität. Im Gegenteil scheint erst dieser Ausblick das menschliche Glücksstreben für Thomas eigentlich motivieren zu können. In solchem Sinne faßt er das Verhältnis von diesseitigem und jenseitigem Glücksstreben nach dem Verhältnis des „Unvollkommenen" zum „Vollkommenen": Beide stehen zueinander in einer Beziehung der „Ähnlichkeit" (*similitudo*)[48] oder „Teilhabe" (*participatio*)[49], insofern die *„unvollkommene Glückseligkeit" (beatitudo imperfecta)* eine „anfanghafte Verwirklichung" (*inchoatio*) der *„vollkommenen Glückseligkeit"* (*beatitudo perfecta*) darstellt.[50]

Genau hier ist der Ort, wo das thomanische Konzept der oben beschriebenen *contemplatio veritatis* seinen Haftpunkt im Rahmen der Phänomenologie menschlichen Glückseligkeitsstrebens findet:

> *Es beginnt nämlich die Betrachtung der Wahrheit (contemplatio veritatis) in diesem Leben, aber sie wird im künftigen vollendet.*[51]

1.2. Die Vollendung des Menschen: Eschatologie

Den Überlegungen zur Jenseitigkeit und Übernatürlichkeit der endgültigen *beatitudo* entsprechend, findet die Glückseligkeitslehre des Thomas ihre Konkretion und Vollendung in der Lehre von den Letzten Dingen, in der Eschatologie.

Da der Eschatologie-Traktat der *Summa theologiae* ungeschrieben geblieben ist, ist man bei der Interpretation hier auf die tho-

---

[48] Thomas, *S.th.* I-II 3,6 c.

[49] *Ebd.*, I-II 5, 3 c.

[50] Vgl. *ebd.*, I-II 1,6 c.; I-II 2,3 c.; zu dieser Unterscheidung vgl. bereits Aristoteles, *Nikomachische Ethik* I 10-11.

[51] Thomas, *S.c.G.* III 63 (n. 2383). – Zugleich wird von hier aus auch die zentrale Bedeutung der Tugenden für ein Erreichen der diesseitigen unvollkommenen Glückseligkeit zugänglich: Unter der Maßgabe vollkommener Glückseligkeit geht es darum, dem menschlichen Tätigsein schon in diesem Leben anfanghaft jene Kontinuität und Festigkeit zu verleihen, die im jenseitigen Leben zu erwarten ist. Als Fähigkeiten, die dem natürlichen Streben des Menschen die notwendige Beständigkeit und Sicherheit vermitteln, sind es gerade die Tugenden, die den Menschen in einem Prozeß des Wachsens und Reifens seiner endgültigen Vollendung entgegengehen lassen.

manischen Bemerkungen in den Schriftkommentaren verwiesen sowie auf jene Skizzen, die sich in zwei Abschnitten der *Summa contra Gentiles* finden.[52] Hier werden einerseits am Ende von Buch IV die *Beschaffenheit des endzeitlich vollendeten Menschen* (Abschnitt 1.2.1),[53] andererseits in Buch III - und zwar als organische Fortschreibung der Glückseligkeitslehre - die *besondere Weise der eschatologischen Schau* (Abschnitt 1.2.2)[54] behandelt.

In diesen beiden Dimensionen entsprechen die eschatologischen Ausführungen exakt jenen Grundbestimmungen der menschlichen Person, die eingangs als Vorzeichen des thomanischen Denkens kenntlich gemacht wurden und die hier ihre abschließende Bestimmung erfahren: (1) die *Einheit des Menschen* als eine aus Leib und Seele bestehende Ganzheit und (2) seine *aktualistische Struktur* als Wesen, das auf ein Ziel ausgerichtet ist.[55]

Unter theologiegeschichtlichen Gesichtspunkten bewegen sich die thomanischen Überlegungen zur Eschatologie in jenem Kontext, der durch die lehramtlichen Feststellungen der Zeit markiert ist und mit denen die kirchlichen Autoritäten auf die eschatologischen Debatten an den Universitäten reagierten: So hatte (a) bereits das IV. Laterankonzil 1215 festgestellt, daß „alle auferstehen werden mit ihren eigenen, individuellen Körpern, das heißt mit den Körpern, die sie jetzt anhaben“[56]. (b) Nach der schon genannten Verurteilung der zehn Irrtümer durch den Bischof von Paris, Wilhelm von Auvergne, im Jahre 1241, in der u.a. die Behauptung abgelehnt wurde, die Auferstandenen und die Seligen würden das göttliche Wesen nicht schauen,[57] war (c) dessen Nachfolger Étienne Tempier (+1279) 1270, d.h. zur Zeit des zweiten Pariser Lehraufenthalts des Thomas, der Auffassung entgegengetreten, daß Gott einem vergänglichen Leib

---

[52] Vgl. ferner Thomas, *Comp. theol.* I 236-246; *Coll. in Symb. Apost.* 7; 9 und 14 sowie die Erörterung einzelner Themen, die sich verstreut an verschiedenen Stellen findet: *S.th.* I 12; I-II 85,6; III,54; III 59.

[53] Vgl. Thomas, *S.c.G.* IV 79-97. _ J.-P. Torrell (1995), 135, bezeichnet sie als den „vollständigsten Abriß“ zum Thema.

[54] Vgl. *ebd.*, III 51-63. - Zur Entwicklung der hochscholastischen Eschatologie vgl. N. Wicki (1954); C. Trottmann (1995).

[55] Zu den weiteren Themen der thomanischen Eschatologie (besonderes und allgemeines Gericht, Himmel, Hölle und Fegefeuer, Gebet für die Verstorbenen etc.) vgl. summarisch Thomas, *Coll. in Symb. Apost.* 9 (n. 948-957).

[56] Vgl. *DH* 801.

[57] Vgl. oben S. 395ff.

keine Unvergänglichkeit verleihen kann.[58] (d) Und unter der bekannten Verurteilung der 219 Lehrsätze durch denselben Bischof im Jahr 1277 waren auch die Behauptungen eingeschlossen, die Auferstehung des Leibes stehe im Gegensatz zur philosophischen Vernunft und Gott könne deshalb einem vergänglichen Leib keine Unsterblichkeit verleihen.[59] Kurz: die Eschatologie gehörte zu den intensiv debattierten Themen in der Theologie des 13. Jahrhunderts, wie nicht zuletzt der Einsatz von Thomas' Lehrer Albert in den Pariser Debatten seit den 1230er Jahren belegt.[60] Vor diesem Hintergrund trifft Thomas seine Bestimmungen.

1.2.1. Die Beschaffenheit des vollendeten Menschen

Für die hochmittelalterlichen Diskussionen wie insbesondere für die thomanische Position war auch hier von grundlegender Bedeutung die *Auskunft der Heiligen Schrift*. So besitzt die christliche Eschatologie, die den Glauben an die „Auferstehung des Fleisches" (*resurrectio carnis*) argumentativ entfaltet, ihren Ausgangspunkt in den Überlegungen des 1. *Korintherbriefs*, in denen der Apostel Paulus die Auferstehung Christi als Wirk- und Exemplarursache unserer Auferstehung darstellt und die existentielle Bedeutung des Auferstehungsglaubens in aller Deutlichkeit herausarbeitet. In seinem Kommentar bezeichnet Thomas diese Passage ausdrücklich als *tractatus de resurrectione*.[61] Paulus schreibt dort unter anderem:

> *Ist Christus nicht auferweckt worden, dann ist unsere Verkündigung leer und euer Glaube sinnlos. [...] Wenn wir unsere Hoffnung nur in diesem Leben auf Christus gesetzt haben, sind wir erbärmlicher daran als alle anderen Menschen (1 Kor 15,14.19).*[62]

Die eigentliche Tragweite, die dieser Gedanke für die Anthropologie und Eschatologie des Thomas hat, wird deutlich, wenn man berücksichtigt, auf welche Weise Thomas sie in seinem Kommentar in Beziehung setzt zur *Lehre von der Unsterblichkeit der Seele*, wie sie seit Platon zum Gemeingut philosophischen Wissens gehört.[63]

---

[58] Vgl. *Chartul.* I, n. 128 (ed. Denifle/Chatelain, 170).

[59] Vgl. *ebd.* I, n. 17 (*ebd.*, 544); vgl. n. 18 und 25 .

[60] Zum Ganzen vgl. I. Resnick (2020); C. Walker Bynum (1995).

[61] Vgl. Thomas, *Super I Ad Cor.* XV 1 (n. 888).

[62] Als einer der ersten Zeuge der Auferstehung begegnete im *„Adoro te devote"* entsprechend der Apostel Thomas.

[63] Vgl. Platon, *Phaidon* 69c-84b; *Phaidros* 245c-256d.

Entgegen der Auffassung, bei der Trennung von Leib und Seele im Tod bleibe die Seele als „das Eigentliche" im Menschen übrig, weil es bereits seiner Natur nach durch eine wesensmäßige Unsterblichkeit ausgezeichnet sei, und könne nach dem Tod einfachhin fortleben, so als habe der Tod sie gar nicht berührt,[64] betont er, daß eine *Unsterblichkeit der Seele* nur sehr schwer aufrecht zu erhalten wäre *ohne den Glauben an eine Auferstehung des Leibes*:

> *Es steht nämlich fest, daß die Seele auf natürliche Weise mit dem Leib vereinigt ist (unitur). Sie wird aber von ihm gegen ihre Natur (contra suam naturam) und zufällig (per accidens) getrennt. Daher ist die vom Leib entblößte (exuta) Seele, unvollkommen (imperfecta), solange sie ohne Leib ist. Es ist aber unmöglich, daß dasjenige, was natürlich und an sich (per se) ist, endlich ist und sozusagen nichts. Und dasjenige, was gegen die Natur und zufällig ist, wäre unendlich, wenn die Seele für immer ohne Leib sein würde. Und daher nahmen die Platoniker, die eine Unsterblichkeit annahmen, eine Wiedereinkörperung (reincorporatio) an, wenngleich dies häretisch ist. Wenn daher die Toten nicht auferstehen, können wir uns nur auf dieses Leben verlassen.*
> *Andererseits steht fest, daß der Mensch natürlicherweise nach seinem Heil verlangt. Die Seele aber ist, weil sie Teil des Leibes des Menschen ist, nicht der ganze Mensch (non est totus homo), und meine Seele bin nicht ich (anima mea non est ego). Wenn daher die Seele ihr Heil in einem anderen Leben erlangt, dann bin nicht ich es oder irgendein anderer Mensch. Und außerdem würde, weil der Mensch natürlicherweise nach dem Heil verlangt, auch dem des Leibes, das natürliche Verlangen ins Leere gehen (frustraretur).*[65]

---

[64] Vgl. zu diesem, weniger durch Platon selbst als durch seine Interpretation innerhalb der Aufklärungsphilosophie (v.a. Moses Mendelssohn) etablierten Mißverständnis J. Pieper (1960), 327ff. - Zu seinen kontroverstheologischen Implikation vgl. ferner J. Pieper (1959), 83-86.

[65] Thomas, *Super II Ad Cor.* XV 2 (n. 924). - Eine ähnliche Formulierung begegnet in *Exp. super Iob* XIX (Z. 323f.) „Nicht nur wird meine Seele Gott sehen, sondern *‚ich selbst'* (*ego ipse*), der aus Seele und Leib besteht." - Die Verse *Ij* 19,25ff („Ich weiß nämlich, daß mein Erlöser lebt und am jüngsten Tag werde ich von der Erde auferstehen. Und ich werde wieder mit meiner Haut und meinem Fleisch umgeben werden. Ich werde Gott sehen, ich selbst werde ihn schauen, und meine Augen werden ihn anschauen, und kein anderer. Diese Hoffnung ruht in meinem Schoß") galten klassischerweise als alttestamentlicher Beleg für die Auferstehungshoffnung. Thomas versieht sie mit einer sehr existentiellen Inter-

Thomas spricht daher auch nicht von einer *„Unsterblichkeit"*, sondern lediglich von einer *„Unzerstörbarkeit" (incorruptibilitas)* der Seele, die ihr von Natur aus zukommt. Keineswegs bestreitet er dabei die Argumente, die eine Unvergänglichkeit der Seele auf verschiedenen Wegen erweisen – wobei sich diese Argumente bemerkenswerterweise auf den Gedanken der *Wahrheitsfähigkeit* der Seele zurückführen lassen.[66] Denn wäre die menschliche Seele nicht von Natur unsterblich, dann gäbe es nichts und niemanden, der das Gottesgeschenk der Auferstehung empfangen könnte. Doch zeichnet er den Status der „abgeschiedenen Seele" (*anima separata*) als einen unvollkommenen, ja: naturwidrigen Zustand, als Zustand *praeter naturam*,[67] in dem die Seele in erster Linie als ein bloßes „Überbleibsel" oder „ontologisches Minimum" zur Sicherung personaler Identität erscheint.[68] Die Seele als solche ist nicht „der Mensch", noch ist die Seele „Person".[69] Damit aber gewinnt die eschatologische Hoffnung auf die Auferstehung des Fleisches ihr Profil: Sie ist notwendige Bedingung und sozusagen theologischer Kontrapunkt des thomanischen Hylemorphismus, der die Einheit und Ganzheit der menschlichen Natur in so grundlegender und umfassender Weise herausstellt! Anders gesagt: die *Anthropologie* des Thomas ist ohne seine *Eschatologie* als ihre notwendige Ergänzung nicht vollständig zu verstehen.

Jenseits aller philosophischen und theologischen Spekulationen entspricht das thomanische Konzept damit aber vor allem den *existentiellen Dimensionen*, die mit der *Erfahrung des Todes* verbunden sind, und in denen dieser ein Geschehnis ist, „das keine Zone der Existenz, kein Element unserer Natur unberührt und unbeteiligt läßt": es ist „nicht die Seele, die unsterblich ist, noch ist es der Leib, der stirbt. Es stirbt der Mensch, der ganze Mensch aus Leib und Seele"[70]. Erst in diesen existentiellen Dimensionen gewinnt die Frage des Menschen nach sich selbst ihre eigentliche Tiefe. In solchem Sinne heißt es etwa in den *Confessiones* Augustins im

---

pretation, die um den Begriff des „Lebens" (*vita*) kreist.

66 Vgl. Thomas, *S.th.* I 61,2 ad 3; dazu J. Pieper (1960), 334f: „Weil die menschliche Seele *capax veritatis* ist, weil sie Wahrheit zu fassen vermag, weil sie etwas zu *tun* vermag, das über jeden denkbaren materiellen Ablauf prinzipiell hinausliegt und von ihm unabhängig ist, darum muß sie auch ein *esse absolutum* haben, das heißt, ein von der Materie, vom Leibe unabhängiges Sein; sie muß notwendigerweise etwas sein, das durch den Verfall des Leibes hindurch und über ihn hinaus Bestand hat."

67 Vgl. Thomas, *S.c.G.* IV 79 (n. 4135f.).

68 Vgl. W. Kluxen (1974) und (1984).

69 Vgl. Thomas, *Q. de ver.* 9,2 ad 14; *S.th.* I 29,1 ad 5; I 75,4 ad 2.

70 J. Pieper (1960), 326f.

Anschluß an den Bericht vom Todes eines Freundes: „Ich wurde mir selbst zur großen Frage" (*Factus eram ipse mihi magna quaestio*).[71] Und nicht von ungefähr ist die o.g. älteste Definition des Menschen immer wieder ergänzt worden um das Element der Sterblichkeit: „Homo est animal rationale *mortale*."[72]

Unter dem Gesichtspunkt dieser Erfahrung werden schließlich jene Aussagen verständlich, in denen Thomas die Auferstehung des Fleisches schließlich - und gewissermaßen in Variation der oben dargestellten Diskussionen um die Natürlichkeit oder Widernatürlichkeit des Todes - sogar als *etwas „Natürliches"* bezeichnen kann, insofern es der Seele natürlich ist mit dem Leib vereinigt zu sein,[73] und mit Blick auf die Vollendung des Menschen in der letzten Glückseligkeit davon spricht, daß „die Unsterblichkeit der Seelen die künftige Auferstehung der Leiber zu fordern"[74] scheint - wobei ihm die Abhängigkeit dieser Auferstehung vom übernatürlichen Einwirken Gottes stets bewußt ist.

In innerer Konsequenz zu diesen anthropologischen Grundannahmen sind die eschatologischen Überlegungen am Ende der *Summa contra Gentiles* ganz auf die Beschaffenheit des menschlichen Auferstehungsleibes konzentriert und zeigen die *Eigenschaften* des vollendeten Menschseins als eine notwendige Ergänzung zur philosophisch erhobenen Lehre vom Menschen.[75] So behandeln sie die Kontinuität und numerische Identität des Menschen als Person, respektive seiner „Körperlichkeit" (*corpo-*

---

[71] Augustinus, *Confessiones* IV 9 (CCL 27,44,43f.). - Man hat daher auch von der „Geburt der existentiellen Philosophie" aus der Erfahrung des menschlichen Todesschicksals gesprochen: vgl. P.L. Landsberg (1937), 53f.

[72] Vgl. Thomas, *S.th.* I 29,4 ad 2; I 31,1 ad 3; *Q. de pot.* 9,4 obi. 8 u.ö.

[73] Vgl. Thomas, *S.c.G.* IV 81 (n. 4147)

[74] *Ebd.*, IV 79 (n. 4135).

[75] Vgl. v.a. Thomas, *S.c.G.* IV 79-97. - D. Perler (2020), 18, zeichnet die heute vielleicht ein wenig skurril anmutende Diskussion daher als Testfall oder „Sprungbrett [...], um genau jenes Problem zu behandeln, das auch heute noch als ein Kernproblem in der Personendebatte betrachtet wird. Wie kann eine Person über die Zeit hinweg dieselbe Person bleiben? Muß sie immer alle Teile bewahren oder können einige Teile vorübergehend entfernt werden und welche nicht?". Denn: „Alle christlichen Autoren waren sich einig, daß die menschliche Seele weiterexistiert, wenn der Körper zugrunde geht, und daß sie im Jenseits wieder mit dem neu hergestellten Körper vereinigt wird. Wenn aber nur eine Einheit von Körper und Seele eine Person ist, gibt es nur vor dem Tod und nach der Wiederauferstehung eine Person. Was existiert dann in der Zeit dazwischen: gar keine Person, eine reduzierte Person oder eine Teilperson?" (*ebd.*)

reitas) mit Blick auf die Einzigkeit der unsterblichen Seele als Form und das offensichtliche Vergehen des toten Körpers durch Verwesung und Vernichtung, die Beschaffenheit der verherrlichten Leiber als identischer Konstitutionsprinzipien der Auferstandenen, darüber hinaus ihre Angewiesenheit auf Nahrung und Fortpflanzung, ihr Geschlecht, ihr Alter und ihren Ort, den unwandelbaren Willen der Seligen zum Guten etc.[76]

1.2.2. Die Art und Weise der beseligenden Schau

Doch mehr noch als im Hinblick auf die Anthropologie scheinen die eschatologischen Aussagen des Thomas zur Eudaimonie und der damit verbundenen Erkenntnis, d.h. zur Art und Weise der beseligenden Schau, den Charakter eines „Schlußsteins"[77] zu haben, auf den hin die Linien seines Denkens zulaufen. Der eingangs genannten Unterscheidung zwischen der *objektiven* und der *subjektiven* Dimension der Glückseligkeit entsprechend, bezieht sich das Wirken Gottes, durch das der Mensch zu seiner Vollendung geführt wird, nicht nur auf den Gegenstand der seligmachenden Erkenntnis (*quod videtur*), sondern auch und vor allem auf das Wie (*quo videtur*). Zum Schlüsselbegriff bei der Erschließung der subjektiven und von hier aus schließlich auch der objektiven Dimensionen der beseligenden Schau wird dabei der Begriff des „Herrlichkeitslichts (*lumen gloriae*)".

Das „lumen gloriae". – Die Erarbeitung seines Verständnisses ist einerseits die Frucht der schon erwähnten dogmatischen Festschreibung einer Unmittelbarkeit der Gotteserkenntnis *per essentiam* im Jenseits durch den Erzbischof von Paris im Jahr 1241, mit der er die Annahme einer Schau durch Vermittlungen, d.h. geschöpfliche Gotteserscheinungen, ausschloß,[78] andererseits

---

[76] Zur ausführlichen Darstellung der Problematik vgl. D. Perler (2020), 94ff., 117-138 und 154-159. – Die akademische Textgrundlage bot Petrus Lombardus, *Liber Sententiarum* IV, d. 43-44. – Zu den historischen Hintergründen vgl. C. Walker Bynum (1995); R. Heinzmann (1965).

[77] W.J. Hoye (1976), 282.

[78] Vgl. *Chartul.* I, n. 128 (ed. Denifle/Chatelain, 170f.). – Zu den historischen Hintergründen vgl. W.J. Hoye (1976), 270: „Im Grunde genommen drehte es sich dabei um einen Streit über gegensätzliche auctoritates. Die eine Seite berief sich vor allem auf Augustin, der die Ansicht vertrat, die göttliche Substanz selber werde angeschaut [...] und die Unsichtbarkeit Gottes sei lediglich in bezug auf seine inkarnierte Körperlichkeit zu verstehen [...]. Die Gegenseite, die eine unmittelbare visio abstritt, stützte sich vor allem auf Ps.-Dionysius Areopagita, Joh. Chrysostomus und Joh. Damasce-

das Ergebnis der Dionysius-Rezeption und -Interpretation durch Albertus Magnus: In einer „geniale[n] Umdeutung“[79] hatte Albert den Begriff des *lumen gloriae,* für den Ps.-Dionysius mit einer Unterscheidung verschiedener Theophanien die Vorlage geliefert hatte,[80] nicht als Erkenntnismedium von Seiten des Objekts, sondern als Medium und Ausrüstung zur Gottesschau von Seiten des Erkenntnissubjekts verstanden: als ein *medium confortans intellectum.*[81] Durch das *lumen gloriae* wird das erschaffene Bewußtsein - so Albert, und mit ihm Thomas - aktualisiert, so daß es das göttliche Wesen in der Ewigkeit *unmittelbar* (*sine similitudine et immediate*) schauen kann.[82]

Von Seiten der aristotelischen Intellektlehre bietet der *intellectus agens* Thomas den Anknüpfungspunkt, um diese Rolle des *lumen gloriae* verständlich zu machen:

> *Aristoteles vergleicht im 3. Buch Von der Seele den tätigen Verstand (intellectus agens) mit dem Licht, weil der tätige Verstand das geistig Erkennbare aktualisiert, so wie das Licht gewissermaßen dem Sichtbaren Aktualität verleiht. Die Anlage also, durch die der geschaffene Verstand zur geistigen Schau der göttlichen Substanz emporgehoben wird, wird passend*

---

nus, wobei Scotus Eriugena einen großen Einfluß ausübte [...]. Die vielfältigen Lehren können zusammengefaßt werden in dem Terminus technicus ‚Theophanie‘: nicht Gott selber werde gesehen, sondern nur Theophanien, d.h. göttliche Erscheinungen (*apparitiones, ostensiones, condescentiones, lucubratines* u. dgl. m.). Nach der Verurteilung von 1241 standen die Alternativen nicht mehr zwischen Theophanien und Gott selber. Die Frage war nicht mehr *ob,* sondern *wie* Gott selber erkannt wird.“

[79] N. Wicki (1954), 156: „Aus dem *medium quo,* dem objektiven Erkenntnismittel, ist ein subjektives *medium sub quo* geworden.“

[80] Vgl. Ps.-Dionysius, *De caelesti hierarchia.* 4 § 3 (PG 179C-D; ed. Heil/Ritter 22,1-22; dazu v.a. Albertus Magnus, *Super Dionysium De caelesti hierarchia* 4 (Ed. Col. 36.1,71,12-40).

[81] Vgl. ebd. (24f.); *Q. de visione Dei in patriam* sol. (Ed. Col. 25.2,99,26-34): „Daher wird ein anderes Licht, nämlich das der Herrlichkeit, hinzugefügt, das den Verstand stärkt, so daß er die göttliche Wesenheit selbst ohne ein vermittelndes Erkenntnisbild (*sine aliqua specie mediante*) sehen kann. Die göttliche Wesenheit selbst aber wird seine Erkenntnis bestimmen, und dieses Licht nennt Dionysius ‚Theophanie‘. Sie ist das Mittel in der Schau im Vaterland, nicht wie ein Erkenntnisbild, das von Gott in den Intellekt ausströmt (*sicut species emanans in intellectum a Deo*), in dem seine Erkenntnis wie ein Gegenstand erfaßt wird, sondern wie ein Mittel, das den Sehenden stärkt (*sicut medium confortans videntem*).“

[82] Vgl. Albertus Magnus, *De resurrectione* IV 1,9, § 3 (Ed. Col. 26,331,48); Q. *de visione Dei in patriam* sol. (Ed. Col. 25.2,99,28f.); *Super IV Sent.* d. 49,5.

> *„Herrlichkeitslicht" (lumen gloriae) genannt: nicht deswegen, weil sie das geistig Erkennbare aktualisiert, wie das Licht des tätigen Verstandes; sondern weil sie den Verstand dazu fähig macht, aktuell zu erkennen.*[83]

Damit tritt der spezifisch übernatürliche Charakter des *lumen gloriae* hervor, das der Mensch durch göttliches Wirken empfängt.[84] Seine eigentliche Bedeutung liegt jedoch darüber hinaus darin, daß dieses Licht, das die Erkenntnis Gottes *ermöglicht*, zugleich selbst der *Inhalt* dieser Erkenntnis ist. Exakt dies bringt ein Vers aus dem Psalter zum Ausdruck, den Thomas an dieser Stelle anführt:

> *Dieses aber [das lumen gloriae] ist das Licht, von dem es in Ps 36,10 heißt: „In deinem Licht werden wir das Licht schauen (In tuo lumine videbimus lumen)", nämlich das [Licht] des göttlichen Wesens.*[85]

Damit aber ist der für die unmittelbare Gottesschau im Eschaton entscheidende Gesichtspunkt genannt: Das göttliche Wesen ist gleichermaßen *Mittel* wie *Gegenstand* der Erkenntnis!

Weitere subjektive Bedingungen der ewigen Schau. – Thomas beschreibt diese Schau als begleitet von einer Reihe *weiterer Eigenschaften*, in denen die Erkenntnis des Menschen subjektiv geweitet und erhöht sein wird.

(1) So handelt es sich bei dieser Schau um eine Erkenntnis, in der Gott als unmittelbarer Gegenstand zugleich die vielfältigen anderen Gegenstände und Ziele menschlicher Wahrheitssuche

[83] Thomas, *S.c.G.* III 53 (n. 2302). – Durch diese Analogisierung von *intellectus agens* und *lumen gloriae* aber erhält der „Lieblingsvers" des Thomas aus dem *Buch der Psalmen*, den er immer wieder zitiert und der im Laufe dieser Darlegungen an verschiedenen Stellen begegnete (bei der Intellektlehre, der Gewissenslehre etc.), seine letzte und tiefste Bedeutung: „Signatum est super nos lumen vultus tui" (*Ps* 4,7): vgl. oben S. 137ff.; S. 267-270; S. 361-364; S. 401. – Zur Rolle des *intellectus agens* und zum Verhältnis von *intellectus agens* und *lumen gloriae* vgl. v.a. *Q. de quol.* VII 1,1 c. – Dazu zusammenfassend W.J. Hoye (2002), 614: Das *lumen gloriae* muß „nicht mehr leisten, als zu ermöglichen, daß das natürliche Bewußtseinslicht, der *intellectus agens*, auch im Jenseits wirkt."

[84] Zur Notwendigkeit, überhaupt ein *lumen gloriae* anzunehmen, vgl. Thomas, *S.c.G.* III 53 (n. 2297ff.).

[85] *Ebd.*, (n. 2303). – Vgl. entsprechend die Auslegung in Thomas, *Super Ps.* 35 (n. 5), in der zunächst vom Licht in der Seele und von hier aus vom Licht als Gegenstand gehandelt wird!

umfaßt und das natürliche Erkenntnisstreben des Menschen an einen End- und Ruhepunkt bringt, insofern diese - nach einem Wort Gregors des Großen - „in Gott“ erkannt werden. Denn

> *Was sehen die nicht die, die den sehen, der alles sieht (Quid est, quod non videant, qui videntem omnia vident)?*[86]

(2) Es handelt sich überdies um eine Erkenntnis, die „nicht im Nacheinander geschieht, in der vielmehr alles *zugleich* erkannt wird“ (*non successive, sed simul omnia contempletur*)[87] und die darin überzeitlich ist und „Teilhabe am Ewigen Leben“ heißt - und zwar in jeder Hinsicht: im Blick auf ihren Gegenstand, auf ihr Medium und auf ihr Subjekt.[88]

(3) Es handelt sich freilich zugleich um eine Erkenntnis, in der der eigentliche Gegenstand - Gott - für uns stets *unbegreiflich bleibt*. Denn

> *[j]edes geschaffene geistige Wesen [...] ist endlich, also ist auch sein Erkennen endlich. Da aber Gott von unendlicher Kraft und Wirklichkeit ist und folglich von unendlicher Erkennbarkeit, kann er von keinem endlichen Geiste so sehr erkannt werden, als er erkennbar ist; so bleibt er also für jeden geschaffenen Geist unbegreiflich: „Siehe, ein großer Gott, der unser Wissen überwältigt“ (Ijob 36,26).*[89]

Die jenseitige Schau wird daher niemals eine begreifende, eine *visio comprehensionis*, sein,[90] weil wir nie alles von Gott erkennen werden.[91]

(4) Und die eschatologische Erkenntnis wird mit einem bleibenden *Staunen* verbunden sein. Anders gesagt: es wird im Ewigen Leben nie langweilig werden. Eben hierin erfährt das philosophische Fragen des Menschen, das im Staunen seinen

---

[86] Thomas, *S.c.G.* III 59 (n. 2350); ferner *Q. de ver.* 2,2 c. - Gregor der Große, *Dialogi* IV 33 (PL 77,376B).

[87] Vgl. *ebd.*, III 60. - Vgl. in diesem Zusammenhang das Augustinus-Zitat, das Thomas anführt: „Unsere Gedanken werden dann nicht mehr flüchtig sein, vom einen zum anderen schweifen und zurückkehren: sondern wir werden unser ganzes Wissen in einer einzigen Zusammenschau sehen (*uno simul conspectu videbimus*)“ (*De trinitate* XV 26, CCL 50A,501,27f.).

[88] Vgl. *ebd.*, III 61.

[89] Thomas, *Super Ioan.* I 11 (n. 213).

[90] Vgl. *ebd.* (n. 214), in Auslegung von *Joh* 1,18 („Niemand hat Gott je gesehen“).

[91] Vgl. Thomas, *S.c.G.* III 55-56.

Grundimpuls und seine Initialzündung besitzt, seine Erhöhung und Vollendung:

> *Das natürliche Verlangen des Menschen [...] wird folglich nicht zur Ruhe kommen, bis es zur ersten Ursache gelangt, die Gott ist, nämlich zu seiner göttlichen Wesenheit selbst.*[92]

Doch auch die göttliche Wesenheit wird der Mensch mit bleibendem Staunen betrachten. Schließlich kann

> *nichts, was mit Bewunderung (cum admiratione) betrachtet wird, überdrüssig machen; denn solange es Bewunderung erregt, bewegt es das Verlangen. Die göttliche Substanz aber wird von jedem geschaffenen Verstand immer mit Bewunderung geschaut, denn kein geschaffener Verstand begreift (comprehendat) sie. Also ist es unmöglich, daß die geistige Substanz dieser Schau überdrüssig wird.*[93]

Teilhabe am göttlichen Erkennen. – Von alles entscheidender Bedeutung für das Verständnis der eschatologischen Schau ist es indessen, daß in ihr *Erkenntnissubjekt* und *Erkenntnisobjekt* unmittelbar miteinander verbunden sind. Eben hierauf zielt die Lichtmetaphorik von *Ps* 36,10 mit ihrer eigentümlichen Verbindung von *quo* und *quod* der Erkenntnis. Und die Rede von der Unmittelbarkeit der Gotteserkenntnis im Jenseits will ja gerade eine Vorstellung überwinden, nach der sie wie alle sonstige menschliche Erkenntnis durch die Vermittlung eines geschaffenen Erkenntnisbildes geschieht und als ein wie auch immer bestimmtes *Gegenüber* zum göttlichen Erkenntnisobjekt gedacht wird:

> *Wenn daher Gottes Wesen geschaut werden soll, so muß der Verstand es eben durch dieses göttliche Wesen selbst schauen, so daß in einer solchen Schau das göttliche Wesen sowohl das ist, was geschaut wird (quod videtur), wie das, wodurch geschaut wird (quo videtur).*[94]

---

[92] Thomas, *Super Matth.* V 2 (n. 434).

[93] Thomas, *S.c.G.* III 62 (n. 2372). – Damit kann, so Thomas, das naturgegebene Verlangen einerseits allgemein erfüllt sein und andererseits das individuell entwickelte Verlangen noch ein Staunen zulassen: vgl. auch *S.th.* I 12,8 ad 4. – Auch läßt die beseligende Erkenntnis Gottes eine Unterschiedlichkeit in der Vollkommenheit nach den individuellen Vorbedingungen durchaus zu: Thomas, *S.c.G.* III 58; vgl. *S.th.* I 12,6 c.: „Derjenige [aber] wird mehr am Glorienlicht teilhaben, der mehr Liebe hat, weil da mehr Liebe ist, wo mehr Verlangen ist. Und das Verlangen macht den Verlangenden gewissermaßen fähig und bereit, das Ersehnte zu empfangen."

[94] Thomas, *S.c.G.* III 51 (n. 2285). – Zum Modus der Schau vgl. auch

Um die völlige Einzigartigkeit und Unvergleichlichkeit der jenseitigen Gotteserkenntnis herauszuarbeiten, akzentuiert Thomas daher ihre besondere *geistige* Eigenart: Während nämlich alle anderen Erkenntnisobjekte vom Verstand als Träger einer bestimmten Form und folglich stets als „Wahres" (*verum*) und als „Seiendes" (*ens*) erkannt werden, wird Gott als rein geistig Erkennbares und reine Form erkannt, nicht als *Wahres*, sondern als *Wahrheit*:

> *Weil nämlich die Vollkommenheit des Verstandes das Wahre (verum) ist, wird dasjenige nur der Form nach Erkennbare in der Gattung des Erkennbaren, die Wahrheit selbst (veritas ipsa) sein. Dies aber kommt nur Gott zu, denn weil das Wahre dem Sein folgt, ist nur dasjenige seine Wahrheit, das sein Sein ist, was einzig Gott eigentümlich ist.*[95]

Wenn der erste Vers des *„Adoro te devote"* Christus als „die Wahrheit" ansprach, so erhält dieses Prädikat hier seine eschatologische „Oberschwingung". Denn diese Wahrheit ist es, die den menschlichen Verstand in der unmittelbaren Schau „zur Verwirklichung der Erkenntnis bringt" (*perficit ipsum ad intellectum*).

> *Gemäß dieser [unmittelbaren] Schau aber werden wir Gott im höchsten Maße verähnlicht (assimilamur) und haben an seiner Seligkeit teil (participes sumus): denn Gott selbst erkennt durch sein Wesen seine Substanz [...]. Daher heißt es in 1 Joh 3,2: „Wenn er aber erschienen ist, werden wir ihm ähnlich sein und ihn sehen wie er ist".*[96]

Indem Thomas die beseligende Schau so als Teilhabe am *Erkennen* Gottes und dadurch an seinem *Sein* beschreibt, kann er den oben sog. *plot* seiner Glückseligkeitslehre - die Verbindung von subjektiver und objektiver Dimension mit Hilfe des Erkenntnismotivs - auf einen eschatologischen Endpunkt hinführen:

> *Ein jedes Ding strebt nach Ähnlichkeit mit Gott als dem ihm eigenen Ziel. Das also, wodurch ein jedes Ding am meisten Gott verähnlicht wird, ist sein letztes Ziel. Das geistige Geschöpf aber wird Gott am meisten dadurch verähnlicht, daß es geistig ist [...]. In [...] dieser Ähnlichkeit aber wird es Gott ähnlicher, insofern es aktuell erkennt, als insofern es habituell oder potentiell erkennt, denn Gott erkennt immer aktuell [...]. Darin,*

S.th. I 12,2 c. und *Super IV Sent.* d. 49,2,2 c.

[95] *Ebd.*

[96] *Ebd.*

> *daß es aktuell erkennt (intelligit actu), wird es Gott am ähnlichsten, insofern es Gott selbst erkennt (intelligit ipsum Deum): denn Gott selbst erkennt alles andere, insofern er sich erkennt (cognosens se cognoscit alia).*[97]

So werden diejenigen, die Gott „durch sein Wesen" (*per essentiam*) schauen, ihn „durch das mit ihrem Bewußtsein vereinigte göttliche Wesen selbst" (*per ipsam essentiam divinam intellectui eorum unitam*)[98] schauen – und damit an *seiner* Glückseligkeit teilhaben:

> *[Wir werden] dieselbe Glückseligkeit genießen, in der Gott glückselig ist, da wir ihn auf jene Weise schauen, auf die er sich selbst schaut.*[99]

Es sind diese Dimensionen, in denen die Rede von der personalen Qualität der beseligenden Schau, ihrem Charakter als Begegnung und Angeschautwerden durch den Blick Christi, wie ihn die Schlußstrophe des Hymnus beschreibt, ihre volle Bedeutung erhält. War eingangs von einer ausgeprägten inhaltlichen Verdichtung im ersten Vers des „*Adoro te devote*" die Rede, so läßt sich eine solche nicht minder für die letzten Worte des Hymnus feststellen, die erst aufgrund des Gesagten in ihrer eigentlichen Tiefe und Dichte verständlich werden: „Visu sum beatus tuae gloriae".

Eben in dieser „Glückseligkeit, die der göttlichen Schau entspringt", wird für Thomas

> *alles menschliche Verlangen erfüllt werden gemäß dem Psalmwort (103 [104],5): „Dein Verlangen erfüllt er mit Gutem",*

---

[97] Thomas, *S.c.G.* III 25 (n. 2062). – Vgl. *Comp. theol.* I 164.

[98] Thomas, *S.th.* I 12,9 c. – Damit schließt sich der Kreis zum „intellektualistischen" Gottesbegriff als „Denken des Denkens", den Thomas von Aristoteles übernommen und mit seiner Lehre vom göttlichen *Verbum* weitergedacht hat. – Vgl. in diesem Sinne Thomas, *S.th.* III 10,4 c.: „Die Schau der göttlichen Wesenheit kommt allen Glückseligen zu, gemäß der Teilhabe an dem Lichte, das in sie einströmt aus dem Quell des Wortes Gottes." – Ja, aus dieser eschatologischen Perspektive zeigt sich rückblickend der eigentliche Sinn der sog. „psychologischen Trinitätslehre", d.h. des Versuchs, die göttlichen Personen mit Bezug auf die innermentalen Vorgänge des menschlichen Geistes zu erschließen. – Vgl. dazu oben S. 76f. und S. 249-252.

[99] Thomas, *S.c.G.* III 51 (n. 2289). – Entsprechend weist J. Pieper (1998d), 164ff., darauf hin, daß die Lehre von der Glückseligkeit des Menschen ihren notwendigen Kontrapunkt und die Bedingung ihrer Möglichkeit in der Lehre von der Glückseligkeit Gottes hat, nach der Gott in seinem Wirken sich selbst genießt. Der Traktat *De beatitudine Dei* markiert in der Gotteslehre in der *Summa theologiae* bemerkenswerterweise den Schlußpunkt.

> *und alles menschliche Bemühen (studium humanum) findet dort seine Vollendung.*[100]

Und es ist die Sehnsucht und das drängende Verlangen nach dieser ewigen Schau, die nicht nur die Ethik und die Glückseligkeitslehre, sondern das Denken des Thomas von Aquin insgesamt im besten Sinne des Wortes *von innen her* „beseelt". Es ist der natürliche Appetit, der Hunger und Durst nach Erkenntnis, nach Wahrheit - und zwar nach der letzten (oder ersten) und höchsten Wahrheit, die nicht mehr verborgen, die nicht mehr nur eine „latens veritas" ist. Einzig ihre unverhüllte Erkenntnis im Medium göttlichen Lichtes vermag dieses Verlangen zu stillen - einzig sie vermag in umfassender und endgültiger Weise glückselig zu machen.

2. Zugänge zur Persönlichkeit des Thomas von Aquin

So sind die Glückseligkeitskonzeption zu Beginn des zweiten Teils der *Summa theologiae* wie die Eschatologie der *Summa contra Gentiles* nicht nur Lehre, sondern zugleich auch Selbstauskunft und Selbstcharakterisierung des Thomas von Aquin. Sie finden ihre Ergänzung in jenen *historischen und biographischen Informationen*, die seine Zeitgenossen - diejenigen, die Thomas noch selbst kannten - zusammengetragen haben (Abschnitt 2.1), aber auch - und vor allem -in jenen Zeugnissen, die Thomas selbst hinterlassen hat und in denen sein Charakter ganz unmittelbar zum Ausdruck kommt: in der Gestalt seiner *Handschriften* (Abschnitt 2.2).

Diese Auskünfte machen es nicht nur möglich, die Lehre vom natürlichen Verlangen des Menschen nach der beseligenden Schau in ihrer eigentümlichen persönlichen Färbung wahrzunehmen, sie binden die Ausführungen zum Denken und Schaffen des Thomas auch insgesamt zurück an die Gestalt ihres Autors und Urhebers. Insbesondere sind sie dazu geeignet, ein Bild zu korrigieren, das die spätere Ikonographie von Thomas häufig gezeichnet hat und das ihn in einer würdigen Überlegenheit und prälatenhaftgesetzten Gelassenheit und Ruhe zeigt.[101] Seine körperliche Größe und Korpulenz sowie seine Introvertiertheit, denen er seinen Kölner Spitznamen „der stumme Ochse" (*bovis mutuus*) verdankt, mögen dazu beigetragen haben - doch scheint eine solche Vorstellung seinem Wesen nur sehr unzureichend zu

---

[100] Thomas, *S.c.G.* III 63 (n. 2377-2383) wiederum mit einem Durchgang durch die verschiedenen Ziele, Güter und Lebensformen, die dort auf einer höheren Ebene eingebracht und übererfüllt werden.

[101] Vgl. G.M. Lechner (1969b) und (1974).

entsprechen, aus dessen Innerem – wie mehrfach gesehen – immer wieder Leidenschaft und Ungeduld, Impulsivität und ein drängendes Verlangen hervortreten.

Was für ein Mensch also war Thomas? Wie hat man ihn sich vorzustellen? Welche charakteristischen Eigenschaften hatte er?

2.1. Die Zeugnisse der frühsten Biographen

Unter den wichtigsten biographischen Quellen, die Auskunft über Thomas, seine Persönlichkeit, sein Leben und Wirken geben, sind zu unterscheiden: (1) episodische Berichte, die eingefügt waren in größere Werke zur Dominikaner- und Kirchengeschichte, (2) die Aussagen der Zeugen des Heiligsprechungsprozesses von 1323 und (3) die drei ältesten Biographien, die ebenfalls im Umkreis der Heiligsprechung entstanden sind. Im Verlauf der bisherigen Darstellungen kamen sie bereits wiederholt zur Sprache. Freilich sind sie in ihrer Aussagekraft und Verläßlichkeit von sehr unterschiedlicher Qualität. Daher soll an dieser Stelle der Raum sein, um sie in ihrem Inhalt und ihrer Bedeutung etwas ausführlicher vorzustellen.

(1) *Episodische Berichte*. – Daß schon zu Lebzeiten des Thomas erste Berichte über ihn existierten, habe ich bereits oben erwähnt.[102] Hierzu gehören

(1.1) neben dem Bericht in der *Vitae fratrum Ordinis Praedicatorum* (1259-1260) von Gerhard von Frachet (1205-1271)[103] auch

(1.2) die Darstellungen des Thomas von Cantimpré (1201-1270) im *Bonum universale de apibus* (1257-1263). Beide berichten v.a. von der Gefangenschaft in Monte San Giovanni, wobei letzterer Thomas als Beispiel außergewöhnlicher „Standhaftigkeit" (*constantia*) und „Geduld" (*patientia*) hervorhebt.[104]

---

[102] Vgl. oben S. 184ff. – Die Quellen zum Leben des Thomas finden sich gesammelt in: *Fontes vitae S. Thomae Aquinatis notis historicis et criticis illustrati*, eds. D.M. Prümmer/ M. H. Laurent (= Revue Thomiste. Supplement), Saint-Maximin [Var], 1911-1937, 6 Bde.; vgl. ergänzend dazu *S. Thomae Aquinatis vitae fontes praecipuae*, ed. A. Ferrua, Alba 1968 sowie die Übersicht auf https://www.corpusthomisticum.org/ibfonvit.html – Eine deutsche Übersetzung der wichtigsten Texte bei W.P. Eckert (1965).

[103] Vgl. Gerhard von Frachet, *Vitae fratrum* IV c. 17, § 3 (ed. Ferrua, 379, n. 186). Gerhard berichtet – ohne Namensnennung – ebenfalls von verschiedenen Visionen, die Thomas gehabt haben soll, u.a. auch im Zusammenhang seiner Antrittsvorlesung: vgl. c. 24 § 6-8 (*ebd.*, 380, n. 188f.).

[104] Vgl. Thomas von Cantimpré, *Bonum universale de apibus* I 20 (ed. Ferrua, 387f., n. 190). – Vgl. ferner II 9. – Vgl. allerdings das Urteil von J.-P. Torrell (1995), 13: „Cantimpré ist kein vertrauenswürdiger Gewährsmann

(1.3) Die erste größere zusammenhängende Lebensbeschreibung findet sich in der *Historia ecclesiastica nova* (1313/16) des Ptolemäus von Lucca (ca. 1236-1327).[105] Diese aus der Feder eines „Berufshistorikers" stammende Darstellung verdient auch deswegen eigens Beachtung, weil Ptolemäus, der nur wenige Jahre jünger war als Thomas, seine Darstellung auf einen intensiven persönlichen Umgang mit ihm gründen konnte. So hat er Thomas von Rom nach Neapel begleitet, wo er vermutlich sein Beichtvater war, und stand vielleicht schon zuvor in den Jahren des Aufenthalts in Italien seit 1259 in Viterbo und Rom mit ihm in Kontakt. Seine Nähe zu Thomas belegt nicht zuletzt die Tatsache, daß er dessen Opusculum *De regno* vervollständigt hat.[106]

(2) *Die Aussagen des Heiligsprechungsprozesses.* - Der größte und reichhaltigste Teil der biographischen Berichte stammt indessen aus dem Umkreis des Heiligsprechungsprozesses, der 1318 durch Papst Johannes XXII. (1244/9-1334) in Avignon offiziell eröffnet wurde und am 18.7.1323 in der Kanonisation durch denselben Papst mit der Bulle *„Redemptionem misit"* seinen Abschluß fand. Der Prozeß selbst umfaßte zwei Untersuchungen in Neapel (21.7.-18.9.1319) und in Fossanova (10.-20.11.1321).[107] Während letztere die sog. *miracula post mortem* zum Gegenstand hatte und die Aussagen der dabei gehörten 112 Zeugen daher für die Biographie irrelevant sind, förderte die erstgenannte wesentliche Auskünfte zum Leben des Thomas, zu seinen Gewohnheiten, seinem Handeln und seinen Erlebnissen, zu Tage. Freilich ist zu berücksichtigen, daß zum Zeitpunkt des Verfahrens bereits rund 45 Jahre seit Thomas' Tod vergangen waren. Unter den 42 Zeugen der Untersuchung von Neapel fanden sich so nur 16 Personen, die Thomas noch persönlich gekannt hatten und ihn auch nur in seinen letzten Lebensjahren in Neapel erlebt hatten oder aber Zeugen seiner letzten Tage und seines Todes in der Abtei Fossanova waren, wie die fünf Zisterzienser, deren Aussagen die Protokolle verzeichnen.[108] Alle anderen Zeugen berichten Eindrücke und Erlebnisse,

---

und Frachet interessiert sich eher für Visionen als für die Biographie."

[105] Vgl. Ptolemäus von Lucca, *Historia ecclesiastica nova* XXII 20-25.39; XXIII 8-16 (ed. Ferrua, 355-369, n. 169-184). - Zur Gestalt und zu Schwächen der Darstellung des Ptolemäus vgl. W.P. Eckert (1965), 68-71.

[106] Zu diesen Quellen vgl. umfassend E. Jansssens (1924).

[107] Zu den historischen und kirchenpolitischen Umständen sowie zur Intention der Heiligsprechung vgl. W.P. Eckert (1965), 53-58. - Nach Dominikus und Petrus dem Märtyrer war Thomas der dritte Heilige aus dem Predigerorden.

[108] Daher ist nach J.-P. Torrell (1995), 280, dieser „letzte Zeitabschnitt [....]

die sie von anderen und sogar möglicherweise „aus zweiter Hand" erfahren haben. Bedingt durch den großen zeitlichen Abstand, aber auch durch die recht unterschiedliche Disposition und den Bildungsgrad der Befragten sind die Auskünfte von sehr unterschiedlicher Qualität und Verläßlichkeit. Die bedeutendsten und zugleich umfangreichsten Zeugnisse stammen

(2.1) von Petrus de Monte San Giovanni, der den ausführlichsten Bericht über den Aufenthalt in Fossanova liefert,[109]

(2.2) von Bartholomäus von Capua (1248-1328), einem promovierten Neapolitaner Juristen und Beamten, der seine Kenntnisse unmittelbar den Berichten von Thomas' bereits mehrfach erwähntem Sekretär Reginald von Piperno verdankt,[110] sowie

(2.3) von dem schon vielfach zitierten Wilhelm von Tocco.[111] Tocco war es, der die Heiligsprechung und damit auch die Zusammenstellung der Biographie des Thomas maßgeblich vorangetrieben hat. Sie können als sein eigentliches Lebenswerk gelten. Tocco hatte Thomas in seinen letzten Lebensjahren in Neapel noch selbst erlebt und spätestens seit 1317 „hagiographische Vorarbeiten" betrieben, ehe er im Rahmen des Kanonisationsprozesses als Promotor offiziell damit beauftragt wurde, biographische Nachforschungen anzustellen. In diesem Zusammenhang trug er Berichte unterschiedlichster Quellen - Augenzeugenberichte der Familie und der Sekretäre, Zeugnisse aus dem Dominikanerorden in Italien, aber auch der Zisterzienser in Fossanova) - zusammen.[112]

(3) Von Wilhelm von Tocco stammt auch die schon vielfach genannte frühste Biographie,

---

der bestdokumentierte im Leben des Thomas" - Vgl. *ebd.*, 280-285, mit einer ausführlichen Übersicht über die am Heiligsprechungsprozeß Beteiligten.

[109] Vgl. *Processus* n. 49-55 (ed. Prümmer, 330-342).

[110] Vgl. *ebd.*, n. 76-86 (ed. Prümmer, 370-391). - Reginald von Piperno war der bedeutendste und dienstälteste *socius* des Thomas. Er stand ihm ab 1259 zur Seite und begleitete ihn ununterbrochen bis zu dessen Tod. Seine Aufgabe war es, Thomas in allen Dingen behilflich zu sein, wobei die Unterstützung der wissenschaftlichen Arbeit, für die er als Lektor der Theologie qualifiziert war, im Vordergrund stand. So schrieb Reginald Diktate und fertigte lesbare Kopien von Texten an. Mehrere seiner Mitschriften (*reportationes*) von Werken des Thomas sind überliefert. Überdies stand er in freundschaftlicher Verbundenheit zu ihm und nahm ihm die letzte Beichte ab. Thomas hat ihm mehrere seiner Schriften gewidmet und ihm vermutlich die eine oder andere biographische Einzelheit mitgeteilt, die dieser an Tocco weitergab. - Vgl. J.-P. Torrell (1995), 285-288.

[111] Vgl. *Processus* n. 58-65 (ed. Prümmer, 345-355).

[112] Zu den biographischen Arbeiten Toccos vgl. W.-P. Eckert (1965), 58-68, sowie zusammenfassend J.-P. Torrell (1995), 14f.

(3.1) die *Historia sancti Thomae de Aquino* (1323), die er mehrfach überarbeitet hat und die in vier Redaktionen vorliegt.[113] Auch wenn sie offenkundige Schwächen hat und in ihren Angaben wiederholt unzuverlässig ist,[114] muß sie doch als die beste und umfassendste Darstellung und als grundlegendes Dokument zum Leben des Thomas von Aquin gelten - zumal die beiden anderen Biographien, die aus jener Zeit stammen,

(3.2) die *Vita Sancti Thomae Aquinatis* (1324, 2. Fassung 1325-26) des Bernhard Gui (1261/2-1331) und

(3.3) die *Vita S. Thomae Aquinatis* (nach 1330) des Petrus Calo (+1348) offenkundig von ihr abhängen.[115]

Den Gepflogenheiten einer mittelalterlichen Heiligenbiographie entsprechend enthält die *Historia* Wilhelms keine psychologische Entwicklungsgeschichte im modernen Sinne und eröffnet so auch keinerlei unmittelbare Einblicke in das Innenleben des Thomas. Sie beschreibt vielmehr in Anlehnung an antike Biographien ihren „Helden", dessen Charakter von vorneherein festliegt, indem sie (a) seine Geburt, (b) sein Leben (mit den Charaktereigenschaften und Tugenden) und (c) seinen Tod schildert.[116] Diese sind

---

[113] Vgl. hierzu C. Le Brun-Gouanvic (1996).

[114] Vgl. W.P. Eckert (1965), 64-68: „Zum Stil des Wilhelm von Tocco ist zu sagen, daß er eine für unseren Geschmack barock wirkende Rhetorik liefert. Auf Schritt und Tritt spürt man den Prediger. [...] Wer das *Leben* des Wilhelm liest, wird schon aus seiner äußeren Form erkennen können, daß sein Verfasser nicht gerade zu den ersten Geistern seiner Zeit gehörte. [...] Der Vergleich zwischen der Darstellung des *Lebens* und den Zeugenberichten [im Neapeler Informationsprozeß] zeigt, daß Wilhelm seine Erzählung auf die Aussage von sicheren Gewährsleuten gründen will. [...] Allerdings werden wir bei ihm selbständige Kritik der Aussagen vergeblich suchen. Ja, er geht sogar mit seinen Berichten gelegentlich bedenklich sorglos um. [...] Nur wenig Einblicke gibt er uns in die Eigentümlichkeit und die Entfaltung seines Charakters. Und doch ist sein *Leben* nicht ohne Wert [...] Tocco ist und bleibt mit Ptolomäus von Lucca die erste und wichtigste Quelle für das Leben des Aquinaten."

[115] Vgl. hierzu F. Pelster (1920); E. Janssens (1924).

[116] Vgl. W.-P. Eckert (1965), 56: „Drei Stücke gehören zur antiken Biographie: [1] Im ersten Teil werden die Geburt und womöglich die mit ihr im Zusammenhang stehenden Vorausverkündigungen sowie die Kindheitsbegebnisse geschildert. [2] Im zweiten Teil werden die Charaktereigenschaften des Helden bzw. die Tugenden des Heiligen geschildert. Beispiele veranschaulichen sie. Chronologische Gesichtspunkte treten hinter den systematischen zurück. Aus stilistischen Gründen kann die Chronologie vielfach gerafft werden, sofern überhaupt eine Chronologie im strengen Sinn beabsichtigt ist. Chronologische Angaben können selbst zum Stil gehören. [3] Im dritten Teil werden dann Sterben, Tod, Begräb-

jeweils begleitet von übernatürlichen Zeichen, um seine Größe zu bezeugen. Die vorrangige Absicht, welche die Biographie verfolgt, liegt in der Erbauung und Erziehung der Leser bzw. im konkreten Falle in der Werbung für die Heiligsprechung des Thomas. Daher können faktische Gegebenheiten oder chronologische Details vernachlässigt werden oder sich mitunter in ungenauen Anekdoten verstecken. Zu den genannten drei klassischen Elementen der antiken und mittelalterlichen Biographie

> *fügt Tocco schließlich ein weiteres hinzu, wenn er nachzuweisen versucht, daß sein Heiliger auch ein Gelehrter war.*[117]

Um dieses zentrale Element herum gliedert sich die *Historia S. Thomae de Aquino* mit ihren 70 Kapiteln in drei Teile und umfaßt nach dem Vorwort (c.1)

(1) die Geburt und Kindheit mit Wundern	c. 2-4
(2) das Leben mit	
(2.1) Ordenseintritt und Ausbildung	c. 5-15
(2.2) Wirken als Lehrer	c. 16-23
(2.3) Lebenswandel und Tugenden	c. 24-43
(2.4) Visionen und Wundern	c. 44-55
(3) den Tod mit	
(3.1) begleitenden Wundern sowie	c. 56-65
(3.2) Wundern durch Reliquien und Nachleben[118]	c. 66-70

---

nis und Wunder nach dem Tod dargestellt. Bestimmte Motive müssen fast notwendig in der Biographie eines Heiligen auftauchen, z.B. die wunderbare Voraussage des späteren Erlebens, seines Ordensstandes, seines besonderen Wirkens." – Antike Vorbilder sind Plutarch (um 45-um 125) oder Sueton (um 70-nach 122). – „Zu diesen klassischen Elementen der antiken und mittelalterlichen Biographie fügt Tocco ein weiteres hinzu, wenn er nachzuweisen versucht, daß sein Heiliger auch ein Gelehrter war" (J.-P. Torrell [1995], 14).

[117] *Ebd.*

[118] Zu den Wundern nach dem Tod und dem unruhigen „Nachleben" des Thomas vgl. summarisch J.-P. Torrell (1995), 309-ff. – Thomas Leichnam wurde bereits in Fossanova mehrfach umgebettet und schließlich nach Auseinandersetzungen zwischen Zisterziensern und Dominikanern auf Geheiß von Papst Urban V. (1310-1370) im Jahr 1369 nach Toulouse überführt, wo er in der Jakobinerkirche bis heute sein Grab gefunden hat.– Mittelalterlichen Gepflogenheiten entsprechend wurden sein Reliquien zerteilt. Bereits nach Auskunft Toccos erhielt Thomas' Schwester die rechte Hand, die schließlich in den Besitz des Konvents in Salerno gelangte. Auch Thomas' Heimatkonvent in Neapel präsentiert eine Armreliquie. Sein Kopf wird heute in der Kirche Santa Maria Annunziata in Priverno verehrt. Vgl. M. Räsänen (2017).

Das äußere Erscheinungsbild. - In diesem Rahmen findet sich auch ein Abschnitt, in dem Tocco ausführlich das *Aussehen* des Thomas schildert:

> *Von der natürlichen Körperanlage (De naturali dispositione corporis) des Lehrers berichtet man, daß er, wie im Geiste, auch im Körper groß war (fuit magnus in corpore);*
> *er war von hochgewachsener und aufrechter Gestalt (procerae et rectae staturae), die der Aufrichtigkeit seiner Seele entsprach.*
> *Er war strohblond (coloris triticei), ein Zeichen für sein ausgeglichenes Temperament. Sein Haupt war groß (magnum habens caput), weil ja die Vollkommenheit der seelischen Kräfte, die der Vernunft dienen, vollkommene Organe benötigt.*
> *Er war ein wenig kahl (aliquantulum calvus).*
> *Er war von der empfindsamsten Beschaffenheit in seinem Fleisch (tenerrimae complexionis in carne), dem geistig die Anpassungsfähigkeit seines Verstandes entsprach.*
> *Er besaß mannhafte Kraft (virilis robore), wenn er sich für Taten der Tugend körperlich übte.*[119]

Die von Tocco erwähnte große Statur des Thomas sowie seine helle Haar- und Hautfarbe gehen vermutlich auf normannische Vorfahren zurück.[120] Von einer Korpulenz und von Übergewicht, die als geläufige Vorstellung in das Bild seiner Persönlichkeit eingegangen sind, sprechen darüber hinausgehend die Zeugen des Heiligsprechungsprozesses.[121] Insgesamt ergibt sich aus den Schilderungen Toccos das Bild eines gleichermaßen widerstandsfähigen wie empfindsamen Mannes. Nicht zuletzt die langen Reisen und Fußmärsche, auf denen

---

[119] Wilhelm von Tocco, *Historia* 38 (Z. 1-10).

[120] Einer Anekdote zufolge, die von der Mutter Reginalds von Piperno zu Protokoll gegeben wurde, sollen die Bauern auf den Feldern ihre Arbeit liegen gelassen haben, als Thomas vorüberging, um ihn zu betrachten, voller Bewunderung für einen Mann von solcher Körperfülle und Schönheit: vgl. M.-H. Laurent (1940), 43.

[121] Vgl. *Processus* n. 15: Octavianus von Babuco: „Er war von großer Gestalt (*magnae staturae*) und fleischig (*pinguis*) und kahl auf der Stirn (*calvus supra frontem*)" (ed. Prümmer, 285); n. 19: Nikolaus von Piperno: „Er war von großer Gestalt (*magnae staturae*) und kahl (*calvus*) und er war auch dick (*grossus*) und braun (*brunus*)" (ed. Prümmer, 290). - Bei einem Pariser Schüler des Thomas, Remigius von Florenz, findet sich schließlich die Bemerkung: „Einige nämlich sind natürlicherweise dick (*pingues*). So war Bruder Thomas am dicksten (*pinguissimus*), wie er am weisesten (*sapientissimus*) war" (vgl. E. Panella [1954], 268).

Thomas in Italien, Frankreich und Deutschland unterwegs war, mögen ein Beleg für diese Widerstandsfähigkeit sein.[122]

Das innere Leben. – Im Sinne mittelalterlicher Hagiographie interpretiert Tocco das äußere Erscheinungsbild des Thomas als Ausdruck innerer seelischer Dispositionen, die sich mit einer ganzen Reihe von Tugenden benennen lassen. Ihre summarische Aufzählung in Kapitel 24 seiner *Vita* gibt den ausführlicheren und mit Beispielen belegten Schilderungen, die sich in den folgenden Kapiteln anschließen, ihre Ordnung und ihr Raster vor.

> *Der Lehrer war nämlich*
> *[1] trotz seines Ansehens höchst demütig (humillimus) [= c. 24-26],*
> *[2] an Leib und Seele ganz rein (corpore et mente purissimus) [= c. 27-28],*
> *[3] im Gebet ergeben (oratione devotus) [= c. 29-34],*
> *[4] im Rat vorsichtig (consilio providus) [= c. 35], im Gespräch ruhig (conversatione placidus),*
> *[5] in der Liebe verströmend (caritate diffusus) [= c. 36]*[123]*,*
> *[6] an Verstand leuchtend (intellectu lucidus) [= c. 38],*
> *[7] an Geist scharf (ingenio acutus) [= c. 39],*
> *[8] im Urteil sicher (iudicio certus) [= c. 40],*
> *[9] im Gedächtnis behielt er alles (memoria retentivus) [= c. 41],*
> *[10] den Sinnen war er gewissermaßen täglich entrückt (a sensibus quasi cottidie elevatus) [= c. 43-47],*
> *[11] er verachtete gleichsam alles Zeitliche (omnium temporalium contemptivus) [c. 42].*[124]

Auch in anderen Beschreibungen taucht zumal die Zerstreutheit bzw. *abstractio mentis* des Thomas wiederholt auf. Sie war wohl legendär.[125] Ergänzend dazu findet sich dort die Erwähnung seiner Geduld[126], seiner Freundlichkeit, seines kommunikativen

[122] Berichte von gelegentlichen Erkrankungen finden sich bei Ptolemäus von Lucca, *Historia ecclesiastica nova* XXIII 10 (ed. Ferrua, 363, n. 178) und Wilhelm von Tocco, *Historia* 51 (Z. 1-22).

[123] Kapitel 37 erweitert den Blick zusätzlich auf die Verwandtschaft des Thomas.

[124] *Ebd.*, 24 (Z. 5-11).

[125] Vgl. hierzu J.-P. Torrell (1995), 300f. sowie die Anekdote von seinem Verhalten an der Tafel Ludwigs IX. (Wilhelm von Tocco, *Historia* 43, Z. 9-29).

[126] Vgl. *Processus* n. 45: Petrus de Santa Felice: „Thomas war ein Mensch [...] von wunderbarer Demut und Geduld (*mirae humilitatis et patientiae*), so sehr, daß niemals jemanden mit einem überheblichen oder beleidigenden Wort

Wesens und der Gabe des Humors[127], die mit seinem kontemplativen Charakter in Verbindung gebracht werden:

> *Er hatte beständig einen fröhlichen, milden und aufgeschlossenen Gesichtsausdruck (alacrem vultum, mitem et suavem)*[128],

berichtet Bartholomäus von Capua, wobei er diese Eigenschaften auf das außergewöhnliche Wirken des Heiligen Geistes zurückführt.

Der Alltag. - Was die Lebensgewohnheiten des Thomas angeht, so führte er nach Auskunft der Biographen im allgemeinen ein sehr zurückgezogenes Leben:

> *Er widmete dem Essen und dem Schlaf so wenig Zeit wie möglich, es scheint, daß er nur einmal täglich speiste. [...] Von Ausnahmen abgesehen, nahm er wohl an keinem anderen Offizium als der Komplet teil. Zwar las er jeden Tag die Messe und hörte anschließend noch eine zweite, doch zog er sich sofort zur Arbeit in sein Zimmer zurück, was bedeutet, daß er nicht mit der Gemeinschaft an der Konventsmesse teilnahm. [...] [D]enn die dominikanische Ordensregel sah bereits zu dieser Zeit für die Lehrenden eine Dispens vom Chorgebet, mit Ausnahme der Komplet (sowie übrigens auch von anderen Verpflichtungen) vor.*[129]

Unberücksichtigt bleibt in all den erwähnten Charakterisierungen und Schilderungen allerdings die Tatsache, daß diese scheinbare Ruhe und Geschlossenheit des Charakters, zumal die Thomas zugeschriebenen Tugenden der Zurückhaltung und der Demut, nicht einfachhin Naturanlage waren, sondern die *Frucht einer besonderen Beherrschung und Maßhaltung* waren und sich einer umfassenden *Selbsterziehung* verdankten.[130]

Daß auf dem Grunde seiner tugendhaft geformten Ausgeglichenheit eine nicht geringe Leidenschaftlichkeit und Impulsivi-

---

verletzte (*corruscavit aliquo verbo ampulloso aut contumelioso*)" (ed. Prümmer, 322); n. 77: Bartholomäus von Capua (*ebd.*, 371).

[127] Vgl. hierzu M. Hubert (1974).

[128] Vgl. *Processus* n. 77: Bartholomäus von Capua (ed. Prümmer, 372).

[129] J.-P. Torrell (1995), 295. - Hierzu gehörte es auch, allein im Kloster oder im Garten zu spazieren und dort den gewohnten Überlegungen nachzugehen, sobald die Angelegenheiten, für die man ihn ins Sprechzimmer gerufen hatte, erledigt waren: vgl. Wilhelm von Tocco, *Historia* 29 (Z. 41-49).

[130] Vgl. J.-P. Torrell (1995), 113. - In diesem Sinne weist J. Pieper ([2]1987), 22, darauf hin, daß die im Heiligsprechungsprozeß am häufigsten Thomas zugeschriebene Tugend die der *castitas* ist.

tät brodelte, konnte bereits oben in den persönlichen Stellungnahmen im Mendikanten- und Averroistenstreit erkennbar werden, als es um die grundlegenden Entscheidungen seines Lebens ging, in denen Thomas mir Heftigkeit und Polemik reagierte.[131] Dasselbe mag auch für seinen explosiven Arbeitsstil gelten - wozu nicht zuletzt die Tatsache gehört, daß Thomas viele Schriften angefangen, aber vergleichsweise wenige zu Ende gebracht hat. Von den insgesamt rund 90 Werken ist, wie gesehen, immerhin etwa ein Fünftel unvollendet geblieben. Vor allem für die Werke der zweiten Pariser Lehrtätigkeit bemerkt J.-P. Torrell eine „Erregtheit, die sich klar von dem friedfertigen Ton der vorhergehenden Zeit abhebt"[132], und eine andere, tiefere Schicht im Wesen des Thomas zum Vorschein kommen läßt. In diesem Sinne trifft auch J. Pieper wohl einen zentralen Punkt, wenn er vermutet, „die innere Dynamik der lateinischen *articuli* des heiligen Thomas" müsse mit Blick auf ihren Autor

> *wohl in der Weise, auch im Tempo des süditalienischen Sprechens gedacht werden: rasch und sehr energisch.*[133]

2.2. *Das Zeugnis der Handschrift*

In dieselbe Richtung einer solchen inneren Impulsivität und Leidenschaftlichkeit weist schließlich auch die Handschrift des Thomas, die in einer Reihe Autographen erhalten ist: die aufgrund ihrer Unleserlichkeit sog. *littera illegibilis*. Sie ist das vielleicht eindrücklichste Zeugnis seiner Persönlichkeit, das uns erhalten geblieben ist. Die Handschrift ist ja „wie das Gesicht eines Menschen" (R. Spaemann[134]), und so spiegelt sich in der Handschrift des Thomas viel von seiner Arbeitsweise wie von seinem Charakter. Sie ist daher sowohl in (1) paläographischer wie in (2) graphologischer Hinsicht von Belang.

Eine Übersicht über die erhaltenen Handschriften. - Im Original erhalten sind vor allem Schriften aus der Frühzeit seiner literarischen Produktion. Dies mag seinen Grund nicht zuletzt darin haben, daß Thomas im Vielerlei seiner Verpflichtungen und der

---

[131] Vgl. oben S. 126-133, v.a. S. 132, und S. 190-193.

[132] J.-P. Torrell (1995), 195.

[133] J. Pieper (2001a), 162.

[134] R. Spaemann (2012b), 158. - Schon Aristoteles bezeichnet gleichermaßen die Hand wie den Geist als das *organon organôn* des Menschen: vgl. *De anima* III 8 (432a1ff.).

vielfach selbst gesetzten Aufgaben mehr und mehr dazu überging, seine Gedanken nicht mehr selbst aufzuschreiben, sondern seinen Sekretären zu diktieren.[135] Spätestens seit Beginn seiner Lehrtätigkeit in Paris 1256 standen ihm ein persönlicher Assistent, ein sog. *socius*, zur Verfügung und offensichtlich mehrere Hilfskräfte. Sie hatten u.a. die Aufgabe, Texte zu kopieren, die Thomas benötigte, und Niederschriften seiner eigenen Werke zu erstellen, sei es nach Diktat, sei es nach Notizvorlagen. Anekdotisch belegt ist Thomas' Gewohnheit gleich mehreren Schreibern zu diktieren, wobei er möglicherweise seine eigenhändigen Entwürfe vor sich hatte.[136] Von Thomas eigener Hand stammen größere Passagen folgender Werke:

(1) *Expositio super Isaiam ad litteram* (Köln, 1252):
c. 34,1-50,1 (partim):
Cod. Vat. lat. 9850, fol. 105ra-114vb
(Vatikanstadt, Biblioteca Apostolica Vaticana)

(2) *Super III librum Sententiarum* (Paris, 1252-1254):
d. 4 q. 2 a. 2 arg. 5-d. 34 q. 2 a. 2 sol. 2 ad 2 (98 Blätter)
Cod. Vat. lat. 9851, fol. 11ra-99vb
(Vatikanstadt, Biblioteca Apostolica Vaticana)
(+ Autographenfragmente in Coria und Neapel)

(3) *Expositio libri Boethii De trinitate* (Paris, 1257-1259):
q. 3 a. 2-q. 6 a. 4:
Cod. Vat. lat. 9850f. 90ra-103vb
(Vatikanstadt, Biblioteca Apostolica Vaticana)
q. 5 a. 1-2:
Cod. 3997, fol. 11ra-vb
(Rom, Biblioteca Casanatense)

(4) *Summa contra Gentiles* I-III (Paris, Italien, 1259-1265):
I 13-III 120 (etwa die Hälfte: von 463 Kapiteln 219 + weitere Bruchstücke von 26)
Cod. Vat. lat. 9850 fol. 2ra-89vb
(Vatikanstadt, Biblioteca Apostolica Vaticana)
II 42-44 und c. 49-52:
F 187 inf. (S.P. 38) fol. 1 ra-vb, fol. 2ra-vb
(Mailand, Biblioteca Ambrosiana)

---

[135] Neben dem schon genannten Reginald von Piperno sind namentlich Raymund Severi, Nikolaus von Marsillac, Petrus von Andria und Ligier de Besancon bekannt. Auch andere Schreibkräfte haben für Thomas gearbeitet: vgl. A. Dondaine (1956) im Hinblick auf *Q. de ver.* 2-22.

[136] Vgl. *Processus* n. 77: Bartholomäus von Capua (ed. Prümmer, 373).

Darüber hinaus sind mehrere Texten in kleineren Fragmenten überliefert,[137] einige weitere werden zudem im Hinblick auf ihre Echtheit kontrovers beurteilt;[138] schließlich kommt es bis in die Gegenwart vor, daß in den Bibliotheken neue Handschriftenfunde gemacht werden.[139]

Ein nicht zu unterschätzender Grund dafür, warum vergleichsweise wenige Originalhandschriften des Thomas erhalten sind, liegt in der Tatsache, daß diese lange Zeit nicht als Zeugnisse seines Denkens gelesen, sondern als *Reliquien* verehrt wurden.[140] Ein signifikantes Beispiel hierfür ist etwa die Einfügung eines Teils einer Seite der Handschrift der *Expositio libri Dionysii De divinis nominibus* in ein Reliquiar, das bis heute in Salerno aufbewahrt wird.[141] Erst im 19. Jahrhundert setzte die eigentliche historische und inhaltliche Beschäftigung mit den Thomas-Handschriften und eine entsprechende Editionspraxis ein.[142]

Besondere Erwähnung verdient schließlich die Tatsache, daß es Thomas-Autographen gibt, die nicht seine eigenen Texte festhalten, sondern diejenigen seines Lehrers Albertus Magnus. Noch vor der Abfassung eigener Werke hat Thomas so während seiner Assistenzzeit in Köln die Kommentare Alberts zu sämtlichen Schriften des Ps.-Dionysius Areopagita mit eigener Hand niedergeschrieben. Der betreffende Autograph, der im Codex I (B 54) der Biblioteca Nazionale in Neapel erhalten ist, liegt der kritischen Edition dieser Werke in der *Editio Coloniensis* zugrunde.[143]

Als ältestes erhaltenes Zeugnis von der Hand des Thomas von Aquin können schließlich die Marginal- und Interlinear-

[137] Vgl. H. Anzulewicz (2016), 7f.

[138] Vgl. hier v.a. die o.g. *Epistula ad Bernardum*, das letzte schriftliche Zeugnis des Thomas; dazu A. Dondaine (1979), 399-409.

[139] Vgl. H. Anzulewicz (2016), 4f. mit einem Überblick. – Die gesamte handschriftliche Überlieferung der Werke des Thomas ist im Katalog *Codices manuscripti operum Thomae de Aquino* dokumentiert.

[140] Dieser Prozeß, in dem Thomas-Autographen an mehrere Dominikanerkirchen und -konvente verteilt wurden, setzte mit der Heiligsprechung 1323 ein. „Diese religiös motivierte Zerstückelungspraxis der Autographa des Heiligen muß größere Ausmaße angenommen haben, da sie von der Ordensleitung 1490 und 1694 untersagt wurde“ (H. Anzulewicz [2016], 5).

[141] Es findet sich abgebildet auf dem Titelblatt von L.E. Boyle (2000). – Vgl. dazu *ebd.*, 123-140.

[142] Ein erster Überblick über die Geschichte der Autographenerforschung bei M. Grabmann (1940). – Eine herausragende Rolle kam dabei den Arbeiten von P.A. Uccelli zu.

[143] Vgl. hierzu die „Prolegomena“ in den entsprechenden Bänden.

glossen gelten, die sich in einem Kodex mit einer lateinischen Übersetzung des *Corpus Dionysiacum* finden und erst vor wenigen Jahren in der Kölner Diözesan- und Dombibliothek entdeckt worden sind. Mit ihnen hat Thomas offensichtlich die Vorlesungen seines Lehrers Albert vorbereitet.[144]

Was nun sagen diese eigenhändigen Zeugnisse über den Menschen Thomas aus?

(1) *Paläographische Beobachtungen.* - Als Ertrag seines jahrzehntelangen Umgangs mit den thomanischen Handschriften im Rahmen der Arbeit an der *Editio Leonina* hat P.-M. Gils seine Eindrükke und Beobachtungen in einer ausführlichen Studie zusammengefaßt, die sich im Nachwort zur kritischen Edition der *Expositio libri Boethii De trinitate* findet.[145] Ausgehend von (1.1) den materiellen Bedingungen der Arbeit (Pergament, Tinte, Feder) beschreibt er minutiös (1.2) die eigentümliche Weise des Thomas, Buchstaben zu bilden und zu verbinden, Abkürzungen zu verwenden, Rechtschreibung zu beachten und Angleichungen vorzunehmen, und hält Erkenntnisse (1.3) zu seiner Arbeitsweise, zu Diktaten und Redaktionen sowie zur Länge der Arbeitssitzungen fest. Diese Darlegungen eröffnen einen ungeahnten Einblick in das Arbeiten des Thomas, in sein Schreiben, Konzipieren, Redigieren und Korrigieren, und erlauben es, ihm gewissermaßen „über die Schulter zu schauen" und ihn in seinem Alltag zu erleben. Ich gebe die Beobachtungen Gils' im folgenden in geraffter Weise wieder.

(1.1) Die *Materialien,* die Thomas beim Schreiben benutzt, stehen unter den Postulaten des dominikanischen Armutsideals: Das Pergament, auf dem er schreibt, ist uneben, beschnitten, perforiert, gerissen oder genäht, und die Blätter sind so dünn, daß der Text der Rückseite deutlich durchschimmert.[146] Neben der bewußt gewählten Verwendung minderwertiger Materialien, die die Ökonomen der Dominikanerkonvente angehalten waren zu kaufen, wird man dabei die allgemeine Sparsamkeit im Gebrauch von Schreibunterlagen in der hochmittelalterlichen Kultur zu bedenken haben: Pergament war ein kostbares Gut, und die Verschriftlichung und „Materialisierung" von Gedanken

[144] Es handelt sich um den Codex 30. - Vgl. M. Burger (2005).

[145] Vgl. ferner R.-A. Gauthier (1969), 195*-201*, zur Grammatik.

[146] Der Ökonom mußte minderwertige Materialien kaufen. - Zum Papiergebrauch machen etwa die *Constitutiones antiquae* den Predigerbrüdern zur Vorschrift, auf Reisen nicht mehr als ein Quatern mitzunehmen: vgl. *Constit. antiq.* X 18 (ed. Thomas, 295).

hatte daher eine andere Qualität als etwa heute – was zugleich eine größere „Innerlichkeit" der wissenschaftlichen Tätigkeit bedingte: Die Texte, Zitate und Argumente hatte man eben – geschult durch langjährigen Umgang und spezielle Memoriertechniken – „im Kopf", so daß Bibelverse wie Aristoteles-Stellen häufig *ad mentem* zitiert wurden.[147] Die ungewöhnliche Sparsamkeit, die Thomas darüber hinaus im Umgang mit Pergament praktiziert hat, ist anekdotisch belegt. Und das Ungenügen der Materialien betraf keineswegs nur das Pergament als Schreibunterlage: Die schlechte Mischung der Tinte, die Thomas benutzte, machte es erforderlich, die Feder häufiger einzutauchen und die Buchstaben nachzuziehen, und es war nicht zuletzt die Härte der Feder, die zu einer Steifheit und Abgehaktheit, ja: Zersetztheit der von ihm geschriebenen Buchstaben führte.

(1.2) Thomas schrieb eine gotische Minuskelschrift, wie er sie in einer italienischen Ausprägung wohl während seiner Zeit in Monte Cassino erlernt hatte. Kennzeichnend für diese Schrift war (a) das Schreiben einer Abfolge von Linien oder einfachen geraden Strichen, die es nachträglich zu verbinden galt. In der kursiven Schrift des alltäglichen Gebrauchs traten sie an die Stelle der Brechungen und Abeckungen der Buchstaben, mit der sich die gotische Minuskelhandschrift ursprünglich aus der karolingischen Minuskelschrift entwickelt hatte. (b) Durch Bogenverbindung wurden überdies einander zugekehrte Bögen (z.B. in der Folge *pc* oder *bd*) aneinander gerückt und ineinander geschrieben, so daß sog. „Ligaturen" entstanden. (c) Schließlich brachte die Verwendung der gotischen Minuskel eine starke Zunahme von Abkürzungen, sog. „Abbreviaturen", mit sich.[148]

Mit diesen Vorgaben schreibt Thomas eine Schrift, die nie elegant oder schön ist, aber die vom Bemühen um Konsistenz und insofern von Sorgfalt gekennzeichnet ist. Die Tatsache, daß sich seine Buchstaben nach rechts, in Richtung der Bewegung der Hand, öffnen, zeigen die eigentümliche Vorwärtsbewegung seines Denkens und Schreibens: eine Dynamik, die weiterdrängt, die getrieben ist und die nicht gerne innehält (etwa um Abkürzungen an die richtige Stelle zu setzen). Thomas erscheint

---

[147] So kann man davon ausgehen, daß Thomas seit seinem Eintritt in Monte Cassino mit sechs Jahren und aufgrund der dortigen Erziehung die lateinische Vulgata-Übersetzung der Bibel auswendig konnte.

[148] Vgl. P.-M. Gils (1992), 176f.; zum Ganzen B. Bischoff (^{2}1982). – Wichtigstes Hilfsmittel zur Entzifferung der Abkürzungen in *Lexicon Abbreviaturarum* von A. Cappelli (zuerst 1899, ^{7}2011).

beim Schreiben angespannt und ungeduldig, da er schneller vorankommen möchte. Anhand der Autographen läßt sich so beobachten, wie er zu Beginn einer Arbeitssitzung[149] zunächst entspannt drei oder vier Worte (nicht mehr!) schreibt, ehe ihn das innere Drängen und die Flut der Gedanken fortreißt. Thomas zeigt sich damit als einer jener Autoren, „die denken, indem sie schreiben" (*qui pensent et rédigent en écrivant*)[150].

(1.3) Sein in solcher Weise dynamischer, ja: explosiver *Arbeitsstil* bedingt dabei zahllose *Fehler* beim Schreiben der Buchstaben und Abkürzungen (vergessene oder falsche Abkürzungssymbole und Tilden, unnötige Striche, fehlende Buchstaben). Dies erscheint mitunter potenziert durch Unaufmerksamkeit, insbesondere in Verbindung mit Müdigkeit. Und Thomas ist sich dieser Fehler und Ablenkungen offenbar selbst bewußt, die ihn allzu oft dazu zwingen, einen schlecht geschriebenen Buchstaben, eine Abkürzung oder eine Schreibweise zu korrigieren. Er kennt die Fehler, die er aufgrund seiner Eile und Müdigkeit begeht, und mag es nicht, zu unterbrechen, zurückzugehen und neu ansetzen zu müssen - behindern sie doch sein vorwärts drängendes Temperament. *Überarbeitungen, Unterbrechungen* (in der Mitte eines Satzes, am Ende einer Spalte, am Anfang einer neuen Frage)[151], *Korrekturen, Streichungen* und *Ergänzungen* bestimmen daher das Schriftbild seiner Autographen. Häufig hält Thomas in der Mitte eines Wortes oder sogar eines Buchstabens inne, oft auch verwendet er die Elemente eines Wortes, das er begonnen hatte, um ein anderes zu bilden. Manchmal schreibt er das Gegenteil von dem, was er denkt, vergißt Worte, begeht Satzbrüche (Anakolute) - und korrigiert diese Fehler oder auch nicht.

Gut erkennbar sind Arbeitsunterbrechungen zumeist nach Formulierungen wie *Responsio, dicendum, ad tertium* (*quartum* etc.): An diesen Stellen hat Thomas offenbar nachgedacht und das Geschriebene durchgesehen. Besonders unwohl scheint er sich bei den Gliederungen (*divisiones*) gefühlt zu haben. Gerade dort lassen sich seine Kämpfe mit dem Gegenstand und die Entstehung seines Denkens beobachten.

---

[149] Vgl. P.-M. Gils (1992), 207f.: „Die Arbeitssitzungen sind im Allgemeinen kurz, manchmal etwa zehn Zeilen oder sogar weniger. Wie viele Minuten sollte ihn dies im Rhythmus seines Schreibens kosten? Manchmal, selten, schreibt er, ohne die Länge von etwa einer Spalte zu unterbrechen, d.h. von etwa 45 bis 58 Linien."

[150] *Ebd.*, 191.

[151] Vgl. *ebd.*, 192.

So ist Thomas einerseits grundsätzlich bemüht um *Klarheit* und *Deutlichkeit*, er sorgt sich sehr genau um das richtige Wort. Andererseits ist er zerstreut, manchmal unvorsichtig und inkonsequent in seinem Schreiben. Alle Kapitel, die im Autographen erhalten sind, wurden dementsprechend mindestens einmal überarbeitet, die meisten haben zwei, drei oder sogar vier Redaktionen erlebt. Zur Sorgfalt des Thomas gehört dabei zugleich eine große *Einheitlichkeit* der von ihm verwendeten *Abkürzungssystematik*. Selbst dort, wo er das überkommene System der Abbreviaturen verändert und weiterentwickelt, geht er konstant und präzise vor, so daß seine Orthographie eindeutig identifizierbar und in fast allen ihren Besonderheiten rekonstruierbar ist. Weniger schwebend und in vielerlei Hinsicht lateinischer als die der durchschnittlichen Schreiber seiner Zeit, zeigt sich in dieser Homogenität sein systematischer Geist.

P.-M. Gils faßt seine Beobachtungen zur Handschrift des Thomas folgendermaßen zusammen:

> *Thomas ist ein Mann, der es eilig hat. Er stößt sich an den Anforderungen des Schreibens. Ständig erfährt er seine eigene Zerstreutheit, die ihn dazu zwingt, seine Arbeit zu unterbrechen und neu zu beginnen. Er kämpft damit, seine Gedanken in eine Ordnung zu bringen, und er kämpft mit seinen Ausdrucksmitteln. Er ist übergenau und zugleich kümmert er sich nicht um Inkonsequenzen, zu denen ihn sein unwiderstehlicher Eifer treibt.*[152]

(2) *Graphologische Beobachtungen.* – Diese Einschätzungen werden bestätigt durch eine graphologische Untersuchung, die der Handschriftexperte G. Moretti OFMConv in den 1950er Jahren an den Handschriften des Thomas wie anderer Heiliger durchgeführt hat. Man mag die wissenschaftliche Aussagekraft dieser Disziplin in Frage stellen, doch ist man immerhin erstaunt, wie weit die aufgrund der Handschrift des Thomas getroffenen

[152] *Ebd.*, 208f. – „Gehetzt", „müde", „zerstreut" lauten daher die Attribute, mit denen P.-M. Gils die Handschrift des Thomas wiederholt beschreibt. – J.-P. Torrell (1995), 208f., ergänzt: „Da [Thomas] fähig war, sich so leidenschaftlich zu äußern, kann man sich gut vorstellen, wieviel tugendhafte Beherrschung für die Entstehung der ausgefeilten Werke vonnöten war, in denen seine Gefühlswelt praktisch nie zum Vorschein kommt. Die Ungeduld, die man aufgrund seiner Handschrift erkennen kann, legt im Gegenteil beredt Zeugnis dafür ab, daß die Zurückhaltung, die alle als Ausdruck seines Genies anerkennen, nur als Frucht der Selbstbeherrschung gedeutet werden kann."

Feststellungen und Urteile mit jenen inhaltlichen Beobachtungen konvergieren, die im Laufe dieser Darstellung anhand der Interpretation des *„Adoro te devote"* zum Vorschein kamen.

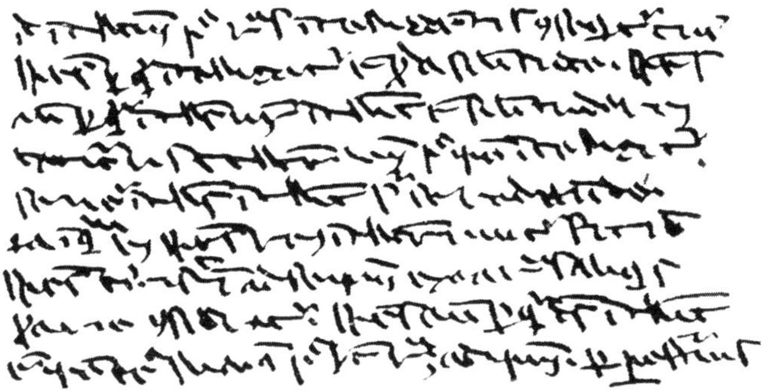

Abb. 15: Die Handschrift des Thomas von Aquin (Abbildung nach Codex Vaticanus 9850 fol. 14va: *Summa contra Gentiles* I 53)

Die Untersuchungen Morettis sind daher geeignet, die Ausführungen zur Persönlichkeit des Thomas von Aquin summarisch abzurunden. Er schreibt

> *Die über dem Durchschnitt liegende Intelligenz (Weite der Buchstaben) zeichnet sich durch eine einmalige Originalität (regelmäßige Verschiedenheit) aus. Obwohl sich der Schreiber einer Druckschrift bedient, ist das graphologische Bild äußerst ursprünglich und lebendig. Da alle Schriftmerkmale auf eine mittlere Weite zwischen den Worten hindeuten, haben wir es offenbar mit einem ebenso in wissenschaftlicher wie in künstlerischer Hinsicht höchst schöpferischen Geist zu tun. Denken und Handeln entladen sich (vorwärtsdrängende Schreibweise) mit einer so elementaren Kraft (regelmäßige Verschiedenheit), daß auf eine bahnbrechende und führende Persönlichkeit zu schließen ist. [....]*
> *Bei ungewöhnlich hoher Bildung verbindet sich das originelle Denken (regelmäßige Verschiedenheit) mit einer erstaunlichen Fähigkeit, sich zu konzentrieren (sparsame Schrift), die sich für alles, was das Leben bietet, ständig offenhält. Als unabhängiger (Druckstärke I), scharfer (scharfe Schrift), stark persönlich beteiligter Beobachter (kleine Schrift) versteht er es vorzüglich, den durch seine Erfahrungen gewonnenen Stoff aufzugliedern (verbundene Schrift).*

Ziel seines Forschungsdranges ist vor allem der Mensch (leicht gegeneinander gerichtete Buchstaben) sowie das Leben der Natur in ihrem Zusammenhang (stark gegeneinander gerichtete Buchstaben) und als harmonisches Kräftespiel (regelmäßige Verschiedenheit). Als Seelenforscher (leicht gegeneinander gerichtete Buchstaben, regelmäßige Verschiedenheit) würde er die Psychologie mit überraschenden Erkenntnissen bereichern, als Wissenschaftler sein Material durch Statistiken (stark gegeneinander gerichtete Buchstaben) erfassen und durch Analysen deuten. [...]
Der Schreiber ist – ganz auf das Wesentliche bedacht – so sehr ins Denken und in die genaue Formulierung seines Wissens vertieft, daß er sich mit einer literarisch ausgefeilten Stilisierung (klare Schrift) nicht aufhält, obwohl er an sich über eine natürliche Anmut in der sprachlichen Darstellung (flüssige Schrift) verfügt. Um der Deutlichkeit und des besseren Verständnisses willen (saubere Schrift) bevorzugt er kurze (harte Wortenden, sparsame Schrift) und strenge (strenge Schrift) Formulierungen, die jedes überflüssige Wort ausscheiden. An einmal gefaßten Entschlüssen hält der Schreiber standhaft fest und weiß alle Widerstände zu überwinden, die ihn von einem gesteckten Ziele abbringen könnten (zeilengerade Schrift).
Würde ein so ungewöhnlich begabter Mensch [...] sich den Geboten der Moral entsprechend nicht selbst erziehen, könnten ihn seine geistige Überlegenheit und sein Ehrgeiz (Druckstärke I) [...], die Lust an der Polemik dazu hinreißen, seine Gegner mehr durch geschickte Argumente als durch die Liebe zur Wahrheit außer Gefecht zu setzen.
Seiner groben (grobe Schrift) und triebhaften Sinnlichkeit (oben offene a und o) Herr zu werden, wird ihm trotz seiner überragenden Geistesgaben schwerfallen. Ein Mächtiger im Reich der Vernunft bedarf er der Abtötung, um ein Zeuge der Wahrheit zu werden.[153]

[153] G.M. Moretti (1960), 224ff.

Ein erstes Bild des Thomas von Aquin

Die letzten Worte des Thomas von Aquin, die er im Hymnus *„Adoro te devote"* formuliert, fassen seine Person und seine Gedankenwelt in einzigartiger Weise zusammen und lassen - in ihren größeren philosophischen und theologischen Zusammenhängen bedacht - ein erstes Bild von ihm entstehen. In bemerkenswerter Übereinstimmung damit stehen die frühsten Zeugnisse seiner Ikonographie. Das wohl älteste Bildnis von Thomas findet sich auf der Predella eines Altars, dem Polyptychon der hl. Katharina von Alexandrien, der von Simone Martini (1284-1344) für die Dominikanerkirche in Pisa geschaffen wurde und heute im dortigen Museo Nazionale di San Matteo aufbewahrt wird.[1] Es stammt aus derselben Zeit, in der auch Wilhelm von Tocco - im Umkreis des Heiligsprechungsprozesses 1323 - die *Historia S. Thomae de Aquino* niederschrieb. Seine Abbildung ist daher als Motiv für die Titelseite dieses Buches gewählt worden.

Im Medium bildlicher Darstellung gibt dieses Bild die zentralen Leitmotive seines Denkens und seiner Persönlichkeit zu erkennen, die auch in den Worten des *„Adoro te devote"* hervortreten und soll als eine „ikonographische Zusammenfassung" den Abschluß dieses Buches bilden. Daß es sich als Altargemälde um ein Andachtsbild handelt, mag bereits äußerlich eine Übereinstimmung zur Sprachform des Gebets zeigen, in der Thomas sich im Hymnus äußert.[2]

Zeuge vom Menschen. - Das Bild zeigt Thomas in frontaler Position dem Betrachter zugewandt. Seine Haltung und sein Gestus

[1] Vgl. dazu A. McGrath (2018).- Zur Ikonographie des Thomas vgl. die Literaturhinweise oben S. 431, Anm. 101.

[2] Insgesamt umfaßt der Altar 42 Heiligendarstellungen in drei Reihen von unterschiedlichen Größen, die in verschiedenen Haltungen und Gesten um das Bild der Muttergottes mit dem Jesuskind angeordnet sind. Die Darstellung des Thomas findet sich dabei in der unteren Reihe mit den kleinsten Bildern, die ihrerseits in einer Darstellung des toten, vom Kreuz abgenommenen Christus ihre Mitte hat, unmittelbar neben dem Bild des hl. Augustinus.

gehen nicht nach außen, sondern ruhen in sich. Mit seiner körperlichen Präsenz dominiert er die Darstellung und rückt mit seinem persönlichen „Schwergewicht" - unaufdringlich, aber doch bestimmt - die *Person* ins Zentrum, die auch Ausgangs- und Bezugspunkt seines Denkens ist: in der Spannung von wesenhafter Wirklichkeit (*actus primus*) und tathafter Verwirklichung (*actus secundus*), in der Einheit von Leib und Seele, von Sinnen und Verstand, in der substantiellen Trägerschaft ihrer rationalen Natur, in der Herrschaft über ihre Akte, in der Vervollkommnung durch die Tugenden, in ihren Kennzeichen als geschaffene, gefallene und erlöste. So zeigt er sich in der Darstellung des Altarbildes wie des *„Adoro te devote"* zuerst als Zeuge der Person und des Menschen, dessen Philosophie und Theologie in ihrer existentiellen Färbung vor allem eine Einladung zum Menschsein sind.[3]

Zeuge der Wahrheit. - In seinen Händen hält Thomas ein aufgeschlagenes Buch, die Bibel, auf deren Seiten der Vers aus *Spr* 8,7 zu lesen ist: „Veritatem meditabitur guttur meum, et labia mea detestabuntur impium". Er steht als Motto über den persönlichen Reflexionen der *Summa contra Gentiles* und gibt sein Lebensthema an: die Erkenntnis und Bezeugung der Wahrheit (wobei die Tatsache, daß Thomas dem Betrachter zugewandt erscheint, gerade die letztgenannte akzentuiert). Das Bild Martinis wurde von hier aus stilbildend für weitere Thomas-Darstellungen der Folgezeit, in denen immer wieder das Zitat aus dem *Buch der Sprichwörter* auftaucht.[4] Anhand der Frage nach der Wahrheit erschließt Thomas das menschliche Personsein. Die durch die schöpferische Erkenntnis Gottes verbürgte Wahrheit der Dinge eröffnet den Raum, in dem das philosophische Erkenntnisstreben des Menschen wie die biblisch fundierte Rede der Theologie ihren Ort haben. Von hier aus ergibt sich der Zugang zu allen weiteren Themen im Denken des Thomas, der in einem herausragendem Sinne Zeuge der Wahrheit ist.

Zeuge des Wortes. - Im Unterschied zu den späteren Bildern, in denen häufig ein strahlender Stern als Symbol der Weisheit die

---

[3] Zum Begriff des „Zeugen" (*testis*) vgl. insbesondere Thomas, *Super Ioan.* I 4 (n. 116-119). - Dazu H.-G. Nissing (2017a), LVf.

[4] Vgl. etwa Lippo Memmi, *Il Trionfo di san Tommaso d'Aquino* (1323), Chiesa di Santa Caterina d'Alessandria, Pisa; Fra Angelico, *Darstellung des Thomas von Aquin in der Cappella Niccolina*, Vatikanpalast, Rom (1447/49); Benozzo Gozzoli, *San Tommaso d'Aquino, fra Platone ed Aristotele, trionfa su Averroè* (1468-1484), Altartafel, Louvre, Paris.

Brust des Thomas ziert, ist es in der Darstellung auf dem Pisaner Altar die Bibel, von der die Strahlen ausgehen. Ja, man kann vielleicht sogar sagen: die Bibel ist der eigentliche Mittelpunkt der Darstellung, dem gegenüber Thomas sich fast wie eine Monstranz verhält, um diese in den Blickpunkt zu stellen. In Fortführung und Konkretion des für Thomas zentralen Themas der Wahrheit wird damit die Bedeutung sichtbar gemacht, die der Heiligen Schrift, dem Wort Gottes, im Leben und Schaffen des Thomas zukommt: „In ihm war das Leben, und das Leben war das Licht der Menschen." (*Joh* 1,4).

Das Wort der Heiligen Schrift kann als die eigentliche Motivation und als Impuls seines Lebens wie seines Lehrens gelten: *existentiell,* insofern die Bibel mit ihrer Darstellung vom irdischen Dasein des fleischgewordenen Wortes als buchstäblich zu befolgende Vorlage für das eigene Leben in der Nachfolge Christi im Predigerorden dient; *intellektuell,* insofern die Heilige Schrift für ihn - angefangen bei der Pariser Antrittsvorlesung, dem *Principium biblicum* - zur Grundlage für die Ausformulierung einer Theologie als Wissenschaft mit Hilfe der Philosophie des Aristoteles wird. In beidem erscheint Thomas in hervorragender Weise als Zeuge des Wortes.

Zeuge des gelingenden Lebens. - Zumal der schwarz-weiße Habit weist Thomas als Predigerbruder aus. Den ältesten Berichten zufolge hatte das Tragen des Ordensgewands für ihn den Charakter eines unverzichtbaren Identitätsmerkmals seiner Lebenswahl und war ihm Erinnerung daran, dem armen Christus in Demut nachzufolgen. Als solches verteidigte er es in einem buchstäblichen Sinne mit aller Kraft bei der Gefangensetzung durch die Familie in Monte San Giovanni. Wilhelm von Tocco berichtet vom Zerfetzen des Ordensgewandes durch seine Brüder, das Thomas „mit allergrößter Geduld" (*patientissime*) ertragen habe, um das zerstörte Gewand als besondere Bekleidung durch Christus weiter unverwandt anzubehalten.[5] - Die intellektuelle Rechtfertigung des Bettelordensstandes sollte Thomas in den späteren Auseinandersetzungen an der Pariser Universität erbringen und dem Selbstverständnis des Predigerordens eine theologische Rechtfertigung geben, die „ihn [in der Folgezeit] beinahe ebenso prägte, wie das die Verfassung von 1228 auf rechtlicher Ebene getan hatte"[6].

---

[5] Vgl. Wilhelm von Tocco, *Historia* 10 (Z. 19-25). - Vgl. parallel *Processus* n. 62: Wilhelm von Tocco (ed. Prümmer, 351); n. 76: Bartholomäus von Capua (*ebd.*, 372).

[6] U. Horst (1995), 10.

In der Bezeichnung „Habit" schwingt überdies jener Begriff mit, der für die praktische Philosophie und Theologie des Thomas von zentraler Bedeutung ist: der Begriff des Habitus, der vervollkommnet wird in der *Tugend* und eingebracht ist in die gefügte *Lebensform* des Predigerstandes mit seiner doppelten Zielsetzung, zu betrachten und die Früchte der Betrachtung anderen weiterzugeben: „Contemplari et contemplata aliis tradere."

In Heiligendarstellungen ist es in der Regel der Heiligenschein oder Nimbus, der die hervorragende Form persönlicher Vollendung zum Ausdruck zu bringen pflegt. Bemerkenswerterweise stammt das Bild Simone Martinis aus einer Zeit, in der die Kanonisation des Thomas formell noch nicht erfolgt war (um 1320), so daß es sich um die erste, gewissermaßen vorgreifende Darstellung des „Heiligen Thomas" handelt. – Interessanter mag in diesem Zusammenhang allerdings die Erklärung sein, die Thomas selbst an einer Stelle seines *Psalmenkommentar* für die Herkunft des Heiligenscheins formuliert. Zwar ist sie historisch wohl nicht korrekt, doch sie gibt einen treffenden Einblick in das Selbstverständnis des eigenen Wirkens. So erklärt Thomas den Nimbus aus der Gewohnheit der Römer, die Schilde, die sie im Kampf verwendeten und in denen sie „eine Hoffnung auf den Sieg hatten", nach gewonnener Schlacht als Zeichen des Sieges und Krone über dem Haupt zu tragen pflegten:

> *Und daher werden die Heiligen mit einem runden Schild über dem Haupt gemalt, denn von den Feinden errangen sie den Triumph, ein rundes Schild empfingen sie nach dem Vorbild der Römer auf dem Haupt als Krone. Daher heißt es [in Ps 5,13]: „Mit dem Schild des guten Willens hast du uns gekrönt"; d.h. als Schild zu unserer Krönung haben wir deinen guten Willen, der uns hier beschützt und der uns dort krönt.*[7]

Vor dem Hintergrund dieser Interpretation wird Thomas im Bildnis Martinis gleichermaßen als Zeuge des guten Lebens wie als Zeuge jenes geistlichen Kampfes erkennbar, den er im Gefolge des Fleisch gewordenen Wortes für die Wahrheit und gegen den Irrtum führt.

Zeuge der Eucharistie. – Nicht von ungefähr ist das älteste Bild des Thomas auf einem Altar angebracht in unmittelbarer Nähe zur Mensa, wo das Sakrament des Leibes und Blutes Christi

[7] Vgl. Thomas, *Super Ps.* 5 (n. 9). – Zur Plausibilität dieser Interpretation vgl. E. Synan (1988), 413ff.

gefeiert wird. In der Eucharistie liegt der Brennpunkt der persönlichen Frömmigkeit des Thomas von Aquin, ihre Verkündigung in Dichtung und Theologie sind sein bleibendes Vermächtnis für den Glauben der Kirche: in den Hymnen des Fronleichnamoffiziums ebenso wie in seiner Theologie der Eucharistie, die in der Lehre von der Transsubstantiation ihren Mittelpunkt besitzt - und doch nichts anderes sein will als eine wörtliche Interpretation der biblisch bezeugten Worte Christi beim Abendmahl.

Ihren letzten Grund hat die thomanische Verehrung des Sakraments im Bewußtsein für die Güte der *Schöpfung* und ihr Bejahtsein durch den Schöpfer - gerade in ihrer materiellen und sinnenhaften Qualität - in Erschaffung wie Erlösung. Und auch umgekehrt findet der charakteristische Sinn für die Kreatürlichkeit, der als „Notenschlüssel" über dem thomanischen Denken als ganzem steht, durch das Sakrament eine Bestätigung und Stärkung. So wird der Thomas am Pisaner Altar gleichermaßen zum Zeugen der Eucharistie wie der Geschöpflichkeit: „Thomas a Creatore".

Zeuge des Ewigen Lebens. - Der Blick des Thomas auf dem Altarbild ist verschlossen und in sich gekehrt. Seine Züge haben keineswegs die psychologische Differenziertheit wie in späteren Bildern, vor allem bei Fra Angelico.[8] Auch scheint sein Blick am Betrachter vorbei nach oben zu gehen. Es ist ein Blick in die Ferne - und zugleich der Ausdruck einer besonderen Innerlichkeit. So ist er mehr Andeutung als Sichtbarmachung des eigentlichen Impulses, der im Inneren, auf dem Grund seiner Person, sein Dasein und Wirken bestimmt und beiden ihre Richtung gibt: der Sehnsucht nach dem letzten Ziel, des Verlangen nach der Ewigkeit, nach der beseligenden, alles erfüllenden Schau Gottes. Diese Ewigkeit wird zum Horizont, in dem sich das Denken des Thomas im ganzen bewegt, auf den es hin- und zuschreitet. Sie gibt der Dynamik seines Lebens und Schaffens, wie sie nicht zuletzt in seinem Arbeitsstil wie in seiner Handschrift zum Ausdruck kommt, ihre Orientierung. War oben vom „Notenschlüssel" Kreatürlichkeit als der Bedingung des natürlichen Strebens und der grundlegenden teleologischen Verfaßtheit seines Denkens die Rede, so gilt gleichermaßen umgekehrt:

---

[8] Vgl. insbesondere die Darstellung auf dem großen Fresko *Die Kreuzigung* (1438-um 1450) im Kapitelsaal im Kloster San Marco, Florenz, das von P.-M. Gils (1992), 209, favorisiert wird.

Erst vom Ziel her, aus der Ewigkeit und der Sehnsucht nach ihr lebt die eigentümliche Diesseitigkeit des thomanischen Denkens, seine Bejahung alles Natürlichen und Geschaffenen.

Dieser Horizont ewiger Glückseligkeit findet seine Andeutung im goldfarbenen Hintergrund der Darstellung Simone Martinis. Er verleiht dem Bild einen Ausdruck, der an Ikonen erinnert und ist darin Symbol und Sinnbild der Ewigkeit. Vor ihm wie in seinen letzten Worten im „*Adoro te devote*" erscheint Thomas von Aquin daher zuletzt rückgewandt als Zeuge des Ewigen Lebens.

Abbildungsverzeichnis

Kapitel 1

Kapitel 2

Kapitel 4

Kapitel 5

Kapitel 7

Abkürzungsverzeichnis

Werke des Thomas von Aquin

S.th. = *Summma theologiae*
S.c.G. = *Summa contra Gentiles*
Super I-IV Sent. = *Scriptum super libros Sententiarum*

Princ. bibl. I = *Principium biblicum I „Rigans montes de superioribus"*
Princ. bibl. II = *Principium biblicum II „Hic est liber mandatorum Dei"*

Exp. super Is. = *Expositio super Isaiam ad litteram*
Super Ier. = *Super Ieremiam prophetam expositio*
Exp. super Iob = *Expositio super Iob ad litteram*
Super Ps. = *Postillla super Psalmos*
Super Matth. = *Lectura super Matthaeum*
Super Ioan. = *Lectura super Ioannem*
Catena aurea = *Catena aurea*

Super Ad Rom. = *Lectura super Epistolam Pauli Apostoli ad Romanos*
Super I Ad Cor. = *Lectura super I Epistolam Pauli Apostoli ad Corinthios*
Super II Ad Cor. = *Lectura super II Epistolam Pauli Apostoli ad Corinthios*
Super Ad Gal. = *Lectura super Epistolam Pauli Apostoli ad Galatas*
Super Ad Eph. = *Lectura super Epistolam Pauli Apostoli ad Ephesios*
Super Ad Phil. = *Lectura super Epistolam Pauli Apostoli ad Philippenses*
Super I Ad Thess. = *Lectura super I Epistolam Pauli Apostoli ad Thessalonicenses*
Super I Ad Tim. = *Lectura super I Epistolam Pauli Apostoli ad Timotheum*
Super II Ad Tim. = *Lectura super II Epistolam Pauli Apostoli ad Timotheum*
Super Ad Hebr. = *Lectura super Epistolam Pauli Apostoli ad Hebraeos*

Super De an. = *Sententia libri De anima*
Super De sensu = *Sententia libri De sensu et sensato*
Super De memor. = *Sententia libri De memoria et reminiscentia*
Exp. Perih. = *Expositio libri Peri hermeneias*
Exp. Post. = *Expositio libri Posteriorum*
Super Eth. = *Sententia libri Ethicorum*
Super Pol. = *Sententia libri Politicorum*
Super Metaph. = *Sententia super Metaphysicam*
Super Phys. = *Sententia super Physicam*
Super De caelo = *Sententia super librum primum De caelo et mundo*

Exp. Boeth. De trin. = *Expositio libri Boethii De trinitate*
Exp. Boeth. De hebd. = *Expositio libri Boethii De hebdomadibus*
Super De div. nom. = *Super librum Dionysii De divinis nominibus expositio*
Super De causis = *Super Librum de causis expositio*

Q. de ver. = *Quaestiones disputatae de veritate*
Q. de pot. = *Quaestiones disputatae de potentia*
Q. de an. = *Quaestiones disputatae de anima*
Q. de spir. creat. = *Quaestiones disputatae de spiritualibus creaturis*
Q. de malo = *Quaestiones disputatae de malo*
Q. de virt. = *Quaestiones disputatae de virtutibus*
Q. de quol. = *Quaestiones disputatae de quolibet*

Contra impugn.	= *Contra impugnantes Dei cultum et religionem*
De perf.	= *De perfectione spiritualis vitae*
Contra retrah.	= *Contra doctrinam retrahentium a religione*
De unitate	= *De unitate intellectus contra Averroistas*
Comp. theol.	= *Compendium theologiae*
Contra Graec.	= *Contra errores Graecorum*
De ente	= *De ente et essentia*
De princ. nat.	= *De principiis naturae*
De regno	= *De regno ad regem Cypri [= De regimine principum]*
De subst. sep.	= *De substantiis separatis*
De art. fid.	= *De articulis fidei*
Resp. de 43 art.	= *Responsio de 43 articulis*
Ep. ad Bern.	= *Epistula ad Bernardum abbatem*
Coll in Symb. Apost.	= *Collationes in Symbolum Apostolorum*
Coll. in Orat. Dom.	= *Collationes in Orationem Dominicam*
Coll. in dec. praec.	= *Collationes in decem praeceptis*

Die Nachweise der Texte aus Kommentarwerken u. dergl. erfolgen im Anschluß an die Nennung von Buch (römische Ziffer) und *lectio* (arabische Ziffer) unter Angabe der betreffenden Zeilen der *lectio* in Klammern (Z.), sofern sie in einer Neuedition der *Editio Leonina* vorliegen, ansonsten unter Angabe der jeweiligen Abschnittnummer (n.), wie sie sich in den Ausgaben des Verlags *Marietti* oder anderen Ausgaben finden.
Bei Texten, die nach dem mittelalterlichen Quaestionenschema aufgebaut sind, geben die römischen Ziffern die jeweiligen Teile oder Bücher eines Werks, die arabischen Ziffern darüber hinaus in dieser Reihenfolge *quaestio, articulus* (und ggf. *quaestiuncula*) an. Daran schließt sich die Kennzeichnung der *pars articuli* an. Dabei verwendete Abkürzungen:

ad	= responsio ad obiectum
c.	= corpus articuli
d.	= distinctio
obi.	= obiectio
s.c.	= sed contra
sol.	= solutio

Z.B.:
Super III Sent. d. 24,1,1,2 c. = *Scriptum super librum III sententiarum*, distinctio 24, quaestio 24, articulus 1, quaestiuncula 1, corpus articuli
S.th. I 2,3 ad 1 = *Summa theologiae*, Prima pars, quaestio 2, articulus 3, responsio ad obiectum 1

Die Abkürzungen aller sonstigen Werke antiker und mittelalterlicher Autoren finden sich im Anschluß an die jeweilige Werkedition im Literaturverzeichnis verzeichnet.

Literaturverzeichnis

1. Quellentexte

1.1. Werke des Thomas von Aquin

a. Gesamtausgaben

Sancti Thomae Aquinatis doctoris angelici Opera omnia iussu Leonis XIII P. M edita, cura et studio fratrum praedicatorum, Rom, 1882ff. [= *Editio Leonina*].
Editio Marietti, Turin – Rom 1915ff., 33 Bde. [= *Editio Marietti*].
Sancti Thomae Aquinatis Doctoris angelici ordinis praedicatorum Opera omnia ad fidem optimarum editionum accurate recognita, Parmae typis Petri Fiaccadori, 25 Bde. 1852-1873; ND New York u.a. 1948-1950 [= *Editio Parma*].
Doctoris angelici divi Thomae Aquinatis sacri Ordinis F.F. Praedicatorum Opera omnia sive antehac excusa, sive etiam anecdota ... , studio ac labore Stanislai Eduardi Fretté et Pauli Maré Sacerdotum, Scholaeque Thomisticae Alumnorum, Parisiis apud Ludovicum Vivès, 34 Bde., Paris 1871-1872.
S. Thomae Aquinatis Opera omnia ut sunt in Indice Thomistico additis 61 scriptis ex aliis medii aevi auctoribus, curante R. Busa, 7 Bde., Stutttgart-Bad Cannstatt.

b. Einzelne Schriften[1]

- *Summa theologiae,* in: *Editio Leonina,* T. 4-12, 1888-1906.
- *Summa contra Gentiles,* in: *Editio Marietti,* 3 vols., ed. P. Marc/C. Pera/P. Caramello, 1961.
- *Scriptum super libros sententiarum Magistri Petri Lombardi,* ed. P. Mandonnet/ M. F.Moos, 4 vols., Paris 1929-1947.

- *Expositio super Isaiam ad litteram,* in: *Editio Leonina,* T. 27, ed. H.F. Dondaine/L. Reid, 1974.
- *Super Ieremiam et Threnos,* in: *Editio Parma,* T. 14 (1863), 577-667.
- *Expositio super Iob ad litteram,* in: *Editio Leonina,* T. 26, ed. A. Dondaine, 1965.
- *In Psalmos Davidis expositio,* in: *Editio Parma,* T. 14 (1863), 148-312.
- *Super Evangelium S. Matthaei lectura,* in: *Editio Marietti,* ed. R. Cai, [5]1951.
- *Super Evangelium S. Ioannis lectura,* in: *Editio Marietti,* ed. R. Cai, [6]1972.
- *Catena aurea in quatuor Evangelia,* in: *Editio Marietti,* 2 vols., ed. P. Angelici Guarienti, 1953.
- *Super Epistolas S. Pauli lectura,* in: *Editio Marietti,* 2 vols., ed. R. Cai, [8]1953.

- *Expositio libri Peryermeneias,* in: *Editio Leonina* T. I*1, ed. R.-A. Gauthier, 1989.

[1] Es ist im folgenden die jeweils beste lateinische Edition angegeben. Zu deutschen Übersetzungen der Werke des Thomas von Aquin vgl. die Übersichten unter www.thomas-von-aquin.de/thomas-von-aquin/schriften/

- *Expositio libri Posteriorum,* in: *Editio Leonina* T. I*2, ed. R.-A. Gauthier, 1989.
- *Sentencia libri De anima,* in: *Editio Leonina* T. 45.1, ed. R.-A. Gauthier, 1984.
- *Sentencia libri De sensu et sensato et De memoria et reminiscentia,* in: *Editio Leonina,* T. 45.2, ed. R.-A. Gauthier, 1985.
- *Sententia libri Ethicorum,* in: *Editio Leonina* T. 47,1-2, 2 vols., ed. R.-A. Gauthier, 1969.
- *Sententia libri Politicorum,* in: *Editio Leonina,* T. 48, ed. H.-F. Dondaine/ L.-J. Bataillon, 1971, Pars A.
- *In duodecim libros Metaphysicorum Aristotelis expositio,* in: *Editio Marietti,* ed. M.R. Cathala, [2]1971.
- *In octo libros Physicorum Aristotelis expositio,* in: *Editio Marietti,* ed. M. Maggiòlo, 1954.
- *In Aristotelis libros De caelo et mundo, De generatione et corruptione, Meteorologicorum expositio,* in: *Editio Marietti,* ed. R.M. Spiazzi, 1952.

- *Expositio libri Boethii De trinitate – Expositio libri Boethii De hebdomadibus,* in: *Editio Leonina* T. 50, ed. P.-M.J. Gils/ L.J. Bataillon/ C.A. Grassi, 1992.
- *In librum Beati Dionysii De divinis nominibus expositio,* in: *Editio Marietti,* ed. C. Pera, 1950.
- *Expositio super Librum de causis,* in: *Editio Marietti,* ed. C. Pera, 1955.

- *Quaestiones disputatae de veritate,* in: *Editio Leonina* T. 22.1-3, 3 vols., ed. A. Dondaine, 1972-1976.
- *Quaestiones disputatae de malo,* in: *Editio Leonina* T. 23, ed. P.-M. Gils, 1982.
- *Quaestiones disputatae de anima,* in: *Editio Leonina* T. 24.1, ed. B.C. Bazán, 1996.
- *Quaestiones disputatae de spiritualibus creaturis,* in: *Editio Leonina* T. 24.2, ed. J. Cos, 2000.
- *Quaestiones de quolibet,* in: *Editio Leonina* T. 25.1-2, 2 vols., ed. R.-A. Gauthier, 1996.
- *Quaestiones disputatae de potentia,* in: *Editio Marietti,* ed. P. Bazzi/M. Calcaterra/T.S. Centi/E. Odetti/ P.M. Pessier, [10]1965, vol. 2, 1-276.
- *Quaestiones disputatae de virtutibus cardinalibus,* in: *ebd.,* 813-828.

- *Liber Contra impugnantes Dei cultum et religionem,* in: *Editio Leonina,* T. 41, ed. H.-F. Dondaine, 1969-1970, Pars A.
- *Liber De perfectione spiritualis vitae,* in: *ebd.,* Pars B.
- *Liber Contra doctrinam retrahentium a religione,* in: *ebd.,* Pars C.

- *Contra errores Graecorum,* in: *Editio Leonina,* T. 40, ed. H.-F. Dondaine, 1967-1968, Pars A.
- *De substantiis separatis,* in: *ebd.,* Pars D.
- *Compendium theologiae seu Brevis compilatio theologiae ad fratrem Raynaldum,* in: *Editio Leonina,* T. 42, ed. H.-F. Dondaine/G. de Grandpré, 1979, 1-205.
- *De articulis fidei et ecclesiae sacramentis ad archiepiscopum Panormitanum,* in: *ebd.,* 209-257.
- *Responsio ad magistrum Ioannem de Vercellis de 43 articulis,* in: *ebd.,* 327-335.
- *Epistola ad Bernardum abbatem,* in: *ebd.,* 399-415.
- *De regno ad regem Cypri,* in: *ebd.,* 417-471.
- *De principiis naturae ad fratrem Sylvestrum,* in: *Editio Leonina,* T. 43, ed. H.-F. Dondaine, 1976, 1-47.

- *De motu cordis ad magistrum Philippum de Castro Caeli*, in: *ebd.*, 95-130.
- *De unitate intellectus contra Averroistas*, in: *ebd.*, 243-314.
- *De ente et essentia*, in: *ebd.*, 315-381.

- *Principium fratris Thomae de commendatione et partione Sacrae Scripturae 'Hic est liber'*, in: *Editio Marietti: Opuscula theologica*, vol. 1, ed. R.A. Verardo, 1954, 435-439.
- *Breve principium fratris Thomae de commendatione Sacrae Scripturae 'Rigans montes'*, in: *ebd.*, 441-443.
- *In Symbolum Apostolorum, scilicet 'Credo in Deum' expositio*, in: *Editio Marietti: Opuscula theologica*, vol. 2, ed. R.M. Spiazzi, ²1953, 191-217.
- *Collationes in Orationem dominicam*, in: *ebd.*, 219-235.
- *Officium de festo Corporis Christi ad mandatum Urbani Papae IV dictum Festum istituentis*, in: *ebd.*, 273-281.
- *Piae preces*, in: *ebd.*, 283-289.

1.2. Quellentexte zum Leben des Thomas von Aquin

Wilhelm von Tocco, *Ystoria sancti Thomae de Aquino* [4. Redaktion 1323], ed. C. Le Brun-Gouanvic (= Pontifical Institute of Medieval Studies, Studies and Texts, 127), Toronto, 1996 [= *Historia*]; Edition der 3. Redaktion in: *Fontes vitae S. Thomae Aquinatis*, ed. D.M. Prümmer/ M.H. Laurent (= Revue Thomiste. Supplement, Saint-Maximin [Var], 1911-1937), vol. 2.

Bernhard Gui, *Vita Sancti Thomae Aquinatis* [1324, 2. Fassung 1325-26], in: *Fontes vitae S. Thomae Aquinatis, ed. D.M. Prümmer/M.H. Laurent* (= *Revue Thomiste. Supplement, Saint-Maximin [Var], 1911-1937)*, vol. 1.

Petrus Calo, *Vita S. Thomae Aquinatis* [nach 1330], in: *ebd.*, vol. 3.

Processus canonizationis S. Thomae, Napoli, in: *ebd.*, vol. 4, 265-407 [= *Processus*].

Ptolemäus von Lucca, *Historia ecclesiastica nova* [Auszüge: XXII 17-39; XIII 1-16], in: *S. Thomae Aquinatis vitae fontes praecipuae*, ed. A. Ferrua, Alba 1968, 355-369 [= n. 169-184].

Gerhard von Frachet, *Vitae fratrum* [Auszüge: c. 17, § 3], in: *ebd.*, 378-381 [= n. 186-189].

Thomas von Cantimpré, *Bonum universale de apibus* [Auszüge: I 20], in: *ebd.* 387f. [= n. 190]. [2]

1.3. Quellentexte zum historischen Kontext des Thomas von Aquin

Chartularium Universitatis Parisiensis, ed. H. Denifle/ C. Chatelain, 4 vols., Paris 1889-1897 [= *Chartul.*].

Constitutiones antiquae Ordinis fratrum Praedicatorum, in: *De oudste constituties van de Dominicanen. Vorrgeschiedenis, tekst, bronnen, ontstaan en ontwickkeling (1215-1237)*, ed. A.H. Thomas, Leuven 1965 [= *Constit. antiq.*].

---

[2] Eine deutsche Übersetzung der 3. Redaktion der *Historia* Toccos sowie der wichtigsten Zeugen des Heiligsprechungsprozesses und der sonstigen historiographischen Quellen liegt vor in: *Das Leben des heiligen Thomas von Aquino*, ed. W.P. Eckert, Düsseldorf 1965, 77-177.

Jordan von Sachsen, *Von den Anfängen des Predigerordens*, ed. W. Hoyer, Leipzig [2]2003.
Modi orandi S. Dominici, Die Gebets- und Andachtsgesten des heiligen Dominicus. Eine Bilderhandschrift. Faksimile des Codex Rossianus 3 (1), ed. L.E. Boyle/J.C. Schmitt, Zürich 1995.
Monumenta Ordinis Fratrum Praedicatorum Historica, Rom 1896ff. [= *MOFPH*].

1.4. Weitere Textsammlungen

Corpus Christianorum, Series Latina, Turnhout 1953ff. [= *CCL*].
Corpus Christianorum, Continuatio Mediaevalis, Turnhout 1966ff. [= *CCCM*].
Corpus Scriptorum Ecclesiasticorum Latinorum, Wien 1886ff. [= *CSEL*].
Fontes Christiani, Freiburg/Br. 1990ff. [= *FC*].
Kompendium der Glaubensbekenntnisse und kirchlichen Lehrentscheidungen, ed. H. Denzinger/P. Hünermann, Freiburg/Br. u.a. [40]2005 [= *DH*].
Patrologia graeca, ed. J.-P. Migne, Paris 1857-1866 [= *PG*].
Patrologia latina, ed. J.-P. Migne, Paris 1844-1855 [= *PL*].
Sources Chrétiennes, Paris 1943ff. [= *SC*].

1.5. Weitere Quellentexte (nicht in den genannten Textsammlungen enthalten)

Albertus Magnus: *Opera omnia*, ed. A./A. Borgnet, Paris 1890-1899.
–: *Opera omnia. Ad fidem codicum manuscriptorum edenda apparatu critico notis prolegomenis indicibus instruenda curavit Institutum Alberti Magni Coloniense*, ed. B. Geyer/ W. Kübel/ L. Honnefelder (= Editio Coloniensis), Münster 1951ff.
–: *De animalibus*, ed. H. Stadler, 2 vols., Münster 1916/ 1920.
Anselm von Canterbury: *Opera omnia*, ed. F.S. Schmitt, Stuttgart [2]1984.
Augustinus: *Corpus Augustinianum Gissense a Cornelio Mayer editum*, Basel 2013 - Digitale Gesamtausgabe auf Grundlage der jeweils besten Edition (Online-Ressource): CAG-online [= CAG 3].
Aristoteles: *Opera*, ed. I. Bekker, 2 vols., Berlin 1831-1837.
–: *Opera*, ed. L. Minio-Paluello u.a., Oxford 1949ff.
–: *Aristoteles Latinus*, Brügge - Paris u.a. 1953ff.
Averroes: *Commentarium magnum in Aristotelis De anima libros*, ed. F.S. Crawford, Cambridge/ Mass. 1953.
Avicenna: *Logica*, Venedig 1508, ND Louvain 1961.
–: *Liber de Philosophia Prima sive Scientia divina*, ed. S. Van Riet, 2 vols., Louvain - Leiden 1980.

Boethius: *Commentarium in librum Aristotelis Peri hermeneias. Secunda editio*, ed. K. Meiser, Leipzig 1880.
–: *Die Theologischen Traktate, lat.-dt.*, ed. M. Elsässer, Hamburg 1988.
Bonaventura: *Opera omnia [...] edita studio et cura PP. Collegii a S. Bonaventura*, 10 vols., Quaracchi 1882-1902.

Cicero: *De officiis*, ed. M. Winterbottom, Oxford 1994.
Claudius, Matthias: *Werke in einem Band*, München [1976].

Descartes, R. : *Œuvres* , ed. C. Adam/P. Tannery, Paris 1897–1913.

[Ps.-] Dionysius Areopagita: *Corpus Dionysiacum*, ed. G. Heil/ A.M. Ritter, 2 vols., Berlin - New York 1990 und [2]2012.

–: *Dionysiaca: Recueil donnant l'ensemble des traductions latines des ouvrages attribués au Denys de l'Aréopage*. Brügge 1937 u.ö.

Evangelia Apokrypha, ed. K. v. Tischendorf, Leipzig 1876.

Goethe, J.W.: *Werke. Hamburger Ausgabe in 14 Bänden*, ed. E. Trunz, München 1982-2008. [= *HA*].

Hugo von St. Viktor: *Sententiae de divinitate*, ed. A.M. Piazzoni, in: *Studi Medievali* 23 (1982), 861-955.

Isidor von Sevilla: *Etymologiarum sive originum libri XX*, ed. W.M. Lindsay, 2 vols., Oxford 1911, ND 1985 [= *Etymol.*].

Johannes Damascenus: *Expositio accurata Fidei Orthodoxae*, in: *PG* 94, 789-1228/ *Versiones Burgundionis et Cerbani*, ed. E.M. Buytaert, St. Bonaventure N.Y. - Louvain - Paderborn 1955 [= *De fide orth.*].

Kant, Immanuel: *Gesammelte Were. Akademie-Ausgabe*, 29 vols., Berlin 1902ff. [= *AA*].

Liber de causis, ed. A. Pattin, in: *Tijdschrift voor Filosofie* 28 (1966), 90-203.

Petrus Lombardus: *Sententiae in IV libris distinctae*, 2 vols., Grottaferrata [3]1971.

Philipp der Kanzler: *Summa de bono*, ed. N. Wicki, Bern 1985.

Physiologus. Griechisch/Deutsch, ed. O. Schönberger, Stuttgart 2001.

Platon: *Werke in acht Bänden, griechisch und deutsch*, ed. G. Eigler/L. Bodin/ A. Croiset/ M. Croiset/L. Mêridier, übers. v. F. Schleiermacher, Darmstadt [2]1990.

Plotin: *Opera*, ed. P. Henry/H.-R. Schwyzer, Paris 1951–1973.

Porphyrius, *Isagoge*, in: *Porphyrii Isagoge et in Aristotelis categorias commentarium*, ed. G. Reimer (= Commentaria in Aristotelem Graeca, 4.1), Berlin 1887.

Proklos: *Theologische Grundlegung - Elementatio Theologica (Stoicheiosis), griech.-dt.*, ed. E.O. Onnasch/ B. Schomakers, Hamburg 2015.

Siger von Brabant, *Tractatus de anima intellectiva*, ed. B. Bazán, in: *Quaestiones In tertium De anima. De anima intellectiva. De aeternitate mundi*, Louvain - Paris 1972, 70-112.

Summa Halensis [= *Summa universis theologiae, Summa fratris Alexandri*], ed. B. Klumper u.a., 4 vols. Rom 1924–1948.

2. Sekundärliteratur

2.1. Einführungen

2.1.1. Umfassende Darstellungen zu Leben und Werk

Chenu, M.D. ([2]1982, 1960): *Das Werk des Thomas von Aquin. Vom Verfasser durchgesehene und verbesserte deutsche Ausgabe*. Übersetzung, Verzeichnisse und Ergänzungen der Arbeitshinweise von O.[-H.] Pesch (= 2. Ergänzungsband der Deutschen Thomas-Ausgabe), Heidelberg - Köln (franz.: Paris 1950, unverändert [4]1984).

Grabmann, M., ([3]1967, 1949): *Die Werke des Thomas von Aquin. Eine literarhistorische Untersuchung und Einführung*. Fotomechanischer Nachdruck der 3., stark veränderten Auflage. Mit Literaturergänzungen von R. Heinzmann, Münster/W.
Torrell, J.-P. (1995): *Magister Thomas. Leben und Werk des Thomas von Aquin*, Freiburg - Basel - Wien (franz.: Paris 1993).
- (1996): *Saint Thomas d'Aquin, maître spirituel*, Paris.
Weisheipl, J.A. (1980): *Thomas von Aquin. Sein Leben und seine Theologie*, Graz u.a. (engl.: New York 1974).

2.1.2. *Schriftenkataloge und Werkbeschreibungen*

Emery, G. (1995): „Katalog der Werke des Thomas von Aquino. Für die deutsche Ausgabe bearbeitet von Ruedi Imbach", in: J.-P. Torrell (1995), 345-373.
Eschmann, I. (1956): „A Catalogue of St. Thomas's Works", in: É. Gilson (1956), 381-437.
Weisheipl, J. (1980): „Katalog der authentischen Schriften", in: J. Weisheipl (1980), 321-351.

2.1.3. *Einführungen in das Denken des Thomas von Aquin*

a. *Umfangreichere Einführungen*

Davies, B. (1992): *The Thought of Thomas Aquinas*, Oxford.
Elders, L.J. (1985/1987): *Die Metaphysik des Thomas von Aquin in historischer Perspektive*, 2 Bde. Salzburg - München.
Gilson, É. ([6]1979, 1913): *Le Thomisme. Introduction à la Philosophie de S. Thomas d'Aquin*, Paris.
Gilson, E. (1961, 1957): *The Christian philosophy of St. Thomas Aquinas*, London.
Horst, U. (2017): *Thomas von Aquin – Predigerbruder und Professor*, Paderborn.
Joyau, C.-A. (1895): *Saint Thomas d'Aquin. Patron des écoles Catholiques*, Lyon.
Manser, G.M. ([3]1949, 1932): *Das Wesen des Thomismus*, Freiburg/Schweiz.
Meyer, H. ([2]1961, 1938): *Thomas von Aquin. Sein System und seine geistesgeschichtliche Stellung*, Bonn [Paderborn].
Pesch, O.H. ([3]1995, 1988): *Thomas von Aquin. Grenze und Größe mittelalterlicher Theologie. Eine Einführung*, Mainz.
Sertillanges, A.D. ([2]1954, 1928): *Der Heilige Thomas von Aquin*, Hellerau - Köln.
Siewerth, G. ([2]1961, 1939): *Der Thomismus als Identitätssystem*, Frankfurt/M.

b. *Kürzere Einführungen im Taschenbuchformat*

Chenu, M.D. (1960): *Thomas von Aquin in Selbstzeugnissen und Bilddokumenten*, Hamburg.
Davies, B. (2019): *Thomas von Aquin. Eine kurze Einführung*, Neunkirchen-Seelscheid. (engl.: *Thomas Aquinas. A Very Brief History*, London 2017).
Engelhardt, P. (2005): *Thomas von Aquin. Wegweisungen in sein Werk*, Leipzig.

Forschner, M. (2006): *Thomas von Aquin*, München.

Grabmann, M. ([8]1949, 1912): *Thomas von Aquin. Persönlichkeit und Gedankenwelt. Eine Einführung*. München.

Heinzmann, R. (1994): *Thomas von Aquin*, Stuttgart u.a.

Kenny, A. (1999): *Thomas von Aquin*, Freiburg/ Br. (engl.: Oxford 1980).

Leppin, V. (2009): *Thomas von Aquin*, Münster.

Mensching, G. (1995): *Thomas von Aquin*, Frankfurt/M. u.a.

Pieper, J. ([2]1987): *Kurze Auskunft über Thomas von Aquin*, München, in: Thomas von Aquin, *Sentenzen über Gott und die Welt, lat.-dt., zusammengestellt, verdeutscht und eingeleitet von Josef Pieper*, Einsiedeln - Trier, 9-40. - Früher: *Über Thomas von Aquin*, Leipzig 1940, [3]1963.

- (2001a): *Thomas von Aquin. Leben und Werk*, in: ders., *Werke, Bd. 2: Darstellungen und Interpretationen: Thomas von Aquin und die Scholastik*, ed. B. Wald, Hamburg, 153-298 - Früher unter dem Titel: *Hinführung zu Thomas von Aquin. Zwölf Vorlesungen*, München 1958, [4]1990.

Schönberger, R. ([4]2012, 1998): *Thomas von Aquin zur Einführung*, Hamburg.

Stump, E. (2003): *Aquinas*, London.

Walz, A. (1953): *Thomas von Aquin. Lebensgang und Lebenswerk des Fürsten der Scholastik*, Fribourg.

Zimmermann, A. (2000): *Thomas lesen*, Stuttgart-Bad Cannstatt.

2.1.3. Lexikonartikel und Einleitungen

Pesch, O.-H. (2002), [Art.] „Thomas von Aquino/ Thomismus/ Neuthomismus", in: *Theologische Realenzyklopädie*, Berlin - New York, Bd. 33, 433-474.

Tugwell, S. (1988): „Introduction", in: ders. (ed.), *Albert & Thomas. Selected Writings*, New York - Mahwah, 201-290.

2.1.4. Populärwissenschaftliche Einführungen

Zander, H.C. (2009): *„Dummheit ist Sünde". Thomas von Aquin im Interview*, Düsseldorf.

Chesterton, G.K. (2003): *Der Hl. Thomas von Aquin und der Hl. Franz von Assisi*. Bonn (früher: *Der stumme Ochse. Über Thomas von Aquin*, Freiburg/Br. 1961; engl.: *The Dumb Ox*, London 1933).

2.1.5. Handbücher und Sammelbände

Leppin, V. (ed., 2016): *Thomas-Handbuch*, Tübingen.

Davies, B./Stump, E. (eds., 2012), *The Oxford Handbook of Aquinas*, Oxford.

Speer, A. (ed., 2005a): *Die Summa theologiae. Werkinterpretationen*, Berlin - New York.

Kretzmann, N./Stump E. (eds., 1993), *The Cambridge Companion to Aquinas*, Cambridge.

Zimmermann, A. (ed., 1987), *Thomas von Aquin. Werk und Wirkung im Licht neuerer Forschungen*, Berlin - New York.

Eckert, W.P. (ed., 1974), *Thomas von Aquino. Interpretation und Rezeption*, Mainz.

Gilson, É. (ed., 1974), *St. Thomas Aquinas 1274-1974. Commemorative Studies I-II*, 2 Bde., Montreal.

2.1.6. Hilfsmittel

Codices manuscripti operum Thomae de Aquino, Rom 1967ff.

Busa, R. (1974-1980): *Index Thomisticus. Sancti Thomae Aquinatis Operum Omnium Indices et Concordantiae ...,* 56 Bde., Stuttgart (auch als CD-ROM).
Schütz, L. (1895): *Thomas-Lexikon,* Paderborn. ND Stuttgart 1958.

Alancon, E. (seit 2000): www.corpusthomisticum.org
Nissing, H.-G. (seit 2019): www.thomas-von-aquin.de

2.2. Sonstige Sekundärliteratur

Adams, M.M. (2010): *Some Later Medieval Theories of the Eucharist: Thomas Aquinas, Giles of Rome, Duns Scotus, and William Ockham.* Oxford.
Aertsen, J.A. (1987): „Die Transzendentalienlehre bei Thomas von Aquin in ihren historischen Hintergründen und philosophischen Motiven", in: A. Zimmermann (1987), 82–102.
-/Speer, A. (eds., 1998): *Was ist Philosophie im Mittelalter?,* Berlin - New York.
Albert, K. (1974): „Exodusmetaphysik und metaphysische Erfahrung", in: W.P. Eckert (1974), 80-95.
Anzulewicz, H. (2016): „Handschriftliche Überlieferung, Werkausgaben", in: V. Leppin (2016), 2-12.

Bataillon, L.-J. (1974): „Les sermons de saint Thomas et la *Catena aurea*", in: É. Gilson (1974), 67-75.
- (1986): „De la *lectio* à la *praedicatio.* Commentaires bibliques et sermons au XIIIe siècle", in: *Revue des Sciences philosophiques et théologiques* 70 (1986), 559-575.
- (2014): „Introduction", in: *Editio Leonina* T. 44,1, 7*-200*.
Bazan, B.C. (1985): „Les questions disputées, principalement dans les facultés de théologie", in: ders. u.a., *Les questions disputées et les questions quodlibétiques dans les facultés de théologie, de droit et de médecine,* Turnhout, 13-149.
Bellebaum A./Herbers, D. (eds., 2007): *Die sieben Todsünden. Über Laster und Tugenden in der modernen Gesellschaft,* Münster 2007.
Bernath, K. (1969): *Anima Forma Corporis. Eine Untersuchung über die ontologischen Grundlagen der Anthropologie des Thomas von Aquin,* Bonn.
Berchtold, C. (2000): *Manifestatio Veritatis. Zum Offenbarungsbegriff bei Thomas von Aquin,* Münster.
Bischoff, B. ([4]2009, 1979): *Paläographie des römischen Altertums und des abendländischen Mittelalters,* Berlin 1979.
Blanche, F.A. (1930): „Sur la langue technique de St. Thomas d'Aquin", in: *Revue de Philosophie* 30 (1930), 7-28.
Böckenförde, E.-W. (2002): *Geschichte der Rechts- und Staatsphilosophie. Antike und Mittelalter,* Tübingen 2002.
Boiadjiev, T./ Kapriev, G./ Speer, A. (eds., 2000): *Die Dionysius-Rezeption im Mittelalter,* Turnhout.
Booth, E./ Gallagher, S., ([2]2002): [Art.] „Aquinas, Thomas", in: S. Sadie (ed.), *The New Grove Dictionary of Music and Musicians,* London, 793f.

Boyle, L.E. (2000): *Facing History. A Different Thomas Aquinas*, Louvain-la-Neuve.

Bromand, J./ Kreis, G. (eds., 2011): *Gottesbeweise von Anselm bis Gödel*, Frankfurt/M.

Browe, P. (1933): *Die Verehrung der Eucharistie im Mittelalter*, München.

Brun-Gouanvic, C. le (1996): „Contexte historique et littéraire de l'Ystoria sancti Thome de Aquino - Analyse du texte - La tradition du texte", in: *Ystoria sancti Thomae de Aquino*, ed. C. Le Brun-Gouanvic, Toronto, 1-85.

Brungs, A. (2005): „Die *passiones animae* (S.th. I-II, qq. 22-48)", in: A. Speer (2005a), 198-222.

Burger, M. (2005): „Codex 30 der Dombibliothek Köln. Ein Arbeitsexemplar für Thomas von Aquin als Assistent Alberts des Großen", in: *Symposion „Mittelalterliche Handschriften der Kölner Dombibliothek"*, Köln, 190-208.

Camus, A. (1965): *La postérité du soleil*. Photograhies de H. Grindat. Itineraire par R. Char (1952), Lausanne.

Cantalamessa, R. (2006): *Gottheit tief verborgen. Das Geheimnis der Eucharistie im Licht großer Hymnen*, Freiburg/Br. u.a.

Cappelli, A. ([7]2011, 1899): *Lexicon Abbreviaturarum. Dizionario di Abbreviature latine ed italiane,* Mailand.

Chardonnens, D. (1997): *L'homme sous le regard de la providence. Providence de Dieu et condition humaine selon l''Exposition littérale sur le livre de Job' de Thomas d'Aquin*, Paris.

Cheneval, F./ Imbach, R. ([2]2014, 1993): „Einleitung", in: Thomas von Aquin, *Prologe zu den Aristoteleskommentaren*, Frankfurt/ M., XIII-LXX.

Chenu, M.-D. (1969): *L'éveil de la conscience dans la civilisation médiévale*, Montréal - Paris.

- (2001): *Leiblichkeit und Zeitlichkeit. Eine anthropologische Stellungnahme*, Berlin.

- (2008): *Die Theologie als Wissenschaft im 13. Jahrhundert*, Berlin.

Curtius, E.R. ([4]1963): *Europäische Literatur und lateinisches Mittelalter*, Bern - München.

Dahlke, B./ Knorn, B. (eds., 2018): *Eine Autorität für die Dogmatik? Thomas von Aquin in der Neuzeit*, Freiburg/Br. u.a.

Denifle, H. (1905): *Die abendländischen Schriftausleger bis Luther über Justitia Dei und Justificatio*, Mainz.

Dod, B. (1982): „Aristoteles Latinus", in: N. Kretzmann u.a. (eds.), *The Cambridge History of Later Medieval Philosophy*, Cambridge, 45-79.

Dondaine, A. (1956): *Secrétaires de saint Thomas*, Rom.

- (1979): Préface", in: *Editio Leonina* T. 42, 399-409.

Dondaine, H.-F. (1953): *Le corpus Dionysien de l'Université de Paris au XIIIe siècle*, Rom 1953.

Dufeil, M.-M. (1971): „Evolution ou fixité des institutions ecclésiales: une controverse universitaire. L'édition critique de trois œuvres polémiques de saint Thomas d' Aquin", in: *Revue des Sciences philosophiques et théologiques* 55, 464-479.

Eckert, W.-P. (1961): *Kleine Geschichte der Universität Köln,* Köln.

- (1965): „Einführung", in: *Das Leben des heiligen Thomas von Aquino*, ed. W.P. Eckert, Düsseldorf 1965, 9-76

Fabro, C. (1939): *La nozione metafisica di partecipazione secondo S. Tommaso d'Aquino*, Mailand.

Faes de Mottoni, B. (1988): „Thomas von Aquin und die Sprache der Engel", in: A. Zimmermann (1987), 140-155.

Flashar, H. (1983): „Aristoteles", in: ders. (ed.), *Grundriß der Geschichte der Philosophie. Völlig neu bearbeitete Ausgabe. Die Philosophie der Antike, Bd. 3: Ältere Akademie - Aristoteles - Peripatos*, Basel - Stuttgart, 175-457.

Foerster, W. (1990, 1938): [Art.] „kyrios", in: *Theologisches Wörterbuch zum Neuen Testament*, Bd. III, Stuttgart.

Füllenbach, E.H. (2016): *Mehr als Schwarz und Weiß. 800 Jahre Dominikanerorden*, Regensburg.

Gauthier, R.-A.:(1970): „Introduction", in: Aristoteles, *L'Éthique à Nicomaque*, ed. R.-A. Gauthier/ J.Y. Jolif, Louvain - Paris.

- (1975): „Le cours sur l'*Ethica noua* d'un maître dès arts de Paris (1235-1240)", in: *Archives d'histoire doctrinale et littéraire du moyen âge* 43, 71-141.
- (1969): „Praefatio" in: *Editio Leonina*, T. 47,1, 1*-273*.
- (1984): „Préface", in: *Editio Leonina*, T. 45.1, 1*-294*.
- (1989): „Préface", in: *Editio Leonina*, T. 1*1, 1*-88*.

Geach, P.T. ([3]1973): „Aquinas", in: ders./ G.E.M. Anscombe, *Three Philosophers*, Oxford, 69-125.

Geiger, L.-B. (1942): *La participation dans la philosophie de s. Thomas d'Aquin*, Paris.

Gils, P.M. (1992): „S. Thomas écrivain", in: *Editio Leonina* T. 50, 175-209.

Gilson, É. (1950): *Der Geist der mittelalterlichen Philosophie*, Wien.

- (1952): *Being and Some Philosophers*, Toronto.
- (1955): *History of Christian Philosophy in the Middle Ages*, New York.
-/ Böhner, P. ([3]1954) : *Christliche Philosophie von ihren Anfängen bis Nikolaus von Cues*, Paderborn.

Glorieux, P. (1925/1935): *La littérature quodlibétique de 1260 à 1320*, 2 Bde., Paris.

Goris, H.J.M.J. (1996): *Free Creatures of an Eternal God. Thomas Aquinas on God's Infallible Foreknowledge and Irresistible Will*, Nijmegen.

Grabmann, M. (1909/ 1911): *Die Geschichte der scholastischen Methode*, 2 Bde., Freiburg/Br.

- (1926): „Die Aristoteleskommentare des heiligen Thomas von Aquin", in: ders., *Mittelalterliches Geistesleben I*, München, 266-313.
- (1933): *Geschichte der katholischen Theologie seit dem Ausgang der Väterzeit*, Freiburg/Br.
- (1936): „Aristoteles im Werturteil des Mittelalters", in: ders., *Mittelalterliches Geistesleben II*, München, 63-102.
- (1937): „Die persönlichen Beziehungen des hl. Thomas von Aquin", in: *Historisches Jahrbuch* 57, 305-322.
- (1940): „Die Autographe von Werken des heiligen Thomas von Aquin", in: *Historisches Jahrbuch* 60, 514-537.
- (1948): *Die theologische Erkenntnis- und Einleitungslehre des Heiligen Thomas von Aquin auf Grund seiner Schrift in Boethium de Trinitate*, Fribourg.

Guardini, R. (1937): *Der Herr. Betrachtungen über die Person und das Leben Jesu Christi*, Würzburg.

- ([6]1988): *Welt und Person*, Mainz - Paderborn.

Gy, P.-M. (1980): „L'office du Corpus Christi et S. Thomas d'Aquin. Etat d'une recherche", in: *Revue des sciences philosophiques et théologiques* 64, 491-504.
- (1983): „La relation au Christ dans I'Eucharistie selon Bonaventura et S. Thomas d'Aquin", in: J. Doré (ed.), *Sacrements de Jésus Christ*, Paris, 69-103.
- (1990): *La Liturgie dans I'histoire*, Paris.

Haecker, T. (1931): *Vergil. Vater des Abendlandes*, Leipzig.
Hadot, P. (1991): *Philosophie als Lebensform*, Berlin.
Hamel, C. de (2002): *Das Buch. Eine Geschichte der Bibel*, Berlin.
Heinzmann, R. (1965): *Die Unsterblichkeit der Seele und die Auferstehung des Leibes*, Münster.
Hellmeier, P.D. (2007): *Dominikus begegnen*, Augsburg.
- (2016): „Die Stellung des Studiums im frühen Predigerorden vor dem Hintergrund seiner Gründung aus der Chorherrentradition", in: E.H. Füllenbach (2016), 123-141.
Hinske, N. (1962): „Thomas von Aquin", in: M. Landmann (ed.), *De homine. Der Mensch im Spiegel seines Gedankens*, München - Freiburg/ Br., 112-130.
Hödl, L./ Weimar, P./ Zapp, H. (1997]: [Art.] „Summa (Summula). A. Scholastische Literatur- und Wissenschaftsgeschichte; B. Zivilrecht; C. Kanonisches Recht", in: *Lexikon des Mittelalters*, Bd. 8 (1997), 306-312.
Höffe, O. ([2]1999, 1996): *Aristoteles*, München.
Hoping, H. (2011): *Mein Leib für euch gegeben. Geschichte und Theologie der Eucharistie*. Freiburg/Br. - Basel - Wien.
Hoping H. / Schulz, M. (eds.) (2009): *Unheilsvolles Erbe? Zur Theologie der Erbsünde*, Freiburg/Br. u.a.
Horst, U. (1974): „Thomas von Aquin - ein Heiliger ohne Autorität?", in: *Neue Ordnung* 28, 171-178.
- (1992): *Evangelische Armut und Kirche. Thomas von Aquin und die Armutskontroversen des 13. und beginnenden 14. Jahrhunderts*, Berlin.
- (1995): *Kurze Geschichte des Dominikanerordens*, München.
- (1998): „Das Dogma von der Unbefleckten Empfängnis Marias (1954)", in: M. Weitlauff (ed.), *Kirche im 19. Jahrhundert*, Regensburg, 95-114.
- (1999): *Bischöfe und Ordensleute.* Cura principalis animarum *und* via perfectionis *in der Ekklesiologie des hl. Thomas von Aquin*, Berlin.
- (2001): *Die Gaben des Heiligen Geistes nach Thomas von Aquin*, Berlin.
- (2006): *Wege in die Nachfolge Christi*, Berlin.
Hoye, W.J. (1976): „Gotteserkenntnis *per essentiam* im 13. Jahrhundert", in: A. Zimmermann (ed.), *Die Auseinandersetzungen an der Pariser Universität im XIII. Jahrhundert* (= Miscellanea Mediaevalia, 10), Berlin, 269-284.
- (2002): „Die eschatologische Vereinigung des Menschen mit Gott als Wahrnehmung der Wahrheit nach Thomas von Aquin", in: J.A. Aertsen/ M. Pickavé (eds.), *Ende und Vollendung. Eschatologische Perspektiven im Mittelalter* (= Miscellanea Mediaevalia, 29), Berlin, 605-625.
Hoyer, W. (2016): „Die deutschen Dominikaner im Mittelalter", in: E.H. Füllenbach (2016), 63-87.
Hubert, M. (1977): „L'humour de S. Thomas d'Aquin en face de la scolastique", in: *1274 - Année-charnière*, Paris, 725-739.

Imbach, R. (1976): *Deus est intelligere. Das Verhältnis von Sein und Denken in seiner Bedeutung für das Gottesverständnis bei Thomas von Aquin und in den Pariser Quaestionen Meister Eckharts*, Fribourg.

- (1979): „*Gravis iactura verae doctrinae*. Prolegomena zu einer Interpretation der Schrift *De ente et essentia* Dietrichs von Freiberg O.P.", in: *Freiburger Zeitschrift für Philosophie und Theologie* 26, 369-425.

- (1996): „Prétendue primauté de l' être sur le connaître. Perspectives cavalières sur Thomas d' Aquin et l' école dominicaine allemande", in: ders., *Quodlibeta. Ausgewählte Artikel*, Fribourg, 351-363.

Inciarte, F. (1973): *Eindeutigkeit und Variation. Die Wahrung der Phänomene und das Problem des Reduktionismus*, Freiburg/ Br. - München.

- (1980): „Anfang des Lebens. Die Seele aus begriffsanalytischer Sicht", in: H. Seebaß (ed.), *Entstehung des Lebens. Studium Generale Wintersemester 1979/80*, Münster, 47-70.

- (1981): „Zur Rolle der Prädikation in der Theologie des Thomas von Aquin. Am Beispiel der Trinitätslehre", in: J.-P. Beckmann u.a. (eds.) *Sprache und Erkenntnis im Mittelalter*, Bd. 1 (= Miscellanea Mediaevalia, 13,1), Berlin - New York, 256-269.

- (1984): „Der Begriff der Seele in der Philosophie des Aristoteles", in: K. Kremer (1984), 46-65.

Jansssens, E. (1924): „Les premiers historiens de la vie de Saint Thomas d'Aquin", in: *Revue néoscolastique de philosophie de Louvain* 26, 201-214; 325-352; 452-476.

Johannes Paul II. (1979): *Enzyklika „Redemptor Hominis"* (= Verlautbarungen des Apostolischen Stuhls, 6), Bonn.

- (1998): *Enzyklika „Fides et ratio"* (= Verlautbarungen des Apostolischen Stuhls, 135), Bonn.

Johnstone, B. (2002), „The debate on the structure of the ‚Summa theologiae' of St. Thomas Aquinas", in: P.J.J. van Geest u.a. (eds.), *Aquinas as Authority*, Leuven, 187-200.

Jorissen, H. (1965): *Die Entfaltung der Transsubstantiationslehre bis zum Beginn der Hochscholastik*, Münster.

Jungmann, J.A. (1949): *Missarum sollemnia*, 2 Bde., Wien.

Kahl, R.H. (2006): „Spiritualität der Dominikaner", in: T. Schilp (ed.), *Die Dortmunder Dominikaner und die Propsteikirche als Erinnerungsort*, Bielefeld, 35-44

Kann, C. (1999): „Wahrheit als ‚adaequatio': Bedeutung, Deutung, Klassifikation", in: *Recherches de théologie et philosophie médiévales* 66, 209-224.

Keller, A. (1968): *Sein oder Existenz? Die Auslegung des Seins bei Thomas von Aquin in der heutigen Scholastik*, München.

Kluxen, W. ([4]1990, 1964): *Philosophische Ethik bei Thomas von Aquin*, Hamburg.

- (1971): [Art.] „Analogie", in: *Historisches Wörterbuch der Philosophie* Bd. 1, Darmstadt 214-227.

- (1974): „Anima separata und Personsein bei Thomas von Aquin", in: W.P. Eckert (1974), 96-116.

- (1981): „Der Begriff der Wissenschaft", in: P. Weimar (ed.), *Die Renaissance der Wissenschaften im 12. Jahrhundert*, Zürich, 273-293.

- (1984): „Seele und Unsterblichkeit bei Thomas von Aquin", in: K. Kremer (1984), 66-83.

Knaup, M. (2012): *Leib und Seele oder mind and brain? Zu einem Paradigmenwechsel im Menschenbild der Moderne,* Freiburg/Br.
Kremer, K. (1987): „,Bonum est diffusivum sui'. Ein Beitrag zum Verhältnis von Neuplatonismus und Christentum", in: *Aufstieg und Niedergang der römischen Welt* 36.2, 994-1032.

Koch, G. (1995): „Sakramentenlehre", in: W. Beinert (ed.), *Glaubenszugänge,* Bd. 3, Paderborn 1995.
Köhler, T.W. (2000): *Grundlagen des philosophisch-anthropologischen Diskurses im dreizehnten Jahrhundert,* Leiden - Boston - Köln.
Köpf, U. (1974): *Die Anfänge der theologischen Wissenschaftstheorie im 13. Jahrhundert,* Tübingen.
Kremer, K. (ed., 1984): *Seele. Ihre Wirklichkeit, ihr Verhältnis zum Leib und zur menschlichen Person,* Leiden - Köln 1984.

Laarmann, M. (1998): [Art.] „Transsubstantiation", in: *Historisches Wörterbuch der Philosophie* 10, Darmstadt, 1349-1358.
Lafont, G. (1961): *Structures et méthode dans la Somme théologique de saint Thomas d'Aquin,* Paris - Brügge.
Lambot, C. (1942): „L'office de la Fête-Dieu. Apercus nouveaux sur ses origines", in: *Revue benedictine* 54, 61-123.
-/Fransen, J. (1946): *L'office de la Fête-Dieu primitive. Textes et melodies retrouvés,* Maredsous.
Landsberg, P.L. (1937): *Die Erfahrung des Todes,* Luzern.
Laurent, M.-H. (1940): „Un légendier dominicain peu connu", in: *Analecta Bollandiana* 58, 28-47.
Leccisotti, T. (1965): *San Tommaso e Montecassino,* Montecassino.
Lechner, G.M. (1969a): [Art] „Thomas", in: W. Braunfels (ed.), *Lexikon christlicher Ikonographie,* Bd. VIII, Freiburg/ Br., 468-475.
- (1969b): [Art.] „Thomas von Aquin", in: *ebd.*, 476-484.
- (1974): „Iconographia Thomasiana. Thomas von Aquin und seine Darstellungen in der bildenden Kunst", in: W.-P. Eckert (1974), 933-973.
Leclercq, J. (1946): „Le magistère du prédicateur au XIIIe siècle", in: *Archives d'histoire doctrinale et littéraire du Moyen Age* 21, 105-147.
Levy I.C./Macy, G./Van Ausdall, K. (eds., 2011): *A Companion to the Eucharist in the Middle Ages,* Leiden - Boston.
Lipinsky, A. (1968): [Art.] „Pelikan", in: W. Braunfels (ed.), *Lexikon christlicher Ikonographie,* Bd. III, Freiburg/ Br., 390-393.
Lohfink, N. (2003): „Das ,Pange Lingua' im ,Gotteslob'", in: *Bibel und Liturgie* 76, 276-285.
Lubac, H. de (1959-1964): *Exégèse médiévale. Les quatre sens de l'écriture,* Paris.
- (1969): *Corpus mysticum. Kirche und Eucharistie im Mittelalter. Eine historische Studie,* Einsiedeln.
- (1999, ²2007): *Typologie – Allegorie – Geistlicher Sinn. Studien zur Geschichte der christlichen Schriftauslegung,* ed. R. Voderholzer, Freiburg/ Br.
Lucchesi Palli, E. (1968): [Art.] „Dismas", in: W. Braunfels (ed.), *Lexikon christlicher Ikonographie,* Bd. VI, Freiburg/ Br., 67-71.

Maidl, L. (1994): *Desiderii interpres. Genese und Grundstruktur der Gebetstheologie des Thomas von Aquin,* Paderborn u.a.

Mandonnet, P. (1909): „Les titres doctoraux de saint Thomas d'Aquin", in: *Revue Thomiste* 17, 597-608.
Maritain, J. (1941): „L'humanisme de St. Thomas d'Aquin"; in: *Mediaeval Studies* 3, 174-184.
Marschler, T. (2003): „Das Hohepriestertum Jesu Christi nach dem hl. Thomas von Aquin", in: *Doctor Angelicus* 3 (2003) 143-164.
McGrath, A. (2018): „Light, the Dominicans and the cult of St. Thomas Aquinas", in: C.N. Duckworth/ A.E. Sassin (eds.), *Colour and light in ancient and medieval art*, New York u.a.,145-158.
Meier, U. (1994): *Mensch und Bürger. Die Stadt im Denken spätmittelalterlicher Theologen, Philosophen und Juristen*, München.
Melville, G. (2016): „Die Innovationskraft des Dominikanerordens im Mittelalter", in: E.H. Füllenbach (2016), 29-41.
Menne, A. (1974): „Was ist Wahrheit? Zur wissenschaftstheoretischen Analyse von Aussage, Gesetz, Theorie und Modell", in: *Ratio* 16, 62-68.
Mertens K. (2005): „Handlungslehre und Grundlagen der Ethik (S.th. I–II, qq. 6–21)", in: A. Speer (2005a), 168–197.
Muckle, J.T. (1933): „Isaac Israeli's Definition of Truth", in: *Archives d'histoire doctrinale et littéraire du moyen âge* 8, 5-8.
Moretti, G. (1960): *Die Heiligen und ihre Handschrift*, Heidelberg.
Müller, B. (2015): „Die sieben Todsünden. Von der frühmonastischen Psychologie zur hochmittelalterlichen Volkstheologie", in: A. Buterus (ed.), *Die 7 Todsünden: 1.700 Jahre Kulturgeschichte zwischen Tugend und Laster*, Münster, 16-28.
Müller, J. (2009): *Willensschwäche in Antike und Mittelalter. Eine Problemgeschichte von Sokrates bis Johannes Duns Scotus*, Leuven.
- (2011): „Zwischen Korrespondenz, Kohärenz und Konsens. Zum Pluralismus der philosophischen Wahrheitstheorien", in: H.-G. Nissing (ed.), *Was ist Wahrheit?*, München, 56-79.
- ([2]2019, 2009): „Glück als Vollendung menschlicher Natur. Die eudaimonistische Tugendethik des Aristoteles", in: ders./ H.-G. Nissing (eds.), *Grundpositionen philosophischer Ethik*, Darmstadt, 23–52.
Mundhenk, J. (1980): *Die Seele im System des Thomas von Aquin*, Hamburg.

Neunhäuser, B. (1962): [Art.] „Meßopfertheorien", in: *Lexikon für Theologie und Kirche*, Freiburg/Br., 350-352.
Nickl, P. (2009): *Die sieben Todsünden – zwischen Reiz und Reue*, Berlin u.a. 2009.
Nissing , H.-G. (2006): *Sprache als Akt bei Thomas von Aquin*, Leiden - New York.
- (2009): „Augustinus - Leben nach dem Geiste", in: P. Bahr/S. Schaede (eds.), *Das Leben. Historisch-systematische Studien zur Geschichte eines Begriffs. Bd. 1*, Tübingen, 155-182.
- (2017a): „Zeuge des Wortes. Thomas von Aquin und sein Kommentar zum Prolog des Johannes-Evangeliums", in: Thomas von Aquin, *Das Wort. Kommentar zum Prolog des Johannes-Evangeliums. Übersetzt von Josef Pieper* (= Einführende Schriften, 1), München, XIII-LXXIII.
- (2017b): „‚Der Mensch ist nicht als ganzer und mit allem hingeordnet auf die politische Gemeinschaft, … sondern auf Gott.' Weltliche und geistliche Herrschaft bei Thomas von Aquin", in: R. Schönberger (ed.),

Die Bestimmung des Menschen und die Bedeutung des Staates. Beiträge zum Staatsverständnis des Thomas von Aquin, Baden-Baden 2017, 131-169.
- (2018): „Das Vermächtnis des Thomas von Aquin. Zum Eucharistietraktat der *Summa theologiae*", in: Thomas von Aquin, *Das Herrenmahl. Der Eucharistietraktat der Summa theologiae. Übersetzt von Josef Pieper* (= Einführende Schriften, 2), München, VII-LXXIX.
- (2019): „Thomas von Aquin als Prediger. Die *Auslegungen zum Apostolischen Glaubensbekenntnis (Collationes in Symbolum Apostolorum)*", in: Thomas von Aquin, *Das Credo. Auslegungen zum Apostolischen Glaubensbekenntnis. Übersetzt von Josef Pieper, Heinrich Raskop und Hans Schulte* (= Einführende Schriften, 3), München, VII-LXXX.
- ([2]2019, 2009): „Der Mensch auf dem Heimweg zu Gott. Christlicher Eudaimonismus bei Thomas von Aquin", in: ders./J. Müller (eds.), *Grundpositionen philosophischer Ethik. Von Aristoteles bis Jürgen Habermas*, Darmstadt, 53-82.
- (2020a): „Die Summe unserer Hoffnung. Thomas von Aquin und seine *Auslegungen zum Vater unser (Collationes in Orationem Dominicam)*", in: Thomas von Aquin, *Das Vater unser. Auslegungen zum Herrengebet. Übersetzt von Josef Pieper* (= Einführende Schriften, 4), München, VII-LXXXII.
- (2020b): „,Die Seele ist in gewisser Weise alles.' Die Lehre von der Wahrheit der Dinge als Aussage über das Wesen des Menschen bei Josef Pieper", in: *Ambo* 5, 328-353.
- (2021a): „Einführung", in: Thomas von Aquin, *Vom Gewissen, lateinisch-deutsch*, eingeleitet und übersetzt von H.-G. Nissing (= Herders Bibliothek der Philosophie des Mittelalters, 51), Freiburg/Br., 9-108.
- (2021b): „Grundordnung gelingenden Menschseins. Die Zehn Gebote und ihre Auslegung durch Thomas von Aquin (*Collationes in decem praeceptis*)", in: Thomas von Aquin, *Die Zehn Gebote. Auslegungen zum Dekalog und zum Doppelgebot der Liebe. Übersetzt von Josef Pieper, Heinrich Raskop und Hans Schulte* (= Einführende Schriften, 5), München, VII-CVI.

Oberste, J. (2016): „Predigen in der Stadt. Die mittelalterlichen Dominikaner in ihrem urbanen Umfeld", in: E.H. Füllenbach (2016), 43-61.

Oehler, K. ([2]1986, 1984): „Einleitung" und „Anmerkungen", in: Aristoteles, *Kategorien*, ed. K. Oehler (= Aristoteles Werke, 1.1), Berlin – Darmstadt, 37-296.

Oliva, A. (2006): *Les débuts de l'enseignement de Thomas d'Aquin et sa conception de la „Sacra Doctrina". Édition du prologue de son „Commentaire des Sentences" de Pierre Lombard*, Paris.

Otter, J. (2020): *Adoratio – Theologie der Anbetung in der Scholastik des 13. Jahrhunderts*, Münster.

Panella, E. (1984): „Note di biografia domenicana tra XIII e XIV seculo", in: *Archivum Fratrum Praedicatorum* 54, 231-280.

Pauli, H. (1988): „Einleitung", in: *Thomas von Aquin, Über den Lehrer – De magistro*, hg., übers. u. komm. v. G. Jüssen u.a., Hamburg, XI-XLVII.

Pelster, F. (1920): „Die ältesten Biographen des hl. Thomas von Aquin. Eine kritische Studie", in: *Zeitschrift für katholische Theologie* 44, 242-270; 366-397.

Perkams, M. (2007): „Einleitung", in: Siger von Brabant, *Quaestiones in tertium De anima*, lat.-dt., ed. M. Perkams, Freiburg/Br. u.a., 11-56.

Perler D. ([2]2004, 2002): *Theorien der Intentionalität im Mittelalter*, Frankfurt/M.

– (2020): *Eine Person sein*, Frankfurt/M. 2020.
Pesch, O.-H. (1977): „Kommentar", in: *Deutsche Thomas-Ausgabe Bd. 13 (I–II, qq. 90–105: Das Gesetz)*, Heidelberg u.a., 529–734.
– (1998): „Sünde und Menschsein bei Thomas von Aquin", in: M. Thurner (ed.), *Die Einheit der Person, Beiträge zur Anthropologie des Mittelalters*, Stuttgart 1998, 87.
– (2004): „Kommentar", in: *Deutsche Thomas-Ausgabe Bd. 12 (I–II, qq. 71–89: Die Sünde)*, Heidelberg u.a., 653-1122.
Philippe, M.-D. (1981): „Préface", in: *Saint Thomas d'Aquin. Commentaire sur l'Evangile de saint Jean*, Bd. 1, Versailles-Buxy, 7-26.
Pieper, J. ([3]1955, 1935): „Vorbemerkungen", in: Thomas von Aquin, *Das Wort*, München (Leipzig 1935), 7ff.
– (1959): „Tod und Unsterblichkeit. Philosophische Bemerkungen zu einem kontroverstheologischen Thema", in: *Catholica* 13, 81-100.
– (1960): „Tod und Unsterblichkeit", in: *Philosophisches Jahrbuch* 68, 324-336.
– (1995): „Der Philosophierende und die Sprache. Bemerkungen eines Thomas-Lesers" (1986), in: ders., *Werke, Bd. 3*, Hamburg, 199-211.
– (1996a): „Über den Glauben. Ein philosophischer Traktat" (1962), in: *Werke, Bd. 4*, Hamburg, 198-255.
– (1996b): „Über die Hoffnung" (1935), in: *ebd.*, 256-295.
– (1997a): „Wahrheit der Dinge. Eine Untersuchung zur Anthropologie des Hochmittelalters" (1944), in: ders., *Werke. Bd. 5*, Hamburg 99-179.
– (1997b): „Über den Begriff der Sünde" (1977), in: *ebd.*, 207-279.
– (1998a): „Muße und Kult" (1948), in: ders., *Werke, Bd.* 6, Hamburg, 1-44.
– (1998b): *Was heißt akademisch?* (1952, 1964), in: *ebd.*, 72-131.
– (1998c): „Mißbrauch der Sprache – Mißbrauch der Macht" (1964), in: *ebd.*, 132-151.
– (1998d): „Glück und Kontemplation" (1962), in:, 152-216.
– (2000a): „Was heißt ‚Gott spricht'? Vorüberlegungen zu einer kontroverstheologischen Diskussion" (1965), in: ders., *Werke, Bd. 7*, Hamburg, 142-166.
– (2000b): „Randbemerkungen zum Herrenmahl-Traktat der *Summa theologica*" (1937), in: *ebd.*, 369-374.
– (2000c): „Schöpfung und Sakrament" (1951), in: *ebd.*, 375-379.
– (2001b): „Unaustrinkbares Licht. Das negative Element in der Weltansicht des Thomas von Aquin" (1963, zuerst: *Philosophia negativa*, 1953), in: ders., *Werke, Bd. 2*, Hamburg, 112-152.
– (2001c): „Scholastik. Gestalten und Probleme der mittelalterlichen Philosophie" (1960), in: *ebd.*, 299-440.
– (2001d): „Kreatürlichkeit. Bemerkungen über die Elemente eines Grundbegriffs" (1974), in: *ebd.*, 441-464.
– (2005a): „Thomas von Aquin als Lehrer" (1949), in: ders., *Werke, Bd. 8,1*, Hamburg, 29-39.
– (2005b): „Über den Geist des Streitgesprächs" (1958), in: *ebd.*, 56-65.
– (2005c): „Tugendlehre als Aussage über den Menschen" (1962), in: *ebd.*, 242-247.
– (2008): „Notizen (1927-1953)", in: ders., *Werke*, Bd. 8,2, Hamburg, 621-641.
Post, W. (2011): *Acedia – Das Laster der Trägheit*, Freiburg/Br.
Principe, W.H. (1997): [Art.] „Theologie. A. Westen", in: *Lexikon des Mittelalters*, Bd. 8, München, 650-656.

Przywara, E. (1925): „Thomas von Aquin als Problematiker. Ein Versuch“, in: *Stimmen der Zeit* 109, 188-199.
– (1926): *Religionsphilosophie katholischer Theologie*, München – Berlin.
– (1932): *Analogia entis. Metaphysik*, München.

Raby, F.J.E. (1945): „The Date and Authorship of *Adoro te devote*“, in: *Speculum* 20, 236ff.
Räsänen, M. (2017): *Thomas Aquinas's Relics as Focus for Conflict and Cult in the Late Middle Ages. The Restless Corpse*, Amsterdam.
Resnick, I. (2020): „Introduction“, in: *St. Albert the Great on Resurrection* (= Fathers of the Church, Medieval Continuation, 20), Washington, 3-23.

Reyero, M.A. (1971), *Thomas von Aquin als Exeget*, Einsiedeln.
Ross, J. (2012): *Die Verteidigung des Menschen*, Hamburg.
Rubin, M. (1991): *Corpus Christi. The Eucharist in Late Medieval Culture*, Cambridge.
Ryle, G. ([6]1955): *The Concept of Mind*, London.

Schachten, W. (1980): *Ordo salutis. Das Gesetz als Weise der Heilsvermittlung. Zur Kritik des hl. Thomas von Aquin an Joachim von Fiore*, Münster.
Schaede, S. (2009): „Grundlegungen I. Leben bei Platon und Aristoteles“, in: ders./ P. Bahr (eds.), *Das Leben. Historisch-systematische Studien zur Geschichte eines Begriffs*, Bd. 1, Tübingen 3-32.
Schäfer, C. (2009): „Die Hauptlasterlehre des Thomas von Aquin als philosophische Anthropologie: Das Beispiel des Zinsnahmeverbots“, in: C. Flüeler/M. Rohde (eds.), *Laster im Mittelalter*, Berlin, 148.
Schlette, H.R. (1959): *Die Lehre von der geistlichen Kommunion bei Bonaventura, Albert dem Großen und Thomas von Aquin*, München.
Schlosser, M. (1999): „‚Docere est opus misericordiae'. Theologiegeschichtliche Anmerkungen zum Ethos des Lehrens“, in: *Münchner Theologische Zeitschrift* 50, 54-74.
– (2016): „‚Statim factus bonus theologus' oder Vom Nutzen des Zweifels: Thomas von Aquin über Thomas den Apostel“, in: J. Alberg/D. Köder (eds.), *Habitus fidei*, Paderborn 281-295.
Schmaus, M. (1927): *Die psychologische Trinitätslehre des hl. Augustinus*, Münster.
Schmitz, R.B. (1984): *Sein – Wahrheit – Wort. Thomas von Aquin und die Lehre von der Wahrheit der Dinge*, Münster.
Schockenhoff, E. (1987): *Bonum hominis. Die anthropologischen und theologischen Grundlagen der Tugendethik des Thomas von Aquin*, Mainz.
– (2003): *Wie gewiß ist das Gewissen*, Freiburg/Br. u.a.
Schönberger, R. (1986): *Die Transformation des klassischen Seinsverständnisses*, Berlin – New York.
– (1991): *Was ist Scholastik?*, Hildesheim.
– (1999a): [Art.] „Teilhabe“, in: *Historisches Wörterbuch der Philosophie* 10, Darmstadt, 961-969.
– (1999b): [Art.] „Tugend. II. Mittelalter“, in: *ebd.*, 1548-1554.
– (1999c): *„‚Ipsum esse nondum est'.* Zu einer Neuinterpretation einer neudatierten Thomasschrift“, in: G. Leibold/ W. Löffler (eds.), *Entwicklungslinien mittelalterlicher Philosophie*, Wien, 107-119.

- (2017): *Die Bestimmung des Menschen und die Bedeutung des Staates. Beiträge zum Staatsverständnis des Thomas von Aquin*, Baden-Baden.

Schönborn, C./ Spaemann, R./ Görres, A. (1991, [2]1994): *Zur kirchlichen Erbsündenlehre: Stellungnahmen zu einer brennenden Frage*, Einsiedeln.

Schumacher, T. (2009): *Die Feier der Eucharistie*, München.

Scudieri, M. (2004): *The frescoes by Angelico at San Marco*, Florenz.

Seidl, H. ([2]1987): „Einleitung", in: Thomas von Aquin, *Die Gottesbeweise in der „Summe gegen die Heiden" und in der „Summe der Theologie", lat.-dt.*, Hamburg, XI-XL.

Senner, W. (2000): „Albertus Magnus als Gründungsregens des Kölner *Studium generale* der Dominikaner", in: J.A. Aertsen/ A. Speer (eds.), *Geistesleben im 13. Jahrhundert* (= Miscellanea Mediaevalia, 27), Berlin – New York, 149-169.

Smalley, B. ([2]1970): *The study of the Bible in the Middle Ages*, Indiana.

Spaemann, R. (1979; [2]1991): *Die Frage Wozu?*, München.

- (1994): „Zum Begriff des Lebens", in: G. Kockert/ H.-J. Möller (eds.), *Sichtweisen der Psychiatrie*, München u.a., 84-88.

- (1996): *Personen. Versuche über den Unterschied zwischen ‚etwas' und ‚jemand'*, Stuttgart.

- (2002): „Über den Begriff der Menschenwürde" (1987), in: ders., *Grenzen. Zur ethischen Dimension des Handelns*, Stuttgart, 107-122.

- (2008): „Wirklichkeit als Anthropomorphismus" (2000), in: H.-G. Nissing (ed.), *Grundvollzüge der Person. Dimensionen des Menschseins bei Robert Spaemann*, München, 13-35.

- (2010): „‚Seelen'", in: P. Nickl/ G. Terizakis (eds.), *Die Seele: Metapher oder Wirklichkeit?*, Hannover, 47-65.

- (2012a): *Was macht Personen zu Personen?*, in: H. Thomas/ J. Hattler (eds.), *Personen – Zum Miteinander einmaliger Freiheitswesen*, Heusenstamm, 29-44.

- (2012b): *Über Gott und die Welt. Eine Autobiographie in Gesprächen*, Stuttgart.

Speer, A. (2003): „Der Weise und der Philosoph", in: T. Borsche (ed.), *Denkformen – Lebensformen*, Hildesheim u.a., 67–92.

- (2005b): „Das Glück des Menschen (S.th. I-II. qq. 1-5)", in: A. Speer (2005a), 141-167.

Spicq, C. (1944): *Esquisse d'une histoire de l'exégèse latine au Moyen Age*, Paris.

Splett, J. (2009): *Person und Glaube. Der Wahrheit gewürdigt*, München.

Steel, C. (1989): „Guillaume de Moerbeke et saint Thomas", in: J. Brams/ W. Vanhamel (eds.), *Guillaume de Moerbeke. Recueil d'études à l'occasion du 700e anniversaire de sa mort (1286)*, Leuven, 57-82.

- (2001): *Der Adler und die Nachteule. Thomas und Albert über die Möglichkeit der Metaphysik*, Münster.

- (2005): „Thomas' Lehre von den Kardinaltugenden (S.th. II-II, qq. 47-170)", in: Speer (2005a), 322-342.

Stock, A. (2012): „Adoro te devote. Reimgebet zur Verehrung der Eucharistie", in: ders., *Lateinische Hymnen*, Frankfurt/M., 223-232.

Stohr, A. (1925): „Die Hauptrichtungen der spekulativen Trinitätslehre in der Theologie des 13. Jahrhunderts", in: *Theologische Quartalsschrift* 106, 113-135.

Synan, E.A. (1988): „St. Thomas Aquinas and the Profession of Arms", in: *Medieval Studies* 50, 404-437.

Torrell, J.-P. (1982): „La pratique pastorale d'un théologien du XIIIe siècle. Thomas d'Aquin prédicateur", in: *Revue thomiste* 82, 213-245.

- (1990): „Le traité de la prophétie de S. Thomas d'Aquin et la théologie de la révélation", in: L. Elders u.a. (eds.), *La doctrine de la révélation divine de saint Thomas d'Aquin*, Rom, 171-195.

- (1999): „Le sacerdoce du Christ dans la Somme de theologie", in: *Revue Thomiste* 99, 75-100.

- ([2]2000): „Adoro te. La plus belle prière de saint Thomas", in: ders., *Recherches thomasiennes. Études revues et augmentées*, Paris, 367-375 [zuerst in: *La vie spirituelle* 152 (1998), 28-36].

Trottmann, C. (1995): *La vision béatifique des disputes scolastiques à sa définition par Benoît XII*, Rom.

Tück, J.-H. (2005), „Verborgene Gegenwart und betrachtendes Verweilen. Zur poetischen Theologie des Hymnus ‚Adoro te devote'", in: *IkaZ „Communio"* 34 (2005), 401-418 (eingegangen in: Tück [2009], 305-324).

- (2009, [3]2014): *Gabe der Gegenwart. Theologie und Dichtung der Eucharistie bei Thomas von Aquin*, Freiburg/Br. u.a.

Tugwell, S. (1997): *Der heilige Dominikus*, Straßburg.

Van Steenberghen, F. (1974): „Une légende tenace: la théorie de la double vérité", in: ders., *Introduction à l'étude de la philosophie médiévale*, Louvain - Paris, 555-570.

Vaticanum II (1965): *Pastoralkonstitution „Gaudium et spes" über die Kirche in der Welt von heute"*, http://www.vatican.va/archive/hist_councils/ii_vatican_council/documents/vat-ii_const_19651207_gaudium-et-spes_ge.html

Verger, J./ Charle, C. (2012): *Histoire des universités: XIIIe-XXIe siècle*, Paris.

Vicaire, M.-H. (1974): „L'homme que fut saint Thomas", in: N.A. Luyten (ed.), *L'anthropologie de saint Thomas d'Aquin*, Freiburg i. Ue., 7-34.

Walker Bynum, C. (1995): *The Resurrection of the Body in Western Christianity, 200-1336*, New York.

Walz, A. (1957): „Wege des Aquinaten", in: *Historisches Jahrbuch* 77, 221-228.

Wéber, E.-H. (1991): *La personne humaine au XIIIe siècle*, Paris.

Weijers, O. (1996): *Le maniement du savoir. Pratiques intellectuelles à l'époque des premières universités (XIIe-XIVe siècles)*, Turnhout.

Weinandy, T. u.a. (ed., 2005): *Aquinas on Scripture. An Introduction to his Biblical Commentaries*, London - New York.

Wicki, N. (1954): *Die Lehre von der himmlischen Seligkeit in der mittelalterlichen Scholastik von Petrus Lombardus bis Thomas von Aquin*, Fribourg.

Wieland, G. (1987): „Rationalisierung und Verinnerlichung. Aspekte der geistigen Physiognomie des 12. Jahrhunderts", in: J. Beckmann u.a. (ed.), *Philosophie im Mittelalter*, Hamburg, 61-80.

Wielockx, R. (1998): „Poetry and Theology in the *Adoro te deuote*: Thomas Aquinas on the Eucharist and Christ's Uniqueness", in: K. Emery Jr./J. Wawrykow (eds.), *Christ Among the Medieval Dominicans*, Notre Dame/Ind., 158-174.

- (2007a): „L' ‚oratio' eucaristica di S. Tommaso, testimonianza di contemplazione cristiana", in: L. Touze (ed.), *La contemplazione cristiana: esperienza e dottrina*, Rom, 101-126.

- (2007b): „Adoro te deuote. Zur Lösung einer alten *crux*", in: *Annales theologici* 21, 101-138.

Wilmart, A. (1929): „La tradition littéraire et textuelles de l'*Adoro te devote*", in: *Recherches de théologie ancienne et mediévale* 1, 21-40 und 149-176.

Wippel, J.F. (1984): „Thomas Aquinas on the Possibility of Eternal Creation", in: ders., *Metaphysical Themes in Thomas Aquinas*, Washington, 191-214.

- (1985): „Quodlibetal Questions, Chiefly in Theology Faculties", in: ders. u.a., *Les questions disputées et les questions quodlibétiques dans les facultés de théologie, de droit et de médicine*, Turnhout, 151-222.

- (2005): „Natur und Gnade (S.th. I-II, qq. 109-114)", in: A. Speer (2005), 246-270.

Zavolloni, R. (1951): *Richard de Mediavilla et la controverse sur la pluralité des formes. Textes inédits et études critiques*, Louvain.

Zawilla, R. (1985): *The Biblical Sources of the Historiae Corporis Christi attributed to Thomas Aquinas*, University of Toronto (Diss. Masch.).

Zimmermann, A. (1976): „‚Mundus est aeternus'. - Zur Auslegung dieser These bei Bonaventura und Thomas von Aquin", in: ders. (ed.), *Die Auseinandersetzungen an der Pariser Universität im XIII. Jahrhundert* (= Miscellanea Mediaevalia, 10), Berlin - New York, 317-330.

Personenregister

Verzeichnet sind im folgenden nur „klassische" Autoren, nicht hingegen die modernen Interpreten. Kursiv sind jene Stellen vermerkt, wo die betreffende Person nur in der Fußnote genannt wird.

Sachregister